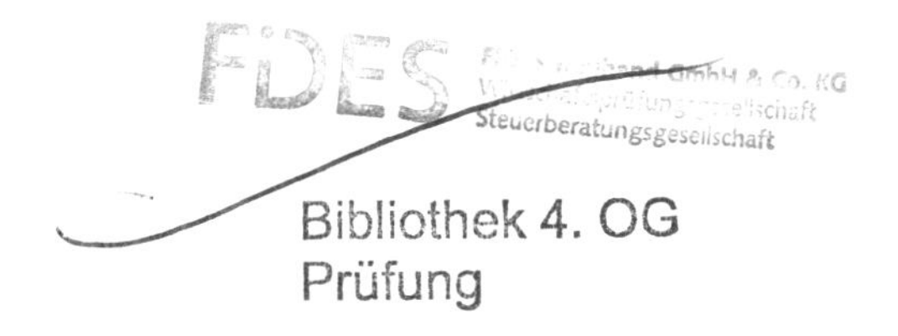

Schriftenreihe Europäisches Recht, Politik und Wirtschaft
herausgegeben von Prof. Dr. Jürgen Schwarze
Direktor des Instituts für Öffentliches Recht
der Universität Freiburg
Abteilung Europa- und Völkerrecht

Band 252

Marcus Geiss

Rechtsstaatliche Grundsätze im Beihilferecht der Europäischen Gemeinschaft

Eine Analyse von Funktion und Wirkungsweise ausgewählter allgemeiner Rechtsgrundsätze des Gemeinschaftsrechts

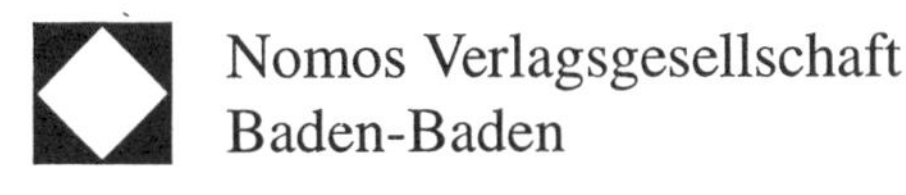
Nomos Verlagsgesellschaft
Baden-Baden

Die Deutsche Bibliothek – CIP-Einheitsaufnahme

Ein Titeldatensatz für diese Publikation ist bei
Der Deutschen Bibliothek erhältlich. (http://www.ddb.de)

Zugl.: Freiburg, Univ., Diss., 2000/2001

ISBN 3-7890-7226-5

1. Auflage 2001
 Gedruckt auf alterungsbeständigem Papier.

Vorwort

„There's a law for everything,
like for elephants that sing
to keep the cows that agriculture won't allow,
hanky panky nohow...“

John Cale, 1973.

Die vorliegende Untersuchung ist zwischen Januar 1998 und August 2000 entstanden und wurde im Wintersemester 2000/2001 von der Juristischen Fakultät der Albert-Ludwigs-Universität Freiburg als Dissertation angenommen. Das Manuskript der Arbeit ist im September 2000 abgeschlossen worden. Allerdings wurden vereinzelte neuere Entwicklungen aus Gründen der Aktualität auch noch darüber hinaus berücksichtigt und in den vorliegenden Text eingearbeitet.

Ich freue mich, an dieser Stelle all jenen Dank zu sagen, die mich bei der Entstehung dieser Arbeit unterstützt haben. Zunächst möchte ich mich ganz herzlich bei Herrn Professor Dr. *Jürgen Schwarze* bedanken, an dessen Lehrstuhl und unter dessen Betreuung die Arbeit entstanden ist. Desweiteren bei Herrn Dr. *Stefan Heidig* für den regelmäßigen gedanklichen Austausch sowie bei Frau Dr. *Annette Wallrab* und Frau Dr. *Corinna Bölhoff* für ihre Anmerkungen im Rahmen der Endkorrektur. Erwähnen möchte ich darüber hinaus Herrn *Patrick Cichy* und dessen stetige Hilfsbereitschaft vor allem auch nach meinem Umzug nach München. Aber auch allen anderen Mitarbeitern des Lehrstuhls sei für ihren jeweiligen Beitrag und ihre allzeitige Gesprächsbereitschaft gedankt.

Außerdem möchte ich mich bei meiner Familie und bei Frau *Quynh Hoang* für deren moralische Unterstützung bedanken. Ferner bei meinen Mitstreitern bei DT und den Eurostars sowie bei meinem Club, die in nicht immer einfachen Zeiten für die notwendige Abwechslung und den Ausgleich neben der Arbeit gesorgt haben.

Schließlich verbleibt mir, erneut Professor Dr. *Jürgen Schwarze* für die zügige Erstellung des Erstgutachtens und die Aufnahme der Arbeit in die Schriftenreihe „Europäisches Recht, Politik und Wirtschaft“ meinen Dank auszusprechen. Für die ebenso prompte Erstellung des Zweitgutachtens danke ich Herrn Professor Dr. *Jürgen Becker*.

München, im Januar 2001 *Marcus Geiss*

„You fill up my senses
Like a gallon of Magnets,
Like a packet of Woodbines,
Like a good pinch of snuff,
Like a night out in Sheffield,
Like a greasy chip butty,
Like Sheffield United,
Come and thrill me again...“

Inhaltsübersicht

Inhaltsverzeichnis

Abkürzungsverzeichnis

a.A.	anderer Ansicht
aaO.	am angegebenen Ort
ABl.	Amtsblatt der Europäischen Gemeinschaften (ABl. C - Communication, ABl. L - Legislation)
Abs.	Absatz
AEA	Association Européenne des Avocats
allg.	allgemein
AöR	Archiv des öffentlichen Rechts
ARSP	Archiv für Rechts- und Sozialphilosophie
Art.	Artikel
Aufl.	Auflage
AWD/RIW	Außenwirtschaftsdienst des Betriebsberaters/Recht der Internationalen Wirtschaft
Bd.	Band
BVerfG	Bundesverfassungsgericht
BVerfGE	Entscheidungssammlung der Rechtsprechung des Bundesverfassungsgerichts
BVerwG	Bundesverwaltungsgericht
BVerwGE	Entscheidungssammlung der Rechtsprechung des Bundesverwaltungsgerichts
bzw.	beziehungsweise
CBI	Confederation of British Industry
CDE	Cahiers de droit européen
CECA	Communauté européenne du carbon et de l'acier (Europäische Gemeinschaft für Kohle und Stahl)
CEE	Communauté économique européenne (Europäische Wirtschaftsgemeinschaft)
CML Rev	Common Market Law Review
d.h.	das heißt
ders.	derselbe
dies.	dieselbe; dieselben
Diss.	Dissertation
DÖV	Die Öffentliche Verwaltung
DVBl.	Deutsches Verwaltungsblatt
EAG	Europäische Atomgemeinschaft
EC	European Community (Europäische Gemeinschaft)
ECLR	European Competition Law Review
EEC	European Economic Community (Europäische Wirtschaftsgemeinschaft)
EG	Europäische Gemeinschaft
EGKS	Europäische Gemeinschaft für Kohle und Stahl
EGKSV	Vertrag über die Gründung der Europäischen Gemeinschaft für Kohle und Stahl
EGMR	Europäischer Gerichtshof für Menschenrechte
EGr.	Erwägungsgrund

EGV	Vertrag zur Gründung der Europäischen Gemeinschaft
ELR	European Law Review
EStG	Einkommenssteuergesetz
et al.	und andere
EU	Europäische Union
EuG	Gericht erster Instanz der Europäischen Gemeinschaften
EuGeI	Gericht erster Instanz der Europäischen Gemeinschaften
EuGH	Gerichtshof der Europäischen Gemeinschaften
EuGRZ	Europäische Grundrechte-Zeitschrift
EuR	Europarecht
EUV	Vertrag über die Europäische Union
EuZW	Europäische Zeitschrift für Wirtschaftsrecht
EWG	Europäische Wirtschaftsgemeinschaft
EWGV	Vertrag über die Gründung der Europäischen Wirtschaftsgemeinschaft
EWS	Europäisches Wirtschafts- und Steuerrecht
f.	folgende
FAZ	Frankfurter Allgemeine Zeitung
ff.	fortfolgende
Fn.	Fußnote
FreistellungsRVO	Gruppenfreistellungsrahmenverordnung
GA	Generalanwalt
gem.	gemäß
GG	Grundgesetz für die Bundesrepublik Deutschland
ggf.	gegebenenfalls
GmbH	Gesellschaft mit beschränkter Haftung
HZA	Hauptzollamt
Hrsg.	Herausgeber
i.d.R.	in der Regel
i.e.S.	im engeren Sinne; im eigentlichen Sinne
i.V.m.	in Verbindung mit
JDI	Journal du Droit International
JuS	Juristische Schulung
JZ	Juristenzeitung
KOM	Kommission
lit.	Buchstabe
m.E.	meines Erachtens
m.w.N.	mit weiteren Nachweisen
n.F.	neue(r) Fassung
NJW	Neue Juristische Wochenschrift
No., Nr.	Nummer
NVwZ	Neue Zeitschrift für Verwaltungsrecht
o.ä.	oder ähnliches
OVG	Oberverwaltungsgericht

RIW	Recht der Internationalen Wirtschaft
RMC	Revue du Marché Commun et de l'Union européenne (bis Ausgabe März 1991: Revue du Marché Commun)
RMUE	Revue du Marché Unique Européen
Rn.	Randnummer
Rs.	Rechtssache
Rspr.	Rechtsprechung
RTDE	Revue trimestrielle de droit européen
S.	Seite; Satz
Slg.	Sammlung der Rechtsprechung des Gerichtshofs der Europäischen Gemeinschaften
s.o.	siehe oben
st. Rspr.	ständige Rechtsprechung
Tz.	Teilziffer
u.	und
u.a.	unter anderem; und andere
u.ä.	und ähnliches
unveröff.	unveröffentlicht
u.U.	unter Umständen
v.	vom
v.a.	vor allem
verb. Rs.	verbundene Rechtssache
VerfVO	Verfahrensverordnung
VerwArchiv	Verwaltungsarchiv
VG	Verwaltungsgericht
vgl.	vergleiche
vol.	Band
VwGO	Verwaltungsgerichtsordnung
VwVfG	Verwaltungsverfahrensgesetz
VVDStRL	Veröffentlichungen der Vereinigung der Deutschen Staatsrechtslehrer
WfA	Wohnbauförderungsanstalt
WuW	Wirtschaft und Wettbewerb
z.B.	zum Beispiel
ZG	Zeitschrift für Gesetzgebung
ZHR	Zeitschrift für das gesamte Handelsrecht und Wirtschaftsrecht
ZIP	Zeitschrift für Wirtschaftsrecht und Insolvenzpraxis
ZögU	Zeitschrift für öffentliche und gemeinwirtschaftliche Unternehmen
ZPO	Zivilprozeßordnung
ZRP	Zeitschrift für Rechtspolitik
z.T.	zum Teil
ZUM	Zeitschrift für Urheber- und Medienrecht
ZUR	Zeitschrift für Umweltrecht

Einleitung

In einer Zeit, in der die wirtschaftliche Lage sowohl der Mitgliedstaaten als auch der Europäischen Union von zunehmenden ökonomischen Schwierigkeiten geprägt ist, gewinnen die Vorschriften des EG-Vertrages über staatliche Beihilfen an Bedeutung. Es gibt wahrscheinlich kein anderes Gebiet des europäischen Wettbewerbsrechts, das gleichermaßen umstritten ist.[1] Der Kommission der Europäischen Gemeinschaften kommt dabei die oftmals delikate, gelegentlich auch politisch unpopuläre Aufgabe zu,[2] im Rahmen der ihr zugewiesenen Beihilfenaufsicht gemäß Artikel 88 EGV die Neueinführung sowie das Fortbestehen gemeinschaftswidriger nationaler Beihilfen zu verhindern und somit das ordnungsgemäße Funktionieren eines unverfälschten Wettbewerbs im Gemeinsamen Markt zu sichern.

A. Anlaß und Ziel der Untersuchung

„Für den Charakter des europäischen Wettbewerbsrechts und für die Art seiner Anwendung ist es kennzeichnend, daß es manchen Beobachtern als ein *kompliziertes* Gebilde mit vielen ungewohnten Rechtsfragen erscheint, das von den Europäischen Instanzen mit Strenge gehandhabt wird.“[3]

Diese Worte *Joseph H. Kaisers* über die Gesamtheit des europäischen Wettbewerbsrechts aus dem Jahre 1964 sind prinzipiell auch heute noch auf das europäische Beihilfeaufsichtsverfahren übertragbar. Trotz der in den vergangenen Jahren deutlich intensivierten Öffentlichkeitsarbeit der Kommission, die versucht, ihre Beihilfepolitik z.B. über eine eigene Homepage im Internet, sowie über verschiedene Publikationen wie den Competition Policy Newsletter sowohl für den Spezialisten als auch den Bürger zugänglicher zu machen, bestehen nach wie vor Mißverständnisse und falsche Erwartungen darüber, was die Beihilfeaufsicht leistet bzw. leisten kann.

So wird vielfach übersehen, daß Beihilfen nicht etwa in erster Linie in den ärmeren Mitgliedstaaten üblich sind oder in Staaten, die „traditionell einem wirtschaftsinterventionistischen Staatsverständnis anhängen“.[4] Im Gegenteil war mit Deutschland im Zeitraum zwischen 1993 und 1997 derjenige Mitgliedstaat „Beihilfe-Europameister“,[5] in dessen

1 Vgl. etwa FAZ v. 27.5.1998, S. 17 („Santer verteidigt die Beihilfe-Kontrolle der EU“).

2 Vgl. dazu *Peter Schütterle*, Die Beihilfenkontrollpraxis der Europäischen Kommission im Spannungsfeld zwischen Recht und Politik, EuZW 1995, 391 ff.

3 *Joseph H. Kaiser*, Zur Anwendung von Art. 85 Abs. 3 des EWG-Vertrages auf Gruppen von Kartellverträgen, Köln u.a. 1964, S. 9.

4 *Thomas von Danwitz*, Grundfragen der Europäischen Beihilfeaufsicht, JZ 2000, 429, 430.

5 Vgl. *Karel van Miert*, Die Zukunft der Wettbewerbspolitik in der EU, in: Zentrum für Europäisches Wirtschaftsrecht, Vorträge und Berichte Nr. 89, Referat am 27.10.1997 im Rahmen der Vortragsreihe „Europa vor der Wirtschafts- und Währungsunion“, Bonn 1997, S. 19; *Thomas von Danwitz*, Grundfragen der Europäischen Beihilfeaufsicht, JZ 2000, 429, 430 mit umfangreichem Zahlenmaterial aus den entsprechenden Kommissionsberichten. Vgl. hierzu auch FAZ v. 1.4.1999, S. 22.

Öffentlichkeit die Beihilferegeln oft besonders scharf kritisiert werden. Dabei fällt auf, daß die Kritik an der Beihilfeaufsichtstätigkeit der Kommission sowohl in politischen Kreisen als auch in der Rechtsliteratur häufig in recht pauschaler Form formuliert wird.

So hat der sächsische Ministerpräsident *Kurt Biedenkopf* im Zuge des Streits um die Beihilfen für das sächsische Volkswagenwerk Mosel kritisiert, daß aufgrund der fehlenden parlamentarischen Kontrolle über die Kommission ernsthafte Zweifel an der demokratisch-institutionellen Legitimation der gemeinschaftsrechtlichen Beihilfeaufsicht bestünden. Insbesondere wenn die Kommission die Aufsicht über nationale Maßnahmen wie parlamentarisch beschlossene, regionale Wirtschaftsförderung und Standortsicherung ausübe, sei dies ein augenfälliges Beispiel für das viel zitierte demokratische Defizit der Europäischen Gemeinschaft.[6]

Aber nicht nur im Hinblick auf die demokratische Legitimation der Beihilfeaufsicht regt sich in der Öffentlichkeit Kritik. Vielmehr wird regelmäßig auch die fehlende Transparenz der Beihilfeaufsicht beklagt[7] oder die fehlende Bestimmtheit des Beihilfebegriffs kritisiert. Andere Kritiker, v.a. aus dem Lager der deutschen Bundesländer, befürworten unter Berufung auf das gemeinschaftsrechtliche Subsidiaritätsprinzip eine Begrenzung neuer beihilferechtlicher Regelungsinitiativen auf bloße Eckpunkte.[8] Außerdem kam es in der rechtswissenschaftlichen Literatur im Gefolge des bekannten Alcan-II-Urteils des Gerichtshofs[9] zu einer lang anhaltenden, erbittert geführten Debatte um die Gewährleistung von Vertrauensschutz in Deutschland und Europa.[10]

6 Diese Aussagen *Biedenkopfs* werden dargestellt und analysiert von *Thomas von Danwitz*, Grundfragen der Europäischen Beihilfeaufsicht, JZ 2000, 429, 431. Vgl. ferner *Konrad Adam*, Das Defizit - Warum Europa von den Sachsen nicht geliebt wird, FAZ v. 10.8.1996, S. 25; *Ulrich Everling*, Steht Deutschland noch zur Rechtsgemeinschaft? - Verfassungsrichter und Ministerpräsidenten nähren Zweifel am europäischen Kurs, FAZ v. 3.9.1996, S. 11.

7 Die „noch immer geringe Bekanntheit und Transparenz" der Regelungen der Artikel 87 ff. EGV moniert z.B. *Peter Schütterle*, Beihilfenkontrolle und kommunale Grundstücksverkäufe - Schutz des Wettbewerbs oder vermeidbares Investitionshemmnis?, EuZW 1993, 625, 627 f.; vgl. auch *Claus-Dieter Ehlermann, Peter Schütterle,* Vollzugsdefizit der europäischen Beihilfenkontrollregeln?, EuZW 1996, 234, 235: „Das 'Grundübel' des europäischen Beihilfenrechts ist seine relative Intransparenz."
Vgl. außerdem die sehr scharfe Pauschalkritik von *Lamprecht*, der im Hinblick auf das Europarecht im allgemeinen einen „Mangel an jeglicher Transparenz" und einen „Hang zur Geheimnistuerei" konstatiert (*Rolf Lamprecht*, Untertan in Europa - Über den Mangel an Demokratie und Transparenz, NJW 1997, S. 505, 505) sowie die gelungene Erwiderung hierauf von *Rüdiger Bandilla, Jan-Peter Hix*, Demokratie, Transparenz und Bürgerrechte in der Europäischen Gemeinschaft, NJW 1997, 1217 ff.

8 Vgl. z.B. die Pressemitteilung des Bundesrates 101/98 vom 8. Mai 1998, „EG-Verordnung zur Kontrolle der staatlichen Beihilfen auf Eckpunkte beschränken", Drucksache 239/98 (Beschluß), S. 2.

9 EuGH, Rs. C-24/95, Land Rheinland Pfalz/Alcan Deutschland („Alcan II"), Slg. 1997, I-1591 ff. Soweit im folgenden vom „Gerichtshof" die Rede ist, beschreibt dieser Begriff je nach Kontext entweder den Europäischen Gerichtshof in seiner Gesamtheit, d.h. sowohl das Gericht erster Instanz (EuG) als auch den EuGH, oder aber lediglich den EuGH als solchen.

10 Vgl. stellvertretend *Eberhard Kruse*, Die Rechtsstellung Dritter im Beihilfekontrollverfahren, EuR 1999, 119, 120 m.w.N. zu den zahlreichen Urteilsanmerkungen zum Alcan-Urteil des EuGH.

Es läßt sich also feststellen, daß die derzeitige Ausgestaltung der gemeinschaftlichen Beihilfeaufsicht offenbar vielfältiges Konfliktpotential enthält und deshalb Gegenstand heftiger Kritik aus verschiedenerlei Richtung ist. Allerdings läßt sich auch nicht leugnen, daß die verschiedenen Kritikpunkte selten zueinander in Beziehung gesetzt und im Rahmen eines übergreifenden rechtsstaatlichen Referenzsystems auf ihre Stichhaltigkeit hin überprüft werden. In der vorliegenden Arbeit soll deshalb das Verfahren der europäischen Beihilfenkontrolle, aber auch das materielle Beihilferecht, umfassend am Maßstab rechtsstaatlicher Grundprinzipien gemessen werden, um zu klären, inwieweit die gegenüber der Beihilfenkontrolle erhobenen Vorwürfe zutreffend sind. Die rechtlichen Grundlagen sowohl der verschiedenen relevanten rechtsstaatlichen Prinzipien als auch des Beihilferechts selbst sollen frei von politischer Rhetorik dargestellt werden, um so zu einer ausgewogenen juristischen Bewertung des Status Quo zu gelangen. Zugleich soll aber immer auch versucht werden, mit Blick auf die Zukunft wünschenswerte Veränderungen des Beihilferechts vorzuskizzieren.

Besondere Relevanz erhält diese Untersuchung nicht zuletzt aus der jüngsten Regelungsoffensive der Kommission, die zumindest teilweise wohl auch eine Reaktion auf die angesprochene scharfe Kritik in der Öffentlichkeit und die keineswegs optimale Akzeptanz des Gemeinschaftsrechts bei den Bürgern Europas darstellt. Durch die mittlerweile auf der Basis von Artikel 89 EGV erlassenen Durchführungsverordnungen zu den Artikeln 87 und 88 EGV, namentlich die Verfahrensverordnung vom März 1999[11] und die Gruppenfreistellungsrahmenverordnung vom Mai 1998,[12] ist Bewegung ins Beihilferecht gekommen. Insofern soll diese Arbeit auch einen Beitrag dazu leisten, diese weniger bekannten, für Rechtsanwender und Fachleute gleichermaßen neuen Vorschriften wissenschaftlich zu erschließen.

B. Gang der Untersuchung

Im ersten Teil der Arbeit sollen zunächst die rechtlichen Grundlagen der Beihilfeaufsicht dargestellt werden, um so die Grundlage für eine Auseinandersetzung mit verschiedenen im weitesten Sinne rechtsstaatlichen Prinzipien zu schaffen.

Einleitend wird ein kurzer Überblick über die entscheidende materielle Beihilfebestimmung, Artikel 87 EGV, gegeben. Schwerpunkt dieser Ausführungen ist der Begriff der mit dem Gemeinsamen Markt unvereinbaren Beihilfe i.S.v. Artikel 87 Absatz 1 EGV. Neben der deskriptiven Darstellung des unproblematischen rechtlichen Bestands soll hier versucht werden, anhand verschiedener aktueller Beispiele zukünftige Problembereiche zu prognostizieren. Vervollständigt wird dieser Abschnitt durch die Darstellung der Ausnahmetatbestände in Artikel 87 Absatz 2 und 3 EGV.

11 Verordnung 659/99/EG des Rates vom 22. März 1999 über besondere Vorschriften für die Anwendung von Artikel 93 des EG-Vertrages, ABl. 1999, L 93, S. 1.

12 Verordnung 994/98/EG des Rates vom 7. Mai 1998 über die Anwendung der Artikel 92 und 93 EGV auf bestimmte Gruppen horizontaler Beihilfen, ABl. 1998, L 142, S. 1.

Im Anschluß daran wird das eigentliche Beihilfeaufsichtsverfahren geschildert, das sich nach Artikel 88 EGV i.V.m. der angesprochenen neuen Verfahrensverordnung richtet. Diese Beschreibung des Verfahrens ist dabei bewußt ausführlich gehalten, da die Kenntnis der Vorschriften der Verfahrensordnung in der rechtswissenschaftlichen Praxis und Literatur derzeit noch nicht ohne weiteres vorausgesetzt werden kann.

Den Abschluß des beschreibenden Teils bildet eine Auseinandersetzung mit Artikel 89 EGV, der den Rat zum Erlaß von zweckdienlichen Durchführungsverordnungen ermächtigt. Neben Artikel 89 EGV selbst wird an dieser Stelle auch die auf dessen Grundlage erlassene Gruppenfreistellungsrahmenverordnung des Rates besprochen.

Von dieser Beschreibung ausgehend, widmet sich der zweite Teil dem eigentlichen Kern der Untersuchung: Die derzeitige Ausgestaltung der gemeinschaftlichen Aufsicht über mitgliedstaatliche Beihilfen soll umfassend am Maßstab des Rechtsstaatsprinzips gemessen werden. Neben verschiedenen Grundsätzen, die typologisch als klassische Unterfälle des Rechtsstaatsprinzips zu bewerten sind, sollen außerdem auch verschiedene, sonstige allgemeine Rechtsgrundsätze des Gemeinschaftsrechts in die Untersuchung miteinbezogen werden. Diese Trennung in streng rechtsstaatliche Rechtsprinzipien und sonstige allgemeine Rechtsgrundsätze des Gemeinschaftsrechts bestimmt dabei die Gliederung der Arbeit. Innerhalb der verschiedenen analysierten Grundsätze soll jeweils zunächst der generelle gemeinschaftsrechtliche Hintergrund dargestellt werden, ehe dann die speziell beihilferechtlichen Fragestellungen aufgeworfen und die entsprechenden Schlußfolgerungen gezogen werden. Der derzeitige Status Quo ist dabei lediglich der Ausgangspunkt der Analyse: Im Hinblick auf etwaige Verbesserungen des Systems der Beihilfenkontrolle in der Zukunft werden problematische Bereiche isoliert und Leitlinien der weiteren Entwicklung vorgezeichnet.

Nach einem einleitenden Überblick über Provenienz und vertragliche Rechtsgrundlage der allgemeinen Rechtsgrundsätze des Gemeinschaftsrechts wird zunächst das gemeinschaftsrechtliche Rechtsstaatsprinzip als solches besprochen. Daran schließt sich ein Kapitel über die Gesetzesbindung der Verwaltung im Beihilferecht an. Dieser Punkt ist insbesondere im Hinblick auf das oftmals kritisierte, extrem weite Genehmigungsermessen der Kommission im Rahmen von Artikel 87 Absatz 3 EGV von Interesse. Aber auch die Tatsache, daß die Kommission die Kriterien ihres Genehmigungsermessens in zahlreichen abstrakten Mitteilungen, Leitlinien und Gemeinschaftsrahmen vorformuliert, deren Rechtsgrundlage und -natur nicht ganz eindeutig geklärt ist, wirft interessante Fragen im Zusammenhang mit dem Gesetzmäßigkeitsprinzip auf. Insbesondere ist zu klären, ob diese Regelungstechnik über grundsätzlich unverbindliche Verwaltungsvorschriften nicht eine unzulässige Umgehung der in Artikel 89 EGV dem Rat vorbehaltenen Verordnungskompetenz darstellt.

Daran schließt sich ein Kapitel über die Rechtssicherheit, den Bestimmtheitsgrundsatz und den Vertrauensschutz an. Hierbei soll zum einen untersucht werden, ob der bewußte Verzicht auf eine Definition des Begriffs der Beihilfe im Wortlaut des Artikel 87 EGV sowie die enorm weite, flexible Auslegung des Begriffs in Rechtsprechung und Praxis mit dem rechtsstaatlichen Bestimmtheitsgebot zu vereinbaren sind. Denn gerade in diesem Bereich wird oft der Vorwurf erhoben, die Ergebnisse der Überprüfung der Kommission seien für die Mitgliedstaaten und den Begünstigten einer Beihilfe praktisch nicht oder nur kaum vorhersehbar. Daneben erfolgt eine ausführliche Diskussion der Vertrauensschutzproblematik, v.a. im Zusammenhang mit der Rückforderung von vertragswidrigen mitgliedstaatlichen Beihilfen.

Im Anschluß daran wendet sich die Untersuchung weiteren, nicht im engeren Sinne rechtsstaatlichen allgemeinen Rechtsgrundsätzen des Gemeinschaftsrechts zu. Gemeint sind damit zum einen der allgemeine Gleichheitssatz, das Subsidiaritätsprinzip und der Verhältnismäßigkeitsgrundsatz. Daneben sollen aber auch eher rechtstatsächliche Gesichtspunkte wie die Transparenz sowie die Effektivität und die Effizienz des Beihilferechts in die Betrachtung miteinbezogen werden.

Insbesondere von zukünftigen Gruppenfreistellungsverordnungen ist eine merkliche Entlastung der Kommission durch Ressourcenfreisetzung zu erwarten, so daß das Beihilfeaufsichtsverfahren insgesamt durch die Konzentration auf die wichtigen Fälle schwerwiegender Wettbewerbsverzerrungen effizienter werden dürfte. Außerdem werden die Verfahrensergebnisse in den von solchen Verordnungen erfaßten Teilbereichen eindeutig vorhersehbar und das Verfahren im ganzen dadurch transparenter. Auf der anderen Seite ist die Frage aufzuwerfen, ob unter einer so weitgehenden Pauschalierung nicht die Einzelfallgerechtigkeit leidet; v.a. ist auch zu klären, nach welchen theoretischen Kriterien die Auswahl der von einer Gruppenfreistellung erfaßten Beihilfen zu erfolgen hat.

Die Ergebnisse dieser Bestandsaufnahme helfen dabei, die Schwachstellen des gegenwärtigen Systems auszumachen und mögliche Entwicklungslinien für positive Veränderungen und Verbesserungen des europäischen Beihilferechts in der Zukunft aufzuzeigen. Allerdings ist zu beachten, daß die zu den einzelnen Grundsätzen gefundenen Ergebnisse zum Teil lediglich Zwischenergebnisse sind. Erst die Zusammenführung der gezogenen Schlußfolgerungen im abschließenden Kapitel ermöglicht eine angemessene Abwägung und Gewichtung der verschiedenen, teilweise gegenläufigen Interessen. Auf der Grundlage der ersten beiden Teile werden insoweit konkrete Vorschläge für Verbesserungen *de lege ferenda* entworfen: Die erlassenen Verordnungen der Kommission sind dabei lediglich Anstoß und Ausgangspunkt der Entwicklung, keineswegs aber deren Grenze oder Endpunkt. Soweit diese Verordnungen keine angemessene, ausreichende Problemlösung bieten, wird im Résumé der Arbeit der Versuch unternommen, weiterführende Vorschläge zu unterbreiten, die in thesenartiger Zusammenfassung den Abschluß der Arbeit bilden.

Erster Teil -- Die rechtlichen Grundlagen des Beihilfeaufsichtsrechts

Die gemeinschaftsrechtliche Aufsicht über mitgliedstaatliche Beihilfen hat sich im Verlauf der letzten Jahre zu einem kontrovers diskutierten Dauerthema sowohl in juristischen Fachkreisen als auch in der Tagespresse entwickelt.[13] Bei genauerer Betrachtung dieser Diskussion fällt auf, daß das Interesse an beihilferechtlichen Fragestellungen nicht nur bei den beiden Hauptakteuren des Beihilfeverfahrens, Kommission und Mitgliedstaaten (einschließlich der Empfänger von Beihilfen), ständig wächst, sondern daß zunehmend auch Konkurrenten von beihilfebegünstigten Unternehmen die Gewährung von Beihilfen als Mißstand und Integrationshindernis begreifen.[14] Aus heutiger Sicht mag es insofern überraschen, daß ein politisch so brisanter und praktisch so bedeutender Teil des europäischen Wettbewerbsrechts im EG-Vertrag nur in drei knappen Artikeln geregelt ist.

Artikel 87 EGV regelt die materiellrechtlichen Grundlagen des Beihilferechts, Artikel 88 EGV das Verfahren der Beihilfeaufsicht. Die dritte Norm, Artikel 89 EGV, beinhaltet eine Ermächtigungsgrundlage zum Erlaß von Durchführungsverordnungen zu den Artikeln 87 und 88 EGV. Diese Ermächtigung blieb allerdings lange Zeit ungenutzt[15] und ist erst in jüngster Zeit mit Leben erfüllt worden.[16] U.a. aus dem Fehlen derartiger Durchführungsverordnungen gemäß Artikel 89 EGV erklärt sich die enorme Summe von sekundärrechtlichen Verlautbarungen, Leitlinien und Gemeinschaftsrahmen der Kommission, deren rechtliche Natur teilweise umstritten ist und die wegen ihrer Unübersichtlich-

13 Vgl. in jüngerer Zeit z.B. die ausführliche Berichterstattung zum Streit um die Finanzierung der Westdeutschen Landesbank Girozentrale (WestLB), FAZ v. 6.7.1999, S. 20; FAZ v. 9.7.1999, S. 13; Süddeutsche Zeitung v. 9.7.1999, S. 25; Süddeutsche Zeitung v. 21.7.1999, S. 23; FAZ v. 30.7.1999, S. 18; FAZ v. 29.10.1999, S. 13. Aber nicht nur aktuelle Fälle der Tagespolitik finden immer häufiger ihren Weg in die Tagespresse, sondern auch grundlegende mehr juristisch orientierte Betrachtungen vgl. z.B. zur neuen Verfahrensverordnung in Beihilfesachen „Nachgefragt bei: *Bertold Bär-Bouyssière*“, FAZ v. 26.3.1999, S. 23 oder den Bericht „Fast alle Bodenreformland-Verkäufe nichtig“ unter Berufung auf *Matthias Pechstein*, FAZ v. 20.7.1998, S. 17.

14 Vgl. z.B. FAZ v. 11.1.2000, S. 23 („Anhaltende Kritik an Staatsbeihilfen - Ein wichtiges Hemmnis für die Marktintegration in Europa“), wo die Ergebnisse einer Kommissionsumfrage unter 3500 Unternehmen wiedergegeben werden: Danach ist die Gewährung von staatlichen Beihilfen mittlerweile zum dritthäufigst genannten Marktintegrationshemmnis geworden. Interessant in diesem Zusammenhang ist auch eine weitere Studie der Kommission („Application of EC State aid law by the Member State courts“ verfügbar unter „http://europe.eu.int/comm/dg04/aid/other.htm“), die besagt, daß Unternehmen, obwohl staatliche Beihilfen offenbar als äußerst mißlich empfunden werden, in der Praxis bislang nur äußerst zögerlich von nationalen Rechtsschutzmöglichkeiten gegen deren Gewährung an Konkurrenten Gebrauch machen. Eine Zusammenfassung dieser Studie gibt *Adinda Sinnaeve*, Study on the application of EC state aid law by the courts of Member States, Competition Policy Newsletter 1999, No. 2, S. 38 ff.

15 Vgl. hierzu die Urteile des EuGH, Rs. 84/82, Deutschland/Kommission, Slg. 1984, 1451, 1487, Rn. 10; Rs. C-301/87, Frankreich/Kommission („Boussac“), Slg. 1990, I-307, 355, Rn. 14.

16 Vgl. die in rascher zeitlicher Folge erlassenen Verordnungen des Rates über die Anwendung der Artikel 92 und 93 des Vertrages auf bestimmte Gruppen horizontaler Beihilfen (im folgenden „Freistellungsrahmenverordnung“), ABl. 1998, L 142, S. 1 und über besondere Vorschriften für die Anwendung von Artikel 93 des EG-Vertrages (im folgenden „VerfVO“), ABl. 1999, L 83, S. 1.

keit vielfach kritisiert wurden.[17] Im folgenden Teil sollen die bestehenden materiellen und verfahrensrechtlichen Regelungen näher dargestellt werden, um die Grundlage für den eigentlichen Kern dieser Untersuchung, namentlich die Analyse der Bedeutung und Funktion rechtsstaatlicher Grundsätze im Beihilferecht, zu schaffen.

A. Artikel 87 EGV

I. Einführung

Artikel 87 EGV ist die zentrale materiellrechtliche Norm des europäischen Rechts über mitgliedstaatliche Beihilfen. Die drei Absätze dieser Bestimmung legen fest, unter welchen Bedingungen eine mitgliedstaatliche Beihilfe mit dem Gemeinsamen Markt vereinbar ist und von der Kommission genehmigt werden kann bzw. muß. Artikel 87 Absatz 1 EGV postuliert als Grundregel, daß bestimmte mitgliedstaatliche Beihilfen mit dem Gemeinsamen Markt unvereinbar sind. Artikel 87 Absatz 2 EGV normiert zwingende Ausnahmen von diesem Grundsatz, d.h. er bestimmt, daß verschiedene Kategorien von Beihilfen de iure mit dem Gemeinsamen Markt vereinbar sind und deshalb von der Kommission genehmigt werden müssen. Artikel 87 Absatz 3 EGV nennt weitere Kategorien von Beihilfen, die ebenfalls genehmigt werden können, d.h. er räumt der Kommission die Befugnis ein, im Rahmen ihres pflichtgemäßen Ermessens bestimmte Beihilfen ausnahmsweise für mit dem Gemeinsamen Markt vereinbar zu erklären. Schon aus dieser gesetzlichen Gestaltung des Regel-Ausnahme-Verhältnisses ergibt sich, daß der Vertrag nicht etwa ein absolutes, unbedingtes Beihilfeverbot aufstellt.[18] Die gesetzliche Konzeption des Beihilferechts unterscheidet sich insofern von den absolut angelegten Verboten z.B. in Artikel 81 EGV, aber auch in Artikel 4 lit. c) EGKS-Vertrag für Subventionen oder Beihilfen im Montanbereich.[19] Artikel 87 Absatz 1 EGV ist auch nicht unmittelbar in den nationalen Rechtsordnungen anwendbar. Vor nationalen Gerichten können sich Dritte auf die Unvereinbarkeit einer Beihilfe mit dem Gemeinsamen Markt erst berufen,

17 Vgl. hierzu *Eberhard Kruse*, Bemerkungen zur gemeinschaftlichen Verfahrensverordnung für die Beihilfekontrolle, NVwZ 1999, 1049, 1049 f.

18 Vgl. hierzu statt aller GTE-*Mederer*, Art. 92, Rn. 1; Grabitz-*von Wallenberg*, Art. 92, Rn. 2 m.w.N.; vgl. auch die ständige Rechtsprechung des EuGH, z.B. Rs. 74/76, Iannelli und Volpi/Firma Paolo Meroni, Slg. 1977, 557, 575, Rn. 10/12; Rs. C-72/92, Herbert Scharbatke/Deutschland, Slg. 1993, 5509, 5531, Rn. 19.

19 Auffällig ist allerdings, daß sich das ursprünglich absolut angelegte Beihilfeverbot in den Bereichen Kohle und Stahl im Verlauf der Entwicklung als wenig praktikabel erwiesen hat. Heute gilt auch im Montanbereich keineswegs mehr ein absolutes Verbot. Die Systeme der beiden Verträge haben sich vielmehr einander angenähert vgl. hierzu *Josse Mertens de Wilmars*, Aides CECA et aides CEE: Aspects juridiques d'une convergence économique, in: Francesco Capotorti et al. (Hrsg.): Du droit international au droit de l'intégration: Liber amicorum Pierre Pescatore, Baden-Baden 1987, S. 421, 428 ff., 440; *Adinda Sinnaeve*, Die Rückforderung gemeinschaftsrechtswidriger nationaler Beihilfen, Berlin 1997, S. 20 m.w.N.; Schwarze-*Bär-Bouyssière*, Art. 87, Rn. 6 m.w.N.

wenn diese von der Kommission im Verfahren gemäß Artikel 88 Absatz 2 EGV festgestellt worden ist.[20]

Was das Verhältnis der Regel in Artikel 87 Absatz 1 EGV zu den Ausnahmen und Einschränkungen in Artikel 87 Absatz 2 und 3 EGV anbelangt, läßt sich folgende grundlegende Tendenz feststellen: Während der Kreis der verbotenen Beihilfen in Absatz 1 grundsätzlich sehr weit gezogen ist, wird der Anwendungsbereich der Ausnahmen in den folgenden Absätzen im Zweifel eher eng ausgelegt.

Aber selbst wenn man die in Artikel 87 Absatz 2 und 3 EGV genannten Ausnahmen vom Beihilfeverbot außer Betracht läßt und sich nur auf die Formulierung des Verbotstatbestands in Artikel 87 Absatz 1 EGV konzentriert, fällt auf, daß die Unvereinbarkeit nationaler Beihilfen mit dem Gemeinsamen Markt an eine Reihe von Bedingungen geknüpft ist. Verboten sind mitgliedstaatliche Beihilfen nämlich nur dann, wenn sie sich an bestimmte Unternehmen oder Produktionszweige wenden, den Wettbewerb zu verfälschen drohen und den Handel zwischen Mitgliedstaaten beeinträchtigen. Außerdem steht das Verbot in Artikel 87 Absatz 1 EGV unter dem Vorbehalt, daß „in diesem Vertrag nicht etwas anderes bestimmt ist".

Ferner enthält Artikel 87 Absatz 1 EGV keine Definition des Begriffs der staatlichen „Beihilfe". Die Herausbildung einer solchen Definition wurde bewußt der späteren Praxis der Kommission und der Rechtsprechung des Gerichtshofes überlassen.[21] Fast zwangsläufig hat sich aus diesem Ansatz ein pragmatischer, stark kasuistischer Beihilfebegriff entwickelt. Die Vielzahl der Entscheidungen und Details ist selbst für den Fachmann nur noch schwer zu überblicken und auf einen klaren, gemeinsamen Nenner zu bringen. Dessen wurde sich auch die Kommission bewußt. Sie ist deshalb Anfang der neunziger Jahre verstärkt dazu übergangen, ihre eigene Auslegung zu verschiedenen Aspekten des Beihilfebegriffs in unverbindlichen Mitteilungen abstrakt zu formulieren und zugleich transparenter zu machen.[22]

Ohne an dieser Stelle bereits eine Würdigung des materiellen Beihilferechts vornehmen zu wollen, läßt sich die Aussage vor die Klammer ziehen, daß die Zulässigkeit von mitgliedstaatlichen Beihilfen anhand eines komplizierten, mehrfach abgestuften Maßstabs bewertet wird. Das System in Artikel 87 EGV soll es der Kommission ermöglichen, für eine ausreichende Berücksichtigung der gemeinschaftlichen Interessen an einem weitestgehend unverzerrten Wettbewerb zu sorgen, ohne zugleich den Mitgliedstaaten jeglichen

20 Vgl. z.B. EuGH, Rs. 74/76, Iannelli und Volpi/Firma Paolo Meroni, Slg. 1977, 557, 575, Rn. 10/12; Rs. 78/76, Firma Steinike und Weinlig/Deutschland, Slg. 1977, 595, 610, Rn. 10.

21 GTE-*Mederer*, Art. 92, Rn. 2.

22 Vgl. z.B. die Mitteilung der Kommission betreffend Elemente staatlicher Beihilfen bei Verkäufen von Bauten oder Grundstücken durch die öffentliche Hand (ABl. 1997, C 209, S. 3), die Mitteilung über die Anwendung der Beihilfevorschriften auf Beihilfen in Form von Haftungsverpflichtungen und Bürgschaften (ABl. 2000, C 71, S. 14) sowie Schwarze-*Bär-Bouyssière*, Art. 87, Rn. 41 ff. und GTE-*Mederer*, Art. 92, Rn. 76 m.w.N.

Freiraum für eine nationale Beihilfenpolitik zu entziehen. Ferner soll es eine angemessene Gewichtung der legitimen Interessen der Beihilfeempfänger und ihrer Konkurrenten erlauben.[23]

Die oben angesprochene enorme Detailvielfalt und die Fülle von aktuellen Problemen und Entscheidungen zwingt dazu, die Darstellung im folgenden auf wesentliche Grundlinien und vereinzelte Schwerpunkte zu konzentrieren, sowie diejenigen Konstellationen aufzuzeigen, in denen in Zukunft verstärkt mit Problemen zu rechnen ist. Ansonsten soll lediglich ein knapper Überblick vermittelt werden, zumal der stete Wandel des Beihilferechts im Ergebnis häufig dazu führt, daß eine Detailbetrachtung zur bloßen Momentaufnahme gerät, die sich sehr schnell überlebt.

II. Das Beihilfeverbot in Artikel 87 Absatz 1 EGV

1. Der Beihilfebegriff - Beihilfen gleich welcher Art

a) Der derzeitige Status Quo

Der Begriff der „Beihilfe" wird in Artikel 87 EGV zwar an mehreren Stellen verwendet, aber nicht definiert. Auch das Definitionskapitel der VerfVO[24] beinhaltet keine echte Definition der Beihilfe. Eine Begriffsbestimmung ist jedoch von ganz erheblicher Bedeutung, da der Umfang der gemeinschaftlichen Kontrollbefugnisse über die mitgliedstaatliche Wirtschaftsförderungspolitik ganz entscheidend davon abhängt, wie weit der Begriff der Beihilfe gefaßt wird.[25] Nachdem im Schrifttum vor allem in früherer Zeit versucht worden war, eine abschließende Definition der Beihilfe zu finden,[26] hat sich in der Praxis ein entwicklungsoffener, höchst flexibler Begriff durchgesetzt, der nach allgemeiner Ansicht weit auszulegen ist.[27]

Diese weite Auslegung wird zum einen mit dem Zusatz Beihilfen „gleich welcher Art" im Wortlaut von Artikel 87 Absatz 1 EGV begründet.[28] Weiter wird argumentiert, daß der Versuch einer näheren Bestimmung zwangsläufig zu einer Einengung des Anwendungsbereichs der Beihilfenkontrolle führe.[29] Um der Kommission ein umfassendes und

23 Schwarze-*Bär-Bouyssière*, Art. 87, Rn. 2.

24 Kapitel I der VerfVO (ABl. 1999, L 83, S. 1) ist verschiedenen beihilferechtlichen Definitionen gewidmet. Artikel 1 lit. a) VerfVO definiert Beihilfen dabei als „alle Maßnahmen, die die Voraussetzungen des Artikels 92 Absatz 1 des Vertrages erfüllen".

25 Vgl. z.B. Schwarze-*Bär-Bouyssière*, Art. 87, Rn. 26.

26 Zu verschiedenen Definitionsversuchen vgl. GTE-*Mederer*, Art. 92, Rn. 5 m.w.N.; *Stefan Hoischen*, Die Beihilferegelung in Artikel 92 EWGV, Köln u.a. 1989, S. 3 ff.

27 Vgl. statt aller Calliess-Ruffert-*Cremer*, Art. 87, Rn. 7 m.w.N.; *Andrew Evans*, EC Law of State Aid, Oxford 1997, S. 27 ff.; *Marianne Dony-Bartholme*, La notion d'aide d'Etat, CDE 1993, 399, 416.

28 Grabitz-*von Wallenberg*, Art. 92, Rn. 5; *Hans-Werner Rengeling*, Das Beihilferecht der Europäischen Gemeinschaften, in: Bodo Börner, Konrad Neundörfer (Hrsg.), Recht und Praxis der Beihilfen im Gemeinsamen Markt, Köln u.a. 1984, S. 23, 26.

29 *Dieter Lefèvre*, Staatliche Ausfuhrförderung und das Verbot wettbewerbsverfälschender Beihilfen im EWG-Vertrag, Baden-Baden 1977, S. 112 m.w.N.; *Ulrich Immenga, Joachim Rudo*, Die Beurteilung

zugleich flexibles Instrumentarium zum Schutz des Wettbewerbs in die Hand zu geben, aber auch um der Gefahr der Umgehung durch die Mitgliedstaaten vorzubeugen,[30] müsse eine gewisse Unbestimmtheit in Kauf genommen werden, die ein derartiger weiter, kasuistischer Beihilfebegriff mit sich bringe.[31]

Außerdem wird die Weite des Beihilfebegriffs - wie oben bereits erwähnt - durch die weiteren Tatbestandsmerkmale in Artikel 87 Absatz 1 EGV und die Ausnahmeregelungen in Artikel 87 Absatz 2 und 3 EGV etwas relativiert.

Der Gerichtshof hat sich grundlegend bereits 1961 zum Begriff der Beihilfe geäußert. Im Urteil „Steenkolenmijnen" führte er zu Artikel 4 lit. c) EGKS-Vertrag aus:

> „Der Vertrag umschreibt die in seinem Artikel 4 Buchstabe c enthaltenen Begriffe der Subvention und der Beihilfe nicht ausdrücklich. Nach dem gewöhnlichen Sprachgebrauch ist eine Subvention eine Geld- oder Sachleistung, die einem Unternehmen zu dessen Unterstützung gewährt wird und die außerhalb des Entgelts liegt, welches der Käufer oder Verbraucher für die von dem betroffenen Unternehmen produzierten Güter oder Dienstleistungen entrichtet. In der Beihilfe wird allgemein ein hiermit eng verwandter Vorgang gesehen, der jedoch insofern in stärkerem Maße zweckbetont ist, als Beihilfen speziell als Mittel zur Verfolgung bestimmter Ziele angesehen werden, die in der Regel nicht ohne fremde Hilfe erreicht werden können. Der Begriff der Beihilfe ist jedoch weiter als der Begriff der Subvention, denn er umfaßt nicht nur positive Leistungen wie Subventionen selbst, sondern auch Maßnahmen, die in verschiedener Form die Belastungen vermindern, welche ein Unternehmen normalerweise zu tragen hat und die somit zwar keine Subventionen im strengen Sinne des Wortes darstellen, diesen aber nach Art und Wirkung gleichstehen."[32]

Obwohl sich dieses Urteil auf den Montanbereich bezog, sind die dort getroffenen grundlegenden Aussagen zu Beihilfen bis heute Teil der ständigen Rechtsprechung des Gerichtshofs sowohl zu Artikel 4 lit. c) EGKS-Vertrag als auch zu Artikel 87 Absatz 1 EGV.[33] Später ist der Begriff der Beihilfe allerdings zu keiner Zeit umfassend oder abschließend abstrakt definiert worden, sondern wurde von der Kommission und dem Gerichtshof in den jeweiligen Streitfällen ad hoc weiterentwickelt. Im Ergebnis hat dies da-

von Gewährträgerhaftung und Anstaltslast der Sparkassen und Landesbanken nach dem EU-Beihilferecht, Baden-Baden 1997, S. 42.

30 Vgl. *Manfred Caspari*, The aid rules of the EEC Treaty and their application, in: *Jürgen Schwarze* (Hrsg.), Discretionary Powers of the Member States in the Field of Economic Policies and their Limits under the EEC Treaty, Baden Baden 1988, S. 37, der davon spricht „free rein is then given to the creative imagination of politicians and bureaucrats."

31 Zum Grundsatz der Bestimmtheit und der Beihilfedefinition vgl. ausführlicher unten Teil 2. A.IV.2.c).aa).

32 EuGH, Rs. 30/59, De Gezamenlijke Steenkolenmijnen in Limburg/Hohe Behörde, Slg. 1961, 1, 42 f.; vgl. hierzu ausführlich *Jürgen Schwarze*, Europäisches Verwaltungsrecht, Bd. I, Baden-Baden 1988, S. 369 ff.

33 Vgl. z.B. EuGH, Rs. C-387/92, Banco de Crédito Industrial, nunmehr Banco Exterior de España/ Ayuntamiento de Valencia, Slg. 1994, I-877, 907, Rn. 13; C-200/97, Ecotrade/Altiforni e Ferriere di Servola, Slg. 1998, I-7907, 7936, Rn. 34; Rs. C-6/97, Italien/Kommission, Slg. 1999, I-2981, 3004, Rn. 15.

zu geführt, daß sich der tatbestandliche Anwendungsbereich des Artikel 87 Absatz 1 EGV konstant erweitert hat.[34]

Erfaßt wird mittlerweile eine Vielzahl von Maßnahmen, durch die der Staat dem Begünstigten freiwillig[35] und unentgeltlich, d.h. ohne eine marktgerecht entlohnte Gegenleistung, einen finanziellen Vorteil zukommen läßt, sei es im Wege einer positiven Leistung, sei es durch die Befreiung von üblicherweise zu tragenden Belastungen.[36] Die Rechtsform und der Zweck der begünstigenden Maßnahme ist ohne Bedeutung; entscheidend für eine Einordnung als Beihilfe ist vielmehr die tatsächliche Wirkung einer mitgliedstaatlichen Maßnahme.[37]

Neben direkten Zuwendungen wie verlorenen Zuschüssen, zinsvergünstigten Darlehen[38] oder staatlichen Bürgschaften zu Vorzugsbedingungen,[39] werden auch bestimmte steuerliche Begünstigungen,[40] die Gewährung von Vorzugstarifen,[41] die nicht marktgerecht entlohnte Überlassung von Personal[42] bzw. die speziell einem Unternehmen zugute kommende Schulung von Arbeitnehmern,[43] Grundstücksverkäufe unter Wert,[44] staatliche Be-

34 *Thomas Lübbig*, Neue Entwicklungen im Beihilfenrecht der Europäischen Gemeinschaften, WuW 1999, 249, 250; Schwarze-*Bär-Bouyssière*, Art. 87, Rn. 26 spricht davon, daß sich die „Typologie" der Beihilfeformen vervielfacht habe.

35 Die Freiwilligkeit und damit der Beihilfecharakter fehlt zum Beispiel bei staatlichen Schadensersatzleistungen (EuGH, verb. Rs. C-106 bis 120/87, Asteris AE u.a./Griechenland u. Kommission, Slg. 1988, 5515, 5540, Rn. 23 f.) oder bei der Rückerstattung zu Unrecht erhobener Leistungen (z.B. EuGH, Rs. 61/79, Amministrazione delle Finanze dello Stato/Denkavit italiana, Slg. 1980, 1205, 1228, Rn. 31).

36 Hierzu und zum folgenden vgl. Schwarze-*Bär-Bouyssière*, Art. 87, Rn. 26 ff.

37 EuGH, Rs. 173/73, Italien/Kommission, Slg. 1974, 709, 718 f., Rn. 26/28; Rs. 310/85, Deufil/Kommission, Slg. 1987, 901, 924, Rn. 8.

38 Z.B. EuGH, Rs. C-301/87, Frankreich/Kommission („Boussac"), Slg. 1990, I-307, 362, Rn. 41; vgl. auch Rs. 323/82, Intermills-Industrie/Kommission, Slg. 1984, 3809, 3830, Rn. 31 ff.

39 Vgl. etwa die Mitteilung über die Anwendung der Beihilfevorschriften auf Beihilfen in Form von Haftungsverpflichtungen und Bürgschaften (ABl. 2000, C 71, S. 14), sowie *Christian Koenig, Jürgen Kühling*, Grundfragen des EG-Beihilfenrechts, NJW 2000, 1065, 1066; *Michael Schütte, Paul Kirchhof*, Staatliche Bürgschaften und EG-Beihilferecht, EWS 1996, 189 ff.; Schwarze-*Bär-Bouyssière*, Art. 87, Rn. 41.

40 Vgl. EuGH, Rs. 70/72, Kommission/Deutschland, Slg. 1973, 813, 829, Rn. 14 ff.; Rs. 173/73, Italien/Kommission, Slg. 1974, 709, 719, Rn. 29/32; Rs. 310/85, Deufil/Kommission, Slg. 1987, 901, 924, Rn. 8; EuG, Rs. T-67/94, Ladbroke Racing Ltd/Kommission, Slg. 1998, II-1, 34 ff., Rn. 74 ff.; Rs. T-106/95, Fédération française des sociétés d'assurances (FFSA) u.a./Kommission, Slg. 1997, II-229, 280, Rn. 187; vgl. ferner die Maßnahmen der Kommission im Zusammenhang mit der Körperschaftssteuer in Irland (ABl. 1998, C 395, S. 14, 19 - Irish Corporation Tax), sowie die Mitteilung der Kommission über die Anwendung der Beihilfevorschriften auf Maßnahmen im Bereich der direkten Unternehmensbesteuerung (ABl. 1998, C 384, S. 3); vgl. außerdem Schwarze-*Bär-Bouyssière*, Art. 87, Rn. 35, 43, sowie speziell zur deutschen Öko-Steuer Rn. 99.

41 EuGH, verb. Rs. 67, 68 und 70/85, Kwekerij Gebroeders van der Kooy BV u.a./Kommission, Slg. 1988, 219, 302, Rn. 29.

42 EuGH, Rs. C-367/95 P, Kommission/Sytraval und Brink's France, Slg. 1998, I-1719, 1773, Rn. 74 ff.

43 Vgl. EuGH, Rs. C-225/91, Matra SA/Kommission, Slg. 1993, I-3203, 3257, Rn. 29; *Thomas Lübbig*, Neue Entwicklungen im Beihilfenrecht der Europäischen Gemeinschaften, WuW 1999, 249, 251.

44 Vgl. z.B. die Entscheidungen der Kommission in den Fällen „Potsdamer Platz" (ABl. 1992, L 263, S. 15) und „Stadt Mainz" (ABl. 1996, L 283, S. 43). Vgl. ferner generell die Mitteilung der Kommission betreffend Elemente staatlicher Beihilfen bei Verkäufen von Bauten oder Grundstücken durch

teiligungen an privaten oder öffentlichen Unternehmen,[45] die von einem ministeriellen Beurteilungsspielraum geprägte Anwendung eines besonderen Insolvenzregimes,[46] die Vergabe öffentlicher Aufträge[47] sowie u.U. die Quersubventionierung der wettbewerblichen Aktivitäten einer privatrechtlich organisierten Tochtergesellschaft durch ein öffentliches Unternehmen[48] vom Beihilfebegriff erfaßt.

b) Zukünftige Problemschwerpunkte im Zusammenhang mit dem Beihilfebegriff

Auch in Zukunft ist davon auszugehen, daß die Kommission den Anwendungsbereich von Artikel 87 Absatz 1 EGV weiter ausdehnen wird, um neu auftretenden Wettbewerbsverzerrungen zu begegnen. Besonderen Raum in der Praxis, aber auch in der öffentlichen und rechtswissenschaftlichen Diskussion, werden dabei voraussichtlich v.a. die folgenden Problemkonstellationen einnehmen: Die Festlegung der genauen Grenzen der Beihilfenkontrolle in Rechtsgebieten wie dem Steuerrecht und dem Insolvenzrecht.[49] Das verstärkte Vordringen der Beihilfenkontrolle in Bereiche wie Post,[50] Rundfunk[51]

die öffentliche Hand (ABl. 1997, C 209, S. 3), sowie *Peter Schütterle*, EG-Beihilfenkontrolle und kommunale Grundstücksverkäufe, EuZW 1993, 625 ff.

45 EuGH, Rs. 323/82, Intermills-Industrie/Kommission, Slg. 1984, 3809, 3830 f, Rn. 31 ff.; verb. Rs. 296 und 318/82, Niederlande und Leeuwarder Papierwarenfabriek BV/Kommission, Slg. 1985, 809, 823 f., Rn. 20; Rs. 40/95, Belgien/Kommission, Slg. 1986, 2321, 2345 f., Rn. 12 ff.

46 EuGH, Rs. C-295/97, Industrie Aeronautiche e Meccaniche Rinaldo Piaggio/International Factors Italia u.a., Slg. 1999, I-3735, 3762, Rn. 37 ff., Schwarze-*Bär-Bouyssière*, Art. 87, Rn. 32.

47 GTE-*Mederer*, Art. 92, Rn. 6; *Thomas Lübbig*, Neue Entwicklungen im Beihilfenrecht der Europäischen Gemeinschaften, WuW 1999, 249, 253 m.w.N.; offengelassen dagegen in EuGH, Rs. C-21/88, Du Pont de Nemours Italiana/Unità sanitaria locale Carrara, Slg. 1990, I-889, 922, Rn. 21; Rs. C-351/88, Laboratori Bruneau/Unità sanitaria locale Monterotondo, Slg. 1991, I-3641, 3657, Rn. 8.

48 EuGH, Rs. C-39/94, Syndicat français de l'Express international (SFEI) u.a./La Poste, Slg. 1996, I-3547, 3595 f., Rn. 57, 62; vgl. auch EuG, Rs. T-106/95, Fédération française des sociétés d'assurances (FFSA) u.a./Kommission, Slg. 1997, II-229, 275, Rn. 147, 285, Rn. 187 ff.

49 Speziell zu letzterem vgl. neuerdings die Entscheidung der Kommission bezüglich einer Beihilfe zugunsten der vom Konkurs der Sirap SpA betroffenen Unternehmen, ABl. 1999, L 269, S. 29.

50 Vgl. Lenz-*Rawlinson*, Art. 87, Rn. 52 m.w.N.; *Michael Els*, Die Anwendung des EG-Kartell- und Beihilferechts auf universaldienstverpflichtete Unternehmen am Beispiel der Deutschen Post AG, in: Helmut Cox (Hrsg.), Daseinsvorsorge und öffentliche Dienstleistungen in der Europäischen Union, Baden-Baden 2000, S. 117, 121 ff.

51 Vgl. hierzu neuerdings EuG, Rs. T-46/97, Sociedade Independente de Comunicação (SIC)/Kommission, noch unveröff. Urteil v. 10.5.2000, Rn. 76 ff.; stellvertretend für die Stellungnahmen in der Literatur z.B. *Dieter Frey*, Das öffentlich-rechtliche Fernsehen im Wettbewerbsrecht der EG, ZUM 1999, 528, 531 ff.; *Andreas Bartosch*, Öffentlichrechtliche Rundfunkfinanzierung und EG-Beihilfenrecht - Eine Zwischenbilanz, EuZW 1999, 176 ff.; *Norbert Holzer*, Deutsche Rundfunkgebühr als unzulässige Beihilfe im Sinne des europäischen Rechts?, ZUM 1996, 274, 276 ff.; *Gabriela von Wallenberg*, Die Vereinbarkeit der Finanzierung öffentlich-rechtlicher Fernsehanstalten mit Art. 92 EGV, in: Albrecht Randelzhofer, Rupert Scholz, Dieter Wilke (Hrsg.), Gedächtnisschrift für Eberhard Grabitz, München 1995, S. 867 ff.; *Jürgen Schwarze*, Medienfreiheit und Medienvielfalt im Europäischen Gemeinschaftsrecht, in: Jürgen Schwarze, Albrecht Hesse (Hrsg.), Rundfunk und Fernsehen im digitalen Zeitalter, Baden-Baden 2000, S. 87, 104 ff. m.w.N.; vgl. ferner die Entscheidung der Kommission „Kinderkanal und Phoenix" vom 24. Februar 1999, Staatliche Beihilfe Nr. NN 70/98 - Deutschland.

und Telekommunikation, Energieversorgung und das öffentliche Bankenwesen,[52] möglicherweise auch das Beschaffungswesen und die Vergabe öffentlicher Aufträge. Ferner das Problem der Quersubventionierung[53] innerhalb öffentlicher Betriebe, durch die weniger rentable Aktivitäten durch Gewinne aus anderen Unternehmensbereichen unterstützt werden. Schließlich die Bestimmung der Wirkungsweise und des genauen Anwendungsbereichs des Prinzips des „marktwirtschaftlich handelnden privaten Investors".

aa) Beihilfen und Steuerrecht

Es ist nicht von der Hand zu weisen, daß die Ausweitung der beihilferechtlichen Kontrolle des Steuerrechts ein nicht zu unterschätzendes Konfliktpotential im Verhältnis der Mitgliedstaaten zur Gemeinschaft birgt.[54] Dies ergibt sich bereits aus der erheblichen wirtschaftlichen Bedeutung des Steuerrechts für die Finanzpolitik der Mitgliedstaaten. Ferner können Abgrenzungsschwierigkeiten und Wertungswidersprüche zwischen den eng begrenzten Einflußmöglichkeiten der Kommission und der Gemeinschaft als solcher im Bereich des Steuerrechts[55] und der ausschließlichen Zuständigkeit der Kommission für die Beihilfenkontrolle auftreten. Dazu kommen die beihilferechtlichen Schwierigkeiten bei der Entscheidung, ob eine steuerliche Regelung spezifisch bestimmte Unternehmen oder Unternehmenszweige begünstigt oder ob es sich um eine allgemeine Maßnahme handelt, die dem Bereich der Harmonisierung zuzuordnen ist.[56] Um ihre eigene Auslegung transparenter zu machen, hat die Kommission eine Mitteilung über die Anwendung der Vorschriften über staatliche Beihilfen auf Maßnahmen im Bereich der direkten Unternehmensbesteuerung erlassen.[57] Zentrale Aussage dieser Mitteilung ist, daß eine Steuerregelung dann als spezifische Beihilfe qualifiziert wird, wenn sie Steuervorteile gewährt, die entweder auf einer Ermessensentscheidung der Steuerbehörden beruhen[58] oder sich aus Ausnahmen von den allgemeinen Steuervorschriften ergeben, sofern diese Ausnahmen nicht durch die Natur oder den inneren Aufbau des Steuersystems ge-

52 Vgl. hierzu *Alexander von Friesen*, Umgestaltung des öffentlichrechtlichen Bankensektors angesichts des Europäischen Beihilfenrechts, EuZW 1999, 581 ff.; Lenz-*Rawlinson*, Art. 87, Rn. 52 m.w.N.; Schwarze-*Bär-Bouyssière*, Art. 87, Rn. 96.

53 Vgl. hierzu *Leigh Hancher, José-Luis Buendia Sierra*, Cross-Subsidisation and EC law, CML Rev. 1998, 901, 927 ff.; *Giuseppe B. Abbamonte*, Cross-Subsidisation and Community Competition Rules: Efficient Pricing Versus Equity?, ELR 1998, 414, 430 ff.; *Thomas Lübbig*, Neue Entwicklungen im Beihilfenrecht der Europäischen Gemeinschaften, WuW 1999, 249, 253 m.w.N.

54 *Thomas Lübbig*, Neue Entwicklungen im Beihilfenrecht der Europäischen Gemeinschaften, WuW 1999, 249, 252; vgl. hierzu auch FAZ v. 7.3.2000, S. 21.

55 Vgl. Titel VI , Kapitel 2 (Steuerliche Vorschriften), Artikel 90 bis 93 EGV.

56 Dieser Schwierigkeiten ist sich auch die Kommission bewußt vgl. XXVII. Bericht über die Wettbewerbspolitik 1997, Luxemburg 1998, S. 92, Rn. 227 f.

57 ABl. 1998, C 384, S. 3; vgl. hierzu XXVIII. Bericht über die Wettbewerbspolitik 1998, Luxemburg 1999, S. 94, Rn. 191 f.

58 Differenzierend zur Bedeutung des Kriteriums des „Ermessens" äußert sich Schwarze-*Bär-Bouyssière*, Art. 87, Rn. 37, 43; vgl. ferner auch EuGH, Rs. C-241/94, Frankreich/Kommission („Kimberley Clark Sopalin"), Slg. 1996, I-4551, 4576, Rn. 23 f.

rechtfertigt sind.[59] Beispiele für umstrittene steuerliche Maßnahmen aus jüngerer Zeit sind etwa der Fall *Irish Corporation Tax*, in dem eine körperschaftssteuerliche Bevorzugung des gesamten verarbeitenden Gewerbes gegenüber Unternehmen im Dienstleistungssektor als sektorspezifische Beihilfe gewertet wurde[60] oder das Verfahren im Zusammenhang mit § 52 Absatz 8 des deutschen Einkommenssteuergesetzes aus dem Jahr 1996,[61] das mittlerweile mit einem Urteil des Gerichtshofes abgeschlossen wurde, in dem die Bewertung der in § 52 Absatz 8 EStG vorgesehenen mittelbaren Begünstigung von in West-Berlin und den neuen Ländern ansässigen Investoren als unzulässige Beihilfe bestätigt wurde.[62]

bb) Das Prinzip des „marktwirtschaftlich handelnden Kapitalgebers“

Das Prinzip des „marktwirtschaftlich handelnden Kapitalgebers“ diente ursprünglich dazu, das Beihilfeelement bei dem staatlichen Erwerb von Kapitalbeteiligungen zu begründen. Maßgeblich war dabei die Frage, ob die einem Unternehmen zufließenden Finanzmittel oder Kapitalbeteiligungen auch „auf dem privaten Kapitalmarkt“[63] hätten beschafft werden können. Ist dies nicht der Fall bzw. sind die vom Staat gewährten Konditionen nicht marktüblich, so ist grundsätzlich von einer Beihilfe auszugehen. Regelmässig wurden dabei zwar Unternehmen unterstützt, die sich in einer prekären wirtschaftlichen Lage befanden, doch wurde vereinzelt schon sehr früh die Anwendung des Prinzips des „marktwirtschaftlich handelnden privaten Investors“ auch auf Kapitalbeteiligungen an lebensfähigen Unternehmen befürwortet.[64] Die Kommission ihrerseits ging damals dagegen davon aus, daß nur Beteiligungen an Unternehmen in finanziellen Schwierigkeiten eine Beihilfe darstellten, während Beteiligungen an finanziell lebensfähigen Unternehmen, die nur vorübergehende umstellungsbedingte Probleme durchmachen, keine Beihilfen seien.[65] Diese Streitfrage hat die Kommission 1999 im Verfahren um die deutsche WestLB mittlerweile dahingehend beantwortet, daß das Kriterium des privaten Investors auch für Zuwendungen an rentable Unternehmen gilt.[66]

59 Letztere Auslegung beruht auf einem Urteil des EuGH, Rs. 173/73, Italien/Kommission, Slg. 1974, 709, 719, Rn. 33/35.

60 Vgl. ABl. 1998, C 395, S. 14 und 19. Ausführlicher zum Fallhintergrund vgl. XXVIII. Bericht über die Wettbewerbspolitik 1998, Luxemburg 1999, S. 98 f., Rn. 210.

61 Vgl. ABl. 1997, C 172, S. 2. Ausführlicher zum Fallhintergrund vgl. XXVII. Bericht über die Wettbewerbspolitik 1997, Luxemburg 1998, S. 92, Rn. 228.

62 Vgl. EuGH, Rs. C-156/98, Deutschland/Kommission, noch unveröff. Urteil v. 19.9.2000, Rn. 22 ff.

63 So ausdrücklich Generalanwalt *Pieter VerLoren Van Themaat*, Schlußanträge in der Rs. 323/82, Intermills-Industrie/Kommission, Slg. 1984, 3809, 3842.

64 Vgl. die Schlußanträge von Generalanwalt Sir *Gordon Slynn*, Rs. 84/82, Deutschland Kommission, Slg. 1984, 1451, 1501.

65 Vgl. die Schlußanträge von Generalanwalt Sir *Gordon Slynn*, Rs. 84/82, Deutschland Kommission, Slg. 1984, 1451, 1500.

66 Vgl. die Entscheidung der Kommission vom 8. Juli 1999, ABl. 2000, L 150, S. 1; Schwarze-*Bär-Bouyssière*, Art. 87, Rn. 30.

Vereinfachend gesagt wird das Verhalten des privaten Kapitalgebers als wirtschaftlicher Normalfall zum Vergleichsmaßstab erhoben und staatliches Handeln, das von diesem idealtypischen Modell abweicht, als Beihilfegewährung eingeordnet.[67] Trotz gewisser Bedenken[68] hat sich das Prinzip des Vergleichs mit einem privaten Investors in der Praxis durchgesetzt.[69] Es ist im Bereich staatlicher Kapitalbeteiligungen im Verlauf der Zeit stärker ausdifferenziert worden und gilt unter Zugrundelegung unterschiedlicher Rentabilitätserwartungen sowohl bei vorübergehenden Minderheitsbeteiligungen als auch bei umfangreicheren, längerfristig angelegten Beteiligungen.[70] Berücksichtigungsfähig sind allerdings in erster Linie wirtschaftliche, kommerzielle Motive, nicht dagegen „Erwägungen sozialer, politischer oder philantropischer Art".[71] Derartige Erwägungen, wie z.B. das Bemühen um Imagepflege, sind allenfalls eingeschränkt relevant.[72]

Obwohl dieser Vergleichsmaßstab als Grundsatz fest etabliert ist, kommt es bei der tatsächlichen Anwendung im Einzelfall immer wieder zu kontrovers geführten Streitigkeiten. Ein Beispiel hierfür ist der bekannte Fall der Westdeutschen Landesbank (WestLB). In der Sache geht es darum, daß das Land Nordrhein-Westfalen der WestLB 1992 die landeseigene Wohnungsbauförderungsanstalt (WfA) übertragen hat. Dies geschah, um der Bank die Einhaltung der strengeren gemeinschaftsrechtlichen Eigenmittelbestimmungen zu ermöglichen, die 1993 in Kraft traten. Durch die Übertragung der WfA gelang eine Erhöhung der Eigenmittel der Bank, ohne daß gleichzeitig der Landeshaushalt belastet wurde. Im Anschluß an eine Beschwerde des Bundesverbands deutscher Banken, der darin eine wettbewerbswidrige Benachteiligung des privaten Bankensektors sah,

67 *Karl Soukup*, Die Mittelzuführungen an öffentliche Unternehmen im Rahmen der Beihilfeaufsicht der EU-Kommission, ZögU 1995, 16, 22.

68 *Karl Soukup*, Die Mittelzuführungen an öffentliche Unternehmen im Rahmen der Beihilfeaufsicht der EU-Kommission, ZögU 1995, 16, 28 ff. verweist unter anderem auf Gesichtspunkte wie die ebenfalls nicht immer gewährleistete absolute Rationalität privaten Handelns sowie auf den Einfluß der auch bei privaten Investoren unterschiedlichen Risikoneigung. Diese Bedenken sind aber unter Zugrundelegung eines idealisierten durchschnittlichen Investors auszuräumen.

69 Vgl. die Mitteilung der Kommission an die Mitgliedstaaten über die Anwendung der Artikel 92 und 93 EWG-Vertrag und des Artikels 5 der Kommissionsrichtlinie 80/723/EWG über öffentliche Unternehmen in der verarbeitenden Industrie, ABl. 1993, C 307, S. 3; ferner *Thomas Lübbig*, Neue Entwicklungen im Beihilfenrecht der Europäischen Gemeinschaften, WuW 1999, 249, 253.

70 Diese Differenzierung geht auf die Ausführungen von Generalanwalt *Walter van Gerven* zurück, vgl. die Schlußanträge in den Rs. C-305/89, Italien/Kommission („Alfa Romeo"), Slg. 1991, I-1603, 1625 f., Tz. 11 ff. und Rs. C-303/88, Italien/Kommission („ENI/Lanerossi"), Slg. 1991, I-1433, 1459 f., Tz. 14, die in den jeweiligen Urteilen berücksichtigt wurden, EuGH, Rs. C-305/89, Italien/Kommission („Alfa Romeo"), Slg. 1991, I-1603, 1640 f., Rn. 20 ff. und Rs. C-303/88, Italien/Kommission („ENI/Lanerossi"), Slg. 1991, I-1433, 1476, Rn. 21 ff. Vgl. hierzu auch umfassend GTE-*Mederer*, Art. 92, Rn. 9; *Karl Soukup*, Die Mittelzuführungen an öffentliche Unternehmen im Rahmen der Beihilfeaufsicht der EU-Kommission, ZögU 1995, 16, 23 f.; *Christian Koenig, Jürgen Kühling*, Grundfragen des EG-Beihilfenrechts, NJW 2000, 1065, 1066 f.

71 So wörtlich die Schlußanträge des Generalanwalts *Francis G. Jacobs* in den verb. Rs. C-278 bis 280/92, Spanien/Kommission („Hytasa"), Slg. 1994, I-4103, 4113, Tz. 28.

72 Vgl. erneut EuGH, Rs. C-303/88, Italien/Kommission („ENI/Lanerossi"), Slg. 1991, I-1433, 1476, Rn. 21; verb. Rs. C-278 bis 280/92, Spanien/Kommission („Hytasa"), Slg. 1994, I-4103, 4154, Rn. 25; ausführlich auch EuG, Rs. T-129/95, T-2/96 und T-97/96, Neue Maxhütte Stahlwerke und Lech-Stahlwerke/Kommission, Slg. 1999, II-17, 55, Rn. 122 ff.

hat die Kommission den gesamten Vorgang unter Rückgriff auf das Prinzip des marktwirtschaftlich handelnden Kapitalgebers im Juli 1999 als Beihilfe qualifiziert.[73] Zur Begründung wird ausgeführt, daß die Landesbank in den Jahren 1992 bis 1998 einen eindeutig zu niedrigen Zinssatz für die Nutzung der zur Verfügung gestellten Mittel (WfA) an das Land abgeführt habe. Der Zinssatz von 0.6 % nach Steuern sei nicht marktüblich, und die WestLB habe deshalb pro Jahr rund 254 Millionen DM zu wenig gezahlt. Die Bundesrepublik Deutschland wird in der Entscheidung verpflichtet, insgesamt 1.57 Milliarden DM zurückzufordern.

Neben der oben bereits erwähnten Ausdehnung des Prinzips des Vergleichs mit einem marktwirtschaftlich handelnden Privatinvestors auch auf gesunde, rentable Unternehmen,[74] ist in dem Fall insbesondere die Berechnung des marktüblichen Zinssatzes durch die Kommission (12 % an Stelle der gezahlten 0.6 %) sowie die Höhe des Kapitals, auf das die Verzinsung zu beziehen ist, äußerst umstritten.[75] Wie immer der Streit um diesen Vorgang letztlich ausgehen mag (mittlerweile ist beim Gericht erster Instanz eine Klage gegen die Entscheidung der Kommission eingereicht worden),[76] er zeigt deutlich, daß der Anwendungsbereich und die genaue Wirkungsweise des im Grundsatz anerkannten Rückgriffs auf den privaten Investor weiterer Präzisierung bedarf. Jenseits des Streits um Details steht aber die viel weitergehende Frage nach der generellen Zulässigkeit der derzeitigen Praxis im Bereich der den Landesbanken durch Sacheinlage zur Verfügung gestellten Eigenmittel.[77] Aus dieser Sicht betrachtet, stellt der Fall WestLB ein weiteres Beispiel für das Vordringen der Beihilfenkontrolle in den Bereich des öffentlich-rechtlichen Bankenwesens bzw. genereller in Sektoren der öffentlichen Daseinsvorsorge dar.[78]

Zu verweisen ist an dieser Stelle auch auf den in Literatur schon seit einiger Zeit unter dem Stichwort „Anstaltslast und Gewährträgerhaftung“ kontrovers diskutierten Streit.[79]

73 Entscheidung der Kommission vom 8. Juli 1999, ABl. 2000, L 150, S. 1.

74 Vgl. erneut Schwarze-*Bär-Bouyssière*, Art. 87, Rn. 30, 96.

75 Vgl. FAZ v. 21.7.1999, S. 23, sowie vom 6.7.1999, S. 20.

76 Vgl. die Klage des Landes Nordrhein-Westfalen/Kommission vor dem EuG vom 12.10.1999, Rs. T-233/99, ABl. 2000, C 6, S. 30.

77 Vergleichbare Finanzierungskonzepte gibt es nämlich auch bei verschiedenen anderen Landesbanken, z.B. in Schleswig-Holstein, Hamburg, Bayern und Berlin, vgl. *Werner Jaspert*, In der Milliarden-Klemme, FAZ v. 9.7.1999, S. 25.

78 Ein weiteres Beispiel für diesen Trend ist das Verfahren der Kommission gegen die Deutsche Post. Zu den generellen Bedenken der deutschen Ministerpräsidenten gegen eine Ausdehnung der Beihilfekontrolle auch auf Wohlfahrtsverbände, Einrichtungen des öffentlich-rechtlichen Rundfunks und Energieversorgungsunternehmen, vgl. „Auch öffentliche Einrichtungen müssen EU-Beihilferecht beachten“, FAZ v. 9.2.2000, S. 19.

79 Vgl. etwa *Christian Koenig*, Öffentlich-rechtliche Anstaltslast und Gewährträgerhaftung als staatliche Beihilfen gem. Art. 92 EGV?, EuZW 1995, 595 ff.; *Hannes Schneider, Torsten Busch*, Anstaltslast und Gewährträgerhaftung als Beihilfen im Sinne von Art. 92 EGV?, EuZW 1995, 602 ff.; *Michael Gruson*, Zum Fortbestehen von Anstaltslast und Gewährträgerhaftung zur Sicherung der Anleihen von Landesbanken, EuZW 1997, 357 ff., 429; *Christian Koenig, Claude Sander*, Zur Beihilfenaufsicht über Anstaltslast und Gewährträgerhaftung nach Art 93 EGV, EuZW 1997, 363 ff., sowie umfassend *Ulrich Immenga, Joachim Rudo*, Die Beurteilung von Gewährträgerhaftung und Anstaltslast der Sparkassen und Landesbanken nach dem EU-Beihilferecht, Baden-Baden 1997.

Auch hier geht es in der Sache um die beihilferechtliche Bewertung des deutschen Systems der öffentlich-rechtlich organisierten Banken im Vergleich zu den privaten Banken.[80] Mit dem Begriff „Anstaltslast" wird dabei die finanzielle Ausstattungsverpflichtung des Landes als Anstaltsträger gegenüber seinem öffentlichen Finanzinstitut in deren Innenverhältnis beschrieben.[81] Die „Gewährträgerhaftung" begründet dementgegen eine öffentlich-rechtliche Ausfallgarantie des hoheitlichen Anstaltsträgers gegenüber den Gläubigern der Anstalt (Außenverhältnis), allerdings nur für den Fall, daß das Anstaltsvermögen in Krisensituationen für die Befriedigung der Gläubiger nicht ausreichend ist.[82] Ob diese akzessorische Einstandspflicht aufgrund der praktisch unbegrenzten Bonität des Staates eine nicht marktübliche Begünstigung darstellt oder nicht, ist streitig, aber richtigerweise wohl zu bejahen.[83] Auch die notwendige Eignung zur Beeinträchtigung des zwischenstaatlichen Handels ist zu bejahen, und zwar auch bei lediglich lokal tätigen Sparkassen.[84]

Aber auch außerhalb des Bereichs staatlicher Kapitalbeteiligungen hat sich der Anwendungsbereich des marktwirtschaftlich handelnden Investors konstant erweitert. Die zugrundeliegende Idee gilt mittlerweile in modifizierter Form insbesondere beim Verkauf von Grundstücken, wo ebenfalls auf den marktüblicherweise zu erzielenden Preis abgestellt wird, und bei der Ausschreibung von Aufträgen.[85] Außerdem wird der Rückgriff auf den Vergleich mit dem Handeln der privaten Wirtschaft auch zur Bewältigung des erst in jüngerer Zeit ins Blickfeld gerückten Problems der Quersubventionierung erwogen.

80 Vgl. auch den Bericht der Kommission aus dem Jahr 1998 „über Dienstleistungen von allgemeinem wirtschaftlichen Interesse im Bankensektor", der auf der Internet-Seite der Kommission unter der Adresse „http://europa.eu.int/comm/dg04/aid/de/rep_bank.htm" veröffentlicht ist. Eine ausführliche Kritik dieses Berichts liefern *Hans-Jörg Niemeyer, Simon Hirsbrunner*, Anstaltslast und Gewährträgerhaftung bei Sparkassen und die Zwischenstaatlichkeitsklausel in Art. 87 EG, EuZW 2000, 364 ff.

81 Die Anstaltslast verpflichtet den Träger mit anderen Worten, die wirtschaftlichen Grundlagen und die Funktionsfähigkeit der Anstalt zu sichern und etwaige finanzielle Lücken auszugleichen, vgl. hierzu näher *Christian Koenig*, Öffentlich-rechtliche Anstaltslast und Gewährträgerhaftung als staatliche Beihilfen gem. Art. 92 EGV?, EuZW 1995, 595, 597.

82 Vgl. erneut *Christian Koenig*, Öffentlich-rechtliche Anstaltslast und Gewährträgerhaftung als staatliche Beihilfen gem. Art. 92 EGV?, EuZW 1995, 595, 597.

83 So auch *Christian Koenig*, Öffentlich-rechtliche Anstaltslast und Gewährträgerhaftung als staatliche Beihilfen gem. Art. 92 EGV?, EuZW 1995, 595, 599 ff.; a.A.: *Hannes Schneider, Torsten Busch*, Anstaltslast und Gewährträgerhaftung als Beihilfen im Sinne von Art. 92 EGV?, EuZW 1995, 602, 608, die zu dem Ergebnis kommen, daß Anstaltslast und Gewährträgerhaftung in den wesentlichen Punkten der Organisation des privaten Bankenwesens vergleichbar sind und angesichts der Rentabilität der Landesbanken nicht am Prinzip des marktwirtschaftlich handelnden Kapitalgebers scheitern.

84 *Hans-Jörg Niemeyer, Simon Hirsbrunner*, Anstaltslast und Gewährträgerhaftung bei Sparkassen und die Zwischenstaatlichkeitsklausel in Art. 87 EG, EuZW 2000, 364, 366 ff.

85 Vgl. *Thomas Lübbig*, Neue Entwicklungen im Beihilfenrecht der Europäischen Gemeinschaften, WuW 1999, 249, 253 m.w.N.

cc) Das Problem der Quersubventionierung

Unter Quersubventionierung ist der unternehmensinterne Transfer von Ressourcen von einem öffentlichen Unternehmen auf einen anderen Teil des Unternehmens bzw. ein Schwester- oder Tochterunternehmen, das in einem dem Wettbewerb unterliegenden Sektor agiert, zu verstehen.[86] Gewinne aus einem Teil eines Unternehmenskonglomerats werden dazu verwendet, Verluste in einem anderen Bereich auszugleichen. Zu klären ist bei derartigen Praktiken jeweils, ob es sich überhaupt um einen Wettbewerbsverstoß handelt oder ob nicht vielmehr legitimes unternehmerisches Verhalten vorliegt. In den Konstellationen, in denen man wettbewerbsfeindliches Handeln bejaht, kann Quersubventionierung sowohl von Artikel 82 EGV als auch von Artikel 87 EGV erfaßt sein.[87]

Ein typischer Beispielsfall ist der unlängst durch die Tagespresse gegangene Fall der Deutschen Bundespost.[88] Zurückgehend auf eine Beschwerde des privaten Paketdienstes United Parcel Service (UPS) hat die Kommission im Juli 1999 ein förmliches Beihilfekontrollverfahren gegen Deutschland eingeleitet. Gegenstand dieses Verfahrens ist u.a. der Vorwurf, die Deutsche Post AG unterstütze ihren unrentablen, im Wettbewerb zu anderen privaten Unternehmen stehenden Paketdienst mit Gewinnen aus der profitablen Beförderung von Briefen. Außerdem wird überprüft, ob die Post den Kauf von Unternehmen wie z.B. Danzas aus Monopolgewinnen aus der Briefbeförderung finanziert hat. In diesem Fall werden verschiedene Märkte (Brief- und Paketpost) von verschiedenen Unterabteilungen desselben Unternehmens bedient, im Gegensatz zu separaten Tochterunternehmen innerhalb eines Konzerns bzw. einer Unternehmensgruppe.[89]

Bei der beihilferechtlichen Bewertung der Quersubventionierung stellt sich eine Reihe von Problemen. Festzustellen ist zunächst, daß in derartigen Konstellationen keine Mittel direkt aus den staatlichen Haushalten fließen.[90] Zur Begründung einer Beihilfe bedarf es insofern der Übertragung des Prinzips des marktwirtschaftlich handelnden Kapitalgebers von der direkten Mittelzuführung durch den Staat auf bloß mittelbare Finanztrans-

86 Vgl. *Giuseppe B. Abbamonte*, Cross-Subsidisation and Community Competition Rules: Efficient Pricing Versus Equity?, ELR 1998, 414, 430; *Thomas Lübbig*, Neue Entwicklungen im Beihilfenrecht der Europäischen Gemeinschaften, WuW 1999, 249, 253.

87 Vgl. genauer *Leigh Hancher, José-Luis Buendia Sierra*, Cross-subsidization and EC law, CML Rev. 1998, 901, 909 ff.; siehe ferner Süddeutsche Zeitung v. 31.3.2000, S. 28, wonach die Kommission ihre ursprünglich nur unter dem Gesichtspunkt der unzulässigen Beihilfegewährung eingeleitete Untersuchung gegen die Deutsche Post nunmehr auch auf den Vorwurf des Mißbrauchs von Marktmacht ausgedehnt habe.

88 Vgl. Financial Times v. 20.7.1999, S. 2; Süddeutsche Zeitung v. 21.7.1999, S. 23; vgl. neuerdings auch *Michael Els*, Die Anwendung des EG-Kartell- und Beihilferechts auf universaldienstverpflichtete Unternehmen am Beispiel der Deutschen Post AG, in: Helmut Cox (Hrsg.), Daseinsvorsorge und öffentliche Dienstleistungen in der Europäischen Union, Baden-Baden 2000, S. 117, 121 ff.

89 Vgl. *Leigh Hancher, José-Luis Buendia Sierra*, Cross-subsidization and EC law, CML Rev. 1998, 901, 934.

90 *Thomas Lübbig*, Neue Entwicklungen im Beihilfenrecht der Europäischen Gemeinschaften, WuW 1999, 249, 253.

fers.[91] Zu prüfen ist demnach, ob ein privater Investor, d.h. ein vergleichbares privates Unternehmenskonglomerat bzw. ein Konzernverbund, seinerseits die Unterstützung defizitärer Sparten durch Unternehmensgewinne in anderen Bereichen auszugleichen bereit gewesen wäre. Soweit ein privates Unternehmen einen Rückgang der Netto-Profitabilität des Gesamtunternehmens nicht in Kauf genommen hätte und den unrentablen Teil entweder liquidiert, abgestoßen oder umstrukturiert hätte, wäre eine Beihilfe, möglicherweise in Höhe der entgangenen höheren Rendite des Gesamtunternehmens,[92] zu bejahen.

Kommission[93] und Gerichtshof haben diesen Ansatz mittlerweile aufgegriffen, allerdings in eher behutsamer Weise.[94] Insbesondere bleibt es beim Vergleich mit privaten Investoren nicht bei einer strikten Begrenzung auf wirtschaftliche Erwägungen im engen Sinn. Vielmehr wird anerkannt, daß auch ein vergleichbarer privater Konzernverband „gegenüber der Belegschaft und der wirtschaftlichen Entwicklung der Region [...] nicht völlig gleichgültig" sein kann.[95] Auch in der privaten Wirtschaft können vorübergehende Verluste aufgrund von nicht streng wirtschaftsbezogenen Gesichtspunkten wie dem „Bemühen um Imagepflege des Konzerns oder um Neuorientierung seiner Tätigkeit"[96] akzeptabel sein. Nur Quersubventionen außerhalb einer derartig weit interpretierten marktwirtschaftlichen Logik dürften als unzulässig zu betrachten sein. Zumindest mittelbar und langfristig muß das in der Subventionierung unrentabler Unternehmensteile gebundene Kapital dem Wohl des gesamten Unternehmens dienen.[97]

In der Literatur wird die Heranziehung des Vergleichs mit privaten Investoren zur Begründung einer Beihilfe bei unternehmensinternen Quersubventionierungen nicht einheitlich bewertet. Neben Stimmen, die sich zu diesem Ansatz im Bereich der Quersubventionierung eher kritisch äußern,[98] wird teilweise differenziert, ob ein Unternehmen

91 Vgl. *Karl Soukup*, Die Mittelzuführungen an öffentliche Unternehmen im Rahmen der Beihilfeaufsicht der EU-Kommission, ZögU 1995, 16, 23.

92 *Thomas Lübbig*, Neue Entwicklungen im Beihilfenrecht der Europäischen Gemeinschaften, WuW 1999, 249, 253 f.

93 Vgl. Ziffer 3.4 der Kommissionsbekanntmachung über die Anwendung der Wettbewerbsregeln auf den Postsektor, ABl. 1998, C 39, S. 2.

94 Vgl. EuGH, Rs. C-39/94, Syndicat français de l'Express international (SFEI) u.a./La Poste, Slg. 1996, I-3547, 3595 f., Rn. 57, 62; sowie insbesondere EuG, Rs. T-106/95, Fédération française des sociétés d'assurances (FFSA) u.a./Kommission, Slg. 1997, II-229, 275, Rn. 147, 285, Rn. 187 ff. wo zwar die grundsätzliche Möglichkeit vertragswidriger Quersubventionierung anerkannt wird, eine solche jedoch im Ergebnis, u.a. unter Rückgriff auf Artikel 86 Absatz 2 EGV, abgelehnt wird.

95 Vgl. hierzu erneut die Schlußanträge von Generalanwalt *Walter van Gerven* in der Rs. C-303/88, Italien/Kommission („ENI/Lanerossi"), Slg. 1991, I-1433, 1459, Tz. 14.

96 EuGH, Rs. C-303/88, Italien/Kommission („ENI/Lanerossi"), Slg. 1991, I-1433, 1476, Rn. 21; vgl. außerdem oben Fn. 72.

97 So auch *Karl Soukup*, Die Mittelzuführungen an öffentliche Unternehmen im Rahmen der Beihilfeaufsicht der EU-Kommission, ZögU 1995, 16, 23.

98 Z.B. *Thomas Lübbig*, Neue Entwicklungen im Beihilfenrecht der Europäischen Gemeinschaften, WuW 1999, 249, 254; *Michael Els*, Die Anwendung des EG-Kartell- und Beihilferechts auf universaldienstverpflichtete Unternehmen am Beispiel der Deutschen Post AG, in: Helmut Cox (Hrsg.), Daseinsvorsorge und öffentliche Dienstleistungen in der Europäischen Union, Baden-Baden 2000, S. 117, 121 ff.

unter „normal market economy conditions" operiert oder ob in seinem Tätigkeitsfeld „conditions of monopoly privilege" existieren. Nur bei normalen Marktbedingungen wird der Vergleich mit privaten Investoren ohne Modifizierung für angebracht erachtet.[99] Teilweise wird der Vergleich in seiner oben beschriebenen Gestalt dagegen generell, d.h auch ohne diese Einschränkung, als sinnvolle Lösung bewertet.[100] Das letzte Wort dürfte hier allerdings noch nicht gesprochen sein.

c) Bewertung der gegenwärtigen Ausgestaltung des Beihilfebegriffs

Das Fehlen einer expliziten Definition des Beihilfebegriffs hat es der Praxis von Kommission und Rechtsprechung im Verlauf der Jahre ermöglicht, flexibel auf neue Formen der mitgliedstaatlichen Wirtschaftsförderung zu reagieren. Die Weite des Beihilfebegriffs hat sich dabei als entscheidender Faktor für eine effektive Beihilfenkontrolle erwiesen. Die Verschiedenartigkeit der Beispiele, die als zukünftige Problemschwerpunkte isoliert wurden, spricht dafür, daß der Beihilfebegriff auch in Zukunft auf einen nahezu permanenten Wandel der wirtschaftlichen Gepflogenheiten wird reagieren müssen.

Andererseits ist auch nicht zu übersehen, daß die derzeitige Rechtslage aus Gründen der Rechtssicherheit bzw. der Bestimmtheit zumindest nicht völlig unbedenklich ist, da für die mitgliedstaatliche Verwaltung und die etwaigen Begünstigten nicht immer genau vorhersehbar war und ist, ob eine geplante Maßnahme dem Beihilfebegriff unterfällt oder nicht.[101] Teilweise wird daher eine explizite Begriffsdefinition, z.B. im Wege einer Durchführungsverordnung gemäß Artikel 89 EGV, befürwortet.[102]

Die rechtsstaatliche Bedenklichkeit der extremen Weite und Flexibilität des Beihilfebegriffs wird zumindest teilweise dadurch relativiert, daß die Bewertungen der Kommission, ob eine Maßnahme eine Beihilfe darstellt oder nicht, vom Gerichtshof vollumfänglich überprüft werden.[103] Dies sorgt dafür, daß es im Zusammenhang mit dem unbestimmten Rechtsbegriff „Beihilfe" nicht zu Rechtsschutzlücken kommt.

99 Vgl. *Leigh Hancher, José-Luis Buendia Sierra*, Cross-subsidization and EC law, CML Rev. 1998, 901, 935 f.

100 So *Giuseppe B. Abbamonte*, Cross-Subsidisation and Community Competition Rules: Efficient Pricing Versus Equity?, ELR 1998, 414, 430 f.; *Karl Soukup*, Die Mittelzuführungen an öffentliche Unternehmen im Rahmen der Beihilfeaufsicht der EU-Kommission, ZögU 1995, 16, 23 f.; vgl. ausserdem Schwarze-*Bär-Bouyssière*, Art. 87, Rn. 27.

101 Vgl. *Jürgen Schwarze*, Europäisches Verwaltungsrecht, Bd. I, Baden-Baden 1988, S. 372.

102 Vgl. hierzu z.B. *Adinda Sinnaeve*, Die Rückforderung gemeinschaftsrechtswidriger nationaler Beihilfen, Berlin 1997, S. 249 f., 254; *Till Müller-Ibold*, The AEA Proposal for a Regulation on State Aid Procedure, EuZW 1996, 677, 680 und Artikel 2 Absatz 1 des Verordnungsvorschlags der Association Européenne des Avocats, EuZW 1996, 688. Zu diesem Punkt, vgl. unten ausführlicher Teil 2, A.IV.2.c).aa).

103 Diese Feststellung aus dem Jahre 1988 (vgl. *Jürgen Schwarze*, Europäisches Verwaltungsrecht, Bd. I, Baden-Baden 1988, S. 372, 374) wurde unlängst noch einmal unmißverständlich bestätigt (vgl. EuGH, Rs. C-83/98 P, Frankreich/Kommission, noch unveröff. Urteil v. 16.5.2000, Rn. 25). Vgl. hierzu außerdem ausführlich unten Teil 2, A.III.3.a).aa) zur Gesetzesbindung der Verwaltung.

2. *Staatlich oder aus staatlichen Mitteln gewährt*

Das Tatbestandsmerkmal „staatlich oder aus staatlichen Mitteln“[104] dient dazu, den Anwendungsbereich des Artikel 87 EGV in verschiedene Richtungen abzugrenzen: Zum einen sind Beihilfen aus Gemeinschaftsmitteln nicht erfaßt,[105] zum anderen sind private oder kirchlich-karitative Unterstützungsmaßnahmen nicht Gegenstand der gemeinschaftlichen Beihilfekontrolle.[106] So eindeutig und plausibel diese Abgrenzung auf den ersten Blick erscheint, im Einzelfall ist es oft schwierig, zwischen privater und staatlicher Zurechenbarkeit zu differenzieren. Der Bereich der staatlichen Zurechenbarkeit wird heute deshalb weit gefaßt: Selbstverständlich erfaßt werden Beihilfen direkt durch den Staat (Bund, Länder, Kommunen),[107] durch staatliche Institutionen oder unmittelbar aus staatlichen Mitteln. Es reicht aber auch aus, wenn Zuwendungen durch vom Staat errichtete oder beauftragte öffentliche oder private Unternehmen erfolgen,[108] solange dem Staat eine Einflußnahme auf diese Unternehmen möglich ist.[109] Diese Einbeziehung von nur mittelbar aus staatlichen Mitteln erfolgten Zuwendungen[110] verhindert wirkungsvoll die anderenfalls mögliche Umgehung der Beihilfevorschriften durch Delegation der Beihilfegewährung auf ausgegliederte, nicht streng staatliche Stellen.[111]

Üblicherweise spiegelt sich der Vorteil des Beihilfeempfängers in einer Belastung des öffentlichen Haushalts wieder. Dies ist allerdings nicht zwingend der Fall.[112] Ausreichend ist eine Belastung der die Beihilfe gewährenden ausgelagerten Einrichtungen bzw. Unternehmen.[113]

104 Auf eine genaue Trennung der Begriffe „staatlich“ und „aus staatlichen Mitteln“ kann heute als Folge der Rechtsprechung des Gerichtshofes verzichtet werden, vgl. EuGH, verb. Rs. 213 bis 215/81, Norddeutsches Vieh- und Fleischkontor Herbert Will u.a./BALM, Slg. 1982, 3583, 3602, Rn. 22; verb. Rs. C-72 und 73/91, Sloman Neptun Schiffahrts AG/Seebetriebsrat Bodo Ziesemer, Slg. 1993, I-887, 933 f., Rn. 18 f.; verb. Rs. C-52 bis 54/97, Epifanio Viscido u.a/Ente Poste Italiane, Slg. 1998, I-2629, 2641, Rn. 13.

105 Vgl. hierzu im einzelnen GTE-*Mederer*, Art. 92, Rn. 19.

106 Vgl. hierzu näher GTE-*Mederer*, Art. 92, Rn. 14 f.

107 EuGH, Rs. 248/84, Deutschland/Kommission, Slg. 1987, 4013, 4041, Rn. 17

108 EuGH, Rs. 78/76, Firma Steinike und Weinlig/Deutschland, Slg. 1977, 612 f., Rn. 21; Rs. 290/83, Kommission/Frankreich, Slg. 1985, 439, 449, Rn. 14

109 Vgl. EuGH, verb. Rs. 67, 68 und 70/85, Kwekerij Gebroeders van der Kooy BV u.a./Kommission, Slg. 1988, 219, 272, Rn. 37.

110 EuGH, Rs. 82/77, Niederländische Staatsanwaltschaft/Jacobus Philippus van Tiggele, Slg. 1978, 25, 40 f., Rn. 23/25; verb. Rs. C-72 und 73/91, Sloman Neptun Schiffahrts AG/Seebetriebsrat Bodo Ziesemer, Slg. 1993, I-887, 933 f., Rn. 19; verb. Rs. C-52 bis 54/97, Epifanio Viscido u.a/Ente Poste Italiane, Slg. 1998, I-2629, 2641, Rn. 13; vgl. auch *Ulrich Soltész*, Die „Belastung des Staatshaushalts“ als Tatbestandsmerkmal einer Beihilfe i.S. des Art. 92 I EGV, EuZW 1998, 747, 748 ff.

111 GTE-*Mederer*, Art. 92, Rn. 13.

112 Vgl. hierzu ausführlich Schwarze-*Bär-Bouyssière*, Art. 87, Rn. 32 f.

113 Vgl. EuGH, Rs. C-200/97, Ecotrade/Altiforni e Ferriere di Servola, Slg. 1998, I-7907, 7936 f., Rn. 35, sowie *Christian Koenig, Jürgen Kühling*, Grundfragen des EG-Beihilfenrechts, NJW 2000, 1065, 1068.

3. *Die Begünstigung bestimmter Unternehmen oder Produktionszweige*

Das Merkmal der Begünstigung bestimmter Unternehmen oder Produktionszweige dient dazu, die Beihilfe als unzulässige „Sonderunterstützung" von allgemeinen Maßnahmen der Wirtschaftspolitik abzugrenzen, die allen Marktteilnehmern in einem Mitgliedstaat zugute kommen. Das Beihilferecht dient lediglich der Verhinderung selektiver Wirtschaftsförderungsmaßnahmen. Der allgemeine mitgliedstaatliche „Systemwettbewerb", d.h. die wettbewerbsrelevanten Unterschiede der nationalen Steuersysteme, Sozialabgaben, Infrastrukturmaßnahmen o.ä., ist dagegen nicht erfaßt.[114]

Der Begriff des Unternehmens in Artikel 87 Absatz 1 EGV entspricht dem aus den Artikeln 81 und 82 EGV bekannten Begriff.[115] Entscheidendes Kriterium ist die Tätigkeit auf einem Markt, d.h. eine auf Dauer angelegte wirtschaftliche Betätigung im Wettbewerb zu anderen Güter- oder Dienstleistungsanbietern. Die Rechtsform des Unternehmens ist unbeachtlich, sowohl private als auch öffentliche Unternehmen sind erfaßt. Ausgenommen sind dagegen Zuwendungen an nicht im Wirtschaftsleben tätige private Haushalte oder Verbraucher, soweit diese Maßnahmen nicht mittelbar Wirtschaftsunternehmen mitbegünstigen.

Der Begriff des Produktionszweigs wird sehr weit ausgelegt.[116] Erfaßt wird die Herstellung von Gütern, Dienstleistungs- und Handelsgewerbe sowie alle freien Berufe, mithin jede auf Dauer angelegte wirtschaftliche Betätigung.

Ob eine Maßnahme selektiv oder allgemein wirkt, ist nicht immer einfach zu bestimmen. Das oben bereits angesprochene Problem der steuerlichen Beihilfen ist ein gutes Beispiel für die dabei notwendige, oftmals schwierige Gratwanderung.[117] Wie weit die Beihilfekontrolle in die allgemeine Wirtschaftspolitik der Mitgliedstaaten vordringen kann, hängt entscheidend von der Auslegung dieses Bestimmtheitserfordernisses ab. Die Bestimmtheit ist unproblematisch zu bejahen, wenn lediglich einzelne Unternehmen, Sektoren oder Regionen begünstigt werden. Ein jüngeres Beispiel hierfür sind nationale Insolvenzregeln, die nur für bestimmte große Unternehmen gelten, die staatlich kontrollierten Gläubigern Geld schulden und zur Fortführung ihrer Aktivitäten der Sonderverwaltung unterstellt werden.[118]

114 Derartige Unterschiede zwischen den Mitgliedstaaten, die die Standortwahl eines Investors ganz wesentlich mit beeinflussen, können von der Gemeinschaft lediglich im Rahmen der Vorschriften über die Wirtschaftspolitik (Artikel 98 ff. EGV) auf dem Weg über die Artikel 94 ff. EGV geregelt werden, vgl. GTE-*Mederer*, Art. 92, Rn. 20. Kritisch hierzu äußern sich *Christian Koenig, Jürgen Kühling*, Reform des EG-Beihilfenrechts aus der Perspektive des mitgliedstaatlichen Sytemwettbewerbs - Zeit für eine Neuausrichtung?, EuZW 1999, 517 ff.

115 Näher hierzu GTE-*Mederer*, Art. 92, Rn. 21 ff.; Schwarze-*Bär-Bouyssière*, Art. 87, Rn. 34.

116 Grabitz-*von Wallenberg*, Art. 92, Rn. 22.

117 Vgl. oben Teil 1, A.II.1.b).aa).

118 EuGH, Rs. C-200/97, Ecotrade/Altiforni e Ferriere di Servola, Slg. 1998, I-7907, 7937 f., Rn. 38 ff.; vgl. zu diesem Urteil *Waltraud Hakenberg, Ernst Tremmel*, Die Rechtsprechung des EuGH und EuGeI auf dem Gebiet der staatlichen Beihilfen in den Jahren 1997 und 1998, EWS 1999, 167, 168.

Maßnahmen, die allen Unternehmen eines Mitgliedstaates in gleicher Weise zugute kommen, sind dagegen i.d.R. keine Beihilfen. Das Abstellen auf den Kreis der potentiell Begünstigten löst aber nicht alle Fälle. Vielmehr sind auch die praktischen Auswirkungen und die tatsächliche Handhabung einer potentiell allen Unternehmen zugänglichen und daher auf den ersten Blick allgemeinen Regelung zu beachten. So kann eine potentiell allen Unternehmen zugängliche Regelung aufgrund der von Ermessen geprägten Anwendung im jeweiligen Einzelfall und der dadurch bedingten unterschiedlichen Ergebnisse als eine Beihilfe zu qualifizieren sein, insbesondere wenn die Ermessensbetätigung nicht anhand objektiver, immer gleicher Kriterien erfolgt.[119] Aber auch bei allgemein zugänglichen Maßnahmen ohne Ermessensspielraum kann eine spezifische Begünstigung dann vorliegen, wenn sie in ihren tatsächlichen Auswirkungen bestimmte Sektoren bevorzugen.[120] Obwohl in diesem Bereich bei weitem noch nicht alle Zweifelsfragen geklärt sind,[121] scheint sich herauszukristallisieren, daß das Merkmal der Spezifität immer stärker am Gesichtspunkt einer wie auch immer gearteten „Ausnahme" vom üblichen System festzumachen ist und weniger an der Ermittlung spezieller Begünstigter.[122]

4. Die Wettbewerbsverfälschung

Der Wortlaut von Artikel 87 Absatz 1 EGV verlangt ferner, daß Beihilfen „den Wettbewerb verfälschen oder zu verfälschen drohen". Aus der Formulierung „drohen" folgt, daß auch potentielle Wettbewerbsverfälschungen ausreichen. Entscheidend ist, ob sich der Ablauf des Wettbewerbs durch die fragliche Beihilfe verändert (hypothetischer Vergleich). Dieses Kriterium ist in der Regel erfüllt, da fast alle Zuwendungen die Wettbewerbsposition eines Unternehmens verbessern.[123] Daher sind auch geringfügige Beihilfen grundsätzlich erfaßt.[124] Der Marktanteil des begünstigten Unternehmens ist ebensowenig ausschlaggebend[125] wie die Beihilfeintensität oder die Spürbarkeit eines Eingriffs in den Wettbewerb.[126] Allerdings ist das Kriterium der Wettbewerbsverfälschung auch

119 Dies kann z.B. der Fall sein bei Ermessensklauseln im Steuerrecht oder im sozialen Bereich, vgl. EuGH, Rs. C-241/94, Frankreich/Kommission („Kimberley Clark Sopalin"), Slg. 1996, I-4551, 4576, Rn. 23 f.; Schwarze-*Bär-Bouyssière*, Art. 87, Rn. 38.

120 EuGH, Rs. 203/82, Kommission/Italien, Slg. 1983, 2525, 2530, Rn. 4 f. für den Fall einer generellen Regelung der Arbeitgeberbeiträge zur Krankenversicherung, die eine nach dem Geschlecht der Arbeitnehmer gestaffelte Regelung traf. Aus dieser Geschlechterklausel ergab sich eine mittelbare spezifische Begünstigung von Sektoren mit einem hohen Anteil an weiblichen Arbeitnehmern (vgl. ferner auch die diesem Urteil zugrundeliegende Kommissionsentscheidung, ABl. 1980, L 264, S. 28).

121 Eher kritisch insbesondere zum Differenzierungskriterium des Ermessens Schwarze-*Bär-Bouyssière*, Art. 87, Rn. 43.

122 Vgl. hierzu die Schlußanträge von Generalanwalt *Marco Darmon* in den verb. Rs. C-72 und 73/91, Sloman Neptun Schiffahrts AG/Seebetriebsrat Bodo Ziesemer, Slg. 1993, I-887, 916 ff., Tz. 58, 62; sowie GTE-*Mederer*, Art. 92, Rn. 29.

123 Vgl. z.B. EuGH, Rs. 730/79, Philip Morris Holland BV/Kommission, Slg. 1980, 2671, 2688 f., Rn. 11.

124 EuG, Rs. T-214/95, Vlaams Gewest/Kommission, Slg. 1998, II-717, 738, Rn. 46; Schwarze-*Bär-Bouyssière*, Art. 87, Rn. 38; zum Problem der de-minimis-Schwelle vgl. unten Teil 1, C.II.2.a).

125 Vgl. EuGH, Rs. C-142/87, Belgien/Kommission („Tubemeuse"), Slg. 1990, I-959, 1015, Rn. 41.

126 Vgl. zu diesem Punkt ausführlich GTE-*Mederer*, Art. 92, Rn. 35 m.w.N.

nicht etwa automatisch erfüllt, wann immer eine Beihilfe vorliegt. Vielmehr ist die Kommission gehalten, die aktuellen bzw. potentiellen Auswirkungen einer mitgliedstaatlichen Maßnahme auf den Gemeinsamen Markt im Einzelfall jeweils kurz zu begründen.[127] Die Anforderungen an diese Begründung sind allerdings nicht übertrieben hoch.

Ganz ähnlich wie auch sonst in vergleichbaren Konstellationen im Gemeinschaftsrecht[128] ist der mitgliedstaatliche Einwand, eine eigene Beihilfe hebe lediglich die wettbewerbsverfälschenden Wirkungen der Beihilfen anderer Staaten auf, unzulässig. Denn die unerwünschten Negativauswirkungen solcher Maßnahmen neutralisieren sich nicht etwa, sondern verstärken sich im Gegenteil.[129]

5. Die Beeinträchtigung des Handels zwischen den Mitgliedstaaten

Das Merkmal der zwischenstaatlichen Handelsbeeinträchtigung wird in Urteilen des Gerichtshofs zwar häufig zusammen mit der Wettbewerbsverfälschung geprüft,[130] hat aber auch nach Einführung des Binnenmarktes eine eigenständige Bedeutung.[131] Diese liegt darin, die Beihilfeaufsicht als Gemeinschaftsaufgabe von rein innerstaatlichen Sachverhalten abzugrenzen.

Unter „Beeinträchtigung" versteht man die künstliche Erschwernis der Einfuhren oder die Erleichterung der Ausfuhren.[132] Die Möglichkeit bzw. die Eignung zu einer solchen Beeinträchtigung reicht aus.[133] Entscheidend ist ein hypothetischer Vergleich der Auswirkungen der Beihilfe auf die Handelsströme im Markt. Die Umstände des Einzelfalls sind dabei von besonderer Bedeutung, so daß nur schwer generalisierende Aussagen möglich sind, ob und wann auch relativ geringfügige Beihilfen oder Beihilfen an sehr kleine Unternehmen den zwischenstaatlichen Handel beeinträchtigen.[134] Die Kommission muß deshalb das Vorliegen der Handelsbeeinträchtigung in ihren Entscheidungen jeweils eigens begründen.[135]

127 EuGH, verb. Rs. 296 und 318/92, Niederlande und Leeuwarder Papierwarenfabriek BV/Kommission, Slg. 1985, 809, 824, Rn. 24.

128 Zu nennen ist etwa das Vertragsverletzungsverfahren gemäß Artikel 226 EGV, vgl. *Geiger*, Art. 169, Rn. 22; EuGH, Rs. 232/78, Kommission/Frankreich, Slg. 1979, 2729, 2739, Rn. 9.

129 EuGH, Rs. 78/76, Firma Steinike und Weinlig/Deutschland, Slg. 1977, 595, 613, Rn. 24; vgl. auch Rs. 173/73, Italien/Kommission, Slg. 1974, 709, 720, Rn. 36/40.

130 Vgl. z.B. EuGH, Rs. 730/79, Philip Morris Holland BV/Kommission, Slg. 1980, 2671, 2689, Rn. 12.

131 Grabitz-*von Wallenberg*, Art. 92, Rn. 28 f. m.w.N.; GTE-*Mederer*, Art. 92, Rn. 36.

132 GTE-*Mederer*, Art. 92, Rn. 38.

133 EuGH, Rs. 730/79, Philip Morris Holland BV/Kommission, Slg. 1980, 2671, 2689, Rn. 12; Rs. C-142/86, Belgien/Kommission („Tubemeuse"), Slg. 1990, I-959, 1015, Rn. 43.

134 Vgl. EuGH, Rs. 259/85, Frankreich/Kommission, Slg. 1987, 4393, 4418 f., Rn. 24; Rs. C-142/86, Belgien/Kommission („Tubemeuse"), Slg. 1990, I-959, 1015, Rn. 43; EuG, Rs. T-214/95, Vlaams Gewest/Kommission, Slg. 1998, II-717, 738, Rn. 48 ff.; T-14/96, Bretagne Angleterre Irlande (BAI)/Kommission, Slg. 1999, II-139, 165, Rn. 77.

135 EuGH, verb. Rs. 296 und 318/92, Niederlande und Leeuwarder Papierwarenfabriek BV/Kommission, Slg. 1985, 809, 824, Rn. 24.

6. *Das Fehlen abweichender Regelungen im Vertrag*

Eine gewisse Relativierung erfährt das Verbot der Gewährung wettbewerbsverzerrender nationaler Beihilfen durch den Wortlaut von Artikel 87 Absatz 1 EGV, der mit der Einschränkung „Soweit in diesem Vertrag nicht etwas anderes bestimmt ist“ beginnt. Dieses Tatbestandsmerkmal erlaubt die Verknüpfung der Beihilfevorschriften mit den sonstigen Vertragsvorschriften. Auf eine detaillierte Beschreibung des Verhältnisses zwischen dem Beihilfeverbot und den sonstigen Vertragsvorschriften muß im Rahmen dieser Untersuchung verzichtet werden.[136]

Als einziges Beispiel für eine solche abweichende Regelung soll Artikel 86 EGV über öffentliche und monopolartige Unternehmen erwähnt werden. Dies v.a. deshalb, weil die Beihilfenkontrolle im Zuge der Liberalisierung verstärkt in Bereiche der Daseinsvorsorge wie Post, Telekommunikation, Rundfunk und Energie vordringt, was in Zukunft zu rechtlich komplexen und politisch sensiblen Abwägungsfragen führen dürfte.[137]

Grundsätzlich sind alle öffentlichen und privaten Unternehmen mit all ihren Produktionszweigen von der Beihilfeaufsicht erfaßt.[138] Artikel 86 Absatz 2 EGV bestimmt allerdings, daß die Wettbewerbsregeln (d.h. auch Artikel 87 EGV) für Unternehmen, die mit Dienstleistungen von allgemeinem wirtschaftlichen Interesse betraut sind, nur insoweit gelten, als sie nicht die Erfüllung der diesen Unternehmen übertragenen besonderen Aufgaben rechtlich oder tatsächlich verhindern. Die Rechtsprechung des Gerichtshofs zum Verhältnis von Artikel 86 Absatz 2 EGV zu den Artikeln 87 und 88 EGV kann hier nicht ausführlich beschrieben werden.[139] Es sollen lediglich Grundtendenzen wiedergegeben werden.

Der Gerichtshof legt Artikel 86 Absatz 2 EGV als Ausnahmevorschrift eng aus.[140] Um eine Zuständigkeit der Kommission zur Beihilfenkontrolle zu verneinen, reicht es nicht aus, daß ein Unternehmen Dienstleistungen von allgemeinem wirtschaftlichen Interesse erbringt.[141] Die Kommission überprüft vielmehr alle Beihilfen an solche Unternehmen

136 Vgl. hierzu etwa GTE-*Mederer*, Vorbem. Art. 92-94, Rn. 10; Schwarze-*Bär-Bouyssière*, Art. 87, Rn. 12 ff.

137 Schwarze-*Bär-Bouyssière*, Art. 87, Rn. 3; dieses Problem wurde bereits oben in Teil 1, A.II.1.b) als einer der zukünftigen Problemschwerpunkte angeschnitten.

138 EuGH, Rs. 78/76, Firma Steinike und Weinlig/Deutschland, Slg. 1977, 595, 612, Rn. 18; Rs. C-387/92, Banco de Crédito Industrial, nunmehr Banco Exterior de España/Ayuntamiento de Valencia, Slg. 1994, I-877, 907, Rn. 11.

139 Eine sehr anschauliche Zusammenfassung bietet das Urteil des Gerichts erster Instanz, EuG, Rs. T-106/95, Fédération française des sociétés d'assurances (FFSA) u.a./Kommission, Slg. 1997, II-229, 279, Rn. 165 ff.; vgl. außerdem generell *Karl Soukup*, Die Mittelzuführungen an öffentliche Unternehmen im Rahmen der Beihilfeaufsicht der EU-Kommission, ZögU 1995, 16, 37 f.; Schwarze-*Bär-Bouyssière*, Art. 87, Rn. 28 f.

140 EuG, Rs. T-106/95, Fédération française des sociétés d'assurances (FFSA) u.a./Kommission, Slg. 1997, II-229, 281, Rn. 173.

141 EuGH, Rs. C-179/90, Merci convenzionali porto di Genova/Siderurgica Gabrielli, Slg. 1991, I-5889, 5931, Rn. 26 m.w.N.

nach dem üblichen Verfahren.[142] Kommt die Kommission bei dieser Prüfung allerdings zu dem Schluß, daß die Untersagung einer geplanten Beihilfe an ein solches Unternehmen dazu führen würde, daß dieses seine besonderen Aufgaben nicht erfüllen kann und läuft die Beihilfe auch ansonsten dem Gemeinschaftsinteresse nicht zuwider, so ist die geplante Maßnahme als ausnahmsweise mit dem Gemeinsamen Markt vereinbare Beihilfe zu genehmigen.[143] Artikel 86 Absatz 2 EGV entzieht somit nicht etwa ganze Wirtschaftsbereiche von vornherein dem Beihilfenregime, sondern operiert als Ausnahmetatbestand innerhalb der Beihilfenkontrolle.

III. Mit dem Gemeinsamen Markt de iure vereinbare Beihilfen, Artikel 87 Absatz 2 EGV

Artikel 87 Absatz 2 EGV normiert zwingende Ausnahmen vom soeben beschriebenen grundsätzlichen Beihilfeverbot. Die Aufgabe der Kommission besteht insofern lediglich darin, zu überprüfen, ob die Tatbestandsvoraussetzungen vorliegen. Ist dies der Fall, ergibt sich die genehmigende Entscheidung automatisch, d.h. ohne jedes Ermessen seitens der Kommission.[144] Dennoch müssen die Mitgliedstaaten alle Beihilfen, d.h. auch solche, die eindeutig unter eine der Ausnahmekategorien in Artikel 87 Absatz 2 lit. a) bis c) EGV fallen, gemäß Artikel 88 EGV der Kommission notifizieren. Nur bei Notifizierung sämtlicher Beihilfen kann die Kommission nämlich ihrer Aufgabe nachkommen, die einheitliche Auslegung der Ausnahmebestimmungen zu gewährleisten.[145] Als Ausnahmevorschrift ist Artikel 87 Absatz 2 EGV grundsätzlich eng auszulegen.

Artikel 87 Absatz 2 lit. a) EGV bestimmt, daß „Beihilfen sozialer Art an einzelne Verbraucher, wenn sie ohne Diskriminierung nach der Herkunft der Waren gewährt werden“, de iure mit dem Gemeinsamen Markt vereinbar sind.[146]

Artikel 87 Absatz 2 lit. b) EGV trifft eine entsprechende Regelung für „Beihilfen zur Beseitigung von Schäden, die durch Naturkatastrophen oder sonstige außergewöhnliche Ereignisse entstanden sind“.[147]

Die dritte Ausnahmeregelung, Artikel 87 Absatz 2 lit. c) EGV, ist von besonderer Bedeutung für die Bundesrepublik Deutschland und soll daher zumindest kurz dargestellt werden. Erlaubt sind danach „Beihilfen für die Wirtschaft bestimmter, durch die Teilung Deutschlands betroffener Gebiete der Bundesrepublik Deutschland, soweit sie zum Aus-

142 EuGH, Rs. C-387/92, Banco de Crédito Industrial, nunmehr Banco Exterior de España/Ayuntamiento de Valencia, Slg. 1994, I-877, 908, Rn. 17.

143 EuG, Rs. T-106/95, Fédération française des sociétés d’assurances (FFSA) u.a./Kommission, Slg. 1997, II-229, 281, Rn. 172 f.; EuGH, Rs. C-179/90, Merci convenzionali porto di Genova/Siderurgica Gabrielli, Slg. 1991, I-5889, 5931, Rn. 26.

144 EuGH, Rs. 730/79, Philip Morris Holland BV/Kommission, Slg. 1980, 2671, 2690, Rn. 17.

145 Vgl. *Eberhard Kruse*, Bemerkungen zur gemeinschaftlichen Verfahrensverordnung für die Beihilfenkontrolle, NVwZ 1999, 1049, 1051.

146 Näher hierzu GTE-*Mederer*, Art. 92, Rn. 52 ff.

147 Näher hierzu GTE-*Mederer*, Art. 92, Rn. 57 ff.

gleich der durch die Teilung verursachten wirtschaftlichen Nachteile erforderlich sind." Zu dieser sog. Teilungsklausel gibt es umfangreiche Stellungnahmen in der Literatur,[148] sowie verschiedene praktische Anwendungsfälle.[149] Entscheidender aktueller Streitpunkt ist, wie sich die Teilungsklausel nach der Wiedervereinigung auf Beihilfen an Unternehmen in den neuen Bundesländern auswirkt. Während die deutsche Regierung dafür plädiert, derartige Beihilfen generell unter Heranziehung von Artikel 87 Absatz 2 lit. c) EGV zu genehmigen,[150] stützt die Kommission ihre Entscheidungen nur „in einzelnen Fällen und unter besonderen Umständen"[151] auf die Teilungsklausel und löst die Vielzahl der zur Bewertung anstehenden Fälle über Artikel 87 Absatz 3 EGV, der ihr anders als Artikel 87 Absatz 2 EGV ein Genehmigungsermessen einräumt.

Das Gericht erster Instanz hatte über diesen Streitpunkt unlängst in der Sache *Volkswagen Sachsen* zu entscheiden.[152] Es hat sich im wesentlichen der Auffassung der Kommission angeschlossen. Nach der einleitenden Feststellung, daß die Teilungsklausel keineswegs obsolet geworden sei,[153] verweist das Gericht auf den Ausnahmecharakter der Vorschrift und die damit einhergehende Notwendigkeit einer engen Auslegung.[154] In der Folge wird der Begriff „Teilung Deutschlands" analysiert[155] und restriktiv auf die unmittelbar geographischen Folgen der Grenzerrichtung im Jahre 1948 beschränkt. Ergebnis dieser Analyse ist, daß die derzeitige „unterschiedliche Entwicklung der alten und der neuen Bundesländer auf anderen Gründen als der Teilung Deutschlands als solcher [be-

148 *Peter Schütterle*, Die Rechtsgrundlage für Beihilfen zur Überwindung der wirtschaftlichen Folgen der Teilung Deutschlands - Zur praktischen Bedeutung von Art. 92 II lit. c EGV, EuZW 1994, 715 ff.; *Eberhard Kruse*, Ist die „Teilungsklausel" als Rechtsgrundlage für Beihilfen zum Ausgleich teilungsbedingter Nachteile obsolet, EuZW 1998, 229 ff.

149 Zu den historischen Anwendungsfällen vgl. GTE-*Mederer*, Art. 92, Rn. 61.

150 Vgl. die in verschiedenen Kommissionsmitteilungen wiedergegebene Position Deutschlands, ABl. 1993, C 43, S. 14, 15 (Opel Eisenach) und ABl. 1993, C 97, S. 7, 8 (Carl Zeiss Jena u.a.). Ähnlich *Peter Schütterle*, Die Rechtsgrundlage für Beihilfen zur Überwindung der wirtschaftlichen Folgen der Teilung Deutschlands - Zur praktischen Bedeutung von Art. 92 II lit. c EGV, EuZW 1994, 715, 717.

151 Entscheidungen der Kommission in den Fällen „Postdamer Platz" (ABl. 1992, L 263, S. 15) und „Tettauer Winkel" (ABl. 1994, C 178, S. 24); vgl auch *Peter Schütterle*, Die Rechtsgrundlage für Beihilfen zur Überwindung der wirtschaftlichen Folgen der Teilung Deutschlands - Zur praktischen Bedeutung von Art. 92 II lit. c EGV, EuZW 1994, 715, 716.

152 EuG, verb. Rs. T-132/96 und T-143/96, Freistaat Sachsen und Volkswagen/Kommission, noch unveröff. Urteil v. 15.12.1999. Zu diesem Fall vgl. auch *Thomas Falkenkötter*, Der Streit um die sächsischen VW-Beihilfen - Anlaß für grundsätzliche Klärung?, NJW 1996, 2689 ff.; *Ben Perry*, State Aid to the Former East Germany: A Note on the VW/Saxony Case, ELR 1997, 85 ff.; *Konrad Adam*, Das Defizit - Warum Europa von den Sachsen nicht geliebt wird, FAZ v. 10.8.1996, S. 25; *Ulrich Everling*, Steht Deutschland noch zur Rechtsgemeinschaft? - Verfassungsrichter und Ministerpräsidenten nähren Zweifel am europäischen Kurs, FAZ v. 3.9.1996, S. 11.

153 EuG, verb. Rs. T-132/96 und T-143/96, Freistaat Sachsen und Volkswagen/Kommission, noch unveröff. Urteil v. 15.12.1999, Rn. 130.

154 EuG, verb. Rs. T-132/96 und T-143/96, Freistaat Sachsen und Volkswagen/Kommission, Rn. 132.

155 EuG, verb. Rs. T-132/96 und T-143/96, Freistaat Sachsen und Volkswagen/Kommission, Rn. 134 ff.

ruht], namentlich auf den unterschiedlichen politisch-wirtschaftlichen Systemen, die in den beiden Staaten diesseits und jenseits der Grenze errichtet wurden."[156]

Im Ergebnis führt diese Auslegung dazu, daß Beihilfen in den neuen Bundesländern in der Regel im Rahmen der Artikel 87 Absatz 3 lit. a) und c) EGV, nicht im Rahmen von Artikel 87 Absatz 2 lit. b) EGV, geprüft werden. Ihre Genehmigung steht damit im Ermessen der Kommission und ergibt sich nicht zwingend aus dem Gesetz. Dieses Ermessen hat die Kommission in ihrer Praxis bislang allerdings überwiegend großzügig zugunsten der ostdeutschen Wirtschaft angewendet.[157] Es bleibt dabei, daß die Teilungsklausel seit der Wiedervereinigung lediglich in zwei Fällen angewendet wurde, die beide auf dem Gebiet der alten Bundesrepublik Deutschland angesiedelt waren.[158] Völlig ausgeschlossen hat die Kommission eine Anwendung der Teilungsklausel in den neuen Bundesländern allerdings nicht.[159]

IV. Mit dem Gemeinsamen Markt ausnahmsweise vereinbare Beihilfen, Artikel 87 Absatz 3 EGV

1. Allgemeine Grundlagen der Ausnahmebestimmung des Artikel 87 Absatz 3 EGV

Die in Artikel 87 Absatz 3 EGV genannten Beihilfekategorien können von der Kommission[160] ausnahmsweise für mit dem Gemeinsamen Markt vereinbar erklärt werden. Bei dieser die Vereinbarkeit feststellenden Entscheidung hat die Kommission - wie bereits mehrfach erwähnt - einen weiten Ermessensspielraum.[161] Dieser Ermessensspielraum ändert allerdings nichts an der Tatsache, daß Artikel 87 Absatz 3 EGV als Ausnahmeklausel vom grundlegenden Beihilfeverbot in Artikel 87 Absatz 1 EGV restriktiv auszulegen ist.[162]

156 EuG, verb. Rs. T-132/96 und T-143/96, Freistaat Sachsen und Volkswagen/Kommission, Rn. 137; diese Auslegung deckt sich mit der Auffassung von GTE-*Mederer*, Art. 92, Rn. 63.

157 Vgl. *Peter Schütterle*, Die Rechtsgrundlage für Beihilfen zur Überwindung der wirtschaftlichen Folgen der Teilung Deutschlands - Zur praktischen Bedeutung von Art. 92 II lit. c EGV, EuZW 1994, 715, 718.

158 Es sind dies die Fälle „Postdamer Platz", bei dem es um einen Grundstückskaufvertrag zwischen dem Land Berlin und der Daimler-Benz AG ging (ABl. 1992, L 263, S. 15), und „Tettauer Winkel", in dem es um die Transportmehrkosten aufgrund der grenzbedingten Unterbrechung einer Eisenbahnlinie ging (ABl. 1994, C 178, S. 24). Ausführlicher zum jeweiligen Fallhintergrund vgl. GTE-*Mederer*, Art. 92, Rn. 64.

159 XXIV. Bericht über die Wettbewerbspolitik 1994, Luxemburg 1995, S. 187, Rn. 354.

160 Streng genommen kann die Kommission nur in den Fallkonstellationen der Artikel 87 Absatz 3 lit.a) bis d) EGV selbst eine Vereinbarkeitsentscheidung treffen. Im Fall des Artikel 87 Absatz 3 lit. e) EGV wird die Vereinbarkeitsentscheidung dagegen vom Rat auf Vorschlag der Kommission gefällt. Auf diesen Unterfall und die Rolle des Rates soll im Rahmen dieser Arbeit allerdings nicht weiter eingegangen werden. Vgl. zu dieser Bestimmung GTE-*Mederer*, Art. 92, Rn. 211 ff.

161 EuGH, Rs. 730/79, Philip Morris Holland BV/Kommission, Slg. 1980, 2671, 2690, Rn. 17; verb. Rs. 62 und 72/87, Exécutif régional wallon/Kommission, Slg. 1988, 1573, 1597, Rn. 34.

162 Vgl. GTE-*Mederer*, Art. 92, Rn. 65, 68 m.w.N.

Die Kommission prüft in einem ersten Schritt, ob überhaupt eine vertragswidrige Beihilfe i.S.v. Artikel 87 Absatz 1 EGV vorliegt. Ist dies der Fall, untersucht sie, ob die tatbestandlichen Voraussetzungen einer der Ausnahmevorschriften des Artikel 87 Absatz 3 vorliegen. Bereits bei der Auslegung dieser tatbestandlichen Voraussetzungen hat die Kommission einen gewissen Ermessens- bzw. Beurteilungsspielraum, der von wirtschaftlichen und sozialen Wertungen geprägt ist, die auf die Gemeinschaft als Ganzes zu beziehen sind.[163] Liegen die Voraussetzungen für eine Ausnahmegenehmigung vor, trifft die Kommission ihre Entscheidung nach pflichtgemäßem Ermessen. Der Gerichtshof und das Gericht erster Instanz überprüfen diese Entscheidung lediglich daraufhin, ob die Kommission die Tatsachen korrekt ermittelt hat und die Vorschriften über das Verfahren und die Begründung eingehalten hat.[164] Die Ausübung des Ermessens selbst wird nur eingeschränkt kontrolliert: Die Bewertungen der Kommission werden lediglich auf offenkundige Fehler untersucht, die sich auf das Abwägungsergebnis niederschlagen. Insbesondere darf die Kommission nicht mißbräuchlich gegen Zweck und Intention der zugrundeliegenden Ermächtigung verstoßen.[165] Die Kriterien, anhand derer die Vereinbarkeitsprüfung vorgenommen wird, darf die Kommission im Rahmen ihres weiten Ermessens selbst bestimmen. Allerdings müssen sie zur Prüfung geeignet und von den Artikeln 3 lit. g) und 87 EGV gedeckt sein.[166] Dem Gerichtshof ist es verwehrt, die Bewertung der Kommission durch seine eigene wirtschaftliche Bewertung zu ersetzen.[167]

Um die Ausübung ihres Ermessens transparenter zu machen, hat die Kommission eine Vielzahl von allgemeinen Mitteilungen, Leitlinien und Gemeinschaftsrahmen erlassen, die die Genehmigungspraxis der Kommission weitgehend prägen.[168] In ihrer Abwägung berücksichtigt die Kommission sowohl die wirtschaftspolitische Ausrichtung der Gemeinschaft auf den Grundsatz einer offenen Marktwirtschaft mit freiem Wettbewerb (vgl. Artikel 4 EGV) als auch das Erfordernis der harmonischen, ausgewogenen und nachhaltigen Entwicklung des Wirtschaftslebens der Gemeinschaft und die Zielvorgabe der Förderung des wirtschaftlichen und sozialen Zusammenhalts und der Solidarität zwischen den Mitgliedstaaten (vgl. Artikel 2 EGV).[169] Um den verschiedenen, z.T. gegenläufigen Interessen bei der Prüfung von Artikel 87 Absatz 3 EGV gerecht zu werden, hat die Kommission drei Kriterien herausgearbeitet, die sie der Prüfung in der Regel zu-

163 EuGH, Rs. 730/79, Philip Morris Holland BV/Kommission, Slg. 1980, 2671, 2691, Rn. 24; Rs. C-301/87, Frankreich/Kommission („Boussac“), Slg. 1990, I-307, 363, Rn. 49; Rs. C-142/87, Belgien/Kommission („Tubemeuse“), Slg. 1990, I-959, 1018, Rn. 56.

164 EuG, Rs. T-149/95, Ducros/Kommission, Slg. 1997, II-2031, 2051, Rn. 63 m.w.N.

165 Vgl. die Schlußanträge von Generalanwalt Sir *Gordon Slynn* in der Rs. 84/82, Deutschland/Kommission, Slg. 1984, 1451, 1499 f.

166 Vgl. hierzu EuG, Rs. T-214/95, Vlaams Gewest/Kommission, Slg. 1998, II-717, 750, Rn. 89.

167 EuG, Rs. T-380/94, AIUFASS und AKT/Kommission, Slg. 1996, II-2169, 2190, Rn. 56 m.w.N.

168 Zu diesen Maßnahmen vgl. ausführlicher unten Teil 2, A.III.3.a).bb).(1) und (2), sowie GTE-*Mederer,* Art. 92, Rn. 74 ff.; Schwarze-*Bär-Bouyssière*, Art. 87, Rn. 60 ff.; *Bertold Bär-Bouyssière*, Neue Entwicklungen im europäischen Beihilfenrecht, in: Jürgen Schwarze (Hrsg.), Neuere Entwicklungen des europäischen Wettbewerbsrechts, Baden-Baden 1999, S. 79, 87 ff.

169 GTE-*Mederer*, Art. 92, Rn. 69.

grundelegt:[170] Zum einen muß die zur Genehmigung vorgelegte Beihilfe der Erreichung eines der in den Artikeln 87 Absatz 3 lit. a) bis d) EGV aufgeführten Zielen dienen.[171] Darüber hinaus muß die Beihilfe notwendig sein, um das erwünschte Ergebnis auch tatsächlich zu erreichen.[172] Drittens muß die Beihilfe nach Art und Umfang in einem angemessenen Verhältnis zur Zielverwirklichung stehen,[173] was nicht der Fall ist, wenn die beantragte Beihilfe bestehende Probleme lediglich von einem Mitgliedstaat auf den anderen verlagert.[174] In der Sache handelt es sich bei diesen drei Kriterien um eine Art Verhältnismäßigkeitskontrolle.

Im folgenden sollen die einzelnen Ausnahmebestimmungen in Artikel 87 Absatz 3 EGV lediglich kurz dargestellt werden. Eine eingehende Auseinandersetzung mit den verschiedenen Unterfällen würde den Rahmen dieser Untersuchung sprengen. Insbesondere kann nicht auf die umfangreichen Mitteilungen, Leitlinien und Gemeinschaftsrahmen der Kommission eingegangen werden.[175]

2. *Beihilfen gemäß Artikel 87 Absatz 3 lit. a) EGV*

Artikel 87 Absatz 3 lit. a) EGV ermöglicht es der Kommission, „Beihilfen zur Förderung der wirtschaftlichen Entwicklung von Gebieten, in denen die Lebenshaltung außergewöhnlich niedrig ist oder eine erhebliche Unterbeschäftigung herrscht“ ausnahmsweise zu genehmigen. Bezugsmaßstab für die „außergewöhnlich niedrige Lebenshaltung“ ist der Vergleich mit dem Gemeinschaftsniveau, nicht mit dem jeweiligen Mitgliedstaat.[176] Dies ist v.a. für die neuen Bundesländer von Bedeutung, die nur dann in den Genuß von gemäß Artikel 87 Absatz 3 lit. a) EGV genehmigten Fördermitteln gelangen können, wenn sie im Gemeinschaftsvergleich hinterherhinken, nicht schon dann, wenn sie hinter dem Bundesschnitt zurückbleiben. Die Förderung von Gebieten, die lediglich im nationalen wirtschaftlichen Vergleich benachteiligt sind, kann allenfalls über Artikel 87 Absatz 3 lit. c) EGV erfolgen,[177] der allerdings strengere Rechtfertigungserfordernisse aufstellt.[178] Die in der Praxis bedeutsamsten Vorgaben für die Genehmigung von regionalen Beihilfen finden sich in den jeweils aktuellen Leitlinien für Regionalbeihilfen.[179] Von

170 Vgl. ausführlicher Schwarze-*Bär-Bouyssière*, Art. 87, Rn. 52; GTE-*Mederer*, Art. 92, Rn. 71 ff.; siehe auch Zwölfter Bericht über die Wettbewerbspolitik 1982, Luxemburg 1983, S. 119, Rn. 160.

171 Vgl. Kommission, ABl. 1987, L 40, S. 17.

172 Vgl. Kommission, ABl. 1987, L 40, S. 17; ABl. 1991, L 262, S. 29.

173 Vgl. Kommission, ABl. 1972, L 297, S. 32; Zwölfter Bericht über die Wettbewerbspolitik 1982, Luxemburg 1983, S. 119, Rn. 160.

174 Vgl. Kommission, ABl. 1969, L 220, S. 1; ABl. 1981, L 361, S. 24.

175 Insofern ist auf die einschlägige Kommentarliteratur zu verweisen, sowie unten auf Teil 2, A.III. 3.a).bb) (1) und (2) und Teil 2, B.IV.2.b).

176 EuGH, Rs. 730/79, Philip Morris Holland BV/Kommission, Slg. 1980, 2671, 2691, Rn. 25; Rs. 248/84, Deutschland/Kommission, Slg. 1987, 4013, 4042, Rn. 19.

177 EuGH, Rs. 248/84, Deutschland/Kommission, Slg. 1987, 4013, 4042, Rn. 19.

178 Vgl. Schwarze-*Bär-Bouyssière*, Art. 87, Rn. 53.

179 Vgl. die neueste Fassung der Leitlinien für staatliche Beihilfen mit regionaler Zielsetzung, ABl. 1998, C 74, S. 9. Diese wird als „grundsätzliche Reform des Regimes der Regionalbeihilfen“ gewürdigt, Schwarze-*Bär-Bouyssière*, Art. 87, Rn. 59 ff.; *Jean-Paul Keppenne*, (R)évolution dans le sy-

Bedeutung ist außerdem der multisektorale Regionalbeihilferahmen für große Investitionsvorhaben.[180]

3. *Beihilfen gemäß Artikel 87 Absatz 3 lit. b) EGV*

Die Ausnahmeregelung des Artikel 87 Absatz 3 lit. b) EGV betrifft „Beihilfen zur Förderung wichtiger Vorhaben von gemeinsamem europäischem Interesse oder zur Behebung einer beträchtlichen Störung im Wirtschaftsleben eines Mitgliedstaates“. Erfaßt sind zwei inhaltlich vollkommen separate Unterfälle.

Der wohl bedeutsamste praktische Anwendungsfall der Förderung wichtiger transnationaler Vorhaben sind grenzüberschreitende Projekte im Bereich Forschung und Entwicklung.[181] Aber auch Maßnahmen in den Bereichen Energie, Telekommunikation, Luftfahrt sowie, allerdings nur ausnahmsweise,[182] Umweltschutz können auf der Grundlage dieser Vorschrift genehmigt werden.[183] Tendenziell hat Artikel 87 Absatz 3 lit. b) EGV in den letzten Jahren allerdings an Bedeutung verloren, da die Kommission in den genannten Bereichen in ihrer Genehmigungspraxis verstärkt auf Artikel 87 Absatz 3 lit. c) EGV zurückgreift.[184]

Vom Begriff der beträchtlichen Störung des Wirtschaftslebens eines Mitgliedstaates sind nur allgemeine krisenhafte Störungen der Gesamtwirtschaft erfaßt, nicht dagegen spezifische sektorielle oder regionale Probleme.[185] Folge dieser restriktiven Auslegung, die allgemeine Konjunkturschwankungen oder arbeitsmarktbedingte Probleme als Genehmigungsgrund ausschließt, ist, daß diese Variante seit jeher eher selten angewendet wird.[186]

4. *Beihilfen gemäß Artikel 87 Absatz 3 lit. c) EGV*

Gemäß Artikel 87 Absatz 3 lit. c) EGV kann die Kommission „Beihilfen zur Förderung der Entwicklung gewisser Wirtschaftszweige oder Wirtschaftsgebiete“ genehmigen, so-

stème communautaire de contrôle des aides d’Etat, RMUE 1998, 125, 139 ff.; vgl. ferner *Thomas M. Dietz*, Die Reform der EU-Beihilfenkontrolle und ihre Auswirkungen auf die regionale Wirtschaftsförderung, Aus Politik und Zeitgeschichte, Beilage B-21-22/99 zu Das Parlament 1999, S. 17, 19 ff.

180 ABl. 1998, C 107, S. 7. Vgl. hierzu *Bertold Bär-Bouyssière*, Neue Entwicklungen im europäischen Beihilfenrecht, in: Jürgen Schwarze (Hrsg.), Neuere Entwicklungen des europäischen Wettbewerbsrechts, Baden-Baden 1999, S. 79, 88 f.

181 Lenz-*Rawlinson*, Art. 87, Rn. 29; vgl. auch Neunzehnter Bericht über die Wettbewerbspolitik 1989, Luxemburg 1990, S. 142, Rn. 144.

182 Vgl. den Gemeinschaftsrahmen für Umweltschutzmaßnahmen, ABl. 1994, C 72, S. 3.

183 Vgl. Schwarze-*Bär-Bouyssière*, Art. 87, Rn. 54 m.w.N.; sowie ausführlicher GTE-*Mederer*, Art. 92, Rn. 98 ff.

184 GTE-*Mederer*, Art. 92, Rn. 100.

185 Schwarze-*Bär-Bouyssière*, Art. 87, Rn. 55.

186 Der wohl spektakulärste Anwendungsfall war die Ölkrise im Jahre 1973, die zu übergreifenden beträchtlichen Störungen im Wirtschaftsleben der Mitgliedstaaten führte, vgl. Fünfter Bericht über die Wettbewerbspolitik 1975, Luxemburg 1976, S. 115, Rn. 133.

weit diese „die Handelsbedingungen nicht in einer Weise verändern, die dem gemeinsamen Interesse zuwiderläuft".

a) Allgemeines

Artikel 87 Absatz 3 lit. c) EGV ist die praktisch wohl bedeutsamste Ausnahmeklausel zum grundsätzlichen Beihilfeverbot. Ausdrücklich regelt der Wortlaut zwei voneinander zu unterscheidende Beihilfekategorien, namentlich die spezifische *Förderung einzelner Sektoren* („Wirtschaftszweige") und die *Regionalförderung* („Wirtschaftsgebiete"). Darüber hinaus ist es ständige Kommissionspraxis, über lit. c) auch sog. *horizontale Beihilfen* zu genehmigen, d.h. Beihilfen, die nicht sektorspezifisch oder gebietsbezogen gewährt werden, sondern an verschiedene andere Merkmale anknüpfen (z.B. Größe des Unternehmens (Bsp.: kleine und mittlere Unternehmen), Anreize zur Schaffung von Arbeits- oder Ausbildungsplätzen, Ankurbelung von Forschung und Entwicklung). Obwohl derartige horizontale Beihilfen bei strikter Auslegung der Artikel 87 Absatz 2 und 3 EGV eigentlich nicht genehmigungsfähig sein dürften, weil nicht ausdrücklich normiert, hat sich deren Abwicklung über lit. c) eingebürgert und wird vom Gerichtshof nicht beanstandet.[187]

Der Begriff „Wirtschaftszweig" ist weit auszulegen. Erfaßt wird jede Art der wirtschaftlichen Betätigung von der Forschung über die Herstellung zum Vertrieb, aber auch die Bereitstellung von Dienstleistungen.[188] Aus dem Begriff der „Förderung der Entwicklung" läßt sich ein dynamisches Element herauslesen. Eine Beihilfe, die über lit. c) genehmigt werden soll, muß eine positive Umgestaltung oder Veränderung des Status Quo erreichen können. Eine Förderung der Entwicklung ist demnach z.B. zu bejahen bei Investitionsbeihilfen, aber auch bei Produktionsumstellungen, Umstrukturierungs- oder Rationalisierungsmaßnahmen.[189] Unzulässig sind dagegen in aller Regel lediglich statuserhaltende Maßnahmen wie etwa reine Betriebsbeihilfen.[190]

Erfüllt eine Beihilfe die genannten tatbestandlichen Voraussetzungen, schreibt lit. c) der Kommission vor, daß diese im Rahmen ihrer Ermessensentscheidung über die Genehmigung die Auswirkungen der Beihilfe auf die Handelsbedingungen unter strikter Beachtung des Gemeinschaftsinteresses genau zu prüfen hat.[191] Dabei wägt die Kommission die positiven Auswirkungen auf den unterstützten Sektor bzw. die geförderte Region gegen die negativen Folgen für den Wettbewerb ab.[192] In die Abwägung eingestellt werden insbesondere die allgemeine Wettbewerbslage auf dem relevanten Markt, sowie speziel-

187 Vgl. hierzu Schwarze-*Bär-Bouyssière*, Art. 87, Rn. 56.
188 Schwarze-*Bär-Bouyssière*, Art. 87, Rn. 57.
189 Schwarze-*Bär-Bouyssière*, Art. 87, Rn. 57.
190 EuG, Rs. T-459/93, Siemens SA/Kommission, Slg. 1995, II-1675, 1696, Rn. 48 m.w.N.; bestätigt durch die Rechtsmittelentscheidung des EuGH, Rs. C-278/95 P, Siemens SA/Kommission, Slg. 1997, I-2507, 2537, Rn. 23 ff.
191 Diese Präzisierung der Anforderungen an die Ermessensausübung findet sich ganz ähnlich auch in Artikel 87 Absatz 3 lit. d) EGV, nicht dagegen in lit. a) und b).
192 Vgl. Vierzehnter Bericht über die Wettbewerbspolitik 1984, Luxemburg 1985, S.147, Rn. 202.

lere Gesichtspunkte wie die Nachfragesituation und die Intensität des Handels und die Entwicklung bzw. Verschiebung von Kapazitäten und Marktanteilen.[193]

Die Genehmigungspraxis der Kommission wird heute außerdem weitgehend von Leitlinien und Gemeinschaftsrahmen für die verschiedenen, theoretisch genehmigungsfähigen Beihilfekategorien geprägt.[194]

b) Speziell zur Regionalförderung

Die Tatbestandsvariante der Förderung „gewisser Wirtschaftsgebiete" erinnert auf den ersten Blick an den oben bereits besprochenen Artikel 87 Absatz 3 lit. a) EGV, der sich ebenfalls mit der Regionalförderung beschäftigt.[195] Im Unterschied zu lit. a) verlangt der Wortlaut von lit. c) allerdings ausdrücklich die Berücksichtigung der Auswirkungen einer geplanten Beihilfe auf die „Handelsbedingungen" und die „gemeinsamen Interessen" in der Gemeinschaft. Die Rechtfertigungshürden im Rahmen der Ermessensausübung durch die Kommission sind bei Regionalbeihilfen i.S.v. lit. c) dadurch vergleichsweise höher als bei Beihilfen i.S.v. lit. a).[196]

Daneben unterscheidet sich der tatbestandliche Anwendungsbereich der beiden Ausnahmeklauseln aber auch inhaltlich. Während die für eine etwaige Genehmigung relevante Benachteiligung einer Region sich im Rahmen von lit. a) ausschließlich aus einem Vergleich mit dem Niveau der *Gemeinschaft* ergeben kann,[197] reicht es bei lit. c) aus, wenn die zu fördernde Region lediglich im Vergleich zu den sonstigen Gebieten des entsprechenden Mitgliedstaates abfällt.[198] Außerdem kann der Grad der wirtschaftlichen Benachteiligung bei Gebieten i.S.v. lit. c) geringer sein.[199]

193 Schwarze-*Bär-Bouyssière*, Art. 87, Rn. 57 m.w.N.

194 Es gibt zahlreiche Beispiele für derartige Leitlinien und Gemeinschaftsrahmen. Stellvertretend erwähnt seien lediglich der Gemeinschaftsrahmen für staatliche Beihilfen in der KfZ-Industrie (ABl. 1997, C 279, S. 1) als Beispiel für die „Förderung der Entwicklung eines Wirtschaftszweiges" und der Gemeinschaftsrahmen für Beihilfen an kleinere und mittlere Unternehmen als Beispiel für horizontale Beihilfen (ABl. 1996, C 213, S. 4). Zur Förderung bestimmter Wirtschaftsgebiete vgl. sogleich Punkt b). Ausführlicher zu den verschiedenen Mitteilungen, Leitlinien und Gemeinschaftsrahmen, GTE-*Mederer*, Art. 92, Rn. 110 ff., sowie unten Teil 2, A.III.3.a).bb).(1) und (2).

195 In der Praxis richtet sich die Regionalförderung allerdings heute nur noch selten unmittelbar nach Artikel 87 Absatz 3 lit. a) und c) EGV, sondern überwiegend nach den von der Kommission aufgestellten Leitlinien für Regionalbeihilfen (ABl. 1998, C 74, S. 9), die die beiden genannten Ausnahmeklauseln und die Ermessenshandhabung der Kommission erläutern und konkretisieren. Zu den Details dieser Leitlinien vgl. GTE-*Mederer*, Art. 92, Rn. 80 ff.; Schwarze-*Bär-Bouyssière*, Art. 87, Rn. 59 ff.; *Friedrich Erlbacher*, Die neuen Leitlinien der Kommission für die Vergabe staatlicher Regionalbeihilfen, EuZW 1998, 517 ff.; *Jean-Paul Keppenne*, (R)évolution dans le système communautaire de contrôle des aides d'Etat, RMUE 1998, 125, 139 ff.

196 Vgl. hierzu z.B. Schwarze-*Bär-Bouyssière*, Art. 87, Rn. 53.

197 Vgl. oben Teil 1, A.IV.2.

198 EuGH, Rs. 248/84, Deutschland/Kommission, Slg. 1987, 4013, 4042, Rn. 19.

199 Vgl. Schwarze-*Bär-Bouyssière*, Art. 87, Rn. 58, sowie die Leitlinien der Kommission für Beihilfen mit regionaler Zielsetzung, ABl. 1998, C 74, S. 9.

Die Unterschiede lassen sich also wie folgt zusammenfassen:[200] Der tatbestandliche Anwendungsbereich von lit. c) ist deutlich weiter als der von lit. a). Tendenziell werden erheblich mehr Gebiete von den inhaltlich geringeren Anforderungen des lit. c) erfaßt sein als von lit. a). Diese Weite des Tatbestands von lit. c) wird allerdings dadurch abgefedert, daß im Rahmen der Ermessensausübung darüber, ob genehmigt wird oder nicht, durch den Bezug auf die Wettbewerbsbedingungen und die gemeinsamen Interessen strengere Anforderungen bestehen.[201] Im Rahmen der Ermessensausübung kommt nationalen Erwägungen keine entscheidende Rolle zu; die notwendigen wirtschaftlichen und sozialen Wertungen sind vielmehr auf die Gemeinschaft als Ganzes zu beziehen.[202]

5. *Beihilfen gemäß Artikel 87 Absatz 3 lit. d) EGV*

Artikel 87 Absatz 3 lit. d) EGV ermöglicht es der Kommission, „Beihilfen zur Förderung der Kultur und der Erhaltung des kulturellen Erbes, soweit sie die Handels- und Wettbewerbsbedingungen in der Gemeinschaft nicht in einem Maße beeinträchtigen, das dem gemeinsamen Interesse zuwiderläuft", zu genehmigen. Diese Vorschrift ist nicht seit jeher Bestandteil des Vertrages, sondern wurde erst im Zuge der Maastrichter Vertragsreform in den Ausnahmekatalog des Artikel 87 Absatz 3 EGV eingefügt. Aus diesem Grund bildet sich auch erst ganz allmählich ein fester Bestand an Auslegungsregeln und Anwendungsbeispielen heraus, die zur Klärung der anfänglich bestehenden, wortlautbedingten Zweifelsfragen beitragen.[203] Insbesondere werden verschiedene Beihilfearten, die früher gemäß Artikel 87 Absatz 3 lit. c) EGV genehmigt werden konnten, heute auf Grundlage der Kulturausnahme überprüft.[204] Dies ist insbesondere von Bedeutung für Beihilfen zur nationalen Filmförderung.[205] Die bisherigen Entscheidungen stellen al-

200 Instruktiv hierzu: EuGH, Rs. C-169/95, Spanien/Kommission („PYRSA"), Slg. 1997, I-135, 154, Rn. 15 ff.

201 EuGH, Rs. C-169/95, Spanien/Kommission („PYRSA"), Slg. 1997, I-135, 155, Rn. 16.

202 St. Rspr., vgl. EuGH, Rs. 730/79, Philip Morris Holland BV/Kommission, Slg. 1980, 2671, 2691, Rn. 24; Rs. C-169/95, Spanien/Kommission („PYRSA"), Slg. 1997, I-135, 155, Rn. 18; GTE-*Mederer*, Art. 92, Rn. 29 m.w.N.

203 Eine eingehendere Analyse des Wortlauts der Bestimmung findet sich bei GTE-*Mederer*, Art. 92, Rn. 209. Ausführlich zur Entwicklung der „Kulturklausel" vgl. *Christian Koenig, Jürgen Kühling*, Mitgliedstaatliche Kulturförderung und gemeinschaftliche Beihilfekontrolle durch die EG-Kommission, EuZW 2000, 197 ff., insbesondere 201 ff.

204 Vgl. z.B. die Genehmigung einer französischen Beihilfe für den Export von Büchern in den französischsprachigen Raum, die ursprünglich auf Artikel 87 Absatz 3 lit. c) EGV gestützt worden war (vgl. ABl. 1993, C 174, S. 6), dann aber auf eine Konkurrentenklage hin aufgehoben wurde (vgl. EuG, T-49/93, Société internationale de diffusion et d'édition (SIDE)/Kommission, Slg. 1995, II-2501, 2530, Rn. 76) und mittlerweile auf Artikel 87 Absatz 3 lit. d) EGV gestützt neu erlassen wurde (vgl. Entscheidung „Coopération d'exportation du livre français - CELF", ABl. 1999, L 44, S. 37). Auch die neue Entscheidung wurde angefochten, diesmal allerdings von Frankreich selbst (vgl. Rs. C-332/98, Frankreich/Kommission, ABl. 1998, C 327, S. 14). Diese Klage wurde vom Gerichtshof jüngst als unbegründet abgewiesen, vgl. EuGH, Rs. C-332/98, Frankreich/Kommission, noch unveröff. Urteil v. 22.6.2000, Rn. 22 ff., 35.

205 Vgl. zu den aktuellen Entscheidungen zur Filmförderung in Deutschland, Frankreich und Holland *Christian Koenig, Jürgen Kühling*, Mitgliedstaatliche Kulturförderung und gemeinschaftliche Beihilfekontrolle durch die EG-Kommission, EuZW 2000, 197, 202 m.w.N.

lerdings bestenfalls erste Eckpunkte der weiteren Entwicklung im Spannungsfeld von Beihilfen und Kultur dar. Ohne Frage besteht unveränderter Klärungsbedarf, so daß davon auszugehen ist, daß Beihilfen im Kultursektor die Kommission und den Gerichtshof in Zukunft verstärkt beschäftigen werden.[206]

6. Beihilfen gemäß Artikel 87 Absatz 3 lit. e) EGV

Nur der Vollständigkeit halber zu erwähnen ist die Klausel des Artikel 87 Absatz 3 lit. e) EGV, wonach „sonstige Arten von Beihilfen, die der Rat durch eine Entscheidung mit qualifizierter Mehrheit auf Vorschlag der Kommission bestimmt", genehmigungsfähig sind. Von Bedeutung ist diese Vorschrift bislang lediglich im Bereich des Schiffbaus gewesen.[207]

B. Das Verfahren nach Artikel 88 EGV i.V.m. der Verfahrensverordnung des Rates

Während Artikel 87 EGV, wie gesehen, die inhaltlichen, materiell-rechtlichen Vorgaben des Gemeinschaftsrechts für mitgliedstaatliche Beihilfen festlegt, regelt Artikel 88 EGV das zur Einhaltung und Überwachung dieser Vorgaben vorgesehene Verfahren. Explizit gesetzlich normiert ist in Artikel 88 EGV die fortlaufende Aufsicht der Kommission über bereits bestehende Beihilfen (Absatz 1 und 2) und das Verfahren bei der Einführung neuer bzw. der Umgestaltung bestehender Beihilfen durch die Mitgliedstaaten (Absatz 3 i.V.m. Absatz 2), mit anderen Worten das Verfahren bei kooperativem, rechtmäßigem Verhalten der Mitgliedstaaten.[208] Der in der Praxis recht häufige Fall, daß Mitgliedstaaten mit der Kommission nicht in der in Artikel 88 EGV gesetzlich vorgeschriebenen Weise redlich zusammenarbeiten, sondern mißbräuchlich unter Mißachtung der gemeinschaftsrechtlichen Verfahrensvorschriften Beihilfen vorzeitig auszahlen,[209] war von den Vertragsverfassern offenbar so nicht vorhergesehen worden und ist daher in Artikel 88 EGV nicht ausdrücklich normiert. Die diesbezüglich bestehenden verfahrensrechtlichen Vorgaben beruhten vielmehr lange Zeit auf rechtsfortbildender Auslegung und Lückenschließung durch den Gerichtshof. Erst die unlängst ergangene Verfahrensverordnung[210] hat hier weitere Klarheit geschaffen. Sie kodifiziert und vereinheitlicht die im Verlauf

206 So auch *Christian Koenig, Jürgen Kühling*, Mitgliedstaatliche Kulturförderung und gemeinschaftliche Beihilfekontrolle durch die EG-Kommission, EuZW 2000, 197, 203.

207 Vgl. Lenz-*Rawlinson*, Art. 87, Rn. 34, 50 m.w.N.

208 Die einzige Regelung in Artikel 88 EGV, die sich mit nicht rechtmäßigem Verhalten der Mitgliedstaaten befaßt, ist die Aufhebung oder Umgestaltung von mißbräuchlich angewandten Beihilfen in Artikel 88 Absatz 2 EGV.

209 Beispielsweise lag der Anteil der nicht notifizierten staatlichen Beihilfen im Jahr 1998 bei 20 % aller von der Kommission überprüften Fälle, vgl. XXVIII. Bericht über die Wettbewerbspolitik 1998, Luxemburg 1999, S. 119, Rn. 287; Schwarze-*Bär-Bouyssière*, Art. 88, Rn. 24.

210 Verordnung (EG) 659/1999 des Rates vom 22. März 1999 über besondere Vorschriften für die Anwendung von Artikel 93 des EG-Vertrages, ABl. 1999, L 83, S. 1.

des letzten Jahrzehnts in der Rechtsprechung des Gerichtshofes und der Praxis der Kommission entwickelten Ergänzungen und Ausformungen der eher knappen Regelungen in Artikel 88 EGV. Inhaltlich führt die VerfVO nicht etwa zu einer grundlegenden Reform des Beihilfeaufsichtsverfahrens, sondern beschränkt sich auf die Klarstellung von Zweifelsfragen in juristisch bindender Form, ergänzt durch vereinzelte Neuerungen in denjenigen Bereichen, in denen das bisherige System als verbesserungsbedürftig erachtet wurde.[211]

Nach einem einleitenden Kapitel, in dem verschiedene Schlüsselbegriffe der Verordnung definiert werden, widmet sich die VerfVO den vier verschiedenen Verfahrenskonstellationen der rechtmäßigen Einführung von Beihilfen (Kapitel II), der rechtswidrigen Einführung von Beihilfen (Kapitel III), dem Verfahren bei mißbräuchlicher Anwendung von rechtmäßig gewährten Beihilfen (Kapitel IV) sowie dem Verfahren zur Überprüfung bestehender Beihilfen (Kapitel V). Daran schließen sich Kapitel über die Rechte der am Verfahren Beteiligten (Kapitel VI), die Überwachung des Verfahrens (Kapitel VII) sowie die gemeinsamen Schlußbestimmungen (Kapitel VIII) an.

Allen vier Verfahrenskonstellationen gemeinsam ist die zentrale, das gesamte Verfahren beherrschende und prägende Stellung der Kommission. In jedem denkbaren Fall ist die Kommission diejenige Instanz, die eine Entscheidung darüber zu treffen hat, ob eine Beihilfe den Voraussetzungen von Artikel 87 EGV entspricht oder nicht. Die Mitgliedstaaten sind dagegen nicht befugt, selbständig eine Bewertung der gemeinschaftsrechtlichen Zulässigkeit einer Beihilfe vorzunehmen. Ihnen obliegen vielmehr lediglich verschiedenartige, unterschiedlich intensive Mitwirkungs- und Informationspflichten. Die Interessenlage im einzelnen und die verfahrenstechnische Verzahnung zwischen Kommission und Mitgliedstaat sind allerdings in den vier Konstellationen unterschiedlich zu bewerten.

Im folgenden werden die bestehenden verfahrensrechtlichen Vorgaben in den zu unterscheidenden Konstellationen jeweils für sich dargestellt. Der Aufbau folgt dabei der neuen Verfahrensverordnung,[212] die in Zukunft wohl der bedeutendste Referenzpunkt für verfahrensrechtliche Fragestellungen sein dürfte. Ziel ist es, einen Überblick über das Verfahren nach Artikel 88 EGV i.V.m. den Kapiteln II-V VerfVO zu verschaffen, wobei v.a. die für Rechtsanwender und Fachleute gleichermaßen neue Verfahrensverordnung besondere Berücksichtigung erfährt. Dabei hat notwendigerweise eine Problemauswahl zu erfolgen, so daß gewisse Aspekte gar nicht,[213] andere nur am Rande zur Sprache kom-

211 *Adinda Sinnaeve*, Die neue Verfahrensverordnung in Beihilfensachen, EuZW 1999, 270, 270.

212 Der Aufbau der Verfahrensverordnung orientiert sich an der aktuellen praktischen Bedeutung der verschiedenenen Verfahrenskonstellationen und widmet sich daher z.B. der Einführung neuer Beihilfen (Artikel 88 Absatz 3 EGV) vor der Kontrolle bestehender Beihilferegelungen (Artikel 88 Absatz 1 EGV), vgl. hierzu, aber auch zu den historischen Gründen, die der ursprünglichen Chronologie in Artikel 88 EGV zugrundelagen, GTE-*Mederer*, Art. 93, Rn. 6 f.

213 Vollständig ausgeklammert wird z.B. die Rolle des Rates in Artikel 88 Absatz 2 Unterabsatz 3 EGV. Vgl. hierzu *Georges Cosmas*, Les conditions d'application de l'article 93, paragraphe 2, troisième

men werden. Den Abschluß bildet ein Überblick über die sonstigen, nicht speziell auf die vier Verfahrensarten bezogenen Regelungen der Verfahrensverordnung (Kapitel VI-VIII).

I. Die vorbeugende Kontrolle neuer bzw. umzugestaltender Beihilfen gemäß Artikel 88 Absatz 3 und 2 EGV i.V.m. Artikel 2-9 VerfVO

Neben der fortlaufenden Kontrolle sämtlicher bestehender Beihilfen,[214] weist der Vertrag der Kommission die Aufgabe zu, von den Mitgliedstaaten geplante neue Beihilfen, sowie die von ihnen geplanten Änderungen bereits bestehender Beihilfen noch vor der Einführung der jeweiligen Maßnahme präventiv auf deren Vereinbarkeit mit dem Gemeinsamen Markt zu überprüfen (vorbeugende Kontrolle).

1. Die Notifizierung neuer Beihilfen, Artikel 88 Absatz 3 Satz 1 EGV i.V.m. Artikel 2, 3, 5 VerfVO

Artikel 88 Absatz 3 Satz 1 EGV sieht vor, daß die Mitgliedstaaten die Kommission „von jeder beabsichtigten Einführung oder Umgestaltung von Beihilfen so rechtzeitig“ informieren müssen, daß diese sich zu den geplanten Maßnahmen äußern kann (sog. Notifizierung). Anders als das Verfahren zur fortlaufenden Kontrolle von Beihilfen, bei dem die Kommission eine Maßnahme in aller Regel aus eigenem Antrieb überprüft und das Verfahren aufnimmt,[215] wird das Verfahren der Präventivkontrolle also durch einen mitgliedstaatlichen Akt, die Notifizierung, ins Rollen gebracht. Dennoch ist auch im Verfahren der Präventivkontrolle die Kommission uneingeschränkt die Herrin des Verfahrens. Die Mitgliedstaaten wirken nur im Rahmen ihrer vom Vertrag und der Verordnung im einzelnen festgelegten Kooperationspflichten am Verfahren mit.

a) Die zu notifizierenden Beihilfen - Umfang der Notifizierungspflicht

Der Wortlaut des Artikel 88 Absatz 3 Satz 1 EGV hat durch die Verfahrensverordnung einige signifikante Modifikationen erfahren.[216] So spricht Artikel 88 EGV von der „Einführung oder Umgestaltung von Beihilfen“ während die Verordnung dieses Begriffspaar unter den einheitlichen Oberbegriff der „neuen Beihilfe“ subsumiert (vgl. Artikel 1 lit. c) VerfVO). Soweit im folgenden der Begriff der neuen Beihilfe verwendet wird, deckt sich dieser mit der Definition in der VerfVO und meint sowohl die Umgestaltung bestehender als auch die Einführung gänzlich neuer Beihilfemaßnahmen.

alinéa, du traité CE, in: Gil Carlos Rodríguez Iglesias et al. (Hrsg.), Mélanges en hommage à Fernand Schockweiler, Baden-Baden 1999, S. 39 ff.

214 Zum Verfahren der Kontrolle bestehender Beihilfen gemäß Artikel 88 Absatz 1 EGV i.V.m. Kapitel V der VerfVO vgl. unten Teil 1, B.IV.

215 Vgl. erneut unten Teil 1, B.IV.2.

216 Zur Frage, ob und inwieweit es überhaupt zulässig ist, eine Vertragsnorm durch eine Durchführungsverordnung i.S.v. Artikel 89 EGV zu modifizieren, vgl. unten Teil 1, C.I.1.

Bedeutsamer als diese terminologische Klarstellung ist die inhaltliche Einschränkung der an sich umfassend angelegten Notifizierungspflicht („jeder beabsichtigten Einführung oder Umgestaltung“ in Artikel 88 Absatz 3 Satz 1 EGV) durch Artikel 2 Absatz 1 VerfVO, wonach die Notifizierung nur notwendig ist, soweit „die Verordnungen nach Artikel 94 des Vertrages oder nach anderen einschlägigen Vertragsvorschriften nichts anderes vorsehen“. Gemeint ist damit v.a. die Gruppenfreistellungsrahmenverordnung:[217] Diese zählt in ihrem Artikel 1 verschiedene Gruppen von Beihilfen[218] auf, für die die Kommission durch den Erlaß einzelner Gruppenfreistellungsverordnungen einen Dispens von der Notifizierungspflicht des Artikel 88 Absatz 3 EGV normieren kann.[219] Außerdem schafft sie in Artikel 2 eine Rechtsgrundlage für de-minimis-Schwellen, unterhalb derer eine Beihilfe der Kommission nicht notifiziert werden muß.[220]

Ebenfalls nicht eigens notifiziert werden müssen bloße individuelle Durchführungsmaßnahmen zu bereits von der Kommission genehmigten allgemeinen Beihilferegelungen, es sei denn die Kommission hat in ihrer Genehmigungsentscheidung entsprechende Vorbehalte gemacht.[221] Eine Notifizierung der einzelnen Durchführungsakte liefe hier nämlich auf eine bloße Doppelprüfung hinaus. Diese Rechtsprechung hat Eingang in die Verfahrensverordnung gefunden.[222]

Alle sonstigen, nicht von einer der Ausnahmeregelungen erfaßten Beihilfen müssen dagegen gemäß Artikel 88 Absatz 3 Satz 1 EGV, Artikel 2 Absatz 1 VerfVO notifiziert werden. Die Mitgliedstaaten haben keinerlei Vorprüfungsrecht. Auch offenkundig recht-

217 Verordnung 994/98/EG des Rates vom 7. Mai 1998 über die Anwendung der Artikel 92 und 93 EGV auf bestimmte Gruppen horizontaler Beihilfen, ABl. 1998, L 142, S. 1.

218 Z.B. für Beihilfen zugunsten von kleineren und mittleren Unternehmen, Forschung und Entwicklung, Umweltschutzmaßnahmen, Beschäftigung und Ausbildung, sowie bestimmte regionale Beihilfen.

219 Derzeit erwägt die Kommission verschiedene Gruppenfreistellungsverordnungen, die den durch die Gruppenfreistellungsrahmenverordnung des Rates gesteckten Spielraum ausfüllen sollen: Mittlerweile liegen erste Verordnungsentwürfe im Zusammenhang mit kleinen und mittleren Unternehmen (ABl. 2000, C 89, S. 15), zu Ausbildungsbeihilfen (ABl 2000, C 89, S. 8) sowie zu de-minimis Beihilfen (ABl. 2000, C 89, S. 6) vor.

220 Bereits vor Einführung der Gruppenfreistellungsrahmenverordnung war es gängige Kommissionspraxis, bei sog. de-minimis-Beihilfen von einer Notifizierungspflicht abzusehen (vgl. ABl. 1996, C 68, S. 9). Diese Praxis war unter rechtsstaatlichen Gesichtspunkten allerdings umstritten. Zu der Frage, ob diese Bedenken durch die Gruppenfreistellungsverordnung vollumfänglich ausgeräumt worden sind, vgl. GTE-*Mederer*, Art. 94, Rn. 10; *Eberhard Kruse*, Bemerkungen zur gemeinschaftlichen Verfahrensverordnung für die Beihilfenkontrolle, NVwZ 1999, 1049, 1051, sowie generell unten Teil 1, C.II.2.a) zu Artikel 89.

221 EuGH, Rs. C-47/91, Italien/Kommission, Slg. 1994, I-4635, 4653 f., Rn. 21 m.w.N.

222 Artikel 1 lit. c) VerfVO schreibt vor, daß sowohl Beihilferegelungen (zu diesem Begriff näher unten Teil 1, B.IV.2) als auch Einzelbeihilfen dem Begriff der „neuen Beihilfe“ unterfallen und daher anzumelden sind. Einzelbeihilfen wiederum werden in Artikel 1 lit. e) VerfVO als „Beihilfen, die nicht aufgrund einer Beihilferegelung gewährt werden, und einzelne anmeldungspflichtige Zuwendungen aufgrund einer Beihilferegelung“ definiert. Daraus folgt, daß nicht-anmeldungspflichtige Zuwendungen aufgrund einer Beihilferegelung nach wie vor nicht angemeldet werden müssen. Vgl. hierzu und zu dem sehr komplizierten Geflecht der verschiedenen Definitionen in Artikel 1 VerfVO allgemein, GTE-*Mederer*, Art. 93, Rn. 37.

mäßige Beihilfen müssen der Kommission im voraus mitgeteilt werden, ebenso wie Beihilfen, die gemäß Artikel 87 Absatz 2 EGV per se mit dem Gemeinsamen Markt vereinbar sind, ohne daß der Kommission irgendein Entscheidungsspielraum zukommt. Nur die Kommission ist berufen, im Rahmen von Artikel 87 Absatz 1 und 3 EGV zu entscheiden, ob eine Maßnahme gegen den Vertrag verstößt oder nicht. Im Rahmen von Artikel 87 Absatz 2 EGV besteht zwar kein Entscheidungsspielraum, doch besteht die Aufgabe der Kommission hier darin, das Vorliegen der Tatbestandsmerkmale der Ausnahmebestimmungen zu bejahen und deren einheitliche Anwendung zu gewährleisten.[223]

Die umfassende Notifizierungspflicht gilt allerdings nach der Verordnung nur bei Maßnahmen, die inhaltlich alle Kriterien des Beihilfebegriffs in Artikel 87 Absatz 1 EGV erfüllen.[224] Bei Maßnahmen, deren Einordnung als Beihilfe unter Zugrundelegung der jeweils vorliegenden Rechtsprechung und Kommissionspraxis zweifelhaft ist, liegt die Notifizierung insbesondere im Hinblick auf das Risiko der späteren Rückforderung zwar nahe, zwingend ist sie aber nicht.[225] Abzuwägen sind für den Empfänger Argumente der Rechtssicherheit gegen den mit der Notifizierung und dem dann notwendigen Verfahren einhergehenden Zeitverlust. Diese „enge“ Fassung der Notifizierungspflicht steht im Einklang mit dem Verordnungsziel der Steigerung der Verfahrenseffizienz, da die Mitgliedstaaten zumindest nicht gezwungen sind, sämtliche Fälle zu notifizieren, bei denen die Bejahung einer Beihilfe zwar möglich, aber doch fernliegend ist.

b) Das Durchführungsverbot gemäß Artikel 88 Absatz 3 Satz 2 EGV i.V.m. Artikel 3 VerfVO

Artikel 3 VerfVO greift Artikel 88 Absatz 3 Satz 2 EGV auf und bestimmt, daß alle anmeldepflichtigen Beihilfen i.S.v. Artikel 2 Absatz 1 VerfVO nicht eingeführt werden dürfen, bevor die Kommission eine abschließende Vereinbarkeitsentscheidung erlassen hat bzw. eine Genehmigungsfiktion eingetreten ist. Das Durchführungsverbot will also den momentanen Status Quo unverändert wissen und die Schaffung vollendeter Tatsa-

223 Vgl. *Eberhard Kruse*, Bemerkungen zur gemeinschaftlichen Verfahrensverordnung für die Beihilfenkontrolle, NVwZ 1999, 1049, 1051.

224 *Adinda Sinnaeve*, Der Kommissionsvorschlag zu einer Verfahrensverordnung für die Beihilfenkontrolle, EuZW 1998, 268, 269; *Eberhard Kruse*, Bemerkungen zur gemeinschaftlichen Verfahrensverordnung für die Beihilfenkontrolle, NVwZ 1999, 1049, 1051.

225 Diese Regelung, die dem Mitgliedstaat und dem Empfänger von potentiellen Beihilfen das Prognoserisiko auferlegt, stellt eine Abkehr von der früher von der Kommission befürworteten Auslegung dar, daß alle Maßnahmen anzumelden seien, die definitiv oder potentiell eine Beihilfe darstellen, vgl. *Adinda Sinnaeve*, Der Kommissionsvorschlag zu einer Verfahrensverordnung für die Beihilfenkontrolle, EuZW 1998, 268, 269; *Eberhard Kruse*, Bemerkungen zur gemeinschaftlichen Verfahrensverordnung für die Beihilfenkontrolle, NVwZ 1999, 1049, 1051, der sich eingehend zu der in Zukunft notwendigen Risikoabwägung der Empfänger potentieller Beihilfen äußert.
Eine ausführliche Diskussion der Vor- und Nachteile der eingeschränkten und der allumfassenden Notifizierungspflicht findet sich z.B. bei GTE-*Wenig*, 4. Aufl., Art. 93, Rn. 40 m.w.N. zu den verschiedenen früher vertretenen Auffassungen.

chen durch eine voreilige Auszahlung von Beihilfen verhindern.[226] Insoweit dient die Sperrwirkung der wirksamen Absicherung der Präventivkontrolle der Kommission.[227] Die Regelung des Artikel 3 VerfVO ist dabei die Umsetzung der ständigen Rechtsprechung des Gerichtshofes, wonach die Sperrwirkung von Anfang des Verfahrens an gelten muß.[228] Eine Konsequenz des Durchführungsverbots ist, daß es bei der Einführung neuer bzw. der Umgestaltung bestehender Beihilfen nie zu einer Rückforderung kommen kann, wenn alle Parteien sich an das vorgeschriebene Verfahren halten. Denn entweder ist die geplante Maßnahme vertragsgemäß und darf *im Anschluß* an den diese Tatsache feststellenden Verfahrensschritt eingeführt werden oder aber die geplante Maßnahme entspricht nicht den Erfordernissen des Gemeinsamen Marktes. In diesem Fall stellt die Kommission die Unvereinbarkeit in einer Entscheidung fest, und die geplante Beihilfe darf *gar nicht erst* eingeführt werden. In beiden Fällen sorgt das Durchführungsverbot dafür, daß die Maßnahme nicht etwa schon vorher eingeführt worden ist.

Ein weiterer Aspekt, der entscheidend dazu beiträgt, das Durchführungsverbot zu einer wirksamen Verfahrensgarantie zu machen und Verstöße der Mitgliedstaaten zu sanktionieren, ist die Tatsache, daß Artikel 88 Absatz 3 Satz 3 EGV unmittelbare Wirkung für Dritte besitzt, die sich vor den nationalen Gerichten auf die Sperrwirkung berufen können und die formelle Rechtswidrigkeit einer Beihilfe bereits vor der abschließenden Vereinbarkeitsentscheidung der Kommission erfolgreich rügen können.[229]

c) Das Notifizierungsverfahren, Artikel 2 und 5 VerfVO

Sobald die Mitgliedstaaten der Kommission eine neue Beihilfe (bzw. eine potentielle Beihilfe) notifizieren, bestätigt die Kommission den Eingang der Anmeldung, Artikel 2 Absatz 1 VerfVO. Der Begriff „rechtzeitig“ in Artikel 88 Absatz 3 Satz 1 VerfVO und in Artikel 2 Absatz 1 VerfVO ist dabei letztlich bedeutungslos, da für alle neuen Beihilfen das Durchführungsverbot des Artikel 88 Absatz 3 Satz 2 EGV i.V.m. Artikel 3 VerfVO gilt und sämtliche Prüffristen der Kommission erst ab Eingang der Anmeldung zu laufen beginnen.[230] Je später notifiziert wird, desto später kann eine geplante Maßnahme eingeführt werden, so daß eine zügige Notifizierung im Eigeninteresse der Mitgliedstaaten liegt.

226 Vgl. EuGH, verb. Rs. 31/77 R und 53/77 R, Kommission/Großbritannien, Slg. 1977, 921, 923 f., Rn. 16/19; verb. Rs. 91 und 127/83, Heineken Brouwerijen BV/Inspecteurs der Vennootschapsbelasting Amsterdam und Utrecht, Slg. 1984, 3435, 3453 f., Rn. 20; Rs. C-301/87, Frankreich/Kommission („Boussac“), Slg. 1990, I-307, 356, Rn. 17.

227 Grabitz-*von Wallenberg*, Art. 93, Rn. 60.

228 Vgl. EuGH, Rs. 120/73, Gebr. Lorenz GmbH/Deutschland, Slg. 1973, 1471, 1481, Rn. 4; Rs. 171/83 R, Kommission/Frankreich, Slg. 1983, 2621, 2628, Rn. 13.

229 St. Rspr., vgl. EuGH, Rs. 6/64, Flaminio Costa/ENEL, Slg. 1964, 1251, 1273; Rs. 77/72, Carmine Capolongo/Azienda Agricola Maya, Slg. 1973, 611, 622, Rn. 6; Rs. 120/73, Gebr. Lorenz GmbH/Deutschland, Slg. 1973, 1471, 1483, Rn. 8; Rs. C-354/90, Fédération nationale du commerce extérieur des produits alimentaires und Syndicat national des négociants et transformateurs de saumon/Frankreich („FNCE-Urteil“), Slg. 1991, I-5505, 5527, Rn. 11.

230 GTE-*Mederer*, Art. 93, Rn. 38.

Die Form der Anmeldung ist in der Verordnung nicht genauer vorgegeben. Vielmehr ist es gemäß Artikel 27 VerfVO Sache der Kommission, Durchführungsvorschriften zu Form, Inhalt und den sonstigen Details der Anmeldung zu erlassen.[231]

Der weitere Verfahrensverlauf nach Eingang der Anmeldung bei der Kommission hängt davon ab, ob die Notifizierung vollständig ist, d.h. alle notwendigen sachdienlichen Auskünfte zur Überprüfung der Maßnahme enthält. Ist dies der Fall, tritt die Kommission in das informelle Vorprüfungsverfahren gemäß Artikel 4 VerfVO ein (Artikel 2 Absatz 2 VerfVO).

Ist die Anmeldung nach Auffassung der Kommission unvollständig, regelt Artikel 5 VerfVO das weitere Vorgehen. Dabei trifft die Vorschrift eine ausgewogene Regelung, die bei Meinungsverschiedenheiten über die Vollständigkeit der Anmeldung im Interesse eines zügigen Verfahrensablaufs sowohl der Verschleppung durch die Mitgliedstaaten als auch durch die Kommission vorbeugt.[232] Zunächst fordert die Kommission ergänzende sachdienliche Auskünfte an; liefert der Mitgliedstaat diese Informationen, unterrichtet die Kommission ihn vom Eingang der Antwort (Artikel 5 Absatz 1 VerfVO). Reagiert der Mitgliedstaat dagegen auf die Aufforderung innerhalb der von der Kommission gesetzten Frist nicht bzw. liefert weiterhin unvollständige Auskünfte, so erläßt die Kommission ein Erinnerungsschreiben mit erneuter Frist zur Auskunftserteilung (Artikel 5 Absatz 2 VerfVO). Antwortet der Mitgliedstaat innerhalb dieser Nachfrist nicht und wurde die Frist auch nicht einvernehmlich verlängert, so teilt die Kommission dem Staat mit, daß die Anmeldung als zurückgezogen gilt (Artikel 5 Absatz 3 VerfVO). Die Beihilfe darf dann selbstverständlich nicht gewährt werden. Es ist zu erwarten, daß diese Fiktion der zurückgezogenen Anmeldung Mitgliedstaaten dazu anhält, ihrer Pflicht zur vollständigen Notifizierung möglichst nachzukommen.

Andererseits eröffnet Artikel 5 Absatz 3 VerfVO dem Mitgliedstaat auch die Möglichkeit, innerhalb der gesetzten Auskunftsfrist seinerseits den Verfahrensfortgang zu forcieren, indem er der Kommission in einer ordnungsgemäß begründeten Erklärung mitteilt, daß er die bereits gelieferte Anmeldung als vollständig betrachte, weil ergänzende Auskünfte nicht verfügbar oder bereits geliefert seien. In diesem Fall muß die Kommission auf Basis der vorliegenden Auskünfte in das vorläufige Prüfungsverfahren einsteigen, wobei die Prüfungsfristen mit Eingang dieser Vollständigkeitserklärung zu laufen beginnen.

Außerdem bestimmt Artikel 4 Absatz 5 Satz 3 VerfVO, daß eine an sich unvollständige Anmeldung dann als vollständig gilt, wenn die Kommission innerhalb von zwei Mona-

231 Das beim Erlaß dieser Durchführungsvorschriften zu befolgende Procedere ist in den Artikeln 29 i.V.m. 28 VerfVO geregelt.

232 Vgl. *Eberhard Kruse*, Bemerkungen zur gemeinschaftlichen Verfahrensverordnung für die Beihilfenkontrolle, NVwZ 1999, 1049, 1052; kritisch im Hinblick auf mögliche Mißbräuche durch die Mitgliedstaaten äußert sich *Adinda Sinnaeve*, Die neue Verfahrensverordnung in Beihilfensachen, EuZW 1999, 270, 272.

ten nach Eingang der Anmeldung bzw. nach Eingang etwaiger angeforderter ergänzender Auskünfte keine Reaktion zeigt.

2. *Das vorläufige Prüfungsverfahren durch die Kommission, Artikel 4 VerfVO*

Wenn die Anmeldung vollständig ist bzw. der Mitgliedstaat sie für vollständig erklärt, beginnt unmittelbar das informelle Vorprüfungsverfahren, in dem sich die Kommission eine erste Meinung über das geplante Beihilfevorhaben bildet.[233] Im Rahmen dieser internen Vorprüfung steht den von der Beihilfe betroffenen Beteiligten kein Recht auf Anhörung zu.[234] Daran hat auch die Verfahrensverordnung nichts geändert. Artikel 20 VerfVO, der die Rechte der Beteiligten regelt, beschränkt sich ausdrücklich auf das spätere förmliche Hauptprüfungsverfahren.[235]

Die Vorprüfung dauert in der Regel zwei Monate (Artikel 4 Absatz 5 Satz 1 VerfVO). Diese Frist entspricht der von der Rechtsprechung bereits vor Erlaß der Verordnung entwickelten sog. *Lorenz*-Frist, die aus einer Analogie zu Artikel 230 Absatz 5 und Artikel 232 Absatz 2 EGV gewonnen wurde.[236] Verschiedene in der bisherigen Praxis übliche kürzere Fristen hat die Verordnung nicht übernommen.[237] Allerdings erlaubt es Artikel 4 Absatz 5 VerfVO der Kommission, die Fristen bei Bedarf zu kürzen, sowie im Einvernehmen mit den Mitgliedstaaten zu verlängern. Ein gewisser weiterer Spielraum besteht - wie gesehen - bei nicht vollständigen Anmeldungen, bei denen die Anforderung weiterer Informationen jeweils neue Fristen in Gang setzt (vgl. dazu Artikel 5 VerfVO und die obigen Ausführungen).

Bei Ablauf der Vorprüfungsfrist sind folgende Konstellationen denkbar:

(1) Zum einen kann die Kommission im Verlauf der vorläufigen Prüfung zu der Überzeugung gelangen, daß die angemeldete Maßnahme die Tatbestandsmerkmale von Artikel 87 Absatz 1 EGV nicht erfüllt. In diesem Fall stellt sie gemäß Artikel 4 Absatz 2 VerfVO per Entscheidung fest, daß keine Beihilfe vorliegt.

(2) Ferner ist möglich, daß die geplante Maßnahme des betreffenden Mitgliedstaates zwar in den Anwendungsbereich des Artikel 87 Absatz 1 EGV fällt, aber dennoch unein-

233 EuGH, Rs. 120/73, Gebr. Lorenz GmbH/Deutschland, Slg. 1973, 1471, 1481, Rn. 3; Rs. 84/82, Deutschland/Kommission, Slg. 1984, 1451, 1488, Rn. 11 m.w.N.

234 EuGH, Rs. 84/82, Deutschland/Kommission, Slg. 1984, 1451, 1488 f., Rn. 13; Rs. C-225/91, Matra SA/Kommission, Slg. 1993, I-3203, 3263, Rn. 52-54; EuG, Rs. T-266/94, Foreningen af Jernskibs- og Maskinbyggerier i Danmark, Skibsværftsforeningen u.a./Kommission, Slg. 1996, II-1399, 1466, Rn. 238, 1470, Rn. 255.

235 Vgl. *Eberhard Kruse*, Bemerkungen zur gemeinschaftlichen Verfahrensverordnung für die Beihilfenkontrolle, NVwZ 1999, 1049, 1055; *Adinda Sinnaeve*, Die neue Verfahrensverordnung in Beihilfensachen, EuZW 1999, 270, 275 f., sowie ausführlich unten Teil 2, B.IV.2.a).aa).(1) zur Transparenz.

236 EuGH, Rs. 120/73, Gebr. Lorenz GmbH/Deutschland, Slg. 1973, 1471, 1481 f., Rn. 4; Rs. 171/83 R, Kommission/Frankreich, Slg. 1983, 2621, 2628, Rn. 13.

237 Vgl. *Eberhard Kruse*, Bemerkungen zur gemeinschaftlichen Verfahrensverordnung für die Beihilfenkontrolle, NVwZ 1999, 1049, 1052 m.w.N.; Grabitz-*von Wallenberg*, Art. 93, Rn. 58 m.w.N.

geschränkt mit dem Vertrag vereinbar ist. In diesem Fall trifft die Kommission eine Entscheidung, keine Einwände gegen die Beihilfe zu erheben, in der sie die zur Anwendung gelangte Ausnahmevorschrift benennt (Artikel 4 Absatz 3 VerfVO). Dies stellt insofern eine Modifikation der bisherigen Rechtslage dar, als die Kommission bislang nicht verpflichtet war, das informelle Vorprüfungsverfahren per Entscheidung abzuschließen, wenn sie keine Einwände gegen eine Maßnahme hatte und daher nicht in das förmliche Hauptprüfungsverfahren gemäß Artikel 88 Absatz 2 EGV einstieg.[238] Im Anschluß an eine solche Entscheidung, keine Einwände zu erheben, kann die geplante Beihilfe gewährt werden und wird zur bestehenden Beihilfe, die später allenfalls Gegenstand der fortlaufenden Kontrolle bestehender Beihilfen werden kann. Konkurrenten des begünstigten Unternehmens können diese Entscheidung, das Hauptverfahren nicht zu eröffnen, unter bestimmten Voraussetzungen vor dem Gerichtshof anfechten.[239]

(3) Bleiben nach der Vorprüfung Zweifel an der Vereinbarkeit der Maßnahme mit dem Gemeinsamen Markt[240] oder ist die Kommission von der Vertragswidrigkeit sogar bereits überzeugt, so ist die Kommission verpflichtet, das Hauptprüfungsverfahren gemäß Artikel 88 Absatz 2 EGV i.V.m. Artikel 6 ff. VerfVO per Entscheidung zu eröffnen (Artikel 4 Absatz 4 VerfVO). Das interne, streng bilaterale Vorprüfungsverfahren mündet dann in das eigentliche Hauptprüfverfahren mit all seinen Beteiligungsrechten für Begünstigte und Dritte ein.

(4) Schließlich ist denkbar, daß die Kommission innerhalb der Fristen des Artikel 4 Absatz 5 VerfVO keine der oben genannten Entscheidungen erlassen hat, sich also verschweigt. Aufgrund der Sperrfrist und des verständlichen Interesses der Mitgliedstaaten und potentiell begünstigter Investoren an irgendeiner klaren Entscheidung innerhalb eines überschaubaren Zeitraums ist die Kommission gehalten, das Verfahren nicht unnötig zögerlich zu betreiben. Artikel 4 Absatz 6 VerfVO sanktioniert die Untätigkeit der Kommission daher damit, daß eine Beihilfe nach Ablauf der Vorprüfungsfrist als genehmigt gilt und durchgeführt werden kann, nachdem der Mitgliedstaat die Kommission hiervon in Kenntnis gesetzt hat und eine letzte weitere Karenzfrist von 15 Arbeitstagen seit Erhalt dieser Benachrichtigung verstrichen ist, ohne daß eine Entscheidung der Kommission ergeht. Diese Regelung ist an die bisherige Rechtsprechung des Gerichtshofes ange-

238 EuGH, Rs. 120/73, Gebr. Lorenz GmbH/Deutschland, Slg. 1973, 1471, 1482, Rn. 5; vgl. auch Grabitz-*von Wallenberg*, Art. 93, Rn. 59.

239 Der Konkurrent muß dann darlegen, daß die nicht-beanstandete Beihilfe seine Interessen als Beteiligter in individualisierender Weise berührt und ihm die Nichteröffnung des Hauptverfahrens seine Mitwirkungsrechte im etwaigen Hauptverfahren abschneidet, st. Rspr., vgl. EuGH, Rs. C-198/91, William Cook plc/Kommission, Slg. 1993, I-2487, 2529, 2527, Rn. 20 ff.; Rs. C-225/91, Matra SA/Kommission, Slg. 1993, I-3203, 3254 f., Rn. 16 ff; vgl. näher GTE-*Mederer*, Art. 93, Rn. 44.

240 Diese Zweifel können zum einen darin bestehen, daß nicht ganz klar ist, ob die Maßnahme überhaupt eine Beihilfe darstellt. Häufiger wird sein, daß der Beihilfecharakter feststeht und die Vereinbarkeit mit dem Gemeinsamen Markt Anlaß zu Bedenken gibt. Beide Konstellationen sind vom Wortlaut des Artikel 4 Absatz 4 VerfVO erfaßt, der von der angemeldeten „Maßnahme" und nicht der angemeldeten „Beihilfe" spricht, vgl. hierzu überzeugend GTE-*Mederer*, Art. 93, Rn. 42.

lehnt,[241] wobei die 15-tägige Schonfrist allerdings neu ist und überwiegend kritisiert wird.[242]

3. *Das förmliche Hauptprüfungsverfahren gemäß Artikel 88 Absatz 2 EGV i.V.m. Artikel 6 ff. VerfVO*

a) Die Anhörung der Beteiligten, Artikel 88 Absatz 2 Unterabsatz 1 EGV i.V.m. Artikel 6 VerfVO

Die Entscheidung über die Eröffnung des förmlichen Prüfverfahrens enthält gemäß Artikel 6 Absatz 1 VerfVO eine Zusammenfassung der wesentlichen Sach- und Rechtsfragen, sowie eine vorläufige Einschätzung des Beihilfecharakters der Maßnahme und der Vereinbarkeit mit dem Gemeinsamen Markt. Der die Maßnahme planende Mitgliedstaat und die anderen Beteiligten[243] werden in der Entscheidung zu einer Stellungnahme innerhalb einer Frist von normalerweise höchstens einem Monat aufgefordert.[244] Diese Entscheidung wird im Amtsblatt sowohl in ihrer verfahrenssprachlichen (d.h. möglicherweise fremdsprachigen) Vollversion veröffentlicht, als auch in einer aussagekräftigen Zusammenfassung in der jeweiligen Landessprache (Artikel 26 Absatz 2 VerfVO).[245] Eine nicht aussagekräftige, zu knappe Zusammenfassung stellt einen Verfahrensfehler dar, der die Aufhebung der Kommissionsentscheidung nach sich ziehen kann.[246]

Die Anhörung der Beteiligten gemäß Artikel 88 Absatz 2 Unterabsatz 1 EGV i.V.m. Artikel 6 VerfVO ist eine wesentliche Verfahrensvoraussetzung. Keine ausreichende Anhörung liegt vor, wenn die Kommission die Beteiligten lediglich einseitig über den Verfahrensstand auf dem laufenden hält, ohne in den notwendigen Dialog mit ihnen einzutreten.[247] Die im Rahmen der Anhörung erfolgenden Äußerungen seitens der Mitgliedstaaten, aber auch durch andere Beteiligte, wie etwa das begünstigte Unternehmen oder andere in ihren Interessen möglicherweise betroffene Personen, Unternehmen oder Berufsverbände, sollen in schriftlicher Form erfolgen. Eine mündliche Anhörung vor der Kommission ist zulässig, aber nicht vorgeschrieben.[248] Die Kommission ist verpflichtet, die eingehenden Stellungnahmen zur Kenntnis zu nehmen und in die letztendliche Entscheidung miteinzustellen. Dies gilt auch für nach Fristablauf eingehende Stellungnahmen,

241 Vgl. erneut EuGH, Rs. 120/73, Gebr. Lorenz GmbH/Deutschland, Slg. 1973, 1471, 1481 f., Rn. 4; Rs. C-312/90, Spanien/Kommission, Slg. 1992, I-4117, 4142, Rn. 18.

242 Vgl. *Adinda Sinnaeve*, Der Kommissionsvorschlag zu einer Verfahrensverordnung für die Beihilfenkontrolle, EuZW 1998, 268, 269 f.; *Eberhard Kruse*, Bemerkungen zur gemeinschaftlichen Verfahrensverordnung für die Beihilfenkontrolle, NVwZ 1999, 1049, 1052, sowie unten Teil 1, B.IV.1.

243 Zu diesem Begriff vgl. die Definition in Artikel 1 lit. h) VerfVO sowie unten Teil 2, B.IV.2.a).aa).(1).

244 In ordnungsgemäß begründeten Fällen kann die Kommission diese Frist allerdings auch verlängern.

245 Vgl. zu dieser Regelung ausführlicher unten Teil 2, B.IV.2.a).aa).(2) zur Transparenz.

246 Schwarze-*Bär-Bouyssière*, Art. 88, Rn. 17.

247 EuGH, Rs. 84/82, Deutschland/Kommission, Slg. 1984, 1451, 1490, Rn. 18.

248 GTE-*Mederer*, Art. 93, Rn. 50.

sofern diese das Verfahren nicht verzögern.[249] Gebunden ist sie aber an die Standpunkte der Beteiligten in keiner Weise. Sie fällt vielmehr völlig eigenverantwortlich und selbständig die letztendliche Abschlußentscheidung. Sie ist auch nicht verpflichtet, die eingehenden Stellungnahmen jeweils eigens zu beantworten.[250] Artikel 6 Absatz 2 VerfVO sieht allerdings vor, daß die Kommission dem betreffenden Mitgliedstaat die eingegangenen Stellungnahmen mitteilt und dieser sich zu diesen innerhalb einer Frist von normalerweise höchstens einem Monat äußern kann.[251] Falls ein Beteiligter, der Stellung genommen hat, befürchtet, seine Äußerung könnte ihm im Verhältnis zu dem Mitgliedstaat zu Schaden gereichen, so kann er die Kommission ersuchen, seine Identität vor dem Mitgliedstaat geheim zu halten. In derartigen Fällen erhält der Mitgliedstaat eine „anonyme" Stellungnahme.

b) Die Verfahrensdauer, Artikel 7 Absatz 6 und 7 VerfVO

Die Diskussion um die Dauer des Hauptverfahrens war einer der relativ wenigen strittigen Punkte beim Erlaß der Verfahrensverordnung. Vor Erlaß der Verordnung war die Kommission in ihrer Entscheidungsfindung zeitlich nicht starr gebunden. Ihr stand vielmehr eine angemessene Frist zur Prüfung und Entscheidungsfindung zu,[252] die aufgrund der unterschiedlichen, vielschichtigen Einzelfallkonstellationen stark von den Umständen des jeweiligen Falles abhing.[253] Eine Verfristung der Entscheidung, mit der Folge des Vertrauensschutzes für den Beihilfebegünstigten aufgrund der unangemessen zögerlichen Verfahrensbeendigung seitens der Kommission, war insoweit eine äußerst seltene Ausnahme.[254] In den letzten Jahren betrug die durchschnittliche Dauer des förmlichen

249 GTE-*Mederer*, Art. 93, Rn. 51.

250 Grabitz-*von Wallenberg*, Art. 93, Rn. 17, die darüber hinausgehend darlegt, daß das Unterlassen einer Antwort kein Grund für die Erhebung der Untätigkeitsklage i.S.v. Artikel 232 EGV ist, vgl. EuGH, Rs. 59/79, Fédération Nationale des Producteurs de Vins de Table et Vins de Pays/Kommission, Slg. 1979, 2425, 2428.

251 Ähnlich wie die Frist zur Stellungnahme der Beteiligten in Artikel 6 Absatz 1 VerfVO kann auch die Frist zur mitgliedstaatlichen Replik auf die Stellungnahmen in ordnungsgemäß begründeten Fällen von der Kommission verlängert werden, Artikel 6 Absatz 2 VerfVO.

252 Vgl. EuGH, Rs. 59/79, Fédération Nationale des Producteurs de Vins de Table et Vins de Pays/ Kommission, Slg. 1979, 2425, 2428.

253 Vgl. hierzu GTE-*Mederer*, Art. 93, Rn. 52.

254 In der Rs. 235/85; Rijn-Schelde-Verolme (RSV) Machinefabrieken en Scheepswerven/Kommission, Slg. 1987, 4617, 4659, Rn. 14-17 hat der EuGH entschieden, daß eine Entscheidung nach 26 Monaten in einem inhaltlich eher einfach gelagerten, unproblematischen Fall nicht mehr innerhalb einer angemessenen Frist erfolgt ist und hat die Entscheidung der Kommission unter Gewährung von gemeinschaftsrechtlichem Vertrauenschutz für den Begünstigten daher aufgehoben. Dies ist, soweit ersichtlich, der einzige Fall, in dem eine Entscheidung der Kommission als rechtswidrig, weil verspätet angesehen worden ist. Zu beachten ist ferner, daß eine Verfristung nur dann in Betracht kam, wenn die späte Verfahrensbeendigung auf einem säumigen Verhalten der Kommission beruht, nicht aber dann, wenn die späte Entscheidung auf die zögerliche Informationsbereitstellung durch den betroffenen Mitgliedstaat zurückzuführen ist, EuGH, Rs. C-301/87, Frankreich/Kommission („Boussac"), Slg. 1990, I-307, 358, Rn. 28.

Prüfungsverfahrens ca. zwölf Monate, wobei einzelne schwierige Verfahren auch durchaus mehrere Jahre dauern konnten.[255]

Der Verordnungsvorschlag der Kommission sah keinerlei Fristen für das Hauptprüfungsverfahren vor.[256] Andererseits besteht auf Seiten der Mitgliedstaaten und der Unternehmen der verständliche Wunsch nach verbindlichen zeitlichen Obergrenzen für das Verfahren, da die maximale Verfahrensdauer bei Investitionsentscheidungen eine nicht unerhebliche Rolle spielt. Denn die Sperrwirkung des Artikel 88 Absatz 3 Satz 3 EGV i.V.m. Artikel 3 VerfVO führt aus Sicht der Mitgliedstaaten zu einer Verfahrensblockade. Dieses berechtigte Interesse an einer Verfahrensbeschleunigung bzw. an einer die Rechtssicherheit fördernden Fristenlösung mußte gegen den Aspekt der möglichen Überlastung der Kommission durch Arbeit unter Zeitdruck und den damit einhergehenden Qualitätsverlust des Verfahrens abgewogen werden. Zudem war zu klären, welche Folgen ein etwaiger Fristablauf haben sollte, weil eine stillschweigende Genehmigungsfiktion den Interessen des Wettbewerbs im Gemeinsamen Markt sicherlich nicht entsprochen hätte.[257]

Die endgültige Fassung der Verordnung wählt eine Kompromißlösung, die den Wunsch nach Fristen, den die Mitgliedstaaten, aber auch das Europäische Parlament[258] und der Wirtschafts- und Sozialausschuß[259] geäußert hatten, zumindest teilweise erfüllt. Artikel 7 Absatz 6 Satz 2 VerfVO bestimmt jetzt nämlich, daß die Kommission sich darum bemüht, eine Abschlußentscheidung im förmlichen Prüfverfahren möglichst innerhalb von 18 Monaten nach Eröffnung des Prüfverfahrens zu erlassen. Diese Frist kann einvernehmlich verlängert werden, Artikel 7 Absatz 6 Satz 3 VerfVO. Aus der vorsichtigen Formulierung geht hervor, daß diese Frist nicht bindend ist.

Wenn diese Frist ohne Entscheidung der Kommission abgelaufen ist, kann der Mitgliedstaat verlangen, daß die Kommission innerhalb weiterer zwei Monate auf der Grundlage der ihr vorliegenden Informationen eine Entscheidung trifft. Reichen die vorliegenden Informationen nicht aus, um alle Zweifel hinsichtlich der Vereinbarkeit der Maßnahme mit dem Gemeinsamen Markt auszuräumen, so erläßt die Kommission eine Negativentscheidung (Artikel 7 Absatz 7 VerfVO). Zu einer Genehmigungsfiktion für eine zweifelhafte Beihilfe kommt es also in keinem Fall.

Ob die Fristenregelung in Artikel 7 Absatz 6 und 7 VerfVO zu einer schnelleren Verfahrensabwicklung als bisher beitragen wird, muß die Rechtsanwendungspraxis der Kom-

255 Vgl. *Adinda Sinnaeve*, Die neue Verfahrensverordnung in Beihilfensachen, EuZW 1999, 270, 272.

256 Vgl. Artikel 7 VerfVO-Vorschlag, ABl. 1998, C 116, S. 13.

257 Ausführlich zu pro und contra einer Fristenregelung, im Ergebnis aber gegen eine solche bindende Frist, vgl. *Adinda Sinnaeve*, Der Kommissionsvorschlag zu einer Verfahrensverordnung für die Beihilfenkontrolle, EuZW 1998, 268, 270.

258 Vgl. Änderungsvorschlag Nr. 5 der Stellungnahme des Parlaments vom 14. Januar 1999 zum Kommissionsvorschlag, ABl. 1999, C 104, S. 118.

259 Vgl. Punkt 4.10 der Stellungnahme des Wirtschafts- und Sozialauschusses zur Verfahrensverordnung, ABl. 1998, C 284, S. 10.

mission zeigen. Die Wahrscheinlichkeit einer kürzeren Verfahrensdauer wird in der Literatur allerdings skeptisch beurteilt.[260] Nur am Rande sei erwähnt, daß ein gewisser Beschleunigungseffekt durch die oben bereits erwähnte eingeschränkte Übersetzung der Entscheidung, das Verfahren zu eröffnen, erzielt werden dürfte.[261]

c) Die Rücknahme der Anmeldung, Artikel 8 VerfVO

Jeder Mitgliedstaat kann seine Notifizierung innerhalb einer angemessenen Frist zurücknehmen, d.h. bevor die Kommission eine Entscheidung nach Artikel 4 oder nach Artikel 7 VerfVO erlassen hat (Artikel 8 Absatz 1 VerfVO). Wird die Anmeldung erst im Verlauf des förmlichen Prüfungsverfahrens zurückgenommen, so hat die Einstellung dieses Prüfungsverfahrens durch die Kommission zu erfolgen (Artikel 8 Absatz 2 VerfVO). Die ursprünglich beantragte Beihilfegewährung bzw. -änderung darf in einem solchen Fall dann wegen der Sperrwirkung von Artikel 88 Absatz 3 Satz 3 EGV selbstverständlich nicht erfolgen. Daraus folgt auch, daß die Möglichkeit der Anmeldungsrücknahme immer dann nicht gegeben ist, wenn der Mitgliedstaat eine Beihilfe zwar notifiziert hat, diese dann aber unter Mißachtung des Durchführungsverbotes bereits voreilig gewährt hat.[262] Es wäre hier nicht sachgerecht, dem Mitgliedstaat die Möglichkeit zu belassen, selbst über den Verfahrensfortgang zu entscheiden.

d) Die abschließende Entscheidung der Kommission, Artikel 7 Absatz 1-5 VerfVO

Soweit die Anmeldung nicht zulässigerweise zurückgenommen wurde, erläßt die Kommission im Anschluß an die Hauptprüfung ihre abschließende Vereinbarkeitsentscheidung (vgl. Artikel 7 Absatz 1 VerfVO). Die Kommission ist gehalten, so schnell wie möglich zu entscheiden, wobei die oben genannten Zielfristen als unverbindliche Obergrenze anvisiert werden. Die möglichen Entscheidungsarten sind in Artikel 7 Absatz 2-5 VerfVO geregelt und entsprechen weitgehend den bereits besprochenen Entscheidungskategorien zum Abschluß des informellen Vorprüfungsverfahrens in Artikel 4 Absatz 2-4 VerfVO.

(1) Zunächst kann die Kommission entscheiden, daß die angemeldete Maßnahme, notfalls nach entsprechenden Änderungen durch den Mitgliedstaat, keine Beihilfe darstellt, Artikel 7 Absatz 2 VerfVO.

260 *Adinda Sinnaeve*, Die neue Verfahrensverordnung in Beihilfensachen, EuZW 1999, 270, 273.

261 Vgl. hierzu *Adinda Sinnaeve*, Der Kommissionsvorschlag zu einer Verfahrensverordnung für die Beihilfenkontrolle, EuZW 1998, 268, 270.

262 Vgl. hierzu *Eberhard Kruse*, Bemerkungen zur gemeinschaftlichen Verfahrensverordnung für die Beihilfenkontrolle, NVwZ 1999, 1049, 1052 mit dem Beispiel v.a. in Deutschland üblicher steuerlicher Begünstigungen. Z.B. bei Investitionszulagegesetzen, die dem Tatbestand von Artikel 87 Absatz 1 EGV unterfallen und dem einzelnen steuerliche Vorteile gewähren, liegt dann ein Verstoß gegen die Sperrklausel vor, wenn das Gesetz vor der abschließenden Vereinbarkeitsentscheidung der Kommission uneingeschränkt in Kraft tritt. Die Gewährung der Beihilfe liegt also nicht erst in der tatsächlichen Leistung des versprochenen Vorteils, sondern bereits in der Entstehung des Anspruchs auf die Vergünstigung.

(2) Denkbar ist auch, daß die Kommission zu dem Schluß kommt, daß ihre Bedenken hinsichtlich der Vereinbarkeit der Beihilfe mit dem Gemeinsamen Markt entweder unbegründet sind oder sich durch eine entsprechende Änderung der Maßnahme durch den Mitgliedstaat ausräumen lassen. In diesem Fall entscheidet sie, daß die Beihilfe mit dem Gemeinsamen Markt vereinbar ist (sog. „Positiventscheidung") und gibt die zur Anwendung gelangte Ausnahmebestimmung an, Artikel 7 Absatz 3 VerfVO.

Die Positivfeststellung ist gleichbedeutend mit der Einstellung des jetzigen Verfahrens.[263] Eine neue Beihilfe, die die Kommission genehmigt hat, wird nach Eintritt der Bestandskraft der Positiventscheidung zur bestehenden Beihilfe und kann später nur noch Gegenstand der fortlaufenden Kontrolle werden.

(3) Eine solche Positiventscheidung kann mit Bedingungen und Auflagen verbunden werden, die die Beihilfe entweder überhaupt erst mit dem Vertrag vereinbar machen oder die Überwachung der Befolgung der Entscheidung ermöglichen (sog. „mit Bedingungen und Auflagen verbundene Entscheidung"), Artikel 7 Absatz 4 VerfVO.[264]

Durch diese Norm wird die Praxis der Kommission, genehmigende Entscheidungen unter Auflagen oder Bedingungen zu erlassen, auf eine sichere Rechtsgrundlage gestellt.[265] Über Artikel 7 Absatz 4 VerfVO können in Zukunft insbesondere Fälle wie der viel diskutierte Fall *Textilwerke Deggendorf* abgewickelt werden.[266] In diesem Fall verknüpfte die Kommission die Genehmigung von zwei von dem Synthetikfaserhersteller TWD Deggendorf beantragten Beihilfen in ihrer Entscheidung mit der vorherigen Rückzahlung einer dritten, in der Vergangenheit rechtswidrig gewährten, noch nicht zurückgezahlten Beihilfe.[267] Sämtliche Einwände gegen die Zulässigkeit dieses Vorgehens[268] wiesen so-

263 Zur Klagemöglichkeit der Konkurrenten des begünstigten Unternehmens gegen diese Positiventscheidung vgl. Grabitz-*von Wallenberg*, Art. 93, Rn. 30 b m.w.N.

264 Während Artikel 7 Absatz 2 und 3 VerfVO im Vorverfahren ihre Entsprechung in Artikel 4 Absatz 2 und 3 VerfVO finden, ist dies bei Artikel 7 Absatz 4 VerfVO nicht der Fall. Dies ergibt sich aus der unterschiedlichen Zielsetzung der Verfahrensstufen, wonach im Vorverfahren nur eine kursorische Prüfung erfolgt, während im Hauptverfahren abschließende Bewertungen zu treffen sind. Vereinfachend gesagt ergeht die Entscheidung zur Eröffnung des Hauptverfahrens nach Artikel 4 Absatz 4 VerfVO in den Fallgruppen, in denen bei unveränderter Lage im Hauptverfahren entweder eine mit Auflagen versehene Entscheidung oder eine Negativentscheidung nach Artikel 7 Absatz 4 und 5 VerfVO ergehen würde.

265 *Thomas von Danwitz*, Grundfragen der Europäischen Beihilfeaufsicht, JZ 2000, 429, 434; vgl. auch *Laurence Idot*, Les aides aux entreprises en difficulté et le droit communautaire, RTDE 1998, 295, 307.

266 Vgl. zu den verschiedenen Facetten dieser langjährigen Prozeßsaga z.B. *Waltraud Hakenberg, Ernst Tremmel*, Die Rechtsprechung des EuGH und EuGeI auf dem Gebiet der staatlichen Beihilfen in den Jahren 1997 und 1998, EWS 1999, 167, 173; *Frank Montag*, Die Entwicklung des Europäischen Gemeinschaftsrechts, NJW 1998, 2088, 2095 f.; *Jochim Sedemund, Frank Montag*, Die Entwicklung des Europäischen Gemeinschaftsrechts, NJW 1995, 1126, 1132 f.

267 Diese erste Beihilfe an das Textilwerk Deggendorf beschäftigte den Gerichtshof im Rahmen eines Vorabentscheidungsverfahrens, vgl. hierzu EuGH, Rs. C-188/92, TWD Textilwerke Deggendorf/Bundesminister für Wirtschaft, Slg. 1994, I-833 ff.

268 Das Textilwerk Deggendorf vertrat v.a., daß die Kommission die Genehmigung gar nicht mit einer aufschiebenden Bedingung habe verbinden dürfen und monierte außerdem, daß die Kommission

wohl das Gericht erster Instanz[269] als auch der Gerichtshof als Rechtsmittelgericht[270] im Ergebnis ab. Die Kommission darf demnach also frühere, nicht zurückgewährte Beihilfen in ihrer Genehmigungsentscheidungen berücksichtigen und deren kumulierende negative Auswirkungen auf den Gemeinsamen Markt mit in ihre Ermessensausübung einfließen lassen.[271] Etwaige rechtsstaatliche Bedenken im Hinblick auf die Rechtsgrundlage dieses Vorgehens werden durch die VerfVO ausgeräumt. Die Effektivität der Beihilfekontrolle insgesamt wird durch diese Möglichkeit erhöht, da Unternehmen, die regelmäßig Beihilfen empfangen, zur unbedingten Befolgung von Rückforderungsverlangen der Kommission gedrängt werden.[272]

(4) Soweit die Kommission auch nach erfolgter Anhörung und inhaltlicher Prüfung zu dem Schluß kommt, daß die angemeldete Beihilfe mit dem Gemeinsamen Markt unvereinbar ist, entscheidet sie, daß diese Beihilfe nicht eingeführt werden darf (sog. „Negativentscheidung“), Artikel 7 Absatz 5 VerfVO.

Keine eigene Entscheidungskategorie ist die oben bereits besprochene Entscheidung auf Grundlage der vorliegenden Informationen nach Fristablauf und Aufforderung durch den Mitgliedstaat, Artikel 7 Absatz 7 VerfVO.[273] Die Kommission kann nämlich auch hier nur die unter (1) - (4) aufgezählten Entscheidungsvarianten wählen. Bei Zweifeln an der Vereinbarkeit ergeht, wie gesehen, eine Negativentscheidung.

e) Rechtsfolgen der Abschlußentscheidung der Kommission

Bei sämtlichen Entscheidungen nach der Verfahrensverordnung handelt es sich um Entscheidungen i.S.v. Artikel 249 Absatz 4 EGV. Adressiert sind sie also an den Mitgliedstaat, nicht an das die Beihilfe empfangende Unternehmen (vgl. Artikel 25 VerfVO). Wirksam wird die Entscheidung gemäß Artikel 254 Absatz 3 EGV mit ihrer Bekanntgabe. Wird sie innerhalb von zwei Monaten nicht angefochten, tritt Bestandskraft ein.

Jeder Beteiligte, der im Hauptprüfungsverfahren eine Stellungnahme nach Artikel 6 VerfVO abgegeben hat, sowie jeder Empfänger einer Einzelbeihilfe erhält zum Abschluß des Verfahrens automatisch eine Kopie der von der Kommission getroffenen Endent-

durch die Berücksichtigung der ursprünglichen Beihilfe bei der Genehmigung der zwei Neubeihilfen den nationalen Rechtsschutz im Rahmen des Rückforderungsprozeßes hinsichtlich der ersten Beihilfe unzulässig verkürzt habe, vgl. hierzu *Frank Montag*, Die Entwicklung des Europäischen Gemeinschaftsrechts, NJW 1998, 2088, 2095.

269 EuG, verb. Rs. T-244/93 und T-486/93, TWD Textilwerke Deggendorf/Kommission, Slg. 1995, II-2265, 2288, Rn. 55 („unzulässige Bedingung“), 2292 f., Rn. 71 ff. („ungerechtfertigter Eingriff in die nationale Rechtsordnung“).

270 EuGH, Rs. C-355/95 P, Textilwerke Deggendorf (TWD)/Kommission, Slg. 1997, I-2549, 2576, Rn. 27 ff.

271 EuGH, Rs. C-355/95 P, Textilwerke Deggendorf (TWD)/Kommission, Slg. 1997, I-2549, 2576, Rn. 27.

272 So auch *Frank Montag*, Die Entwicklung des Europäischen Gemeinschaftsrechts, NJW 1998, 2088, 2096.

273 Vgl. oben bereits ausführlicher Teil 1, B.I.3.b).

scheidung, Artikel 20 Absatz 1 VerfVO. Sonstige Beteiligte erhalten gemäß Artikel 20 Absatz 3 VerfVO auf Antrag eine Kopie jeder Entscheidung im Vor- und Hauptprüfungsverfahren. Sämtliche Endentscheidungen i.S.v. Artikel 7 VerfVO sind in allen Amtsblättern in der jeweiligen Amtssprache in der Vollversion zu veröffentlichen (vgl. Artikel 26 Absatz 3 VerfVO).[274]

Die Kommission muß ihre Entscheidungen gemäß Artikel 253 EGV begründen.[275] Insbesondere ist hinreichend deutlich darzulegen, welche Handlungs- oder Unterlassungspflichten dem Mitgliedstaat auferlegt werden sollen. Eine unzureichende Begründung kann einen schwerwiegenden Verfahrensfehler darstellen, der zur Aufhebung der Entscheidung führt.[276] Die Kommission hat dabei darauf zu achten, daß Informationen, die unter das Geschäftsgeheimnis fallen, nicht veröffentlicht werden.[277] Weitere Regelungen hierzu treffen die Artikel 24 und 25 VerfVO.[278]

Der jeweilige Mitgliedstaat ist verpflichtet, der Entscheidung nachzukommen, d.h. die Einführung oder Änderung einer Beihilfe im Falle der Negativentscheidung zu unterlassen bzw. sich an die Bedingungen, Auflagen und Änderungen zu halten, die die Kommission für nötig erachtet. Teil dieser Pflicht ist auch, die die Beihilfe gewährende nationale Stelle zur Beachtung der Entscheidung zu bringen. Die nationale Kompetenzverteilung steht dem Anwendungsbefehl der Kommissionsentscheidung nicht entgegen.[279] Bei Positiventscheidungen ist der Mitgliedstaat dagegen selbstverständlich nicht verpflichtet, die beantragte Beihilfe auch einzuführen. Wenn er sie jedoch einführt, sind die Vorgaben der Positiventscheidung bindend.[280]

Die Kommission kann die Durchsetzung ihrer Entscheidungen nicht mit Zwangsmitteln durchsetzen.[281] Kommt der Mitgliedstaat der Entscheidung pflichtwidrig nicht nach, verbleibt der Kommission (aber auch jedem durch die Nichtdurchführung nachteilig betroffenen Mitgliedstaat) nur die Möglichkeit, den Gerichtshof unmittelbar anzurufen, Artikel 88 Absatz 2 Unterabsatz 2 EGV i.V.m. Artikel 23 Absatz 1 VerfVO. Das nach Artikel 226 und 227 EGV üblicherweise notwendige Vorverfahren entfällt. Die Entschei-

274 Vgl. hierzu *Adinda Sinnaeve*, Die neue Verfahrensverordnung in Beihilfensachen, EuZW 1999, 270, 277, sowie unten Teil 2, B.IV.2.aa).(2) zur Transparenz.

275 EuGH, Rs. 323/82, Intermills-Industrie/Kommission, Slg. 1984, 3809, 3830, Rn. 32; Rs. C-364/90, Italien/Kommission, Slg. 1993, I-2097, 2130, Rn. 44 f.; verb. Rs. C-324/90 und C-342/90, Deutschland und Pleuger Worthington/Kommission, Slg. 1994, I-1173, 1206, Rn. 30; ausführlich zur Begründungspflicht vgl. Schwarze-*Bär-Bouyssière*, Art. 88, Rn. 32.

276 Vgl. EuGH, verb. Rs. C-324/90 und C-342/90, Deutschland und Pleuger Worthington/Kommission, Slg. 1994, I-1173, 1206, Rn. 30 f.; verb. Rs. 296 und 318/92, Niederlande und Leeuwarder Papierwarenfabriek BV/Kommission, Slg. 1985, 809, 826, Rn. 29 f.

277 Vgl. EuGH, verb. Rs. 296 und 318/92, Niederlande und Leeuwarder Papierwarenfabriek BV/Kommission, Slg. 1985, 809, 826, Rn. 28.

278 Vgl. genauer unten Teil 2, B.IV.2.aa).(2).

279 GTE- *Mederer*, Art. 93, Rn. 58.

280 Zu den Folgen der Entscheidung bei der Kontrolle bestehender Beihilfen vgl. unten Teil 1, B.IV.2.d).

281 Grabitz-*von Wallenberg*, Art. 93, Rn. 27; Schwarze-*Bär-Bouyssière*, Art. 88, Rn. 29.

dung, ob die Kommission eine Vertragsverletzungsklage einlegt oder nicht, steht in ihrem Ermessen.[282] Gegenstand des Vertragsverletzungsverfahrens ist nur die Frage der pflichtwidrigen Nichtdurchführung der Kommissionsentscheidung.[283] Ob die Beihilfe zu Recht oder zu Unrecht für vertragswidrig erklärt wurde, wird im Rahmen dieses Verfahrens nicht geprüft. Mit diesbezüglichen, materiellen Einwendungen ist der beihilfegewährende Mitgliedstaat präkludiert.[284]

Will der Mitgliedstaat sich gegen den Inhalt einer Entscheidung wehren, kann er also nicht zunächst untätig bleiben, die Entscheidung ignorieren und auf eine Klage der Kommission warten. Vielmehr muß er die Bestandskraft der Kommissionsentscheidung verhindern und diese selbst aktiv im Wege der Anfechtungsklage nach Artikel 230 EGV innerhalb einer Frist von zwei Monaten (Artikel 230 Absatz 5 EGV) beim Gerichtshof angreifen.[285] Dieselbe Möglichkeit einer Anfechtungsklage hat auch das oder die begünstigten Unternehmen.[286] Auf die Negativentscheidung der Kommission können sich ferner auch Dritte, z.B. Konkurrenten der begünstigten Unternehmen, unmittelbar vor ihren nationalen Gerichten berufen.[287] Konkurrenten können außerdem eine positive Genehmigungsentscheidung der Kommission mit der gemeinschaftsrechtlichen Nichtigkeitsklage angreifen.[288] Die Beschreibung der Einzelheiten der Rechtsschutzmöglichkeiten von Begünstigten und ihren Konkurrenten vor dem Gerichtshof und den nationalen Gerichten würde den Rahmen dieser Untersuchung, die sich in erster Linie auf das Verwaltungsverfahren konzentriert, allerdings bei weitem sprengen. Die Darstellung dieses Aspekts der Beihilfeaufsicht wird daher weitgehend ausgeklammert.[289]

282 Vgl. EuG, Rs. T-277/94, Associazione Italiana Tecnico Economica del Cemento (AITEC)/Kommission, Slg. 1996, II-351, 374, Rn. 55; EuGH, Rs. 247/87, Star Fruit Company/Kommission, Slg. 1989, 291, 301, Rn. 11; Schwarze-*Bär-Bouyssière*, Art. 88, Rn. 44, 57.

283 EuGH, Rs. 156/77, Kommission/Belgien, Slg. 1978, 1881, 1896, Rn. 21/24; Rs. 213/85, Kommission/Niederlande, Slg. 1988, 281, 297 f., Rn. 7 f.

284 St. Rspr., vgl. z.B. EuGH, Rs. 52/83, Kommission/Frankreich, Slg. 1983, 3707, 3715 f., Rn. 10 m.w.N.

285 EuGH, Rs. 156/77, Kommission/Belgien, Slg. 1978, 1881, 1896, Rn. 19/20.

286 Die Klage der begünstigten Unternehmen ist wie alle direkten Klagen natürlicher oder juristischer Personen an das EuG zu richten. Die Unternehmen sind klagebefugt, obwohl die Entscheidung nur an den Mitgliedstaat und nicht auch an sie gerichtet ist. Dennoch wird eine unmittelbare, individuelle Betroffenheit i.S.v. Artikel 230 Absatz 4 EGV bejaht, EuGH, Rs. 730/79, Philip Morris Holland BV/Kommission, Slg. 1980, 2671, 2687, Rn. 5; verb. Rs. 296 und 318/82, Niederlande und Leeuwarder Papierwarenfabriek BV/Kommission, Slg. 1985, 809, 821, Rn. 13; Rs. C-188/92, TWD Textilwerke Deggendorf/Bundesminister für Wirtschaft, Slg. 1994, I-833, 852, Rn. 14. Die zweimonatige Klagefrist zur Anfechtung der Entscheidung gilt auch für die Begünstigten, Rs. C-188/92, TWD Textilwerke Deggendorf/Bundesminister für Wirtschaft, aaO.

287 EuGH, Rs. 77/72, Carmine Capolongo/Azienda Agricola Maya, Slg. 1973, 611, 622, Rn. 6.

288 Zu den genauen Voraussetzungen einer solchen Anfechtungsklage der Konkurrenten gemäß Artikel 230 EGV vgl. z.B. EuGH, Rs. 169/84, Compagnie française de l'azote (Cofaz) SA u.a./Kommission, Slg. 1986, 391, 414 f., Rn. 22 ff.; Rs. C-198/91, William Cook plc/Kommission, Slg. 1993, I-2487, 2528, Rn. 23 f.; Rs. C-225/91, Matra SA/Kommission, Slg. 1993, I-3203, 3255, Rn. 17 f.; vgl. ferner Schwarze-*Bär-Bouyssière*, Art. 88, Rn. 48 ff.

289 Eine ausführliche Darstellung liefert *Martin J. Reufels*, Subventionskontrolle durch Private, Köln u.a. 1996, S. 122 ff., 139 ff.; *Adinda Sinnaeve*, Der Konkurrent im Beihilfeverfahren nach der neue-

f) Der Widerruf einer Entscheidung, Artikel 9 VerfVO

Die Verfahrensverordnung erlaubt es der Kommission in Artikel 9 VerfVO, ihre Genehmigungsentscheidungen[290] zu widerrufen, wenn diese auf während des Verfahrens gelieferten unrichtigen Angaben beruhen und diese Informationen für die Entscheidung ausschlaggebend waren. Will die Kommission ihre Entscheidung widerrufen, so muß sie zunächst dem betroffenen Mitgliedstaat die Möglichkeit der Stellungnahme einräumen. Im Anschluß daran muß sie das förmliche Prüfverfahren gemäß Artikel 4 Absatz 4 VerfVO mit dem Ziel neu eröffnen, die alte Entscheidung aufzuheben und eine neue Entscheidung zu treffen. In diesem neuen Verfahren gelten die Artikel 6 und 7 VerfVO in der oben beschriebenen Weise entsprechend, d.h. es findet eine erneute Anhörung statt und alle Arten von Endentscheidung sind denkbar.

Abweichend vom Erstverfahren sind aber auch einige Vorschriften aus dem Kapitel über rechtswidrig gewährte Beihilfen entsprechend anwendbar, namentlich die Möglichkeit der Anordnung der Auskunftserteilung per Entscheidung (Artikel 10 VerfVO), die Anordnung der Aussetzung der Beihilfe bis zum Erlaß einer abschließenden Entscheidung (Artikel 11 Absatz 1 EGV) sowie die Vorschriften in Artikel 13, 14 und 15 VerfVO, die die Entscheidung nach Aktenlage, die fehlende Geltung der üblichen Fristen in Vor- und Hauptverfahren und - vielleicht am bedeutsamsten - die Möglichkeit der Rückforderung der Beihilfe betreffen.[291] Die genannten Vorschriften sind dabei zugleich Ersatz für das fehlende Durchführungsverbot (die Beihilfe wird in derartigen Fällen in aller Regel im Anschluß an die auf unrichtigen Auskünften basierende Erstentscheidung gewährt worden sein) und Sanktion für die unvollständig gelieferten Auskünfte.

In der Literatur wird die Lückenhaftigkeit der Auskünfte teilweise der ausdrücklich erfaßten Unrichtigkeit gleichgestellt.[292] Dies dürfte zutreffend sein, leitet aber direkt zu den bestehenden Unklarheiten der Regelung über. Insbesondere bleibt fraglich, ob und gegebenenfalls welchen Unterschied es macht, daß die fehlerhaften bzw. lückenhaften Auskünfte entweder böswillig oder aber lediglich fahrlässig bzw. sogar gutgläubig gelie-

sten EuGH-Rechtsprechung, EuZW 1995, 172 ff.; *Romina Polley*, Die Konkurrentenklage im Europäischen Beihilfenrecht - Klagebefugnis und Rückforderung bei rechtswidrig gewährten Beihilfen, EuZW 1996, 300, 301 ff.; *Joachim Bast, Klaus Günter Blank*, Beihilfen in der EG und Rechtsschutzmöglichkeiten für Wettbewerber, WuW 1993, 181, 187 ff.; knappere Hinweise finden sich bei GTE-*Mederer*, Art. 93, Rn. 35, 44 f., 59 f., 71; einen sehr schönen, aktuellen Überblick über sämtliche Klagemöglichkeiten im Bereich des Beihilferechts liefert Schwarze-*Bär-Bouyssière*, Art. 88, Rn. 38-64.

290 Gemeint sind die Entscheidungen im Vor- oder Hauptverfahren, daß gar keine Beihilfe vorliegt (Artikel 4 Absatz 2 bzw. Artikel 7 Absatz 2 VerfVO), daß eine Beihilfe mit dem Gemeinsamen Markt vereinbar ist („Entscheidung, keine Einwände zu erheben“ gemäß Artikel 4 Absatz 3 VerfVO bzw. „Positiventscheidung“ gemäß Artikel 7 Absatz 3 VerfVO) sowie die genehmigende mit „Bedingungen und Auflagen verbundene Entscheidung“ i.S.v. Artikel 7 Absatz 4 VerfVO.

291 Zu diesen Vorschriften im einzelnen vgl. unten Teil 1, B.II.2.

292 Vgl. *Eberhard Kruse*, Bemerkungen zur gemeinschaftlichen Verfahrensverordnung für die Beihilfenkontrolle, NVwZ 1999, 1049, 1052.

fert worden sein können. Es ist nicht ausgeschlossen, daß die Klärung dieser Zweifelsfragen letzten Endes den Gerichtshof beschäftigen wird.

II. Das Verfahren bei rechtswidrigen Beihilfen, Artikel 88 EGV i.V.m. Artikel 10-15 VerfVO

1. Historischer Hintergrund der Regeln über mitgliedstaatliche Verfahrensverstöße

Das ausdrücklich in Artikel 88 EGV geregelte System gibt der Kommission auf den ersten Blick ein angemessenes, umfangreich ausgefächertes Instrumentarium zur Kontrolle von neuen und bestehenden Beihilfen. Sowohl dem Interesse der Gemeinschaft daran, daß der innergemeinschaftliche Wettbewerb nicht verzerrt wird, als auch dem Interesse der Mitgliedstaaten daran, daß bislang rechtmäßige Beihilferegelungen bis auf weiteres, d.h. bis zu einer etwaigen Negativentscheidung der Kommission, zunächst fortbestehen und daß Neubeihilfen im Anschluß an ein zügig durchzuführendes Präventivkontrollverfahren relativ schnell eingeführt werden können, wird in ausgewogener Weise Genüge getan.

Das Funktionieren dieses Systems hängt allerdings in erheblichem Umfang davon ab, daß die Mitgliedstaaten sich auch wirklich an ihre Verpflichtungen halten, insbesondere das Durchführungsverbot beachten. Die in den Verträgen getroffene Regelung bezüglich staatlicher Beihilfen beinhaltet dabei fast zwangsläufig ein nicht zu unterschätzendes Konfliktpotential, da die Mitgliedstaaten zwar große Bereiche ihrer Wirtschaftspolitik frei bestimmen können, andererseits aber eines der wichtigen Instrumente dieser Politik weitestgehend unter der Aufsicht der Brüsseler Institutionen steht.[293]

Insofern ist es auffällig und zugleich überraschend, daß Artikel 88 EGV keine ausdrücklichen Regelungen für den durchaus naheliegenden Fall trifft, daß einzelne Mitgliedstaaten sich nicht an das bei der Neueinführung bzw. Änderung von Beihilfen vorgeschriebene Verfahren halten.[294] Offenbar wurde ein derartiges, mißbräuchliches Verhalten der Mitgliedstaaten von den Gründungsvätern des EWG-Vertrages entweder nicht vorhergesehen oder aber es bestand kein Regelungswille bzw. keine konsensfähigen Regelungskonzepte.

Das Fehlen von ausdrücklichen Regelungen der Folgen von Verfahrensverstößen machte sich in den Anfangsjahren der Gemeinschaft zunächst gar nicht bemerkbar.[295] In einem

293 *Manfred Caspari*, The aid rules of the EEC Treaty and their application in: Jürgen Schwarze (Hrsg.), Discretionary Powers of the Member States in the Field of Economic Policies and their Limits under the EEC Treaty, Baden-Baden 1988, S. 37, 40.

294 Die einzige Regelung in Artikel 88 EGV, die sich mit nicht vertragsgemäßem Verhalten der Mitgliedstaaten beschäftigt, ist Artikel 88 Absatz 2 Unterabsatz 1 EGV. Danach können bestehende Beihilfen, die „mißbräuchlich angewandt" werden, aufgehoben oder umgestaltet werden.

295 Der folgende Abschnitt will nur einen knappen Überblick über die Entwicklung der Beihilfegewährung im allgemeinen, sowie über die Entscheidungspraxis des Gerichtshofes und der Kommission vermitteln. Eine ausführlichere historische Zusammenstellung findet sich z.B. bei *Adinda Sinnaeve*,

Klima des allgemeinen wirtschaftlichen Aufschwungs konnte das geschaffene System reibungslos funktionieren, und die Mitgliedstaaten betrieben eine moderate, kooperative Beihilfenpolitik, mit der Folge, daß selbst die bestehenden Verfahrensregeln nur ganz vereinzelt angewendet werden mußten.[296]

Die im Vertragstext nicht ausdrücklich angelegte Möglichkeit der Rückforderung einer gewährten Beihilfe tauchte erstmals in einer Entscheidung des Gerichtshofs aus dem Jahre 1973 auf.[297] Der Gerichtshof folgte dabei der von ihm auch in anderen Fällen bevorzugten teleologischen Auslegungsmethode[298] und entschied, daß die Worte „Aufhebung oder Umgestaltung" in Artikel 88 Absatz 2 EGV auch die Verpflichtung der Mitgliedstaaten umfassen können, unter Verletzung des Vertrages gewährte Beihilfen zurückzufordern. Zur Begründung dieser extensiven Auslegung des Wortlauts griff der Gerichtshof auf das Prinzip des *effet utile* zurück, da nur die Einbeziehung der Rückforderungsmöglichkeit in das Instrumentarium der Kommission sicherstellen könne, daß die Vorschriften des Artikel 88 Absatz 2 EGV einen „praktischen Nutzen"[299] haben. Anzumerken ist allerdings, daß der Gerichtshof in dieser Entscheidung zwar die theoretische Möglichkeit einer Rückforderung klarstellte, die Klage der Kommission aber letztlich aus anderen Gründen keinen Erfolg hatte, so daß es in der Sache zu keiner Rückforderung der streitigen Beihilfe kam.

Zu einem wirklich gewichtigen Problem wurde der bestehende Mangel im System der gemeinschaftsrechtlichen Beihilfenaufsicht erst im Laufe der achtziger Jahre, d.h. die Entscheidung aus dem Jahre 1973 in der Rechtssache *Kommission/Deutschland*,[300] die die grundsätzliche *Möglichkeit* der Rückforderung von gemeinschaftswidrigen Beihilfen frühzeitig bejaht hatte, blieb noch mehrere Jahre ohne echte praktische Konsequenzen.

Die Rückforderung gemeinschaftsrechtswidriger nationaler Beihilfen, Berlin 1997, S. 60-67; vgl. außerdem *Manfred Caspari*, The aid rules of the EEC Treaty and their application in: Jürgen Schwarze (Hrsg.), Discretionary Powers of the Member States in the Field of Economic Policies and their Limits under the EEC Treaty, Baden-Baden 1988, S. 37, 48-51.

296 Erst im Jahre 1964, also sechs Jahre nach Inkrafttreten des Vertrages, erklärte die Kommission erstmals eine Beihilfe für vertragswidrig, Entscheidung der Kommission Nr. 64/651/EWG vom 28.10.1964 („Ford Tractor Belgium Ltd."), ABl. 1964, S. 3257.

297 EuGH, Rs. 70/72, Kommission/Deutschland, Slg. 1973, 813, 829, Rn. 13; vgl. auch *Robert Kovar*, Chronique de jurisprudence de la Cour de Justice des Communautés Européennes - Le régime des aides en droit communautaire, JDI 1974, 416 ff.; *Eberhard Millarg*, Anmerkung zum Urteil vom 12.7.1973, Rs. 70/72, EuR 1973, 348 ff. Zum tatsächlichen Hintergrund des Falles vgl. Erster Bericht über die Wettbewerbspolitik 1971, Luxemburg 1972, S. 138, Rn 155 ff.

298 Vgl. etwa EuGH, Rs. 8/55, Fédération Charbonnière de Belgique/Hohe Behörde, Slg. 1955/56, 297, 312; Rs. 20/59, Italien/Hohe Behörde, Slg. 1960, 680, 708; Rs. 25/59, Niederlande/Hohe Behörde, Slg. 1960, 743, 781; *Hans Peter Ipsen*, Europäisches Gemeinschaftsrecht, Tübingen 1972, S. 280.

299 EuGH, Rs. 70/72, Kommission/Deutschland, Slg. 1973, 813, 829, Rn. 13. Die französische Urteilsversion ist noch aussagekräftiger als die deutsche Übersetzung. Dort heißt es wörtlich „que cette suppression ou modification, pour avoir un effet utile, peut comporter l'obligation d'exiger le remboursement d'aides". Es handelt sich also quasi um ein Musterbeispiel der frühen, dynamischen Rechtsprechung des Gerichtshofs. Unter Heranziehung des *effet utile*-Gedankens schließt er rechtsfortbildend und europafreundlich eine Lücke im Vertragstext, vgl. *Eberhard Millarg*, Anmerkung zum Urteil vom 12.7.1973, Rs. 70/72, EuR 1973, 348, 352.

300 EuGH, Rs. 70/72, Kommission/Deutschland, Slg. 1973, 813, 829, Rn. 13.

Der Grund für die steigende Anzahl von Beihilfen in den siebziger und achtziger Jahren, aber auch für die sinkende Verfahrensmoral der Mitgliedstaaten, war dabei sicherlich die zunehmend prekäre Wirtschaftslage in den Mitgliedstaaten.[301] Die Kommission reagierte auf diesen Trend, indem sie ihre Kontrolle verschärfte und systematisierte. Immer öfter kam es zur Einleitung des Prüfungsverfahrens nach Artikel 88 Absatz 2 EGV, und der Anteil der Verfahren, die zu negativen Vereinbarkeitsentscheidungen führten, stieg ebenfalls an.[302]

Im Jahr 1983 teilte die Kommission schließlich mit, daß sie in Zukunft auch von der vom Gerichtshof bereits zehn Jahre früher eröffneten Möglichkeit der Rückforderung von vertragswidrigen Beihilfen Gebrauch machen wolle[303] und reagierte so auf die immer häufiger auftretende Situation, daß Mitgliedstaaten Beihilfen gewährten, ohne zuvor eine Vereinbarkeitsentscheidung der Kommission herbeizuführen oder abzuwarten.[304] Ab 1984 kann von einer echten Rückforderungspraxis der Kommission gesprochen werden,[305] die ab 1987 weiter systematisiert wurde,[306] um dem angesprochenen Anstieg unangemeldeter Beihilfen entgegenzusteuern.

Parallel zu der beständig steigenden Bedeutung der Beihilfenkontrolle in der Praxis der Kommission beschäftigte sich auch der Gerichtshof ab Mitte der achtziger Jahre regelmäßig mit der Rückforderung von Beihilfen. Im Jahr 1986 kam es zur ersten Entscheidung, in der die Rückforderung, anders als in der Sache Kommission/Deutschland,[307] nicht nur als mögliche Konsequenz einer negativen Kommissionsentscheidung bezeichnet wurde, sondern in der Belgien ein von der Kommission eingeleitetes Vertragsverlet-

301 Vgl. Fünfter Bericht über die Wettbewerbspolitik 1975, Luxemburg 1976, S. 7 f.; Elfter Bericht über die Wettbewerbspolitik 1981, Luxemburg 1982, S. 123, Rn. 175 ff.; Zwölfter Bericht über die Wettbewerbspolitik 1982, Luxemburg 1983, S. 10 ff.; Dreizehnter Bericht über die Wettbewerbspolitik 1983, Luxemburg 1984, S. 14, 143, Rn. 219 ff.; vgl. auch *Siegfried Magiera*, Rückforderung gemeinschaftsrechtswidriger staatlicher Beihilfen, in: Jürgen F. Baur et al. (Hrsg.), Festschrift für Bodo Börner, Köln u.a. 1992, S. 213, 218.

302 Vgl. Vierzehnter Bericht über die Wettbewerbspolitik 1984, Luxemburg 1985, S. 139 f., Rn. 197; *Adinda Sinnaeve*, Die Rückforderung gemeinschaftsrechtswidriger nationaler Beihilfen, Berlin 1997, S. 63 m.w.N. und umfangreichen Zahlenbeispielen.

303 Mitteilung der Kommission vom 24.11.1983, ABl. 1983, C 318, S. 3.

304 Der Mitteilung der Kommission zum Trotz, stieg der Anteil der nicht notifizierten Beihilfen zwischen 1985 und 1987 weiter an und erreichte in manchen Mitgliedstaaten rund ein Drittel aller Beihilfen, vgl. Neunzehnter Bericht über die Wettbewerbspolitik 1989, Luxemburg 1990, S. 135, Rn. 132.

305 *Adinda Sinnaeve*, Die Rückforderung gemeinschaftsrechtswidriger nationaler Beihilfen, Berlin 1997, S. 65 m.w.N., die überzeugend darstellt, daß zwar schon vor 1984 ganz vereinzelte Rückforderungsentscheidungen der Kommission gegen Belgien ergingen, daß aber von einer echten Rückforderungspraxis erst nach der Mitteilung der Kommission aus dem Jahr 1983 (ABl. 1983, C 318, S. 3) gesprochen werden kann.

306 Sechzehnter Bericht über die Wettbewerbspolitik 1986, Luxemburg 1987, S. 129, Rn. 203; Siebzehnter Bericht über die Wettbewerbspolitik 1987, Luxemburg 1988, S. 141 f., Rn. 173; *Sylviane Morson*, La récupération des aides octroyées par les Etats en violation du traité CEE, RTDE 1990, 409, 422.

307 EuGH, Rs. 70/72, Kommission/Deutschland, Slg. 1973, 813, 829, Rn. 13.

zungsverfahren tatsächlich verlor, weil es versäumt hatte, der in der Entscheidung angeordneten Rückforderung einer nationalen Beihilfe nachzukommen.[308]

In der Folgezeit war dann v.a. der Gerichtshof der Motor der weiteren Entwicklung. Er hat in einer ganzen Reihe von Entscheidungen die bestehenden Lücken im System ausgefüllt und eigene Regelungen für die verschiedenen Fälle mitgliedstaatlicher Verfahrensverstöße ausgeformt.[309] Die gefundenen Regelungen waren allerdings häufig Gegenstand lebhafter wissenschaftlicher Diskussion bzw. Kritik.[310] Hinzu kam, daß die Kommission in ihrer Praxis häufig gewisse Interpretationsspielräume für sich beanspruchte und die Vorgaben der Rechtsprechung nicht immer aufgriff,[311] was zu einer gewissen Rechtsunsicherheit beitrug.

Diese häufig beklagte Unübersichtlichkeit, aber auch die zumindest teilweise durch die verstreuten Regelungen verursachte Ineffizienz der Mißbrauchsvorkehrungen, führten schließlich dazu, daß die Kommission ihre lange Zeit gehegten Vorbehalte gegenüber Durchführungsverordnungen gemäß Artikel 89 EGV ablegte[312] und das Verfahren bei der rechtswidrigen Gewährung von Beihilfen im Zusammenspiel mit dem Rat sekundärrechtlich in der neuen Verfahrensverordnung normierte.

Zusammenfassend läßt sich also sagen, daß sich die Gestaltung der heute geltenden Verfahrensregelungen bei rechtswidrigen Beihilfen nach einer anfänglichen Phase des völligen Fehlens bzw. der Bedeutungslosigkeit mitgliedstaatlicher Verfahrensverstöße aus einem dynamischen Zusammenspiel zwischen Kommission und Gerichtshof entwickelt hat. Der Gerichtshof legte in seiner Entscheidung 1973 sozusagen die Grundfesten der späteren Entwicklung. Die Kommission griff diese Entscheidung mit einer gewissen Verzögerung auf, um der steigenden Anzahl mißbräuchlicher Verhaltensweisen der Mitgliedstaaten wirksam begegnen zu können, und der Gerichtshof definierte und verfeinerte die Mißbrauchsvorkehrungen in den ihm im weiteren Verlauf der achtziger und

308 EuGH, Rs. 52/84, Kommission/Belgien, Slg. 1986, 89, 104 f., Rn. 14 ff.

309 Zur Rechtsprechung des EuGH und der darauf beruhenden Praxis der Kommission vgl. *Adinda Sinnaeve*, Die Rückforderung gemeinschaftsrechtswidriger nationaler Beihilfen, Berlin 1987, S. 67 ff.

310 Vgl. z.B. *Beate Winkler*, Die Durchsetzung der Pflicht zur Rückforderung einer gemeinschaftswidrigen Beihilfe nach deutschem und europäischem Recht, DVBl. 1979, 263, 266 f., *Hans Georg Fischer*, Zur Rückforderung von unter Verstoß gegen Art. 92, 93 EWGV gewährten nationalen Beihilfen, DVBl. 1990, 1089 ff.
Zur v.a. in Deutschland äußerst heftig ausgetragenen Debatte über die Rechtsprechung des Gerichtshofes zum Vertrauensschutz bei der Rückforderung von Beihilfen ausführlich unten Teil 2, A.IV. 3.a).dd).

311 Vgl. *Adinda Sinnaeve*, Die Rückforderung gemeinschaftsrechtswidriger nationaler Beihilfen, Berlin 1987, S. 71 ff. zum Beispiel der Kommissions-Praxis im Bereich der sogenannten „Boussac“-Rechtsprechung (EuGH, Rs. C-301/87, Kommission/Frankreich („Boussac“), Slg. 1990, I-307, 351 ff.); *Thomas Jestaedt*, Das Rückzahlungsrisiko bei „formell rechtswidrigen“ Beihilfen, EuZW 1993, 49, 51 f.

312 Zu den erfolglosen früheren Versuchen, Durchführungsverordnungen gemäß Artikel 89 EGV einzuführen, aber auch zur noch Anfang der neunziger Jahre grundsätzlich ablehnenden Haltung der Kommission gegenüber Verordnungen, vgl. *Adinda Sinnaeve*, Die Rückforderung gemeinschaftsrechtswidriger nationaler Beihilfen, Berlin 1987, S. 245 ff.; außerdem auch unten, Teil 1, C.II.1.

neunziger Jahre vorgelegten Fällen. Bedingt durch die Vielzahl von Gerichtsverfahren und die Reibungsverluste aufgrund von Divergenzen zwischen Kommissionspraxis und gerichtlichen Vorgaben, entschieden sich die Kommission und ihr folgend der Rat schließlich, das Verfahren bei der rechtswidrigen Beihilfegewährung in einer Verordnung zu kodifizieren und zu vereinheitlichen, obwohl das Gesamtvolumen der staatlichen Beihilfen in den späten neunziger Jahren leicht rückläufig war.[313]

2. *Das Verfahren bei rechtswidrigen Beihilfen, Artikel 10-15 VerfVO*

Die neue Verfahrensverordnung widmet sich in ihrem Kapitel III dem Verfahren bei rechtswidrigen Beihilfen unmittelbar im Anschluß an das Kapitel zum Verfahren bei angemeldeten Beihilfen und noch vor den Kapiteln über die Verfahren bei mißbräuchlicher Anwendung und der fortlaufende Kontrolle bestehender Beihilfen. Der Schlüsselbegriff der „rechtswidrigen Beihilfe“ wird dabei in Artikel 1 lit. f) VerfVO definiert als neue Beihilfen, die unter Verstoß gegen Artikel 88 Absatz 3 des Vertrages eingeführt werden.[314] Entscheidendes Kriterium einer rechtswidrigen Beihilfe i.S.v. Kapitel III der Verordnung ist also der Verstoß gegen das Durchführungsverbot und/oder die Notifizierungspflicht in Artikel 88 Absatz 3 EGV. Dieses Abstellen auf die Verfahrenserfordernisse in Artikel 88 Absatz 3 EGV wurde im deutschen Schrifttum bislang mit dem Begriff der formell-rechtswidrigen Beihilfe zum Ausdruck gebracht.[315]

Inhaltlich läuft das Verfahren in weiten Bereichen ähnlich ab wie die Prüfung angemeldeter neuer Beihilfen. Die bestehenden Unterschiede erklären sich i.d.R. aus der Nichtbeachtung des Durchführungsverbotes in Artikel 88 Absatz 3 Satz 3 EGV und haben zum Ziel, die Kommission trotz der unterschiedlichen tatsächlichen Ausgangslage in eine vergleichbare Situation zu versetzen wie bei ordnungsgemäß angemeldeten und wegen Artikel 88 Absatz 3 Satz 3 EGV noch nicht gewährten Beihilfen.[316]

a) Prüfung von rechtswidrigen Beihilfen, verfahrensleitende Anordnungen, Artikel 10 - 12 VerfVO

Artikel 10 Absatz 1 VerfVO verpflichtet die Kommission dazu, sämtliche ihr vorliegenden Informationen über angeblich rechtswidrige Beihilfen unverzüglich zu prüfen. Die Herkunft dieser Informationen (Hinweise von Unternehmen, eigene Recherchen, Presseberichte) und deren Glaubwürdigkeit spielt keine Rolle. Zur Überprüfung der angeblich rechtswidrigen Beihilfe und des Wahrheitsgehalts der vorliegenden Informationen wendet sich die Kommission an den betreffenden Mitgliedstaat und verlangt von ihm die

313 Vgl. FAZ v. 3.7.1998, S. 18; FAZ v. 1.4.1999, S. 22.

314 Der Begriff der „neuen Beihilfe“ umfaßt gemäß Artikel 1 lit. c) VerfVO sowohl Einzelbeihilfen als auch Beihilferegelungen und gilt sowohl für deren Neueinführung als auch für deren Änderung.

315 *Eberhard Kruse*, Bemerkungen zur gemeinschaftlichen Verfahrensverordnung für die Beihilfekontrolle, NVwZ 1999, 1049, 1051; *Thomas Jestaedt*, Das Rückzahlungsrisiko bei „formell rechtswidrigen“ Beihilfen, EuZW 1993, 49, 50 f. m.w.N.

316 Vgl. *Adinda Sinnaeve*, Die neue Verfahrensverordnung in Beihilfensachen, EuZW 1999, 270, 273.

entsprechenden Auskünfte, Artikel 10 Absatz 2 VerfVO. Das Procedere bei der Auskunftserteilung durch die Mitgliedstaaten entspricht dabei dem oben bereits beschriebenen Vorgehen gemäß Artikel 2 Absatz 2, Artikel 5 Absätze 1 und 2 VerfVO,[317] d.h. der Mitgliedstaat muß alle vorhandenen sachdienlichen Hinweise liefern, um eine vollständige inhaltliche Prüfung der Maßnahme zu ermöglichen. Bei nach Ansicht der Kommission unvollständigen Auskünften ergeht eine befristete Aufforderung, ergänzende Informationen zu liefern, sowie gegebenenfalls ein befristetes Erinnerungsschreiben.[318]

Falls der Mitgliedstaat auf das Erinnerungsschreiben nicht oder nicht angemessen reagiert, d.h. die notwendigen Auskünfte nach wie vor gar nicht oder unvollständig vorlegt, erläßt die Kommission gemäß Artikel 10 Absatz 3 VerfVO eine Entscheidung, in der sie die noch benötigten Auskünfte bezeichnet und eine angemessene Frist zur Auskunftserteilung festsetzt (sog. „Anordnung zur Auskunftserteilung"). Diese Möglichkeit der Informationsbeschaffung per Entscheidung i.S.v. Artikel 249 Absatz 4 EGV ist eine Besonderheit des Verfahrens bei rechtswidrigen Beihilfen und findet im Verfahren bei angemeldeten Beihilfen (vgl. Artikel 5 VerfVO) keine Entsprechung. Sie ist unabhängig von der Eröffnung des eigentlichen förmlichen Hauptprüfungsverfahrens.[319]

Artikel 11 VerfVO beinhaltet zwei weitere verfahrensleitende Anordnungsbefugnisse der Kommission: Gemäß Artikel 11 Absatz 1 VerfVO kann die Kommission dem Mitgliedstaat per Entscheidung aufgeben, alle rechtswidrigen Beihilfen so lange auszusetzen, bis die Kommission eine Entscheidung über die Vereinbarkeit der Beihilfe mit dem Gemeinsamen Markt erlassen hat (sog. „Aussetzungsanordnung"). Gesetzliche Voraussetzung dieser Anordnung ist, daß dem Mitgliedstaat zuvor Gelegenheit zur Äußerung gegeben wurde. Die Aussetzungsanordnung hat zum Ziel, den Status Quo zu sichern und weitere Wettbewerbsverzerrungen durch die fortlaufende Gewährung rechtswidriger und möglicherweise auch materiell mit dem Vertrag unvereinbarer Beihilfen zu verhindern. Sie entspricht in ihrer Zielrichtung damit dem Durchführungsverbot des Artikel 88 Absatz 3 Satz 3 EGV, das bei rechtswidrigen Beihilfen ja per definitionem mißachtet wurde. Logisch folgt daraus, daß eine Aussetzungsanordnung nur dann Sinn macht, wenn die Beihilfe nicht bereits vollumfänglich gewährt wurde, d.h. regelmäßig bei längerfristig angelegten, rechtswidrig nicht notifizierten Beihilferegelungen, seltener dagegen bei Einzelbeihilfen, die in Raten ausgezahlt werden.

Artikel 11 Absatz 2 VerfVO ermöglicht es der Kommission, dem Mitgliedstaat unter bestimmten, näher definierten Voraussetzungen per Entscheidung aufzugeben, rechtswidrige Beihilfen einstweilig zurückzufordern, bis die Kommission eine Entscheidung über die Vereinbarkeit der Beihilfe mit dem Gemeinsamen Markt erlassen hat (sog. „Rückfor-

317 Vgl. oben Teil 1, B.I.1.c).

318 Bemerkenswert ist, daß Artikel 10 Absatz 2 VerfVO nur die ersten beiden Absätze des Artikel 5 VerfVO für entsprechend anwendbar erkärt. Von der Verweisung ausgenommen ist daher Absatz 3, der den Mitgliedstaaten bei ordnungsgemäß angemeldeten Beihilfen die Möglichkeit gibt, die Vollständigkeit der bereits gelieferten Auskünfte ordnungsgemäß zu begründen.

319 *Adinda Sinnaeve*, Die neue Verfahrensverordnung in Beihilfensachen, EuZW 1999, 270, 271.

derungsanordnung"). Es gelten dabei folgende Einschränkungen: Die einstweilige Rückforderungsanordnung ist ebenso wie die Aussetzungsanordnung nur möglich, wenn dem Mitgliedstaat zuvor Gelegenheit zur Äußerung gegeben wurde. Außerdem ist der Anwendungsbereich der Rückforderungsanordnung ausdrücklich auf rechtswidrige Beihilfen beschränkt, die erst nach dem Inkrafttreten der Verfahrensverordnung[320] gewährt wurden (Artikel 11 Absatz 2 Unterabsatz 4 VerfVO).

Neben diesen formellen Einschränkungen sind in Artikel 11 Absatz 2 Unterabsatz 1 VerfVO drei zwingende materielle Voraussetzungen für die Rückforderungsanordnung normiert: Eine Anordnung ist demnach nur zulässig, wenn nach geltender Praxis am Beihilfecharakter der betreffenden Maßnahme keinerlei Zweifel bestehen (1), ein Tätigwerden dringend geboten ist (2) und wenn für einen Konkurrenten ein erheblicher, irreversibler Schaden ernsthaft zu befürchten ist (3).

Für die Abwicklung der einstweiligen Rückforderung verweist Artikel 11 Absatz 2 Unterabsatz 2 VerfVO auf Artikel 14 Absätze 2 und 3 VerfVO.[321] Sobald die Beihilfe von dem gewährenden Mitgliedstaat wieder eingezogen ist und dadurch ein dem Durchführungsverbot entsprechender Zustand wiederhergestellt ist, erläßt die Kommission eine Entscheidung über die Vereinbarkeit der Beihilfe mit dem Gemeinsamen Markt innerhalb der für angemeldete Beihilfen geltenden Fristen.[322] In Fällen, in denen die einstweilige Rückforderung für das begünstigte Unternehmen Schwierigkeiten mit sich bringt, kann die Kommission den Mitgliedstaat ermächtigen, die Rückerstattung der rechtswidrigen Beihilfe mit der Zahlung einer Rettungsbeihilfe an das betroffene Unternehmen zu verbinden (Artikel 11 Absatz 2 Unterabsatz 3 VerfVO).

Kommt der betroffene Mitgliedstaat, an den die Aussetzungs- oder Rückforderungsanordnung adressiert ist, dieser nicht nach, kann die Kommission die Prüfung der Beihilfe auf der Grundlage der ihr vorliegenden Informationen fortsetzen. Außerdem hat sie die Möglichkeit, den Gerichtshof unmittelbar[323] anzurufen und um Feststellung zu ersuchen, daß der Mitgliedstaat durch die Nichtbefolgung der Anordnung gegen seine Pflichten aus dem Vertrag verstoßen habe (Artikel 12 VerfVO).

b) Bewertung der verfahrensleitenden Anordnungsbefugnisse der Kommission

Diese in den Artikeln 10-12 VerfVO getroffene Regelung entspricht in weiten Teilen der früheren Gerichtspraxis. Teilweise enthält sie allerdings auch neue Elemente.

Die Befugnis zur Anordnung der Auskunftserteilung (Artikel 10 Absatz 3 VerfVO) und zur Anordnung der Aussetzung einer Beihilfe (Artikel 11 Absatz 1 VerfVO) setzen die

320 Stichtag ist der 16.4.1999 (vgl. Artikel 30 VerfVO).

321 Dazu gleich unten, Teil 1, B.II.d).bb).

322 Zu diesen Fristen vgl. die Artikel 4 Absatz 5 und Artikel 7 Absatz 6 und 7 VerfVO sowie oben Teil 1, B.I.2 und 3.b).

323 Unmittelbar bedeutet, daß das üblicherweise beim Vertragsverletzungsverfahren (vgl. Artikel 226 EGV) vorgeschriebene Vorverfahren entfällt.

ursprünglich in der Rechtssache „*Boussac*“ entwickelte Auslegung des Gerichtshofes um.[324] Das gleiche gilt für die in Artikel 12 VerfVO normierte Möglichkeit des Vertragsverletzungsverfahrens.[325]

Die Möglichkeit der einstweiligen Rückforderung von rechtswidrigen Beihilfen wird dagegen als eine Neuerung gegenüber der bisherigen Gerichtspraxis angesehen.[326] Denn die Urteile des Gerichtshofes haben bislang eine Rückforderung von Beihilfen durch die Kommission allein aufgrund formeller Verfahrensverstöße (Verstoß gegen das Durchführungsverbot und die Notifizierungspflicht bzw. isolierter Verstoß nur gegen das Durchführungsverbot bei erfolgter Notifizierung) nicht zugelassen.[327] Vielmehr war die Rückforderung durch die Kommission erst nach Feststellung der materiellen Unvereinbarkeit mit dem Gemeinsamen Markt möglich. Die Befugnis zur vorläufigen Wiedereinziehung von gegen Artikel 88 Absatz 3 Satz 3 EGV verstoßenden Beihilfen lag bislang bei den nationalen Gerichten, die zugunsten einzelner „entsprechend ihrem nationalen Recht sämtliche Folgerungen sowohl bezüglich der Gültigkeit der Rechtsakte zur Durchführung der Beihilfemaßnahmen als auch bezüglich der Beitreibung der unter Verletzung dieser Bestimmung gewährten finanziellen Unterstützungen oder eventueller vorläufiger Maßnahmen ziehen.“[328] Die Anordnung der vorläufigen Rückforderung von formell rechtswidrigen Beihilfen durch nationale Gerichte sollte dabei laut Gerichtshof die absolute Regel sein, das Absehen von einer einstweiligen Erstattung dagegen die nur bei Vorliegen von außergewöhnlichen Umständen gegebene Ausnahme.[329]

324 EuGH, Rs. C-301/87, Frankreich/Kommission („Boussac“), Slg. 1990, I-307, 356, Rn. 19: „Stellt also die Kommission fest, daß eine Beihilfe eingeführt oder umgestaltet wurde, ohne daß sie davon zuvor unterrichtet wurde, so kann sie dem betreffenden Mitgliedstaat, nachdem ihm Gelegenheit gegeben wurde, sich dazu zu äußern, vorläufig aufgeben, die Zahlung der Beihilfe unverzüglich bis zum Abschluß ihrer Überprüfung einzustellen und der Kommission innerhalb der von ihr festgesetzten Frist alle Unterlagen, Informationen und Daten zu verschaffen, die notwendig sind, um die Vereinbarkeit der Beihilfe mit dem Gemeinsamen Markt zu prüfen.“
Ähnlich auch Rs. C-142/87, Belgien/Kommission („Tubemeuse“), Slg. 1990, I-959, 1009, Rn. 15; Rs. C-303/88, Italien/Kommission („ENI/Lanerossi“), Slg. 1991, I-1433, 1482, Rn. 46.

325 EuGH, Rs. C-301/87, Frankreich/Kommission („Boussac“), Slg. 1990, I-307, 357, Rn. 23; Rs. C-142/87, Belgien/Kommission („Tubemeuse“), Slg. 1990, I-959, 1010, Rn. 19; Rs. C-303/88, Italien/Kommission („ENI/Lanerossi“), Slg. 1991, I-1433, 1483, Rn. 48.

326 *Jean-Paul Keppenne*, (R)évolution dans le système communautaire de contrôle des aides d’Etat, RMUE 1998, 125, 150; *Adinda Sinnaeve*, Die neue Verfahrensverordnung in Beihilfensachen, EuZW 1999, 270, 273; *Eberhard Kruse*, Bemerkungen zur gemeinschaftlichen Verfahrensverordnung für die Beihilfenkontrolle, NVwZ 1999, 1049, 1054.

327 Ganz ausdrücklich EuGH, Rs. C-39/94, Syndicat français de l’Express international (SFEI) u.a./La Poste, Slg. 1996, I-3547, 3591, Rn. 43 unter Hinweis u.a. auf die oben zitierten Urteile „Boussac“ und „Tubemeuse“.

328 EuGH, Rs. C-354/90, Fédération nationale du commerce extérieur des produits alimentaires und Syndicat national des négociants et transformateurs de saumon/Frankreich („FNCE-Urteil“), Slg. 1991, I-5505, 5528, Rn. 12; ähnlich auch Rs. C-39/94, Syndicat français de l’Express international (SFEI) u.a./La Poste, Slg. 1996, I-3547, 3590 f., Rn. 40.

329 EuGH, Rs. C-39/94, Syndicat français de l’Express international (SFEI) u.a./La Poste, Slg. 1996, I-3547, 3598, Rn. 70 f.; kritisch zu diesem Urteil äußert sich *Adinda Sinnaeve*, Anmerkung zum EuGH-Urteil vom 11.7.1996 - Rs. C-39/94, EuZW 1996, 569, 570. Ein praktisches Beispiel für die

Die neue Regelung in Artikel 11 Absatz 2 VerfVO wird deshalb auch teilweise kritisiert.[330] Es wird vorgebracht, daß die vom Gerichtshof in Auslegung von Artikel 87 und 88 EGV gefundene Abgrenzung der Aufgabenbereiche der Kommission und der nationalen Gerichte keinen Raum für eine vorläufige Rückforderung durch die Kommission lasse. Die Kommission sei für die materielle Vereinbarkeitsprüfung und die dann gegebenenfalls notwendige endgültige Rückforderung zuständig. Die Zuständigkeit zu zeitlich beschränkten Maßnahmen bei formeller Rechtswidrigkeit liege dagegen - als Ausfluß des Subsidiaritätsprinzips - bei den nationalen Gerichten. Fraglich sei darüber hinaus, ob eine in ständiger Rechtsprechung aus dem Primärrecht gewonnene Rechtsauffassung des Gerichtshofes überhaupt durch eine Durchführungsverordnung gemäß Artikel 89 EGV zur Disposition gestellt werden könne.

Dazu ist zu sagen, daß die zitierte Rechtsprechung letzten Endes keine verbindliche Grenze dessen darstellt, was in einer Durchführungsverordnung geregelt werden kann.[331] Denn die Auslegung der Rechtsprechung ist jeweils nur eine von häufig mehreren juristisch einwandfrei begründbaren Lösungen. Der Rat kann sich daher in seinen Verordnungen auch für eine der angesprochenen anderen vertretbaren Lösungen entscheiden, sofern diese ebenfalls der Durchführung von Artikel 87, 88 EGV dient. Der Gerichtshof selbst scheint sich dieser Tatsache bewußt zu sein, wenn er seinen Ausführungen zum System der Artikel 87, 88 EGV in der Rechtssache „*Boussac*", die Ausgangspunkt und Grundlage der oben geschilderten, von *Kruse*[332] in Bezug genommenen ständigen Rechtsprechung zur Aufgabenverteilung zwischen Kommission und nationalen Gerichten sind, die Anmerkung vorwegstellt, daß „der Rat bisher noch keine Durchführungsverordnung zu den Artikeln 92 und 93 EWG-Vertrag auf der Grundlage des Artikels 94 EWG-Vertrag erlassen hat."[333] Diese Klausel legt nahe, daß der Gerichtshof eine Durchführungsverordnung als seiner eigenen Auslegung vorrangig erachtet.

Zudem läßt sich vertreten, daß die Entscheidung der Verordnung, der Kommission den Erlaß vorläufiger Rückforderungsanordnungen zu ermöglichen, ebenso wie die unumstrittenen Anordnungen der Auskunftserteilung und der Aussetzung weiterer Zahlungen, lediglich eine Kompensation für die bei rechtswidrigen Beihilfen umgangene Sperrwirkung des Artikel 88 Absatz 3 Satz 3 EGV darstellt. Alle drei Maßnahmen dienen dazu, präventiv für die Einhaltung des Durchführungsverbots zu sorgen bzw. seine Nichtbeachtung damit zu sanktionieren, daß der Zustand wieder hergestellt wird, der bestanden

vorläufige Rückforderung vertragswidriger Beihilfen durch ein nationales Gericht ist der Beschluß des VG Magdeburg vom 2.9.1998, EuZW 1998, 669 ff. mit Anmerkung *Matthias Pechstein*.

330 *Eberhard Kruse*, Bemerkungen zur gemeinschaftlichen Verfahrensverordnung für die Beihilfenkontrolle, NVwZ 1999, 1049, 1054.

331 So auch *Peter Ernst Goose*, Die Prüfung staatlicher Beihilfevorhaben durch die EWG, AWD/RIW 1974, 94, 95; Grabitz-*von Wallenberg*, Art. 94, Rn. 3.

332 *Eberhard Kruse*, Bemerkungen zur gemeinschaftlichen Verfahrensverordnung für die Beihilfenkontrolle, NVwZ 1999, 1049, 1054.

333 EuGH, Rs. C-301/87, Frankreich/Kommission („Boussac"), Slg. 1990, I-307, 355, Rn. 14.

hätte, wenn die Verfahrensregeln von Anfang an befolgt worden wären.[334] Artikel 88 Absatz 3 EGV ist daher eine ausreichende Rechtsgrundlage für die Regelung des Artikel 11 Absatz 2 EGV.[335]

Aber auch wenn Artikel 11 Absatz 2 VerfVO demnach eine rechtlich zulässige Neuregelung trifft, bleibt die praktische Bedeutung dieser Vorschrift zweifelhaft. Denn die Kommission hatte auch schon vor dem Erlaß der Verordnung das Recht für sich reklamiert, einstweilige Rückforderungsanordnungen bei formell rechtswidrigen Beihilfen zu erlassen,[336] von diesem in der Praxis aber keinen Gebrauch gemacht.[337] Dies legt nahe, daß derartige Anordnungen der Kommission bislang nicht als erfolgversprechend erschienen sind. Hinzu kommt, daß die drei genannten materiellen Einschränkungen den potentiellen Anwendungsbereich von Rückforderungsanordnungen im Vergleich zum Verordnungsvorschlag der Kommission ganz beträchtlich eingeschränkt haben.[338] Zu diesen rechtlichen Erwägungen kommen auch tatsächliche Argumente: So ist in der Tat zweifelhaft, ob ein Mitgliedstaat, der Artikel 88 Absatz 3 Satz 3 EGV i.d.R. bewußt mißachtet hat, eine vorläufige Rückforderungsanordnung kooperativ und mit der gebotenen Eile durchführen wird. *Sinnaeve* ist deshalb zuzustimmen, daß die beabsichtigte abschreckende Wirkung der einstweiligen Rückforderung unter dem Strich gering sein dürfte.[339]

c) Das eigentliche Prüfungsverfahren, Artikel 13 VerfVO

Artikel 13 Absatz 1 VerfVO regelt das Prüfungsverfahren bei rechtswidrigen Beihilfen weitestgehend unter Verweis auf verschiedene Regelungen aus Kapitel II (Verfahren bei angemeldeten Beihilfen). Wenn die Kommission anhand der ihr vorliegenden Informationen die angeblich rechtswidrige Beihilfe überprüft hat, erläßt sie eine Entscheidung nach Artikel 4 Absatz 2 (die entsprechende Maßnahme ist gar keine Beihilfe), Absatz 3 (die Maßnahme ist eine materiell mit dem Gemeinsamen Markt vereinbare Beihilfe) oder Absatz 4 VerfVO (Eröffnung des förmlichen Prüfverfahrens). In den Fällen, in denen die Kommission das förmliche Prüfungsverfahren eröffnet, erläßt sie zu dessen Abschluß eine der in Artikel 7 VerfVO vorgesehenen Entscheidungen.[340]

Soweit ein Mitgliedstaat einer Anordnung zur Auskunftserteilung nicht Folge leistet, entscheidet die Kommission auf der Grundlage der verfügbaren Informationen, Artikel 13 Absatz 1 Satz 3 VerfVO. Dies dürfte sich für die Mitgliedstaaten im Regelfall ne-

334 *Adinda Sinnaeve*, Die neue Verfahrensverordnung in Beihilfensachen, EuZW 1999, 270, 273.
335 Diese Auffassung der Kommission und des Rates teilte auch das Europäische Parlament vgl. Änderungsvorschlag Nr. 6 der Stellungnahme des Parlaments vom 14. Januar 1999 zum Verordnungsvorschlag, ABl. 1999, C 104, S. 118; *Adinda Sinnaeve*, Die neue Verfahrensverordnung in Beihilfensachen, EuZW 1999, 270, 273.
336 Vgl. XX. Bericht über die Wettbewerbspolitik 1990, Luxemburg 1991, S. 148, Rn. 172.
337 *Adinda Sinnaeve*, Die neue Verfahrensverordnung in Beihilfensachen, EuZW 1999, 270, 273.
338 Der Vorschlag der Kommission sah in Artikel 11 Absatz 2 keinerlei Einschränkungen der Befugnis zur vorläufigen Rückforderung vor, vgl. ABl. 1998, C 116, S. 13.
339 *Adinda Sinnaeve*, Die neue Verfahrensverordnung in Beihilfensachen, EuZW 1999, 270, 273.
340 Zu den verschiedenen Entscheidungsmöglichkeiten vgl. oben Teil 1, B.I.3.d).

gativ auswirken, da der Kommission ja immer zumindest die gegen die Vertragsmäßigkeit sprechenden Informationen vorliegen werden, die das Verfahren ursprünglich ins Rollen gebracht hatten. Insofern könnte sich die Möglichkeit der Entscheidung nach Aktenlage als Anreiz für die Mitgliedstaaten erweisen, der Kommission die notwendigen Auskünfte kooperativ, vollständig und zügig zu übermitteln. Nur unvollständige oder „geschönte" Informationen zu liefern, ist für die Mitgliedstaaten ebenfalls riskant, da Artikel 13 Absatz 3 VerfVO die Vorschrift des Artikel 9 VerfVO über den Widerruf von Genehmigungsentscheidungen aller Art für entsprechend anwendbar erklärt, wenn diese auf unrichtigen oder lückenhaften Informationen beruhen.[341]

Regelungen zur Verfahrensdauer finden sich in Artikel 13 Absatz 2 VerfVO, der vorsieht, daß die Fristen des Artikel 4 Absatz 5 VerfVO für die informelle Vorprüfung und des Artikel 7 Absatz 6 und 7 VerfVO für das Hauptprüfungsverfahren bei etwaigen rechtswidrigen Beihilfen nicht gelten.[342] Die einzige Ausnahme von dieser Regelung ist die Konstellation der einstweiligen Rückforderungsanordnung, bei der gemäß Artikel 11 Absatz 2 Unterabsatz 2 VerfVO die für angemeldete Beihilfen üblichen Fristen gelten. Dies ist deshalb berechtigt, weil nach der Wiedereinziehung der rechtswidrigen Beihilfen ein dem Normalfall (d.h. der potentiellen Lage bei Einhaltung des Durchführungsverbotes) vergleichbarer Zustand besteht.[343] Es ist zumindest nicht undenkbar, daß die ausnahmsweise Geltung der üblichen Verfahrensfristen als Konsequenz der Befolgung einer einstweiligen Rückforderungsanordnung die Bereitschaft der Mitgliedstaaten und Beihilfeempfänger zu mehr Kooperation und Entscheidungstreue erhöht.[344]

In den sonstigen Fällen rechtswidriger Beihilfen, in denen die Kommission keinen Fristen unterliegt, kann die Kommission selbst entscheiden, wie sie ihre Ressourcen einteilt und in welchem zeitlichen Rahmen sie die Prüfung abschließt.[345] So ist sicherlich nicht zu beanstanden, wenn sich die Kommission ordnungsgemäß angemeldeten Beihilfen vorrangig widmet. Die dadurch möglicherweise verursachten längeren Verfahrensfristen bei rechtswidrigen Beihilfen sind ein weiterer Anreiz zur Verfahrenstreue. Zudem hat die Kommission bei rechtswidrigen Beihilfen ohnehin ein Eigeninteresse daran, mögliche Wettbewerbsverstöße so schnell wie möglich zu beseitigen, so daß sich das Problem der Verfahrensdauer weniger dringlich stellt als bei neuen Beihilfen.[346]

341 Zum Widerruf nach Artikel 9 VerfVO vgl. genauer oben Teil 1, B.I.3.f).

342 Die einzige Fristenregelung, die bei allen rechtswidrigen Beihilfen gilt, ergibt sich aus dem oben bereits erwähnten Artikel 10 Absatz 1 VerfVO, wonach die Erstinformation über angeblich rechtswidrige Beihilfen „unverzüglich" überprüft werden muß.

343 *Adinda Sinnaeve*, Die neue Verfahrensverordnung in Beihilfensachen, EuZW 1999, 270, 273 f.

344 *Adinda Sinnaeve*, Die neue Verfahrensverordnung in Beihilfensachen, EuZW 1999, 270, 274.

345 Es ist allerdings nicht auszuschließen, daß der Gerichtshof eine unangemessen lange Frist beanstanden würde, vgl. hierzu EuGH, Rs. 235/85, Rijn-Schelde-Verolme (RSV) Machinefabrieken en Scheepswerven/Kommission, Slg. 1987, 4617, 4659, Rn. 14-17.

346 *Adinda Sinnaeve*, Die neue Verfahrensverordnung in Beihilfensachen, EuZW 1999, 270, 273.

d) Rechtsfolgen der Abschlußentscheidung, insbesondere das Problem der Rückforderung materiell rechtswidriger Beihilfen, Artikel 14 und 15 VerfVO

Wie oben erwähnt, schließt die Kommission die Prüfung der Vereinbarkeit einer angeblich rechtswidrigen Beihilfe mit dem Gemeinsamen Markt mit einer Entscheidung i.S.v. Artikel 7 VerfVO ab. Falls dabei eine Negativentscheidung i.S.v. Artikel 7 Absatz 5 VerfVO ergeht, besteht im Vergleich zum Verfahren bei angemeldeten Beihilfen die Besonderheit, daß die Kommission verpflichtet ist, in dieser Entscheidung dem Mitgliedstaat vorzuschreiben, alle notwendigen Maßnahmen zur Rückforderung der Beihilfe zu ergreifen (sog. „Rückforderungsentscheidung“), Artikel 14 Absatz 1 Satz 1 VerfVO. Es handelt sich bei der Rückforderung also um eine gebundene Entscheidung. Die Kommission hat keinerlei Ermessen, ob sie eine Beihilfe zurückfordert oder nicht.[347] Der Rückforderungsbetrag umfaßt dabei gemäß Artikel 14 Absatz 2 VerfVO Zinsen, die nach einem von der Kommission festgelegten angemessenen Zinssatz berechnet werden[348] und die vom Zeitpunkt des Empfangs der Beihilfe bis zu ihrer tatsächlichen Rückzahlung anlaufen.

aa) Die Schranken der Rückforderung, Artikel 14 Absatz 1 Satz 2 VerfVO

Gemäß Artikel 14 Absatz 1 Satz 2 VerfVO muß die Rückforderung allerdings unterbleiben, wenn sie gegen einen allgemeinen Rechtsgrundsatz des Gemeinschaftsrechts verstoßen würde. Diese Regelung bringt keine inhaltliche Neuerung, sondern beinhaltet lediglich einen klarstellenden Verweis auf den ohnehin geltenden, gemeinschaftsverfassungsrechtlichen Rahmen. Aus diesem Grund wird z.T. davon gesprochen, der Verweis auf die allgemeinen Rechtsgrundsätze sei bloß deklaratorisch[349] bzw. ihm komme keine eigenständige Bedeutung zu.[350]

(1) Vertrauensschutz und Verhältnismäßigkeit

Als derartige, der Rückforderung entgegenstehende allgemeine Rechtsgrundsätze kämen in Betracht der Grundsatz des Vertrauensschutzes,[351] das Verhältnismäßigkeitsprinzip[352] sowie die absolute Unmöglichkeit, der Rückforderungsentscheidung nachzukommen. Zu den Grundsätzen des Vertrauensschutzes und der Verhältnismäßigkeit, die im zweiten

347 Zur kontrovers diskutierten Frage, ob vor Einführung der Verfahrensverordnung auch schon eine Rückforderungspflicht der Kommission bestand oder ob sie über ein Rückforderungsermessen verfügte, vgl. ausführlich *Adinda Sinnaeve*, Die Rückforderung gemeinschaftsrechtswidriger nationaler Beihilfen, Berlin 1997, S. 49 ff. m.w.N. zu Rechtsprechung und Literatur, sowie unten Teil 2, A.III.3.a).

348 Die Einzelheiten zu diesem Zinssatz können von der Kommission per Durchführungsvorschrift gemäß Artikel 27 ff. VerfVO festgelegt werden.

349 Vgl. *Bertold Bär-Bouyssière*, Neue Entwicklungen im europäischen Beihilfenrecht, in: Jürgen Schwarze (Hrsg.), Neuere Entwicklungen des europäischen Wettbewerbsrechts, Baden-Baden 1999, S. 79, 83, Fn. 12.

350 GTE-*Mederer*, Art. 93, Rn. 18

351 Vgl. dazu ausführlich unten Teil 2, A.IV.3.a).dd).

352 Vgl. dazu ausführlich unten Teil 2, B.III.2.b).

Teil dieser Arbeit detailliert und ausführlich untersucht werden, soll an dieser Stelle nur soviel gesagt werden: In keinem bislang vom Gerichtshof entschiedenen Fall ist die Rückforderung von Beihilfen an der Verhältnismäßigkeit gescheitert. Die Rückforderung einer Beihilfe wird nämlich als die logische Folge der Feststellung ihrer Rechtswidrigkeit bezeichnet und ist deshalb grundsätzlich keine Maßnahme, die außer Verhältnis zu den Zielen der Vertragsbestimmungen über staatliche Beihilfen stünde.[353] Die Berufung auf Vertrauensschutz ist ebenfalls nur in extremen Ausnahmefällen erfolgreich.[354] Insbesondere die Formel des Gerichtshofes, daß der sorgfältige Gewerbetreibende sich zu vergewissern habe, ob das in Artikel 88 EGV vorgeschriebene Verfahren bei der Gewährung einer Beihilfe beachtet wurde, um sich später auf Vertrauensschutz berufen zu können,[355] sorgt dafür, daß das Rückforderungsinteresse der Gemeinschaft sich in der Praxis immer durchsetzt und nationale Vertrauensschutzregelungen z.B. über Fristen, Wegfall der Bereicherung u.ä. nicht zum Zuge kommen.[356] Es ist nicht davon auszugehen, daß die Verfahrensverordnung dem Gerichtshof in Zukunft Anlaß gibt, diese Rechtsprechung zu ändern.

(2) Die absolute Unmöglichkeit der Rückforderung

Der allgemeine Rechtssatz, daß Unmögliches nicht geleistet werden kann, gilt auch im Gemeinschaftsrecht. Deshalb vertrat der Gerichtshof bereits vor Einführung der Verordnung in ständiger Rechtsprechung, daß ein Mitgliedstaat die Durchführung der angeordneten Rückforderung dann - aber auch nur dann - unterlassen kann, wenn diese ihm absolut unmöglich ist.[357] Der Gerichtshof hat es dabei vermieden, eine positive Definition der absoluten Unmöglichkeit zu liefern. Stattdessen laufen die in der Rechtsprechung vorliegenden Definitionsansätze letzten Endes lediglich darauf hinaus, Sicherheit gegen eine mißbräuchliche Geltendmachung von angeblichen Unmöglichkeitsgründen zu ga-

353 St. Rspr., vgl. z.B. EuGH, Rs. C-142/87, Belgien/Kommission („Tubemeuse"), Slg. 1990, I-959, 1020, Rn. 66; verb. Rs. C-278/92 bis C-280/92, Spanien/Kommission („Hytasa"), Slg. 1994, I-4103, 4169, Rn. 75; Rs. C-169/95, Spanien/Kommission („PYRSA"), Slg. 1997, I-135, 162, Rn. 47.

354 Vgl. EuGH, Rs. 235/85, Rijn-Schelde-Verolme (RSV) Machinefabrieken en Scheepswerven/Kommission, Slg. 1987, 4617, 4659, Rn. 14-17: In diesem Fall wurde die Rückforderungsentscheidung der Kommission unter Gewährung von Vertrauensschutz aufgehoben: Zum einen war die Kommission unangemessen zögerlich vorgegangen (26 Monate). Außerdem betraf die beanstandete Beihilfe einen Sektor, der von den Niederlanden mit Genehmigung der Kommission bezuschußt wurde. Bestimmungszweck der strittigen Beihilfe war es, die Mehrkosten einer anderen Maßnahme aufzufangen, die ebenfalls durch eine genehmigte Beihilfe bezuschußt worden war. All das führte dazu, daß das Unternehmen gute Gründe für die Annahme hatte, daß die Zweifel an der Rechtmäßigkeit der Beihilfe im Verlauf des Verfahrens behoben worden waren und die Maßnahme keinen weiteren Einwänden mehr begegnete.

355 Vgl. EuGH, Rs. C-5/89, Kommission/Deutschland („BUG-Alutechnik"), Slg. 1990, I-3437, 3457, Rn. 14; Rs. C-169/95, Spanien/Kommission („PYRSA"), Slg. 1997, I-135, 162, Rn. 51; Rs. C-24/95, Land Rheinland Pfalz/Alcan Deutschland („Alcan II"), Slg. 1997, I-1591, 1617, Rn. 25.

356 *Eberhard Kruse*, Bemerkungen zur gemeinschaftlichen Verfahrensverordnung für die Beihilfenkontrolle, NVwZ 1999, 1049, 1053 m.w.N.

357 EuGH, Rs. 52/84, Kommission/Belgien, Slg. 1986, 89, 104, Rn. 14; Rs. 213/85, Kommission/Niederlande, Slg. 1988, 281, 300, Rn. 22; Rs. 94/87, Kommission/Deutschland („Alcan I"), Slg. 1989, 175, 191, Rn. 8; Rs. C-183/91, Kommission/Griechenland, Slg. 1993, I-3131, 3149, Rn. 10.

rantieren. Demgemäß sind die entscheidenden Definitionen durchgehend negativ gefaßt, d.h. der Gerichtshof legt dar, wann keine Unmöglichkeit vorliegt, insbesondere welche Umstände oder Argumente nicht geeignet sind, eine absolute Unmöglichkeit zu begründen.

In verschiedenen Fällen hatten sich Mitgliedstaaten in Vertragsverletzungsverfahren der Kommission vor dem Gerichtshof auf eine absolute Unmöglichkeit der Rückforderung berufen, wobei zwischen eher technisch-administrativen bzw. faktischen Einwänden und rechtlichen Argumenten getrennt werden kann.

(1) Typische eher faktische Unmöglichkeitsargumente waren z.B., daß die Rückforderung zu ernsten wirtschafts- und währungspolitischen Schwierigkeiten in dem betreffenden Mitgliedstaat führen würde,[358] daß die Empfänger der Beihilfe sich im Falle einer Rückforderung in ernsten finanziellen Schwierigkeiten befinden würden,[359] daß die Rückforderung der Beihilfe zur Schließung des betroffenen Unternehmens und damit zu schweren sozialen Problemen führen würde,[360] daß die Rückforderung nur unter außerordentlichen administrativen Schwierigkeiten und unter unverhältnismäßigem Aufwand durchführbar sei[361] oder daß eine Rückforderung zu militanten Streiks, schweren sozialen Unruhen und Ausschreitungen und somit zu erheblichen Störungen der Versorgung und des sozialen Lebens des Mitgliedstaates führen würde.[362]

Die zentrale Definition des Gerichtshofs, die derartige Fälle weitestgehend zu lösen hilft, findet sich im Fall *Kommission/Belgien* aus dem Jahre 1986.[363] Wie eingangs erwähnt, wird auch hier nicht die absolute Unmöglichkeit definiert, sondern nur eine Art Verfahrensnorm für den Fall einer etwaigen Unmöglichkeit geliefert:

> „Ein Mitgliedstaat, der bei der Durchführung einer solchen Entscheidung **(1)**
> auf unvorhergesehene und unvorhersehbare Schwierigkeiten stößt oder **(2.a)**
> sich über Folgen, die von der Kommission nicht beabsichtigt sind, klar wird, **(2.b)**
> kann diese Probleme der Kommission zur Beurteilung vorlegen und dabei geeignete Änderungen der fraglichen Entscheidung vorschlagen. **(3)**
>
> In einem solchen Fall müssen die Kommission und der Mitgliedstaat gemäß dem Grundsatz, daß den Mitgliedstaaten und den Gemeinschaftsorganen gegenseitige Pflichten zur loyalen Zusammenarbeit obliegen, wie er namentlich dem Artikel 5 EG-Vertrag zugrundeliegt, redlich zusammenwirken, um die Schwierigkeiten unter vollständiger Beachtung der Bestimmungen des Vertrages, insbesondere derjenigen über die Beihilfen, zu überwinden. **(4)**“[364]

358 EuGH, Rs. 63/87, Kommission/Griechenland, Slg. 1988, 2875, 2890 f., Rn. 8.
359 EuGH, Rs. 63/87, Kommission/Griechenland, Slg. 1988, 2875, 2890 f., Rn. 8.
360 EuGH, Rs. 52/84, Kommission/Belgien, Slg. 1986, 89, 102, Rn. 5
361 EuGH, Rs. C-183/91, Kommission/Griechenland, Slg. 1993, I-3131, 3149, Rn. 12; Rs. C-280/95, Kommission/Italien, Slg. 1998, I-259, 275, Rn. 8.
362 EuGH, Rs. C-280/95, Kommission/Italien, Slg. 1998, I-259, 276, Rn. 11.
363 EuGH, Rs. 52/84, Kommission/Belgien, Slg. 1986, 89, 105, Rn. 16. In späteren Fällen wird diese Definition in der Regel fast wortgleich wieder aufgegriffen, vgl. Rs. 94/87, Kommission/Deutschland („Alcan I“), Slg. 1989, 175, 192, Rn. 9; Rs. C-183/91, Kommission/Griechenland, Slg. 1993, I-3131, 3151, Rn. 19.
364 Numerierung vom Verfasser eingefügt.

Die Punkte 1 und 2 sind quasi der Tatbestand der Definitionsnorm, die Punkte 3 und 4 regeln die Rechtsfolge. Vor allem Punkt 1 will dabei der wohl einfachsten Form des Mißbrauchs einen Riegel vorschieben, nämlich dem der präventiven Geltendmachung von Schwierigkeiten, bevor und ohne daß etwaige Maßnahmen zur Rückforderung bereits eingeleitet worden wären. In diese Richtung geht auch die Rechtsprechung in den Rechtssachen *Kommission/Deutschland*[365] und *Kommission/Griechenland*,[366] die eine absolute Unmöglichkeit verneint, wenn ein Mitgliedstaat „sich darauf beschränkt, der Kommission die mit der Durchführung der Entscheidung verbundenen politischen und rechtlichen Schwierigkeiten mitzuteilen, ohne irgendwelche Schritte gegenüber dem betroffenen Unternehmen zu unternehmen, um die Beihilfe zurückzufordern, und ohne der Kommission Modalitäten der Durchführung der Entscheidung vorzuschlagen, die es ermöglicht hätten, die fraglichen Schwierigkeiten zu überwinden."

Ferner ist auf die ständige Rechtsprechung zu verweisen, nach der ein Mitgliedstaat sich nicht auf Bestimmungen, Übungen oder Umstände seiner internen Rechtsordnung berufen kann, um sich der Durchführung gemeinschaftsrechtlicher Verpflichtungen zu entziehen.[367] Durch eine komplexe, intransparente Gestaltung der nationalen Beihilfegewährungsverfahren soll der Mitgliedstaat nicht quasi selbst über die faktische Möglichkeit oder Unmöglichkeit der Durchsetzung der Rückforderung dieser Beihilfe entscheiden können.[368]

All die genannten Aussagen führen im Ergebnis dazu, daß eine absolute Unmöglichkeit aufgrund von faktischen, administrativ-technischen Gründen praktisch ausgeschlossen ist. Bloße finanzielle Schwierigkeiten des begünstigten Unternehmens, mögen diese auch noch so gravierend sein, reichen ebenso wenig aus, eine Unmöglichkeit der Rückforderung zu begründen,[369] wie verwaltungstechnische,[370] soziale oder allgemein politische Schwierigkeiten des beihilfegewährenden Mitgliedstaates.[371]

Und selbst in Fällen, in denen unüberwindliche faktische Schwierigkeiten im Bereich der Verwaltung bzw. der öffentlichen Sicherheit und Ordnung nicht lediglich vorgeschoben werden, sondern nachweislich vorliegen, hat der Gerichtshof entschieden, daß die Durchführung gemeinschaftsrechtlicher Pflichten im Regelfall lediglich vorübergehend

365 EuGH, Rs. 94/87, Kommission/Deutschland („Alcan I"), Slg. 1989, 175, 192, Rn. 10.

366 EuGH, Rs. C-183/91, Kommission/Griechenland, Slg. 1993, I-3131, 3151, Rn. 20.

367 EuGH, Rs. C-142/87, Belgien/Kommission („Tubemeuse"), Slg. 1990, I-959, 1019, Rn. 61; Rs. C-5/89, Kommission/Deutschland („BUG-Alutechnik"), Slg. 1990, I-3437, 3458, Rn. 18, 19.

368 Ein instruktives Beispiel hierzu ist der Fall Kommission/Italien aus dem Jahre 1998, in dem Italien den einheimischen Güterkraftverkehrsunternehmern Beihilfen in Form komplizierter, steuerlicher Vergünstigungen zukommen ließ (sog. „atomisierte" Beihilfen), vgl. EuGH, Rs. C-280/95, Kommission/Italien, Slg. 1998, I-259, 277 ff., Rn. 18 ff.

369 EuGH, Rs. 63/87, Kommission/Griechenland, Slg. 1988, 2875, 2892, Rn. 14.

370 EuGH, Rs. 213/85, Kommission/Niederlande, Slg. 1988, 281, 300 f., Rn. 22 ff.

371 EuGH, Rs. C-280/95, Kommission/Italien, Slg. 1998, I-259, 277, Rn. 16. f.

unmöglich ist, bis die Voraussetzungen für eine normale Verwaltungstätigkeit wiederhergestellt sind.[372]

(2) Soweit Mitgliedstaaten sich zur Begründung der absoluten Unmöglichkeit der Rückforderung auf nationale *rechtliche* Eigenheiten berufen, antwortet der Gerichtshof in ständiger Rechtsprechung, daß die Rückforderung zwar grundsätzlich nach nationalem Recht stattfindet, dessen Anwendung die gemeinschaftsrechtlich vorgeschriebene Rückforderung aber nicht praktisch unmöglich machen darf.[373] Im Zusammenhang mit Konkurs- und Insolvenzvorschriften im weitesten Sinne betont der Gerichtshof, daß die Rückforderung von gemeinschaftswidrigen Beihilfen von so hoher Priorität ist, daß sie notfalls auch im Wege eines Konkursverfahrens zu erfolgen habe[374] bzw. gegenüber finanziell notleidenden Unternehmen unter Anwendung der mitgliedstaatlichen Liquidationsvorschriften für Gesellschaften durchzuführen sei.[375]

Unter dem Strich ist der Grundsatz der absoluten Unmöglichkeit praktisch ohne große Bedeutung geblieben. Die Geltendmachung faktischer Unmöglichkeitsgründe wird zwar theoretisch zugelassen, ist aber aufgrund zahlreicher Kautelen in der Rechtsprechungspraxis nie erfolgreich gewesen. Rechtliche Rückforderungshindernisse, die sich aus den Modalitäten des nationalen Rechts ergeben, werden (als nicht relevant) ausgeklammert bzw. setzen sich im Ergebnis nicht gegen das gemeinschaftliche Interesse an einer einheitlichen Rückforderungspraxis in allen Mitgliedstaaten durch. Mittlerweile ist die absolute Unmöglichkeit deshalb quasi zu einer Leerformel geworden.[376]

Artikel 14 Absatz 1 Satz 2 VerfVO wird in Zukunft als Schranke der Rückforderung nur dann eine größere Bedeutung erlangen können, wenn sich die Rechtsprechung zu Vertrauensschutz, Verhältnismäßigkeit und Unmöglichkeit inhaltlich ändert. Unter Zugrundelegung der derzeitigen Rechtsprechung ist *Sinnaeve* zuzustimmen, daß die verbleibende Frage nicht so sehr ist, „ob zurückgezahlt werden muß, sondern wann die Rückforderung stattfinden wird."[377]

372 EuGH, Rs. 101/84, Kommission/Italien, Slg. 1985, 2629, 2637, Rn. 15 f.: Der vom EuGH entschiedene Fall betraf zwar nicht die Unmöglichkeit der Rückforderung von Beihilfen, sondern die Unmöglichkeit der Erfüllung der sich aus einer Richtlinie über die statistische Erfassung des Güterkraftverkehrs ergebenden Pflichten infolge eines Attentats auf eine Regierungseinrichtung. Er ist aber auch auf Fälle der Beihilferückforderung übertragbar, in denen Mitgliedstaaten sich auf das Argument der tiefgreifenden Störung des „ordre public" bzw. auf technisch-administrative Überlastung berufen. Diese Parallele zieht auch Generalanwalt *Niall Fennelly* in seinen aufschlußreichen Schlußanträgen in der Rs. C-280/95, Kommission/Italien, Slg. 1998, I-259, 268, Tz. 19; vgl. ferner das Urteil in dieser Rechtssache, Slg. 1998, I-259, 277, Rn. 16.

373 EuGH, Rs. 94/87, Kommission/Deutschland („Alcan I"), Slg. 1989, 175, 192, Rn. 12; Rs. C-142/87, Belgien/Kommission („Tubemeuse"), Slg. 1990, I-958, 1019, Rn. 61; Rs. C-5/89, Kommission/Deutschland („BUG-Alutechnik"), Slg. 1990, I-3437, 3456, Rn. 12.

374 EuGH, verb. Rs. C-278/92 bis C-280/92, Spanien/Kommission („Hytasa"), Slg. 1994, I-4103, 4170, Rn. 80; dies ist auch die Ansicht der Kommission, vgl. Entscheidung der Kommission 87/48/EWG vom 22.10.1986, ABl. 1987, L 20, S. 30, 33. Grabitz-*von Wallenberg*, Art. 93, Rn. 76 m.w.N.

375 EuGH, Rs. 52/84, Kommission/Belgien, Slg. 1986, 89, 104 f., Rn. 14, 15.

376 *Martin J. Reufels*, Subventionskontrolle durch Private, Köln u.a. 1996, S. 76 ff., insbesondere S. 81.

377 *Adinda Sinnaeve*, Die neue Verfahrensverordnung in Beihilfensachen, EuZW 1999, 270, 274.

bb) Die sofortige Vollstreckung der Rückforderung, Artikel 14 Absatz 3 VerfVO

Artikel 14 Absatz 3 Satz 1 VerfVO bestimmt hierzu, daß die Rückforderung unverzüglich nach den Verfahren des betreffenden Mitgliedstaates[378] erfolgt, sofern hierdurch die sofortige und tatsächliche Vollstreckung der Kommissionsentscheidung ermöglicht wird.[379] In Verfahren vor nationalen Gerichten muß der betreffende Mitgliedstaat unbeschadet des Gemeinschaftsrechts alle in seiner jeweiligen Rechtsordnung verfügbaren erforderlichen Maßnahmen einschließlich vorläufiger Maßnahmen ergreifen (Artikel 14 Absatz 3 Satz 2 VerfVO).

Diese Regelung ersetzt die im ursprünglichen Kommissionsvorschlag vorgesehene, auf den ersten Blick noch deutlich weitergehende Fassung des Artikel 14 Absatz 3 Satz 2 VerfVO-Vorschlag, wonach innerstaatliche Rechtsmittel keine aufschiebende Wirkung haben sollten.[380] Die heutige Fassung wurde letztlich u.a. deshalb vorgezogen, weil Artikel 89 EGV von Rat und Parlament nicht als ausreichende Rechtsgrundlage für die in der Beseitigung der aufschiebenden Wirkung nationaler Rechtsmittel liegende Harmonisierung erachtet wurde.[381]

Auch die jetzige Regelung dürfte aber im Ergebnis dazu führen, daß die verschiedenen Rechtsmittel des Beihilfebegünstigten gegen die Rückforderung in Zukunft keinen Suspensiveffekt haben werden. Auf der gemeinschaftsrechtlichen Ebene, d.h. bei Nichtigkeitsklagen des Begünstigten gegen die Negativentscheidung der Kommission, bestimmt Artikel 242 Satz 1 EGV, daß Klagen vor dem Gerichtshof grundsätzlich keine aufschiebende Wirkung haben. Die Möglichkeit, die Durchführung der angefochtenen Handlung gemäß Artikel 242 Satz 2 EGV auszusetzen,[382] wird in der Praxis eher selten wahrge-

378 Die getroffene Regelung kodifiziert insofern lediglich die bereits bislang bestehende Rechtslage, indem sie es bei der grundsätzlichen Anwendbarkeit der nationalen Verfahrensregeln beläßt und keine eigenen inhaltlichen gemeinschaftlichen Rückforderungsregeln schafft, vgl. *Adinda Sinnaeve*, Der Kommissionsvorschlag zu einer Verfahrensverordnung für die Beihilfenkontrolle, EuZW 1998, 268, 271. Zur Frage, ob dies auch in Zukunft eine befriedigende Lösung darstellt, vgl. *Adinda Sinnaeve*, Die Rückforderung gemeinschaftsrechtswidriger nationaler Beihilfen, Berlin 1997, S. 260 ff., sowie unten Teil 2, A.IV.3.b) (Vertrauensschutz) und Teil 2, B.II.2 (Subsidiarität).

379 Diese Formulierung beinhaltet dagegen u.U. eine gewisse Akzentverschiebung insofern, als das nationale Recht die Rückforderung nunmehr „ermöglichen" muß und nicht mehr nur wie bisher nicht „verunmöglichen" darf, vgl. hierzu *Adinda Sinnaeve*, Der Kommissionsvorschlag zu einer Verfahrensverordnung für die Beihilfenkontrolle, EuZW 1998, 268, 271.

380 ABl. 1998, C 116, S. 13. Zu den Gründen, die für die ursprünglich geplante Version des Artikel 14 Absatz 3 Satz 2 VerfVO und den Wegfall der aufschiebenden Wirkung nationaler Rechtsmittel gegen die Rückforderung sprechen, vgl. ausführlich *Adinda Sinnaeve*, Der Kommissionsvorschlag zu einer Verfahrensverordnung für die Beihilfenkontrolle, EuZW 1998, 268, 271.

381 Vgl. *Adinda Sinnaeve*, Die neue Verfahrensverordnung in Beihilfensachen, EuZW 1999, 270, 274; sowie Änderungsvorschlag Nr. 9 der Stellungnahme des Parlaments vom 14. Januar 1999 zum Kommissionsvorschlag, ABl. 1999, C 104, S. 118. Vgl. außerdem unten Teil 2, B.III.2.a) und Teil 2, B.V.2.

382 Allgemein zu den Voraussetzungen der Aussetzung gemäß Artikel 242 Satz 2 EGV, *Klaus Stern*, Die Einwirkung des europäischen Gemeinschaftsrechts auf die Verwaltungsgerichtsbarkeit, JuS 1998, 769, 775; *Bertrand Wägenbaur*, Die jüngere Rechtsprechung der Gemeinschaftsgerichte im Bereich des vorläufigen Rechtsschutzes, EuZW 1996, 327 ff.

nommen und kommt bei einer Klage des Beihilfebegünstigten gegen die die Rückforderung anordnende Kommissionsentscheidung kaum in Betracht. Die Rückforderungsentscheidung ist damit regelmäßig sofort vollziehbar.[383]

Der Suspensiveffekt der vom Begünstigten parallel oder isoliert vor nationalen Verwaltungs- oder Zivilgerichten eingelegten Rechtsmittel gegen die nationale Umsetzung der Rückforderungsentscheidung der Kommission ist dagegen von Mitgliedstaat zu Mitgliedstaat unterschiedlich geregelt, was zu stark divergierenden Rückforderungszeiträumen führen kann, die dem Ziel der Herstellung einheitlicher Wettbewerbsverhältnisse im Gemeinsamen Markt gegenläufig sind.[384]

Auch wenn nun Artikel 14 Absatz 3 VerfVO die aufschiebende Wirkung nationaler Rechtsmittel nicht ausdrücklich beseitigt, verpflichtet er die Mitgliedstaaten doch, unter Ausschöpfung aller ihnen zur Verfügung stehenden Mittel die sofortige Vollziehung der Rückforderungsentscheidung der Kommission zu bewirken. Wenn ein Mitgliedstaat in Zukunft die Kommissionsentscheidung wegen aufschiebender Wirkung nicht unverzüglich umsetzt, ist denkbar, daß die Kommission ihn wegen Vertragsverletzung vor dem Gerichtshof verklagen wird. Die bisherige Rechtsprechung des Gerichtshofes läßt vermuten, daß dieser in einem solchen Fall zugunsten der Kommission entscheiden würde, daß eine nationale Bestimmung zur aufschiebenden Wirkung bei der Rückforderung von Beihilfen keine Anwendung finden darf, weil sie die von der Verordnung vorgeschriebene sofortige Vollstreckung der Entscheidung unmöglich macht und daher gegen das Gemeinschaftsrecht verstößt.[385]

Inhaltlich ist Artikel 14 Absatz 3 Satz 2 VerfVO also keineswegs bahnbrechend: Wohl zu Recht sieht *Kruse* in der Regelung nicht „das Betreten rechtlichen Neulandes, sondern nur die (deklaratorische) Konkretisierung des geltenden Rechtszustandes auf die Verwaltungsakte, die beihilferechtliche Rückforderungsentscheidungen der Kommission umsetzen."[386] Der Gerichtshof hat nämlich den Konflikt zwischen der im deutschen Recht normalerweise eintretenden aufschiebenden Wirkung von Widerspruch und Anfechtungsklage (§ 80 Absatz 1 VwGO) und dem Interesse der Gemeinschaft an einer wirksamen Durchsetzung des Gemeinschaftsrechts und an einheitlichen Marktbedingungen in allen Mitgliedstaaten bereits 1990 unter Bevorzugung der letztgenannten Grundsätze geregelt. In der Rechtssache „*Tafelwein*" entschied er für das Gebiet der Gemeinsamen Marktor-

383 Vgl. hierzu *Eberhard Kruse*, Bemerkungen zur gemeinschaftlichen Verfahrensverordnung für die Beihilfekontrolle, NVwZ 1999, 1049, 1054.

384 *Eberhard Kruse*, Bemerkungen zur gemeinschaftlichen Verfahrensverordnung für die Beihilfekontrolle, NVwZ 1999, 1049, 1054.

385 So auch *Adinda Sinnaeve*, Die neue Verfahrensverordnung in Beihilfensachen, EuZW 1999, 270, 274: „Auf diese Weise könnte die Kommission gegebenenfalls über ein EuGH-Urteil doch das von ihr beabsichtigte Ergebnis erreichen. Obwohl eine klare Vorschrift zweifellos besser und leichter von nationalen Richtern anzuwenden gewesen wäre, sind die Folgen der Streichung des umstrittenen Satzes deshalb doch beschränkter, als es auf den ersten Blick scheint."

386 *Eberhard Kruse*, Bemerkungen zur gemeinschaftlichen Verfahrensverordnung für die Beihilfekontrolle, NVwZ 1999, 1049, 1054.

ganisation für Wein, daß die deutschen Behörden aufgrund von Artikel 10 EGV verpflichtet seien, Verwaltungsakte, die der Durchsetzung von gemeinschaftsrechtlichen Verpflichtungen dienen, für sofort vollziehbar zu erklären.[387] Genau diese Verpflichtung überträgt die Verordnung jetzt ausdrücklich auf die Rückforderung von rechtswidrigen Beihilfen.

Mit Blick auf das deutsche Recht ist Artikel 14 Absatz 3 Satz 2 VerfVO dahingehend auszulegen, daß die mit der Rückforderung betraute nationale Behörde gehalten ist, ihren Rückforderungsbescheid gemäß § 80 Absatz 2 Nr. 4 VwGO für sofort vollziehbar zu erklären und Anträgen des Begünstigten auf Wiederherstellung der aufschiebenden Wirkung vor dem Verwaltungsgericht entgegenzutreten.[388] Ferner ist das Verwaltungsgericht daran gehindert, die aufschiebende Wirkung der Klage eines Begünstigten gemäß § 80 Absatz 5 VwGO ohne weiteres wiederherzustellen.[389]

Wie sich Artikel 14 Absatz 3 Satz 2 VerfVO dagegen bei Beihilfen auswirkt, die vollständig im Rahmen zivilrechtlicher Beziehungen und Handlungsformen abgewickelt werden und deshalb auf dem Zivilrechtsweg zurückgefordert werden müssen, ist momentan noch nicht klar abzusehen und sprengt den Rahmen der hier möglichen Darstellung. Fraglich ist vor allem, ob und inwieweit von einstweiligen Verfügungen gemäß §§ 935, 940 ZPO Gebrauch gemacht werden muß, um die vorgeschriebene sofortige und tatsächliche Vollstreckung der Kommissionsentscheidung zu ermöglichen.

Ebenfalls nur am Rande erwähnt werden soll, daß die Regelung des Artikel 14 Absatz 3 Satz 2 VerfVO z.T. als etwas unklar kritisiert wird,[390] weil einerseits von allen in der jeweiligen *nationalen* Rechtsordnung verfügbaren Schritten einschließlich einstweiliger Maßnahmen die Rede ist, andererseits der etwas widersprüchliche Zusatz „unbeschadet des Gemeinschaftsrechts" verwendet wird, der auf möglicherweise weitergehende, über die nationalen Vorschriften hinausreichende Verpflichtungen hinzudeuten scheint. Die konkrete Bedeutung dieser Facette des gefundenen Kompromißtextes ist momentan in der Tat nur schwer einzuschätzen.[391]

387 EuGH, Rs. C-217/88, Kommission/Deutschland („Tafelwein"), Slg. 1990, I-2879, 2905, Rn. 25; zu den Folgen dieser Rechtsprechung für das deutsche Verwaltungs- bzw. Verwaltungsprozeßrecht vgl. *Jürgen Schwarze*, Deutscher Landesbericht, in: ders. (Hrsg.), Das Verwaltungsrecht unter Europäischem Einfluß, Baden Baden 1996, S. 123, 186 ff.; *Martin J. Reufels*, Subventionskontrolle durch Private, Köln u.a. 1996, S. 165 ff.; *Martin Pagenkopf*, Zum Einfluß des Gemeinschaftsrechts auf nationales Wirtschaftsverwaltungsrecht, NVwZ 1993, 217, 220 f.

388 So übereinstimmend *Eberhard Kruse*, Bemerkungen zur gemeinschaftlichen Verfahrensverordnung für die Beihilfekontrolle, NVwZ 1999, 1049, 1054 f.; *Adinda Sinnaeve*, Die neue Verfahrensverordnung in Beihilfensachen, EuZW 1999, 270, 274.

389 *Eberhard Kruse*, Bemerkungen zur gemeinschaftlichen Verfahrensverordnung für die Beihilfekontrolle, NVwZ 1999, 1049, 1055.

390 *Adinda Sinnaeve*, Die neue Verfahrensverordnung in Beihilfensachen, EuZW 1999, 270, 274.

391 So auch *Adinda Sinnaeve*, Die neue Verfahrensverordnung in Beihilfensachen, EuZW 1999, 270, 274.

cc) Die Befristung der Rückforderungsbefugnis der Kommission, Artikel 15 VerfVO

Eine echte inhaltliche Neuerung stellt die Befristung der Rückforderungsbefugnis der Kommission dar. Vor allem die Mitgliedstaaten, aber auch das Parlament[392] und der Wirtschafts- und Sozialausschuß,[393] hatten sich im Interesse der Schaffung von Rechtssicherheit für eine solche Ausschlußfrist stark gemacht.[394] Artikel 15 Absatz 1 VerfVO legt in Abweichung vom ursprünglichen Kommissionsvorschlag fest, daß eine Rückforderung von Beihilfen nur innerhalb von zehn Jahren zulässig ist, wobei diese Frist ab dem Zeitpunkt zu laufen beginnt, an dem die rechtswidrige Beihilfe dem Begünstigten entweder als Einzelbeihilfe oder als Maßnahme im Rahmen einer Beihilferegelung gewährt wird (Artikel 15 Absatz 2 Satz 2 VerfVO). Jede Maßnahme der Kommission oder eines Mitgliedstaates im Zusammenhang mit der rechtswidrigen Beihilfe (z.B. Maßnahmen im Rahmen der vorläufigen Prüfung, Auskunftsersuchen o.ä.) unterbricht die Zehn-Jahres-Frist und zieht den Neubeginn der Frist nach sich (Artikel 15 Absatz 2 Sätze 3 und 4 VerfVO). Sobald die Frist abläuft, gilt die entsprechende Beihilfe als bestehende Beihilfe (Artikel 15 Absatz 3 i.V.m. Artikel 1 lit. b) Unterfall iv) VerfVO).

Die praktische Bedeutung dieser Ausschlußfrist dürfte allerdings eher gering sein. Die doch verhältnismäßig lange Dauer der Frist wird im Zusammenspiel mit der Unterbrechungsmöglichkeit und dem durch die Unterbrechung bedingten Neubeginn der Frist dazu führen, daß eine Verjährung nur in seltenen Ausnahmefällen eintreten wird. Zu denken ist v.a. an vereinzelte Altfälle aus der Zeit, bevor die Kommission ihre Überwachungstätigkeit Anfang der achtziger Jahre systematisierte.[395] Die Tatsache, daß eine materiell vertragswidrige Beihilfe der Kommission über zehn Jahre lang unbekannt bleibt und sich kein Konkurrent je beschwert, spricht zudem dafür, daß derartige Fälle von eher geringer Bedeutung sind.

Bei heutzutage neu eingeführten rechtswidrigen Beihilfen ist dagegen angesichts des ständig steigenden Interesses an Beihilfefällen in den Medien, der verstärkten Partizipation Privater und der sorgfältigen Kontrolltätigkeit i.V.m. der Prüfungspflicht der Kommission (vgl. Artikel 10 Absatz 1 VerfVO) kaum davon auszugehen, daß es zu Fällen einer zehnjährigen Untätigkeit kommen wird.[396]

392 Vgl. Änderungsvorschlag Nr. 10 der Stellungnahme des Parlaments vom 14. Januar 1999 zum Kommissionsvorschlag, ABl. 1999, C 104, S. 118.

393 Vgl. Punkt 4.10.2 der Stellungnahme des Wirtschafts- und Sozialausschusses zum Verordnungsvorschlag der Kommission, ABl. 1998, C 284, S. 10.

394 Vgl. hierzu auch *Adinda Sinnaeve*, Die neue Verfahrensverordnung in Beihilfensachen, EuZW 1999, 270, 274.

395 Vgl. oben den historischen Überblick in Teil 1, B.II.1.

396 Zur weitergehenden Frage, ob v.a. bei Maßnahmen im Rahmen von langfristig angelegten Beihilferegelungen für den Beginn der Verjährung anstatt auf den Zeitpunkt der Gewährung jeder Einzelzahlung nicht besser auf den Zeitpunkt der erstmaligen Einführung der (Rahmen-)Beihilferegelung hätte abgestellt werden sollen, vgl. die ausführliche Kritik bei *Adinda Sinnaeve*, Die neue Verfahrensverordnung in Beihilfensachen, EuZW 1999, 270, 274 f.

3. *Gesamtbewertung der neuen Regelung bezüglich rechtswidriger Beihilfen*

Insgesamt kodifiziert die Verordnung in ihrem Kapitel III in weiten Bereichen lediglich die sich aus der bisherigen Gerichts- und Kommissionspraxis ergebenden Lösungen. In den Konstellationen, in denen es vor Einführung der Verfahrensverordnung Unklarheiten aufgrund der Abweichung der Kommissionspraxis von den gerichtlichen Vorgaben gab, schafft die neue Regelung Klarheit und damit mehr Rechtssicherheit für alle Beteiligten. Eine generelle Bevorzugung der Positionen entweder des Gerichtshofs oder der Kommission ist dabei nicht auszumachen.

Neben diesen Klarstellungen und der Konzentration auf das Bewährte schafft die Verordnung einige auffällige Neuerungen, die teilweise auf das Bestreben der Kommission, ihre Befugnisse auszuweiten (z.B. die Möglichkeit der einstweiligen Rückforderung lediglich formell rechtswidriger Beihilfen), teilweise auf das Bestreben der Mitgliedstaaten, diese Befugnisse einzugrenzen (z.B. die Verjährungsfrist der Rückforderungsbefugnis der Kommission) zurückzuführen sind. Die praktischen Auswirkungen der meisten dieser Neuerungen sind allerdings bei genauerer Betrachtung regelmäßig weniger weitreichend als es auf den ersten Blick erscheinen mag. Das Kapitel über die rechtswidrigen Beihilfen ist unter dem Strich deshalb auch eher eine konsequente und doch vorsichtige Weiterentwicklung des bisherigen Standes als ein radikaler Neuanfang. Oder, um es mit den Worten von *Keppenne* auszudrücken, eindeutig „évolution“ nicht „révolution“.[397]

III. Das Verfahren bei mißbräuchlicher Anwendung von Beihilfen, Artikel 88 Absatz 2 EGV, Artikel 16 VerfVO

Das Verfahren bei mißbräuchlicher Anwendung von Beihilfen ist sowohl im Vertrag als auch in der Verfahrensverordnung eher knapp geregelt. Seine Bedeutung ist im Vergleich zu den Verfahrenskonstellationen der Anmeldung neuer Beihilfen (Kapitel II) und der Einführung rechtswidriger Beihilfen (Kapitel III) gering. Der Vertrag selbst sieht in Artikel 88 Absatz 2 EGV lediglich vor, daß mißbräuchlich angewandte Beihilfen aufzuheben oder umzugestalten sind. Die Verordnung definiert den Begriff der „mißbräuchlichen Anwendung von Beihilfen“ in Artikel 1 lit. g) VerfVO und regelt das entsprechende Verfahren in einer einzigen Bestimmung, Artikel 16 VerfVO, die lediglich auf die entsprechend anwendbaren Vorschriften aus den Kapiteln II und III verweist.

Eine Beihilfe wird dann mißbräuchlich i.S.v. Artikel 1 lit. g) VerfVO angewendet, wenn der Empfänger der Beihilfe diese unter Verstoß gegen eine Genehmigungsentscheidung der Kommission gemäß Artikel 4 Absatz 3 (Vereinbarkeitsentscheidung im vorläufigen

397 Vgl. den Titel des Aufsatzes von *Jean-Paul Keppenne*, (R)évolution dans le système communautaire de contrôle des aides d'Etat, Revue du Marché Unique Européen 1998, 125 ff. Inhaltlich gelangt *Keppenne* allerdings zu dem Schluß, daß die Regelungsoffensive von Rat und Kommission (in erster Linie sind gemeint die VerfVO und die Gruppenfreistellungsrahmenverordnung, aber auch die neuen Leitlinien für Regionalbeihilfen) derzeit noch nicht abschließend zu bewerten sei, d.h. die dem Titel immanente Frage bleibt unbeantwortet (aaO., 126 und 155).

Prüfungsverfahren), Artikel 7 Absatz 3 (Positiventscheidung im förmlichen Prüfungsverfahren) oder Absatz 4 VerfVO (mit Bedingungen und Auflagen verbundene Positiventscheidung) verwendet.

Ist dies der Fall bzw. hat die Kommission den Verdacht der mißbräuchlichen Anwendung,[398] so eröffnet sie das förmliche Prüfungsverfahren gemäß Artikel 16 i.V.m. Artikel 4 Absatz 4 VerfVO.[399] In diesem sind die Vorschriften der Artikel 6 und 7 VerfVO über das förmliche Hauptprüfungsverfahren und dessen Abschluß durch Kommissionsentscheidung ebenso entsprechend anwendbar wie die Vorschriften über den Widerruf einer Entscheidung (Artikel 9 VerfVO), die Informationsbeschaffung durch die Kommission (Artikel 10 VerfVO), die Aussetzungsanordnung (Artikel 11 Absatz 1 VerfVO), die Nichtbefolgung einer solchen Anordnung (Artikel 12 VerfVO), die verschiedenen Abschlußentscheidungen der Kommission (Artikel 13 VerfVO) und die abschließende Rückforderung von Beihilfen und deren Verjährung (Artikel 14, 15 VerfVO) für den Fall der Feststellung eines Mißbrauchs. Das Verfahren ähnelt also weitestgehend dem Verfahren bei rechtswidrigen, d.h. unter Verstoß gegen Artikel 88 Absatz 3 EGV ausgezahlten Beihilfen.[400]

Einziger Unterschied ist, daß die Vorschrift über die vorläufige Rückforderung von Beihilfen (Artikel 11 Absatz 2 VerfVO) *nicht* entsprechend anwendbar ist. Dies ist deshalb berechtigt, weil die vorläufige Rückforderung bei rechtswidrigen Beihilfen wie oben gesehen[401] eine Art Kompensation für die Nichtbeachtung des Durchführungsverbots i.S.v. Artikel 88 Absatz 3 EGV, Artikel 3 VerfVO darstellt. Eine vergleichbare Situation besteht bei der mißbräuchlichen Anwendung von Beihilfen aber nicht. Es liegt vielmehr per definitionem eine die Maßnahme legitimierende Kommissionsentscheidung vor. Der etwaige Verstoß des Mitgliedstaates geht dieser Entscheidung zeitlich nach. Bis zur abschließenden Feststellung des Verstoßes und damit des Mißbrauchs besteht eine Vermutung für eine rechtmäßige Beihilfe. Dem Interesse der Kommission daran, eine Verschlimmerung der Situation zu verhindern, indem der Begünstigte keine weiteren Vorteile erlangt, wird durch die Möglichkeit der Aussetzungsanordnung gemäß Artikel 16 i.V.m. Artikel 11 Absatz 1 VerfVO ausreichend Genüge getan.

398 Vgl. hierzu *Adinda Sinnaeve*, Der Kommissionsvorschlag zu einer Verfahrensverordnung für die Beihilfenkontrolle, EuZW 1998, 268, 271.

399 Für den Fall, daß der mögliche mitgliedstaatliche Verstoß in der Nichtbeachtung einer mit Auflagen oder Bedingungen versehenen Entscheidung der Kommission (Artikel 7 Absatz 4 VerfVO) besteht, kann die Kommission neben der Eröffnung des Hauptprüfungsverfahrens auch noch unmittelbar den Gerichtshof wegen Vertragsverletzung anrufen, Artikel 23 Absatz 1 VerfVO i.V.m. Artikel 88 Absatz 2 Unterabsatz 2 EGV. Artikel 16 gilt explizit unbeschadet Artikel 23 VerfVO.

400 Was die Details der entsprechend anwendbaren Vorschriften anbelangt, ist insofern auf die jeweiligen Abschnitte oben (Teil 1, B.II.2 und B.I.3) zu verweisen.

401 Vgl. oben Teil 1, B.II.2.b).

IV. Die Kontrolle bestehender Beihilferegelungen, Artikel 88 Absatz 1 und 2 EGV, Artikel 17-19 VerfVO

1. Der Begriff der bestehenden Beihilfe, Artikel 1 lit. b) VerfVO

Artikel 88 Absatz 1 EGV verpflichtet die Kommission dazu, sämtliche bestehenden Beihilferegelungen permanent im Auge zu behalten und fortlaufend auf ihre Vereinbarkeit mit dem Gemeinsamen Markt zu überprüfen. Die Kommission fällt also nicht nur eine einmalige Entscheidung bei der Einführung einer Beihilfe, sondern garantiert vielmehr, daß die Rechtmäßigkeit längerfristig angelegter, kontinuierlich gewährter Beihilferegelungen auch im Wandel der Zeit gewährleistet ist.

Diese Aufgabe erfüllt die Kommission in einem multilateralen Verfahren,[402] in dem sie in der Praxis zwar in erster Linie mit dem die Beihilfe gewährenden Mitgliedstaat eng zusammenarbeitet, an dem u.U. aber auch andere Mitgliedstaaten, das begünstigte Unternehmen sowie gegebenenfalls dessen von der Maßnahme betroffene Konkurrenten beteiligt werden, da auch diese vom Fortbestehen einer Beihilferegelung betroffen sein können.[403]

Der Begriff der bestehenden Beihilfe wird nunmehr in Artikel 1 lit. b) VerfVO in fünf verschiedenen Unterkategorien definiert. Der erste Unterfall betrifft diejenigen Einzelbeihilfen und Beihilferegelungen,[404] die im jeweiligen Mitgliedstaat bereits vor Inkrafttreten des Vertrages eingeführt worden waren und auch nach dem Inkrafttreten noch anwendbar sind (sog. bestehende Altbeihilfen).[405] Daneben sind alle diejenigen Beihilfen erfaßt, die im späteren Verlauf der Zeit rechtmäßig, d.h. unter Beachtung aller in Artikel 88 EGV normierten Verfahrenserfordernisse, eingeführt oder geändert worden sind und von der Kommission (bzw. dem Rat) genehmigt wurden (sog. bestehende Neubeihilfen).

Der dritte Unterfall betrifft Beihilfen, die die Mitgliedstaaten ordnungsgemäß im Rahmen des Verfahrens nach Artikel 88 Absatz 3 EGV notifiziert haben und die in der Folgezeit als genehmigt gelten, weil die Kommission sich im informellen Vorprüfungsverfahren verschweigt. Vor Einführung der VerfVO wurde diese Genehmigungsfiktion schon dann ausgelöst, wenn die Kommission trotz ordnungsgemäßer Notifizierung durch den Mitgliedstaat nach Ablauf von zwei Monaten keinerlei Reaktion zeigte und sich

402 Grabitz-*von Wallenberg*, Art. 93, Rn. 3.

403 Vgl. genauer die Definition der „Beteiligten" in Artikel 1 lit. h) VerfVO.

404 Die beiden Begriffe „Beihilferegelung" und „Einzelbeihilfe" werden ihrerseits in Artikel 1 lit. d) und e) VerfVO näher definiert.

405 Stichtag für die sechs Gründungsmitglieder der EWG ist also genaugenommen der 1.1.1958, GTE-*Mederer*, Art. 93, Rn. 28; Grabitz-*von Wallenberg*, Art. 92, Rn. 4 unter Berufung auf EuGH, Rs. C-44/93, Namurs-les-assurances du crédit/Office National u. Belgien, Slg. 1994, I-3829, 3874, Rn. 28 ff. Für die anderen Staaten ist grundsätzlich der Zeitpunkt ihres Beitritts Anknüpfungspunkt. Allerdings gelten für Finnland, Schweden und Österreich gemäß Artikel 172 des Beitrittsvertrages Sonderregeln, d.h. der relevante Zeitpunkt wurde auf den Zeitpunkt des Inkrafttretens des EWR-Abkommens vorverlegt. Für die neuen deutschen Bundesländer ist der 3.10.1990 der Stichtag.

auch auf eine nachfolgende Anzeige des Mitgliedstaates, er werde die Beihilfe deshalb jetzt einführen, verschwieg.[406] Mit Einführung der VerfVO sind die Voraussetzungen der Genehmigungsfiktion aufgrund von Fristablauf verschärft worden.[407] Neuerdings bestimmt Artikel 4 Absatz 6 VerfVO nämlich, daß die Kommission nach Ablauf der zweimonatigen „Lorenz-Frist" und im Anschluß an die Anzeige des Mitgliedstaates, er werde die Beihilfe deshalb jetzt einführen, eine erneute Frist von 15 Arbeitstagen hat, doch noch eine Entscheidung über die Beihilfe zu treffen (in aller Regel wird dies die Entscheidung gemäß Artikel 4 Absatz 4 VerfVO sein, das förmliche Prüfverfahren nach Artikel 88 Absatz 2 EGV zu eröffnen). Artikel 1 lit. b) Unterfall iii) VerfVO umfaßt beide Varianten der Genehmigungsfiktion. Entscheidend für die Differenzierung ist der jeweilige zeitliche Anknüpfungspunkt der zu beurteilenden Fälle.

Die vierte Kategorie bestehender Beihilfen beruht auf einer Genehmigungsfiktion aufgrund von Verjährung gemäß Artikel 15 VerfVO. Artikel 15 Absatz 1 VerfVO unterwirft die Rückforderung von vertragswidrigen Beihilfen einer Frist von zehn Jahren. Bei Ablauf dieser Frist[408] gilt eine an sich rechtswidrige Beihilfe als von nun an bestehende Beihilfe (Artikel 15 Absatz 3 VerfVO), die nur noch Gegenstand des Verfahrens der fortlaufenden Prüfung von Beihilfen gemäß Artikel 88 Absatz 1 EGV sein kann.

Schließlich gilt eine Beihilfe gemäß Artikel 1 lit. b) Unterfall v) VerfVO auch dann als bestehende Beihilfe, wenn sie im Zeitpunkt ihrer Einführung nachweislich keine Beihilfe war und erst später im Zuge der Weiterentwicklung des Gemeinsamen Marktes den Charakter einer Beihilfe angenommen hat, ohne daß der Mitgliedstaat die Maßnahme in irgendeiner Form geändert hat. Ausnahmen von dieser Grundregel bestehen allerdings für den Fall der Liberalisierung einer Tätigkeit durch gemeinschaftliche Rechtsvorschriften.[409]

Bereits aus dieser Begriffsdefinition der bestehenden Beihilfe in Verbindung mit dem Auftrag einer kontinuierlichen, dynamischen Kontrolle durch die Kommission ergibt sich, daß der Umfang der zu bewältigenden Kontrolltätigkeit tendenziell permanent ansteigt.[410] Insofern dürfte die Kommission auch in Zukunft auf die durch Artikel 88 Ab-

406 EuGH, Rs. 120/73, Gebr. Lorenz GmbH/Deutschland, Slg. 1973, 1471, 1482, Rn. 6; Rs. C-312/90, Kommission/Spanien, Slg. 1992, I-4117, 4142, Rn. 18; Grabitz-*von Wallenberg*, Art. 93, Rn. 4, 58, 62, 67.

407 Vgl. hierzu kritisch *Adinda Sinnaeve*, Der Kommissionsvorschlag zu einer Verfahrensverordnung für die Beihilfenkontrolle, EuZW 1998, 268, 269 f.; *Eberhard Kruse*, Bemerkungen zur gemeinschaftlichen Verfahrensverordnung für die Beihilfekontrolle, NVwZ 1999, 1049, 1052.

408 Was den Fristbeginn, den Ablauf sowie etwaige Unterbrechungen der Frist anbetrifft, vgl. Artikel 15 Absatz 2 VerfVO.

409 Vgl. hierzu näher GTE-*Mederer*, Art. 93, Rn. 29.

410 Dabei ist allerdings zu berücksichtigen, daß die fortlaufende Überprüfung einmal genehmigter, bestehender Beihilferegelungen in den allermeisten Fällen keinen Anlaß bietet, die ursprüngliche Bewertung der Vereinbarkeit mit dem Vertrag im Verlauf der Zeit zu ändern. In derartigen Fällen ist der Aufwand der Kommission gering. In der Praxis kommt es selten zu aufwendigeren Verfahren: So betrug der Anteil der zweckdienlichen Abänderungsvorschläge gemäß Artikel 88 Absatz 1 EGV an der Gesamtheit der beihilferechtlichen Entscheidungen der Kommission im Jahr 1997 nur 0.7 %.

satz 1 EGV vorgeschriebene Zusammenarbeit der Mitgliedstaaten angewiesen sein. Kehrseite dieser Pflicht der Mitgliedstaaten zur kooperativen Zusammenarbeit ist dabei das Beteiligungsrecht am Verfahren.[411] Alle Teilnehmer am Prüfungsverfahren des Artikel 88 EGV sollen in einem auf gegenseitige Information und Hilfestellung angelegten Verzahnungsgefüge dafür Sorge tragen, daß die vielschichtigen und raschen Veränderungen unterworfenen wirtschaftlichen und sozialen Gegebenheiten, die längerfristig gewährten Beihilfen zugrunde liegen, in der fortlaufenden Kontrolle angemessen berücksichtigt werden, wobei alleinige Herrin des Verfahrens die Kommission bleibt.[412]

Dabei sollte allerdings nicht außer Acht gelassen werden, daß in der Praxis die Interessen der Kommission und der Mitgliedstaaten eben gerade nicht immer gleichläufig sind. Vielmehr versuchen die Mitgliedstaaten häufig, die eigenen, nationalen Interessen, die dem Interesse der Kommission an einem funktionierenden, freien Wettbewerb im Gemeinsamen Markt durchaus entgegenstehen können, durchzusetzen.[413] Hierin liegt sicherlich einer der Gründe für die gelegentlich eher zögerlich erfolgende und nur lückenhafte Aufklärung der Mitgliedstaaten über ihre Beihilferegelungen und die zahlreichen sonstigen Fälle, in denen die Mitgliedstaaten entweder genehmigte Beihilferegelungen mißbräuchlich anwenden[414] oder sich von vornherein nicht an das in Artikel 88 EGV vorgesehene Verfahren über die Notifizierung neuer Beihilfen halten.[415]

2. *Das Prüfungsverfahren gemäß Artikel 88 Absatz 1 und 2 EGV im einzelnen*

Das Verfahren der fortlaufenden Überprüfung bestehender Beihilferegelungen[416] erfolgt in regelmäßigen Abständen, wobei der zwischen den einzelnen, erneuten Prüfungen derselben fortbestehenden Maßnahme liegende Zeitraum von den Umständen des Einzelfalles abhängt und im pflichtgemäßen Ermessen der Kommission steht.[417] Daraus folgt, daß das Verfahren der fortlaufenden Kontrolle in den allermeisten Fällen von der Kommis-

Gerade einmal 6 der insgesamt 857 beihilferechtlichen Entscheidungen waren zweckdienliche Maßnahmen, XXVII. Bericht über die Wettbewerbspolitik 1997, Luxemburg 1998, S. 403, Tabelle 4; GTE-*Mederer*, Art. 93, Rn. 7.

411 GTE-*Mederer*, Art. 93, Rn. 31 f.; sowie ausführlicher GTE-*Wenig*, 4. Aufl., Art 93, Rn. 6-8.

412 Vgl. EuGH, Rs. 78/76, Firma Steinike und Weinlig/Deutschland, Slg. 1977, 595, 610, Rn. 9.

413 Vgl. hierzu z.B. *Adinda Sinnaeve*, Die Rückforderung gemeinschaftsrechtswidriger Beihilfen, Berlin 1997, S. 16; *Claus-Dieter Ehlermann*, Les entreprises publiques et le contrôle des aides d'État, RMC 1992, 613, 616.

414 Vgl dazu oben Teil 1, B.III.

415 Vgl. dazu oben Teil 1, B.II.

416 Während Artikel 1 lit. b) VerfVO den Begriff „bestehende Beihilfen" definiert, widmet sich Artikel 1 lit. d) VerfVO dem Begriff „Beihilferegelung". Eine solche wird beschrieben als „eine Regelung, wonach Unternehmen, die [...] in einer allgemeinen und abstrakten Weise definiert werden, ohne nähere Durchführungsmaßnahmen Einzelbeihilfen gewährt werden können, beziehungsweise eine Regelung, wonach einem oder mehreren Unternehmen nicht an ein bestimmtes Vorhaben gebundene Beihilfen für unbestimmte Zeit und/oder in unbestimmter Höhe gewährt werden können". Diese Definition erfolgte auf der Grundlage der Entscheidungspraxis von Kommission und Rechtsprechung, vgl. GTE-*Mederer*, Art. 93, Rn. 37; vgl. auch EuGH, Rs. C-47/91, Italien/Kommission, Slg. 1994, I-4635, 4653 f., Rn. 21 m.w.N.

417 GTE-*Mederer*, Art. 93, Rn. 33.

sion ausgeht. Allerdings ist zumindest theoretisch denkbar, daß andere Mitgliedstaaten, die einen Rechtsanspruch auf Durchführung der fortlaufenden Kontrolle durch die Kommission haben,[418] die Kommission mittels Untätigkeitsklage gemäß Artikel 232 EGV zur Durchführung ihrer Kontrolle anhalten,[419] falls die Kommission von sich aus ermessensmißbräuchlich keine fortlaufende Überprüfung anstrengt.

Zur Erleichterung der Überwachung von Beihilfen veröffentlicht die Kommission seit dem Jahr 1988[420] regelmäßig zusammenfassende Berichte über staatliche Beihilfen, die zu einer systematischen Kontrolle aller Beihilfen beitragen.[421] Diesem Ziel dient auch Artikel 21 VerfVO, der die Mitgliedstaaten verpflichtet, der Kommission jährliche Berichte über die in ihrem jeweiligen Hoheitsgebiet bestehenden Beihilferegelungen zu unterbreiten und Verstöße gegen diese Berichterstattungspflicht sanktioniert.

a) Zusammenarbeit nach Artikel 88 Absatz 1 Satz 1 EGV i.V.m. Artikel 17 VerfVO

Wenn die Kommission eine bestehende Beihilferegelung überprüfen will, holt sie von dem betreffenden Mitgliedstaat alle zur Prüfung benötigten Auskünfte ein (Artikel 17 Absatz 1 VerfVO). Bei diesen Auskünften handelt es sich entweder um konkrete individuelle Informationsanfragen oder um die Erfüllung besonderer Berichterstattungspflichten, die sich aus einer mit Auflagen oder Bedingungen versehenen Genehmigungsentscheidung i.S.v. Artikel 7 Absatz 4 VerfVO ergeben, oder um Jahresberichte i.S.v. Artikel 21 Absatz 1 VerfVO, die sämtliche in einem Mitgliedstaat bestehenden Beihilferegelungen umfassen.[422]

Kommt die Kommission dann auf der Basis dieser Auskünfte zu der vorläufigen Auffassung, daß die überprüfte Beihilferegelung nicht oder nicht mehr mit dem Gemeinsamen Markt vereinbar ist, so teilt sie dies dem betroffenen Mitgliedstaat mit und gibt ihm Gelegenheit zur Stellungnahme innerhalb einer einmonatigen Frist, die allerdings in ordnungsgemäß begründeten Fällen auch länger sein kann (Artikel 17 Absatz 2 VerfVO).

b) Vorschlag zweckdienlicher Maßnahmen i.S.v. Artikel 88 Absatz 1 Satz 2 EGV i.V.m. Artikel 18 VerfVO

Gelingt es einem Mitgliedstaat durch seine Auskünfte und seine Stellungnahme gemäß Artikel 17 VerfVO nicht, die Auffassung der Kommission, daß eine Beihilferegelung

418 GTE-*Mederer*, Art. 93, Rn. 33.
419 *Ulrich Immenga*, Nationale Beihilfen an Unternehmen im Widerspruch zur europäischen Wettbewerbspolitik, in: FIW Schriftenreihe, Schwerpunkte des Kartellrechts 1990/91, Heft 146, Köln u.a. 1992, S. 19, 30; Grabitz-*von Wallenberg*, Art. 93, Rn. 9.
420 Vgl. Achtzehnter Bericht über die Wettbewerbspolitik 1988, Luxemburg 1989, S. 147 f., Rn. 162, 163.
421 Grabitz-*von Wallenberg*, Art. 93, Rn. 6.
422 Versäumt es ein Mitgliedstaat trotz eines Erinnerungsschreibens der Kommission, einen solchen Jahresbericht vorzulegen, so kann die Kommission zweckdienliche Maßnahmen i.S.v. Artikel 18 VerfVO hinsichtlich der bestehenden Beihilferegelung vorschlagen (Artikel 21 Absatz 2 VerfVO).

den Erfordernissen des Gemeinsamen Marktes nicht oder nicht mehr entspricht, zu ändern, so schlägt die Kommission dem betreffenden Mitgliedstaat zweckdienliche Maßnahmen i.S.v. Artikel 88 Absatz 1 Satz 2 EGV, Artikel 18 lit. a) - c) VerfVO vor. In Betracht kommt dabei die inhaltliche Umgestaltung der Beihilferegelung, die Einführung von Verfahrensvorschriften oder die Abschaffung der Beihilferegelung.

Auffällig ist, daß Artikel 18 VerfVO den Vorschlag zweckdienlicher Maßnahmen ohne jede Einschränkung zuläßt, wenn eine Beihilfe *nicht* oder *nicht mehr* mit dem Gemeinsamen Markt vereinbar erscheint. Die Vorschrift modifiziert insofern die bislang herrschende Interpretation des Artikel 88 Absatz 1 EGV, wonach für einen Vorschlag zweckdienlicher Maßnahmen nur Raum war, wenn eine Beihilferegelung zwar anpassungs- oder verbesserungsbedürftig war, aber dennoch nach wie vor mit dem Gemeinsamen Markt vereinbar.[423] Bei möglicherweise vertragswidrigen Beihilferegelungen wurde dagegen die Zulässigkeit von zweckdienlichen Maßnahmevorschlägen verneint und eine Pflicht zur sofortigen Einleitung des Hauptprüfungsverfahrens i.S.v. Artikel 88 Absatz 2 EGV angenommen. Die Verordnung folgt stattdessen einer früheren Mindermeinung,[424] wobei die generelle Zulässigkeit des Vorschlages zweckdienlicher Maßnahmen durch die ausgewogene Rechtsfolgenregelung des Artikel 19 VerfVO gerechtfertigt und abgefedert wird.[425]

Der Vorschlag zweckdienlicher Maßnahmen ist, wie erwähnt, außerdem möglich, wenn die Mitgliedstaaten trotz einer Mahnung die ihnen vorgeschriebenen Jahresberichte über alle bestehenden Beihilferegelungen nicht vorlegen, Artikel 21 Absatz 2 VerfVO.

c) Rechtsfolgen eines Vorschlags zweckdienlicher Maßnahmen, Artikel 19 VerfVO

Bei allen zweckdienlichen Maßnahmen i.S.v. Artikel 88 Absatz 1 Satz 2 EGV handelt es sich rechtlich gesehen um bloße Anregungen im Rahmen eines informellen Konsultationsverfahrens, d.h. um für den entsprechenden Mitgliedstaat zunächst unverbindliche Empfehlungen i.S.v. Artikel 249 Absatz 5 EGV.[426] Deshalb können auch weder der Mitgliedstaat noch das begünstigte Unternehmen derartige Vorschläge anfechten - ebensowenig wie Dritte sich auf diese Empfehlungen berufen können.[427] Über eine etwaige Vertragswidrigkeit der Beihilferegelung in ihrer momentanen Form sagen derartige Empfehlungen nichts aus. Vielmehr kann der betreffende Mitgliedstaat die Regelung nach wie vor ohne Bedenken weiter anwenden und die entsprechenden Finanzmittel aus-

423 Vgl. z.B. *Adinda Sinnaeve*, Die Rückforderung gemeinschaftsrechtswidriger nationaler Beihilfen, Berlin 1997, S. 25; GTE-*Wenig*, 4. Aufl., Art. 93, Rn. 10.

424 GBTE-*Thiesing*, 3. Aufl., Art. 93, Rn. 8 f. vertrat, allerdings ohne nähere Begründung, daß unverbindliche Vorschläge zweckdienlicher Maßnahmen seitens der Kommission auch bei mittlerweile mit dem Gemeinsamen Markt unvereinbar gewordenen, bestehenden Beihilfen möglich seien.

425 Vgl. hierzu unten sogleich Punkt c).

426 Allg. Auffassung, vgl. z.B. die Schlußanträge des Generalanwalts *Marco Darmon* in den verb. Rs. 166 und 220/86, Irish Cement Ltd./Kommission, Slg. 1988, I-6473, 6492, Tz. 24; GTE-*Mederer*, Art. 93, Rn. 34; Grabitz-*von Wallenberg*, Art. 93, Rn. 7 m.w.N.

427 GTE-*Mederer*, Art. 93, Rn. 35.

zahlen. Denn im Rahmen der fortlaufenden Beihilfenkontrolle nach Artikel 88 Absatz 1 und 2 EGV gilt die Sperrklausel des Artikel 88 Absatz 3 Satz 3 EGV nicht, da diese einzig und allein auf das Verfahren bei der Einführung neuer bzw. Umgestaltung bestehender Beihilfen durch die Mitgliedstaaten zugeschnitten ist.[428] Erst die abschließende Unvereinbarkeitsentscheidung im Hauptprüfungsverfahren nach Artikel 88 Absatz 2 EGV (neuerdings i.V.m. Artikel 7 Absatz 5 VerfVO) führt dazu, daß eine bestehende Beihilferegelung nicht mehr durchgeführt werden darf.[429] Außerdem führt auch erst diese Entscheidung dazu, daß Dritte die Vertragswidrigkeit der Beihilfe vor nationalen Gerichten geltend machen können.[430]

Gemäß Artikel 19 Absatz 1 VerfVO kann der Mitgliedstaat der Kommission allerdings mitteilen, daß er der vorgeschlagenen zweckdienlichen Maßnahme zustimmt. Die Kommission macht die Zustimmung des Mitgliedstaats aktenkundig und unterrichtet ihn hiervon. In diesem Fall ist der Mitgliedstaat aufgrund seiner Zustimmung verpflichtet, die vorgeschlagene zweckdienliche Maßnahme auch tatsächlich durchzuführen. Aus der unverbindlichen Empfehlung wird so eine bindende Verpflichtung.[431]

Wenn der Mitgliedstaat den vorgeschlagenen Maßnahmen nicht zustimmt, ist die Kommission gemäß Artikel 19 Absatz 2 VerfVO wie früher[432] verpflichtet, das förmliche Prüfverfahren gemäß Artikel 88 Absatz 2 EGV i.V.m. Artikel 6, 7, 9 VerfVO einzuleiten.

Die neue Regelung in Artikel 19 VerfVO, die es der Kommission erlaubt, nicht mehr vertragsgemäße Beihilferegelungen im Einvernehmen mit den Mitgliedstaaten schnell und unbürokratisch den Erfordernissen des Gemeinsamen Marktes anzupassen, ist im Vergleich zur alten Rechtslage als Fortschritt zu bewerten. In Fällen, in denen die Mitgliedstaaten kooperationsbereit sind, kann das durch die vorgeschriebenen Fristen und

428 Grabitz-*von Wallenberg*, Art. 93, Rn. 67.

429 EuGH, Rs. C-47/91, Italien/Kommission, Slg. 1992, I-4145, 4161, Rn. 25; Rs. C-387/92, Banco de Crédito Industrial, nunmehr Banco Exterior de España/Ayuntamiento de Valencia, Slg. 1994, I-877, 909, Rn. 20, 22; Grabitz-*von Wallenberg*, Art. 93, Rn. 5.

430 EuGH, Rs. 77/72, Carmine Capolongo/Azienda Agricola Maya, Slg. 1973, 611, 622, Rn. 6; Rs. 78/76, Firma Steinike und Weinlig/Deutschland, Slg. 1977, 595, 610, Rn. 10; GTE-*Mederer*, Art. 93, Rn. 47.

431 Zu einem möglichen Sonderfall vgl. unten Teil 2, A.III.3.a).bb).(2).(c) zur Gesetzesbindung der Verwaltung.

432 Zur alten Rechtslage und der nach überwiegender Ansicht bestehenden Pflicht zur Verfahrenseinleitung bei Zweifeln an der Rechtmäßigkeit einer bestehenden Beihilfenregelung vgl. *Stefanie Schreiber*, Verwaltungskompetenzen der Europäischen Gemeinschaft, Baden-Baden 1997, S. 95; GTE-*Wenig*, 4. Aufl., Art. 93, Rn. 13 unter Berufung auf EuGH, Rs. 70/72, Kommission/Deutschland, Slg. 1973, 813, 830, Rn. 20; Rs. 84/82, Deutschland/Kommission, Slg. 1984, 1451, 1488, Rn. 11-13 (vgl. auch die Schlußanträge von Generalanwalt Sir *Gordon Slynn* in derselben Rechtssache, Slg. 1984, 1451, 1497); Rs. C-198/91, William Cook plc/Kommission, Slg. 1993, I-2487, 2529, Rn. 29; Rs. C-225/91, Matra SA/Kommission, Slg. 1993, I-3203, 3258, Rn. 33. Diese zur Rechtfertigung genannten Urteile beschäftigen sich an sich zwar mit neu eingeführten Beihilfen nach Artikel 88 Absatz 3 EGV, d.h. mit einer anderen Verfahrenskonstellation. Trotzdem wurde das dort gefundene Ergebnis auch auf das Verfahren der fortlaufenden Beihilfenkontrolle übertragen.

die umfangreiche Anhörung der verschiedenen Beteiligten eher aufwendige förmliche Prüfungsverfahren nach Artikel 88 Absatz 2 EGV vermieden werden. Dies erhöht die Effizienz des Verfahrens nicht unerheblich. Und auch die Grundsätze der Rechtssicherheit und der Transparenz leiden unter der neuen Verfahrensgestaltung nicht, da die Zustimmung des Mitgliedstaates aktenkundig gemacht wird und diesen zur Durchführung der Maßnahme verpflichtet.

Die Normierung der Rechtsfolgen der Zustimmung zu zweckdienlichen Maßnahmen beseitigt gleichzeitig jegliche Mißbrauchsgefahr: Einer der Gründe, warum der Vorschlag zweckdienlicher Maßnahmen bei mittlerweile vertragswidrig gewordenen Beihilferegelungen nach der alten Rechtslage für unzulässig gehalten wurde, dürfte nämlich darin gelegen haben, daß nicht klar war, inwieweit die Mitgliedstaaten an eine etwaige Zustimmung zu solchen Vorschlägen gebunden gewesen wären und wie zu verhindern gewesen wäre, daß einzelne Staaten nur pro forma Bereitschaft bekunden, über unverbindliche Abänderungsempfehlungen der Kommission zu verhandeln, nur um das förmliche Prüfungsverfahren zu vermeiden oder zumindest hinauszuzögern.

d) Das förmliche Prüfungsverfahren gemäß Artikel 88 Absatz 2 EGV i.V.m. Artikel 6 ff. VerfVO

Wenn es im Verlauf dieses vorgeschalteten informellen Verfahrens zu keiner Einigung kommt (d.h. der Mitgliedstaat stimmt den vorgeschlagenen Maßnahmen nicht zu) und die Kommission weiterhin der Auffassung ist, daß Zweifel an der Vereinbarkeit der Beihilferegelung mit dem Gemeinsamen Markt bestehen bzw. sie von ihrer Rechtswidrigkeit sogar bereits überzeugt ist, *muß* das eigentliche Prüfungsverfahren nach Artikel 88 Absatz 2 EGV i.V.m. Artikel 6 ff. VerfVO eingeleitet werden. Das bilaterale Verfahren zwischen Kommission und Mitgliedstaat mündet dann in das multilaterale förmliche Verfahren mit seinen Anhörungs- und Mitwirkungsrechten für alle Beteiligten i.S.v. Artikel 1 lit. h) VerfVO.

Das Hauptverfahren läuft dabei gleich ab wie das oben bereits beschriebene Hauptprüfungsverfahren bei angemeldeten neuen Beihilfen.[433] Artikel 19 Absatz 2 VerfVO verweist auf die Artikel 6 VerfVO über die Anhörung des Mitgliedstaats und der sonstigen Beteiligten, auf Artikel 7 VerfVO, der die anzustrebende Verfahrensdauer[434] und die verschiedenen, möglichen Abschlußentscheidungen beinhaltet, und auf Artikel 9 VerfVO, der den Widerruf von Kommissionsentscheidungen normiert. Nicht anwendbar sind dagegen, wie oben erwähnt, das Durchführungsverbot gemäß Artikel 88 Absatz 3 Satz 3

433 Vgl. ausführlicher oben Teil 1, B.I.3. Im folgenden sollen nur einige Besonderheiten eigens erwähnt werden.

434 Die Bedeutung der Dauer des Hauptprüfungsverfahrens bei bestehenden Beihilfen ist allerdings wesentlich geringer als bei der Anmeldung neuer Beihilfen. Denn da das Durchführungsverbot nicht gilt, dürfen Beihilferegelungen bis zum Abschluß des Hauptprüfungsverfahrens weiter angewendet werden. Während bei neuen Beihilfen also in erster Linie die Mitgliedstaaten an einem zügigen Prüfungsabschluß interessiert sind, liegt bei bestehenden Beihilferegelungen ein schnelles Vorgehen im Eigeninteresse der Kommission.

EGV i.V.m. Artikel 3 VerfVO und naturgemäß Artikel 8 VerfVO, der die Rücknahme der Notifizierung regelt.

Die Abschlußentscheidung der Kommission nach erfolgter Anhörung und inhaltlicher Prüfung wird regelmäßig entweder in einer Positiventscheidung, gegebenenfalls unter Auflagen und Bedingungen, die die im Vorverfahren angestrebten zweckdienlichen Maßnahmen beinhalten,[435] oder in einer Negativentscheidung bestehen.[436] Die Beihilferegelung wird also entweder unverändert genehmigt oder die Kommission entscheidet, „daß der betreffende Staat sie binnen einer von ihr bestimmten Frist aufzuheben oder umzugestalten hat" (Artikel 88 Absatz 2 EGV).

Grundsätzlich kommt bei vertragswidrigen Beihilferegelungen entweder deren Aufhebung oder aber ihre Umgestaltung in eine dem Gemeinsamen Markt entsprechende Form in Betracht. Die Entscheidung sollte in ihrer Begründung gemäß Artikel 253 EGV darlegen, in welchem Umfang die Beihilferegelung vertragswidrig ist bzw. worin der Verstoß gegen den Gemeinsamen Markt besteht. Die Kommission ist außerdem gehalten, dem Mitgliedstaat Kriterien an die Hand zu geben, die bei der angeordneten Aufhebung bzw. bei der Umgestaltung als Anhaltspunkte dienen können.[437] Die Auflagen und Bedingungen i.S.v. Artikel 7 Absatz 4 VerfVO sind detailliert und verständlich auszuformulieren. Die Kommission ist ferner berechtigt, den Mitgliedstaaten grundsätzliche Alternativen bei der Umgestaltung der beanstandeten Beihilferegelung in der Entscheidung anzubieten[438] bzw. die Wahl zwischen Aufhebung und Umgestaltung zu lassen.[439] Welche Maßnahmen der Mitgliedstaat letztlich zur Umsetzung ergreift, liegt in seinem Ermessen,[440] sofern er der Entscheidung im Ergebnis vollumfänglich und fristgemäß Folge leistet.[441]

Da die Kommission auf mittlerweile vertragswidrige Beihilferegelungen entweder mit deren vollständiger Aufhebung (Negativentscheidung des Artikel 7 Absatz 5 VerfVO) oder mit deren Umgestaltung (Positiventscheidung unter Auflagen, Artikel 7 Absatz 4 VerfVO) reagieren kann, stellt sich die Frage, wie die Auswahl zwischen diesen Reaktionsmöglichkeiten zu erfolgen hat. Der Kommission dürfte diesbezüglich ein Auswahlermessen einzuräumen sein. Als grobe Faustformel ließe sich allenfalls formulieren, daß die Aufhebung in der Praxis i.d.R. die geeignete Reaktion sein dürfte, wenn die gesamte Beihilferegelung mittlerweile mit dem Gemeinsamen Markt unvereinbar geworden ist, während eine Umgestaltung sich in den Fällen anbietet, in denen die weitere Anwendung

435 Namentlich die inhaltliche Änderung der Beihilferegelung (Artikel 18 lit. a) VerfVO) oder die Auferlegung von Verfahrensvorschriften (Artikel 18 lit. b) VerfVO).

436 Entscheidungen i.S.v. Artikel 7 Absatz 3, 4 und 5 VerfVO. Die Entscheidung des Artikel 7 Absatz 2 VerfVO, daß eine Maßnahme gar keine Beihilferegelung mehr darstellt, wird in der Praxis so gut wie ausgeschlossen sein.

437 EuGH, Rs. 70/72, Kommission/Deutschland, Slg. 1973, 813, 830, Rn. 21; verb. Rs. 296 und 318/92, Niederlande und Leeuwarder Papierwarenfabriek BV/Kommission, Slg. 1985, 809, 826, Rn. 29.

438 Vgl. die Entscheidung der Kommission Nr. 66/556/EWG vom 23.9.1966, ABl. 1966, 3141, 3142.

439 GTE-*Mederer*, Art. 93, Rn. 55.

440 GTE-*Mederer*, Art. 93, Rn. 58.

441 Vgl. EuGH, Rs. 130/83, Kommission/Italien, Slg. 1984, 2849, 2860, Rn. 7.

der Beihilferegelung Artikel 87 EGV zwar nicht gänzlich widerspricht, jedoch einzelne Vorschriften oder Teile der Beihilferegelung mit dem Gemeinsamen Markt nicht mehr vereinbar sind.[442]

Die Aufhebungs- und die Umgestaltungsentscheidungen der Kommission wirken lediglich ex nunc, greifen dafür aber unmittelbar rechtsgestaltend in das Rechtsverhältnis zwischen dem Mitgliedstaat und dem von der Beihilferegelung Begünstigten ein,[443] d.h. der Mitgliedstaat kann sich nicht auf vertragliche Verpflichtungen zur Gewährung weiterer Einzelbeihilfen berufen und der Begünstigte hat ab dem Zeitpunkt der Entscheidungsbekanntgabe keine Grundlage für schutzwürdiges Vertrauen.[444] Nach Bekanntgabe einer Aufhebungsentscheidung darf es zu keiner weiteren Auszahlung im Rahmen der unvereinbaren Beihilferegelung kommen.[445] Dasselbe wird bei einer Umgestaltungsentscheidung unter Auflagen zu gelten haben.[446] Wird eine Beihilferegelung dennoch weiter gewährt, ist eine Rückforderung der nach dem Zeitpunkt der Unvereinbarkeitserklärung erfolgten Zahlungen möglich.[447]

Unabhängig davon für welches Sanktionsmittel (Umgestaltung oder Aufhebung) sich die Kommission im Einzelfall entscheidet, muß sie dem Mitgliedstaat in jedem Fall schon in der Entscheidung selbst eine Frist zur Durchführung der Entscheidung setzen (vgl. Artikel 88 Absatz 2 Unterabsatz 1 EGV), deren Länge allerdings im Ermessen der Kommission steht und einzelfallabhängig ist. Entscheidend für die Länge der Frist ist der für die Umsetzung der Entscheidung erforderliche Aufwand,[448] so daß in einfach gelagerten Fällen auch eine unverzügliche Durchführung angeordnet werden kann. Eine Verlängerung der Frist ist möglich.[449] Gibt es Unklarheiten oder Schwierigkeiten bei der Durchführung einer Entscheidung, kann sich der Mitgliedstaat an die Kommission wenden, um diese Probleme in loyaler Zusammenarbeit gemäß Artikel 10 EGV zu bewältigen.[450]

Was die sonstigen Rechtsfolgen der Entscheidung anbetrifft, sowie die rechtlichen Möglichkeiten der Kommission, auf die Nichtbefolgung ihrer Entscheidungen zu reagieren,

442 Vgl. für die Zeit vor Einführung der VerfVO Grabitz-*von Wallenberg*, Art. 93, Rn. 22.

443 GTE-*Mederer*, Art. 93, Rn. 58.

444 EuGH, Rs. 52/83, Kommission/Frankreich, Slg. 1983, 3707, 3715, Rn. 8 ff.

445 EuGH, Rs. 52/83, Kommission/Frankreich, Slg. 1983, 3707, 3715, Rn. 9.

446 Auch hier besteht nämlich vom Zeitpunkt der Entscheidung an keine Vereinbarkeit mit dem Gemeinsamen Markt mehr. Erst die Erfüllung der in der Entscheidung aufgegebenen zweckdienlichen Auflagen macht die beanstandete Beihilferegelung wieder vertragsgemäß.

447 Grabitz-*von Wallenberg*, Art. 93, Rn. 70. Bis zum negativen Abschluß des förmlichen Verfahrens ist die Weitergewährung einer bestehenden Beihilfegewährung dagegen - wie bereits mehrfach erwähnt - trotz laufender Hauptprüfung zulässig, da das Durchführungsverbot nicht gilt.

448 Gelegentlich bedarf es zur Umsetzung der Kommissionsentscheidung langwieriger Gesetzgebungsverfahren in den Mitgliedstaaten (vgl. die Entscheidung der Kommission Nr. 69/266/EWG vom 18.7.1969, ABl. 1969, L 220, S. 1, 3), während in anders gelagerten Fällen sehr schnell zu treffende Verwaltungsentscheidungen ausreichen können, vgl. Grabitz-*von Wallenberg*, Art. 93, Rn. 24.

449 EuGH, Rs. 203/83, Kommission/Italien, Slg. 1983, 2525, 2531, Rn. 6.

450 St. Rspr., vgl. EuGH, Rs. 130/83, Kommission/Italien, Slg. 1984, 2849, 2860, Rn. 8; Rs. 52/84, Kommission/Belgien, Slg. 1986, 89, 105, Rn. 16.

ist auf oben zu verweisen.[451] Gleiches gilt für die Rechtschutzmöglichkeiten der Mitgliedstaaten, des Begünstigten und der Konkurrenten.

V. Sonstige Regelungen in der Verfahrensverordnung (Kapitel VI-VIII)

Direkt im Anschluß an die vier Kapitel über die verschiedenen Verfahrenskonstellationen widmet sich die Verfahrensverordnung den Rechten der Beteiligten (Kapitel VI - Artikel 20 VerfVO).[452] Geregelt sind dabei die Beteiligungsrechte im förmlichen Prüfungsverfahren (Absatz 1), die Möglichkeit, der Kommission Mitteilung von mutmaßlich rechtswidrigen Beihilfen zu machen und die Konsequenzen daraus (Absatz 2) und die Möglichkeit der Beteiligten, auf Antrag Kopien der Entscheidungen der Kommission zu erhalten (Absatz 3). Das informelle Vorprüfungsverfahren wurde dagegen bewußt nicht für eine Beteiligung Dritter geöffnet.[453]

Kapitel VII beinhaltet die Vorschriften über die Überwachung der mitgliedstaatlichen Verfahrenstreue. Artikel 21 VerfVO regelt, wann die Mitgliedstaaten verpflichtet sind, der Kommission Jahresberichte über bestehende Beihilferegelungen vorzulegen sowie die Reaktionsmöglichkeiten der Kommission, falls ein solcher Jahresbericht ausbleibt.

Artikel 22 VerfVO ist eine der echten Neuerungen, die die Verfahrensordnung bringt.[454] Er räumt der Kommission unter bestimmten Bedingungen die Möglichkeit ein, Nachprüfungen vor Ort durchzuführen und regelt das dabei zu beachtende Procedere.[455] Auffällig

451 Vgl. oben Teil 1, B.I.3 e).

452 Hierzu später ausführlicher unten Teil 2, B.IV.2.a).aa).(1) zur Transparenz.

453 Vgl. *Adinda Sinnaeve*, Die neue Verfahrensverordnung in Beihilfensachen, EuZW 1999, 270, 275; *Eberhard Kruse*, Die Rechtsstellung Dritter im Beihilfekontrollverfahren, EuR 1999, 119, 121 f.; *Eberhard Kruse*, Bemerkungen zur gemeinschaftlichen Verfahrensverordnung für die Beihilfekontrolle, NVwZ 1999, 1049, 1055. Für eine stärkere Einbeziehung von Konkurrenten bereits im Vorverfahren vgl. *Mark Hoenike*, Anmerkung zum EuGH-Urteil vom 2.4.1998 - Rs. C-367/95 P (Sytraval), EuZW 1998, 341, 342 f. sowie *Mark Hoenike, Bernhard Schloh*, Die Anforderungsfrist bei der Konkurrentenklage im Beihilfenrecht nach Art. 173 EGV, EuZW 1997, 398, 399 und *Mark Hoenike, Gerrit Schohe*, Die Rechtsprechung von EuGH und EuG zu staatlichen Beihilfen in den Jahren 1996 und 1997, EuZW 1997, 741, 742, letztere Aufsätze allerdings noch jeweils unter Berufung auf das erstinstanzliche Urteil in der Sache Sytraval (EuG, Rs. T-95/94, Sytraval und Brink's France/Kommission, Slg. 1995, II-2651, 2672 f., Rn. 66), dessen diesbezügliche Schlußfolgerungen durch das Rechtsmittel mittlerweile korrigiert wurden (EuGH, Rs. C-367/95 P, Kommission/Sytraval und Brink's France, Slg. 1998, I-1719, 1769, Rn. 60); vgl. außerdem Artikel 34 des Vorschlags der AEA (Association Européenne des Avocats) zu einer Verfahrensverordnung, EuZW 1996, 688, 693; sowie *Till Müller-Ibold*, The AEA Proposal for a Regulation on State Aid Procedure, EuZW 1996, 677, 677 f., 682.

454 Vgl. z.B. *Bertold Bär-Bouyssière*, Neue Entwicklungen im europäischen Beihilfenrecht, in: Jürgen Schwarze (Hrsg.), Neuere Entwicklungen des europäischen Wettbewerbsrechts, Baden-Baden 1999, S. 79, 83, der die Nachprüfung vor Ort als die „wohl wichtigste Neuerung“ qualifiziert. Kritisch dagegen *Jean-Paul Keppenne*, (R)évolution dans le système communautaire de contrôle des aides d'Etat, RMUE 1998, 125, 154.

455 Vgl. hierzu im Detail *Adinda Sinnaeve*, Die neue Verfahrensverordnung in Beihilfensachen, EuZW 1999, 270, 276, sowie ausführlich unten Teil 2, B.V.3.b) zur Effizienz. Überlegungen zum Rechtsschutz bei Nachprüfungsanordnungen i.S.v. Artikel 22 VerfVO finden sich bei Schwarze-*Bär-Bouyssière*, Art. 88, Rn. 47.

an der Regelung ist vor allem, daß die Nachprüfung vor Ort auf Fälle beschränkt ist, in denen Zweifel bestehen, ob Mitgliedstaaten sich an eine der verschiedenen Genehmigungsentscheidungen der Kommission gehalten haben (Verstöße gegen bzw. im Zusammenhang mit Genehmigungsentscheidungen). Der praktisch viel interessantere Fall der von vornherein rechtswidrigen Gewährung von Beihilfen berechtigt die Kommission dagegen nicht zu einer „fact-finding mission".

Artikel 23 VerfVO beschäftigt sich mit den Folgen der Nichtbeachtung von Entscheidungen der Kommission und Urteilen des Gerichtshofs. Absatz 1 der Vorschrift gibt der Kommission das Recht, den Gerichtshof unmittelbar wegen Vertragsverletzung anzurufen, wenn Mitgliedstaaten entweder eine mit Bedingungen oder Auflagen verbundene Entscheidung oder eine Unvereinbarkeitsentscheidung, v.a. im Sinne von Artikel 14 VerfVO (Rückforderungsentscheidung), nicht beachten. Absatz 2 ermöglicht es der Kommission, das Sanktionsverfahren des Artikel 228 Absatz 2 EGV einzuleiten, wenn sie der Auffassung ist, daß ein Mitgliedstaat einem Vertragsverletzungsurteil des Gerichtshofs nicht Folge geleistet hat.[456]

Den Abschluß der Verordnung bildet das Kapitel VIII, in dem Regelungen zum Berufsgeheimnis und der Veröffentlichung von Entscheidungen (Artikel 24, 26 VerfVO),[457] zum Adressaten der Entscheidung (Artikel 25 VerfVO) sowie zum Verfahren beim Erlaß von Durchführungsvorschriften (Artikel 27-29 VerfVO) getroffen werden. Insbesondere ist hierbei auf den Beratenden Ausschuß für staatliche Beihilfen hinzuweisen, der sich aus Vertretern der Mitgliedstaaten zusammensetzt und in dem ein Vertreter der Kommission den Vorsitz führt (Artikel 28 VerfVO).

Die Verordnung ist am 16. April 1999 in Kraft getreten (vgl. Artikel 30 VerfVO).

C. Artikel 89 EGV - Zweckdienliche Durchführungsverordnungen im Beihilferecht

I. Der zulässige Inhalt zweckdienlicher Durchführungsverordnungen

Artikel 89 EGV rundet die Beihilfevorschriften des Vertrages ab, indem er den Rat dazu ermächtigt, auf Vorschlag der Kommission alle zweckdienlichen Durchführungsverordnungen zu Artikel 87, 88 EGV zu erlassen.[458] Möglich sind solche Verordnungen also sowohl im Bereich des Verfahrensrechts (Artikel 88 EGV)[459] als auch im Bereich des

456 Zum Sanktionsverfahren gemäß Artikel 228 EGV vgl. *Stefan Heidig*, Die Verhängung von Zwangsgeldern und Pauschalbeträgen gegen die Mitgliedstaaten der EG, Baden-Baden 2001.

457 Vgl. hierzu statt aller *Adinda Sinnaeve*, Die neue Verfahrensverordnung in Beihilfensachen, EuZW 1999, 270, 276 f.; sowie unten Teil 2, B.IV.2.a).aa).(2) zur Transparenz.

458 Zum Erlaß solcher Durchführungsverordnungen ist die qualifizierte Mehrheit im Rat erforderlich sowie - seit der Maastrichter Vertragsreform - die Anhörung des Europäischen Parlaments.

459 Vgl. hierzu die oben bereits ausführlich beschriebene Verfahrensverordnung des Rates, ABl. 1999, L 93, S. 1

materiellen Beihilferechts (Artikel 87 EGV). Im Unterschied zum Kartell- und Wettbewerbsrecht[460] ist der Rat im Beihilferecht nicht zum Erlaß von Durchführungsverordnungen verpflichtet, sondern hat in Artikel 89 EGV lediglich eine fakultative Ermächtigung zu deren Erlaß. Dafür ist der Rat im Beihilferecht (anders als im Kartell- und Wettbewerbsrecht, wo neben Verordnungen auch Richtlinien zulässig sind) auf Durchführungsverordnungen beschränkt.

1. Der Begriff der „Durchführung" in Artikel 89 EGV

Aus der Tatsache, daß die Artikel 87 und 88 EGV auch ohne den Erlaß von Verordnungen gemäß Artikel 89 EGV eine materielle und verfahrensrechtliche Vollregelung darstellen,[461] sowie aus dem Begriff „Durchführung" ergibt sich, daß Verordnungen des Rates die grundlegenden Prinzipien in Artikel 87, 88 EGV nicht abändern können, sondern lediglich deren Auslegung und Anwendung erleichtern sollen. Allerdings ist die Grenze dessen, was lediglich erläuternde Konkretisierung darstellt, zu unzulässigen Modifikationen der vertraglichen Vorgaben fließend und damit letztlich eine Wertungsfrage. In Zweifelsfällen wird hier oftmals erst eine Entscheidung des Gerichtshofs abschließende Klarheit bringen können.

In der Praxis bieten sich Durchführungsverordnungen vor allem im Bereich des Verfahrensrechts an.[462] Das angesprochene Abgrenzungsproblem zwischen Regeln zur Durchführung und einer unzulässigen Abänderung stellt sich hier weniger, weil im Rahmen von Artikel 88 EGV die unabänderlichen Grundentscheidungen klarer definiert sind: Unverrückbare Eckpunkte des Verfahrens sind z.B. die Kompetenzverteilung - gemeint ist damit die zentrale Stellung der Kommission als „Herrin des Verfahrens" -, die Trennung in Verfahren bei der Einführung neuer Beihilfen und der Kontrolle bestehender Beihilfen sowie die Notifizierungspflicht und das Durchführungsverbot in Artikel 88 Absatz 3 EGV. Soweit diese Grundentscheidungen allerdings beachtet werden ist es unstreitig zulässig, in ergänzenden Verfahrensvorschriften z.B. Fristenregelungen, Rückforderungsregeln[463] oder ähnliche Details hinzufügen.

Im Bereich des materiellen Beihilferechts wird die angesprochene Abgrenzungsproblematik dagegen zumindest theoretisch relevant. Sie entzündet sich insbesondere an der Frage, ob eine Durchführungsverordnung den Begriff der „Beihilfe" in Artikel 87 EGV oder sonstige allgemeine Tatbestandsmerkmale wie „Förderung der wirtschaftlichen Entwicklung" o.ä. definieren könnte oder nicht.[464] Die Mehrzahl der Autoren scheint dieser

460 Vgl. Artikel 83 EGV, der den Rat zum Erlaß von Verordnungen bzw. Richtlinien zur Verwirklichung der in den Artikeln 81 und 82 EGV niedergelegten Grundsätze verpflichtet.

461 Vgl. GTE-*Mederer*, Art. 94, Rn. 2; *Adinda Sinnaeve*, Die Rückforderung gemeinschaftsrechtswidriger nationaler Beihilfen, Berlin 1997, S. 54.

462 So auch *Adinda Sinnaeve*, Die Rückforderung gemeinschaftsrechtswidriger nationaler Beihilfen, Berlin 1997, S. 54.

463 Hierzu ausführlicher unten Teil 2, A.IV.3.b) und Teil 2, B.II.2, sowie *Adinda Sinnaeve*, Die Rückforderung gemeinschaftsrechtswidriger nationaler Beihilfen, Berlin 1997, S. 54, 57, 59, 252.

464 Vgl. GTE-*Mederer*, Art. 94, Rn. 3 m.w.N. und ausführlicher Diskussion.

Möglichkeit eher skeptisch gegenüberzustehen.[465] *Mederer* ist allerdings darin zuzustimmen, daß die Erwähnung von Artikel 87 EGV im Wortlaut von Artikel 89 EGV dagegen spricht, dem Rat jegliche Kompetenz zum Erlaß inhaltlicher Definitionen abzusprechen, zumal das Initiativrecht zu Verordnungsvorschlägen bei der Kommission liegt und ein Abweichen hiervon nur bei Einstimmigkeit im Rat (vgl. Artikel 250 EGV) möglich ist.[466] Aufgrund des Gesetzeswortlauts, aber auch aus systematischen Gründen, ist es deshalb meines Erachtens nicht zwingend, die Definition der Beihilfe als solcher und die Auslegung der sonstigen unbestimmten Rechtsbegriffe ausschließlich der Kommissionspraxis zu überlassen.[467] Vielmehr wäre eine erläuternde bzw. klarstellende Definition im Wege der Durchführungsverordnung zulässig, deren Auslegung und Kontrolle der Kommission und in letzter Instanz dem Gerichtshof vorbehalten wäre.

Wie immer man zu dieser Frage letztlich stehen mag, festzuhalten bleibt, daß bestimmte mehr oder weniger restriktiv zu fassende Grundentscheidungen des Vertrages sozusagen „verordnungsfest" sind. Dagegen steht die Tatsache, daß es zu einer Auslegungsfrage eine gefestigte Rechtsprechung gibt, einer abweichenden Regelung per Durchführungsverordnung nicht im Weg.[468] Dies scheint auch der Gerichtshof selbst so zu sehen.[469]

2. *Die „Zweckdienlichkeit" von Durchführungsverordnungen*

Das Erfordernis der Zweckdienlichkeit von Durchführungsverordnungen ist letztlich ein eher grobes Kontrollkriterium, um sicherzustellen, daß eine Verordnung ihrem erklärten Ziel der Erleichterung der Durchführung des Beihilferechts auch wirklich gerecht wird. Eine Maßnahme muß zur Zweckerreichung geeignet und dienlich sein, d.h. es findet eine Art Mißbrauchskontrolle statt. Die Zweckdienlichkeit wäre etwa dann zu verneinen, wenn objektive, schlüssige und übereinstimmende Indizien dafür sprechen, daß eine Verordnung zu anderen als den in ihr angegebenen Zwecken erlassen wurde.[470] Eine

465 Grabitz-*von Wallenberg*, Art. 94, Rn. 4; *Despina Schina*, State Aids under the EEC Treaty, Articles 92 to 94, Oxford 1987, S. 118; Calliess-Ruffert-*Cremer*, Art. 89, Rn. 2.

466 Vgl. hierzu *Adinda Sinnaeve*, Die Rückforderung gemeinschaftsrechtswidriger nationaler Beihilfen, Berlin 1997, S. 249 f., wo pro und contra einer „materiellen" Durchführungsverordnung ausführlich dargestellt werden, wobei die Darstellung sich weniger auf die rechtliche Zulässigkeit und mehr auf inhaltliche Bedenken konzentriert.

467 GTE-*Mederer*, Art. 94, Rn. 3; vgl. außerdem unten Teil 2, A.IV.2.c).aa) zur Bestimmtheit, wo u.a. der Frage nachgegangen wird, ob eine genauere Definition des Begriffs „Beihilfe", egal ob im Wege der Verordnung oder der Änderung des Primärrechtes, rechtspolitisch wünschenswert wäre.

468 *Peter Ernst Goose*, Die Prüfung staatlicher Beihilfevorhaben durch die EWG, AWD/RIW 1974, 94, 95; Grabitz-*von Wallenberg*, Art. 94, Rn. 3; GTE-*Mederer*, Art. 94, Rn. 3; vgl. außerdem bereits die ausführliche Darstellung oben in Teil 1, B.II.2.b).

469 Vgl. z.B. die Ausführungen in EuGH, Rs. C-301/87, Frankreich/Kommission („Boussac"), Slg. 1990, I-307, 355, Rn. 14; ferner auch Rs. 84/82, Deutschland/Kommission, Slg. 1984, 1451, 1487, Rn. 10.

470 Dies bedeutet eine Übertragung der ständigen Rechtsprechung des Gerichtshofs zum Ermessensmißbrauch auf den Kontext des Artikel 89 EGV, vgl. zu dieser Rechtsprechung EuGH, verb. Rs. 18 und 35/65, Max Gutmann/Kommission, Slg. 1966, 153, 176; Rs. 69/83, Charles Lux/Rechnungshof, Slg. 1984, 2447, 2465, Rn. 30; vgl. auch GTE-*Mederer*, Art. 94, Rn. 4.

nicht zweckdienliche, weil ermessensmißbräuchliche Verordnung wäre gemäß Artikel 230 Absatz 2 EGV anfechtbar und vom Gerichtshof gegebenenfalls für nichtig zu erklären.[471] Der Gerichtshof hat also die Letztentscheidungsgewalt sowohl hinsichtlich der Frage, ob Gegenstand einer Verordnung wirklich die Durchführung der Artikel 87 und 88 EGV ist, als auch darüber, ob die Verordnung diesem Ziel dienlich ist. Ein praktischer Anwendungsfall einer nicht zweckdienlichen Verordnung wäre etwa, wenn der Schwellenwert in einer de-minimis-Verordnung willkürlich festgelegt würde oder wenn der Anwendungsbereich von Gruppenfreistellungen nicht aufgrund sachlich angemessener, objektiv nachvollziehbarer Kriterien bestimmbar ist.[472]

3. Die Bedeutung von Artikel 89, 2. Halbsatz EGV

Der zweite Halbsatz von Artikel 89 EGV fügt der bislang besprochenen grundsätzlichen Ermächtigung zum Erlaß aller zweckdienlichen Durchführungsverordnungen zu den Artikeln 87 und 88 EGV als illustrierendes Beispiel hinzu, daß der Rat „insbesondere die Bedingungen für die Anwendung des Artikels 88 Absatz 3 sowie diejenigen Arten von Beihilfen festlegen [kann], die von diesem Verfahren ausgenommen sind." V.a. der letzte Zusatz ist als klare Ermächtigung an den Rat zu verstehen, im Beihilferecht Gruppenfreistellungsverordnungen, wie man sie bislang v.a. im Kartellrecht kannte, zu erlassen.[473] Angesichts dieses klaren Wortlauts, der Ausnahmen vom Notifizierungsverfahren gemäß Artikel 88 Absatz 3 EGV explizit ermöglicht, überrascht es, wenn manche Autoren den Erlaß von Freistellungsverordnungen „wegen der Freistellung bestimmter Beihilfen von der Notifizierungspflicht" für „primärrechtlich bedenklich" halten.[474]

II. Die auf Grundlage von Artikel 89 EGV ergangenen Durchführungsverordnungen

1. Historischer Hintergrund

Wirkliche praktische Bedeutung hat die Ermächtigung zum Erlaß von Durchführungsverordnungen erst in jüngster Zeit erhalten. Es gab zwar immer wieder Versuche, ergänzende Verfahrensvorschriften zu Artikel 88 EGV per Verordnung einzuführen, doch scheiterten diese regelmäßig.[475] Nachdem der erste derartige Versuch im Jahr 1966 noch

471 GTE-*Mederer*, Art. 94, Rn. 4.
472 GTE-*Mederer*, Art. 94, Rn. 10.
473 Vgl. GTE-*Mederer*, Art. 94, Rn. 8, 10.
474 So wörtlich Calliess-Ruffert-*Cremer*, Art. 89, Rn. 2; gewisse Bedenken, allerdings nur hinsichtlich der Freistellung von de-minimis-Beihilfen, nicht aber im Hinblick auf Gruppenfreistellungsverordnungen generell, äußert auch *Eberhard Kruse*, Bemerkungen zur gemeinschaftlichen Verfahrensverordnung für die Beihilfenkontrolle, NVwZ 1999, 1049, 1051.
475 Vgl. ausführlicher zu den verschiedenen, letztlich erfolglosen Verordnungsvorschlägen *Adinda Sinnaeve*, Die Rückforderung gemeinschaftsrechtswidriger nationaler Beihilfen, Berlin 1997, S. 245 ff.

von der Kommission ausgegangen war,[476] änderte diese ihre Einstellung zu Verfahrensverordnungen später grundlegend und stand ihnen im Verlauf der achtziger und neunziger Jahre negativ gegenüber, weil sie Kompetenzeinbußen und den Verlust ihrer Flexibilität befürchtete.[477] Stattdessen bevorzugte es die Kommission, die Richtung des Beihilferechts über Mitteilungen, Leitlinien und Gemeinschaftsrahmen zu bestimmen, d.h. Maßnahmen, die nicht wie eine Verordnung unmittelbar verbindliche, bindende Rechtswirkungen entfalten. Diese ablehnende Haltung der Kommission stand in einem auffälligen Kontrast zu der Auffassung der Literatur[478] und verschiedener anderer Stellen,[479] die nahezu einhellig den Erlaß von ergänzenden Verfahrensverordnungen gemäß Artikel 89 EGV befürworteten.

Unter dem Strich gab es daher bis 1998 lediglich einige weniger bedeutsame Verordnungen auf dem Gebiet des Verkehrswesens und des Schiffbaus, die unter anderem auf Artikel 89 EGV gestützt wurden.[480]

Im Herbst 1996 kam es dann im Rahmen der irischen Ratspräsidentschaft zu einer überraschenden Kehrtwende in der Beihilfenpolitik. Die Kommission gab den vielfältigen Stimmen, die sich für den Erlaß von allgemeinen Durchführungsverordnungen stark machten, nach und legte in rascher zeitlicher Abfolge zwei Verordnungsvorschläge vor,[481] die vom Rat vergleichsweise schnell und ohne größere Abänderungen umgesetzt wurden.[482] Wenn man den gerade geschilderten historischen Kontext berücksichtigt, ist die bloße Tatsache der Verabschiedung der auf Artikel 89 EGV gestützten Verfahrens-

476 KOM (66) 95 vom 16.3.1966, geändert durch KOM (66) 457 vom 10.11.1966; vgl. auch GTE-*Mederer*, Art. 94, Rn. 6.

477 Vgl. z.B. *Adinda Sinnaeve*, Die Rückforderung gemeinschaftsrechtswidriger nationaler Beihilfen, Berlin 1997, S. 247; GTE-*Mederer*, Art. 94, Rn. 6; XX. Bericht über die Wettbewerbspolitik 1990, Luxemburg 1991, S. 144 ff., Rn. 170.

478 Vgl. z.B. *Hans-Jörg Niemeyer*, Recent Development in EC State Aid Law, EuZW 1993, 273, 279; *Ulrich Immenga*, Nationale Beihilfen an Unternehmen im Widerspruch zur europäischen Wettbewerbspolitik, in: FIW Schriftenreihe, Schwerpunkte des Kartellrechts 1990/91, Heft 146, Köln u.a. 1992, S. 19, 36; *Sylviane Morson*, La récupération des aides octroyées par les Etats en violation du traité C.E.E., RTDE 1990, 409, 440; *Stefan Friedrich Schmitz*, Der Vertrauensschutz bei der Rückforderung gemeinschaftsrechtswidrig gewährter nationaler Beihilfen, Diss. an der Albert-Ludwigs-Universität, Freiburg 1998, S. 188; *Kees Hellingman*, State participation as State Aid under Article 92 of the EEC Treaty: the Commission's guidelines, CML Rev. 1986, 111, 127; *Piet Jan Slot*: Procedural Aspects of State Aids: The guardian of competition versus the subsidy villains?, CML Rev. 1990, 741, 759 f.; *Despina Schina*, State Aids under the EEC Treaty, Articles 92 to 94, Oxford 1987, S. 119; *Adinda Sinnaeve*, Die Rückforderung gemeinschaftsrechtswidriger nationaler Beihilfen, Berlin 1997, S. 246 m.w.N.

479 Vgl. z.B. die Stellungnahmen des Europäischen Parlaments (ABl. 1990, C 38, S. 108, Rn. 19) bzw. des Wirtschafts- und Sozialausschusses (ABl. 1984, C 343, S. 5, Punkt 12 c und ABl. 1986, C 333, S. 1, Punkt 4.9).

480 Vgl. zu diesen Verordnungen GTE-*Mederer*, Art. 94, Rn. 5 m.w.N.

481 Vorschlag für eine Verordnung des Rates über die Anwendung der Artikel 92 und 93 des EG-Vertrages auf bestimmte Gruppen horizontaler Beihilfen („Gruppenfreistellungsrahmenverordnung"), vorgelegt am 22.7.1997, ABl. 1997, C 262, S. 6; Vorschlag für eine Verordnung des Rates über Vorschriften für die Anwendung von Artikel 93 des EG-Vertrages, vorgelegt am 24.2.1998, ABl. 1998, C 116, S. 13.

482 Vgl. *Adinda Sinnaeve*, Die neue Verfahrensverordnung in Beihilfensachen, EUZW 1999, 270, 270.

verordnung[483] und der Gruppenfreistellungsverordnung[484] in der Tat „von geradezu revolutionärer Bedeutung“.[485] Diese Bewertung der beiden Verordnungen rechtfertigt sich dabei v.a. aus der durch die Kodifizierung erreichten Verrechtlichung der Beihilfenkontrolle - und dem damit einhergehenden Mehr an Transparenz und Rechtssicherheit[486] - und ist weitgehend unabhängig von der inhaltlichen Ausgestaltung der Verordnungen im Detail.

Die Verfahrensverordnung wurde oben bereits ausführlich beschrieben.[487] Die Gruppenfreistellungsrahmenverordnung soll im folgenden Abschnitt kurz dargestellt werden.

2. *Die Gruppenfreistellungsrahmenverordnung (FreistellungsRVO)*

a) Der Anwendungsbereich für zukünftige Gruppenfreistellungsverordnungen der Kommission, Artikel 1 und 2 FreistellungsRVO

Wie oben bereits erwähnt, beruht die vom Rat auf Vorschlag der Kommission im Mai 1997 erlassene Gruppenfreistellungsrahmenverordnung (im folgenden Abschnitt „FreistellungsRVO“) auf der im letzten Halbsatz des Artikel 89 EGV eingeräumten Ermächtigung, diejenigen Arten von Beihilfen festzulegen, die vom Verfahren des Artikel 88 Absatz 3 EGV ausgenommen sind. Bemerkenswert ist, daß die Ratsverordnung nicht etwa selbst Gruppenfreistellungen von der Notifizierungspflicht normiert, sondern lediglich bestimmte Prämissen vorgibt, die dann von späteren Durchführungsverordnungen der Kommission ausgefüllt werden müssen.[488] Bis zum Erlaß solcher Durchführungsverordnungen der Kommission besteht keine Freistellung von der Notifizierungspflicht.

Gemäß Artikel 1 Absatz 1 lit. a) FreistellungsRVO kann die Kommission in ihren Durchführungsverordnungen bestimmte horizontale Beihilfen, namentlich zugunsten von kleinen und mittleren Unternehmen, von Forschung und Entwicklung, Umweltschutzmaßnahmen sowie von Beschäftigung und Ausbildung von der Anmeldungsverpflichtung des Artikel 88 Absatz 3 EGV freistellen. Ferner ermöglicht lit. b) der Vorschrift eine Freistellung von Regionalbeihilfen „im Einklang mit den von der Kommission für jeden Mitgliedstaat [...] genehmigten Fördergebieten.“ Artikel 2 FreistellungsRVO ermächtigt die Kommission zum Erlaß einer Gruppenfreistellungsverordnung für de-minimis Beihilfen. Dagegen sind sektorale Freistellungen nicht vorgesehen.[489]

483 Verfahrensverordnung vom 22.3.1999, ABl. 1999, L 93, S. 1.

484 Gruppenfreistellungsrahmenverordnung vom 7.5.1998, ABl. 1998, L 142, S. 1.

485 GTE-*Mederer*, Art. 94, Rn. 7.

486 Dazu unten ausführlich Teil 2, B.IV.2 und Teil 2, A.IV.2.e).

487 Vgl. oben Teil 1, B.I bis V. Inwieweit darüber hinaus Bedarf besteht, weitergehende Verfahrensregelungen im Verordnungswege zu treffen, wird unten im zweiten Teil der Arbeit erörtert.

488 Zur Zulässigkeit einer solchen Delegation der Rechtssetzungsbefugnisse, insbesondere zur Frage, wie genau die Ratsverordnung den Rahmen festlegen muß, vgl. unten Teil 2, A.IV.2.d) zur Bestimmtheit.

489 Vgl. GTE-*Mederer*, Art. 94, Rn. 8.

Grundlage dieser Übertragung des Gruppenfreistellungsmodells vom Kartellrecht auf die Beihilfeaufsicht ist die langjährige Erfahrung der Kommission mit den von ihr erlassenen allgemeinen Leitlinien und Gemeinschaftsrahmen im Beihilferecht. Diese Erfahrung ermöglicht es ihr, abstrakt festzulegen, daß bestimmte Beihilfen mit einer oder mehrerer der Ausnahmebestimmungen des Artikel 87 Absatz 2 und 3 EGV vereinbar sind und daher im Interesse der Verwaltungsvereinfachung vom Verfahren des Artikel 88 Absatz 3 EGV freigestellt werden können, ohne daß unter diesem Vorgehen die Wirksamkeit der Überwachung leidet.[490] Die vorherige Kontrolle anläßlich der Anmeldung wird bei den von der Gruppenfreistellung betroffenen „unproblematischen" Beihilfekategorien durch eine ex-post Überwachung ersetzt, um eine Konzentration der Kommissionsressourcen auf die wichtigen Fälle schwerwiegender Wettbewerbsverstöße zu ermöglichen.[491]

Die Rahmenverordnung des Rates enthält keine abstrakten materiellen Kriterien zur Vereinbarkeit der freistellbaren Beihilfen mit dem Gemeinsamen Markt. Artikel 1 Absatz 2 lit. a-e) FreistellungsRVO gibt vielmehr nur die von der Kommission in den jeweiligen Freistellungsverordnungen auszufüllenden Determinanten vor: Die Kommission ist in ihren Verordnungen *verpflichtet*, Regelungen zum Zweck der Beihilfe (a), über die Gruppe der Begünstigten (b), über Schwellenwerte i.S.v. relativen Beihilfeintensitäten oder von absoluten Höchstbeträgen (c), über die Bedingungen der Kumulierung von Beihilfen (d) sowie hinsichtlich Modalitäten der Überwachung (e) zu treffen. Darüber hinaus *berechtigt* Artikel 1 Absatz 3 lit. a-c) FreistellungsRVO die Kommission, soweit sie dies für erforderlich hält, in ihren Durchführungsverordnungen Schwellenwerte oder sonstige Bedingungen festlegen, die den Mitgliedstaat dazu verpflichten, Einzelbeihilfen unter Abweichung von der grundsätzlichen Freistellung im voraus anzumelden (a). Ferner können bestimmte Wirtschaftszweige vom Anwendungsbereich einer Gruppenfreistellungsverordnung ausgenommen werden (b). Außerdem kann jede Verordnung zusätzliche Vereinbarkeitskriterien vorsehen (c).

Artikel 2 FreistellungsRVO gibt der Kommission die Möglichkeit, für de-minimis Beihilfen, die in einem bestimmten Zeitraum einen festgesetzten Betrag nicht überschreiten, per Verordnung eine Freistellung von der Anmeldungspflicht zu normieren. Eine de facto Freistellung von de-minimis Beihilfen war auch bislang bereits gängige Praxis, allerdings aus rechtsstaatlichen Gesichtspunkten umstritten, da diese Praxis auf einer rechtlich unverbindlichen Mitteilung der Kommission beruhte.[492] Der entsprechende de-minimis Betrag, unterhalb dessen Artikel 87 Absatz 1 EGV als nicht berührt angesehen wurde und eine Anmeldungspflicht daher entfiel, betrug bislang 100.000 ECU innerhalb von drei Jahren ab Erstgewährung einer Beihilfe. Eine derzeit im Vorbereitungsstadium

490 Vgl. Erwägungsgrund 4 der Gruppenfreistellungsrahmenverordnung, ABl. 1998, L 42, S. 1.

491 Vgl. *Adinda Sinnaeve*, Die neue Verfahrensverordnung in Beihilfensachen, EuZW 1999, 270, 270.

492 Mitteilung der Kommission über de-minimis Beihilfen, ABl. 1996, C 68, S. 9; kritisch hierzu *Jean-Paul Keppenne*, (R)évolution dans le système communautaire de contrôle des aides d'Etat, RMUE 1998, 125, 137; vgl. außerdem *Eberhard Kruse*, Bemerkungen zur gemeinschaftlichen Verfahrensverordnung für die Beihilfekontrolle, NVwZ 1999, 1049, 1051; Schwarze-*Bär-Bouyssière*, Art. 89, Rn. 3.

befindliche de-minimis Verordnung der Kommission beabsichtigt, an dem Betrag von 100.000 Euro auch weiterhin festzuhalten.[493]

Neben diesem Entwurf für eine de-minimis Verordnung gibt es zwei weitere Kommissionsentwürfe für Gruppenfreistellungsverordnungen, namentlich im Hinblick auf Ausbildungsbeihilfen und für Beihilfen an kleine und mittlere Unternehmen.[494] Für diese beiden Bereiche existieren ebenso Gemeinschaftsrahmen[495] wie für alle anderen in Artikel 1 Absatz 1 FreistellungsRVO genannten, theoretisch per Verordnung freistellbaren Beihilfekategorien.[496] Insofern stellt sich die Frage, in welchem Verhältnis Freistellungsverordnungen zu diesen Gemeinschaftsrahmen stehen. Schon aus der Rechtsnatur der beiden möglicherweise konkurrierenden Maßnahmen ergibt sich ohne weiteres, daß die Freistellungsverordnungen in den Bereichen, die sie abdecken, vorrangig sind. Da aber nicht zu erwarten ist, daß die Anwendungsbereiche einer etwaigen Freistellungsverordnung und eines Gemeinschaftsrahmens exakt deckungsgleich sein werden (der Anwendungsbereich des Gemeinschaftsrahmens wird in der Regel weiter gesteckt sein), ist davon auszugehen, daß Gemeinschaftsrahmen ihre Bedeutung in den nicht von der Verordnung erfaßten Randbereichen behalten werden.[497]

b) Die sonstigen Vorschriften der FreistellungsRVO

Während der Anwendungsbereich von Freistellungsdurchführungsverordnungen der Kommission in den Artikeln 1 und 2 FreistellungsRVO abgesteckt wird, steht Artikel 3 der Verordnung unter der Überschrift „Transparenz und Überwachung".[498] Absatz 1 der Vorschrift verpflichtet die Kommission dazu, in ihren Freistellungsverordnungen genaue Regeln zur Transparenz und zu Kontrollmechanismen bezüglich freigestellter Beihilfen aufzustellen, wobei gewisse jedenfalls zu beachtende Anforderungen bereits in Artikel 3 Absätze 2-4 FreistellungsRVO vorgegeben werden.

Absatz 2 bestimmt, daß die Mitgliedstaaten die Anwendung von freigestellten Einzelbeihilfen und Beihilferegelungen der Kommission in zusammengefaßten Beschreibungen zum Zwecke der Veröffentlichung im Amtsblatt mitteilen müssen. Die Information über

493 Vgl. Artikel 2 Absatz 2 des Verordnungsentwurfs der Kommission für eine de-minimis Verordnung, ABl. 2000, C 89, S. 6.

494 Entwurf einer Verordnung der Kommission über die Anwendung der Artikel 87 und 88 EG-Vertrag auf Ausbildungsbeihilfen, ABl. 2000, C 89, S. 8; Entwurf einer Verordnung der Kommission über die Anwendung der Artikel 87 und 88 EG-Vertrag auf staatliche Beihilfen an kleine und mittlere Unternehmen, ABl. 2000, C 89, S. 15.

495 Gemeinschaftsrahmen für Ausbildungsbeihilfen, ABl. 1998, C 343, S. 10; sowie Gemeinschaftsrahmen für Beihilfen an kleine und mittlere Unternehmen, ABl. 1996, C 213, S. 4.

496 Vgl. Gemeinschaftsrahmen für Forschungs- und Entwicklungsbeihilfen, ABl. 1996, C 45, S. 5; Gemeinschaftsrahmen für Umweltschutzbeihilfen, ABl. 1994, C 72, S. 3; Leitlinien für Beschäftigungsbeihilfen, ABl. 1995, C 334, S. 4; Leitlinien für Beihilfen mit regionaler Zielsetzung, ABl. 1998, C 74, S. 9.

497 Vgl. zu dieser Frage ausführlicher GTE-*Mederer*, Art. 94, Rn. 9.

498 Genauer zu dieser Vorschrift unten Teil 2, B.IV.2.a).bb) zur Transparenz. Im folgenden wird nur ein ganz knapper Überblick gegeben.

eingeführte Beihilfen dient der Kommission zur Ermöglichung einer ex-post Kontrolle. Die Veröffentlichung im Amtsblatt bringt die freigestellten und daher nicht-notifizierten Beihilfen anderen Mitgliedstaaten und Unternehmen zur Kenntnis.

Gemäß Absatz 3 zeichnet die Kommission alle Angaben zu freigestellten Beihilfen systematisch auf. Außerdem kann sie von Mitgliedstaaten detaillierte Auskünfte erheben, wenn Zweifel an der ordnungsgemäßen Durchführung einer Freistellungsverordnung bestehen. Ebenfalls der Kontrolle der Verordnungstreue dienen die Jahresberichte gemäß Absatz 4, die die Mitgliedstaaten über die Durchführung der Gruppenfreistellungsverordnungen erstellen und der Kommission übermitteln müssen. Diese Berichte werden allen anderen Mitgliedstaaten zugänglich gemacht und einmal jährlich im Beratenden Ausschuß[499] diskutiert und ausgewertet.

Artikel 4 FreistellungsRVO bestimmt, daß Gruppenfreistellungsverordnungen grundsätzlich immer nur befristete Geltung haben und bei Bedarf aufgehoben oder geändert werden können. Jede Freistellung gilt nur so lange wie die ihr zugrundeliegende Verordnung, wobei die Anpassungsfristen der Absätze 2 und 3 zu beachten sind. Aus Gründen der Rechtssicherheit und des Vertrauensschutzes gewährt Absatz 2 nämlich eine Übergangsfrist von sechs Monaten, falls eine Freistellungsverordnung im Verlauf der ursprünglich vorgesehenen Geltungsdauer aufgrund von Veränderungen des Gemeinsamen Marktes geändert oder aufgehoben werden muß. Die gleiche Frist gilt auch, wenn eine Freistellungsverordnung nach Ablauf ihrer ursprünglichen Geltungsdauer nicht verlängert wird (Absatz 3). Erst bei Ablauf dieser Frist gilt für die von der Aufhebung oder Änderung der Verordnung betroffenen Beihilfen die jeweils neue Rechtslage.

Artikel 5 FreistellungsRVO sieht vor, daß das Funktionieren und die Anwendung der Gruppenfreistellungsrahmenverordnung alle fünf Jahre vom Parlament und dem Rat bewertet werden kann. Zu diesem Zweck legt die Kommission den genannten Institutionen einen Bericht vor, dessen Entwurf zuvor vom Beratenden Ausschuß geprüft wird.

Die Artikel 6 bis 8 FreistellungsRVO widmen sich dem Verfahren beim Erlaß der Durchführungsverordnungen der Kommission. Dieses Verfahren orientiert sich dabei an dem aus dem Kartellrecht bekannten Modell.[500] Hinzuweisen ist aber v.a. auf Artikel 6 FreistellungsRVO, der die Kommission dazu verpflichtet, ihre Verordnungsentwürfe zu veröffentlichen, damit interessierte Personen und Einrichtungen (gemeint sein dürften v.a. Unternehmen, Unternehmensverbände und Gewerkschaften) sich im Vorfeld des Verordnungserlasses äußern können. Die Frist für eine solche Stellungnahme darf dabei nicht kürzer als ein Monat sein. Im Vergleich zum üblichen Procedere beim Erlaß von Gemeinschaftsrahmen und Leitlinien, wo i.d.R. nur die Mitgliedstaaten angehört werden, während die Beteiligung der interessierten Wirtschaftskreise die eher seltene Ausnahme

499 Dieser setzt sich gemäß Artikel 7 FreistellungsRVO aus Vertretern der Mitgliedstaaten unter Vorsitz eines Kommissionsmitglieds zusammen. Zum „Beratenden Ausschuß für staatliche Beihilfen“, vgl. außerdem die gleichlautende Regelung des Artikel 28 VerfVO.

500 GTE-*Mederer*, Art. 94, Rn. 14.

ist,[501] bedeutet diese formalisierte, frühzeitige Beteiligung Dritter einen deutlichen Zugewinn an Transparenz und Öffentlichkeit.

c) Bewertung der FreistellungsRVO und der sie durchführenden Freistellungsverordnungen

Es ist zu erwarten, daß die Freistellung bestimmter Beihilfekategorien von der vorherigen Anmeldungspflicht für die Kommission eine spürbare Entlastung bedeuten wird. Soweit die Gruppenfreistellungsverordnungen der Kommission präzise genug formuliert werden und sich wirklich auf Fälle beschränken, die sich in der bisherigen Kommissionspraxis als unproblematisch erwiesen haben, bietet das derzeitige, oftmals sehr zeitaufwendige Verfahren keinen Mehrwert gegenüber der jetzt angestrebten ex-post Kontrolle.[502] Probleme sind nur dann zu erwarten, wenn die Definitionen der freigestellten Beihilfekategorien nicht klar und eindeutig ausfallen sollten, so daß es verstärkt zu gerichtlichen Streitigkeiten über den Anwendungsbereich einer Durchführungsverordnung kommt.

Die Kehrseite der Entlastung der Kommission ist die Verstärkung der dezentralen Kontrolle von staatlichen Beihilfen durch die mitgliedstaatlichen Gerichte.[503] Die auf der Grundlage der Gruppenfreistellungsrahmenverordnung erlassenen Durchführungsverordnungen der Kommission gelten nämlich gemäß Artikel 249 Absatz 2 EGV unmittelbar in den Mitgliedstaaten, d.h. die Frage, ob eine Einzelbeihilfe oder eine Beihilferegelung die Voraussetzungen einer Gruppenfreistellungsverordnung im Einzelfall erfüllt oder nicht, kann von Konkurrenten vor den nationalen Gerichten überprüft werden.[504] Die mitgliedstaatlichen Gerichte können dabei feststellen, daß die Voraussetzungen einer Freistellung nicht vorlagen und der Mitgliedstaat die Beihilfe deshalb hätte notifizieren müssen. Die Beihilfe ist dann unter Verstoß gegen die Notifizierungspflicht und das Durchführungsverbot und damit formell rechtswidrig gewährt worden, mit allen sich daraus ergebenden Folgen. Das nationale Gericht ist aber auch weiterhin nicht befugt, über die materielle Vereinbarkeit einer Beihilfe mit dem Vertrag zu befinden - ausschließlich zuständig für diese Entscheidung bleibt die Kommission.[505]

501 GTE-*Mederer*, Art. 94, Rn. 14.

502 *Adinda Sinnaeve*, Die neue Verfahrensverordnung in Beihilfensachen, EuZW 1999, 270, 270.

503 Vgl. GTE-*Mederer*, Art. 94, Rn. 15; *Christian Koenig, Jürgen Kühling*, Reform des EG-Beihilfenrechts aus der Perspektive des mitgliedstaatlichen Systemwettbewerbs - Zeit für eine Neuausrichtung?, EuZW 1999, 517, 522; *Adinda Sinnaeve*, Die neue Verfahrensverordnung in Beihilfensachen, EuZW 1999, 270, 270; Schwarze-*Bär-Bouyssière*, Art. 89, Rn. 6.

504 Vgl. hierzu schon die grundlegenden Aussagen in EuGH, Rs. 77/72, Carmine Capolongo/Azienda Agricola Maya, Slg. 1973, 611, 622, Rn. 6; Rs. 78/76, Firma Steinike und Weinlig/Deutschland, Slg. 1977, 595, 610, Rn. 10.

505 So auch Schwarze-*Bär-Bouyssière*, Art. 89, Rn. 6; GTE-*Mederer*, Art. 94, Rn. 8, mißverständlich dagegen in Rn. 15, wo davon die Rede ist, daß Beihilfen, die in Anwendung einer Gruppenfreistellungsverordnung, jedoch unter Verletzung einer ihrer Bedingungen gewährt wurden, von nationalen Gerichten für mit dem Gemeinsamen Markt unvereinbar erklärt werden können. Unter Berufung hierauf scheinen auch *Christian Koenig, Jürgen Kühling*, Reform des EG-Beihilfenrechts aus der

Ebenfalls zunehmen dürfte die Häufigkeit von Vorlageverfahren an den Gerichtshof. Denn die grundsätzlichen rechtlichen Zweifelsfragen, die sich bei der Überprüfung der Voraussetzungen der Freistellungsverordnungen stellen, müssen im Interesse der Einheitlichkeit der Anwendung des Gemeinschaftsrechts auf höherer Ebene, d.h. nicht von den nationalen Gerichten, beantwortet werden.[506]

Auch wenn aufgrund des Fehlens von durchführenden Freistellungsverordnungen im Moment eine abschließende Bewertung derzeit noch nicht möglich ist, läßt sich doch sagen, daß die Übertragung des Modells der Freistellungsverordnung vom Kartellrecht ins Beihilferecht durchaus Erfolg verspricht. Die Kommission wird sich in Zukunft auf die wesentlichen Wettbewerbsverstöße konzentrieren können. Zugleich wird auch in den von einer Freistellung erfaßten Bereichen voraussichtlich weder die Qualität der Überwachung leiden, noch werden die wesentlichen grundsätzlichen Wertungen und Strukturprinzipien der gemeinschaftsrechtlichen Beihilfenaufsicht in Frage gestellt.

Perspektive des mitgliedstaatlichen Systemwettbewerbs -Zeit für eine Neuausrichtung?, EuZW 1999, 517, 522 davon auszugehen, daß nationale Gerichte in Fällen, in denen die Voraussetzungen einer Freistellungsverordnung irrtümlich bejaht wurden, die Kompetenz haben, „die Unvereinbarkeit mit dem Gemeinschaftsrecht auszusprechen mit der Folge, daß die gewährte Beihilfe grundsätzlich zurückzuzahlen ist". Diese Auslegung ist m.E. zu weitgehend, da die Frage, ob eine Beihilfe freistellungsfähig war oder nicht, mit der materiellen Vertragsmäßigkeit nichts zu tun hat. Häufig wird eine Maßnahme, die irgendeine Voraussetzung einer Freistellungsverordnung nicht erfüllt, nämlich dennoch materiell vertragsgemäß sein. Der automatische Schluß von der fehlenden Freistellungsfähigkeit auf die materielle Rechtswidrigkeit ist daher nicht zulässig.

506 Vgl. hierzu *Jean-Paul Keppenne*, (R)évolution dans le système communautaire de contrôle des aides d'Etat, RMUE 1998, 125, 137.

Zweiter Teil -- Grundsätzliche Anforderungen an das Beihilfeverfahren und das materielle Recht

Wenn man sich Gedanken über den gegenwärtigen Stand einer Rechtsmaterie, aber auch über deren Veränderungen in Zukunft macht, ist es sinnvoll, zunächst die hinter der gewählten Ausgangsfrage stehenden abstrakten Rahmenbedingungen und Strukturprinzipien zu untersuchen. Denn erst die sorgfältige Zusammenstellung des rechtlichen Hintergrunds eines Teilgebiets erlaubt eine wirklich sinnvolle und aussagekräftige Beschäftigung mit den Detailproblemen.

Aus diesem Grund sollen die verschiedenen, klassisch-rechtsstaatlichen Grundprinzipien und sonstigen allgemeinen Rechtsgrundsätze des Gemeinschaftsrechts in den folgenden Kapiteln jeweils zunächst generell hergeleitet und beschrieben werden. In einem zweiten Schritt wird dann der Bezug zum Beihilferecht hergestellt: Spezifische beihilferechtliche Problemfelder werden aufgezeigt und unter dem Blickwinkel des jeweiligen Rechtsgrundsatzes diskutiert. Ziel dieser Analyse ist zunächst die Feststellung, ob die derzeitige Rechtslage rechtsstaatliche Defizite aufweist, die Zweifel an der Rechtmäßigkeit einzelner Regelungen des Beihilferechts aufkommen lassen. In einem dritten Schritt sollen in jedem Kapitel zukunftsorientierte Überlegungen zu etwaigen Verbesserungen der Rechtslage *de lege ferenda* angestellt werden, und zwar unabhängig davon, ob der derzeitige Status Quo rechtsstaatlichen Anforderungen tatsächlich nicht entspricht oder lediglich nicht optimal, aber doch rechtmäßig ist.

Soweit sich im Rahmen der Untersuchung einzelner Rechtsgrundsätze Berührungspunkte, aber auch Reibungen, zu anderen rechtsstaatlichen Grundprinzipien ergeben, kann dies natürlich nicht ausgeblendet werden. Die endgültige Zusammenführung der verschiedenen, sich u.U. widersprechenden Grundsätze erfolgt allerdings erst im Schlußkapitel.

Nach einer kurzen bereichsübergreifenden Beschreibung der gemeinschaftsrechtlichen Rechtsgrundlagen der verschiedenen rechtsstaatlichen Prinzipien wird zunächst das europarechtliche Rechtsstaatsprinzip als solches untersucht. Im Anschluß daran werden verschiedene konkretere Ausprägungen dieses Prinzips beschrieben: Es folgen Kapitel zur Gesetzmäßigkeit der Verwaltung auf europäischer Ebene, der Rechtssicherheit, sowie zum Bestimmtheitsgrundsatz und dem Vertrauensschutzprinzip.

Daran anschließend wird der Blickwinkel erweitert und die Auswirkungen sonstiger allgemeiner Rechtsgrundsätze des Gemeinschaftsrechts, wie etwa des allgemeinen Gleichheitssatzes, des Subsidiaritätsprinzips und des Verhältnismäßigkeitsgrundsatzes, in die Betrachtung miteinbezogen. Abgerundet wird die Untersuchung des Beihilfeverfahrens mit einer Analyse verschiedener, eher rechtstatsächlicher Gesichtspunkte wie der Transparenz, der Effizienz und der Effektivität des Beihilfeaufsichtsverfahrens.

A. Rechtsstaatliche Grundsätze im Beihilferecht

I. Einleitung

Bereits ein kursorischer Blick auf die Gemeinschaftsverträge in ihrer ursprünglichen Fassung läßt erkennen, daß weder die Grundrechte noch verschiedene klassisch-rechtsstaatliche Prinzipien explizit geregelt waren bzw. sind. Insofern stellte sich schon bald nach Inkrafttreten der Verträge die Frage, ob rechtsstaatliche Grundsätze trotz des Fehlens einer ausdrücklichen Erwähnung in den Vertragsbestimmungen auch in der Gemeinschaft Geltung beanspruchen konnten und wo und wie sie im Text der Verträge zu verankern waren.

Ebenso wie die beiden möglichen Modelle, an denen sich das Gemeinschaftsrecht in der Frühphase seiner Entstehung orientieren mußte - das Völkerrecht und die verschiedenen nationalen Rechtsordnungen -, beschränkt sich das Gemeinschaftsrecht nicht auf die Normen des positiven Rechts, sondern umfaßt daneben auch allgemeine Rechtsgrundsätze.[507] Anknüpfungspunkt und *sedes materiae* in der Rechtsprechung des Gerichtshofes ist dabei der Begriff „Recht" in Artikel 220 EGV.[508] Dazu zählt der EuGH in ständiger Rechtsprechung neben dem primären und sekundären Vertragsrecht auch die ungeschriebenen allgemeinen Rechtsgrundsätze, die er aus einer rechtsvergleichenden Auslegung der Verfassungstraditionen der Mitgliedstaaten gewinnt.[509]

Der Gerichtshof hat in einem fortlaufenden Prozeß der rechtsschöpferischen Entscheidungsfindung[510] im Verlauf der Zeit eine beachtliche Anzahl allgemeiner Rechtsgrundsätze herausgearbeitet.[511] Diese Rechtsprechung zum generellen Bestehen und den genauen inhaltlichen Details der allgemeinen Rechtsgrundsätze hat maßgeblich dazu beigetragen, die Gemeinschaft zu einer Rechtsgemeinschaft[512] auszuformen, die ihre im Ver-

507 *Manfred A. Dauses*, Rechtsschutz und Gerichtsbarkeit in der EG, München 1994, D 24. Zu den Rechtsquellen des Gemeinschaftsrechts allgemein, vgl. *Michael Schweitzer, Waldemar Hummer*, Europarecht, 5. Aufl., Neuwied u.a. 1996, S. 3 ff.; *Manfred A. Dauses*, aaO., D 15 ff. m.w.N.

508 Der vollständige Wortlaut von Artikel 220 EGV lautet: „Der Gerichtshof sichert die Wahrung des Rechts bei der Auslegung und Anwendung dieses Vertrages."

509 Vgl. EuGH, Rs. 29/69, Stauder/Stadt Ulm, Slg. 1969, 419, 425, Rn. 7; Rs. 11/70, Internationale Handelsgesellschaft/Einfuhr- und Vorratsstelle Getreide, Slg. 1970, 1125, 1135, Rn. 4; Rs. 4/73, Nold/Kommission, Slg. 1974, 491, 507, Rn. 13; Rs. 44/79, Hauer/Land Rheinland Pfalz, Slg. 1979, 3727, 3744, Rn. 15.

510 Dazu ausführlich *Jürgen Schwarze*, Die Befugnis zur Abstraktion im europäischen Gemeinschaftsrecht, Baden-Baden 1976, S. 105 ff.

511 *Jürgen Schwarze*, Europäisches Verwaltungsrecht, Bd. II, Baden-Baden 1988, S. 690.

512 Der Begriff der Rechtsgemeinschaft geht auf *Walter Hallstein* zurück (vgl. *Walter Hallstein*, Rede anläßlich der Ehrenpromotion der Universität Padua am 12.3.1962, in: Walter Hallstein (hrsg. von Jürgen Oppermann), Europäische Reden, Stuttgart 1979, 341, 343; vgl. auch *Walter Hallstein*, Die Europäische Gemeinschaft, 5. Aufl., Düsseldorf u.a. 1979, S. 51, 72), hat aber in der Zwischenzeit auch Einzug in die Rechtsprechung sowohl des Gerichtshofs (vgl. etwa EuGH, Rs. 294/83, Les Verts/Europäisches Parlament, Slg. 1986, 1339, 1365, Rn. 23) als auch des Bundesverfassungsgerichts (BVerfGE 89, 155, 202 - Maastricht-Entscheidung) gehalten.

trag umschriebenen, weitgespannten Integrationsziele im Rahmen einer eigenständigen, unmittelbar geltenden und vorrangigen Rechtsordnung verfolgt.[513] Als Rechtsgemeinschaft besitzt die Gemeinschaft zwar keine Staatsqualität, wurzelt aber dennoch in gefestigten rechtsstaatlichen Traditionen.[514]

Die oben zitierten Urteile des Gerichtshofes setzen sich zum einen generell mit der Existenz von allgemeinen Rechtsgrundsätzen im Gemeinschaftsrecht auseinander und betreffen andererseits speziell die Herleitung und Ausgestaltung der Grundrechte, die Teil der allgemeinen Rechtsgrundsätze sind.[515] Aber auch andere, mit der vorliegenden Untersuchung und dem Rechtsstaatsprinzip unmittelbar in Zusammenhang stehende Prinzipien wurden vom Gerichtshof als allgemeine Rechtsgrundsätze des Gemeinschaftsrechts qualifiziert. So finden sich schon früh Erwägungen zum Grundsatz der Rechtssicherheit und zur Gesetzmäßigkeit der Verwaltung.[516] Später erwähnte der Gerichtshof den Grundsatz des Vertrauensschutzes,[517] das Erfordernis hinreichender Bestimmtheit,[518] sowie erstmals 1979 den Grundsatz der Rechtsstaatlichkeit als solcher.[519]

Nach über vierzig Jahren Judikatur gehört die Einordnung rechtsstaatlicher Prinzipien als ungeschriebene allgemeine Rechtsgrundsätze des Gemeinschaftsrechts, die auf andere Normen des Vertrages und das Sekundärrecht ausstrahlen und einwirken, zum unumstrittenen Kernbestand des Gemeinschaftsrechts (*acquis communautaire*).

II. Das Rechtsstaatsprinzip in der Rechtsordnung der Gemeinschaft

1. Die rechtlichen Grundlagen des Rechtsstaatsprinzips

Die Europäischen Gemeinschaftsverträge enthalten seit der Änderung durch den Vertrag von Amsterdam erstmals ein ausdrückliches Bekenntnis zur Rechtsstaatlichkeit.[520] Bis zur Einführung dieser Bestimmung enthielten die Gemeinschaftsverträge dagegen keine

513 *Manfred A. Dauses*, Rechtsschutz und Gerichtsbarkeit in der EG, München 1994, D 11.
514 *Rüdiger Stotz*, Die Rolle des Gerichtshofs bei der Integration, in: Hans-Werner Rengeling, Reimer von Borries (Hrsg.), Aktuelle Entwicklungen in der Europäischen Gemeinschaft, Köln u.a. 1992, S. 21, 21.
515 Vgl. erneut EuGH, Rs. 29/69, Stauder/Stadt Ulm, Slg. 1969, 419, 425, Rn. 7; Rs. 11/70, Internationale Handelsgesellschaft/Einfuhr- und Vorratsstelle Getreide, Slg. 1970, 1125, 1135, Rn. 4; Rs. 4/73, Nold/Kommission, Slg. 1974, 491, 507, Rn. 13.
516 EuGH, verb. Rs. 42 und 49/59, Société Nouvelle des Usines de Pontlieue Aciéries du Temples (SNUPAT)/Hohe Behörde, Slg. 1961, 109, 172.
517 EuGH, Rs. 112/77, Töpfer/Kommission, Slg. 1978, 1019, 1032, Rn. 19.
518 EuGH, verb. Rs. 133 bis 136/85, Walter Rau Lebensmittelwerke u.a./BALM, Slg. 1987, 2289, 2341, Rn. 29.
519 EuGH, Rs. 101/78, Granaria/Hoofdproduktschap voor Akkerbouwprodukten, Slg. 1979, 623, 637, Rn. 5; vgl. in diesem Zusammenhang auch *Hans-Werner Rengeling*, Die Entwicklung verwaltungsrechtlicher Grundsätze durch den Gerichtshof der Europäischen Gemeinschaft, EuR 1984, 331, 334 ff.
520 Artikel 6 Absatz 1 EUV n.F. lautet: „Die Union beruht auf den Grundsätzen der Freiheit, der Demokratie, der Achtung der Menschenrechte und Grundfreiheiten sowie der Rechtsstaatlichkeit; diese Grundsätze sind allen Mitgliedstaaten gemein."

Norm, die explizit die Geltung des Rechtsstaatsprinzips vorsah. Ähnlich wie in der deutschen Verfassung, in der das Rechtsstaatsprinzip zwar in Artikel 28 Absatz 1 Satz 1 GG für den Bereich der Länder ausdrücklich erwähnt wird, für den Bereich des Bundes aber nach herrschender Meinung als ungeschriebener Bestandteil in Artikel 20 GG hineinzulesen ist,[521] entschied der Gerichtshof, wie oben bereits erwähnt, daß das Rechtsstaatsprinzip dem Gemeinschaftsrecht als ungeschriebener allgemeiner Rechtsgrundsatz immanent sei.[522]

Die inhaltliche Geltung des Rechtsstaatsprinzips und seiner Ausprägungen und Verästelungen im Gemeinschaftsrecht war der Sache nach also bereits vor Einführung des neuen Artikel 6 EUV nicht mehr umstritten.[523] Diese Bestimmung faßt vielmehr lediglich die Errungenschaften der Rechtsprechung zusammen, ohne über diese hinauszugehen oder ihnen etwas Neuartiges hinzuzufügen.

2. Terminologie und Definition des Rechtsstaatsprinzips

Die Terminologie des Gerichtshofes ist dagegen nicht immer klar und einheitlich; insbesondere fehlt ein umfassendes dogmatisches Konzept zur Abgrenzung der verschiedenen, in den einzelnen Urteilen genannten rechtsstaatlichen allgemeinen Rechtsgrundsätze.

Über den Begriff des Rechtsstaates bzw. der Rechtsstaatlichkeit wird in der wissenschaftlichen Literatur seit langem kontrovers diskutiert.[524] Der in der deutschen verfassungsrechtlichen Literatur zum Teil vertretene Ansatz, daß es sich beim Rechtsstaatsprinzip um ein „ausschließliches Erzeugnis der deutschen Verfassungsentwicklung" handele, „bei dem daher auch der klärende Rückgriff auf die Erfahrungen anderer Verfassungsordnungen nur unter sehr erschwerten Umständen möglich" sei,[525] ist meines Erachtens so heute nicht mehr vertretbar. Vielmehr haben umfangreiche, rechtsvergleichende Arbeiten gezeigt, daß das Rechtsstaatsprinzip auch in den Rechtsordnungen der anderen Mitgliedstaaten ein anerkanntes Verfassungsprinzip ist, auch wenn die Ausgestaltung und der Inhalt des Prinzips in den verschiedenen Rechtsordnungen im einzelnen

521 Vgl. hierzu etwa Maunz-Dürig-*Herzog*, GG-Kommentar, Art. 20, VII, Rn. 35.

522 EuGH, Rs. 101/78, Granaria/Hoofdproduktschap voor Akkerbouwprodukten, Slg. 1979, 623, 637, Rn. 5.

523 *Meinhard Hilf*, Möglichkeiten und Grenzen des Rückgriffs auf nationale verwaltungsrechtliche Regeln bei der Durchführung von Gemeinschaftsrecht, in: Jürgen Schwarze (Hrsg.), Europäisches Verwaltungsrecht im Werden, Baden-Baden 1982, S. 67, 84; *Jürgen Schwarze*, Europäisches Verwaltungsrecht, Bd. II, Baden-Baden 1988, S. 695; *Delf Buchwald*, Zur Rechtsstaatlichkeit der Europäischen Union, Der Staat 1998, 189, 189; vgl. auch *Joachim Karl*, Aktuelle Überlegungen zur Reform der EG-Gerichtsbarkeit, RIW 1991, 745, 753, der das Rechtsstaatsprinzip bereits 1991 als „überragenden Verfassungsgrundsatz" bezeichnet hat.

524 Im Kontext der deutschen Diskussion über das Rechtsstaatsprinzip wurde sogar dessen vollständige Abschaffung angedacht, vgl. *Philip Kunig*, Das Rechtsstaatsprinzip, Tübingen 1986, S. 463, sowie *Katharina Sobota*, Das Prinzip Rechtsstaat, Tübingen 1997, S. 5-7 mit umfangreichen Hinweisen zum Streitstand, sowie S. 399 ff.

525 Maunz-Dürig-*Herzog*, GG-Kommentar, Art. 20, VII, Rn. 21.

differiert.[526] Insofern war es nur konsequent, daß der Gerichtshof, wie oben erwähnt, die Geltung des Rechtsstaatsprinzips auf Gemeinschaftsebene, sowie verschiedener ihm nahestehender anderer Grundsätze, aus der rechtsvergleichenden Analyse der Rechtsordnungen der Mitgliedstaaten gewonnen hat. Daß die Gemeinschaft gerade kein Staat im klassischen Sinne ist und der Begriff Rechts*staat* insoweit möglicherweise etwas mißverständlich ist, sollte nicht daran hindern, ihn dennoch, wenn auch mit den nötigen Anpassungen an die besondere Situation der Gemeinschaft, beizubehalten.[527]

Da es sich bei dem Rechtsstaatsprinzip nicht um ein ehernes, ein für allemal feststehendes Prinzip,[528] sondern um einen dynamischen, dem Wandel der Zeit unterliegenden Begriff handelt, soll im Rahmen der vorliegenden Untersuchung auf den Versuch einer genauen begrifflichen Detaildefinition verzichtet werden.[529] *Buchwald* ist insoweit zuzustimmen, daß „Rechtsstaatlichkeit keine „Alles-oder-Nichts"-Angelegenheit ist, sondern eine normative Kategorie, welche der steten Anreicherung mit Teilgehalten und Konkretisierungen bedarf: Niemand kann vollständig und abschließend angeben, worin der End- und Idealzustand von Rechtsstaatlichkeit besteht."[530]

Vielmehr wird versucht, sich dem Rechtsstaatsprinzip über seine verschiedenen Unterprinzipien anzunähern. Der Rechtsstaat fungiert damit als Oberbegriff[531] für eine Vielzahl von Grundsätzen, die in der Rechtsprechung des Gerichtshofes, aber auch in der einschlägigen nationalen[532] und europarechtlichen Literatur,[533] anerkannt sind und deren Summe erst den Rechtsstaat ausmacht. Durch die Fragestellung der Arbeit bedingt, hat naturgemäß eine gewisse Auswahl dahingehend zu erfolgen, daß nur diejenigen Ausprägungen bzw. Unterprinzipien des Rechtsstaatsprinzips in die Untersuchung einbezogen werden, die für die Analyse und die Gestaltung des europäischen Beihilfeaufsichtsverfahrens von Bedeutung sind.

526 Vgl. *Jürgen Schwarze*, Europäisches Verwaltungsrecht, Bd. II, Baden-Baden 1988, S. 694.

527 Im Kontext der deutschen Verfassung hat *Katharina Sobota*, Das Prinzip Rechtsstaat, Tübingen 1997, S. 527 f., unlängst ebenfalls überzeugend für die Beibehaltung des Rechtsstaatsprinzips plädiert.

528 Vgl. Maunz-Dürig-*Herzog*, GG-Kommentar, Art. 20, VII, Rn. 21.

529 Für den Versuch einer genauen Definition des Rechtsstaatsprinzips im Rahmen des Grundgesetzes vgl. z.B. *Klaus Stern*, Das Staatsrecht der BRD, Bd. I, 2. Aufl., München 1984, S. 781; *Ulrich Scheuner*, Die neuere Entwicklung des Rechtsstaates in Deutschland, in: Ernst Forsthoff (Hrsg.), Rechtsstaatlichkeit und Sozialstaatlichkeit, Darmstadt 1968, S. 461, 490 f.

530 *Delf Buchwald*, Zur Rechtsstaatlichkeit der Europäischen Union, Der Staat 1998, 189, 191 f.

531 Vgl. zur dogmatischen Tauglichkeit einer solchen Konstruktion *Katharina Sobota*, Das Prinzip Rechtsstaat, Tübingen 1997, S. 411 ff

532 *Katharina Sobota*, Das Prinzip Rechtsstaat, Tübingen 1997, S. 24 m.w.N., 253 ff., 530.

533 Vgl. z.B. die Auflistung bei *Michael Schweitzer, Waldemar Hummer*, Europarecht, 5. Aufl., Neuwied u.a. 1996, S. 242 f., Rn. 791.

III. Der Grundsatz der Gesetzmäßigkeit der Verwaltung

Das Prinzip der Gesetzmäßigkeit der Verwaltung ist eines der zentralen Strukturprinzipien jedes demokratischen Rechtsstaats.[534] Seine Geltung ist auch im Bereich des Gemeinschaftsrechts anerkannt,[535] wobei gewisse Anpassungen des in den verschiedenen nationalen Rechtsordnungen geläufigen Prinzips an die spezielle Situation der Gemeinschaft notwendig sind.[536] Wie in jedem rechtsstaatlichen System erfüllt der Grundsatz der Gesetzmäßigkeit der Verwaltung auch in der Gemeinschaft die unerläßliche Funktion, die Aufgaben, Zuständigkeiten und Befugnisse der vollziehenden Gewalt durch oder auf Grund von rechtlich verbindlichen Normen einzugrenzen. Eine Freiheit der Exekutive jenseits der Gesetze ist in der Gemeinschaft ebenso undenkbar wie in den nationalen Rechtsordnungen. Im folgenden Abschnitt soll deshalb untersucht werden, in welcher Weise das Handeln der Exekutive im Bereich des Beihilfeaufsichtsrechts gesetzlich vorbestimmt ist, um ein willkürliches oder vertragswidriges Handeln auszuschliessen.

Die staatsrechtlichen Begriffe Vorrang des Gesetzes und Gesetzesvorbehalt finden im Gemeinschaftsrecht ihre Entsprechungen im Vorrang des höherrangigen Rechts und im Grundsatz der begrenzten Einzelermächtigung (*compétence d'attribution*). Ebenfalls ähnlich wie im nationalen Recht ist eine absolut lückenlose Gesetzesbindung der Verwaltung allerdings praktisch nicht zu erreichen. Vielmehr wird das Prinzip durch die Einräumung von punktuellen Gestaltungs- bzw. Ermessensspielräumen an die vollziehende Gewalt den Bedürfnissen der Praxis angepaßt und dadurch zum Teil relativiert.

1. Vorrang des höherrangigen Rechts

a) Das Verhältnis der verschiedenen Rechtsakte der Gemeinschaft zueinander

Die verschiedenen gemeinschaftsrechtlichen Rechtsakte stehen grundsätzlich in einem hierarchischen Stufenverhältnis,[537] d.h. die Normen des Vertrages gehen dem Sekundärrecht im Rang vor. Auch innerhalb der sekundären Rechtsakte des Artikel 249 EGV bestehen gewisse Abstufungen. Ratsverordnungen und Kommissionsverordnungen, die direkt auf der Grundlage des Vertrages ergehen, haben den gleichen Rang. Dagegen gehen

534 *Katharina Sobota*, Das Prinzip Rechtsstaat, Tübingen 1997, S. 479 f., 517.

535 Vgl. EuGH, verb. Rs. 42 und 49/59, Société Nouvelle des Usines de Pontlieue Aciéries du Temples (SNUPAT)/Hohe Behörde, Slg. 1961, 109, 172; verb. Rs. 133 bis 136/85, Walter Rau Lebensmittelwerke u.a./BALM, Slg. 1987, 2289, 2341 f., Rn. 29, 32. Zu diesen Urteilen siehe im einzelnen unten Teil 2, A.IV.1 und 2.a).

536 Vgl. dazu *Jürgen Schwarze*, Europäisches Verwaltungsrecht, Bd. I, Baden-Baden 1988, S. 194 f., 219 ff.

537 *Joseph H. Kaiser*, Zur Anwendung von Art. 85 Abs. 3 des EWG-Vertrages auf Gruppen von Kartellverträgen, Köln u.a. 1964, S. 16; *Jürgen Schwarze*, Europäisches Verwaltungsrecht, Bd. I, Baden-Baden 1988, S. 233.

Kommissionsverordnungen, die erst aufgrund von Ratsermächtigungen ergehen, diesen im Rang nach.[538]

Im Bereich des Beihilferechts ist nur letzteres interessant, weil es keine direkt auf Grundlage des Vertrages ergehenden Kommissionsverordnungen gibt. Artikel 89 EGV berechtigt nämlich nur den Rat zum Erlaß von Durchführungsverordnungen, in denen dieser dann gegebenenfalls Gesetzgebungsbefugnisse an die Kommission weiterdelegieren kann. Verordnungen des Rates, sowie die von ihnen abgeleiteten Durchführungsverordnungen, stehen im Rang vor individuellen Verwaltungshandlungen wie der Entscheidung. Rechtlich unverbindliche Akte wie Empfehlungen und Stellungnahmen können keine von den Vertragsnormen, Verordnungen, Durchführungsverordnungen, Entscheidungen abweichenden Handlungspflichten auslösen.

Für das Beihilferecht ergibt sich daraus folgende Normenhierarchie: Die beiden Grundnormen der Artikel 87 und 88 EGV gehen jeglicher Verordnung des Rates gemäß Artikel 89 EGV vor. Durchführungsverordnungen dürfen Artikel 87 und 88 EGV insofern nur ergänzen, diesen aber nicht inhaltlich widersprechen. Ein Beispiel hierfür ist die jüngst ergangene Verfahrensverordnung des Rates.[539] Soweit eine Ratsverordnung ihrerseits Befugnisse an die Kommission weiterdelegiert, wie dies z.B. die Gruppenfreistellungsrahmenverordnung[540] tut, müssen sich die einzelnen konkretisierenden Freistellungsverordnungen der Kommission an die Vorgaben der Rahmenverordnung[541] und des noch höherrangigen Vertrages halten. Entscheidungen der Kommission schließlich müssen sämtliche bislang genannten Normen beachten.

Allerdings kennt auch das Gemeinschaftsrecht, wie eigentlich alle nationalen Rechtsordnungen, ungeschriebene Rechtsgrundsätze und richterrechtliche Rechtsfortbildung. Derartige bereichsübergreifende, allgemeingültige Prinzipien und richterliche Auslegungen des Gemeinschaftsrechts sind praktisch unvermeidlich, da lückenlose inhaltliche Vollregelungen nicht möglich sind. Ein Verzicht hierauf würde insofern zu oftmals systemwidrigen Regelungslücken führen und dem Gedanken der Einzelfallgerechtigkeit widersprechen.

Speziell das Beihilferecht war lange Zeit sehr stark von richterrechtlicher Rechtsfortbildung geprägt, da die Artikel 87 und 88 EGV eine nur sehr knappe inhaltliche Regelung trafen. Unter dem Gesichtspunkt der Gesetzesbindung der Verwaltung, ebenso wie aus Gründen der Rechtssicherheit, ist die Kodifizierung ungeschriebener Regelungen immer ein Fortschritt. Die neue Verfahrensverordnung ist insofern positiv zu bewerten. Sie faßt die verschiedenen, sehr verstreuten Regelungen, die sich aus der Praxis der Kommission

538 Vgl. dazu *Jürgen Schwarze*, Europäisches Verwaltungsrecht, Bd. I, Baden-Baden 1988, S. 234; Lenz-*Hetmeier*, Art. 249, Rn. 20.

539 Verordnung 659/99/EG des Rates vom 22. März 1999, ABl. 1999, L 93, S. 1.

540 Verordnung 994/98/EG des Rates vom 7. Mai 1998, ABl. 1998, L 142, S. 1.

541 Das Problem der Delegation von Befugnissen an die Kommission und deren zulässiger Umfang wird unten umfassend diskutiert, vgl. Teil 2, A.IV.2.d) zur Bestimmtheit.

und des Gerichtshofes ergeben, in einem Text zusammen. Die Mischung aus „case law" und „soft law", die bislang das Beihilferecht beherrscht hat, wird durch rechtlich verbindliche Normen ersetzt.[542] Vor allem die Rückforderung von Beihilfen ergab sich vor Erlaß der Verordnung nicht unmittelbar aufgrund von geschriebenem Recht, sondern war nach der Rechtsprechung des Gerichtshofes lediglich die unausgesprochene „logische Folge"[543] der Feststellung der Rechtswidrigkeit einer Beihilfe, die im Wege der Auslegung in die Tatbestandsmerkmale „aufzuheben" oder „umzugestalten" i.S.v. Artikel 88 Absatz 2 EGV hineinzulesen war.[544] Nunmehr liefert Artikel 14 VerfVO eine geschriebene Rechtsgrundlage für die Rückforderung. In der Verordnung finden sich weitere vergleichbare Beispiele.[545]

b) Das Verhältnis des Gemeinschaftsrechts zu den nationalen Rechtsordnungen

Das Verhältnis des Gemeinschaftsrechts zum nationalen Recht ist aus gemeinschaftsrechtlicher Sicht mit den beiden bekannten Schlagwörtern der unmittelbaren Wirkung[546] und des Vorrangs des Gemeinschaftsrechts[547] zu umschreiben.

Die einzige Vertragsbestimmung im Beihilferecht, die unmittelbar anwendbar ist und damit ohne weitere Umsetzung Rechte für den einzelnen schafft, ist Artikel 88 Absatz 3 Satz 3 EGV, der die Vergabe von Beihilfen ohne Notifizierung an und Genehmigung durch die Kommission untersagt.[548] Insbesondere Artikel 87 Absatz 1 EGV ist dagegen nicht unmittelbar anwendbar, da das „aufgestellte Verbot weder absolut noch unbedingt ist."[549] Vielmehr bedürfen die sonstigen Regelungen des Artikel 87 und 88 EGV nach der Rechtsprechung des Gerichtshofes zunächst der Umsetzung bzw. Konkretisierung durch Verordnungen gemäß Artikel 89 EGV bzw. durch Kommissionsentscheidungen i.S.v. Artikel 88 Absatz 2 EGV.[550] Derartige Konkretisierungen sind z.B. die VerfVO

542 *Adinda Sinnaeve*, Die neue Verfahrensverordnung in Beihilfensachen, EuZW 1999, 270, 277.

543 Vgl. z.B. EuGH, Rs. 142/87, Kommission/Belgien, Slg. 1990, I-959, 1020, Rn. 66; Rs. C-305/89, Italien/Kommission („Alfa Romeo"), Slg. 1991, I-1603, 1645, Rn. 41; Rs. C-169/95, Spanien/Kommission („PYRSA"), Slg. 1997, I-135, 162, Rn. 47.

544 EuGH, Rs. 70/72, Kommission/Deutschland, Slg. 1973, 813, 829, Rn. 13.

545 Vgl. z.B. Artikel 10 Absatz 3 VerfVO, der ebenfalls lediglich eine bereits zuvor gängige Praxis bzw. Rechtsprechung in explizite Normierung gießt. Weitere Beispiele finden sich bei *Adinda Sinnaeve*, Die neue Verfahrensverordnung in Beihilfensachen, EuZW 1999, 270 ff.

546 Grundlegend EuGH, Rs. 26/62, Van Gend en Loos/Niederländische Finanzverwaltung, Slg. 1963, 1, 27.

547 Grundlegend EuGH, Rs. 6/64, Flaminio Costa/E.N.E.L., Slg. 1964, 1251, 1269 ff, sowie *Hans-Werner Rengeling*, Rechtsgrundsätze beim Verwaltungsvollzug des Europäischen Gemeinschaftsrechts, Köln u.a. 1977, S. 218 ff., 239 f.

548 *Martin J. Reufels*, Subventionskontrolle durch Private, Köln u.a. 1996, S. 122 ff., 126 ff.; Lenz-*Rawlinson*, Vorbem. Art. 87-89, Rn. 21; vgl. auch EuGH, Rs. 77/72, Carmine Capolongo/Azienda Agricola Maya, Slg. 1973, 611, 622, Rn. 4-6.

549 EuGH, Rs. 78/76, Firma Steinike und Weinlig/Deutschland, Slg. 1977, 595, 609, Rn. 8.

550 EuGH, Rs. 77/72, Carmine Capolongo/Azienda Agricola Maya, Slg. 1973, 611, 622, Rn. 6: „Während Artikel 93 Absatz 3 letzter Satz für den Fall der beabsichtigten Einführung oder Umgestaltung von Beihilfen Verfahrensregeln aufstellt, die der nationale Richter würdigen kann, liegen die Dinge bei den in Artikel 93 Absatz 1 angeführten bestehenden Beihilferegelungen anders. Was diese Bei-

und die Gruppenfreistellungsrahmenverordnung bzw. die sie konkretisierenden zukünftigen Freistellungsverordnungen der Kommission, die als Verordnungen laut Artikel 249 Absatz 2 EGV „unmittelbar in jedem Mitgliedstaat" gelten.[551]

Was den Vorrang des Gemeinschaftsrechts anbetrifft, bietet das Beihilferecht keine spezifischen Probleme, die sich von den in diesem Zusammenhang üblicherweise diskutierten Problemen unterscheiden.[552] Das Gemeinschaftsrecht schafft in den Artikeln 87, 88 EGV (bzw. in den oben genannten, konkretisierenden sonstigen Rechtsakten) Vorgaben, an die das jeweilige nationale Recht gebunden ist und die nicht durch abweichende mitgliedstaatliche Regelungen einseitig umgangen werden können. Insbesondere für den Bereich der Rückforderung von Beihilfen, die grundsätzlich nach dem jeweiligen Verwaltungsverfahrensrecht der Mitgliedstaaten erfolgt, setzt das Gemeinschaftsrecht zwingende Schranken, die sich im Zweifel gegen anderslautende nationale Bestimmungen durchsetzen.[553]

2. Der „Gesetzesvorbehalt" im Gemeinschaftsrecht - Compétence d'attribution

Eine der oben bereits angesprochenen Anpassungen des Prinzips der Gesetzmäßigkeit der Verwaltung an die besondere Situation der Gemeinschaft ist, daß der Gesetzesvorbehalt in seiner aus dem nationalen Staatsrecht bekannten Form im Gemeinschaftsrecht

hilfen angeht, so gelten die Bestimmungen des Artikel 92 Absatz 1 mit der Folge, daß aus ihnen vor den nationalen Gerichten Rechte hergeleitet werden können, in der Rechtsordnung der Mitgliedstaaten erst, wenn sie durch die in Artikel 94 vorgeschriebenen Rechtshandlungen allgemeiner Tragweite oder durch Einzelfallentscheidungen, wie sie Artikel 93 Absatz 2 im Auge hat, konkretisiert worden sind."
EuGH, Rs. 78/76, Firma Steinike und Weinlig/Deutschland, Slg. 1977, 595, 610, Rn. 10: „Dem einzelnen ist es daher verwehrt, sich auf Artikel 92 allein zu berufen, um die Unvereinbarkeit einer Beihilfe mit dem Gemeinschaftsrecht vor einem nationalen Gericht geltend zu machen und zu beantragen, dieses Gericht möge eine solche Unvereinbarkeit unmittelbar oder inzidenter feststellen. Dieses Recht hat er jedoch dann, wenn die Bestimmungen des Artikels 92 durch die in Artikel 94 vorgesehenen allgemeinen Vorschriften oder durch Einzelfallentscheidungen nach Artikel 93 Absatz 2 konkretisiert worden sind."

551 Speziell zur unmittelbaren Anwendbarkeit von Gruppenfreistellungsverordnungen vor nationalen Gerichten vgl. *Bertold Bär-Bouyssière*, Neue Entwicklungen im europäischen Beihilfenrecht, in: Jürgen Schwarze (Hrsg.), Neuere Entwicklungen des europäischen Wettbewerbsrechts, Baden-Baden 1999, S. 79, 86 f.; *Adinda Sinnaeve*, Die neue Verfahrensverordnung in Beihilfensachen, EuZW 1999, 270, 270; *Christian Koenig, Jürgen Kühling*, Reform des EG-Beihilfenrechts aus der Perspektive des mitgliedstaatlichen Systemwettbewerbs - Zeit für eine Neuausrichtung?, EuZW 1999, 517, 522; Fünfter Erwägungsgrund der Gruppenfreistellungsrahmenverordnung, ABl. 1998, L 42, S. 1.

552 Eine ausführlichere Darstellung des Vorrangs des Gemeinschaftsrechts und der Kollisionsproblematik unterbleibt daher in dieser Arbeit. Vgl. dazu *Hans-Werner Rengeling*, Rechtsgrundsätze beim Verwaltungsvollzug des Europäischen Gemeinschaftsrechts, Köln u.a. 1977, S. 218 ff. m.w.N.; *Burkhard Schmid-Steinhauser*, Geltung und Anwendung von Europäischem Gemeinschaftsrecht im Vereinigten Königreich, Baden-Baden 1994, S. 56 ff. m.w.N.; *Karl Eugen Huthmacher*, Der Vorrang des Gemeinschaftsrechts bei indirekten Kollisionen: Eine Studie zum Verhältnis von EG-Recht zu nationalem Vollzugsrecht, dargestellt am Beispiel des Konflikts zwischen materiellem EG-Recht und nationalen Rechtsmittelfristen, Köln u.a. 1985.

553 Vgl. dazu näher Teil 2, A.IV.3.dd).

keine genaue Entsprechung findet.[554] Dies ergibt sich daraus, daß in der Gemeinschaft nicht nur der Schutz des Individuums vor hoheitlichen Maßnahmen gewährleistet werden muß, sondern daneben auch noch eine interessengerechte Grenzziehung zwischen den Aufgabenbereichen der Gemeinschaftsorgane und der Mitgliedstaaten zu erfolgen hat.

Als entscheidender Maßstab des Gemeinschaftshandelns tritt an die Stelle des klassischen Gesetzesvorbehalts das Prinzip der begrenzten Einzelermächtigung (*compétence d'attribution*),[555] wonach für ein Tätigwerden der Gemeinschaft im allgemeinen und ihrer Organe im besonderen eine ausdrückliche vertragliche Ermächtigung vorliegen muß. *Sedes materiae* des Prinzips der *compétence d'attribution* im Vertragstext sind Artikel 5 Absatz 1[556] und Artikel 7 Absatz 1[557] EGV.

Für das Beihilferecht bedeutet das, daß die Kommission als das in diesem Gebiet in erster Linie relevante Verwaltungsorgan jeweils eine vertragliche Ermächtigung braucht, um überhaupt tätig zu werden. Darüber hinaus gibt der Vertrag in der Regel vor, in welcher Handlungsform die Kommission tätig werden darf, wenn eine grundsätzliche Zuständigkeit besteht. So ist es der Kommission z.B. trotz ihrer als ausschließlich zu charakterisierenden Zuständigkeit zur Beihilfenkontrolle nicht gestattet, selbst zu entscheiden, ob sie im Wege der Entscheidung oder per Verordnung handeln will. Die ausschließliche Kompetenz zur Beihilfenkontrolle gibt der Kommission keine Kompetenz-Kompetenz. Ein Rechtsakt, der außerhalb der dergestalt begrenzten Ermächtigung oder in einer nicht explizit vorgesehenen (bzw. aufgrund von ergänzender Auslegung als zulässig zu erachtenden) Handlungsform ergeht, ist rechtswidrig und wird vom Gerichtshof aufgehoben bzw. für nichtig erklärt.

Etwas anderes gilt nur für unverbindliche Rechtsakte wie Empfehlungen und Stellungnahmen. Diese Maßnahmen kann die Kommission gemäß Artikel 211 2. Spiegelstrich EGV unabhängig von einer konkreten Kompetenznorm immer dann abgeben, wenn sie

554 Vgl. zu den Gründen hierfür *Jürgen Schwarze*, Europäisches Verwaltungsrecht, Bd. I, Baden-Baden 1988, S. 238.

555 Der Begriff der „compétence d'attribution" taucht, soweit ersichtlich, erstmals bereits 1957 in der Rechtsprechung des Gerichtshofes auf, vgl. die Schlußanträge des Generalanwalt *Maurice Lagrange* in den verb. Rs. 7/56 und 3/57 bis 7/57, Algera u.a./Gemeinsame Versammlung, Slg. 1957, 83, 167: „Der den Vertrag beherrschende Rechtsgrundsatz ist der der *begrenzten Zuständigkeit*." Im deutschen Schriftum finden sich für den Grundsatz der *compétence d'attribution* etliche Begriffe, die sich in der Sache allerdings nur geringfügig unterscheiden. Allgemein zum Prinzip der begrenzten Einzelermächtigung sowie zur Terminologie vgl z.B. *Albert Bleckmann*, Europarecht, 6. Aufl., Köln u.a. 1997, S. 149, Rn. 380 ff.; *Hans Peter Ipsen*, Europäisches Gemeinschaftsrecht, Tübingen 1972, S. 413 ff. m.w.N; Grabitz-*Grabitz*, Art. 189, Rn. 4 m.w.N.

556 Artikel 5 Absatz 1 EGV lautet: „Die Gemeinschaft wird innerhalb der Grenzen der ihr in diesem Vertrag zugewiesenen Befugnisse und gesetzten Ziele tätig."

557 Artikel 7 Absatz 1 EGV bestimmt: „[...] Jedes Organ handelt nach Maßgabe der ihm in diesem Vertrag zugewiesenen Befugnisse."

es für notwendig erachtet.[558] *Reufels* wirft die Frage auf, ob die gängige Kommissionspraxis des Erlasses von abstrakten Mitteilungen, Empfehlungen und Gemeinschaftsrahmen[559] unter rechtsstaatlichen Gesichtspunkten überhaupt zulässig ist.[560] Es sei der Frage nachzugehen, ob im Ergebnis eine Umgehung des Artikel 89 EGV vorliege, da der Regelungsgegenstand der Kommissionsleitlinien an sich vom Rat im Wege der Durchführungsverordnung geregelt werden müsse. Durch die Regelung per Verwaltungsvorschriften könne sich die Kommission u.U. eine ihr in dieser Form nicht zustehende Kompetenz angemaßt haben.

Diese Bedenken sind unbegründet. Nicht umsonst hat auch der Gerichtshof diese Praxis der Kommission nie als problematisch diskutiert oder gar beanstandet. Zwar gibt es keine explizite vertragliche Grundlage für Leitlinien u.ä., doch ist eine solche wegen der fehlenden Verbindlichkeit von Verwaltungsvorschriften auch nicht notwendig. Die Kompetenz der Kommission zum Erlaß solcher abstrakter Verwaltungsvorschriften ergibt sich vielmehr implizit aus ihrer ausschließlichen Kompetenz im Bereich der Beihilfeaufsicht i.V.m. der oben genannten Vorschrift des Artikel 211 EGV.

Insbesondere zu Durchführungsverordnungen des Rates ergibt sich keinerlei Konfliktpotential. Derartige Verordnungen gehen dem von der Kommission gesetzten Innenrecht ohne weiteres vor. Leitlinien dürfen von Durchführungsverordnungen i.S.v. Artikel 89 EGV ebensowenig abweichen wie vom primären Vertragsrecht. Solange der Rat allerdings seine Befugnis zur Verwirklichung eigener Gestaltungsvorstellungen per Verordnung nicht wahrnimmt, ist die Kommission berechtigt, diese Lücke auszufüllen und das unstreitig bestehende Bedürfnis nach Konkretisierung der materiellen Entscheidungsmaßstäbe im Wege abstrakter Verwaltungsvorschriften ihrerseits zu decken. Von der grundsätzlichen Zulässigkeit dieser rechtsgestaltenden Tätigkeit der Kommission[561] zu trennen ist allerdings die Frage, ob in Zukunft nicht ein verstärktes Tätigwerden des Rates im Bereich der Gestaltung abstrakter Entscheidungsmaßstäbe im Beihilferecht wünschenswert wäre.[562]

Zusammenfassend läßt sich festhalten: Die Kommission unterliegt aufgrund der *compétence d'attribution* ausgeprägten Rechtsbindungen, die vom Gerichtshof überwacht und sanktioniert werden. Auch unter diesem Blickwinkel ist die neue Verfahrensverordnung ein bedeutender Schritt in die richtige Richtung, da das Bestehen von verbindlichen Nor-

558 Lenz-*Hetmeier*, Art. 249, Rn. 18; Lenz-*Breier*, Art. 211, Rn. 6. Artikel 211 2. Spiegelstrich EGV lautet: „Um das ordnungsgemäße Funktionieren und die Entwicklung des Gemeinsamen Marktes zu gewährleisten, erfüllt die Kommission folgende Aufgaben:
- Empfehlungen oder Stellungnahmen auf den in diesem Vertrag bezeichneten Gebieten abgeben, soweit der Vertrag dies ausdrücklich vorsieht oder soweit sie es für notwendig erachtet."

559 Zu diesen Maßnahmen vgl. sogleich ausführlich unten Teil 2, A.III.3.a).bb).(1) und (2).

560 *Martin J. Reufels*, Europäische Subventionskontrolle durch Private, Köln u.a. 1996, S. 84 f., Fn. 214.

561 Vgl. in diesem Zusammenhang auch GTE-*Mederer*, Vorbem. Art. 92-94, Rn. 4.

562 Vgl. zu dieser Frage *Thomas von Danwitz*, Grundfragen der Europäischen Beihilfeaufsicht, JZ 2000, 429, 432, sowie unten Teil 2, A.III.3.b).

men in einem Verordnungstext das Handeln der Exekutive deutlicher eingrenzt und in vorhersehbare Bahnen lenkt als der Rückgriff auf mittels Richterrecht entwickelte Grundlagen und Details bzw. auf eine ständige Kommissionspraxis.

3. *Gesetzmäßigkeit der Verwaltung und Ermessen*

Ähnlich wie in den jeweiligen Rechtsordnungen der Mitgliedstaaten[563] ist auch in der Gemeinschaft eine strikte, ausnahmslose Gesetzesbindung der Verwaltung in der Praxis nicht realisierbar.[564] Will man den Bedürfnissen der Exekutive nach flexibler und effizienter Gesetzesanwendung genügen, so ist es unerläßlich, der Verwaltung Ermessens- bzw. Entscheidungsspielräume einzuräumen.[565] Dementsprechend gibt es auch im Gemeinschaftsrecht Bereiche, in denen der Verwaltung Ermessen zusteht. Die aus dem deutschen Recht bekannte Differenzierung zwischen Beurteilungsspielräumen bei unbestimmten Rechtsbegriffen auf der Tatbestandsebene und echtem Ermessen auf der Rechtsfolgenseite ist dem diesbezüglich vom französischen Recht geprägten Gemeinschaftsrecht allerdings fremd.[566]

a) Das Ermessen der Kommission im Beihilferecht

Im Beihilferecht wird der Kommission teilweise ein ganz erheblicher Ermessensspielraum zugebilligt.[567] Ein Diskussionspunkt war lange Zeit der Bereich der Rückforderung

563 Vgl. hierzu die rechtsvergleichende Untersuchung von *Jürgen Schwarze*, Europäisches Verwaltungsrecht, Bd. I, Baden-Baden 1988, S. 246 ff., 279.

564 Eine erste, zumindest tatsächliche Relativierung erfährt die Gesetzesbindung nämlich in jeder Rechtsordnung bereits durch die Verwendung von unbestimmten Rechtsbegriffen, die selbst bei voller gerichtlicher Überprüfbarkeit immer einen gewissen Raum für die Auslegung und Anwendung durch die Exekutive lassen. Und besonders das hier interessierende Wirtschaftsverwaltungsrecht ist eine Materie, die aufgrund der Schnellebigkeit und Komplexität des Wirtschaftslebens in besonderer Weise auf flexible unbestimmte Rechtsbegriffe angewiesen ist, vgl. dazu auch Teil 2, A.IV.2.c), sowie *Jürgen Schwarze*, Europäisches Verwaltungsrecht, Bd. I, Baden-Baden 1988, S. 195 f.

565 *Jürgen Schwarze*, Europäisches Verwaltungsrecht, Bd. I, Baden-Baden 1988, S. 195.

566 *Eckhard Pache*, Die Kontrolldichte in der Rechtsprechung des Gerichtshofs der Europäischen Gemeinschaften, DVBl. 1998, 380, 384 f. m.w.N.; *Thomas von Danwitz*, Rechtliche Optimierungsgebote für das Verwaltungshandeln?, DVBl. 1998, 928, 940; *Eberhard Kruse*, Die Rechtsstellung Dritter im Beihilfekontrollverfahren, EuR 1999, 119, 124; *Jürgen Schwarze*, Europäisches Verwaltungsrecht, Bd. I, Baden-Baden 1988, S. 280. Dieser Befund spiegelt sich in der im Deutschen äusserst uneinheitlichen Terminologie des Gerichtshofes in diesem Bereich wider. Für den einheitlichen Begriff der „appréciation" in den französischen Urteilsversionen finden sich verschiedene Übersetzungen, vgl. z.B. EuGH, Rs. 110/63, Alfred Williame/Kommission der EAG, Slg. 1965, 859, 878 („Beurteilungsermessen" - 803, 821 in der frz. Slg.); verb. Rs. 94 und 96/63, Pierre Bernusset/Kommission, Slg. 1964, 645, 671 („Ermessensbefugnis" - 587, 610 in der frz. Slg.); Rs. 249/85, Albako Margarinefabrik/Bundesanstalt für landwirtschaftliche Marktordnung, Slg. 1987, 2345, 2360, Rn. 16 („Beurteilungsspielraum").

567 Beispielsweise steht die Erhebung der Vertragsverletzungsklage gemäß Artikel 88 Absatz 2 Unterabsatz 2 EGV im Ermessen der Kommission (EuG, Rs. T-277/94, Associazione Italiana Tecnico Economica del Cemento (AITEC)/Kommission, Slg. 1996, II-351, 374, Rn. 55). Auch beim Erlaß zweckdienlicher Maßnahmen gemäß Artikel 88 Absatz 1 EGV und deren inhaltlicher Ausgestaltung hat die Kommission einen weiten Ermessensspielraum, vgl. Schwarze-*Bär-Bouyssière*, Art. 88, Rn. 57.

vertragswidriger Beihilfen. Fraglich war, ob und inwieweit die Rückforderungsentscheidung im pflichtgemäßen Ermessen der Kommission steht, daß sich gegebenenfalls zu einer Rückforderungspflicht verdichten kann.[568] Mit der Einführung der Verfahrensverordnung hat sich dieses Problem erledigt: Artikel 14 Absatz 1 VerfVO normiert nunmehr nämlich eine Rückforderungspflicht der Kommission für rechtswidrige Beihilfen,[569] d.h. die Rückforderung ist grundsätzlich eine gebundene Entscheidung.

aa) Das Problem des Beurteilungsspielraums im Rahmen des Beihilfebegriffs

Seit jeher von Interesse ist, ob der Begriff der Beihilfe i.S.v. Artikel 87 Absatz 1 EGV vom Gerichtshof uneingeschränkt überprüft wird (strikte Rechtsbindung) oder ob der Kommission in Übereinstimmung mit der französischen Tradition ein gewisser Beurteilungsspielraum zuzugestehen ist (Tatbestandsermessen).

Noch im Jahr 1988 kam *Jürgen Schwarze* zu dem Ergebnis, daß die Frage, „ob die Kommission bei der Klassifizierung einer staatlichen Leistung als Beihilfe über einen Beurteilungs- oder Ermessensspielraum verfügt, [...] nach der bisherigen Rechtsprechung verneint werden“ könne.[570]

Seitdem ist allerdings verstärkt diskutiert worden, ob nicht bei der Bewertung des Begriffs der Beihilfe eine gewisse institutionelle Verschiebung weg von der unbeschränkten Prüfungsbefugnis des Gerichtshofs stattgefunden hat. Insbesondere wenn die Feststellung des Beihilfecharakters im Ergebnis von komplexen wirtschaftlichen Erwägungen abhängt, wurde teilweise vertreten, daß die Kommission über einen gewissen Beurteilungsspielraum verfüge.[571] Dies wurde vor allem aus dem Urteil des Gerichts erster Instanz im Fall *Ladbroke* geschlossen. Das Gericht vertrat hier:

> „Daraus folgt, daß der Beihilfebegriff ein objektiver Begriff ist, der sich nur danach bestimmt, ob eine staatliche Maßnahme einem oder bestimmten Unternehmen einen Vorteil verschafft oder nicht. Daher ist es im Rahmen der Qualifizierung einer Maßnahme als staatliche Beihilfe, die nach dem EG-Vertrag sowohl der Kommission als auch den nationalen Gerichten obliegt, grundsätzlich nicht gerechtfertigt, der Kommission einen weiten

568 Vgl. z.B. *Adinda Sinnaeve*, Die Rückforderung gemeinschaftsrechtswidriger nationaler Beihilfen, Berlin 1997, S. 49 ff.; *Dominique Borde, Pierre Kirch*, La restitution des aides d'Etat (Le point de vue français), RTDE 1993, 477, 490; *Martin J. Reufels*, Europäische Subventionskontrolle durch Private, Köln u.a. 1996, S. 73; *Michel L. Struys*, Questions choisies de procédure en matière d'aides d'Etat, RTDE 1993, 17, 35 f.; *Siegfried Magiera*, Rückforderung gemeinschaftsrechtswidriger staatlicher Beihilfen, in: Jürgen F. Baur et al. (Hrsg.), Festschrift für Bodo Börner, Köln u.a. 1992, S. 213, 222.

569 *Adinda Sinnaeve*, Die neue Verfahrensverordnung in Beihilfensachen, EuZW 1999, 270, 274; *dies.*, Der Kommissionsvorschlag zu einer Verfahrensverordnung für die Beihilfenkontrolle, EuZW 1998, 268, 270.

570 *Jürgen Schwarze*, Europäisches Verwaltungsrecht, Bd. I, Baden-Baden 1988, S. 372. Vgl. außerdem den Schluß auf S. 374, wonach die vorhandene Judikatur es erlaube, „von einer strikten Rechtsbindung im Tatbestand des Beihilfenverbots zu sprechen.“

571 *Waltraud Hakenberg, Ernst Tremmel*, Die Rechtsprechung des EuGH und EuGeI auf dem Gebiet der staatlichen Beihilfen in den Jahren 1997 und 1998, EWS 1999, 167, 169.

Spielraum einzuräumen, wenn keine besonderen Umstände vorliegen, die insbesondere mit der komplexen Natur der betreffenden staatlichen Maßnahme zusammenhängen."[572]

V.a. der einschränkende Nachsatz „wenn keine besonderen Umstände vorliegen" sowie die Bezugnahme auf das Wort *weiten* Spielraum bot Anlaß zu den verschiedenen, voneinander abweichenden Interpretationen. Während manche das Bekenntnis zum objektiven Charakter des Beihilfebegriffs in den Vordergrund stellten und den Nachsatz als „wenig hilfreich" bezeichneten,[573] zitierten andere dieses Urteil als Beleg für die Anerkennung eines gewissen, allerdings engen Beurteilungsspielraums der Kommission.[574]

Je komplexer die zur Kontrolle anstehenden wirtschaftlichen Sachverhalte und Maßnahmen werden, desto eher macht es aus gerichtlicher Sicht Sinn, bei der Auslegung bloßer Detailfragen auf die größere Erfahrung und Sachnähe der Kommission zu vertrauen. Es käme dann zu einer Relativierung der vormals strikten Rechtsbindung, die durch gesteigerte Anforderungen an die Begründungspflicht der Kommission kompensiert werden könnte. Zu denken wäre etwa an eine Übertragung der Rechtsprechung in der Rechtssache *TU München*:

> „Es ist darauf hinzuweisen, daß die Kommission in einem Verwaltungsverfahren, das komplexe technische Beurteilungen zum Gegenstand hat, über einen Beurteilungsspielraum verfügt, um ihre Aufgaben erfüllen zu können.
>
> Soweit jedoch die Organe der Gemeinschaft über einen solchen Beurteilungsspielraum verfügen, kommt eine umso größere Bedeutung der Beachtung der Garantien zu, die die Gemeinschaftsrechtsordnung im Verwaltungsverfahren gewährt. Zu diesen Garantien gehören insbesondere die Verpflichtung des zuständigen Organs, sorgfältig und unparteiisch alle relevanten Gesichtspunkte des Einzelfalles zu untersuchen, das Recht des Betroffenen, seinen Standpunkt zu Gehör zu bringen, und das Recht auf eine ausreichende Begründung der Entscheidung. Nur so kann der Gerichtshof überprüfen, ob die für die Wahrnehmung des Beurteilungsspielraums maßgeblichen sachlichen und rechtlichen Umstände vorgelegen haben."[575]

Selbst die erklärten Befürworter einer strikten Rechtsbindung ohne jeden tatbestandlichen Beurteilungsspielraum gestehen ein, daß eine solche Konstruktion rechtsstaatlich zulässig wäre.[576] Aus Sicht der Gesetzesbindung der Verwaltung sind beide denkbaren Lösungswege, volle gerichtliche Überprüfbarkeit des unbestimmten Rechtsbegriffs „Bei-

572 EuG, Rs. T-67/94, Ladbroke Racing Ltd/Kommission, Slg. 1998, II-1, 26, Rn. 52; vgl. außerdem auch EuGH, Rs. C-56/93, Belgien/Kommission („Gasunie"), Slg. 1996, I-723, 771 f., Rn. 10, 11.

573 *Thomas von Danwitz*, Grundfragen der Europäischen Beihilfeaufsicht, JZ 2000, 429, 432 f.

574 *Waltraud Hakenberg, Ernst Tremmel*, Die Rechtsprechung des EuGH und EuGeI auf dem Gebiet der staatlichen Beihilfen in den Jahren 1997 und 1998, EWS 1999, 167, 169: „Daraus folgt, daß der Kommission bei der Beurteilung der Beihilfeeigenschaft einer staatlichen Maßnahme - anders als bei der Anwendung der Ausnahmebestimmungen von Art. 92 Abs. 3 EGV - im allgemeinen nur ein enger Ermessensspielraum zukommt."

575 Vgl. EuGH, C-269/90, HZA München-Mitte/Technische Universität München, Slg. 1991, 5469, 5499, Rn. 13, 14.

576 *Thomas von Danwitz*, Grundfragen der Europäischen Beihilfeaufsicht, JZ 2000, 429, 434: „Zugleich ist mit dieser Begründungskontrolle ein Weg aufgezeigt, der ein gewisses behördliches Tatbestandsermessen im Rahmen von Art. 87 Abs. 1 EGV rechtsstaatlich bedenkenfrei erscheinen ließe."

hilfe" oder eingeschränkte Kontrolle aufgrund eines behördlichen Wissensvorsprungs bei gleichzeitiger Verschärfung der Begründungserfordernisse, grundsätzlich gangbar.

Der Gerichtshof hat den Streit jüngst allerdings wohl endgültig im Sinne einer strikten Rechtsbindung ohne behördliches Tatbestandsermessen entschieden. Im Rechtsmittel zur oben zitierten, wie gesehen durchaus interpretationsfähigen Ladbroke-Entscheidung stellte der Gerichtshof nämlich fest:

> „Dazu genügt die Feststellung, daß der Begriff der staatlichen Beihilfe, wie er im Vertrag definiert ist, rechtlichen Charakter hat und anhand objektiver Kriterien auszulegen ist. Deshalb hat der Gemeinschaftsrichter die Frage, ob eine Maßnahme in den Anwendungsbereich von Artikel 92 Absatz 1 des Vertrages fällt, grundsätzlich unter Berücksichtigung der konkreten Umstände des bei ihm anhängigen Rechtsstreits und des technischen oder komplexen Charakters der von der Kommission vorgenommenen Beurteilungen umfassend zu prüfen."[577]

Die Bewertungen der Kommission, ob eine Beihilfe vorliegt oder nicht, bleiben also voll gerichtlich überprüfbar. Der Gerichtshof folgt hier dogmatisch insoweit einer rechtsstaatlichen Maximallösung.[578] Diese Klarstellung ist zu begrüßen.

In der Praxis wird der geschilderte Streit ohnehin oft nicht relevant. Denn nichts spricht dagegen, daß der Gerichtshof trotz seiner theoretisch uneingeschränkten Kontrollbefugnis die Flexibilität der Kommission bei der Wahl der Methodik zur Feststellung des Beihilfecharakters respektieren wird.[579] Es geht insofern mehr um die dogmatische Ausgestaltung des institutionellen Verhältnisses von Kommission und Gerichtsbarkeit, als um wirklich handfeste praktische Unterschiede im Ergebnis der Überprüfung.

bb) Das Ermessen der Kommission im Rahmen von Artikel 87 Absatz 3 EGV

Während die Frage, ob eine bestimmte mitgliedstaatliche Maßnahme überhaupt eine Beihilfe i.S.v. Artikel 87 Absatz 1 EGV darstellt, trotz der dabei gelegentlich erforderlichen komplexen wirtschaftlichen Beurteilungen wie gesehen voll gerichtlich überprüfbar ist, hat die Kommission bei der Feststellung, ob eine an sich mit dem Gemeinsamen Markt unvereinbare Beihilfe gemäß Artikel 87 Absatz 3 EGV ausnahmsweise als zulässig erachtet wird, einen weiten Ermessensspielraum, der vom Gerichtshof nur eingeschränkt auf bestimmte Ermessensfehler überprüft wird.[580]

577 EuGH, Rs. C-83/98 P, Frankreich/Kommission, noch unveröff. Urteil v. 16.5.2000, Rn. 25.

578 Weitere Argumente für diese Lösung liefert *Thomas von Danwitz*, Grundfragen der Europäischen Beihilfeaufsicht, JZ 2000, 429, 433. Vgl. außerdem auch Schwarze-*Bär-Bouyssière*, Art. 87, Rn. 51.

579 Ähnlich auch *Thomas von Danwitz*, Grundfragen der Europäischen Beihilfeaufsicht, JZ 2000, 429, 433.

580 St. Rspr., vgl. z.B. EuGH, Rs 730/79, Philip Morris Holland BV/Kommission, Slg. 1980, 2671, 2690 f., Rn. 17, 24; Rs. C-301/87, Frankreich/Kommission („Boussac"), Slg. 1990, I-307, 355, Rn. 15, 363, Rn. 49; Rs. C-39/94, Syndicat français de l'Express international (SFEI) u.a./La Poste, Slg. 1996, I-3547, 3589, Rn. 36; EuG, Rs. T-149/95, Ducros/Kommission, Slg. 1997, II-2031, 2051, Rn. 63.

Die Rechtfertigung für den weiten Ermessensspielraum der Kommission sieht der Gerichtshof in den vielschichtigen und raschen Änderungen unterliegenden wirtschaftlichen Gegebenheiten, die die Kommission bei der Beurteilung der Vereinbarkeit einer Beihilfe mit dem Gemeinsamen Markt zu berücksichtigen hat.[581] Für die bei der Bewältigung komplexer wirtschaftlicher Tatsachen und Umstände[582] oftmals notwendigen sozialen, technischen und wirtschaftlichen Wertungen[583] ist die Kommission aufgrund ihrer grösseren Sachnähe prädestiniert. Diese größere Sachnähe und den daraus resultierenden Wissensvorsprung muß das Gericht respektieren, d.h. es darf „nicht seine wirtschaftliche Beurteilung an die Stelle der Beurteilung der Kommission setzen."[584]

Der Gerichtshof beschränkt sich bei der Überprüfung der von der Kommission im Rahmen von Artikel 87 Absatz 3 EGV getroffenen Beurteilung darauf, festzustellen, „ob die Verfahrens- und Begründungsvorschriften eingehalten worden sind, ob der Sachverhalt, der der getroffenen Ermessensentscheidung zugrunde gelegt wurde, zutreffend festgestellt worden ist und ob keine offensichtlich fehlerhafte Würdigung dieses Sachverhalts und kein Ermessensmißbrauch vorliegt."[585] Ein Ermessensmißbrauch ist dann zu bejahen, wenn „aufgrund objektiver, schlüssiger und übereinstimmender Indizien anzunehmen ist, daß [die Entscheidung] ausschließlich oder zumindest vorwiegend zu anderen als den angegebenen Zwecken [...] erlassen worden ist".[586]

Dieser weite Ermessensspielraum der Kommission wird in der Literatur teilweise als nicht unproblematisch erachtet, weil die Entscheidungen der Kommission über die Vereinbarkeit von Beihilfen mit dem Gemeinsamen Markt „unter materiellen Aspekten praktisch nicht justitiabel" seien.[587] V.a. das Erfordernis einer gründlichen minutiösen

581 Vgl. EuGH, Rs. C-301/87, Frankreich/Kommission („Boussac"), Slg. 1990, I-307, 355, Rn. 15; Rs. C-39/94, Syndicat français de l'Express international (SFEI) u.a./La Poste, Slg. 1996, I-3547, 3589, Rn. 36.

582 Vgl. EuG, Rs. T-149/95, Ducros/Kommission, Slg. 1997, II-2031, 2051, Rn. 63.

583 Vgl. EuGH, Rs. C-301/87, Frankreich/Kommission („Boussac"), Slg. 1990, I-307, 363, Rn. 49; Rs. C-225/91, Matra SA/Kommission, Slg. 1993, I-3203, 3256, Rn. 24; EuG, Rs. T-266/94, Foreningen af Jernskibs- og Maskinbyggerier i Danmark, Skibsværftsforeningen u.a./Kommission, Slg. 1996, II-1399, 1449, Rn. 170.

584 EuG, Rs. T-149/95, Ducros/Kommission, Slg. 1997, II-2031, 2051, Rn. 63; ähnlich auch EuGH, Rs. C-225/91, Matra SA/Kommission, Slg. 1993, I-3203, 3256, Rn. 23, sowie EuG, Rs. T-380/94, AIUFASS und AKT/Kommission, Slg. 1996, II-2169, 2190, Rn. 56.

585 EuGH, Rs. C-56/93, Belgien/Kommission („Gasunie"), Slg. 1996, I-723, 772, Rn. 11 m.w.N.; EuG, Rs. T-380/94, AIUFASS und AKT/Kommission, Slg. 1996, II-2169, 2190, Rn. 56; ähnlich auch EuG, Rs. T-149/95, Ducros/Kommission, Slg. 1997, II-2031, 2051, Rn. 63 m.w.N.

586 EuGH, Rs. C-331/88, Fedesa u.a., Slg. 1990, I-4023, 4065, Rn. 24; ähnlich auch bereits EuGH, verb. Rs. 18 und 35/65, Max Gutmann/Kommission, Slg. 1966, 153, 176; Rs. 69/83, Charles Lux/ Rechnungshof, Slg. 1984, 2447, 2465, Rn. 30.

587 *Reimer von Borries*, Statement: Grundsätzliche Aspekte des europäischen Beihilfenrechts, in: Jürgen Schwarze (Hrsg.), Neuere Entwicklungen des europäischen Wettbewerbsrechts, Baden-Baden 1999, S. 95, 98; vgl. auch *Ulrich Immenga,* Wettbewerbspolitik contra Industriepolitik nach Maastricht, EuZW 1994, 14, 17, der davon spricht, daß eine „gerichtliche Überprüfung der letztlich politischen Ermessensentscheidungen [...] so gut wie ausgeschlossen" sei. Kritisch äußern sich auch *Christian Koenig, Jürgen Kühling*, Reform des EG-Beihilfenrechts aus der Perspektive des mitgliedstaatlichen Systemwettbewerbs - Zeit für eine Neuausrichtung?, EuZW 1999, 517, 519.

Entscheidungsbegründung relativiert diese Kritik allerdings.[588] Besondere Bedeutung gewinnen außerdem die zahlreichen Mitteilungen, Leitlinien und Gemeinschaftsrahmen, die die Kommission im Bereich des Beihilferechts erläßt.[589] Diese Maßnahmen tragen nämlich zu einer Konkretisierung der Entscheidungskriterien im Rahmen des weiten Ermessensspielraums bei. Sie führen zu einer Objektivierung der Ermessensausübung und damit zu mehr Rechtssicherheit; außerdem erhöhen sie die Transparenz der Entscheidungspraxis.[590] Soweit sie die Kommission binden, engen Ermessensleitlinien andererseits die Flexibilität der Verwaltung ein.

(1) Mitteilungen, Leitlinien und Gemeinschaftsrahmen - Terminologie

Im Zusammenhang mit diesen verschiedenen Leitlinien und Gemeinschaftsrahmen ergibt sich eine Reihe von interessanten Problemen, die v.a. in jüngerer Zeit die europäischen Gerichte beschäftigt haben. Die Diskussion ist derzeit noch stark im Fluß, und es bestehen etliche Unklarheiten sowohl im Hinblick auf die richtige Terminologie als auch im Hinblick auf die rechtliche Einordnung der verschiedenen Maßnahmen. Dies vor allem deshalb, weil Gemeinschaftsrahmen und Leitlinien als solche in den Verträgen nicht explizit vorgesehen sind. Sie haben sich aber dennoch zu einem ganz wesentlichen Element der Beihilfekontrolle entwickelt.[591] Im folgenden soll insofern zunächst versucht werden, ein klares terminologisches Konzept zu entwerfen. Daran anschließend wird die Rechtsnatur der verschiedenen Maßnahmen erörtert und die Frage beantwortet, ob und inwieweit derartige Maßnahmen der Kommission eine Bindungswirkung haben. Zum Abschluß wird dann zu diskutieren sein, ob der derzeitige Status Quo im Bereich der Ermessensausübung unter dem Gesichtspunkt der Gesetzesbindung der Verwaltung rechtsstaatliche Defizite aufweist oder nicht.

Als Oberbegriff für Mitteilungen, Leitlinien und Gemeinschaftsrahmen bietet sich der von *Thomas von Danwitz* verwendete Begriff der normvertretenden Verwaltungsvorschriften an.[592] Damit ist allerdings noch nicht viel gewonnen, da gerade die nicht immer

588 Zur Konstruktion der Ermessensbegrenzung durch erhöhte Begründungsanforderungen vgl. bereits oben EuGH, C-269/90, HZA München-Mitte/Technische Universität München, Slg. 1991, I-5469, 5499, Rn. 14; außerdem *Thomas von Danwitz*, Grundfragen der Europäischen Beihilfeaufsicht, JZ 2000, 429, 433 f. m.w.N.; grundlegend auch *Jürgen Schwarze*, Europäisches Verwaltungsrecht, Bd. I, Baden-Baden 1988, S. 285.

589 Eine Übersicht über verschiedene, von der Kommission in jüngerer Zeit erlassene Leitlinien und Gemeinschaftsrahmen findet sich bei *Bertold Bär-Bouyssière*, Neue Entwicklungen im europäischen Beihilfenrecht, in: Jürgen Schwarze (Hrsg.), Neuere Entwicklungen des europäischen Wettbewerbsrechts, Baden-Baden 1999, S. 79, 87 ff.

590 Vgl. hierzu auch *Reimer von Borries*, Statement: Grundsätzliche Aspekte des europäischen Beihilfenrechts, in: Jürgen Schwarze (Hrsg.), Neuere Entwicklungen des europäischen Wettbewerbsrechts, Baden-Baden 1999, S. 95, 98; *Thomas Jestaedt, Ulrike Häsemeyer*, Die Bindungswirkung von Gemeinschaftsrahmen und Leitlinien im EG-Beihilfenrecht, EuZW 1995, 787, 792.

591 *Reimer von Borries*, Statement: Grundsätzliche Aspekte des europäischen Beihilfenrechts, in: Jürgen Schwarze (Hrsg.), Neuere Entwicklungen des europäischen Wettbewerbsrechts, Baden-Baden 1999, S. 95, 97.

592 Vgl. *Thomas von Danwitz*, Grundfragen der Europäischen Beihilfeaufsicht, JZ 2000, 429, 434.

präzise Unterscheidung der drei Unterbegriffe zu Schwierigkeiten und Mißverständnissen führen kann.

Während die Terminologie im Englischen ein durchgehendes System aufweist, war dies im deutschen Sprachgebrauch der Kommission zumindest anfänglich nicht der Fall:[593] Die Differenzierung in Leitlinien („guidelines“ als Kommissionsmaßnahmen, die sich nur auf künftige, neu einzuführende Beihilfen beziehen) und Gemeinschaftsrahmen („framework“ als Bezeichnung von Regelwerken, die hauptsächlich für bestehende Beihilfen und nur in zweiter Linie auch für neu eingeführte Beihilfen gelten) wurde nicht stringent praktiziert. Es wäre wünschenswert, wenn sich diese Einteilung auch im deutschen Sprachgebrauch einbürgern würde. Bei den neueren Rechtsakten der Kommission scheint eine Tendenz in dieser Richtung feststellbar.[594] Die drei verschiedenen Begriffe wären dann wie folgt zu charakterisieren:

(a) Mitteilungen

Der Begriff „Mitteilung“ sollte auf Maßnahmen der Kommission beschränkt werden, die diese erläßt, um den Mitgliedstaaten und ihren Unternehmen die allgemeine Auslegungspraxis der Kommission im Bereich von Artikel 87 Absatz 1 und 2 EGV näherzubringen bzw. das Verfahren gemäß Artikel 88 EGV transparenter zu machen. Entscheidend für eine solche Mitteilung ist, daß sie in Bereichen ergeht, in denen der Kommission *kein* Ermessen zusteht.[595]

(b) Leitlinien

Als „Leitlinien“ sollten diejenigen Maßnahmen bezeichnet werden, die die Kommission erläßt, um die Kriterien ihrer Ermessensausübung im Rahmen der Ausnahmevorschriften in Artikel 87 Absatz 3 EGV mit Blick auf die Zukunft und auf neu einzuführende Beihilfen darzustellen.[596]

(c) Gemeinschaftsrahmen

Bei „Gemeinschaftsrahmen“ handelt es sich ebenfalls um Maßnahmen, die im Bereich des Artikels 87 Absatz 3 EGV ergehen, d.h. in demjenigen Bereich, in dem der Kommission Ermessen zukommt. Anders als Leitlinien beschäftigen sich Gemeinschaftsrahmen aber nicht nur mit dem zukünftigen Vorgehen der Kommission, sondern stellen auch für

593 Vgl. hierzu *Thomas Jestaedt, Ulrike Häsemeyer*, Die Bindungswirkung von Gemeinschaftsrahmen und Leitlinien im EG-Beihilfenrecht, EuZW 1995, 787, 789 m.w.N.

594 Thomas Jestaedt, Ulrike Häsemeyer, aa0.

595 Vgl. hierzu GTE-*Mederer*, Art. 92, Rn. 76. Typische Beispiele hierfür sind die Mitteilung der Kommission über de-minimis-Beihilfen (ABl. 1996, C 68, S. 9) oder die Mitteilung der Kommission über die Anwendung der Vorschriften über staatliche Beihilfen auf Maßnahmen im Bereich der direkten Unternehmensbesteuerung (ABl. 1998, C 384, S. 3).

596 Ein Beispiel hierfür sind die Leitlinien für Beschäftigungsbeihilfen, ABl. 1995, C 334, S. 4. Weitere Beispiele finden sich bei GTE-*Mederer*, Art. 92, Rn. 76.

bereits bestehende Beihilferegelungen Vorgaben auf.[597] Soweit sich Gemeinschaftsrahmen auf bestehende Beihilferegelungen beziehen, handelt es sich um „zweckdienliche Maßnahmen“ i.S.v. Artikel 88 Absatz 1 Satz 2 EGV.[598] Soweit lediglich die zukünftige Ermessensausübung der Kommission bei der Beurteilung neuer Beihilfen skizziert wird, unterscheidet sich der Gemeinschaftsrahmen nicht von der Leitlinie.

(2) Die Rechtsnatur der verschiedenen Maßnahmen, insbesondere deren Bindungswirkung

(a) Mitteilungen

Da die Mitteilungen der Kommission nicht im Ermessensbereich ergehen, werfen sie eher geringe Probleme auf. Sie sind zum einen als Stellungnahme i.S.v. Artikel 249 Absatz 5 EGV rechtlich unverbindlich, zum anderen wird die spätere, in Anwendung der Mitteilung ergehende Kommissionsentscheidung durch den Gerichtshof uneingeschränkt überprüft. Die Gefahr einer kontrollfreien, rechtlich unzutreffenden Rechtsanwendung durch die Kommission besteht insoweit nicht. Dennoch wurde der praktisch bedeutsamste Fall einer solchen Mitteilung, die de-minimis-Mitteilung,[599] nach der gewisse geringfügige Beihilfen von der Notifizierungspflicht des Artikel 88 Absatz 3 EGV freigestellt wurden, aufgrund des Fehlens einer verbindlichen Rechtsgrundlage als problematisch erachtet.[600] Durch Artikel 2 der Gruppenfreistellungsermächtigungsverordnung[601] ist dieses Problem allerdings mittlerweile gelöst, da dadurch eine rechtlich verbindliche Ermächtigungsgrundlage für de-minimis-Schwellen geschaffen wurde.

(b) Leitlinien

In den Leitlinien gibt die Kommission Maßstäbe vor, nach denen sie die von der jeweiligen Leitlinie erfaßten Neubeihilfen in ihrer zukünftigen Praxis zu behandeln gedenkt. Sie gibt damit generalisierte Vorgaben für die Ausübung ihres Ermessens. Die zukünftige Ermessensausübung im Einzelfall wird objektivierbar und für die betroffenen Mit-

597 Beispiele sind der Gemeinschaftsrahmen für staatliche Forschungs- und Entwicklungsbeihilfen (ABl. 1996, C 45, S. 5), der Multisektorale Regionalbeihilferahmen für große Investitionsvorhaben (ABl. 1998, C 107, S. 7) sowie der Gemeinschaftsrahmen für staatliche Beihilfen in der KfZ-Industrie (ABl. 1997, C 279, S. 1). Weitere Beispiele finden sich erneut bei GTE-*Mederer*, Art. 92, Rn. 76. Vgl. außerdem auch *Bertold Bär-Bouyssière*, Neue Entwicklungen im europäischen Beihilfenrecht, in: Jürgen Schwarze (Hrsg.), Neuere Entwicklungen des europäischen Wettbewerbsrechts, Baden-Baden 1999, S. 79, 88 ff.

598 Vgl. z.B. *Reimer von Borries*, Statement: Grundsätzliche Aspekte des europäischen Beihilfenrechts, in: Jürgen Schwarze (Hrsg.), Neuere Entwicklungen des europäischen Wettbewerbsrechts, Baden-Baden 1999, S. 95, 97.

599 ABl. 1996, C 68, S. 9.

600 *Martin J. Reufels*, Europäische Subventionskontrolle durch Private, Köln u.a. 1996, S. 52 f.; *Bertold Bär-Bouyssière*, Neue Entwicklungen im europäischen Beihilfenrecht, in: Jürgen Schwarze (Hrsg.), Neuere Entwicklungen des europäischen Wettbewerbsrechts, Baden-Baden 1999, S. 79, 87 m.w.N.; ausführlich auch GTE-*Mederer*, Art. 93, Rn. 10.

601 Verordnung 994/98/EG des Rates über die Anwendung der Artikel 92 und 93 EGV auf bestimmte Gruppen horizontaler Beihilfen vom 7. Mai 1998, ABl. 1998, L 142, S. 1.

gliedstaaten und Unternehmen transparenter. Ihrer Rechtsnatur nach sind Leitlinien, da sie nur für neue Beihilfen gelten und Artikel 88 Absatz 1 Satz 2 EGV deshalb nicht anwendbar ist, unverbindliche Empfehlungen i.S.v. Artikel 249 Absatz 5 i.V.m. Artikel 211, 2. Spiegelstrich EGV.

Eine echte Verläßlichkeit besteht aber natürlich nur dann, wenn die Kommission sich durch den Erlaß von Leitlinien selbst binden kann. Falls sie diese einseitig jederzeit ändern bzw. von der prognostizierten Ermessenspraxis im Einzelfall ohne weiteres abweichen kann, geht der angestrebte Zugewinn an Rechtssicherheit verloren. Was die Selbstbindung der Verwaltung durch den Erlaß von Leitlinien anbetrifft, hat sich in der Rechtsprechung des Gerichtshofes in jüngster Zeit etliches bewegt. Noch 1997 kam *Christian Crones* in seiner Studie zu Selbstbindungen der Verwaltung im Gemeinschaftsrecht für den Bereich der mitgliedstaatlichen Beihilfen zu dem Ergebnis, daß „eine Selbstbindung, die an die Leitlinien zur Genehmigungspraxis im Rahmen von Art. 92 Abs. 3 EGV anknüpft, wohl kaum zu begründen“[602] sei. Dies deckte sich mit der damals vorliegenden Judikatur, die in den Äußerungen des Generalanwalts *Francis Jacobs* im Fall *„Boussac“* besonders augenfällig zusammengefaßt ist:

> „Sowohl das Aufstellen von Leitlinien für die Gewährung von Beihilfen an einzelne Industriesektoren als auch die Bewertung einzelner Beihilfen im Lichte dieser Leitlinien muß als Ausübung eines Ermessens betrachtet werden, mit dem sich der Gerichtshof nur befassen wird, wenn diese Ausübung einen offensichtlichen Irrtum aufweist oder die Grenzen des Ermessens überschreitet.“[603]

Mittlerweile hat sich die Rechtsprechung, v.a. diejenige des Gerichts erster Instanz, aber in eine andere Richtung entwickelt und bejaht nunmehr die Möglichkeit einer Ermessensreduktion und damit einer Selbstbindung der Kommission durch den Erlaß von Leitlinien.[604]

Grundlage der Rechtsprechung bleibt nach wie vor das Urteil *Deufil*, in dem der Gerichtshof unmißverständlich klargestellt hat, daß Leitlinien jedenfalls nicht im Widerspruch zu den Artikeln 87, 88 EGV stehen dürfen.[605] Die Kommission ist also in ihren Leitlinien an die vertraglichen Vorgaben gebunden. Die entscheidenden Aussagen zur Selbstbindung der Kommission innerhalb des vertraglich gesteckten Rahmens finden sich im Urteil des Gerichts erster Instanz in der Sache *Ducros/Kommission* aus dem Jahr 1997. Das Gericht führt dort aus:

602 *Christian Crones*, Selbstbindungen der Verwaltung im Europäischen Gemeinschaftsrecht, Baden-Baden 1997, S. 97; ebenfalls gegen eine Bindung der Kommission an Rahmenregelungen bzw. Leitlinien argumentiert *Peter Schütterle*, Die Beihilfenkontrollpraxis der Europäischen Kommission im Spannungsfeld zwischen Recht und Politik, EuZW 1995, 391, 394.

603 Schlußanträge des Generalanwalts *Francis G. Jacobs* in der Rs. C-301/87, Frankreich/Kommission („Boussac“), Slg. 1990, I-307, 348, Tz. 71.

604 *Reimer von Borries*, Statement: Grundsätzliche Aspekte des europäischen Beihilfenrechts, in: Jürgen Schwarze (Hrsg.), Neuere Entwicklungen des europäischen Wettbewerbsrechts, Baden-Baden 1999, S. 95, 98 f.

605 EuGH, Rs. 310/85, Deufil/Kommission, Slg. 1987, 901, 927, Rn. 22.

„Die Kommission kann sich bei der Ausübung ihres Ermessens durch Maßnahmen wie die fraglichen Leitlinien selbst binden, sofern diese Regeln enthalten, die auf den Inhalt der Ermessensbindung hinweisen und die nicht gegen den EG-Vertrag verstoßen."[606]

Die Leitlinien können so zur bindenden Richtschnur der zukünftigen Ermessenspraxis der Kommission werden. Die Bindungswirkung wird dabei ähnlich wie im deutschen Recht[607] über den allgemeinen Gleichheitssatz vermittelt, d.h. die Kommission ist verpflichtet, die Artikel 87 und 88 EGV in der vorgegebenen Weise auf alle von der Leitlinie erfaßten Fälle gleichförmig anzuwenden.[608] Auf diesen Zusammenhang zwischen Ermessensbindung und allgemeinen Gleichheitssatz verweist auch die Rechtsprechung des Gerichts erster Instanz:

„Der Erlaß solcher Leitlinien durch die Kommission geschieht in Ausübung ihres Ermessens und führt nur zu einer Selbstbeschränkung dieses Ermessens bei der Prüfung der unter die Leitlinie fallenden Beihilfen, wobei der Grundsatz der Gleichbehandlung zu beachten ist."[609]

Durch diese Rechtsprechung wird die teilweise kritisierte Weite des Ermessens der Kommission erheblich relativiert. Über eine durch den Gleichheitssatz vermittelte Bindung der Kommission an ihre eigenen Leitlinien wird den Bedürfnissen der Mitgliedstaaten und Unternehmen nach mehr Berechenbarkeit der Kommissionspraxis Rechnung getragen, d.h. die Rechtssicherheit für alle Beteiligten erhöht sich. Sie ist aber auch unter dem Gesichtspunkt der Gesetzesbindung der Verwaltung zu begrüßen, da die Entscheidungsfreiräume der Kommission wie gesehen verengt werden.

Den Bedürfnissen nach Flexibilität der Verwaltung und Anpassungsfähigkeit der Rechtsordnung in einem wirtschaftlich so schnellebigen und sensiblen Bereich wie dem der Beihilfenkontrolle trägt die Rechtsprechung allerdings ebenfalls Rechnung. Denn die Kommission kann ihre Leitlinien jederzeit aufheben oder ändern, wenn Änderungen der Marktverhältnisse dies gebieten.[610] Die Details dieser Rechtsprechung müssen in Zukunft allerdings noch genauer ausdifferenziert werden. Dies gilt insbesondere für die Frage, ob die Kommission in atypischen Fällen auch ad hoc und ohne Änderung der Leitli-

606 EuG, Rs. T-149/95, Ducros/Kommission, Slg. 1997, II-2031, 2051, Rn. 61. Eine ganz ähnliche Formulierung verwendet das Gericht auch in der Rs. T-214/95, Vlaams Gewest/Kommission, Slg. 1998, II-717, 747, Rn. 79: „Insofern ist darauf hinzuweisen, daß sich die Kommission bei der Ausübung ihres Ermessens durch Maßnahmen wie die fraglichen Leitlinien selbst binden kann, sofern sie Regeln enthalten, denen sich die von diesem Organ zu verfolgende Politik entnehmen läßt und die nicht von Normen des Vertrages abweichen."

607 Auch im deutschen Recht sind die den Leitlinien in etwa vergleichbaren ermessenslenkenden Verwaltungsvorschriften mangels Außenwirkung für den Bürger nicht unmittelbar relevant. Eine Bindung der Verwaltung und die dieser Bindung korrespondierenden Rechte des Bürgers ergeben sich vielmehr über das Gebot der Gleichbehandlung des Artikel 3 Absatz 1 GG, vgl. z.B. *Hartmut Maurer*, Allgemeines Verwaltungsrecht, 12. Aufl., München 1999, § 24, Rn. 10, 20 ff.

608 So auch GTE-*Mederer*, Art. 92, Rn. 74.

609 EuG, Rs. T-214/95, Vlaams Gewest/Kommission, Slg. 1998, II-717, 750, Rn. 89.

610 EuG, Rs. T-214/95, Vlaams Gewest/Kommission, Slg. 1998, II-717, 750, Rn. 89.

nien von diesen abweichen kann oder ob der Vertrauensschutzgrundsatz dem entgegensteht.[611]

(c) Gemeinschaftsrahmen

Gemeinschaftsrahmen wurden oben als Maßnahmen definiert, die sich zum einen auf bestehende Beihilferegelungen beziehen, zum anderen gewisse Vorgaben für die Ermessensausübung bei der Beurteilung neuer Beihilfen aufstellen. Sie haben insofern eine Doppelnatur.[612] Soweit sie sich auf das zukünftige Verhalten der Kommission bei neuen Beihilfen beziehen, handelt es sich um Leitlinien im oben genannten Sinne, die zwar nicht aus sich selbst heraus normativ verbindlich sind, aber im Zusammenspiel mit dem allgemeinen Gleichheitssatz zu einer Selbstbindung der Verwaltung führen können.

Soweit sich die Gemeinschaftsrahmen auf bestehende Beihilferegelungen beziehen, werden sie als zweckdienliche Maßnahmen i.S.v. Artikel 88 Absatz 1 Satz 2 EGV qualifiziert. Als zweckdienliche Maßnahmen sind die Gemeinschaftsrahmen, anders als Leitlinien, zustimmungsbedürftige Empfehlungen an die Mitgliedstaaten, die nach Erteilung der Zustimmung normativ verbindlich werden;[613] bestehende Beihilfen sind nach erteilter Zustimmung dann nur noch unter den in dem Rahmen vorgegebenen Bedingungen zulässig. Unterbleibt die generalisierte Zustimmung der Mitgliedstaaten, kann die Kommission die Verbindlichkeit ihrer dem Rahmen zugrundeliegenden Auffassung im jeweiligen Einzelfall auch durch eine Entscheidung gemäß Artikel 88 Absatz 2 EGV erreichen.[614] Unterbleibt sowohl eine generelle Zustimmung zum Gemeinschaftsrahmen als auch eine Durchsetzung per Einzelentscheidung, ist der Gemeinschaftsrahmen nur in seiner Funktion als Leitlinie für die Zukunft relevant, für bestehende Beihilferegelungen dagegen nicht verbindlich.

Die Konstruktion einer zunächst unverbindlichen Maßnahme der Kommission, die erst durch die Zustimmung der Mitgliedstaaten verbindlich wird, geht auf die Rechtsprechung des Gerichtshofes zurück. Im Zusammenhang mit der sogenannten Beihilfendisziplin für Kunstfasern,[615] bei der es sich um einen Gemeinschaftsrahmen handelt, führte der Gerichtshof erstmals aus, daß die „Tatsache, daß die Beihilfendisziplin auf eine Vereinbarung zwischen den Mitgliedstaaten und der Kommission zurückgeht [...] weder ihre objektive Bedeutung noch ihre zwingende Wirkung ändern“[616] könne. Aus Artikel 88

611 Vgl. hierzu genauer unten Teil 2, A.IV.3.a.aa).

612 So GTE-*Mederer*, Art. 92, Rn. 75.

613 GTE-*Mederer*, Art. 92, Rn. 75; vgl. auch *Robert Uerpmann*, Kooperatives Verwaltungshandeln: die Gemeinschaftsrahmen für staatliche Beihilfen, EuZW 1998, 331, 333, der Gemeinschaftsrahmen als rechtlich verbindliche Verträge des Sekundärrechts bezeichnet.

614 Eine ähnliche Regelung sieht Artikel 19 VerfVO für den Fall der individuellen, an einen Mitgliedstaat gerichteten „zweckdienlichen Maßnahme“ vor.

615 Die damals geltende Fassung ist veröffentlicht im ABl. 1989, C 173, S. 5.

616 EuGH, Rs. C-313/90, CIRFS u.a./Kommission, Slg. 1993, I-1125, 1186, Rn. 36. Erhellend sind auch die Ausführungen von Generalanwalt *Carl Otto Lenz* in den Schlußanträgen in derselben Rechtssache, Rs. C-313/90, I-1125, 1156, Tz. 42: „Der von der Kommission erbetene (teilweise) Verzicht auf die Vorteile, die aus ihren Entscheidungen über die Vereinbarkeit nationaler Beihilfe-

Absatz 1 Satz 2 EGV als Rechtsgrundlage des Gemeinschaftsrahmens ergibt sich außerdem, daß weder die Kommission noch die Mitgliedstaaten die infolge der Zustimmung einmal eingetretene Verbindlichkeit einseitig aufheben können.[617] Wird der Rahmen von der Kommission neu gefaßt, bedarf es der erneuten Zustimmung der Mitgliedstaaten.

Die theoretisch-konstruktive Grundlage dieser Verbindlichkeit ist allerdings umstritten. Teilweise wird kritisiert, es sei nicht ganz klar, wie aus einer unverbindlichen Empfehlung der Kommission allein durch die Zustimmung der Mitgliedstaaten eine verbindliche Maßnahme werden könne. Es handle sich um eine Entwicklung „praeter legem", und die Frage müsse gestellt werden, ob so weitgehende Maßnahmen wie letztendlich verbindliche Gemeinschaftsrahmen noch auf der schmalen Basis des Artikel 88 EGV getroffen werden könnten.[618] Diese Kritik zielt erkennbar auf rechtsstaatliche Erwägungen der Gesetzmäßigkeit der Verwaltung ab. Die Ermächtigungsgrundlage der Kommission und deren Umfang, sowie die aufgrund der Ermächtigung rechtlich zulässigen Maßnahmen werden angesprochen.

Richtig ist, daß Empfehlungen in der Tat per definitionem unverbindlich sind und der Gemeinschaftsrahmen folglich nach Zustimmung durch die Mitgliedstaaten seine Rechtsnatur ändern muß. Zu bedenken ist allerdings, daß die in Artikel 249 EGV aufgezählten Rechtsakte nicht abschließend sind; dies gilt selbst hinsichtlich der Handlungsformen mit Außenwirkung.[619]

Die Verbindlichkeit läßt sich dabei auf verschiedene Weise konstruieren: Zum einen wird vertreten, die zunächst unverbindliche Empfehlung verwandle sich durch die Zustimmung des Mitgliedstaats in eine beidseitig verbindliche Vereinbarung sui generis:[620] Daß Artikel 88 Absatz 1 EGV keine Rechtsgrundlage für den Erlaß *verbindlicher* Rechtsakte enthalte, sei zwar richtig, aber ohne Bedeutung. Eine solche Rechtsgrundlage sei nämlich nicht erforderlich, weil sich die rechtliche Verbindlichkeit der Gemeinschaftsrahmen hinsichtlich bestehender Beihilfen aus der Zustimmung der Mitgliedstaa-

systeme mit dem Gemeinsamen Markt fließen, muß im Wege der Zustimmung des betreffenden Mitgliedstaaten tatsächlich erfolgt sein, sei dieser Verzicht als einseitig wirksame Maßnahme oder als Teil einer Vereinbarung mit der Kommission aufzufassen. Andernfalls bliebe es bei dem vorher beschriebenen unverbindlichen Charakter der Disziplin."

617 EuGH, Rs. C-135/93, Spanien/Kommission, Slg. 1995, I-1651, 1680, Rn. 24; Rs. C-292/95, Spanien/Kommission, Slg. 1997, I-1931, 1952, Rn. 12: „Artikel 93 Absatz 1 des Vertrages, der als Rechtsgrundlage für den Erlaß des Gemeinschaftsrahmens gedient hatte, [enthält] eine Verpflichtung der Kommission und der Mitgliedstaaten zu regelmäßiger und laufender Zusammenarbeit [...], von der sich weder die Kommission noch ein Mitgliedstaat für einen unbestimmten, allein vom Willen des einen oder des anderen Teils abhängigen Zeitraum freimachen können."

618 Vgl. *Reimer von Borries*, Statement: Grundsätzliche Aspekte des europäischen Beihilfenrechts, in: Jürgen Schwarze (Hrsg.), Neuere Entwicklungen des europäischen Wettbewerbsrechts, Baden-Baden 1999, S. 95, 98 f.

619 Lenz-*Hetmeier*, Art. 249, Rn. 3.

620 Neben einer beidseitigen quasi vertraglichen Vereinbarung der Verbindlichkeit des Rahmens wäre die Verbindlichkeit auch über einen lediglich einseitigen Verzicht der Mitgliedstaaten auf ihre Handlungsfreiheit konstruktiv begründbar, vgl. hierzu erneut auch Generalanwalt *Carl Otto Lenz*, Schlußanträge in der Rs. C-313/90, CIRFS u.a./Kommission, Slg. 1993, I-1125, 1156, Tz. 42.

ten ergebe.[621] Es handele sich somit quasi um eine freiwillig vereinbarte rechtliche Verbindlichkeit.

Eine weitere Möglichkeit, die Verbindlichkeit der Gemeinschaftsrahmen für bestehende Beihilfen zu begründen, wäre neuerdings eine analoge Anwendung von Artikel 19 VerfVO, der im Kapitel über bestehende Beihilfen steht. Artikel 19 Absatz 1 VerfVO bestimmt:

> „Wenn der betreffende Mitgliedstaat den vorgeschlagenen Maßnahmen zustimmt und die Kommission hiervon in Kenntnis setzt, hält die Kommission dies fest und unterrichtet den Mitgliedstaat hiervon. Der Mitgliedstaat ist aufgrund seiner Zustimmung verpflichtet, die zweckdienlichen Maßnahmen durchzuführen."

Die Formulierung dieser Norm erinnert sehr stark an die hier relevante Problemstellung. Auch wenn Artikel 19 Absatz 1 VerfVO grundsätzlich zweckdienliche Maßnahmen i.S.v. individuellen Empfehlungen an einzelne Mitgliedstaaten in einem konkreten Fall im Auge haben dürfte, müßte es zulässig sein, die Norm im Wege der Auslegung bzw. der Analogie auch auf Gemeinschaftsrahmen als zweckdienliche Maßnahmen i.S.v. generalisierten Empfehlungen an alle Mitgliedstaaten für eine Vielzahl von Fällen zu erstrecken. Das Problem der fehlenden Rechtsgrundlage der Verbindlichkeit wäre damit gelöst; sie ergäbe sich aus Satz 2 der Norm.

Ungeachtet der dargestellten dogmatischen Schwierigkeiten ist die Rechtspraxis im Bereich der Gemeinschaftsrahmen der Theorie unstreitig längst einen Schritt voraus. Das praktische Bedürfnis nach verbindlichen Regelungen der Kommission im Bereich der Ausnahmeregelungen des Artikel 87 Absatz 3 EGV ist allgemein anerkannt. Die Verbindlichkeit der Gemeinschaftsrahmen ist v.a. deshalb kein Streitpunkt mehr, da diese die Rechtssicherheit und die Transparenz der Kommissionspraxis sowie die Effizienz des Verfahrens erhöhen und keine echten praktischen Nachteile haben.

Auch die bislang bestehenden Transparenzprobleme in diesem Bereich, die sich daraus ergaben, daß für Außenstehende nicht immer klar erkennbar war, ob und wann eine Änderung eines Gemeinschaftsrahmens durch die Zustimmung der Mitgliedstaaten für bestehende Beihilfen verbindlich wurde,[622] können durch die analoge Anwendung der Verfahrensordnung gelöst werden: Die Artikel 18, 19 Absatz 1 i.V.m. Artikel 26 der VerfVO sehen nämlich vor, daß die Zustimmung der Mitgliedstaaten zu zweckdienlichen Maßnahmen im Amtsblatt bekanntzumachen ist.[623]

621 *Thomas Jestaedt, Ulrike Häsemeyer*, Die Bindungswirkung von Gemeinschaftsrahmen und Leitlinien im EG-Beihilfenrecht, EuZW 1995, 787, 791, 792; vgl. auch *Robert Uerpmann*, Kooperatives Verwaltungshandeln: die Gemeinschaftsrahmen für staatliche Beihilfen, EuZW 1998, 331, 333.

622 Vgl. hierzu GTE-*Mederer*, Art. 92, Rn. 75 mit Beispielen aus der Praxis.

623 GTE-*Mederer*, Art. 92, Rn. 75.

b) Zusammenfassung und Ausblick

Die Gesetzmäßigkeit der Verwaltung ist auch im Beihilferecht weitgehend gewährleistet. Der Grundsatz der begrenzten Einzelermächtigung beschränkt den Handlungsauftrag und die Ermächtigungsgrundlagen des Rates und der Kommission. Grenzen und Inhalt eines Tätigwerdens sind hierdurch weitgehend vorgegeben. Abweichungen von den vertraglichen Kompetenzvorgaben sind durch den Gerichtshof justiziabel. Die Kodifizierung vormals verstreuter, sich aus der Praxis von Gerichtshof und Kommission ergebender Regelungen in der unlängst erlassenen Verfahrensverordnung ist unter dem Gesichtspunkt der Gesetzesbindung der Verwaltung ebenso ein Fortschritt wie die rechtlich verbindliche Normierung der vormals problematischen de-minimis-Schwelle in der Gruppenfreistellungsrahmenverordnung.

Die Kommission als das zentrale Verwaltungsorgan unterliegt im Bereich des Tatbestands des Beihilfeverbots in Artikel 87 Absatz 1 EGV einer strikten Rechtsbindung. Bei der Bewertung, ob eine Maßnahme eine Beihilfe darstellt oder nicht, ist kein gerichtsfester Beurteilungsspielraum der Kommission anerkannt. Daran sollte auch in Zukunft nichts geändert werden. Im Rahmen der Ausnahmeregelungen in Artikel 87 Absatz 3 EGV steht der Kommission dagegen ein nur eingeschränkt auf Fehler überprüfbares Ermessen zu. Die teilweise kritisierte Weite dieses Ermessens wird neuerdings durch hohe Anforderungen an die Entscheidungsbegründungen der Kommission sowie durch die ausdrückliche Möglichkeit einer Selbstbindung der Verwaltung relativiert. Die Kommission hat im Verlauf der Jahre zahlreiche ermessensleitende Gemeinschaftsrahmen und Leitlinien erlassen. Diese Maßnahmen sind im Vertrag nicht explizit vorgesehen. Soweit sie die Ermessenskriterien für zukünftige, neue Beihilfen festlegen, handelt es sich um normativ unverbindliche Empfehlungen der Kommission, zu denen die Kommission auch ohne explizite Ermächtigungsgrundlage aufgrund von Artikel 211 2. Spiegelstrich EGV ermächtigt ist. Über den allgemeinen Gleichheitssatz ist die Kommission an den Inhalt dieser Leitlinien i.S.e. Ermessensreduktion gebunden, d.h. sie muß die Leitlinien gleichförmig anwenden. Ihre Entscheidungsfreiheit wird dadurch eingeschränkt.

Soweit die Gemeinschaftsrahmen sich auf bestehende Beihilferegelungen beziehen, handelt es sich um „zweckdienliche Maßnahmen" i.S.v. Artikel 88 Absatz 1 Satz 2 EGV. Vor Zustimmung durch die Mitgliedstaaten sind Gemeinschaftsrahmen ebenso wie Leitlinien für neue Beihilfen rechtlich unverbindliche Empfehlungen. Die Zustimmung der Mitgliedstaaten zu einem Gemeinschaftsrahmen läßt diesen allerdings verbindlich werden. Auch wenn diese Verbindlichkeit in der Praxis unumstritten ist, ist deren dogmatisch-konstruktive Begründung nicht abschließend geklärt.

In Zukunft wäre es deshalb aus rechtsstaatlicher Sicht begrüßenswert, wenn im Wege weiterer gesetzgeberischer Akte die verbleibende dogmatische Unsicherheit in diesem Bereich beseitigt würde. Außerdem wäre neben einer Vereinheitlichung der Terminologie auch an eine weitere Vereinfachung der fragmentierten Leitlinien und Gemeinschaftsrahmen zu denken.[624] Eine solche Zusammenfassung verstreuter Maßnahmen in einem großen Beihilfekodex würde die Berechenbarkeit der Ermessensausübung der Kommission weiter erhöhen. Im Hinblick auf die Gesetzesbindung der Verwaltung, aber auch unter dem Gesichtspunkt der Rechtssicherheit[625] und der Transparenz,[626] wäre eine solche Vereinheitlichung rechtspolitisch wünschenswert. Dies ist offenbar auch der Kommission bewußt, die auf längere Sicht auf eine Zusammenfassung aller Beihilferahmen in einem Beihilfekodex hinzuzielen scheint.[627]

Hier schließt sich der Kreis zu dem oben bereits angedeuteten Problem, ob nicht der Rat in Zukunft aktiver in die Gestaltung des Beihilferechts eingreifen sollte.[628] Ganz konkret stellt sich die Frage, ob ein solcher einheitlicher Beihilfekodex richtigerweise von der Kommission per Verwaltungsvorschrift oder vom Rat per Durchführungsverordnung erlassen werden sollte.

Zu diskutieren wäre hier eine Kompromißlösung: Der Rat könnte in einer Rahmenverordnung gewisse Parameter vorgeben, die dann von der Kommission entweder über ergänzende Verwaltungsvorschriften oder über in der Ratsverordnung zugelassene Durchführungsverordnungen im Detail ausgestaltet und für die tägliche Praxis der Kommission handhabbar gemacht werden könnten. Rechtstechnisch wäre das eine Übertragung des im Bereich der Gruppenfreistellungen gewählten Rahmenmodells auch auf den Bereich materieller Entscheidungsmaßstäbe in einem vereinheitlichten Beihilfekodex.

IV. Der Grundsatz der Rechtssicherheit im Gemeinschaftsrecht

1. *Rechtssicherheit als Oberbegriff*

Im Gemeinschaftsrecht findet sich keine Norm, die explizit und allgemein die Geltung des Gebots der Rechtssicherheit anordnet. In der Rechtsprechung des Gerichtshofes spielt Rechtssicherheit aber dennoch eine große Rolle. Neben den Grundrechten[629] ist sie einer der wohl häufigst erwähnten allgemeinen Rechtsgrundsätze des Gemeinschaftsrechts.[630] Angesichts der Fülle an Judikatur ist es zutreffend, wenn der Gerichtshof aus-

624 GTE-*Mederer*, Art. 92, Rn. 77 nennt die Kodifizierung der Regionalbeihilfekriterien in einem einheitlichen Text als einen ersten bedeutenden Schritt in dieser Richtung.

625 Vgl. unten Teil 2, A.IV.2.c.bb) zur Bestimmtheit.

626 Vgl. unten Teil 2, B.IV.2.b) zur Transparenz.

627 *Reimer von Borries*, Statement: Grundsätzliche Aspekte des europäischen Beihilfenrechts, in: Jürgen Schwarze (Hrsg.), Neuere Entwicklungen des europäischen Wettbewerbsrechts, Baden-Baden 1999, S. 95, 97.

628 Vgl. oben Teil 2, A.III.2, bei Fn. 562.

629 *Bengt Beutler, Roland Bieber, Jörn Pipkorn, Jochen Streil*, Die Europäische Union, 4. Aufl., Baden-Baden 1993, S. 240 ff.; *Hans-Werner Rengeling*, Grundrechtsschutz in der Europäischen Gemeinschaft, München 1992, S. 179 ff.; vgl. auch oben Fn. 515.

630 Vgl. z.B. EuGH, verb. Rs. 42 und 49/59, Société Nouvelle des Usines de Pontlieue Aciéries du Temples (SNUPAT)/Hohe Behörde, Slg. 1961, 109, 172; Rs. 43/75, Gabrielle Defrenne/Sabena, Slg. 1976, 455, 480, Rn. 74/75; Rs. 99/78, Decker/HZA Landau, Slg. 1979, 101, 111, Rn. 8;

führt: „Der Grundsatz der Rechtssicherheit stellt ein grundlegendes Prinzip des Gemeinschaftsrechts dar.“[631]

Inhaltlich betrifft der Grundsatz der Rechtssicherheit sowohl die Verläßlichkeit bestehender Normen als auch die Vorhersehbarkeit künftiger Gemeinschaftsmaßnahmen.[632] Dies ist zwingend notwendig, damit die Rechtsordnung eine verläßliche Orientierung bieten kann.[633] Rechtssicherheit als in erster Linie objektives Prinzip streitet dabei in der Regel für das Fortbestehen einer gegebenen rechtlichen Lage, mit anderen Worten für Stabilität und Konstanz.[634] Daneben appelliert das Gebot der Rechtssicherheit aber auch an den Gemeinschaftsgesetzgeber, sämtliche rechtlichen Neuregelungen klar und eindeutig zu treffen, d.h. bestimmt und präzise formulierte Normen zu erlassen.[635]

Die Rechtsprechung des Gerichtshofs vereinigt unter dem Begriff „Rechtssicherheit“ verschiedene Prinzipien: Teilweise finden sich Erwägungen zur Problematik der Rückwirkung von Verordnungen[636] und deren Zusammenspiel mit dem Prinzip des Vertrauensschutzes.[637] Daneben verwendet der Gerichtshof den Begriff der Rechtssicherheit regelmäßig in Konstellationen, in denen es nicht um auf die Vergangenheit bezogene Maßnahmen geht, sondern um die gegenwärtige oder zukünftige Rechtsanwendung. So postuliert er z.B. für Vorschriften mit finanziellen Auswirkungen ein „Gebot der Eindeutigkeit und Vorhersehbarkeit.“[638] Eine Grenzziehung zum Begriff der Bestimmtheit erfolgt dabei nicht. Regelmäßig spricht der Gerichtshof nur von der Rechtssicherheit, auch wenn Teile der gewählten Formulierung durch eine Bezugnahme auf den Bestimmtheitsgrundsatz ebenso zu umschreiben wären. Deutlich wird dies z.B. in der häufig wiederkehrenden Formel, daß die „Rechtssicherheit verlangt, daß eine den Abgabepflichtigen belastende Regelung klar und deutlich ist, damit er seine Rechte und Pflichten unzwei-

Rs. 169/80, Zollverwaltung/Gondrand Frères, Slg. 1981, 1931, 1942, Rn. 17; verb. Rs. 205 - 215/82, Deutsche Milchkontor u.a./Deutschland, Slg. 1983, 2633, 2669, Rn. 30; Rs. C-314/91, Beate Weber/Parlament, Slg. 1993, I-1093, 1112, Rn. 22.

631 EuGH, Rs. C-143/93, Gebroeders van Es Douane Agenten BV/Inspecteur der Invoerrechten en Accijnzen, Slg. 1996, I-431, 471, Rn. 27.

632 *Geiger*, EG-Vertrag, Art. 164, Rn. 27.

633 *Katharina Sobota*, Das Prinzip Rechtsstaat, Tübingen 1997, S. 506.

634 *Jürgen Schwarze*, Europäisches Verwaltungsrecht, Bd. II, Baden-Baden 1988, S. 920 m.w.N.

635 Vgl. EuGH, Rs. 70/83, Gerda Kloppenburg/Finanzamt Leer, Slg. 1984, 1075, 1086, Rn. 11.

636 Vgl. z.B. EuGH, Rs. 234/83, Gesamthochschule Duisburg/HZA München-Mitte, Slg. 1985, 327, 341, Rn. 20.

637 Vgl. z.B. EuGH, Rs. 99/78, Decker/HZA Landau, Slg. 1979, 101, 111, Rn. 8: „Der Grundsatz der Rechtssicherheit verbietet es zwar im allgemeinen, den Beginn der Geltungsdauer eines Rechtsakts der Gemeinschaft auf einen Zeitpunkt vor dessen Veröffentlichung zu legen; dies kann aber ausnahmsweise dann anders sein, wenn das angestrebte Ziel es verlangt und das berechtigte Vertrauen der Betroffenen gebührend beachtet ist.“ Ähnlich auch Rs. C-34/92, GruSa Fleisch/HZA Hamburg-Jonas, Slg. 1993, I-4147, 4174, Rn. 22.

638 EuGH, Rs. C-30/89, Kommission/Frankreich, Slg. 1990, I-691, 716, Rn. 23. Zur Einordnung dieser Gebote unter den Begriff der Rechtssicherheit vgl. EuGH, Rs. 326/85, Niederlande/Kommission, Slg. 1987, 5091, 5116, Rn. 24.

deutig erkennen und somit seine Vorkehrungen treffen kann."[639] Daß die Rechtssicherheit im Verhältnis zum Bestimmtheitsgrundsatz aber das allgemeinere, umfassendere Prinzip ist, läßt sich z.B. aus der folgenden Aussage ableiten,

> „ (...) daß der Grundsatz, wonach ein Strafgesetz nicht zum Nachteil des Betroffenen extensiv angewandt werden darf, der aus dem Grundsatz der gesetzlichen Bestimmtheit von strafbaren Handlungen und Strafen und, allgemeiner, dem Grundsatz der Rechtssicherheit folgt, es verbietet, die Strafverfolgung wegen eines Verhaltens einzuleiten, dessen Strafbarkeit sich nicht eindeutig aus dem Gesetz ergibt."[640]

Zusammenfassend läßt sich feststellen, daß der Begriff der Rechtssicherheit in der Rechtsprechung des Gerichtshofes einen sehr weit gespannten Inhalt hat. Wie soeben dargestellt, ergeben sich Berührungspunkte zum Problem der Rückwirkung von Rechtsakten der Gemeinschaft, zum Bestimmtheitsgrundsatz und zum Grundsatz des Vertrauensschutzes. Eine detaillierte, dogmatische Herleitung der Rechtssicherheit sowie eine klare Grenzziehung zu den genannten anderen Prinzipien erfolgt in der Rechtsprechung des Gerichtshofes allerdings nicht.[641] Der Gerichtshof neigt vielmehr dazu, zur Begründung seiner Urteile nebeneinander auf verschiedene Prinzipien zurückzugreifen.[642] Insofern handelt es sich bei dem Begriff der Rechtssicherheit letztlich um einen eher generalisierenden Auffangtatbestand für verschiedene Unterprinzipien. Für den weiteren Verlauf dieser Untersuchung erscheint es von Vorteil, sich den spezifisch beihilferechtlichen Problemen deshalb über diese Unterprinzipien anzunähern.[643]

2. *Der Bestimmtheitsgrundsatz*

Im folgenden Abschnitt soll zunächst die dogmatische Herleitung des Bestimmtheitsgrundsatzes im Gemeinschaftsrecht geklärt werden. Daran schließt sich eine abstrakte Betrachtung von Inhalt, Umfang und Wirkungsweise dieses Prinzips an. Die dabei ge-

639 EuGH, Rs. 169/80, Zollverwaltung/Gondrand Frères, Slg. 1981, 1931, 1942, Rn. 17; Rs. C-143/93, Gebroeders van Es Douane Agenten BV/Inspecteur der Invoerrechten en Accijnzen, Slg. 1996, I-431, 471, Rn. 27; ganz ähnlich auch die Formulierung in einer Reihe von Urteilen zur gemeinsamen Fischereipolitik, vgl. stellvertretend Rs. 324/85, Irland/Kommission, Slg. 1987, 5083, 5088, Rn. 18.

640 EuGH, verb. Rs. C-74/95 und C-129/95, Strafverfahren gegen X, Slg. 1996, I-6609, 6637, Rn. 25.

641 Vgl. hierzu *Jürgen Schwarze*, Europäisches Verwaltungsrecht, Bd. II, Baden-Baden 1988, S. 846-849, 911.

642 Besonders deutlich wird das z.B. im Urteil Salumi (EuGH, verb. Rs. 212 bis 217/80, Amministrazione delle finanze dello stato/Salumi, Slg. 1981, 2735, 2751, Rn. 10). Im Zusammenhang mit dem Problem der Rückwirkung einer Verordnung führt der Gerichtshof aus: „Diese Auslegung gewährleistet die Beachtung der Grundsätze der Rechtssicherheit und des Vertrauensschutzes, nach denen die Gemeinschaftsgesetzgebung klar und für die Betroffenen vorhersehbar sein muß."

643 Dieses Vorgehen deckt sich mit dem Befund *Herzogs* zum Prinzip der Rechtssicherheit im deutschen Verfassungsrecht: „Soll der Gedanke der Rechtssicherheit überhaupt eigenständige Bedeutung erhalten, so wird man ihn durch Rekurs auf konkretisierende „Unterprinzipien" wesentlich handfester machen müssen", Maunz-Dürig-*Herzog*, GG-Kommentar, Art. 20, VII, Rn. 61; speziell zum Verhältnis der Rechtssicherheit zum Vertrauensschutz vgl. *Peter Gilsdorf*, Vertrauensschutz, Bestandsschutz und Rückwirkungsbegrenzung im Gemeinschaftsrecht, RIW 1983, 22, 22, wo die Rechtssicherheit als das dem Vertrauensschutz „übergeordnete Prinzip" bezeichnet wird.

wonnenen Erkenntnisse werden sodann auf das gegenwärtig geltende Beihilferecht angewendet, um den Status Quo zu bewerten, aber auch um gegebenenfalls wünschenswerte Änderungen in der Zukunft anzuregen.

a) Dogmatische Einordnung

Eine der wichtigsten Ausprägungen des Rechtsstaatsprinzips ist der Bestimmtheitsgrundsatz. Auch wenn sich in keinem der Verträge ausdrückliche Regelungen zu Bestimmtheitserfordernissen finden,[644] ist die Geltung des Bestimmtheitsgrundsatzes auf Gemeinschaftsebene als Konsequenz der Rechtsprechung des Gerichtshofes im Grundsatz nicht umstritten.[645] Der Gerichtshof hat dabei kein umfassendes allgemein gültiges Bestimmtheitserfordernis formuliert, sondern hat in eher kasuistischer Weise in verschiedenen Bereichen das Erfordernis hinreichender Bestimmtheit betont und entwickelt.[646] Hierin liegt wohl auch der Grund dafür, daß die Aussagen der Rechtsprechung zur dogmatischen Herleitung bzw. zum Verhältnis des Bestimmtheitsgrundsatzes zu anderen, möglicherweise umfassenderen rechtsstaatlichen Maximen, uneinheitlich sind. Und auch die europarechtliche Literatur setzt die Geltung des Bestimmtheitsgebots stillschweigend oder explizit voraus, allerdings häufig ohne sich zur Herleitung dieses Prinzips mehr als nur vage zu äußern.[647]

Der Gerichtshof ordnet den Bestimmtheitsgrundsatz meist dem Grundsatz der Rechtssicherheit zu.[648] Vereinzelt wird das Erfordernis hinreichender Bestimmtheit aber auch aus dem Prinzip der Gesetzmäßigkeit der Verwaltung abgeleitet.[649] Diese beiden für die Her-

644 Vgl. *Eva Hammer-Strnad*, Das Bestimmtheitsgebot als allgemeiner Rechtsgrundsatz des Europäischen Gemeinschaftsrechts, Hamburg 1999, S. 28.

645 Vgl. EuGH, Rs. 169/80, Zollverwaltung/Gondrand Frères, Slg. 1981, 1931, 1942, Rn. 17, 18; verb. Rs. 133 bis 136/85, Walter Rau Lebensmittelwerke u.a./BALM, Slg. 1987, 2289, 2341, Rn. 29; Rs. 291/86, Central-Import Münster/HZA Münster, Slg. 1988, 3679, 3706, Rn. 13; sowie *Eva Hammer-Strnad*, Das Bestimmtheitsgebot als allgemeiner Rechtsgrundsatz des Europäischen Gemeinschaftsrechts, Hamburg 1999, S. 47 ff.

646 *Eva Hammer-Strnad*, Das Bestimmtheitsgebot als allgemeiner Rechtsgrundsatz des Europäischen Gemeinschaftsrechts, Hamburg 1999, S. 87.

647 Vgl. *Eva Hammer-Strnad*, Das Bestimmtheitsgebot als allgemeiner Rechtsgrundsatz des Europäischen Gemeinschaftsrechts, Hamburg 1999, S. 2, die das Problem der fehlenden dogmatischen Herleitung erkennt, aber bewußt offen läßt; sowie *Jean Boulouis*, Quelques observations à propos de la sécurité juridique, in: Francesco Capotorti et al. (Hrsg.), Du droit international au droit de l'intégration: Liber amicorum Pierre Pescatore, Baden-Baden 1987, S. 53, 54; *Rolf Wägenbaur*, European Union - Legislation, in: Ulrich Karpen (Hrsg.), Legislation in European Countries, Baden-Baden 1996, S. 15, 31 f.; *Joachim Vogel*, Wege zu europäisch-einheitlichen Regelungen im Allgemeinen Teil des Strafrechts, JZ 1995, 331, 332.

648 Vgl. z.B. EuGH, Rs. 169/80, Zollverwaltung/Gondrand Frères, Slg. 1981, 1931, 1942, Rn. 17: „Der Grundsatz der Rechtssicherheit verlangt, daß eine [...] belastende Regelung klar und deutlich ist, damit er seine Rechte und Pflichten unzweideutig erkennen und somit seine Vorkehrungen treffen kann." Später im selben Urteil (Rn. 18) kommt der Gerichtshof zu dem Ergebnis, daß es den strittigen Rechtsvorschriften „offensichtlich an Klarheit" mangelte.

649 EuGH, verb. Rs. 133 bis 136/85, Walter Rau Lebensmittelwerke u.a./BALM, Slg. 1987, 2289, 2341, Rn. 29: „Die siebte Frage geht also im Kern dahin, ob Artikel 4 der Verordnung Nr. 1079/77 des Rates dem aus dem Grundsatz der Gesetzmäßigkeit der Verwaltung abgeleiteten Erfordernis hinreichender Bestimmtheit genügt."

leitung des Bestimmtheitsgrundsatzes in Bezug genommen Grundsätze, Rechtssicherheit einerseits und Gesetzmäßigkeit der Verwaltung andererseits, sind zwar jeweils Konkretisierungen des Rechtsstaatsprinzips, können aber im Einzelfall durchaus miteinander in Konflikt geraten.[650]

Richtig ist, daß das Bestimmtheitsgebot Berührungspunkte sowohl zur Rechtssicherheit als auch zur Gesetzmäßigkeit der Verwaltung hat. Die genannten Urteile sind insoweit nicht widersprüchlich, sondern sprechen jeweils eine Ausprägung bzw. einen Teilbereich des Bestimmtheitsgrundsatzes an.

Die Berührungspunkte zwischen dem Bestimmtheitsgrundsatz und dem Prinzip der Gesetzmäßigkeit der Verwaltung lassen sich wie folgt zusammenfassen: „Das Prinzip der gesetzmäßigen Verwaltung, das den Gesetzesvorrang und einen umfassenden, durch das Bestimmtheitsprinzip modifizierten Gesetzesvorbehalt postuliert, beschreibt Grundlage und Grenzen einer rechtsstaatlichen Exekutive."[651] Ein Teilaspekt der Gesetzmäßigkeit der Verwaltung ist die Lehre vom Gesetzesvorbehalt für das Handeln der Exekutive. Dieses in einem gewaltenteilenden System unerläßliche Prinzip hängt wiederum in seiner Wirksamkeit entscheidend von der Bestimmtheit der gesetzlichen Grundlagen für das Verwaltungshandeln ab. Je unbestimmter die gesetzlichen Vorgaben sind, desto eher läuft der Gesetzesvorbehalt ins Leere, weil diese Unbestimmtheit, ähnlich wie das völlige Fehlen von gesetzlichen Vorgaben, der Verwaltung zwangsläufig weite Entscheidungsspielräume für ihr Handeln eröffnet.[652] Das Urteil im Fall *Walter Rau/BALM* beschreibt genau diesen Zusammenhang, der noch deutlicher in der Sache *Central Import Münster/Hauptzollamt Münster* zum Ausdruck kommt: „Damit eine solche Ermächtigung gültig ist, muß sie in dem Sinne hinreichend bestimmt sein, daß der Rat die Grenzen der der Kommission übertragenen Befugnis deutlich anzugeben hat."[653]

Auch auf der Ebene des Gemeinschaftsrechts tritt somit, ähnlich wie im deutschen Recht im Bereich der Ermächtigungsnormen zum Erlaß von Satzungen oder Rechtsverordnungen, das Problem auf, mit welcher Genauigkeit der Rat die gesetzlichen Vorgaben in Ermächtigungsnormen zum Erlaß von Sekundärrecht durch die Kommission regeln muß. Dabei hat der Gerichtshof in Anlehnung an das deutsche Recht seine eigene „Wesent-

650 Vgl. etwa EuGH, verb. Rs. 42 und 49/59, Société Nouvelle des Usines de Pontlieue Aciéries du Temples (SNUPAT)/Hohe Behörde, Slg. 1961, 109, 172: „Diese Auffassung verkennt, daß der zweifellos wichtige Grundsatz der Wahrung der Rechtssicherheit nicht absolut, sondern nur in Verbindung mit dem Grundsatz der Gesetzmäßigkeit der Verwaltung Anwendung finden kann. Die Frage, welcher dieser Grundsätze im Einzelfalle überwiegt, läßt sich nur beantworten, wenn das öffentliche Interesse gegen die auf dem Spiel stehenden Privatinteressen abgewogen wird."

651 *Katharina Sobota*, Das Prinzip Rechtsstaat, Tübingen 1997, S. 479. Diese für das deutsche Verfassungsrecht getroffene Aussage läßt sich, was den Bestimmtheitsgrundsatz anbelangt, auf den hier diskutierten Kontext des Gemeinschaftsrechts ohne weiteres übertragen.

652 *Eva Hammer-Strnad*, Das Bestimmtheitsgebot als allgemeiner Rechtsgrundsatz des Europäischen Gemeinschaftsrechts, Hamburg 1999, S. 18 m.w.N.; *Hans-Jürgen Papier, Johannes Möller*, Das Bestimmtheitsgebot und seine Durchsetzung, AöR 1997, 177, 180; *Ulrich M. Gassner*, Kriterienlose Genehmigungsvorbehalte im Wirtschaftsverwaltungsrecht, Berlin 1994, S. 21.

653 EuGH, Rs. 291/86, Central-Import Münster/HZA Münster, Slg. 1988, 3679, 3706, Rn. 13.

lichkeitsrechtsprechung“ entwickelt.[654] Im Beihilferecht wird dieser Teilaspekt des Bestimmtheitsgrundsatzes v.a. bei der Analyse der Gruppenfreistellungsrahmenverordnung des Rates[655] relevant, die, wie oben bereits beschrieben, lediglich die Parameter der Gruppenfreistellung vorgibt und die Details weiteren, noch zu erlassenden Freistellungsverordnungen der Kommission überläßt.[656]

Trotz dieser eben festgestellten Beziehung des Bestimmtheitsgrundsatzes zur Gesetzmäßigkeit der Verwaltung, ist es meines Erachtens vorzugswürdig, den Bestimmtheitsgrundsatz dogmatisch dem Oberbegriff der Rechtssicherheit zuzuordnen.

Die dafür entscheidende Erwägung ergibt sich aus einem Blick auf den jeweiligen Anwendungsbereich des Bestimmtheitsgrundsatzes und der Gesetzesbindung der Verwaltung. Während letztere sich nur auf einen Teilausschnitt staatlichen Handelns bezieht, namentlich das Handeln der Verwaltung sowie die gesetzlichen Vorgaben hierfür, zielt das Erfordernis hinreichender Bestimmtheit auf die gesamte Bandbreite von Rechtssetzung und Rechtsanwendung ab. Der Bestimmtheitsgrundsatz soll dafür Sorge tragen, daß das *gesamte* staatliche Verhalten[657] für den Bürger in seinen Auswirkungen im voraus abzusehen sein soll und damit berechenbar wird. Sein Anwendungsbereich ist somit weiter gesteckt als der der Gesetzesbindung der Verwaltung. Das Rechtsprinzip mit dem weiter gesteckten Anwendungsbereich kann aber dogmatisch nicht als Unterfall eines anderen Grundsatzes mit einem sehr viel engeren Anwendungsbereich qualifiziert werden. Dagegen ist der Anwendungsbereich der Rechtssicherheit, wie oben bereits ausgeführt, weiter als der des Bestimmtheitsgrundsatzes. Und auch inhaltlich sind berechenbare, bestimmt formulierte Normen und Entscheidungen Bestandteil der der Rechtssicherheit inhärenten Befriedungsfunktion der Rechtsordnung. Die dogmatische Veranke-

654 EuGH, Rs. 25/70, Einfuhr- und Vorratsstelle Getreide/Köster, Slg. 1970, 1161, 1172, Rn. 6; Rs. 23/75, Rey Soda/Cassa Conguaglio Zucchero, Slg. 1975, 1279, 1304, Rn. 26; Rs. C-240/90, Deutschland/Kommission, Slg. 1992, I-5383, 5434, Rn. 36, 41. Eine Analyse dieser Rechtsprechung, des Wesentlichkeitskriteriums und der Anforderungen an die Ermächtigung aus Sicht des Bestimmtheitsgrundsatzes findet sich bei *Eva Hammer-Strnad*, Das Bestimmtheitsgebot als allgemeiner Rechtsgrundsatz des Europäischen Gemeinschaftsrechts, Hamburg 1999, S. 47 ff., 57 f.

655 Verordnung 994/98/EG des Rates über die Anwendung der Art. 92 und 93 EGV auf bestimmte Gruppen horizontaler Beihilfen vom 7. Mai 1998, ABl. 1998, L 142, S. 1.

656 Zu dieser Konstruktion vgl. im einzelnen oben Teil 1, C.II.2.

657 Der Bestimmtheitsgrundsatz gilt nach der Rechtsprechung nämlich nicht nur für die Delegation von Gesetzgebungsbefugnissen im Verhältnis Rat-Kommission, d.h. der Institutionen untereinander, sondern v.a. auch für Normen mit Sanktionscharakter (EuGH, Rs. 117/83, Karl Könecke Fleischwarenfabrik/BALM, Slg. 1984, 3291, 3302, Rn. 11; verb. Rs. C-74/95 und C-129/95, Strafverfahren gegen X, Slg. 1996, I-6609, 6636, Rn. 25; zur Entwicklung des Bestimmtheitsgebots bei sanktionsrechtlichen Normen vgl. im Detail *Eva Hammer-Strnad*, Das Bestimmtheitsgebot als allgemeiner Rechtsgrundsatz des Europäischen Gemeinschaftsrechts, Hamburg 1999, S. 61 ff., 72) und für Normen, die zu Abgaben verpflichten (EuGH, Rs. 169/80, Zollverwaltung/Gondrand Frères, Slg. 1981, 1931, 1942, Rn. 18; Rs. 324/85, Irland/Kommission, Slg. 1987, 5083, 5088, Rn. 18; Rs. 92 und 93/87, Kommission/Frankreich und Vereinigtes Königreich, Slg. 1989, 405, 443, Rn. 22; zur Entwicklung des Bestimmtheitsgebots bei für Abgabenpflichtige belastenden Normen vgl. im Detail *Eva Hammer-Strnad*, aaO., S. 73 ff., 83, 87), d.h. im Verhältnis der Gemeinschaft zum Gemeinschaftsbürger.

rung des Bestimmtheitsgrundsatzes, die der Gerichtshof im Urteil *Zollverwaltung/Gondrand Frères* getroffen hat, erscheint somit vorzugswürdig.[658] Sie deckt sich auch mit der im deutschen Verfassungsrecht gängigen Einordnung des Bestimmtheitsgrundsatzes als Unterfall der Rechtssicherheit.[659]

b) Inhalt und Umfang des Bestimmtheitsgrundsatzes

Im einzelnen zweifelhaft ist dagegen die Reichweite dieses Prinzips und seine Ausprägung im Detail. Ausgangspunkt der Überlegungen zum Inhalt und dem Umfang des Bestimmtheitsgebots ist die grundlegende Forderung, daß die Rechtsordnung dem Gemeinschaftsbürger eine verläßliche Orientierung ermöglichen soll. Nur bei hinreichend klar gefaßten Gesetzen ist es dem Bürger möglich, sich ein eigenes Bild von der Rechtslage zu machen.[660] Allerdings ist das Bestimmtheitsprinzip kein starres, immer gleich auszulegendes Postulat, sondern ein „graduell den Umständen entsprechend zu optimierender Wert."[661] Als Tendenz gilt, je intensiver eine Regelung die Belange der Normadressaten berührt, desto höhere Anforderungen sind an die „Exaktheit und Besonderheit der Formulierung"[662] zu stellen. Allerdings ist je nach Kontext nicht immer der theoretisch höchstmögliche Grad an Bestimmtheit anzustreben, sondern vielmehr nur ein der jeweiligen Rechtsmaterie angepaßter, situationsangemessener Optimalwert.[663] Um den Gefahren zu begegnen, die sich aus einer Überbetonung der Anforderungen an die Detailgenauigkeit von gesetzlichen Regelungen ergeben, ist ferner darauf hinzuweisen, daß eine übertriebene sprachliche Ausdifferenzierung von Normen und die damit oft einhergehende Überregulierung von Rechtsgebieten durchaus dazu beitragen kann, den eigentlichen Zweck und die Funktion des Bestimmtheitsgrundsatzes ins Gegenteil umzukehren: Denn

658 Ein weiteres Argument für die Angemessenheit dieser Einordnung läßt sich aus der Prozeßgeschichte im Fall Walter Rau/BALM gewinnen: Die Wertung des Bestimmtheitsprinzips als Unterfall der Gesetzmäßigkeit der Verwaltung war bereits vom vorlegenden Gericht, dem deutschen Verwaltungsgericht Frankfurt a.M., getroffen worden (vgl. EuGH, verb. Rs. 133 bis 136/85, Walter Rau Lebensmittelwerke u.a./BALM, Slg. 1987, 2289, 2341, Rn. 29). Der Gerichtshof hat sie insofern möglicherweise eher als obiter dictum übernommen, anstatt eine echte dogmatische (Neu-)Einordnung treffen zu wollen.

659 Vgl. Maunz-Dürig-*Herzog*, GG-Kommentar, Art. 20, VII, Rn. 61 - 63; *Ulrich M. Gassner*, Kriterienlose Genehmigungsvorbehalte im Wirtschaftsverwaltungsrecht, Berlin 1994, S. 89; *Roland Geitmann*, Bundesverfassungsgericht und „offene" Normen - Zur Bindung des Gesetzgebers an Bestimmtheitserfordernisse, Berlin 1971, S. 79; *Hans-Jürgen Papier*, *Johannes Möller*, Das Bestimmtheitsgebot und seine Durchsetzung, AöR 1997, 177, 179.

660 Maunz-Dürig-*Herzog*, GG-Kommentar, Art. 20, VII, Rn. 63; speziell im Kontext der Gemeinschaft vgl. den 2. Erwägungsgrund der interinstitutionellen Vereinbarung vom 22.12.1998 über gemeinsame Leitlinien für die redaktionelle Qualität der gemeinschaftlichen Rechtsvorschriften, ABl. 1999, C 73, S. 1.

661 *Katharina Sobota*, Das Prinzip Rechtsstaat, Tübingen 1997, S. 498.

662 *Katharina Sobota*, Das Prinzip Rechtsstaat, Tübingen 1997, S. 498.

663 So auch *Eva Hammer-Strnad*, Das Bestimmtheitsgebot als allgemeiner Rechtsgrundsatz des Europäischen Gemeinschaftsrechts, Hamburg 1999, S. 26; *Ulrich M. Gassner*, Kriterienlose Genehmigungsvorbehalte im Wirtschaftsverwaltungsrecht, Berlin 1994, S. 115 ff.; *Roland Geitmann*, Bundesverfassungsgericht und „offene" Normen - Zur Bindung des Gesetzgebers an Bestimmtheitserfordernisse, Berlin 1971, S. 90, 116 ff.

„je dichter das Regelungsnetz wird, um so eher wird die Rechtslage unübersichtlich. Berechenbarkeit und Vorhersehbarkeit schwinden“.[664]

Ergänzend ist darauf hinzuweisen, daß bei besonders komplizierten und vielschichtigen Rechtsmaterien wie dem Wirtschaftsrecht in verschiedenen nationalen Rechtsordnungen,[665] aber auch in der Rechtsprechung des Europäischen Gerichtshofs für Menschenrechte,[666] vergleichsweise geringe Bestimmtheitserfordernisse akzeptiert werden, um die notwendige Offenheit dieser Rechtsgebiete für neue Entwicklungen zu gewährleisten.

Im folgenden soll das gesamte, für die Kontrolle von staatlichen Beihilfen der Mitgliedstaaten bestehende Gemeinschaftsrecht am Maßstab eines so verstandenen Bestimmtheitsgrundsatzes überprüft werden. Es wird also versucht, jeweils den optimalen, notwendigerweise kontextgebundenen Bestimmtheitsgrad der verschiedenen relevanten Normen festzulegen. Untersucht wird sowohl das in diesem Bereich bestehende Primärrecht (Artikel 87 bis 89 EGV) als auch das auf der Verordnungsermächtigung in Artikel 89 EGV basierende Sekundärrecht. Darüber hinaus ist anzumerken, daß der Gerichtshof auch für die Abfassung von Kommissionsentscheidungen über die Vereinbarkeit mitgliedstaatlicher Beihilfen mit dem Gemeinsamen Markt Bestimmtheitserfordernisse postuliert hat.[667]

Unter Berücksichtigung dieser Prämissen ergeben sich drei verschiedene Bereiche, in denen der Bestimmtheitsgrundsatz eine besondere Rolle spielt. Im materiellen Beihilferecht ist zunächst das Problem der Definition der mit dem Gemeinsamen Markt unvereinbaren Beihilfen von zentraler Bedeutung.

Daneben stellt sich die Frage, wie bestimmt Verordnungen des Rates gemäß Artikel 89 EGV gefaßt sein müssen bzw. inwieweit eine Delegation der Detailregelungen auf die Kommission zulässig ist. Es geht hier also um die konkrete beihilferechtliche Ausprägung der oben bereits theoretisch diskutierten Beziehungen zwischen dem Bestimmtheitsgrundsatz und dem Grundsatz der Gesetzesbindung der Verwaltung. Von besonderem Interesse ist in diesem Zusammenhang, wie bereits erwähnt, die Verordnung bezüglich der Freistellung bestimmter Gruppen horizontaler Beihilfen.[668] Denn die Bestimmtheit der Kriterien für die Gruppenfreistellung von Beihilfen bereits in der Ratsverordnung ist von entscheidender Bedeutung, um berechenbare Prognosen darüber zu ermöglichen, welche Beihilfen im Einzelfall notifiziert werden müssen. Je weicher und unbe-

664 *Eva Hammer-Strnad*, Das Bestimmtheitsgebot als allgemeiner Rechtsgrundsatz des Europäischen Gemeinschaftsrechts, Hamburg 1999, S. 25. Zum Zusammenhang zwischen der Detailgenauigkeit von Regelungsmaterien und deren Störungsanfälligkeit vgl. auch *Thomas von Danwitz*, Verwaltungsrechtliches System und Europäische Integration, Tübingen 1996, S. 66.

665 Für Deutschland und Österreich vgl. *Eva Hammer-Strnad*, Das Bestimmtheitsgebot als allgemeiner Rechtsgrundsatz des Europäischen Gemeinschaftsrechts, Hamburg 1999, S. 185 ff. m.w.N.

666 Vgl. EGMR, Urteil v. 2.8.1984, James Malone/Vereinigtes Königreich, EuGRZ 1985, 17, 20 f., Rn. 68, sowie *Eva Hammer-Strnad*, Das Bestimmtheitsgebot als allgemeiner Rechtsgrundsatz des Europäischen Gemeinschaftsrechts, Hamburg 1999, S. 187 m.w.N.

667 Vgl. EuGH, Rs. 70/72, Kommission/Deutschland, Slg. 1973, 813, 831, Rn. 23.

668 Verordnung 994/98/EG des Rates vom 7. Mai 1998, ABl. 1998, L 142, S. 1.

stimmter diese Freistellungskriterien sind, desto unvorhersehbarer wird der jeweilige Verfahrensausgang und desto mehr leidet die Rechtssicherheit.[669]

Im Bereich des formellen Beihilferechts, d.h. des Verfahrensrechts, stellt sich vor allem die Frage, wie detailliert die Vorgaben für das Verfahren, insbesondere Fristen und ähnliches, primärrechtlich oder im Verordnungsweg geregelt werden müssen, bzw. inwieweit die Ausgestaltung des Verfahrens der gerichtlichen Praxis bzw. der Kommission überlassen werden darf.

c) Bestimmtheitsanforderungen im materiellen Beihilferecht

aa) Bestimmtheit des Begriffs der gemeinschaftswidrigen Beihilfe in Artikel 87 EGV

Das zentrale, materiellrechtliche Problem des Beihilferechts ist die Definition des Begriffs der gegen die Belange des Gemeinsamen Marktes verstoßenden „Beihilfe". Aus Sicht des Bestimmtheitsgrundsatzes sind dabei drei mögliche Regelungsvarianten theoretisch vorstellbar. Zum einen ist denkbar, auf den Versuch einer abstrakten, gesetzgeberischen Begriffsbestimmung vollständig zu verzichten. Denn jede gesetzliche Definition würde notwendigerweise zu einer Einengung des Anwendungsbereichs der gemeinschaftlichen Beihilfekontrolle führen.[670] Stattdessen wird das Definitionsproblem in den Bereich der Einzelfallauslegung der rechtsanwendenden Instanzen, d.h. zunächst der Kommission sowie im Streitfall der europäischen Gerichte, verlagert. Man vertraut darauf, daß sich in der Anwendungspraxis der Kommission eine verläßliche und vorhersehbare Praxis entwickelt, zu deren Abrundung bzw. Korrektur die gerichtliche Entscheidungspraxis berufen ist. Vorteil einer derartigen Gestaltung ist ein Höchstmaß an Flexibilität und Offenheit für neue Entwicklungen in der staatlichen Förderungspraxis; Nachteil einer derartigen Regelungstechnik ist ein unzweifelhafter Verlust an Rechtssicherheit, da im voraus nicht immer absehbar ist, wann eine Maßnahme eine Beihilfe darstellt.[671] Aus Sicht des Bestimmtheitsgrundsatzes ist der Verzicht auf eine Detaildefinition insofern nicht unproblematisch. Dennoch haben sich die Vertragsschöpfer bewußt für diesen Weg entschieden.[672] Denn weder in Artikel 87 EGV selbst noch in der neuen

669 Vgl. zu diesem Zusammenhang die Stellungnahme des Wirtschafts- und Sozialausschusses zu dem „Vorschlag für eine Verordnung (EG) des Rates über die Anwendung von Artikel 92 und 93 EGV auf bestimmte Gruppen horizontaler Beihilfen", ABl. 1998, C 129, S. 70, Punkt 3.1.1.

670 *Dieter Lefèvre*, Staatliche Ausfuhrförderung und das Verbot wettbewerbsverfälschender Beihilfen im EWG-Vertrag, Baden-Baden 1977, 112 m.w.N.; *Ulrich Immenga, Joachim Rudo*, Die Beurteilung von Gewährträgerhaftung und Anstaltslast der Sparkassen und Landesbanken nach dem EU-Beihilferecht, Baden-Baden 1997, S. 42.

671 *Jürgen Schwarze*, Europäisches Verwaltungsrecht, Bd. I, Baden-Baden 1988, S. 372.

672 Vgl. *Jürgen Schwarze*, Die Befugnis zur Abstraktion im Europäischen Gemeinschaftsrecht, Baden-Baden 1976, S. 17, 152: Der Weg über eine genaue vertragliche Definition des Begriffs „Beihilfe" wäre zur Zeit der Gründung der Gemeinschaft wohl auch gar nicht gangbar gewesen. Die hierfür nötige Erfahrung und der politsche Einigungswille, aber auch die Einschätzbarkeit ökonomischer Entwicklungen, fehlte den Vertragsparteien nämlich. Vgl. ferner auch *Werner von Simson*, Der Gerichtshof und unbestimmte Rechtsbegriffe, in: Zehn Jahre Rechtsprechung des Gerichtshofs der Europäischen Gemeinschaften, KSE 1, Köln u.a. 1965, S. 396, 415.

Verfahrensordnung wird der Begriff der Beihilfe näher definiert.[673] Vielmehr war und ist es dem Zusammenspiel von Kommission und Gerichtshof vorbehalten, für eine inhaltliche Konturierung des Begriffs zu sorgen.

Eine Alternative bestünde darin, zu versuchen, den Begriff der Beihilfe in kasuistisch-enumerativer Weise gesetzlich zu definieren („Beihilfekatalog"). Auf das Auftreten qualitativ völlig neuartiger Konstellationen und Maßnahmen müßte dann oftmals allerdings durch ein erneutes Tätigwerden des Gesetzgebers reagiert werden. Es ist evident, daß ein derartiges Vorgehen enorm aufwendig und ineffizient ist. Dies gilt umso mehr im Wirtschaftsleben, das wie kaum ein anderer Bereich von ständigem Wandel und dem permanenten Streben nach Innovation geprägt ist. Fraglich ist zudem, ob diese Regelungstechnik aus Sicht des Bestimmtheitsgrundsatzes überhaupt von Vorteil ist: Richtig ist, daß detaillierte, vielfältig aufgefächerte Definitionsnormen zumindest auf den ersten Blick dem Rechtsanwender und den betroffenen Gemeinschaftsbürgern eine klare, eindeutige Orientierung über die Rechtslage bieten. Andererseits besteht gerade im Wirtschaftsrecht, das auf eine extreme Vielfalt von Situationen und Verhaltensweisen eine rechtlich schlüssige Antwort bieten soll, in besonderer Weise die Gefahr, durch Überregulierung ein zu dichtes Regelungsnetz zu schaffen, das einerseits die nötigen Freiräume der Wirtschaftsteilnehmer zu sehr einengt und andererseits selbst nur noch schwer durchschaubar und aufgrund seiner Detailfülle überbestimmt ist.

Meines Erachtens ist aus Sicht des Bestimmtheitsgrundsatzes insoweit weder der völlige Verzicht auf eine abstrakte Definition noch der Versuch verschiedener, nebeneinander stehender, detaillierter Definitionen unproblematisch. Das Optimum an Bestimmtheit, das dem dynamischen, kontextbezogenen Charakter des Bestimmtheitsgrundsatzes am besten entspricht und damit die dritte Variante, liegt vielmehr in der Mitte der beiden bislang skizzierten Modelle. Zu denken wäre insofern an eine relativ weit gefaßte, offene Definition - entweder im Rahmen einer Vertragsreform oder im Verordnungswege.[674] Infolge der festen Konturierung des Begriffs in der Rechtsprechung haben nämlich die Gründe, die ursprünglich gegen eine solche Definition sprachen, zunehmend an Berechtigung verloren.[675]

Tendenziell läßt sich sagen, daß die Anforderungen an die Bestimmtheit des materiellen Beihilferechts eher geringer sein dürfen als an die Bestimmtheit der formellen, verfahrensrechtlichen Vorgaben. Je komplexer und dynamischer die zur Regelung anstehenden Sachverhalte sind, desto schwieriger ist es für den Gesetzgeber nämlich, eine abstrakte

673 Vgl. hierzu Kapitel I der VerfVO (ABl. 1999, L 83, S. 1), das verschiedenen beihilferechtlichen Definitionen gewidmet ist, den Begriff der „Beihilfe" als solchen aber ausspart. Hierzu näher oben Teil 1, A.II.1.a).

674 Zur Frage, ob eine materielle Beihilfedefinition in einer Durchführungsverordnung überhaupt zulässig wäre vgl. oben Teil 1, C.I.1.

675 So auch *Adinda Sinnaeve*, Die Rückforderung gemeinschaftsrechtswidriger nationaler Beihilfen, Berlin 1997, S. 249 f.

gesetzliche Regelung zu finden.[676] Bei sehr komplexen Regelungsmaterien kann der Grundsatz der Einzelfallgerechtigkeit, der ebenfalls eine Ausprägung des Rechtsstaatsprinzips ist, relativ weit gefaßte und unbestimmte Normen rechtfertigen, um die gerechte Entscheidung der Vielzahl heterogener, schwer überschaubarer Einzelfälle zu ermöglichen. Die Unbestimmtheit der Norm wird dann zur „bewußten Ausstattung einer Norm mit einem Differenzierungspotential".[677]

Ähnlich wie im nationalen Recht[678] schließt der Bestimmtheitsgrundsatz daher auch auf der Gemeinschaftsebene die Verwendung von unbestimmten Rechtsbegriffen nicht aus. Im Gegenteil: „Weltweit bedient sich das Wettbewerbsrecht unbestimmter Rechtsbegriffe: [...] Dies ist kein Zufall. Es hängt mit der Dynamik des Regelungsgegenstandes zusammen, einer sich im permanenten Wandel befindlichen Gesellschaft."[679] In einem äusserst komplexen, auch wirtschaftlich und politisch so sensiblen Bereich wie dem der Kontrolle mitgliedstaatlicher Beihilfen für einheimische Wirtschaftsunternehmen gilt umso mehr, daß der Rückgriff auf interpretationsfähige, unbestimmte Rechtsbegriffe und Generalklauseln zulässig sein muß.[680] Denn auf diese Weise kann gewährleistet werden, daß die Definition des Begriffs der Beihilfe auch im Wandel der Zeit an neue Praktiken und Maßnahmen der Mitgliedstaaten anpassungsfähig ist, ohne permanent detaillierte gesetzgeberische Neuregelungen notwendig zu machen. Den Belangen der Vorhersehbarkeit und damit der Rechtssicherheit wird insofern Genüge getan, als eine abstrakte Definition, auch wenn sie unbestimmte Rechtsbegriffe oder generalklauselartige Formulierungen enthält, immerhin weit eher eine Einschätzung der Rechtslage zuläßt, als dies beim völligen Fehlen einer Definitionsnorm der Fall ist. Die hier vertretene, abgeschwächte Betonung der Anforderungen an die Bestimmtheit hilft außerdem, das auftretende Spannungsverhältnis zwischen den Grundsätzen der Rechtssicherheit und der Einzelfallgerechtigkeit schonend aufzulösen.[681]

676 *Eva Hammer-Strnad*, Das Bestimmtheitsgebot als allgemeiner Rechtsgrundsatz des Europäischen Gemeinschaftsrechts, Hamburg 1999, S. 20.

677 *Lerke Osterloh*, Gesetzesbindung und Typisierungsspielräume bei der Anwendung der Steuergesetze, Baden-Baden 1992, S. 104.

678 Maunz-Dürig-*Herzog*, GG-Kommentar, Art. 20, VII, Rn. 63 m.w.N. auf die Rechtsprechung des Bundesverfassungsgerichts.

679 *Wernhard Möschel*, Schutzziele eines Wettbewerbsrechts, in: Manfred Löwisch et al. (Hrsg.), Festschrift für Fritz Rittner, München 1991, S. 405, 405.

680 Vgl. *Jürgen Schwarze*, Die Befugnis zur Abstraktion im Europäischen Gemeinschaftsrecht, Baden-Baden 1976, S. 152: „Die Verträge haben sich ihrer bewußt bedient oder besser: bedienen müssen, wenn sie die Dynamik des geplanten Einigungsprozesses mit Hilfe des Rechts steuern oder wenigstens erfassen wollten." Vgl. auch *Werner von Simson*, Der Gerichtshof und unbestimmte Rechtsbegriffe, in: Zehn Jahre Rechtsprechung des Gerichtshofs der Europäischen Gemeinschaften, KSE 1, Köln u.a. 1965, S. 396, 415.

681 Vgl. zu diesem Spannungsverhältnis *Eva Hammer-Strnad*, Das Bestimmtheitsgebot als allgemeiner Rechtsgrundsatz des Europäischen Gemeinschaftsrechts, Hamburg 1999, S. 20 f.; *Wilfried Braun*, Offene Kompetenznormen - ein geeignetes und zulässiges Regulativ im Wirtschaftsverwaltungsrecht?, VerwArchiv 1985, 24, 53; *Ulrich M. Gassner*, Kriterienlose Genehmigungsvorbehalte im Wirtschaftsverwaltungsrecht, Berlin 1994, S. 89; *Gerold Steinmann*, Unbestimmtheit verwaltungsrechtlicher Normen aus der Sicht von Vollzug und Rechtssetzung, Bern 1982, S. 71; *Lerke Osterloh*,

Zusammenfassend läßt sich sagen, daß der Bestimmtheitsgrundsatz es nahelegt, den Begriff der Beihilfe abstrakt gesetzlich zu definieren.[682] Allerdings darf diese Definition durchaus Generalklauseln und unbestimmte Rechtsbegriffe[683] enthalten, um so neben dem nötigen Maß an Bestimmtheit auch die nötige Offenheit und Wandlungsfähigkeit in sich zu vereinen. Einer solchen nach wie vor entwicklungsoffenen Definition könnten zur Präzisierung außerdem erläuternde Regelbeispiele zur Seite gestellt werden. Möglich wäre etwa, die derzeitig in der Rechtsprechung des Gerichtshofs gebräuchlichen Formulierungen in eine gesetzliche Definition zu überführen.[684]

bb) Bestimmtheit und materielles Sekundärrecht

Grundsätzlich unterliegt auch das gesamte materielle Sekundärrecht dem Bestimmtheitsgrundsatz. Insbesondere die Entscheidungen der Kommission müssen so klar und verständlich formuliert sein, daß der Mitgliedstaat die ihm auferlegten Pflichten erkennen kann. Insoweit bestehen enge Bezüge zum Erfordernis der ausreichenden Begründung gemäß Artikel 253 EGV.[685]

Was die auf der Gruppenfreistellungsrahmenverordnung des Rates beruhenden zukünftigen Gruppenfreistellungsverordnungen der Kommission anbetrifft,[686] läßt sich im Augenblick lediglich die Aussage treffen, daß diese sich inhaltlich selbstverständlich auch am Bestimmtheitsgrundsatz messen lassen müssen. Jede weitergehende Aussage wäre im derzeitigen Stadium hingegen spekulativer Natur.

Gesetzesbindung und Typisierungsspielräume bei der Anwendung der Steuergesetze, Baden-Baden 1992, S. 103 f.

682 Ähnlich auch *Adinda Sinnaeve*, Die Rückforderung gemeinschaftsrechtswidriger nationaler Beihilfen, Berlin 1997, 249 f., 254.

683 Nicht im direkten Zusammenhang mit dem Bestimmtheitsgrundsatz steht die weitergehende Frage, wer das letzte Wort über den genauen Inhalt der verwendeten unbestimmten Rechtsbegriffe haben sollte. Das Problem, ob die Definitionsnorm gerichtlich voll überprüfbar sein sollte oder ob der Kommission bei der Auslegung der Tatbestandsmerkmale der Definition aufgrund ihrer Sachnähe ein gewisser Wissensvorsprung zuzugestehen ist, berührt vielmehr Belange der Gewaltenteilung sowie der Gesetzesbindung der Verwaltung. Richtigerweise sollte der Verwaltung auch in Zukunft kein tatbestandlicher Beurteilungsspielraum eingeräumt werden, vgl. hierzu bereits oben Teil 2, A.III.3.a).aa).

684 Ein alternativer, sehr ausführlicher Definitionsvorschlag findet sich in Artikel 2 Absatz 1 des Verfahrensverordnungsvorschlags der Association Européenne des Avocats (EuZW 1996, 688 ff., mit ausführlicher Einführung von *Till Müller-Ibold*, The AEA Proposal for a Regulation on State Aid Procedure, EuZW 1996, 677 ff.), der aber bewußt nicht in die Verfahrensverordnung aufgenommen wurde, vgl. *Eberhard Kruse*, Bemerkungen zur gemeinschaftlichen Verfahrensverordnung für die Beihilfekontrolle, NVwZ 1999, 1049, 1050.

685 Vgl. hierzu z.B. EuGH, verb. Rs. 43 und 63/82, VBVB und VBBB/Kommission, Slg. 1984, 19, 58 f., Rn. 22; EuG, Rs. T-358/94, Compagnie nationale Air France/Kommission, Slg. 1996, II-2109, 2165, Rn. 161; verb. Rs. T-126 und 127/96, BFM und EFIM/Kommission, Slg. 1998, II-3437, 3460, Rn. 57.

686 Zum Verhältnis der Rahmenverordnung zu den einzelnen Kommissionsverordnungen vgl. sogleich Teil 2, A.IV, 2.d).

Auch auf eine genauere Auseinandersetzung mit der Bestimmtheit der zahlreichen Mitteilungen, Leitlinien, Gemeinschaftsrahmen und Beihilfekodizes der Kommission muß hier verzichtet werden.[687] Nur soviel sei angemerkt: Aufgrund der enormen Zahl der verstreuten normvertretenden Verwaltungsvorschriften[688] ist die Rechtslage in diesem Bereich insgesamt äußerst unübersichtlich und selbst für Spezialisten kaum erfaßbar. In der Gesamtschau ließe sich dieser Bereich insofern als Beispiel für ein zu dichtes, „überbestimmtes" Regelungsnetz anführen. Auf lange Sicht wäre zu erörtern, ob hier dem Optimum an Bestimmtheit nicht besser entsprochen würde, wenn eine Vereinfachung, d.h. eine deregulierende Anpassung nach unten, erfolgen würde. Zu denken wäre etwa an einen Beihilfekodex, der die verstreuten Texte zusammenfaßt und vereinheitlicht.[689]

d) Bestimmtheitserfordernisse bei der Delegation von Befugnissen in Ratsverordnungen

Artikel 89 EGV sieht vor, daß der Rat „alle zweckdienlichen Durchführungsverordnungen zu den Artikeln 87 und 88 erlassen und insbesondere die Bedingungen für die Anwendung des Artikel 88 Absatz 3 sowie diejenigen Arten von Beihilfen festlegen [kann], die von diesem Verfahren ausgenommen sind."

Bei der obigen Darstellung der Gruppenfreistellungsrahmenverordnung[690] wurde bereits darauf hingewiesen, daß die Ratsverordnung nicht etwa selbst bestimmte Beihilfekategorien von der Notifizierungspflicht freistellt, sondern lediglich einen Rahmen vorgibt, der erst von späteren Durchführungsverordnungen der Kommission ausgefüllt werden muß.[691]

Klärungsbedürftig ist deshalb, ob der Rat bei seinen Verordnungen gemäß Artikel 89 EGV verpflichtet ist, eine detaillierte, abschließende Vollregelung der jeweils behandelten Materie zu treffen oder ob es zulässig ist, nur die Grundzüge zu regeln und die Befugnis zur Detailregelung an die Kommission zu delegieren.

Rechtliche Grundlage des Verhältnisses zwischen Rat und Kommission im Bereich der Delegation von Befugnissen sind die beiden Artikel 202 3. Spiegelstrich EGV[692] und

687 Ausführungen zu diesen Maßnahmen finden sich allerdings in den Teilen zur Gesetzesbindung der Verwaltung, Teil 2, A.III.3.a).bb).(1) und (2), und zur Transparenz, Teil 2, B.IV.2.b).

688 Zu diesem Begriff vgl. *Thomas von Danwitz*, Grundfragen der Europäischen Beihilfeaufsicht, JZ 2000, 429, 434.

689 Vgl. zu diesem Punkt *Reimer von Borries*, Statement: Grundsätzliche Aspekte des europäischen Beihilfenrechts, in: Jürgen Schwarze (Hrsg.), Neuere Entwicklungen des europäischen Wettbewerbsrechts, Baden-Baden 1999, S. 95, 97, sowie oben Teil 2, A.III.3.b) zur Gesetzesbindung der Verwaltung.

690 Vgl. oben Teil 1, C.II.2.a).

691 Der Rat hat mit anderen Worten eine Durchführungsverordnung i.S.v. Artikel 89 EGV erlassen, deren Durchführung er im Detail an die Kommission weiter delegiert hat.

692 Die hier entscheidende Passage in Artikel 202 3. Strich EGV lautet:
„Zur Verwirklichung der Ziele und nach Maßgabe dieses Vertrages
- überträgt der Rat der Kommission in den von ihm angenommenen Rechtsakten die Befugnisse zur Durchführung der Vorschriften, die er erläßt. [...]."

Artikel 211, 4. Spiegelstrich EGV.[693] Mit der herrschenden Meinung ermöglichen diese Vorschriften eine echte Verschiebung von Befugnissen bzw. Zuständigkeiten, d.h. sie sind als Delegationsvorschriften zu qualifizieren.[694]

Was den Umfang der zulässigen Delegation von Befugnissen anbelangt, so gilt folgendes: Der Wortlaut von Artikel 211 4. Spiegelstrich EGV legt fest, daß die der Kommission vom Rat in einer Verordnung übertragenen Befugnisse der „Durchführung" der Grundverordnung des Rates dienen müssen. Eine Definition des Begriffs Durchführung fehlt indes im Vertrag.[695] Der Gerichtshof hat zu dieser Frage bereits früh Stellung bezogen und entschieden, daß der Begriff der Durchführung aufgrund von rechtlichen und praktischen Erwägungen weit auszulegen sei und daß die Übertragung von weitgehenden Beurteilungs- und Handlungsbefugnissen auf die Kommission demzufolge durchaus zulässig sein könne.[696] Insbesondere kann der Rat der Kommission auch die Befugnis zum Erlaß eigener Durchführungsverordnungen übertragen. Die mögliche Übertragung von Zuständigkeiten auf die Kommission ist nicht auf Befugnisse „unterhalb der Verordnungsebene" beschränkt.[697] Andererseits ist ein vollständiger, genereller Kompetenztransfer unstreitig nicht zulässig.[698]

Inwieweit der Rat die notwendigen Regelungen selbst in einer Grundverordnung zu treffen hat und wie detailliert dies zu geschehen hat, ergibt sich allerdings nicht aus den genannten Vertragsbestimmungen. In der Literatur haben sich deshalb zu dieser Frage verschiedene Ansichten gebildet.[699] Auch in der Rechtsprechung des Gerichtshofes finden

693 Artikel 211, 4. Strich EGV lautet:
„Um das ordnungsgemäße Funktionieren und die Entwicklung des Gemeinsamen Marktes zu gewährleisten, erfüllt die Kommission folgende Aufgaben:
- die Befugnisse auszuüben, die ihr der Rat zur Durchführung der von ihm erlassenen Vorschriften überträgt."

694 Vgl. *Dimitris Triantafyllou*, Vom Vertrags- zum Gesetzesvorbehalt: Beitrag zum positiven Rechtmäßigkeitsprinzip in der EG, Baden-Baden 1996, S. 228 f.; Grabitz-*Hummer*, Art. 155, Rn. 46; *Nils Merker*, Subsidiarität und Delegation, Berlin 1997, S. 114 f.; *Albert Bleckmann*, Europarecht, 6. Aufl., Köln u.a. 1997, S. 193 ff., Rn. 512 ff.; *Eva Hammer-Strnad*, Das Bestimmtheitsgebot als allgemeiner Rechtsgrundsatz des Europäischen Gemeinschaftsrechts, Hamburg 1999, S. 39 ff. m.w.N., sowie mit einer detaillierten Analyse zu Argumenten für und gegen diese herrschende Meinung.

695 Grabitz-*Hummer*, Art. 155, Rn. 50.

696 EuGH, Rs. 23/75, Rey Soda/Cassa Conguaglio Zucchero, Slg. 1975, 1279, 1302, Rn. 14.

697 EuGH, Rs. 41/69, ACF Chemiefarma/Kommission, Slg. 1970, 661, 691, Rn. 60/62.

698 Grabitz-*Hummer*, Art. 155, Rn. 46; *Thomas Bruha, Wolfgang Münch*, Stärkung der Durchführungsbefugnisse der Kommission, NJW 1987, 542, 544; *Dimitris Triantafyllou*, Vom Vertrags- zum Gesetzesvorbehalt: Beitrag zum positiven Rechtmäßigkeitsprinzip in der EG, Baden-Baden 1996, S. 234; *Eva Hammer-Strnad*, Das Bestimmtheitsgebot als allgemeiner Rechtsgrundsatz des Europäischen Gemeinschaftsrechts, Hamburg 1999, S. 45 m.w.N.

699 Der Delegation eher enge Grenzen zieht z.B. *Hans-Jürgen Rabe*, Das Verordnungsrecht der Europäischen Wirtschaftsgemeinschaft, Hamburg 1963, S. 109 f.; eine weitgehende Delegation wird dagegen von *Schindler* für zulässig erachtet, *Peter Schindler*, Delegation von Zuständigkeiten in der Europäischen Gemeinschaft, Baden-Baden 1972, S. 157 ff.; die wohl herrschende Ansicht in der Literatur folgt dagegen einer Art Mittelweg, der im Ergebnis der von Rechtsprechung entwickelten Wesentlichkeitsrechtsprechung ähnelt, vgl. Grabitz-*Hummer*, Art. 155 Rn. 67; *Thomas Bruha, Wolfgang Münch*, Stärkung der Durchführungsbefugnisse der Kommission, NJW 1987, 542, 544;

sich Antworten auf diese Frage. Danach ist der Rat gehalten, die „für eine Materie maßgeblichen Grundsätze“, mit anderen Worten „das Wesentliche“, selbst zu regeln.[700] Ist dies der Fall, so ist wie oben gesehen eine weite Delegation der Detailregelungen auf die Kommission zulässig,[701] „deren Grenzen nach den Hauptzielen der Marktorganisation und weniger nach dem Buchstaben der Ermächtigung zu beurteilen“ sind.[702] Wesentlich in diesem Sinne sind dabei „nur solche Bestimmungen, durch die die grundsätzlichen Ausrichtungen der Gemeinschaftspolitik umgesetzt werden“.[703] Der Brückenschlag zum Bestimmtheitsgrundsatz erfolgte schließlich am klarsten in der Rechtssache *Central-Import Münster*, in der der Gerichtshof ausführt:

> „Damit eine solche Ermächtigung gültig ist, muß sie in dem Sinne hinreichend bestimmt sein, daß der Rat die Grenzen der der Kommission übertragenen Befugnis deutlich anzugeben hat.“[704]

Die Rechtslage im Bereich der Delegation von Befugnissen vom Rat auf die Kommission läßt sich zusammenfassend so formulieren: Der Gerichtshof vertritt prinzipiell eine Art Wesentlichkeitstheorie, nach der der Rat nur die wesentlichen Grundzüge einer Materie in der Grundverordnung selbst zu regeln hat, während darüber hinaus eine sehr weitgehende Übertragung der Detailregelungsbefugnis auf die Kommission zulässig ist. Dies wird mit Gründen der Praktikabilität und mit der teilweise größeren Sachnähe der Kommission gerechtfertigt. Die Grenzen der übertragenen Befugnisse müssen sich allerdings am Maßstab des Bestimmtheitsgrundsatzes messen lassen, wobei die Frage, ob der Verordnungstext bezüglich dieser Grenzen im Einzelfall bestimmt genug gefaßt ist, sich auch an teleologischen Erwägungen wie den Hauptzielen der Marktorganisation ausrichtet und nicht strikt am Wortlaut haftet.[705]

Speziell mit Bezug auf das Beihilferecht sind folgende Überlegungen anzufügen: Auch hier gilt, daß der Rat in seinen auf Artikel 89 EGV gestützten Verordnungen die wesent-

Eva Hammer-Strnad, Das Bestimmtheitsgebot als allgemeiner Rechtsgrundsatz des Europäischen Gemeinschaftsrechts, Hamburg 1999, S. 45 m.w.N., sowie mit einer eingehenden Darstellung der verschiedenen Ansichten.

700 So bereits Generalanwalt *Joseph Gand*, Schlußanträge in der Rs. 41/69, ACF Chemiefarma/Kommission, Slg. 1970, 706, 711; der Gerichtshof selbst hat erstmals im Urteil Köster den Begriff der Wesentlichkeit einer zu regelnden Materie als maßgebliches Kriterium hervorgehoben, EuGH, Rs. 25/70, Einfuhr- und Vorratsstelle Getreide/Köster, Slg. 1970, 1161, 1172, Rn. 6.

701 Vgl. insoweit bereits die obigen Ausführungen zu EuGH, Rs. 23/75, Rey Soda/Cassa Conguaglio Zucchero, Slg. 1975, 1279, 1302, Rn. 14.

702 St. Rspr. seit EuGH, Rs. 23/75, Rey Soda/Cassa Conguaglio Zucchero, Slg. 1975, 1279, 1302, Rn. 14; verb. Rs. 279, 280, 285, 286/84, Walter Rau Lebensmittelwerke u.a./Kommission, Slg. 1987, 1069, 1120, Rn. 14; Rs. C-478/93, Niederlande/Kommission, Slg. 1995, I-3081, 3107, Rn. 30; verb. Rs. C-9, C-23 und C-156/95, Belgien und Deutschland/Kommission, Slg.1997, I-645, 681, Rn. 36.

703 EuGH, Rs. C-240/90, Deutschland/Kommission, Slg. 1992, I-5383, 5434, Rn. 37.

704 EuGH, Rs. 291/86, Central-Import Münster/HZA Münster, Slg. 1988, 3679, 3706, Rn. 13.

705 Vgl. hierzu auch die sehr viel detailliertere Studie der Rechtsprechung des EuGH bei *Eva Hammer-Strnad*, Das Bestimmtheitsgebot als allgemeiner Rechtsgrundsatz des Europäischen Gemeinschaftsrechts, Hamburg 1999, S. 47-58.

lichen Grundfragen selbst regeln muß. Insbesondere bei Verordnungen, die „diejenigen Arten von Beihilfen festlegen, die von diesem Verfahren [gemeint ist das Verfahren nach Artikel 88 Absatz 3 EGV] ausgenommen sind", muß der Rat eindeutige Rahmenkriterien vorgeben. Die Details dürfen dann aber der Regelung der Kommission per Verordnung überlassen werden. Im Vergleich zum oben diskutierten Normalfall kann der Kommission im Beihilferecht sogar eher eine noch weitergehende Handlungs- und Beurteilungsbefugnis zugestanden werden. Dies folgt daraus, daß die Kommission im Beihilferecht zum einen über eine unzweifelhafte größere Sachnähe und -kompetenz verfügt, die es ihr erlaubt, flexibler und schneller als der Rat zu handeln.[706] Neben diesem eher tatsächlichen Argument stützen auch rechtliche Erwägungen diese Aussage. Solange der Rat von der Verordnungsermächtigung in Artikel 89 EGV keinen Gebrauch macht, unterfällt der Bereich der Beihilfenaufsicht dem originären Kompetenzbereich der Kommission. Sie ist grundsätzlich ausschließlich zuständig und Herrin des Beihilfeaufsichtsverfahrens. Dies spricht dafür, daß es zulässig sein muß, wenn der Rat der Kommission per Verordnung gemäß Artikel 89 EGV weite Durchführungsbefugnisse beläßt bzw. überträgt.[707]

Nach alldem genügt die Ausgestaltung der FreistellungsRVO des Rates der großzügigen Rechtsprechung des Gerichtshofs und regelt die „wesentlichen" Grundzüge selbst. Insbesondere gibt sie die Beihilfekategorien vor, zu denen die Kommission Freistellungsverordnungen erlassen kann. An dieser Einschätzung ändert auch die Tatsache nichts, daß die Rahmenverordnung des Rates keine abstrakten materiellen Kriterien zur Vereinbarkeit der freistellbaren Beihilfen mit dem Gemeinsamen Markt enthält, sondern nur die von der Kommission in den jeweiligen Freistellungsverordnungen auszufüllenden Determinanten vorgibt.[708]

Ob die zukünftigen, von der Kommission erlassenen Freistellungsverordnungen ihrerseits bestimmt genug gefaßt sein werden, ist momentan noch nicht abzuschätzen. Dogmatisch ist dies außerdem eine Frage, die nicht mit dem Unterpunkt „Delegation" im Zusammenhang steht, sondern mit der Bestimmtheit des materiellen Sekundärrechts.

706 Vgl. zu dieser Argumentation erneut EuGH, Rs. 23/75, Rey Soda/Cassa Conguaglio Zucchero, Slg. 1975, 1279, 1302, Rn. 14.

707 Umgekehrt könnte zu fragen sein, ob es überhaupt zulässig wäre, wenn der Rat jedes Detail selbst regelt und die Kommission so auf eine rein untergeordnete Funktion beschränkt. Denn eine Durchführungsverordnung nach Artikel 89 EGV darf die Zuständigkeitsverteilung des Artikel 88 EGV nicht umstoßen, vgl. GTE-*Mederer*, Art. 94, Rn. 3. Aus einer Zusammenschau der Artikel 89, 202 3. Spiegelstrich ergibt sich, daß der Rat wohl auch im Bereich des Beihilferechts nicht daran gehindert ist, eine sehr detaillierte Vollregelungen zu treffen bzw. sich gewisse Durchführungsbefugnisse selbst vorzubehalten.

708 Die Kommission ist in ihren Verordnungen *verpflichtet*, Regelungen zum Zweck der Beihilfe, über die Gruppe der Begünstigten, über Schwellenwerte i.S.v. relativen Beihilfeintensitäten oder von absoluten Höchstbeträgen, über die Bedingungen der Kumulierung von Beihilfen sowie hinsichtlich der Modalitäten der Überwachung zu treffen. Vgl. genauer oben Teil 1, C.II.2.a).

e) Bestimmtheitsanforderungen an das formelle Verfahrensrecht

Im Bereich des Verfahrensrechts spielen Erwägungen der Rechtssicherheit und der Bestimmtheit tendenziell eine größere Rolle als im materiellen Recht. Denn das materielle Recht konkretisiert sich gegenüber den Normadressaten im Regelfall erst durch das Medium des formellen Verfahrensrechts. Insofern ist die Verläßlichkeit und Berechenbarkeit des jeweiligen Verfahrens unerläßliche Voraussetzung der Berechenbarkeit der Rechtsordnung als solcher. Der jeweilige Normadressat ist darauf angewiesen, ein verläßliches und durchschaubares Verfahren zur Geltendmachung seiner Rechte vorzufinden. Berührungspunkte ergeben sich insoweit zwischen dem Grundsatz der Bestimmtheit verfahrensrechtlicher Normen und dem Grundsatz des effektiven Rechtsschutzes. Unbestimmte Gesetze schränken den Rechtsschutz ein, da die gerichtliche Kontrolle bei bestimmten Gesetzen effektiver ist.[709]

Außerdem müssen verfahrensrechtliche Normen quasi *per definitionem* rigider und weniger offen sein als Regelungen der materiellen Rechtslage.[710] Zur Gewährleistung der Rechtssicherheit ist entscheidend, daß im Bereich des Verfahrensrechts ganz klare und strikte gesetzliche Vorgaben bestehen. Denn dadurch erhöht sich, wie *Sobota* zurecht anmerkt, die Glaubwürdigkeit von Fristen und sonstigen eher „künstlichen" Verfahrensinstituten.[711] Eine explizite, sprachlich bestimmt formulierte Regelung der Formen und Fristen im Vertrag selbst oder aber in einer Verordnung ist einer Regelung der Einzelheiten des Verfahrens durch die gerichtliche Entscheidungspraxis bzw. die Praxis der Kommission dabei vorzuziehen. Formen und Fristen, sowie das Verhältnis von Regeln und Ausnahmen sind möglichst genau gesetzlich zu definieren. Die Verwendung von Generalklauseln und unbestimmten Rechtsbegriffen ist im Verfahrensrecht problematischer als im materiellen Recht. Sie ist auf das geringstmögliche Maß zu beschränken. Auch Erwägungen, die sich auf die Flexibilität und die Offenheit einer Regelung gegen-

709 So auch *Eva Hammer-Strnad*, Das Bestimmtheitsgebot als allgemeiner Rechtsgrundsatz des Europäischen Gemeinschaftsrechts, Hamburg 1999, S. 22 m.w.N.; *Wilfried Braun*, Offene Kompetenznormen - ein geeignetes und zulässiges Regulativ im Wirtschaftsverwaltungsrecht?, VerwArchiv 1985, 14, 53 f.; *Fritz Ossenbühl* in: Josef Isensee, Paul Kirchhof (Hrsg.), Handbuch des Staatsrechts der Bundesrepublik Deutschland, Bd. III, 2. Aufl., Heidelberg 1996, § 62 Rn. 23; diesen Zusammenhang verneinen: *Roland Geitmann*, Bundesverfassungsgericht und „offene" Normen - Zur Bindung des Gesetzgebers an Bestimmtheitserfordernisse, Berlin 1971, S. 105 ff., *Lerke Osterloh*, Gesetzesbindung und Typisierungsspielräume bei der Anwendung der Steuergesetze, Baden-Baden 1992, S. 129 f.

710 Vgl. hierzu die rechtstheoretischen Ausführungen bei *Katharina Sobota*, Das Prinzip Rechtsstaat, Tübingen 1997, S. 506: „Das Recht muß sich gegen die übrige Wirklichkeit mit Konstruktionen behaupten, von denen einige noch recht lebensnah, andere aber bereits sehr artifiziell wirken, z.B. Formen und Fristen. [...] Gerade die künstlich scheinenden Institute des Rechts müssen jedoch, wenn sie weiterhin überzeugen sollen, mit besonderer Rigidität durchgehalten werden. Da sie nüchterne, also nicht emotionsunterstützte Fiktionen sind, die in nichts, außer in ihren rechtlichen Wirkungen Realität besitzen, müssen ihre Wirkungen mit einer unbeirrbaren Konstanz eintreten und von der staatlichen Gewalt strikt beachtet werden. Ihr einziger Rückhalt ist der Glaube an das begriffliche System, das sie hervorbringt; bricht man mit dessen Regeln, wird die betreffende Konstruktion augenblicklich desavouiert."

711 *Katharina Sobota*, Das Prinzip Rechtsstaat, Tübingen 1997, S. 506.

über neuen Entwicklungen stützen, haben im Verfahrensrecht weniger Bedeutung als im materiellen Recht. Stattdessen kommt den Grundsätzen der Rechtssicherheit und der Bestimmtheit besonderes Gewicht zu; sie zählen zu den wichtigsten Belangen bei der Gestaltung einer Verfahrensregelung.

Vor diesem Hintergrund hat der Gerichtshof seit jeher in ständiger Rechtsprechung vertreten, daß Verjährungsfristen im voraus und durch den Gemeinschaftsgesetzgeber zu normieren sind.[712] Speziell mit Blick auf das Beihilferecht hat das Gericht erster Instanz im September 1998 betont: „Zunächst ist darauf hinzuweisen, daß der Gemeinschaftsgesetzgeber bisher keine Verjährungsfrist für Maßnahmen der Kommission gegenüber nicht mitgeteilten staatlichen Beihilfen festgelegt hat. Eine Verjährungsfrist muß jedoch, um ihrer Aufgabe, die Rechtssicherheit zu gewährleisten, erfüllen zu können, vom Gemeinschaftsgesetzgeber grundsätzlich im voraus festgelegt werden.“[713]

Zumindest für die Frage der Rückforderung gemeinschaftswidriger mitgliedstaatlicher Beihilfen hat die VerfVO in Artikel 15 mittlerweile eine Verjährungsfrist geschaffen[714] und diese Regelungslücke geschlossen.

Insofern stellt die neue Verfahrensverordnung aus Sicht der Rechtssicherheit und des Bestimmtheitsgrundsatzes einen eindeutigen Fortschritt dar. Dies gilt sogar weitgehend unabhängig von ihrem konkreten Inhalt. Denn die Einschätzung der Rechtslage wird dem Bürger durch das Vorliegen eines verbindlichen Verordnungstextes erheblich erleichtert. Die Rechtsprechung des Gerichtshofs wird zum ergänzenden Auslegungsmaterial und nicht wie bislang quasi zur Rechtsquelle.

Aber auch wenn die VerfVO insgesamt zu begrüßen ist, dürfen gewisse inhaltliche Schwächen nicht verschwiegen werden. So sind verschiedene Fristen in der Verordnung eher weich formuliert.[715] Besonders die Fristbestimmung bezüglich der Länge des förmlichen Prüfverfahrens begegnet gewissen Bedenken. Artikel 7 Absatz 6 EGV sieht vor: „Die Kommission bemüht sich darum, eine Entscheidung möglichst innerhalb von 18 Monaten nach Eröffnung des Prüfverfahrens zu erlassen.“ Obwohl nachzuvollziehen ist, daß die Kommission sich aufgrund ihrer Arbeitsbelastung und zur Erhaltung ihrer Flexibilität sträubt, einer verbindlichen Fristenregelung zuzustimmen, bleibt unter dem Strich der Schluß, daß zumindest aus Sicht des Bestimmtheitsgrundsatzes eine doppelt relativierte Regelung („bemüht sich ... möglichst“) nicht dem anzustrebenden Optimum an Bestimmtheit entspricht.

712 EuGH, Rs. 41/69, ACF Chemiefarma/Kommission, Slg. 1970, 661, 687, Rn. 18/20; Rs. 48/69, Imperial Chemical Industries (ICI)/Kommission, Slg. 1972, 619, 656, Rn. 46/49.

713 EuG, verb. Rs. T-126 und 127/96, BFM und EFIM/Kommission, Slg. 1998, II-3437, 3462 f., Rn. 67.

714 Vgl. zu dieser Regelung im einzelnen oben Teil 1, B.II.2.d).cc).

715 Z.B. spricht Artikel 6 VerfVO von einer Frist von „normalerweise höchstens einem Monat“.

In der Gesamtbewertung stellt die neue VerfVO somit zwar einen eindeutig positiven Zwischenschritt auf dem Weg zu einem Optimum an Bestimmtheit dar, nicht aber das Endergebnis der Entwicklung.

f) Rechtsfolgen zu unbestimmter Regelungen

Bei der Diskussion der Rechtsfolgen zu unbestimmter Normen ist eingangs erneut darauf hinzuweisen, daß es sich bei der Bestimmtheit nicht um eine Frage des „Alles-oder-nichts" handelt, sondern um einen relativen, graduellen Begriff des „Mehr-oder-weniger". Es ist insofern möglich, daß eine Regelung in der Praxis zwar nicht das oben erläuterte, anzustrebende Optimum an Bestimmtheit aufweist, andererseits aber auch nicht derart unbestimmt ist, daß an der Wirksamkeit der Norm Zweifel bestehen müßten. Der Bestimmtheitsgrundsatz läßt regelmäßig ein ganzes Spektrum von Lösungen zu, die noch bestimmt genug sind.

Bestehende „echte" Bestimmtheitsmängel sind grundsätzlich justiziabel. Wenn eine Norm den theoretisch wünschenswerten Grad an Bestimmtheit nicht erreicht, kann das die Nichtigerklärung der Norm nach sich ziehen.[716] Diese Konsequenz ist aber eher die Ausnahme, d.h. die Rechtsprechung ist im Bereich des Bestimmtheitsgrundsatzes nicht als streng zu bezeichnen. Es gibt verschiedene Möglichkeiten, Bestimmtheitsmängel zu kompensieren;[717] die Nichtigerklärung durch den Gerichtshof wegen fehlender Bestimmtheit erfolgt lediglich als ultima ratio.[718] Vorrangig versucht der Gerichtshof, über eine den Normtext konkretisierende Auslegung zur Gültigkeit der jeweiligen Norm zu gelangen.[719] Die Rechtsprechung zeigt eine klare Tendenz, v.a. unbestimmte materielle Vorschriften soweit wie möglich aufrechtzuerhalten und die Unbestimmtheit z.B. über erhöhte Anforderungen an das einzuhaltende Verfahren zu kompensieren.[720] Der Gerichtshof läßt es insbesondere auch zu, wenn ursprünglich unbestimmt gefaßte Normen

716 Kritisch hierzu *Eva Hammer-Strnad*, Das Bestimmtheitsgebot als allgemeiner Rechtsgrundsatz des Europäischen Gemeinschaftsrechts, Hamburg 1999, S. 191 f., 212, die sich grundsätzlich, und nicht nur in Ausnahmefällen, für die Nichtigkeit zu unbestimmter Normen ausspricht.

717 Vgl. hierzu die ausführliche Analyse bei *Eva Hammer-Strnad*, Das Bestimmtheitsgebot als allgemeiner Rechtsgrundsatz des Europäischen Gemeinschaftsrechts, Hamburg 1999, S. 192 ff.

718 Vgl. EuGH, Rs. 23/75, Rey Soda/Cassa Conguaglio Zucchero, Slg. 1975, 1279, 1307, Rn. 46 ff.; Rs. 95/75, Effem/HZA Lüneburg, Slg. 1976, 361, 368, Rn. 8; Rs. C-202/88, Frankreich/Kommission, Slg. 1991, I-1223, 1270, Rn. 45 ff.; Rs. C-325/91, Frankreich/Kommission, Slg. 1993, I-3283, 3312, Rn. 30 f.

719 Vgl. Generalanwalt *Michael B. Elmer* in Rs. C-64/95, Konservenfabrik Lubella/HZA Cottbus, Slg. 1996, I-5105, 5113, Tz. 21 f.: „Nach ständiger Rechtsprechung sind für die Auslegung einer Vorschrift des Gemeinschaftsrechts nicht nur der Wortlaut dieser Vorschrift, sondern auch ihr Kontext und die Ziele zu berücksichtigen, die mit der Regelung, zu der sie gehört, verfolgt werden (Rs. C-30/93, AC-Atel Electronics/HZA München Mitte, Slg. 1994, I-2305, 2325, Rn. 21). Somit kann die Gültigkeit der betreffenden Gemeinschaftsvorschrift, wenn überhaupt, nur in Fällen beeinträchtigt sein, in denen ein unklarer Text nicht anhand dieser in der Rechtsprechung des Gerichtshofs festgelegten Methoden ausgelegt werden kann."

720 *Eva Hammer-Strnad*, Das Bestimmtheitsgebot als allgemeiner Rechtsgrundsatz des Europäischen Gemeinschaftsrechts, Hamburg 1999, S. 193 ff.

erst im Verlauf der Zeit durch die Praxis der Rechtsprechung und der Verwaltung konkretisiert werden.[721]

g) Zusammenfassung der Bestimmtheitserfordernisse im Beihilferecht

Den Anforderungen des Bestimmtheitsgrundsatzes an das europäische Beihilferecht würde am besten entsprochen, wenn der Begriff der mit dem Gemeinsamen Markt unvereinbaren Beihilfe gesetzlich definiert wird, wobei eine offene Definition unter Verwendung von unbestimmten Rechtsbegriffen und Generalklauseln einer unflexiblen, kasuistisch ausgerichteten Detaildefinition vorzuziehen ist. Zu betonen ist dabei allerdings der relative Charakter des Bestimmtheitsgrundsatzes, der dazu führt, daß mehrere verschiedene Regelungsvarianten bestimmt genug sind. Aus diesem Grund führt der derzeitige Verzicht auf eine gesetzliche Definition auch nicht etwa zu Zweifeln an der Rechtmäßigkeit des Artikel 87 EGV, da das notwendige Maß an Bestimmtheit durch die mittlerweile gefestigte Rechtsprechungs- und Kommissionspraxis vermittelt wird.

Verordnungen des Rates aufgrund von Artikel 89 EGV müssen in Übereinstimmung mit der Rechtsprechung des Gerichtshofes die wesentlichen Grundzüge der betroffenen Regelungsmaterie regeln, dürfen aber ansonsten eine weitgehende Delegation der zur Durchführung der Verordnung notwendigen Details auf die Kommission vorsehen. Der Bestimmtheitsgrundsatz ist in diesem Bereich insofern beachtlich, als die Grenzen der übertragenen Befugnisse klar anzugeben sind. Im Ergebnis sind diese Bestimmtheitsanforderungen allerdings nicht sehr weitgehend. Das bei der Gruppenfreistellungsrahmenverordnung des Rates gewählte Delegationsmodell entspricht diesen Voraussetzungen.

Im Verfahrensrecht verlangt der Bestimmtheitsgrundsatz idealerweise eine klare gesetzliche Regelung des einzuhaltenden Verfahrens mit bestimmten Fristen, Formen, Regeln und Ausnahmen. Generalklauseln und unbestimmte Rechtsbegriffe sind in diesem Bereich, anders als im materiellen Recht, möglichst zu vermeiden. Die Anforderung an die Bestimmtheit einer gesetzlichen Regelung sind im formellen Verfahrensrecht also höher als im materiellen Recht. Die Verfahrensverordnung erhöht die Rechtssicherheit im Vergleich zur bisherigen Rechtslage eindeutig. Es wird durch sie für den Bürger einfacher, sich schnell und verläßlich über die geltenden Regelungen zu informieren, da er nicht auf eine verstreute Mischung von Gerichtsurteilen und Äußerungen der Kommission angewiesen ist. Allerdings sind verschiedene Fristen noch recht unbestimmt gefaßt. Insofern wird zwar die frühere Lage verbessert, in der z.T. gar keine Fristenregelungen bestanden; das wünschenswerte Optimum an Bestimmtheit wird aber dennoch nicht verwirklicht. Die bestehenden Bestimmtheitsmängel sind jedoch ohne weiteres im Spek-

721 Grundlegend zu dieser Kompensationsmöglichkeit, *Franz-Jürgen Säcker*, Die Konkretisierung vager Rechtssätze durch Rechtswissenschaft und Praxis, ARSP 1972, 215 ff.; aus der Rechtsprechung des Gerichtshofs vgl. EuGH, Rs. 85/76, Hoffmann-La Roche/Kommission, Slg. 1979, 461, 554, Rn. 131.

trum der zulässigen Regelungsvarianten, so daß keinerlei Zweifel an der Rechtmäßigkeit der Verordnung bestehen.

3. Der Grundsatz des Vertrauensschutzes

Vertrauensschutzerwägungen können im Beihilferecht auf verschiedene Weise relevant werden, wobei sich der Schwerpunkt der Diskussion auf die Rückforderung von gemeinschaftsrechtswidrigen mitgliedstaatlichen Beihilfen konzentriert. Im folgenden soll zunächst die derzeitige Rechtslage umfassend dargestellt werden. Den Schwerpunkt dieser Darstellung bildet dabei die klassische Rückforderungsproblematik, wobei in Übereinstimmung mit dem europarechtlichen Ansatzpunkt dieser Arbeit in erster Linie von den gemeinschaftsrechtlichen Vorgaben und Parametern ausgegangen wird. Die spezifisch deutschen Probleme im Zusammenhang mit § 48 VwVfG werden dagegen nur insoweit einbezogen, als dies zum Verständnis der Rechtslage notwendig ist.

Daneben sollen aber auch andere, weniger geläufige Konstellationen, in denen häufig eine Berufung auf Vertrauensschutz erfolgt, nicht unbeachtet bleiben. Im Anschluß an diese Darstellung des rechtlichen Status Quo soll in einem zweiten Schritt untersucht werden, inwieweit gegebenenfalls Reformbedarf besteht und wie etwaige Änderungen aussehen müßten.

a) Vertrauensschutz im Beihilferecht - der derzeitige Status Quo

aa) Vertrauensschutz im Zusammenhang mit normvertretenden Verwaltungsvorschriften

Verschiedentlich kommt es im Zusammenhang mit den verschiedenen Gemeinschaftsrahmen und Leitlinien der Kommission zu Streitigkeiten über den Anwendungsbereich und die Tragweite des Vertrauensschutzprinzips. Dabei ist seit längerem anerkannt, daß die Kommission die Aufrechterhaltung einer objektiv unzutreffenden Auslegung einer solchen Verwaltungsvorschrift „weder unter Berufung auf den Grundsatz der Gleichbehandlung noch unter Hinweis auf den Schutz des berechtigten Vertrauens“ rechtfertigen kann.[722] Es besteht insoweit kein Anspruch auf „Gleichheit im Unrecht“.[723]

Eine der neueren Entwicklungen in der Rechtsprechung v.a. des Gerichts erster Instanz ist, daß rechtmäßige, an sich unverbindliche Leitlinien der Kommission über den allgemeinen Gleichheitssatz eine Selbstbindung der Verwaltung bewirken können, sofern sie Regeln enthalten, denen sich die von der Kommission zu verfolgende Politik entnehmen läßt und die nicht von Normen des Vertrages abweichen.[724] Die Kommission ist also

722 EuGH, Rs. C-313/90, CIRFS u.a./Kommission, Slg. 1995, I-1125, 1188, Rn. 45.
723 Vgl. hierzu auch unten Teil 2, B.I.2.b).
724 Vgl. EuG, Rs. T-149/95, Ducros/Kommission, Slg. 1997, II-2031, 2051, Rn. 61; Rs. T-214/95, Vlaams Gewest/Kommission, Slg. 1998, II-717, 747, Rn. 79; ausführlicher hierzu oben Teil 2, A.III. 3.a).bb). (2).(b).

grundsätzlich verpflichtet, sich in den von den jeweiligen Verwaltungsvorschriften erfaßten Fällen an die selbstgesetzten Beurteilungs- und Ermessensvorgaben zu halten. Die näheren Details und Grenzen dieser Selbstbindung harren allerdings noch endgültiger Klärung.[725]

Problematisch ist v.a., inwieweit von derartigen abstrakten Maßnahmen in speziellen Einzelfällen ausnahmsweise abgewichen werden kann. Dem könnte der Vertrauensschutz des Begünstigten oder der Konkurrenten als subjektive Absicherung des objektivrechtlichen Gesetzesbindungsprinzips entgegenstehen.

Sicher ist nur soviel: In unproblematischen „Routinefällen" wird sich die Kommission infolge der Rechtsprechung in den Fällen *Ducros* und *Vlaams Gewest* an die eigenen Verwaltungsvorschriften halten müssen. Außerdem kann die Kommission eine solche Maßnahme „allgemeiner Tragweite [...] nicht stillschweigend durch eine individuelle Entscheidung" abändern.[726] Will sie eine generelle Neuorientierung ihrer Genehmigungspraxis erreichen, bleibt ihr nur die Anpassung der entsprechenden Verwaltungsvorschrift.[727]

Soweit ersichtlich ist dagegen nicht entschieden, ob die Kommission *innerhalb* des Anwendungsbereichs der Leitlinien von ihrer Verwaltungspraxis in begründeten Ausnahmefällen ad hoc abweichen kann: Mit anderen Worten ist fraglich, ob die Kommission beispielsweise berechtigt wäre, einen Beihilfetyp, der bislang immer auf der Basis von Leitlinien genehmigt wurde, mit entsprechend überzeugenden Argumenten im Einzelfall zu verbieten, ohne dadurch gleichzeitig eine generelle Abkehr von der Leitlinie zu bezwecken. In Übereinstimmung mit den üblicherweise geltenden Grundsätzen im Bereich der Selbstbindung der Verwaltung dürfte ein derartiges Vorgehen zulässig sein.[728]

bb) Vertrauensschutz im Zusammenhang mit den jeweiligen Beihilfekodizes im EGKSV

Ebenfalls im Zusammenhang mit dem Grundsatz des Vertrauensschutzes stehen drei weitere jüngere Entscheidungen des Gerichts erster Instanz im Bereich des EGKSV.[729] Diese Urteile behandeln eine auf den ersten Blick zwar ähnliche, tatsächlich aber unterschiedlich gelagerte Konstellation.

725 So auch *Thomas von Danwitz*, Grundfragen der Europäischen Beihilfeaufsicht, JZ 2000, 429, 434 f.

726 EuGH, Rs. C-313/90, CIRFS u.a./Kommission, Slg. 1995, I-1125, 1188, Rn. 44.

727 GTE-*Mederer*, Art. 92, Rn. 74; *Thomas von Danwitz*, Grundfragen der Europäischen Beihilfeaufsicht, JZ 2000, 429, 435; vgl. außerdem auch EuG, Rs. T-214/95, Vlaams Gewest/Kommission, Slg. 1998, II-717, 750, Rn. 89.

728 Vgl. generell *Jürgen Schwarze*, Die Befugnis zur Abstraktion im europäischen Gemeinschaftsrecht, Baden-Baden 1976, S. 64; speziell für den Bereich des Kartellrechts vgl. GTE-*Schröter*, Vorbem. Art. 85-89, Rn. 13; *Philipp Jacobi*, Third Party Access im Europäischen Wettbewerbsrecht?, Baden-Baden 2001 (im Erscheinen).

729 EuG, Rs. T-239/94, EISA/Kommission, Slg. 1997, II-1839 ff.; Rs. T-243/94, British Steel/Kommission, Slg. 1997, II-1887 ff.; Rs. T-244/94, Wirtschaftsvereinigung Stahl u.a./Kommission, Slg. 1997, II-1963 ff.

Im Fall *British Steel* genehmigte die Kommission per Einzelentscheidung verschiedene Beihilfen, die inhaltlich nicht den Kriterien des geltenden Stahlkodex entsprachen.[730] Gegen zwei dieser Einzelentscheidungen wandte sich das Konkurrenzunternehmen der jeweiligen Begünstigten, British Steel, mit der Nichtigkeitsklage. Eines der Argumente war, daß British Steel darauf vertraut habe, daß keine Einzelbeihilfen außerhalb des abschließend gemeinten Stahlkodex genehmigungsfähig seien.[731] Die Wirtschaftsvereinigung Stahl trug im Parallelverfahren zusätzlich vor, daß auf das Auftreten von atypischen Sonderfällen gegebenenfalls mit einer Anpassung des Stahlkodex und nicht mit Einzelentscheidungen hätte reagiert werden müssen.[732]

Im Gegensatz zu den oben beschriebenen Fällen *CIRFS*, *Ducros* und *Vlaams Gewest* handelt es sich hierbei nicht um Fälle, die mit der Selbstbindung der Verwaltung aufgrund von an sich unverbindlichen ermessensleitenden Verwaltungsvorschriften im Zusammenhang stehen. Dies liegt daran, daß der jeweilige Stahlkodex nicht lediglich eine unverbindliche Empfehlung darstellt, sondern als verbindliche Entscheidung ergeht.[733] Gleiches gilt auch im Hinblick auf die Gemeinschaftsregelung für staatliche Beihilfen zugunsten des Steinkohlebergbaus,[734] die ebenfalls eine Entscheidung auf Grundlage von Artikel 95 EGKSV darstellt.

Das Gericht verneinte in beiden Urteilen die Voraussetzungen für Vertrauensschutz. Der Beihilfekodex könne den Unternehmen keine Gewißheit gewähren, „daß unter besonderen Umständen keine Einzelfallentscheidung erlassen werde, mit der staatliche Beihilfen außerhalb des Kodex genehmigt würden."[735] Dies ergebe sich aus der unterschiedlichen Zielsetzung des Kodex als Regelung für den Normalfall und den streitigen Kommissionsentscheidungen, „die erlassen wurden, um einer Ausnahmesituation zu begegnen." Im Hinblick auf „unvorhergesehene" Situationen könne der Kodex „keinesfalls berech-

730 EuG, Rs. T-243/94, British Steel/Kommission, Slg. 1997, II-1887, 1899, Rn. 8; ein weitestgehend identischer Sachverhalt lag auch dem am selben Tag erlassenen Urteil in der Rs. T-244/94, Wirtschaftsvereinigung Stahl u.a./Kommission, Slg. 1997, II-1963 ff., zugrunde.

731 EuG, Rs. T-243/94, British Steel/Kommission, Slg. 1997, II-1887, 1916 f., Rn. 56 ff.

732 EuG, Rs. T-244/94, Wirtschaftsvereinigung Stahl u.a./Kommission, Slg. 1997, II-1963, 1987, Rn. 49: „Die verbindlichen Regelungen des Kodex gälten nämlich für alle staatlichen Beihilfen im Stahlsektor. Sie stellten damit den Unternehmen einen rechtlichen Rahmen zur Verfügung, innerhalb dessen diese mit Fug und Recht davon ausgehen könnten, daß sie gleichbehandelt würden und daß bei unvorhergesehen Ereignissen die Voraussetzungen für die Gewährung von Beihilfen gegebenenfalls im Wege einer allgemeinen Entscheidung geändert würden, um der Situation aller betroffenen Wirtschaftsteilnehmer ohne besondere Bevorzugung eines oder mehrerer Unternehmen Rechnung zu tragen."

733 Im für die beiden Urteile relevanten Zeitraum galt der sog. Fünfte Beihilfekodex (Entscheidung 3855/91/EGKS, ABl. 1991, L 362, S. 57), vgl. EuG, Rs. T-243/94, British Steel/Kommission, Slg. 1997, II-1887, 1897, Rn. 3; ab dem 1.1.1997 bis zum 22.7.2002 gilt der Sechste Beihilfekodex (Entscheidung 2496/96/EGKS, ABl. 1996, L 338, S. 42); vgl. auch Schwarze-*Bär-Bouyssière*, Art. 87, Rn. 93.

734 Entscheidung 3632/93/EGKS der Kommission, ABl. 1993, L 329, S. 12; vgl. hierzu GTE-*Mederer*, Art. 92, Rn. 216.

735 EuG, Rs. T-243/94, British Steel/Kommission, Slg. 1997, II-1887, 1922, Rn. 75: ähnlich auch Rs. T-244/94, Wirtschaftsvereinigung Stahl u.a./Kommission, Slg. 1997, II-1963, 1990, Rn. 57.

tigte Erwartungen [...] entstehen lassen".[736] Für das einwandfreie Funktionieren des gemeinsamen Stahlmarktes sei nämlich

> „zweifellos eine ständige Anpassung nach Maßgabe der Veränderungen der Wirtschaftslage erforderlich, und die Wirtschaftsteilnehmer können sich nicht auf ein wohlerworbenes Recht auf Beibehaltung der zu einem bestimmten Zeitpunkt bestehenden Rechtslage berufen [...]. Außerdem hat der Gerichtshof auch den Begriff des „umsichtigen und besonnenen Wirtschaftsteilnehmers" verwendet, um darauf hinzuweisen, daß es in bestimmten Fällen möglich ist, den Erlaß spezifischer Maßnahmen, die offensichtlichen Krisensituationen entgegenwirken sollen, vorherzusehen, so daß eine Berufung auf den Grundsatz des Vertrauensschutzes nicht möglich ist [...]."[737]

Der Gerichtshof entschied hier also, daß der Stahlbeihilfekodex keine abschließende Vollregelung darstellt[738] und daß die Wirtschaftsteilnehmer auch nicht etwa auf eine vermeintliche Ausschließlichkeit vertrauen können. Entscheidungen, die auf neue Situationen reagieren, sind mit ausreichender Begründung demnach auch ad hoc und im Einzelfall möglich, ohne daß dies am Vertrauensschutz der Konkurrenten scheitert. Die Kommission erschöpft ihre aus Artikel 95 EGKSV fließende Kompetenz durch den Erlaß des jeweiligen Beihilfekodex also nicht etwa; vielmehr kann sie weiterhin ad hoc Beihilfen genehmigen, vorausgesetzt, es handelt sich um Beihilfearten, die nicht in den Anwendungsbereich des geltenden Kodex fallen.[739] Umgekehrt ergibt sich aus der Rechtsnatur des jeweiligen Beihilfekodex als verbindliche Entscheidung, daß Beihilfen, die tatbestandlich dem Kodex unterfallen, nicht in Abweichung von der allgemeinen Regelung per Einzelfallentscheidung genehmigt werden dürfen.[740] Eine Anpassung des Kodex, wie von der Wirtschaftsvereinigung Stahl gefordert, hat lediglich dann unverzüglich zu erfolgen, wenn sich die wirtschaftliche Entwicklung ganz generell ändert oder die Kommission ihre rechtlichen Beurteilungen im Grundsatz überdenkt.

Bemerkenswert ist außerdem, daß auch in diesem Zusammenhang ein Rückgriff auf den „sorgfältigen Gewerbetreibenden" erfolgt, an dessen Verhalten - ähnlich wie im Rahmen der Rückforderung von vertragswidrigen Beihilfen - sehr strenge Anforderungen gestellt werden.

cc) Vertrauensschutz im Verhältnis von Beihilferegelungen zu Einzelbeihilfen

Ein Bereich, in dem eine Berufung auf den Grundsatz des Vertrauensschutzes nach der Rechtsprechung regelmäßig Erfolg verspricht, ist das Verhältnis von bereits genehmigten

736 EuG, Rs. T-243/94, British Steel/Kommission, Slg. 1997, II-1887, 1922, Rn. 75; Rs. T-244/94, Wirtschaftsvereinigung Stahl u.a./Kommission, Slg. 1997, II-1963, 1990, Rn. 57.

737 EuG, Rs. T-243/94, British Steel/Kommission, Slg. 1997, II-1887, 1922 f., Rn. 77; Rs. T-244/94, Wirtschaftsvereinigung Stahl u.a./Kommission, Slg. 1997, II-1963, 1991, Rn. 59.

738 Besonders deutlich wird dies auch in dem dritten zeitgleich ergangenen Urteil des EuG, Rs. T-239/94, EISA/Kommission, Slg. 1997, II-1839, 1870, Rn. 72.

739 Schwarze-*Bär-Bouyssière*, Art. 87, Rn. 6.

740 Vgl. hierzu EuG, Rs. T-239/94, EISA/Kommission, Slg. 1997, II-1839, 1869 f., Rn. 71 mit umfangreichen weiteren Hinweisen auf die Rechtsprechung des EuGH.

Beihilferegelungen zu beantragten Einzelbeihilfen. Der Gerichtshof vertritt hier in ständiger Rechtsprechung die Kommission könne,

> „wenn sie es mit einer bestimmten Beihilfe zu tun hat, von der behauptet wird, sie sei aufgrund einer zuvor genehmigten Regelung gewährt worden, diese Gewährung nicht ohne weiteres unmittelbar am EWG-Vertrag messen. Sie darf zunächst - bevor sie ein Verfahren eröffnet - nur prüfen, ob die Beihilfe durch die allgemeine Regelung gedeckt ist und die in der Entscheidung über die Genehmigung dieser Regelung gestellten Bedingungen erfüllt. Andernfalls könnte die Kommission bei der Überprüfung jeder individuellen Beihilfe ihre Entscheidung über die Genehmigung der Beihilferegelung, die bereits eine Prüfung anhand von Artikel 92 EWG-Vertrag voraussetzt, rückgängig machen. Dann wäre aber die Einhaltung der Grundsätze des Vertrauensschutzes und der Rechtssicherheit sowohl gegenüber den Mitgliedstaaten als auch gegenüber den Wirtschaftsteilnehmern gefährdet, da die individuellen Beihilfen, die der Entscheidung über die Genehmigung der Beihilferegelung in vollem Umfang entsprechen, von der Kommission jederzeit wieder in Frage gestellt werden könnten.“[741]

Stellt sich im Rahmen dieser eingeschränkten Überprüfung heraus, daß eine Einzelbeihilfe von der Beihilferegelung gedeckt ist, so muß die Kommission beide Maßnahmen jeweils als *bestehende* Beihilfe behandeln. Nur wenn die Einzelbeihilfe nicht abgedeckt ist, kann die Kommission im Anschluß an die eingeschränkte Überprüfung auf das Verfahren zur Genehmigung *neuer* Beihilfen einschwenken.

Interessant an dieser Rechtsprechung ist, daß der Gerichtshof Vertrauensschutz ohne weitere Einschränkungen sowohl zugunsten des einzelnen Wirtschaftsteilnehmers als auch der Mitgliedstaaten für möglich erachtet. Dies steht im Gegensatz zur Rechtsprechung zur Rückforderung von vertragswidrigen Beihilfen, die einer Geltendmachung von Vertrauensschutz durch die Mitgliedstaaten sehr viel reservierter gegenübersteht.

dd) Vertrauensschutz im Rahmen der Rückforderung gemeinschaftswidriger Beihilfen

Die Diskussion um den Vertrauensschutz des Beihilfeempfängers bei der Rückforderung gemeinschaftsrechtswidriger staatlicher Beihilfen nimmt seit einiger Zeit breiten Raum in der rechtswissenschaftlichen Literatur ein.[742] Das Problem hat in den vergangenen

741 EuGH, Rs. C-47/91, Italien/Kommission, Slg. 1994, I-4635, 4654 f., Rn. 24; Rs. C-278/95 P, Siemens SA/Kommission, Slg. 1997, I-2507, 2539, Rn. 31; EuG, Rs. T435/93, Association of Sorbitol Producers within the EC (ASPEC) u.a./Kommission, Slg. 1995, II-1281, 1319, Rn. 105.

742 Aus der Fülle der Literatur vgl. nur *Frank Schulze*, Vertrauensschutz im EG-Recht bei der Rückforderung von Beihilfen, EuZW 1993, 279 ff.; *Ernst Steindorff*, Rückabwicklung unzulässiger Beihilfen nach Gemeinschaftsrecht, ZHR 152 (1988), 474, 481 ff.; *Siegfried Magiera*, Rückforderung gemeinschaftsrechtswidriger staatlicher Beihilfen, in: Jürgen F. Baur et al. (Hrsg.), Festschrift für Bodo Börner, Köln u.a. 1992, 213 ff.; *Roland Winkler*, Das „Alcan“-Urteil des EuGH - eine Katastrophe für den Rechtsstaat?, DÖV 1999, 148 ff.; *Thorsten S. Richter*, Rückforderung gemeinschaftswidriger Subventionen nach § 48 VwVfG, DÖV 1995, 846 ff.; *Gil Carlos Rodríguez Iglesias*, Zu den Grenzen der verfahrensrechtlichen Autonomie der Mitgliedstaaten bei der Anwendung des Gemeinschaftsrechts, EuGRZ 1997, 289, 293 f.; *Rupert Scholz*, Zum Verhältnis von europäischem Gemeinschaftsrecht und nationalem Verwaltungsverfahrensrecht, DÖV 1998, 261, 263 ff.; *Stefan Friedrich Schmitz*, Der Vertrauensschutz bei der Rückforderung gemeinschaftsrechtswidrig gewährter na-

Jahren sämtliche Obergerichte (vom Europäischen Gerichtshof[743] über verschiedene Oberverwaltungsgerichte[744] zum Bundesverwaltungsgericht[745] und zuletzt dem Bundesverfassungsgericht[746]) beschäftigt. Insbesondere in der Literatur hat der Streit um die Rechtsprechung des EuGH teilweise zu eindeutig euroskeptischen Äußerungen geführt.[747]

Die Qualität der rechtswissenschaftlichen Diskussion über die Rückforderung von Beihilfen leidet v.a. in Deutschland zum Teil darunter, daß der Blickwinkel häufig über Gebühr auf die mit dem deutschen Recht und insbesondere § 48 VwVfG in Zusammenhang stehenden Probleme verengt wird. Um dieser Gefahr zu begegnen, erscheint es angebracht, die unterschiedlichen Konstellationen genau herauszuarbeiten und zu analysieren. Die bei dieser Analyse notwendigen Differenzierungen werden von verschiedenen Faktoren geprägt. Möglicherweise von Bedeutung ist zunächst, in welchem gerichtlichen Verfahren Vertrauensschutzgesichtspunkte geltend gemacht werden (prozessuale Einbindung). Entscheidend ist ferner der Ablauf des vorgerichtlichen Verwaltungsverfahrens zwischen der Kommission, dem Mitgliedstaat und den sonstigen Beteiligten. Außerdem spielt jeweils eine Rolle, wer sich gegenüber der Kommission auf Vertrauensschutz beruft (Mitgliedstaat oder der Begünstigte) und auf wessen Verhalten sich etwaiges Vertrauen gründet (Verhalten der Kommission oder des Mitgliedstaates). Aus der Kombination dieser Gesichtspunkte ergibt sich für jede Konstellation eine Antwort auf die Frage, ob überhaupt schutzwürdiges Vertrauen besteht und nach welchem Recht, Gemeinschaftsrecht oder nationales Recht, dieses Vertrauen gegebenenfalls schutzwürdig sein könnte.

Prozessual sind mehrere Klagearten[748] zu unterscheiden, in deren Rahmen sich Mitgliedstaaten oder begünstigte Unternehmen auf Vertrauensschutz berufen können. Denkbar

tionaler Beihilfen, Diss. an der Albert-Ludwigs-Universität, Freiburg 1998, S. 115 ff.; *Eberhard Kruse*, Die Rechtsstellung Dritter im Beihilfekontrollverfahren, EuR 1999, 119, 120 m.w.N. zu den zahlreichen Urteilsanmerkungen zum Alcan-Urteil des EuGH.

743 In Deutschland für besonderes Aufsehen gesorgt hat v.a. die Entscheidung in der Rs. C-24/95, Land Rheinland-Pfalz/Alcan Deutschland („Alcan II"), Slg. 1997, I-1591, 1616, Rn. 24 ff., die sich aber bei genauerer Betrachtung in die ständige Rechtsprechungspraxis des Gerichtshofes einfügt und dieser keineswegs eine grundlegend neue Richtung gibt.

744 Vgl. z.B. die gegensätzlichen, zu § 48 VwVfG ergangenen Entscheidungen des OVG Münster (EuZW 1992, 286 = NVwZ 1993, 79) und des OVG Koblenz (EuZW 1992, 349 = NVwZ 1993, 82).

745 Vgl. die Entscheidung des Bundesverwaltungsgerichts vom 24. April 1998, BVerwGE 106, 328 = EuZW 1998, 730).

746 BVerfG, Nichtannahmebeschluß vom 17.2.2000, NJW 2000, 2015 f.

747 Vgl. insbesondere *Rupert Scholz*, Zum Verhältnis von europäischem Gemeinschaftsrecht und nationalem Verwaltungsverfahrensrecht, DÖV 1998, 261, 264 ff., v.a. 266; *Rupert Scholz, Hans Hofmann*, Perspektiven der europäischen Rechtsordnung, ZRP 1998, 295, 299 f.; als überzogen weisen diese Kritik zurück *Jochen A. Frowein*, Kritische Bemerkungen zur Lage des deutschen Staatsrechts aus rechtsvergleichender Sicht, DÖV 1998, 806, 807 f.; *Roland Winkler*, Das „Alcan"-Urteil des EuGH - eine Katastrophe für den Rechtsstaat?, DÖV 1999, 148 ff., insbesondere 152.

748 Um die umfangreichen Aussagen des Gerichtshofes zum Vertrauensschutz bei der Rückforderung von Beihilfen zu strukturieren, bietet sich eine Trennung nach Verfahrensarten als Aufbauprinzip an.

sind zum einen Nichtigkeitsklagen direkt gegen die die Rückforderung anordnende Kommissionsentscheidung. Diese können von den Mitgliedstaaten und dem begünstigten Unternehmen erhoben werden, u.U. aber auch von Konkurrenten des Begünstigten. Außerdem kommt Vertrauensschutz häufig im Rahmen von Vertragsverletzungsverfahren wegen Nichtdurchführung der Rückforderungsentscheidung zur Sprache. Ferner spielt der Vertrauensschutz eine erhebliche Rolle in den nationalen Rückforderungsverfahren vor den jeweiligen mitgliedstaatlichen Gerichten sowie in den dabei notwendig werdenden Vorabentscheidungsverfahren vor dem Gerichtshof.

(1) Nichtigkeitsklagen der Begünstigten oder der Mitgliedstaaten

Wenn die Kommission eine Entscheidung erläßt, in der sie eine Beihilfe für mit dem Gemeinsamen Markt unvereinbar erklärt und deren Rückforderung anordnet, besteht sowohl für den Begünstigten als auch für den Mitgliedstaat die Möglichkeit, sich gemäß Artikel 230 EGV gegen diese Entscheidung zu wehren. In beiden Fällen handelt es sich um Klagen direkt vor den Gemeinschaftsgerichten, wobei die Nichtigkeitsklage des Mitgliedstaates dem Gerichtshof zur Entscheidung zugewiesen ist, während die Nichtigkeitsklage des Begünstigten als Klage einer natürlichen oder juristischen Person vom Gericht erster Instanz entschieden (vgl. Artikel 3 lit. c) des Ratsbeschlusses zur Errichtung eines Gerichts erster Instanz)[749] und erst im Rechtsmittelverfahren vom Gerichtshof beurteilt wird (vgl. Artikel 49 ff. Satzung EuGH i.V.m. Artikel 110 ff. VerfO EuGH).[750]

Die Nichtigkeitsklage hat u.a. dann Erfolg, wenn die Entscheidung der Kommission eine „Verletzung dieses Vertrages oder einer bei seiner Durchführung anzuwendenden Rechtsnorm“ darstellt (vgl. Artikel 230 Absatz 2 EGV). Ansatzpunkt ist also die Verletzung *gemeinschaftsrechtlicher* Normen. In erster Linie sind dies die Artikel 87, 88 EGV (bzw. in Zukunft auch die Normen der VerfVO). Aber auch der Grundsatz des Vertrauensschutzes, der Teil der Gemeinschaftsrechtsordnung ist,[751] ist von der Kommission bei der Entscheidungsfindung zu beachten. Da insoweit die Anknüpfung an nationales Recht fehlt, muß sich der Kläger in derartigen Fällen jeweils auf den *gemeinschaftsrechtlichen* Vertrauensschutzgrundsatz berufen. Die Verletzung nationaler Normen und Grundsätze

749 ABl. 1988, L 319, S. 1 geändert durch Ratsbeschluß, ABl. 1993, L 144, S. 21.

750 Zum Verhältnis der beiden möglicherweise parallel eingelegten Klagen des Mitgliedstaates und des Begünstigten zueinander, insbesondere zur Möglichkeit der Aussetzung einer der beiden Klagen (Artikel 47 Absatz 3 Satzung EuGH) aufgrund der Gefahr abweichender Entscheidungen bzw. des möglicherweise drohenden Instanzenverlusts für das begünstigte Unternehmen, vgl. *Siegbert Alber*, Neuere Entwicklungen der Rechtsprechung des Europäischen Gerichtshofes auf dem Gebiet des europäischen Wirtschafts- und Wettbewerbsrechts, in: Jürgen Schwarze (Hrsg.), Neuere Entwicklungen auf dem Gebiet des europäischen Wettbewerbsrechts, Baden-Baden 1999, S. 23, 27; *Manfred A. Dauses, Brigitta Henkel*, Verfahrenskonkurrenzen bei gleichzeitiger Anhängigkeit verwandter Rechtssachen vor dem EuGH und dem EuG, EuZW 1999, 325 ff.

751 Z.B. EuGH, Rs. C-5/89, Kommission/Deutschland („BUG-Alutechnik“), Slg. 1990, I-3437, 3456, Rn. 13.

kann dagegen nicht zur Begründung der Vertragswidrigkeit der Entscheidung herangezogen werden.[752]

(a) Nichtigkeitsklage der Begünstigten

Ein Beispiel für eine Nichtigkeitsklage eines begünstigten Unternehmens, bei der eine Berufung auf den gemeinschaftsrechtlichen Vertrauensschutzgrundsatz erfolgte, ist der Fall *RSV*.[753] Die RSV erhielt Beihilfen im Rahmen eines Umstrukturierungsprogrammes. Die Kommission erklärte die streitgegenständliche Beihilfe erst nach Ablauf von 26 Monaten für vertragswidrig und berief sich zur Rechtfertigung ihres zögerlichen Vorgehens auf die Komplexität der Einzelfallumstände.[754] Der Gerichtshof entschied hier, daß die Unvereinbarkeitsentscheidung nicht mehr innerhalb einer angemessenen Frist erfolgt sei, da der Fall in Wahrheit keine besonderen Schwierigkeiten aufwerfe,[755] und hob die Entscheidung der Kommission unter Gewährung von gemeinschaftsrechtlichem Vertrauensschutz für den Begünstigten daher auf.[756]

Dies ist, soweit ersichtlich, der einzige Fall, in dem eine Beihilfeentscheidung der Kommission wegen Verletzung des berechtigten Vertrauens des Begünstigten als rechtswidrig aufgehoben wurde. Zu beachten ist allerdings, daß eine Verfristung nur dann in Betracht kommt, wenn die zögerliche Verfahrensbeendigung auf einem säumigen Verhalten der Kommission beruht, nicht aber dann, wenn die späte Entscheidung auf die zögerliche Informationsbereitstellung durch den betroffenen Mitgliedstaat zurückzuführen ist.[757]

Grundlage des Vertrauens kann demnach nur das Verhalten der Kommission sein, nicht aber das Verhalten des Mitgliedstaates oder seiner Behörden.[758] Auffällig ist allerdings, daß das zögerliche Vorgehen der Kommission im Fall *RSV* vertrauensbegründend wirken konnte, obwohl die Beihilfe vom Mitgliedstaat unter Verstoß gegen das Durchfüh-

752 *Birgit Berninghausen*, Die Europäisierung des Vertrauensschutzes, Frankfurt u.a. 1998, S. 90; *Ernst Steindorff*, Rückabwicklung unzulässiger Beihilfen nach Gemeinschaftsrecht, ZHR 152 (1988), 474, 483 f.; differenzierend *Ulrich Fastenrath*, Anmerkung zum Urteil des OVG Münster v. 26.11.1991, JZ 1992, 1082, 1084, der die Berufung auf nationales Recht lediglich bei bestandskräftigen Entscheidungen (Vertragsverletzungverfahren) ausschließt, während die Rückforderungsbeschränkungen durch nationale Vorschriften im Rahmen der Nichtigkeitsklage beachtlich seien.

753 EuGH, Rs. 235/85, Rijn-Schelde-Verolme (RSV) Machinefabrieken en Scheepswerven/Kommission, Slg. 1987, 4617, 4658, Rn. 12 ff.; ausführlicher zum Fallhintergrund, *Martin J. Reufels*, Subventionskontrolle durch Private, Köln u.a. 1996, S. 83 f.

754 EuGH, Rs. 235/85, Rijn-Schelde-Verolme (RSV) Machinefabrieken en Scheepswerven/Kommission, Slg. 1987, 4617, 4658, Rn. 13.

755 EuGH, Rs. 235/85, Rijn-Schelde-Verolme (RSV) Machinefabrieken en Scheepswerven/Kommission, Slg. 1987, 4617, 4659, Rn. 14 f.

756 EuGH, Rs. 235/85, Rijn-Schelde-Verolme (RSV) Machinefabrieken en Scheepswerven/Kommission, Slg. 1987, 4617, 4659, Rn. 17.

757 Die diesbezügliche Aussage des Gerichtshof im Rahmen einer mitgliedstaatlichen Nichtigkeitsklage dürfte sinngemäß auch auf Klagen des Begünstigten übertragbar sein, vgl. EuGH, Rs. C-301/87, Frankreich/Kommission („Boussac"), Slg. 1990, I-307, 358, Rn. 28.

758 So auch *Birgit Berninghausen*, Die Europäisierung des Vertrauensschutzes, Frankfurt u.a. 1998, S. 85 f. m.w.N.

rungsgebot gewährt worden war. Im Verhältnis des Begünstigten zur Kommission „heilt“ das Verhalten der Kommission quasi den zeitlich vorhergehenden mitgliedstaatlichen Verfahrensverstoß.[759]

Das gegebenenfalls auf das Verhalten der nationalen Behörde gestützte nationale Vertrauen des Begünstigten kann keine Auswirkungen auf die Rechtmäßigkeit der Kommissionsentscheidung haben und eine gemeinschaftsrechtswidrige Beihilfe rechtfertigen, was sich letztlich bereits aus der Begrenzung der Nichtigkeitsklage auf die Verletzung von Gemeinschaftsrecht und aus dem Grundsatz des Vorrangs des Gemeinschaftsrechts vor entgegenstehendem nationalen Recht ergibt.[760] Nicht einmal die Kommission darf unter Berufung auf den nationalen Vertrauensschutz des Begünstigten freiwillig auf eine Rückforderung einer formell und materiell rechtswidrigen Beihilfe verzichten.[761]

Wie restriktiv die Rechtsprechung aber auch im Hinblick auf ein möglicherweise vertrauensbildendes Verhalten der Kommission ist, zeigt der Fall *Preussag*.[762] In diesem Fall ging es vereinfacht gesagt um zwei verschiedene Beihilfen, die das Land Sachsen-Anhalt einem von Preussag übernommenen Walzwerk zukommen lassen wollte. Die Genehmigung dieser Beihilfen richtete sich im einzelnen nach dem Fünften Stahlbeihilfekodex.[763] Beide Beihilfen wurden notifiziert, die streitgegenständliche allerdings so spät, daß der Kommission eine Prüfung innerhalb der Genehmigungsfristen nicht mehr möglich war.[764] Parallel zu dem diesbezüglichen offiziellen Schriftwechsel zwischen der

759 Kritisch hierzu äußert sich *Adinda Sinnaeve*, Die Rückforderung gemeinschaftsrechtswidriger nationaler Beihilfen, Berlin 1997, S. 199; vgl. ferner unten den Fall PYRSA, in dem Spanien Nichtigkeitsklage erhob und der Gerichtshof im Verhältnis Mitgliedstaat-Kommission die Heilung des spanischen Fehlverhaltens durch ein späteres Verhalten der Kommission ausschloß (EuGH, Rs. C-169/95, Spanien/Kommission („PYRSA“), Slg. 1997, I-135, 163, Rn. 53; genauer unten Teil 2, A.IV.3.a).dd).(1).(b).(bb)).

760 *Birgit Berninghausen*, Die Europäisierung des Vertrauensschutzes, Frankfurt u.a. 1998, S. 85, 89 f.; a.A.: *Ulrich Fastenrath*, Anmerkung zum Urteil des OVG Münster v. 26.11.1991, JZ 1992, 1082, 1084, der im Rahmen der Nichtigkeitsklage sowohl nationales als auch europäisches Recht für relevant hält, da sich die Rechtmäßigkeit der Kommissionsentscheidung erst aus dem Zusammenspiel der beiden Ebenen ergebe.

761 Vgl. EuG, Rs. T-67/94, Ladbroke Racing Ltd/Kommission, Slg. 1998, II-1, 69, Rn. 184, wo eine aufgrund des nationalen Vertrauensschutzes des Empfängers zeitlich beschränkte Rückforderungsentscheidung der Kommission auf eine Konkurrentenklage hin für nichtig erklärt wurde, weil die Entscheidung laut EuG unbefristet die vollumfängliche Rückforderung hätte anordnen müssen; eine inhaltliche Auseinandersetzung mit dieser Auffassung unterblieb im Rechtsmittelurteil, da die fragliche Kommissionsentscheidung in jedem Fall unzureichend begründet gewesen sei, so daß deren Aufhebung schon aus diesem Grund zu Recht erfolgt war, vgl. EuGH, C-83/98 P, Frankreich/Kommission, noch unveröff. Urteil v. 16.5.2000, Rn. 58-61.

762 EuG, Rs. T-129/96, Preussag Stahl AG/Kommission, Slg. 1998, II-609 ff. Diese Entscheidung ist allerdings nicht in Rechtskraft erwachsen, da die mittlerweile in Salzgitter AG umfirmierte Preussag ein Rechtsmittel gegen das erstinstanzliche Urteil eingelegt hat (Rs. C-210/98 P, Salzgitter AG/Kommission, ABl. 1998, C 278, S. 12). Zur jüngst ergangenen, relativ komplizierten Rechtsmittelentscheidung des Gerichtshofs, vgl. EuGH, Rs. C-210/98 P, Salzgitter AG/Kommission, noch unveröff. Urteil v. 13.7.2000, Rn. 46 ff., sowie genauer unten Fn. 770.

763 Entscheidung der Kommission zur Einführung gemeinschaftlicher Vorschriften über Beihilfen an die Eisen- und Stahlindustrie, ABl. 1991, L 362, S. 57.

764 EuG, Rs. T-129/96, Preussag Stahl AG/Kommission, Slg. 1998, II-609, 617, Rn. 11 f.

Kommission und der Bundesregierung wandte sich die Preussag AG selbst an das Kommissionsmitglied *Bangemann* und bat um möglichst zügige Bearbeitung des Vorgangs. Kurze Zeit später erhielt die Bundesregierung ein Telex der Kommission, in dem bestimmte genau numerierte Beihilfevorhaben genehmigt wurden. Unter diesen genehmigten Vorhaben befand sich die frühzeitig beantragte Beihilfe an das Walzwerk Ilsenburg, nicht aber die streitgegenständliche, erst kurz vor Jahresschluß notifizierte Beihilfe. Mit Datum vom selben Tag erhielt die Klägerin Antwort auf ihre Privatanfrage an Herrn *Bangemann*, in der es wörtlich hieß: „Daher freue ich mich, Ihnen mitzuteilen zu können, daß die EG-Kommission heute die Beihilfe für die Walzwerke Ilsenburg, wie beantragt, genehmigt hat.“[765]

Im Frühjahr des folgenden Jahres eröffnete die Kommission das Prüfverfahren gegen die nicht genehmigte zweite Beihilfe, das mit einer Unvereinbarkeitsentscheidung abgeschlossen wurde, in der die Rückforderung angeordnet wurde.[766]

Das Gericht erster Instanz hob diese mit der Nichtigkeitsklage angefochtene Entscheidung der Kommission nicht auf, da kein schutzwürdiges Vertrauen des Empfängers vorliege. Entscheidender Ansatzpunkt für ein etwaiges Vertrauen war das offizielle Verhalten der Kommission als solcher, nicht dagegen die informelle Antwort *Bangemanns* auf eine Anfrage um offiziöse Hilfestellung.[767] Die ablehnende Haltung der Kommission zu der zweiten Beihilfe müsse den deutschen Stellen als einzigem institutionellen Ansprechpartner sehr wohl bewußt gewesen sein,[768] und die numerierte Liste der genehmigten Vorhaben, auf dem die betreffende Beihilfe nicht erwähnt war, sei ebenfalls unzweideutig.[769] Als sorgfältige Gewerbetreibende hätte sich die Preussag AG nicht auf das pauschal gefaßte Schreiben verlassen dürfen, sondern hätte sich mit den deutschen Stellen kurzschließen müssen, zumal ihr die grundlegend ablehnende Haltung der Kommission aus dem bisherigen Verfahren bekannt gewesen sei.

Obwohl es sich bei diesem Urteil aufgrund der ungewöhnlichen Fakten um einen wohl einmaligen Fall handelt und das Rechtsmittelurteil des Gerichtshofs die im Ergebnis korrekte Entscheidung des Gerichts Erster Instanz abweichend, d.h ohne auf den Gesichtspunkt des Vertrauensschutzes einzugehen, begründete,[770] lassen sich folgende verallge-

765 EuG, Rs. T-129/96, Preussag Stahl AG/Kommission, Slg. 1998, II-609, 618 f., Rn. 15.
766 EuG, Rs. T-129/96, Preussag Stahl AG/Kommission, Slg. 1998, II-609, 619 f., Rn. 19, 22.
767 EuG, Rs. T-129/96, Preussag Stahl AG/Kommission, Slg. 1998, II-609, 635, Rn. 81-83.
768 EuG, Rs. T-129/96, Preussag Stahl AG/Kommission, Slg. 1998, II-609, 634, Rn. 80.
769 EuG, Rs. T-129/96, Preussag Stahl AG/Kommission, Slg. 1998, II-609, 634, Rn. 79.
770 Dem Rechtsmittel der mittlerweile in Salzgitter AG umfirmierten Preussag AG war vor dem Gerichtshof deshalb kein Erfolg beschieden, weil eine Genehmigung des fraglichen Vorhabens schon aufgrund des Fristverstoßes nicht möglich gewesen sei (vgl. EuGH, Rs. C-210/98 P, Salzgitter AG/ Kommission, noch unveröff. Urteil v. 13.7.2000, Rn. 54 ff.). Auf diesen Gesichtspunkt hatten weder die Kommission noch das Gericht Erster Instanz abgestellt. Das Urteil des EuG war insoweit also rechtlich unzutreffend begründet. Da sich aber am Ergebnis nichts änderte, d.h. beide Entscheidungen sachlich richtig waren, wurde das Rechtsmittel zurückgewiesen, ohne daß der EuGH zu den weiteren Rechtsmittelgründen, d.h. auch zu den Auslegungen des EuG bezüglich eines möglichen Vertrauensschutzes der Preussag, Stellung bezog (vgl. EuGH, aaO., Rn. 58 ff.).

meinernde Aussagen treffen: Das Gericht stellt m.E. richtigerweise nur auf das offizielle Verhalten der Kommission als zuständigem Kollegialorgan ab und schließt aus, daß sich Vertrauen auch aus halboffiziellen, lobbyistischen Kontakten ergeben kann. Auch wenn es für den Laien möglicherweise schwer nachvollziehbar sein mag, daß das einzelne Unternehmen sich selbst auf Schreiben namhafter Kommissionsfunktionäre nicht verlassen kann, verdient die insoweit konsequent auf das vorschriftsmäßige Verfahren und Zuständigkeiten abstellende Urteilsbegründung Zustimmung. Das Urteil ist deshalb trotz der zum Teil im deutschen Schrifttum mitschwingenden Kritik[771] zu begrüßen und trägt letztlich durch die Verneinung von Vertrauensschutz eher zu mehr Rechtssicherheit bei.

(b) Nichtigkeitsklage der Mitgliedstaaten

Fraglich ist, ob auch der Mitgliedstaat selbst sich im Rahmen seiner eigenen (möglicherweise parallel eingelegten) Nichtigkeitsklage erfolgreich auf Vertrauensschutz berufen kann.[772] Hierbei ist danach zu unterscheiden, ob der Mitgliedstaat sich auf sein eigenes Vertrauen beruft oder ob er stellvertretend das Vertrauen des Begünstigten geltend macht. Entscheidend ist ferner, ob das etwaige Vertrauen jeweils auf dem Verhalten der Kommission beruht oder ob der Mitgliedstaat infolge eines eigenen vorwerfbaren Verhaltens selbst für die Entstehung der Vertrauenslage (mit)verantwortlich ist.

(aa) Die Berufung auf mitgliedstaatliches Vertrauen

Ein Beispielsfall für die - im Ergebnis allerdings erfolglose - Geltendmachung eines eigenen, genuin mitgliedstaatlichen Vertrauens ist die Rechtssache *„ENI/Lanerossi“*.[773] In diesem Fall dauerte die Vereinbarkeitsprüfung durch die Kommission mehrere Jahre, in denen Italien die fraglichen Beihilfen entgegen dem Durchführungsverbot auszahlte. Die Vertreter Italiens argumentierten vor dem Gerichtshof, daß die Dauer des Prüfungsverfahrens von rund fünf Jahren eine Vertrauenslage geschaffen habe, die der Rückerstattung im Wege stehe.[774]

Der Gerichtshof lehnte dies ab, da Italien selbst durch die zögerliche Bereitstellung von Informationen für die lange Prüfungsdauer mitverantwortlich sei. „Gewährt ein Mitgliedstaat unter Verstoß gegen seine Mitteilungspflicht [...] eine Beihilfe und liefert er anschließend der Kommission die erforderlichen Daten nur zögerlich, so ist er selbst für die Verlängerung des Prüfungsverfahrens verantwortlich; er kann sich daher nicht wegen

771 Vgl. *Thomas Lübbig*, Neue Entwicklungen im Beihilfenrecht der Europäischen Gemeinschaften, WuW 1999, 249, 255.

772 Ein dem Fall RSV entsprechendes Verfahren eines Mitgliedstaates gegen die Kommission hat es nämlich bislang nicht gegeben, wohl auch, weil es sich bei der Sache RSV um einen seltenen Ausnahmefall gehandelt hat, der nicht ohne weiteres verallgemeinerungsfähig ist, vgl. *Martin J. Reufels*, Subventionskontrolle durch Private, Köln u.a. 1996, S. 84.

773 EuGH, Rs. C-303/88, Italien/Kommission („ENI/Lanerossi“), Slg. 1991, I-1433, 1481, Rn. 40 ff.; vgl. hierzu auch *Birgit Berninghausen*, Die Europäisierung des Vertrauensschutzes, Frankfurt u.a. 1998, S. 86 f.

774 EuGH, Rs. C-303/88, Italien/Kommission („ENI/Lanerossi“), Slg. 1991, I-1433, 1481, Rn. 40.

der Dauer dieses Verfahrens auf ein geschütztes Vertrauen in die Vereinbarkeit der Beihilfe mit dem Gemeinsamen Markt berufen. Anderenfalls wären [...] die Artikel 92 und 93 EGV insoweit wirkungslos, als die nationalen Behörden sich auf ihr eigenes rechtswidriges Verhalten oder ihre Nachlässigkeit stützen könnten, um Entscheidungen der Kommission nach diesen Bestimmungen des EWG-Vertrages ihrer Wirksamkeit zu berauben.“[775]

Aus diesem Urteil lassen sich zwei Schlüsse ziehen. Erstens zeigt die inhaltliche Auseinandersetzung mit den Argumenten Italiens, daß auch ein Mitgliedstaat u.U. eigenes, auf das Verhalten der Kommission gestütztes Vertrauen hegen kann. Zweitens macht der Gerichtshof aber deutlich, daß ein solches mitgliedstaatliches Vertrauen immer schon dann ausscheidet, wenn sich der Mitgliedstaat selbst rechtswidrig verhalten hat und damit das angeblich vertrauensbegründende Verhalten der Kommission mitverursacht hat. Schutzwürdiges Vertrauen des Mitgliedstaats wird insofern nur sehr selten in Betracht kommen können.[776]

(bb) Stellvertretende Berufung auf das Vertrauen des begünstigten Unternehmens

Fraglich ist, ob ein Mitgliedstaat sich im Rahmen der Nichtigkeitsklage auch stellvertretend auf das Vertrauen des Begünstigten berufen kann. Hierbei ist erneut streng zu trennen, ob das etwaige Vertrauen des Begünstigten auf dem Verhalten der Kommission beruht oder ob das Verhalten des Mitgliedstaats für das Entstehen der Vertrauenslage (mit)ursächlich war.

Soweit der Mitgliedstaat sich auf ein etwaiges Vertrauen des Begünstigten beruft, das auf dem Verhalten des Mitgliedstaats selbst beruht, hat der Gerichtshof dies unter Übertragung seiner Rechtsprechung zum Vertragsverletzungsverfahren[777] als unzulässig abgelehnt. Was die Details und Konsequenzen dieser Bewertung anbetrifft, ist die bislang vorliegende Rechtsprechung des Gerichtshofes allerdings nicht vollkommen eindeutig:

775 EuGH, Rs. C-303/88, Italien/Kommission („ENI/Lanerossi“), Slg. 1991, I-1433, 1481 f., Rn. 43; ähnlich schon Rs. C-301/87, Frankreich/Kommission („Boussac“), Slg. 1990, I-307, 358, Rn. 28.

776 Z.B. wenn eine Maßnahme, deren Beihilfecharakter nicht oder nur schwerlich erkennbar war, zwar nicht notifiziert wird, der Mitgliedstaat dann aber auf Anfrage der Kommission kooperativ und zügig bei der Prüfung behilflich ist. Wenn in einem solchen Fall die Prüfung allein durch die Kommission unverhältnismäßig verzögert würde, könnte dies vermutlich zu schutzwürdigem mitgliedstaatlichen Vertrauen führen, *Birgit Berninghausen*, Die Europäisierung des Vertrauensschutzes, Frankfurt u.a. 1998, S. 87; vgl. auch die Schlußanträge des Generalanwalts *Francis G. Jacobs* in der Rs. C-39/94, Syndicat français de l'Express international (SFEI) u.a./La Poste, Slg. 1996, I-3547, 3572 f., Tz. 73, 76.

777 Vgl. z.B. EuGH, Rs. C-5/89, Kommission/Deutschland („BUG-Alutechnik“), Slg. 1990, I-3437, 3457, Rn. 17; Rs. C-183/91, Kommission/Griechenland, Slg. 1993, I-3131, 3150, Rn. 18, sowie sogleich unten Teil 2, A.IV.3.a).dd).(2).

In der Sache *Hytasa* erfolgte die Übertragung der ständigen Formel aus dem Vertragsverletzungsverfahren ohne jede Einschränkung, da der Mitgliedstaat nicht durch sein eigenes vorangegangenes Fehlverhalten profitieren soll.[778]

Das später ergangene Urteil in der Sache *PYRSA*, in dem Spanien sich im Rahmen einer Nichtigkeitsklage ebenfalls auf den Klagegrund der Verletzung des geschützten Vertrauens des begünstigten Unternehmens stützt, um die Gültigkeit der Kommissionsentscheidung anzufechten,[779] ist diesbezüglich dagegen nicht ganz schlüssig.

Im fraglichen Fall gewährte der spanische Staat einer Stahlgießerei im Rahmen eines Investitionsprogramms verschiedene, nicht-notifizierte Beihilfen. Auf eine Beschwerde der Firma Cook, eines Konkurrenten der spanischen Gießerei, erließ die Kommission eine Entscheidung, in der sie keine Einwände gegen die Beihilfe erhob.[780] Cook griff diese Entscheidung erfolgreich mit der Nichtigkeitsklage vor dem Gerichtshof an.[781] Im Anschluß an die Aufhebung der ursprünglichen Entscheidung eröffnete die Kommission das förmliche Prüfverfahren unter Beachtung der Rechtsauffassung des Gerichtshofes und entschied schließlich, daß die fraglichen Beihilfen mit dem Gemeinsamen Markt unvereinbar und folglich zurückzufordern seien.[782] Gegen diese Entscheidung wandte sich wiederum Spanien mit der Nichtigkeitsklage. Im Hinblick auf das Vertrauen des begünstigten Unternehmens vertrat Spanien, daß die ursprüngliche Entscheidung der Kommission, keine Einwände gegen die Beihilfe zu erheben, vertrauensbegründend wirken müsse.

Der Gerichtshof begegnete diesem Argument zunächst wie im Fall *Hytasa*[783] mit dem pauschalen Hinweis auf die Rechtsprechung zum Vertragsverletzungsverfahren, die es dem Mitgliedstaat verbietet, seinerseits das Vertrauen des Begünstigten geltendzumachen.[784] Im Anschluß daran prüft er dann allerdings ausführlich und im Detail die Voraussetzuungen für ein schutzwürdiges Vertrauen des begünstigten Unternehmens,[785] was möglicherweise für die theoretische Zulässigkeit einer stellvertretenden Geltendmachung im Rahmen der mitgliedstaatlichen Nichtigkeitsklage sprechen könnte. Unklar ist allerdings, ob hierin lediglich ein obiter dictum zu sehen ist oder eine graduelle Ausdifferenzierung der bisherigen Rechtsprechungslinie.[786]

Im Rahmen seiner inhaltlichen Auseinandersetzung mit dem Argument Spaniens verneinte der Gerichtshof jeglichen Vertrauensschutz für den Begünstigten und damit in

778 EuGH, verb. Rs. C-278 bis 280, Spanien/Kommission („Hytasa“), Slg. 1994, I-4103, 4169, Rn. 76.
779 EuGH, Rs. C-169/95, Spanien/Kommission („PYRSA“), Slg. 1997, I-135, 162, Rn. 49.
780 Vgl. ABl. 1991, C 178, S. 4.
781 EuGH, Rs. C-198/91, William Cook plc/Kommission, Slg. 1993, I-2487, 2530, Rn. 31 ff., insbesondere Rn. 39.
782 ABl. 1995, L 257, S. 45.
783 EuGH, verb. Rs. C-278 bis 280, Spanien/Kommission („Hytasa“), Slg. 1994, I-4103, 4169, Rn. 76.
784 EuGH, Rs. C-169/95, Spanien/Kommission („PYRSA“), Slg. 1997, I-135, 162, Rn. 48 m.w.N.
785 EuGH, Rs. C-169/95, Spanien/Kommission („PYRSA“), Slg. 1997, I-135, 163, Rn. 51 ff.
786 Vgl. auch EuGH, Rs. C-169/95, Spanien/Kommission („PYRSA“), Slg. 1997, I-135, 162, Rn. 49.

zweiter Linie auch für den Mitgliedstaat mit einer Begründung, die inhaltlich auf das BUG-Alutechnik-Urteil zurückgeht[787] und v.a. deutsche Betrachter stark an die Rechtsprechung im wenig später ergangenen Alcan-Urteil erinnern dürfte.[788] Er wies nämlich darauf hin, daß schutzwürdiges Vertrauen des Begünstigten die Beachtung des Notifizierungsverfahrens voraussetze, über dessen Beachtung sich jeder sorgfältige Gewerbetreibende zu vergewissern habe.[789] Das spätere Verhalten der Kommission heile diesen Fehler nicht und begründe kein Vertrauen, zumal diese Entscheidung noch auf dem Klageweg anfechtbar war und in der Folge ja auch aufgehoben wurde.[790] Der Gerichtshof wörtlich: „Dieser Irrtum der Kommission kann, so bedauerlich er auch sein mag, nicht die Konsequenzen des rechtswidrigen Verhaltens des Königreichs Spanien beseitigen."[791]

Ohne Zweifel läßt sich sagen, daß die stellvertretende Geltendmachung des Vertrauens des Begünstigten immer dann unzulässig ist, wenn der Mitgliedstaat dadurch Vorteile aus seinem eigenen Fehlverhalten zu ziehen sucht. Beruht das Vertrauen des Begünstigten dagegen nicht auf mitgliedstaatlichem Fehlverhalten, sondern allein auf dem Vorgehen der Kommission, so fehlen bislang definitive Aussagen in der Rechtsprechung des Gerichtshofs.[792] Es spricht viel dafür, die stellvertretende Geltendmachung in derartigen Fällen zuzulassen. Auf keinen Fall zulässig ist dagegen, lediglich abstrakte nationale Regelungen zum Vertrauensschutz des Begünstigten geltendzumachen, nicht aber das konkrete Vertrauen des Empfängers im jeweiligen Einzelfall.[793]

(c) Zwischenergebnis

Als erstes Zwischenergebnis kann formuliert werden, daß im Rahmen von Nichtigkeitsklagen vor den europäischen Gerichten eine Berufung auf den europäischen Vertrauensschutzgrundsatz zulässig und gelegentlich auch erfolgversprechend ist. Auf diesen

787 EuGH, Rs. C-5/87, Kommission/Deutschland („BUG-Alutechnik"), Slg. 1990, I-3437, 3456, Rn. 14.

788 Siehe EuGH, Rs. C-24/95, Land Rheinland-Pfalz/Alcan Deutschland („Alcan II"), Slg. 1997, I-1591, 1617, Rn. 25.

789 EuGH, Rs. C-169/95, Spanien/Kommission („PYRSA"), Slg. 1997, I-135, 163, Rn. 51 m.w.N. Dieser Einwand wäre allerdings auch im oben bereits beschriebenen Fall RSV denkbar gewesen, in dem der EuGH dem begünstigten Unternehmen trotz Nichtbeachtung des Notifizierungsverfahrens gemeinschaftsrechtlichen Vertrauensschutz zukommen ließ, vgl. EuGH, Rs. 235/85, Rijn-Schelde-Verolme (RSV) Machinefabrieken en Scheepswerven/Kommission, Slg. 1987, 4617, 4658, Rn. 12 ff., sowie oben Teil 2, A.IV.3.a).dd).(1).(a).

790 EuGH, Rs. C-169/95, Spanien/Kommission („PYRSA"), Slg. 1997, I-135, 163, Rn. 53.

791 EuGH, Rs. C-169/95, Spanien/Kommission („PYRSA"), Slg. 1997, I-135, 163, Rn. 53, eher kritisch hierzu *Thomas Lübbig*, Neue Entwicklungen im Beihilfenrecht der Europäischen Gemeinschaften, WuW 1999, 249, 255.

792 Wie gesehen, ließe sich das PYRSA-Urteil als Indiz dafür zitieren, daß der Gerichtshof die inhaltliche Auseinandersetzung mit dem Vertrauen des Begünstigten und eine stellvertretende Geltendmachung durch den Mitgliedstaat im Rahmen der Nichtigkeitsklage wohl nicht pauschal und unter allen Umständen ausschließt.

793 Vgl. *Birgit Berninghausen*, Die Europäisierung des Vertrauensschutzes, Frankfurt u.a. 1998, S. 88 f. unter Berufung auf EuGH, verb. Rs. C-278 bis 280, Spanien/Kommission („Hytasa"), Slg. 1994, I-4103, 4170, Rn. 80.

Grundsatz kann sich das begünstigte Unternehmen dabei berufen,[794] wenn sein Vertrauen auf dem Verhalten der Kommission und nicht auf dem des die Beihilfe gewährenden Mitgliedstaats beruht. Bislang gibt es dagegen keine Fälle, in denen ein Mitgliedstaat sich erfolgreich auf sein eigenes schutzwürdiges Vertrauen berufen hat. Theoretisch auszuschließen sind solche Fälle aber wohl nicht. Ob der Mitgliedstaat auch das Vertrauen des begünstigten Unternehmens stellvertretend geltendmachen kann, ist dagegen nicht ganz eindeutig zu beantworten. Jedenfalls ist dies zu verneinen, wenn und sobald der Mitgliedstaat dadurch Vorteile aus seinem eigenen Fehlverhalten ziehen würde. Beruht das Vertrauen des begünstigten Unternehmens dagegen einzig und allein auf dem Verhalten der Kommission, ohne daß der Mitgliedstaat in vorwerfbarer Weise zum Entstehen der Vertrauenslage beigetragen hat, ist die stellvertretende Berufung auf das Vertrauen des Empfängers wohl zulässig.

(2) Vertragsverletzungsklage bei Nichtdurchführung der Rückforderungsentscheidung

Sehr häufig kommt die Vertrauensschutzproblematik bei der Rückforderung von Beihilfen auch im Rahmen von Vertragsverletzungsverfahren vor den Gerichtshof. Wenn sich die Mitgliedstaaten weigern, die vorgeschriebene Rückforderung fristgemäß zu betreiben, kann die Kommission dies gemäß Artikel 88 Absatz 2 Unterabsatz 2 i.V.m. Artikel 226 EGV als Vertragsverletzung anprangern. Gegenstand des Verfahrens ist insoweit ein Verstoß „gegen eine Verpflichtung aus diesem Vertrag“ (vgl. Artikel 226 Absatz 1 EGV). Ähnlich wie bei der Nichtigkeitsklage prüft der Gerichtshof also *gemeinschaftsrechtliche* Streitfragen und nicht etwa die Auslegung von nationalem Recht. Diese theoretisch klare Abgrenzung ist allerdings nicht immer ohne Probleme in die Praxis umzusetzen. Denn die von den Mitgliedstaaten zu ihrer Verteidigung vorgebrachten nationalrechtlichen Erwägungen spielen bei der Bestimmung des Umfangs gemeinschaftsrechtlicher Pflichten (z.B. der Pflicht zur Rückforderung gemeinschaftswidriger Beihilfen) zumindest faktisch eine Rolle.

Aus der Feststellung der formellen und materiellen Rechtswidrigkeit einer Beihilfe ergibt sich „als logische Folge“ deren Aufhebung durch Rückforderung,[795] d.h. der Mitgliedstaat hat kein Rücknahmeermessen: Die gemeinschaftsrechtliche Pflicht des Mitgliedstaats zur Rückforderung steht in derartigen Fällen aufgrund der Kommissionsentscheidung unverrückbar fest. Die Gültigkeit der Kommissionsentscheidung kann im Vertragsverletzungsverfahren nicht mehr in Abrede gestellt werden.[796] Auch muß die Kom-

794 Vgl. *Martin J. Reufels*, Subventionskontrolle durch Private, Köln u.a. 1996, S. 86, der sich zugleich skeptisch zu einer Geltendmachung der Begünstigtenrechte durch den Mitgliedstaat äußert.

795 Z.B. EuGH, Rs. C-183/91, Kommission/Griechenland, Slg. 1993, I-3131, 3150, Rn. 16 m.w.N.; Rs. C-404/97, Kommission/Portugal, noch unveröff. Urteil v. 27.6.2000, Rn. 38.

796 St. Rspr., vgl. EuGH, Rs. 156/77, Kommission/Belgien, Slg. 1978, 1881, 1896, Rn. 21/24; Rs. 52/84, Kommission/Belgien, Slg. 1986, 89, 104, Rn. 13; Rs. C-183/91, Kommission/Griechenland, Slg. 1993, I-3131, 3149, Rn. 9 f.; ausführlich zum Verhältnis der Vertragsverletzungsklage zur Nichtigkeitsklage auch jüngst EuGH, Rs. C-404/97, Kommission/Portugal, noch unveröff. Urteil v. 27.6.2000, Rn. 34: „Diese Klagemöglichkeiten verfolgen verschiedene Ziele und unterliegen unter-

mission vor Erhebung einer Vertragsverletzungsklage nicht etwa die Bestandskraft der Entscheidung abwarten. Selbst eine parallel anhängige Nichtigkeitsklage des Mitgliedstaats oder des Begünstigten hindert die Kommission nicht an der Erhebung der Vertragsverletzungsklage, da die Nichtigkeitsklage keine aufschiebende Wirkung hat und der Mitgliedstaat so trotz ihrer Einlegung zur fristgemäßen Umsetzung der Entscheidung verpflichtet bleibt.[797] Die einzig erfolgversprechende Verteidigung der Mitgliedstaaten besteht darin, darzulegen, daß ihnen die vorgeschriebene Durchführung der Kommissionsentscheidung absolut unmöglich sei.[798]

Gemeinschaftsrechtlich nicht geregelt sind dagegen die Details der Vollziehung der Rückforderungspflicht. Nach der gegenwärtigen Rechtslage erfolgt die Rückforderung von Beihilfen, die unter Verstoß gegen Artikel 88 Absatz 3 EGV gewährt wurden (formelle Vertragswidrigkeit) und die gemäß Artikel 87 EGV nicht mit dem Gemeinsamen Markt vereinbar sind (materielle Vertragswidrigkeit), deshalb nach dem jeweiligen *nationalen* Recht des die Beihilfe gewährenden Mitgliedstaates.[799] Häufig verteidigen die Mitgliedstaaten sich gegen den Vorwurf der Vertragsverletzung mit dem Argument, daß vertrauensschützende Vorschriften ihres nationalen Rechts die Rückforderung absolut unmöglich machten.

Anders als im Rahmen der Nichtigkeitsklage nach Artikel 230 EGV stehen die in der Praxis auftretenden Probleme also im Zusammenhang mit *nationalen* Vertrauensschutzerwägungen:[800] Der Gerichtshof interpretiert dabei allerdings nicht das nationale Recht selbst, sondern bestimmt lediglich Umfang und Tragweite der gemeinschaftsrechtlich vorgeschriebenen Pflicht zur Rückforderung. Unter ausdrücklicher Übertragung seines Urteils in der Sache *Milchkontor*[801] zur Rückforderung von Gemeinschaftsbeihilfen vertritt der Gerichtshof, daß der Vertrauensschutz Teil der Gemeinschaftsrechtsordnung ist

schiedlichen Voraussetzungen. Ein Mitgliedstaat kann sich daher mangels einer Vorschrift des EG-Vertrages, die ihn dazu ausdrücklich ermächtigte, zur Verteidigung gegenüber einer auf die Nichtdurchführung einer an ihn gerichteten Entscheidung gestützten Vertragsverletzungsklage nicht mit Erfolg auf die Rechtswidrigkeit dieser Entscheidung berufen".

797 EuGH, Rs. C-404/97, Kommission/Portugal, noch unveröff. Urteil v. 27.6.2000, Rn. 57: „Im übrigen gilt für die streitige Entscheidung eine Vermutung der Rechtmäßigkeit, und sie bleibt, ungeachtet der anhängigen Nichtigkeitsklage, in allen ihren Teilen für die Portugiesische Republik verbindlich."

798 EuGH, Rs. 52/84, Kommission/Belgien, Slg. 1986, 89, 104, Rn. 14; Rs. 94/47, Kommission/Deutschland („Alcan I"), Slg. 1989, 175, 191, Rn. 8; zur absoluten Unmöglichkeit vgl. ausführlich oben Teil 1, B.II.2.d).aa).(2).

799 Vgl. hierzu EuGH, Rs. C-142/87, Belgien/Kommission („Tubemeuse"), Slg. 1990, I-959, 1019, Rn. 61; Rs. C-5/89, Kommission/Deutschland („BUG-Alutechnik"), Slg. 1990, I-3437, 3456, Rn. 12; sowie neuerdings Artikel 14 Absatz 3 Satz 1 der VerfVO, ABl. 1999, L 83, S. 1.

800 So z.B. auch in den bekannten Fällen Alcan I und II, EuGH, Rs. 94/87, Kommission/Deutschland („Alcan I"), Slg. 1989, 175, 191, Rn. 6; Rs. C-24/95, Land Rheinland-Pfalz/Alcan Deutschland („Alcan II"), Slg. 1997, I-1591, 1617, Rn. 25; sowie Rs. C-183/91, Kommission/Griechenland, Slg. 1993, I-3131, 3149, Rn. 11 ff.

801 EuGH, verb. Rs. 205 bis 215/82, Deutsche Milchkontor u.a./Deutschland, Slg. 1983, 2633, 2669, Rn. 30; vgl. auch *Frank Schulze*, Vertrauensschutz im EG-Recht bei der Rückforderung von Beihilfen, EuZW 1993, 279, 280 f.

und daß daher konsequenterweise auch das bei der Rückforderung anwendbare nationale Recht grundsätzlich Vorschriften zum Schutz des berechtigten Vertrauens der Beihilfeempfänger bereitstellen darf.[802]

Dieser Verweis auf das jeweilige nationale Recht ist allerdings nicht unproblematisch, da die Unterschiede der verschiedenen Rechtsordnungen dazu führen können, daß identische Sachverhalte in verschiedenen Mitgliedstaaten unterschiedlich behandelt werden. In einem Gebiet wie dem der staatlichen Beihilfen, deren Kontrolle grundsätzlich im Bereich der ausschließlichen Zuständigkeit der Kommission liegt,[803] sind diese Vollzugsdisparitäten bei der Rückforderung von Beihilfen besonders mißlich. Soweit sich zu große Vollzugsdisparitäten ergeben, können diese am Grundgedanken der europäischen Integration rühren, der die Sicherstellung der Gleichbehandlung aller Mitgliedstaaten und aller Gemeinschaftsbürger verlangt.[804]

Genau aus diesem Grund hat der Gerichtshof in seiner Rechtsprechung verschiedene Sicherungen entwickelt, die verhindern sollen, daß die Ergebnisse in vergleichbaren Fällen aufgrund unterschiedlicher nationaler Regelungen zu weit auseinanderklaffen. Insbesondere muß die gemeinschaftsrechtlich vorgeschriebene Rückforderung trotz der anwendbaren verschiedenen nationalen Rechtsnormen insgesamt und im Einzelfall wirksam bleiben.[805] Obwohl die grundsätzliche Geltung der nationalen Vorschriften zum Vertrauensschutz immer wieder hochgehalten wird, legt der Gerichtshof dennoch in einem zweiten Schritt selbst fest, daß ein Beihilfeempfänger dann nicht auf die Beständigkeit einer gewährten Beihilfe vertrauen darf, wenn er sich nicht darüber vergewissert hat, daß vor Gewährung der Beihilfe das in Artikel 88 EGV vorgeschriebene Verfahren eingehalten wurde.[806] Dies führt im Ergebnis dazu, daß die Rückforderung von Beihilfen zwar nach

802 Vgl. Rs. C-5/89, Kommission/Deutschland („BUG-Alutechnik"), Slg. 1990, I-3437, 3456, Rn. 13 f.: „Nach der Rechtsprechung ist [...] der Grundsatz des Vertrauensschutzes Bestandteil der Rechtsordnung der Gemeinschaft; daher kann es nicht als dieser Rechtsordnung widersprechend angesehen werden, wenn nationales Recht in einem Bereich wie dem der Rückforderung von zu Unrecht gezahlten Gemeinschaftsbeihilfen berechtigtes Vertrauen und Rechtssicherheit schützt [...]. Dasselbe muß für die Rückforderung gemeinschaftsrechtswidriger nationaler Beihilfen gelten."

803 *Stefanie Schreiber*, Verwaltungskompetenzen der Europäischen Gemeinschaft, Baden-Baden 1997, S. 59, 95; *Peter Schütterle*, Die Beihilfenkontrollpraxis der Europäischen Kommission im Spannungsfeld zwischen Recht und Politik, EuZW 1995, 391, 391; *Peter M. Schmidhuber*, Das Subsidiaritätsprinzip im Vertrag von Maastricht, DVBl. 1993, S. 417, 418. Genauer hierzu unten Teil 2, B.II.1.

804 Vgl. *Jürgen Schwarze*, Einführung, in: ders. (Hrsg.), Das Verwaltungsrecht unter europäischem Einfluß, Baden-Baden 1996, S. 18; ferner unten Teil 2, B.I.5.

805 So betont der Gerichtshof in ständiger Rechtsprechung, daß die Rückforderung nur im Falle einer absoluten Unmöglichkeit unterbleiben dürfe (EuGH, Rs. 52/84, Kommission/Belgien, Slg. 1986, 89, 104, Rn. 14; Rs. C-183/91, Kommission/Griechenland, Slg. 1993, I-3131, 3149, Rn. 10). Zu einer solchen absoluten Unmöglichkeit kommt es dabei in der Fallpraxis praktisch nie. Der *effet-utile*-Gedanke führt dazu, daß die grundsätzlich anwendbaren nationalen Vorschriften im Ergebnis nicht darauf hinauslaufen dürfen, daß das Gemeinschaftsrecht seiner praktischen Wirksamkeit beraubt wird (EuGH, Rs. C-142/87, Belgien/Kommission („Tubemeuse"), Slg. 1990, I-959, 1019, Rn. 61; Rs. C-5/89, Kommission/Deutschland („BUG-Alutechnik"), Slg. 1990, I-3437, 3456, Rn. 12, 17).

806 EuGH, Rs. C-5/89, Kommission/Deutschland („BUG-Alutechnik"), Slg. 1990, I-3437, 3456, Rn. 14; Rs. C-24/95, Land Rheinland-Pfalz/Alcan Deutschland („Alcan II"), Slg. 1997, I-1591, 1617, Rn. 25.

dem jeweiligen nationalen Recht erfolgt, die Voraussetzungen, wann eine zum Behalten der Beihilfe berechtigende nationale Vertrauenslage vorliegt, aber in wesentlichen Bereichen europarechtlich überformt sind. Die Einzelheiten dieser Rechtsprechung wurden dabei sowohl in Vertragsverletzungsverfahren als auch im Rahmen von Vorabentscheidungsersuchen entwickelt.[807]

Diese Rechtsprechung des Gerichtshofes wird zum Teil heftigst kritisiert, weil sie die ausgewogene nationale Regelung des § 48 VwVfG „praktisch in wesentlichen Teilen außer Kraft“[808] setze. Sie ist allerdings sowohl vom Bundesverwaltungsgericht[809] als auch vom Bundesverfassungsgericht[810] übernommen bzw. als verfassungsgemäß akzeptiert worden. Es überrascht insoweit, daß sich die Kritik ausgerechnet am Vorabentscheidungsurteil im Fall *Alcan II*[811] so stark entzündet hat, das bei genauerer Betrachtung keine revolutionären Neuerungen bringt, sondern sich in die bereits zuvor bestehende Rechtsprechung einfügt[812] und diese in einem sachlich relativ eindeutig gelagerten Fall konkretisiert. Insbesondere war der Beihilfecharakter der im Fall *Alcan* nicht-notifizierten Beihilfe so offenkundig und unstreitig, daß das Postulat des Gerichtshofes, ein sorgfältiger Gewerbetreibender müsse sich über die Notifizierung informieren, keineswegs als unverhältnismäßige Belastung des begünstigten Unternehmens erscheint.

Schließlich ändert die Entscheidung *Alcan* auch nichts daran, daß nach wie vor nicht ausgeschlossen werden kann, „daß der Empfänger einer rechtswidrigen Beihilfe sich ausnahmsweise auf Umstände berufen kann, aufgrund deren sein Vertrauen in die Ordnungsmäßigkeit der Beihilfe geschützt ist, so daß er sie nicht zurückzuerstatten

807 Die Urteile im Vertragsverletzungsverfahren legen häufig die Grundtendenzen fest, sind dafür aber weniger ausführlich. Um die Rechtsprechung des Gerichtshofs an dieser Stelle umfassend kritisieren zu können, soll im folgenden die Trennung der Verfahrensarten vorübergehend aufgegeben werden.

808 Vgl. etwa *Rupert Scholz*, Zum Verhältnis von europäischem Gemeinschaftsrecht und nationalem Verwaltungsverfahrensrecht, DÖV 1998, 261, 264; ähnlich auch *Rupert Scholz, Hans Hofmann*, Perspektiven der europäischen Rechtsordnung: Zur Entwicklung und Zukunft aus deutscher Sicht, ZRP 1998, 295, 299 f. Dem Gerichtshof wird sogar vorgeworfen, er verletze durch diese Rechtsprechung seine Kompetenzen (ultra-vires-Akt). Kritisch äußert sich ferner *Mark Hoenike*, Anmerkung zum Urteil des EuGH in der Rs. C-24/94 (Land Rheinland-Pfalz/Alcan Deutschland GmbH), EuZW 1997, 279, 280: „Alle Ausnahmen nach nationalem Recht, die einer Rückforderung der rechtswidrig gewährten staatlichen Beihilfe entgegenstehen, werden mit der stets passenden Keule, daß „die gemeinschaftlich vorgeschriebene Rückforderung nicht praktisch unmöglich gemacht werden darf“, erschlagen.“

809 Vgl. die Entscheidung des Bundesverwaltungsgerichts vom 24. April 1998, BVerwGE 106, 328 = EuZW 1998, 730).

810 BVerfG, Nichtannahmebeschluß vom 17.2.2000, NJW 2000, 2015 f.

811 EuGH, Rs. C-24/95, Land Rheinland-Pfalz/Alcan Deutschland („Alcan II“), Slg. 1997, I-1591, 1617, Rn. 25.

812 Insbesondere in den Fällen „BUG-Alutechnik“, „Alcan I“ und „PYRSA“, EuGH, Rs. C-5/89, Kommission/Deutschland („BUG-Alutechnik“), Slg. 1990, I-3437, 3456, Rn. 14; Rs. 94/47, Kommission/Deutschland („Alcan I“), Slg. 1989, 175, 192, Rn. 12; Rs. C-169/95, Spanien/Kommission („PYRSA“), Slg. 1997, I-135, 163, Rn. 51.

braucht."[813] Das Vorliegen eines derartigen Sonderfalls war im Fall *Alcan II* nämlich richtigerweise nicht zu thematisieren.[814]

Alcan zeigt in aller Deutlichkeit die Überformung der national schutzwürdigen Vertrauenslage durch gemeinschaftsrechtliche Vorgaben: Die Notifizierung wird zum zentralen Erfordernis für späteren Vertrauensschutz erhoben. Selbst spätere, der fehlenden Notifizierung nachfolgende „Irrtümer" der Kommission heilen diesen Fehler nicht. Dieser Schluß läßt sich aus dem oben besprochenen Fall *PYRSA* ziehen,[815] dessen diesbezügliche Argumentation zwar im Rahmen einer Nichtigkeitsklage erfolgte, aber *mutatis mutandis* auch im Rahmen eines Vertragsverletzungsverfahrens hätte erfolgen können. Es überrascht dabei ein wenig, daß diese Entscheidung in der Literatur weitgehend unbeachtet geblieben ist, obwohl sie eigentlich ebenso wie der Fall *Alcan* Anlaß geboten hätte, das gefundene Ergebnis inhaltlich anzuzweifeln bzw. zu hinterfragen.[816]

Als Zwischenergebnis läßt sich festhalten, daß das gerichtliche „Prüfprogramm" bei der Nichtigkeitsklage und dem Vertragsverletzungsverfahren in der Praxis zu ganz ähnlichen Ergebnissen führt. Allerdings hat der europäische Vertrauensschutzgrundsatz bei der Nichtigkeitsklage immerhin ganz vereinzelt zur Aufhebung der Kommissionsentscheidung geführt, während die Berufung auf Vertrauensschutz im Rahmen der Vertragsverletzungsklage noch nie einer Rückforderung im Wege gestanden hat.

Dies hat folgende Gründe: Eine erfolgreiche Berufung des Mitgliedstaats auf *gemeinschaftsrechtlichen* Vertrauensschutz ist in der Praxis schon von vornherein so gut wie ausgeschlossen.[817] Die von den Mitgliedstaaten zur Rechtfertigung der unterlassenen

813 EuGH, Rs. C-5/89, Kommission/Deutschland („BUG-Alutechnik"), Slg. 1990, I-3437, 3457, Rn. 16; EuG, Rs. T-459/93, Siemens SA/Kommission, Slg. 1995, II-1675, 1714, Rn. 104; T-67/94, Ladbroke Racing Ltd/Kommission, Slg. 1998, II-1, 68, Rn. 182.
Wann derartige Ausnahmeumstände zu bejahen sind, wurde bislang allerdings nicht näher präzisiert, vgl. *Hans-Joachim Priess*, Recovery of illegal state aid: An overview of recent developments in the case law, CML Rev. 1996, 69, 82. Gewisse Ansätze finden sich in den Schlußanträgen von Generalanwalt *Marco Darmon* in der Rs. C-5/89, Kommission/Deutschland („BUG-Alutechnik"), Slg. 1990, I-3437, 3450, Tz. 26.

814 Ähnlich auch das abschließende Urteil des Bundesverwaltungsgerichts in der Sache Alcan, vgl. BVerwGE 106, 328, 336 f.

815 Vgl. oben Teil 2, A.IV.3.a).dd).(1).(b).(bb).

816 Dies ist vermutlich darauf zurückzuführen, daß es sich um eine Entscheidung mit spanischem Fallhintergrund handelt, so daß die in der Entscheidung enthaltenen Streitpunkte sich lediglich aus europarechtlicher Sicht zur Diskussion eignen, nicht aber im Hinblick auf das mit dem Europarecht verzahnte deutsche Recht.

817 Schon bei der Nichtigkeitsklage sind Fälle, in denen ein gemeinschaftsrechtlich begründetes Vertrauen des Mitgliedstaates, das auf dem Verhalten der Kommission beruht und das nicht durch eigenes mitgliedstaatliches Fehlverhalten konterkarriert wird, nur schwer vorstellbar bzw. sehr selten (vgl. oben den Fall RSV, der bei entsprechender, hypothetischer Modifikation der Tatsachen möglicherweise zu einem im Rahmen der Nichtigkeitsklage berücksichtigungsfähigen mitgliedstaatlichen Vertrauen führen könnte.). Im Vertragsverletzungsverfahren kommt hinzu, daß der Mitgliedstaat nach der Rechtsprechung verpflichtet ist, ein solches Vertrauen, so es überhaupt vorliegen kann, schon im Rahmen der Nichtigkeitsklage vorzubringen, da er ansonsten im Vertragsverletzungsverfahren wegen der Bestandskraft der Entscheidung mit diesem Vorbringen präkludiert ist (vgl. EuGH, Rs. 52/83, Kommission/Frankreich („Sozialversicherung"), Slg. 1983, 3707, 3715, Rn. 10; ferner

Rückforderung ins Feld geführten *nationalrechtlichen* Vertrauensschutzegelungen wurden bislang im Interesse einer einheitlichen Rechtsanwendung und der Beachtung der gemeinschaftlichen Interessen stets europarechtlich überformt, um so die Durchführung der Kommissionsentscheidung zu ermöglichen.[818] Die europarechtlichen Vorgaben an die national schutzwürdige Vertrauenslage knüpfen dabei ganz entscheidend an den Ablauf des Verwaltungsverfahrens zwischen Kommission, Mitgliedstaat und Begünstigtem bzw. gegebenenfalls dessen Konkurrenten an. Das Erfordernis, sich als sorgfältiger Gewerbetreibender darüber zu informieren, daß das Notifizierungsverfahren ordnungsgemäß durchgeführt wurde, ist entscheidender Ansatzpunkt für etwaiges schutzwürdiges Vertrauen.

Während bei der Nichtigkeitsklage nicht abschließend geklärt ist, ob der Mitgliedstaat das Vertrauen des Begünstigten stellvertretend geltendmachen kann,[819] ist die Rechtslage im Rahmen des Vertragsverletzungsverfahrens diesbezüglich eindeutig geklärt. Sobald sich ein Mitgliedstaat nämlich auf das Vertrauen des Begünstigten stützen will, begegnet der Gerichtshof diesem Vorbringen in ständiger Rechtsprechung mit dem Hinweis:

> „Zwar ist nicht auszuschließen, daß sich der Empfänger einer rechtswidrigen Beihilfe ausnahmsweise auf Umstände berufen kann, aufgrund derer sein Vertrauen in die Ordnungsmäßigkeit der Beihilfe geschützt ist. Doch kann sich kein Mitgliedstaat, dessen Behörden eine Beihilfe unter Verletzung des Verfahrens des Artikels 93 gewährt haben, unter Berufung auf das schutzwürdige Vertrauen des Begünstigten der Verpflichtung entziehen, die notwendigen Maßnahmen zur Durchführung einer Entscheidung der Kommission zu ergreifen, durch die die die Rückforderung der Beihilfe angeordnet wird. Andernfalls würde den Artikeln 92 und 93 EWG-Vertrag insoweit jede praktische Wirkung genommen, als sich die nationalen Behörden so auf ihr eigenes rechtswidriges Verhalten stützen könnten, um die Wirksamkeit von nach diesen Bestimmungen erlassenen Entscheidungen der Kommission auszuschalten."[820]

(3) Nationale Rechtsstreitigkeiten und das Vorabentscheidungsverfahren

Manche Beihilfeempfänger, v.a. wenn es sich um kleinere lokale Unternehmen handelt, werden die Möglichkeit, die Rückforderungsentscheidung der Kommission gemäß Artikel 230 EGV vor dem Gericht erster Instanz mit der Nichtigkeitsklage anzufechten, entweder gar nicht kennen oder aber die Klagefrist von zwei Monaten versäumen. Und

Birgit Berninghausen, Die Europäisierung des Vertrauensschutzes, Frankfurt u.a. 1998, S. 96 f. m.w.N.). Vertrauensbildendes Verhalten der Kommission, das nicht schon im Rechtsstreit um die Rückforderungsentscheidung hätte geltendgemacht werden können, d.h. der Bestandskraft der Entscheidung zeitlich nachfolgendes, vertrauensbegründendes Verhalten der Kommission, ist aber nur schwerlich vorstellbar.

818 Nationale Vertrauensschutzregelungen stehen der Rückforderung so im Ergebnis nicht entgegen und begründen keine absolute Unmöglichkeit, vgl. *Birgit Berninghausen*, Die Europäisierung des Vertrauensschutzes, Frankfurt u.a. 1998, S. 93 f. m.w.N.

819 Vgl. oben Teil 2, A.IV.3.a).dd).(1).(c).

820 EuGH, Rs. C-183/91, Kommission/Griechenland, Slg. 1993, I-3131, 3150 f., Rn. 18; ganz ähnlich auch Rs. C-5/89, Kommission/Deutschland („BUG-Alutechnik"), Slg. 1990, I-3437, 3457, Rn. 16 f.

selbst wenn man davon ausgeht, daß die gemeinschaftsrechtlichen Klagemöglichkeiten in den betroffenen Kreisen mittlerweile mehr oder weniger allgemein bekannt sind, werden die Begünstigten dennoch oft vor einer solchen Klage zurückschrecken, da sie Faktoren wie höhere Prozeßkosten, eine längere Verfahrensdauer, eine fremde Verfahrensordnung oder die Notwendigkeit überregionaler Beratung und Vertretung fürchten. Es besteht kein Zweifel, daß den meisten Bürgern Europas die nationalen Gerichte noch immer näher stehen als die Gemeinschaftsgerichte in Luxemburg.

Aus der Gestaltung der Rückforderungsregeln und dem Verweis auf das nationale Recht ergibt sich, daß der Begünstigte grundsätzlich zweigleisig gegen die Rückforderung einer ihm gewährten Beihilfe vorgehen kann.[821] Die Pflicht zur Rückforderung ergibt sich aus der Kommissionsentscheidung und damit dem Gemeinschaftsrecht, wobei die nationalen Behörden und Stellen lediglich ein quasi-mechanischer, verlängerter Arm der Kommission sind. Sie führen die Rückforderung ohne jedes Ermessen durch[822] und erlassen die zur Rückforderung notwendigen nationalrechtlichen Durchführungsakte (häufig wird es sich im deutschen Recht dabei um Verwaltungsakte i.S.v. § 35 VwVfG handeln).[823] Gegen diese Rückforderungsakte kann sich der Begünstigte vor dem nationalen Zivil- oder Verwaltungsgericht zur Wehr setzen, was in der Praxis von vielen Klägern aus den genannten Gründen noch immer bevorzugt wird.

Zu beachten ist dabei allerdings, daß ein Begünstigter, der die Rückforderungsentscheidung der Kommission kennt und nicht mit der Nichtigkeitsklage gemäß Artikel 230 EGV anficht, die Gültigkeit dieser ihm gegenüber bestandskräftigen Kommissionsentscheidung nicht mehr im nationalen Rückforderungsprozeß und dem gegebenenfalls notwendigen Vorabentscheidungsverfahren in Zweifel ziehen kann.[824] Erfährt ein Begünstigter von der Kommissionsentscheidung dagegen tatsächlich erst im Zuge der nationa-

821 Der Begünstigte kann wie gesehen entweder vor den Gemeinschaftsgerichten gegen die Kommissionsentscheidung klagen oder vor den nationalen Gerichten gegen den Rückforderungsakt vorgehen. Denkbar ist natürlich auch, beide Möglichkeiten auszuschöpfen, d.h. parallele Gerichtsverfahren sowohl gegen die Entscheidung der Kommission als auch gegen den nationalen Rückforderungsakt anzustrengen, vgl. EuGH, verb. Rs. 133 bis 136/85, Walter Rau Lebensmittelwerke u.a./ BALM, Slg. 1987, 2289, 2338, Rn. 11; Schwarze-*Bär-Bouyssière*, Art. 88, Rn. 59.

822 Vgl. hierzu ausführlich EuGH, Rs. C-24/95, Land Rheinland Pfalz/Alcan Deutschland („Alcan II"), Slg. 1997, I-1591, 1619, Rn. 34.

823 Zu den Problemen bei der Rückforderung von Beihilfen, die durch vertragliche Vereinbarungen gewährt werden, vgl. *Dimitris Triantafyllou*, Europäisierte Privatrechtsgestaltung im Bereich der Beihilfenaufsicht, DÖV 1999, 51, 55 ff.; *Stefan Friedrich Schmitz*, Der Vertrauensschutz bei der Rückforderung gemeinschaftsrechtswidrig gewährter nationaler Beihilfen, Diss. an der Albert-Ludwigs-Universität, Freiburg 1998, S. 143 ff. m.w.N.

824 Das nationale Gericht ist insofern an die Kommissionsentscheidung gebunden, EuGH, Rs. C-188/92, TWD Textilwerke Deggendorf/Bundesminister für Wirtschaft, Slg. 1994, I-833, 851 ff., Rn. 10, 14, 26; Rs. C-178/95, Wiljo N.V./Belgien, Slg. 1997, I-585, 603, Rn. 21; Schwarze-*Bär-Bouyssière*, Art. 88, Rn. 59; kritisch zu dieser Rechtsprechung äußern sich *Jochim Sedemund, Frank Montag*, Die Entwicklung des Europäischen Gemeinschaftsrechts, NJW 1995, 1126, 1132 f.

len Rückforderungsumsetzung, ist er mit Angriffen auf die Gültigkeit der Entscheidung vor dem nationalen Gericht und im Vorabentscheidungsverfahren nicht präkludiert.[825]

Den nationalen Gerichten kommt im Rahmen solcher Rechtsstreitigkeiten um die nationale Umsetzung der Kommissionsentscheidung die Aufgabe zu, die Vorgaben des Gerichtshofs in das nationale Recht umzusetzen. Dies bedeutet z.B., daß im Gefolge der Alcan-Rechtsprechung das deutsche Verwaltungsverfahrensrecht, insbesondere § 48 VwVfG, europarechtskonform auszulegen ist.[826] Die Schwierigkeiten, die dies mit sich bringen kann, offenbaren sich in augenfälliger Weise in den einander widersprechenden Entscheidungen des OVG Münster[827] und des OVG Koblenz[828] in vergleichbaren Fällen.[829]

Um derartige Unsicherheiten der nationalen Gerichte zu klären, sieht der Vertrag die Möglichkeit der Vorlage von abstrakten Auslegungsfragen seitens mitgliedstaatlicher Gerichte an den Gerichtshof vor, Artikel 234 EGV. Neben Urteilen im Wege der Nichtigkeitsklage und des Vertragsverletzungsverfahrens sind Vorabentscheidungsverfahren die dritte „Quelle" beihilferelevanter Rechtsprechung des Gerichtshofs. Aus der Natur des Vorabentscheidungsverfahrens als gemeinschaftsrechtliches Zwischenverfahren im Rahmen nationaler Rechtsstreitigkeiten ergibt sich, daß hier in besonderem Maße Aussagen zum Verhältnis der beiden Ebenen getroffen werden. Aufgrund der nationalen Besonderheiten, die den abstrakten Auslegungsfragen zugrundeliegen, sind die Urteile oft auch detaillierter als Urteile im Vertragsverletzungsverfahren, die sich zumeist auf bloße Grundsätze beschränken.

Das wohl bekannteste Beispiel eines beihilferechtlichen Vorabentscheidungsverfahrens ist der bereits mehrfach erwähnte Fall *Alcan*, der mittlerweile praktisch alle Ebenen der nationalen und gemeinschaftlichen Gerichtsbarkeit durchlaufen hat. Ursprünglich verurteilte der Gerichtshof die Bundesrepublik wegen der Nichtdurchführung der Rückforderungsentscheidung der Kommission im Fall *Alcan*[830] bereits 1989 im Vertragsverlet-

825 EuGH, Rs. 216/82, Universität Hamburg/HZA Hamburg-Kehrwieder, Slg. 1983, 2771, 2787, Rn. 10; vgl. außerdem auch Rs. C-188/92, TWD Textilwerke Deggendorf/Bundesminister für Wirtschaft, Slg. 1994, I-833, 854, Rn. 22 f.

826 Die Details der europarechtskonformen Auslegung des § 48 VwVfG würden den Rahmen dieser Arbeit sprengen. Verwiesen sei insofern z.B. auf *Dimitris Triantafyllou*, Zur „Europäisierung" des Vertrauensschutzes (insbesondere § 48 VwVfG) - am Beispiel der Rückforderung staatlicher Beihilfen, NVwZ 1992, 436, 438 ff.; *Thorsten S. Richter*, Rückforderung gemeinschaftswidriger Subventionen nach § 48 VwVfG, DÖV 1995, 846 ff.; *Adinda Sinnaeve,* Die Rückforderung gemeinschaftsrechtswidriger nationaler Beihilfen, Berlin 1997, 160 ff.; *Stefan Friedrich Schmitz*, Der Vertrauensschutz bei der Rückforderung gemeinschaftsrechtswidrig gewährter nationaler Beihilfen, Diss. an der Albert-Ludwigs-Universität, Freiburg 1998, S. 147 ff.; *Birgit Berninghausen*, Die Europäisierung des Vertrauensschutzes, Frankfurt u.a. 1998, S. 99 ff.

827 EuZW 1992, 286 = NVwZ 1993, 79, in der Revision bestätigt durch das Bundesverwaltungsgericht, BVerwGE 92, 81 ff.

828 EuZW 1992, 349 = NVwZ 1993, 82. Zur weiteren Prozeßgeschichte vgl. sogleich unten.

829 Vgl. hierzu *Adinda Sinnaeve,* Die Rückforderung gemeinschaftsrechtswidriger nationaler Beihilfen, Berlin 1997, 171 ff.

830 Entscheidung der Kommission, ABl. 1986, L 72, S. 30.

zungsverfahren.[831] Parallel zu diesem Verfahren zwischen der Kommission und der Bundesrepublik wehrte sich das begünstigte Unternehmen vor den deutschen Gerichten gegen die Rückforderung. Das OVG Koblenz entschied dabei als Berufungsgericht, daß eine Rückforderung wegen Ablauf der Jahresfrist in § 48 Absatz 4 VwVfG nicht mehr möglich sei.[832] Im Rahmen des Revisionsverfahrens gegen dieses Urteil setzte das Bundesverwaltungsgericht den Rechtsstreit aus und legte dem Gerichtshof verschiedene Auslegungsfragen zur Rückforderung trotz Fristablauf, zum Einwand von Treu und Glauben als möglichem Rückforderungshindernis und zur Entreicherung des Leistungsempfängers vor.[833] Dagegen legte das Bundesverwaltungsgericht bezeichnenderweise keine Auslegungsfrage zum Vertrauensschutz als solchem vor, da angesichts der bisherigen Rechtsprechung des Gerichtshofs vollkommen klar sei, daß das Gemeinschaftsinteresse jedenfalls Vorrang vor einem etwaigen Vertrauen der Alcan habe.[834]

Der Gerichtshof entschied im März 1997, daß keines der vorgebrachten Argumente der gemeinschaftsrechtlich vorgeschriebenen Rückforderung entgegenstehe,[835] da Alcan aufgrund der fehlenden Notifizierung keinerlei Grundlage für schutzwürdiges Vertrauen gehabt habe.[836] Daran änderte auch das Verhalten des die Beihilfe gewährenden Landes Rheinland-Pfalz nichts, das der Firma Alcan die strittige Überbrückungsbeihilfe praktisch aufgedrängt und durch sein Verhalten in erheblicher Weise dazu beigetragen hatte, daß das begünstigte Unternehmen von der Rechtmäßigkeit der Beihilfe ausging.[837]

Das Unternehmen kann sich also auf den Mitgliedstaat und dessen Verhalten nicht verlassen.[838] Weder kann dessen Verhalten schutzwürdiges Vertrauen erzeugen noch kann es Grundlage einer erfolgreichen Berufung auf Treu und Glauben bzw. auf rechtsmißbräuchliches Verhalten sein. Vielmehr muß das Unternehmen die Beachtung des Notifizierungsverfahrens im Kontakt mit der Kommission selbst abklären. Die Beachtung des Anmeldeverfahrens vor der Kommission ist zwingende Mindestvoraussetzung jeglichen späteren Vertrauensschutzes. Dabei ist auch regelmäßige Einsichtnahme in das Amtsblatt zumutbar und wird vom jeweiligen Unternehmen erwartet.[839]

831 EuGH, Rs. 94/87, Kommission/Deutschland („Alcan I"), Slg. 1989, 175, 193, Rn. 13.

832 OVG Koblenz, EuZW 1992, 349, 352.

833 BVerwG, EuZW 1995, 314 ff.

834 Vgl. die Schlußanträge von Generalanwalt *Francis G. Jacobs* in der Rs. C-24/95, Land Rheinland-Pfalz/Alcan Deutschland („Alcan II"), Slg. 1997, I-1591, 1599 ff., Tz. 17, 22.

835 EuGH, Rs. C-24/95, Land Rheinland-Pfalz/Alcan Deutschland („Alcan II"), Slg. 1997, I-1591, 1619, Rn. 38 („Fristablauf"), 1620 f., Rn. 41, 43 („Einwand von Treu und Glauben"), 1623, Rn. 54 („Entreicherung").

836 EuGH, Rs. C-24/95, Land Rheinland-Pfalz/Alcan Deutschland („Alcan II"), Slg. 1997, I-1591, 1617, Rn. 25.

837 Vgl. insbesondere die Schlußanträge von Generalanwalt *Francis G. Jacobs* in der Rs. C-24/95, Land Rheinland-Pfalz/Alcan Deutschland („Alcan II"), Slg. 1997, I-1591, 1596, Tz. 9.

838 *Frank Montag*, Die Entwicklung des Europäischen Gemeinschaftsrechts, NJW 1998, 2088, 2095.

839 Vgl. EuGH, Rs. C-102/92, Ferriere Acciaierie Sarde/Kommission, Slg. 1993, I-801, 805, Rn. 10, wo ein begünstigtes Unternehmen geltend machte, daß ihm die jeweiligen Verfahrensakte der Kommission als einzigem Begünstigten hätten zugestellt werden müssen, da permanente Kontrolle der Amtsblätter nicht von ihm erwartet werden könne. Der Gerichtshof sah eine derartige Zustellungspflicht

Das Bundesverwaltungsgericht hat diese Auslegung des EuGH vollumfänglich übernommen und auf den zugrundeliegenden Rechtsstreit angewendet.[840] Das Urteil des OVG Koblenz, demzufolge die Rückforderung der Beihilfe hätte unterbleiben müssen, wurde aufgehoben und Alcan zur Rückzahlung verpflichtet. Ebenfalls zurückgewiesen wurde der von Alcan vorgetragene Einwand, der Gerichtshof habe mit seiner Entscheidung die ihm im Vertrag vorgegebenen Kompetenzgrenzen überschritten, was zur Unbeachtlichkeit seiner Vorabentscheidung führen müsse.[841] Auch eine Verletzung unverzichtbarer rechtsstaatlicher deutscher Grundrechtsgewährungen, insbesondere des Vertrauensschutzgrundsatzes, durch das EuGH-Urteil verneinte das Bundesverwaltungsgericht.[842] Diese Rechtsprechung ist zugleich auch eine klare Absage an die sehr weitreichende Kritik verschiedener Stimmen in der deutschen Literatur, die das Alcan-Urteil des Gerichtshofes infolge eines „zweifachen" Kompetenzverstoßes als nichtig angesehen hatten.[843] Den endgültigen Abschluß der „Alcan-Saga" bildet nunmehr der Beschluß des Bundesverfassungsgerichts vom 17. Februar 2000, die Verfassungsbeschwerde der Firma Alcan gegen das Bundesverwaltungsgerichtsurteil nicht zur Entscheidung anzunehmen.[844]

Wie bereits oben erwähnt, hat das Alcan-Urteil nichts daran geändert, daß der Begünstigte sich unter außergewöhnlichen Umständen auch weiterhin auf geschütztes Vertrauen berufen kann, mit der Folge, daß eine Rückforderung unterbleibt.[845] Die Beurteilung, ob derartige außergewöhnliche Umstände vorliegen, ist dabei Aufgabe des nationalen Gerichts, das dem Gerichtshof gegebenenfalls Auslegungsfragen vorlegen kann.[846] Eine Berücksichtigung des nationalen Vertrauensschutzes des Empfängers wird so zu Recht auf die mitgliedstaatliche Ebene verlagert. Verschiedene Details dieser Rechtsprechung bedürfen allerdings noch der Klärung. So ist der Begriff der außergewöhnlichen Umstände bislang ohne Kontur geblieben.[847] Außerdem ist nicht abschließend geklärt, ob

als systemfremd an und beließ die Informationspflicht beim jeweiligen Unternehmen (aaO., 806 f., Rn. 17, 18). Zu den mittlerweile geltenden, neuen Regelungen bezüglich der Entscheidungsübermittlung an Beteiligte und der Veröffentlichung von Entscheidungen vgl. Artikel 20, 25, 26 VerfVO, sowie unten Teil 1, B.V.

840 BVerwGE 106, 328 ff.

841 BVerwGE 106, 328, 333.

842 BVerwGE 106, 328, 334 f.

843 *Rupert Scholz*, Zum Verhältnis von europäischem Gemeinschaftsrecht und nationalem Verwaltungsverfahrensrecht, DÖV 1998, 261, 265 f.; ähnlich auch *Rupert Scholz, Hans Hofmann*, Perspektiven der europäischen Rechtsordnung: Zur Entwicklung und Zukunft aus deutscher Sicht, ZRP 1998, 295, 299 f.

844 BVerfG, Nichtannahmebeschluß vom 17.2.2000, NJW 2000, 2015 f.

845 EuGH, EuGH, Rs. C-183/91, Kommission/Griechenland, Slg. 1993, I-3131, 3150, Rn. 18; ganz ähnlich auch Rs. C-5/89, Kommission/Deutschland („BUG-Alutechnik"), Slg. 1990, I-3437, 3457, Rn. 16 f.; EuG, Rs. T-459/93, Siemens SA/Kommission, Slg. 1995, II-1675, 1714, Rn. 104; T-67/94, Ladbroke Racing Ltd/Kommission, Slg. 1998, II-1, 68, Rn. 182; vgl. außerdem die Schlußanträge von Generalanwalt *Francis G. Jacobs* in der Rs. C-24/95, Land Rheinland-Pfalz/Alcan Deutschland („Alcan II"), Slg. 1997, I-1591, 1601 f., Tz. 22.

846 EuG, Rs. T-459/93, Siemens SA/Kommission, Slg. 1995, II-1675, 1714, Rn. 104; T-67/94, Ladbroke Racing Ltd/Kommission, Slg. 1998, II-1, 68, Rn. 183.

847 *Hans-Joachim Priess*, Recovery of illegal state aid: An overview of recent developments in the case law, CML Rev. 1996, 69, 82.

sich im nationalen Rückforderungsprozeß nur das begünstigte Unternehmen auf Vertrauensschutz berufen kann,[848] oder ob auch eine Geltendmachung durch den Mitgliedstaat in Betracht kommt.[849]

(4) Gesamtschau der Rechtsprechungslinien in den drei Verfahrensarten

Tendenziell ist festzustellen, daß sich die Rechtsprechung in jüngerer Zeit in allen drei Konstellationen einander angleicht, weil die ursprünglich in einem Verfahrenstyp geprägten Formeln häufig auf andere Verfahren, - und sei es nur als obiter dictum oder als ergänzende Hilfserwägung -, übertragen werden. Dazu trägt insbesondere das Gericht erster Instanz bei, dessen Urteile sehr ausführlich und häufig vom Bemühen geprägt sind, den gemeinschaftlichen Rechtsstand dynamisch weiterzuentwickeln. Da das Gericht erster Instanz aber nur für Nichtigkeitsklagen des Begünstigten oder seiner Konkurrenten zuständig ist,[850] niemals aber für Vorabentscheidungsersuchen oder Vertragsverletzungsverfahren, ist es nicht in der gleichen Ausgangslage wie der Gerichtshof, der grundsätzlich für alle drei Verfahrensarten zuständig ist und daher eher eigenständige, verfahrensspezifische Rechtsprechungslinien entwickeln kann.

Ein weiterer Faktor, der seit jeher gegen die Ausprägung dogmatisch klar abgrenzbarer Rechtsprechungslinien spricht, ist der Gesichtspunkt der Prozeßökonomie. Der Gerichtshof entscheidet die ihm vorliegenden Fälle ad hoc und kann dabei sein Augenmerk nicht immer zugleich auch auf klare dogmatische Konzepte zu richten. Dies erklärt insbesondere seine Neigung, sich gelegentlich nicht auf einen streng formalen Präklusionshinweis zu beschränken, sondern inhaltlich bedeutsame Rechtsfragen vielmehr als obiter dictum zu klären. Der Gerichtshof verfolgt in derartigen Fällen richtigerweise einen pragmatischen und keinen strikt dogmatischen Ansatz. Denn die Natur des Gemeinschaftsrechts bringt es mit sich, daß es u.U. mehrere Jahre dauern kann, bis sich die gleiche inhaltliche Frage erneut, diesmal im Rahmen des „richtigen“ Verfahrens, stellt

Eine Rolle spielt ferner auch die bekannte Tendenz v.a. des Gerichtshofs, Urteile eher knapp und pauschal zu halten. Auch dies steht der Ausformung klarer dogmatischer Begrifflichkeiten eher im Weg. So fällt auf, daß Begriffe wie „Vertrauensschutz“, „schutzwürdiges Vertrauen“ u.ä. in den Urteilen regelmäßig ohne weitere Präzisierung fallen.

848 Eindeutig in diese Richtung deuten die Urteile des EuG, Rs. T-459/93, Siemens SA/Kommission, Slg. 1995, II-1675, 1714, Rn. 104; T-67/94, Ladbroke Racing Ltd/Kommission, Slg. 1998, II-1, 68, Rn. 183.

849 Diese Frage wird ausdrücklich offengelassen im Rechtsmittelurteil des EuGH im oben zitierten Fall Ladbroke, EuGH, Rs. C-83/98 P, Frankreich/Kommission, noch unveröff. Urteil v. 16.5.2000, Rn. 59.

850 Zu den Bestrebungen, in Zukunft auch Nichtigkeitsklagen der Mitgliedstaaten dem Gericht erster Instanz zur Entscheidung zuzuweisen vgl. *Waltraud Hakenberg, Ernst Tremmel*, Die Rechtsprechung des EuGH und EuGeI auf dem Gebiet der staatlichen Beihilfen in den Jahren 1997 und 1998, EWS 1999, 167, 167; *David Edward*, Recent Case Law of the European Court of Justice, in: Jürgen Schwarze (Hrsg.), Europäisches Wettbewerbsrecht im Wandel, Baden-Baden 2001, S. 47, 49.

Der dadurch entstehende Raum für Interpretationsmöglichkeiten und Mißverständnisse wäre z.B. durch die Voranstellung von Worten wie „gemeinschaftsrechtlich" oder „national-rechtlich" leicht zu beseitigen.

Faßt man die Ergebnisse der Gegenüberstellung der verschiedenen Klagearten zusammen, überrascht es insofern nicht, daß im Rahmen des Gesamtklagesystems weitgehend übereinstimmende, inhaltlich eher restriktive Ergebnisse gefunden werden und etwaige Unterschiede der verschiedenen Rechtsprechungslinien sich zusehends verwischt haben.

Prüfungsgegenstand ist im Rahmen der Nichtigkeitsklage und des Vertragsverletzungsverfahrens jeweils die Beachtung bzw. Verletzung vertraglicher Pflichten, wobei im einen Fall in erster Linie gemeinschaftsrechtlicher Vertrauensschutz von Bedeutung ist, während im anderen Fall europarechtliche Grenzen für den im nationalen Recht verankerten Vertrauensschutz vorgegeben werden.

Wenn überhaupt kann sich nationaler Vertrauensschutz in atypischen Sonderfällen im Rahmen nationaler Rechtsstreitigkeiten um die Rückforderung gegen die gemeinschaftsrechtliche Rückforderungspflicht durchsetzen. Dabei sorgen Auslegungsfragen an den Gerichtshof im Wege des Vorabentscheidungsverfahrens für eine einheitliche Anwendung des Rechts und dafür, daß auch in diesen Rechtsstreitigkeiten Ergebnisse gefunden werden, die mit der Rechtsprechung im Nichtigkeits- oder Vertragsverletzungsverfahren konform sind. Das Verhalten der nationalen Behörden, die quasi im Lager des Begünstigten stehen, kann nie Grundlage eines berechtigten Vertrauens sein.[851] Dem Mitgliedstaat soll so unter allen Umständen die Möglichkeit genommen werden, von seinem eigenen Fehlverhalten zu profitieren.[852] Aus diesem Grund kann sich der Begünstigte tendenziell in allen drei Konstellationen weit eher auf Vertrauensschutz berufen als der Mitgliedstaat. Allen Konstellationen gemein ist das Abstellen auf das Verhalten eines sorgfältigen Gewerbetreibenden als Maßstab für etwaiges schutzwürdiges Verhalten, sowie auf die Beachtung des Notifizierungsverfahrens. Dieser recht strenge Maßstab der subjektiven Anforderungen an das Verhalten des Begünstigten gilt sowohl als Grundlage des gemeinschaftsrechtlichen Vertrauensschutzes als auch als europarechtliche Vorgabe an das national schützenswerte Vertrauen.

(5) Speziell zum Vertrauensschutz bei Konkurrentenklagen

Der mögliche Vertrauensschutz des Beihilfebegünstigten kann im Rahmen von Konkurrentenklagen[853] zu besonderen Problemen führen. Im folgenden konzentriert sich die

851 Vgl. *Frank Montag*, Die Entwicklung des Europäischen Gemeinschaftsrechts, NJW 1998, 2088, 2095.

852 Vgl. auch *Ernst Steindorff*, Rückabwicklung unzulässiger Beihilfen, ZHR 152 (1988), 474, 483, der davon spricht, daß die Mitgliedstaaten durch ihr Verhalten keinesfalls Vertrauen zu Lasten Dritter (d.h. zu Lasten der Gemeinschaft) begründen können.

853 Klagen von Konkurrenten des beihilfebegünstigten Unternehmens sind sowohl auf nationaler Ebene als auch vor den Gemeinschaftsgerichten möglich. Eine ausführlichere Darstellung der verschiedenen Konkurrentenklagen kann hier allerdings nicht gegeben werden. Diesbezüglich muß verwiesen

Darstellung auf die Konkurrentenklage gemäß Artikel 230 EGV vor den Gemeinschaftsgerichten, die ein Spezialfall der oben unter Punkt (1) besprochenen Nichtigkeitsklage ist.

Bei den bislang beschriebenen Fällen ging es zumeist um die Rückforderung formell und materiell gemeinschaftsrechtswidriger Beihilfen auf Betreiben der Kommission. In solchen Fällen besteht im Normalfall kein Klageinteresse des Konkurrenten, da die von ihm gewünschte Rückforderung ohnehin stattfindet.[854] Daneben gibt es, wie gesehen, Verfahren, in denen die Kommission eine nicht-notifizierte Beihilfe zunächst genehmigt, und der Konkurrent sich hiergegen wendet, um so die (Neu)eröffnung des Prüfungsverfahrens und in letzter Konsequenz die Aufhebung und Rückforderung der Beihilfe zu erreichen.[855] Gemeinsamer Nenner all dieser Fälle ist, daß die zurückzufordernde Beihilfe jeweils unter Verstoß gegen das Notifizierungsverfahren bzw. das Durchführungsverbot gewährt wurde (formelle Vertragswidrigkeit gemäß Artikel 88 Absatz 3 EGV).

Es gibt aber auch noch eine weitere Fallgruppe der Nichtigkeitsklage von Konkurrenten. Denkbar ist, daß eine geplante Beihilfe vom jeweiligen Mitgliedstaat ordnungsgemäß notifiziert und von der Kommission anschließend genehmigt wird. Nachdem diese Entscheidung, die entweder nach dem informellen Vorprüfungsverfahren oder zum Abschluß der förmlichen Hauptprüfung ergehen kann, gegenüber dem Mitgliedstaat und dem Begünstigten bestandskräftig geworden ist, wird die Beihilfe ausgezahlt. Konkurrenten des Beihilfeempfängers erhalten bei der derzeitigen Veröffentlichungspraxis der Kommission oft erst in diesem Stadium Kenntnis von dem Vorgang. Soweit sie von der Entscheidung unmittelbar und individuell i.S.v. Artikel 230 Absatz 4 EGV betroffen sind, können sie trotz Bestandskraft der Entscheidung im Verhältnis der Kommission zum Mitgliedstaat Nichtigkeitsklage vor dem Gericht erster Instanz erheben.[856] Wenn der Gerichtshof die Genehmigung auf diese Klage hin aufhebt und die Kommission im Rahmen der nötigen Neubescheidung zu dem Ergebnis kommt, daß die gewährte Beihil-

werden auf *Romina Polley*, Die Konkurrentenklage im Europäischen Beihilfenrecht - Klagebefugnis und Rückforderung bei rechtswidrig gewährten Beihilfen, EuZW 1996, 300, 301 ff.; *Adinda Sinnaeve*, Der Konkurrent im Beihilfeverfahren nach der neuesten EuGH-Rechtsprechung, EuZW 1995, 172 ff.; *Martin J. Reufels*, Subventionskontrolle durch Private, Köln u.a. 1996, S. 122 ff., 139 ff.; Schwarze-*Bär-Bouyssière*, Art. 88, Rn. 49 ff.

854 Ebenfalls oben bereits erwähnt wurde der seltene Ausnahmefall, daß die Rückforderungsentscheidung der Kommission unter bestimmten Einschränkungen ergeht, z.B. zeitlich befristet. Hier kann der Konkurrent ein Interesse haben, gegen die Rückforderungsentscheidung vorgehen, weil er eine weitergehende, unbeschränkte Rückforderung erstrebt, vgl. EuG, T-67/94, Ladbroke Racing Ltd/ Kommission, Slg. 1998, II-1, 68, Rn. 180 ff., sowie oben Fn. 761.

855 Ein gutes Beispiel hierfür ist die oben bereits erwähnte Konkurrentenklage der Firma Cook (vgl. EuGH, Rs. C-198/91, William Cook plc/Kommission, Slg. 1993, I-2487, 2530, Rn. 31 ff., insbesondere Rn. 39), die zur letztlichen Rückforderung einer Beihilfe im Fall „PYRSA" führte. Ausführlicher zur Prozeßgeschichte vgl. oben Teil 2, A.IV.3.a).dd).(1).(b).(bb) bei Fn. 780 ff.

856 Vgl. zu dieser durchaus nicht seltenen Konstellation vgl. *Romina Polley*, Die Konkurrentenklage im Europäischen Beihilfenrecht - Klagebefugnis und Rückforderung bei rechtswidrig gewährten Beihilfen, EuZW 1996, 300, 302; *Alfred Dickersbach*, Die Entwicklung des Subventionsrechts seit 1993, NVwZ 1993, 962, 965.

fe nicht mit dem Gemeinsamen Markt vereinbar ist, stellt sich die Frage, ob die Kommission in dieser neuen Entscheidung entgegen ihrer eigenen, ursprünglichen Unbedenklichkeitserklärung die Rückforderung der Beihilfe anordnen kann.[857] Dagegen würde der Vertrauensschutz des Begünstigten sprechen, der auf dem Verhalten der Kommission aufbaut. Die oben beschriebene Formel vom sorgfältigen Gewerbetreibenden aus dem Fall *BUG-Alutechnik* greift hier nicht ein, da das Notifizierungsverfahren beachtet wurde und der Mitgliedstaat sich vorschriftsmäßig verhalten hat.[858]

In den frühen achtziger Jahren sah die Kommission in einer ähnlichen Konstellation von der Rückforderung der Beihilfe ab. Eine ordnungsgemäß notifizierte Beihilfe Belgiens an die heimische Textilindustrie (Claes-Plan) wurde von der Kommission nach dem informellen Vorverfahren für unbedenklich erklärt. Auf eine Klage Deutschlands hin wurde diese Entscheidung der Kommission aufgrund eines Verfahrensfehlers für nichtig erklärt.[859] Die Kommission vertrat damals im Hinblick auf den materiellen Inhalt der aufgehobenen Entscheidung, daß sie von Schritten zur Rückforderung der Beihilfe deshalb absehen werde, weil „die belgische Regierung die Beihilfen auszahlte, nachdem die Kommission keine Einwendungen gegen ihre Gewährung geäußert hatte und die begünstigten Unternehmen die Beihilfe gutgläubig entgegennahmen und verwendeten."[860]

Ob die Kommission in einem vergleichbaren Fall heute noch immer so entscheiden würde, erscheint zumindest fraglich.[861] In der Praxis ist ein derartiger Fall seitdem nicht mehr vorgekommen.[862] Diese Konstellation führt zu einem kaum lösbaren Dilemma, in dem die berechtigten Interessen der Konkurrenten und des Begünstigten diametral auf-

857 Vgl. auch *Adinda Sinnaeve*, Der Konkurrent im Beihilfeverfahren nach der neuesten EuGH-Rechtsprechung, EuZW 1995, 172, 176; *Romina Polley*, Die Konkurrentenklage im Europäischen Beihilfenrecht - Klagebefugnis und Rückforderung bei rechtswidrig gewährten Beihilfen, EuZW 1996, 300, 302 f.

858 *Romina Polley*, Die Konkurrentenklage im Europäischen Beihilfenrecht - Klagebefugnis und Rückforderung bei rechtswidrig gewährten Beihilfen, EuZW 1996, 300, 303.

859 EuGH, Rs. 84/82, Deutschland/Kommission, Slg. 1984, 1451, 1490, Rn. 19.

860 Vierzehnter Bericht über die Wettbewerbspolitik 1984, Luxemburg 1985, S. 144, Rn. 200.

861 Vgl. *Adinda Sinnaeve*, Der Konkurrent im Beihilfeverfahren nach der neuesten EuGH-Rechtsprechung, EuZW 1995, 172, 176, die unter Berufung auf das Verfahren im einstweiligen Rechtsschutz im Fall Matra (EuGH, Rs. C-225/91 R, Matra SA/Kommission, Slg. 1991, I-5823, 5825, Rn. 3) davon spricht, daß die Kommission ihre bisherige Auffassung „unter Berücksichtigung ihrer seit 1986 systematisch betriebenen Rückforderungspraxis als überholt bezeichnet" habe. *Sinnaeve* lag hier offenbar die schriftliche Stellungnahme der Kommission in dem besagten Verfahren vor, deren Inhalt im zitierten Urteil allerdings nicht wiedergegeben wird.

862 Wann immer es in den vergangenen Jahren infolge von Konkurrentenklagen zu einer Rückforderung von Beihilfen gekommen ist, war jeweils gegen das Notifizierungsverfahren verstoßen worden, vgl. z.B. den oben beschriebenen Fall PYRSA (EuGH, Rs. C-169/95, Spanien/Kommission, Slg. 1997, I-135 ff.), der auf eine Konkurrentenklage der Firma Cook zurückging (EuGH, Rs. C-198/91, William Cook plc/Kommission, Slg. 1993, I-2487 ff.). Siehe ferner *Adinda Sinnaeve*, Die Rückforderung gemeinschaftsrechtswidriger nationaler Beihilfen, Berlin 1997, S. 240 m.w.N.; *Henrik Morch*, Summary of the most important recent developments, Competition Policy Newsletter 1995, No. 4, S. 47, 48.

einanderprallen.[863] Letztlich sprechen aber wohl die besseren Argumente für die Gewährung von Vertrauensschutz, da das begünstigte Unternehmen und der Mitgliedstaat sich vollkommen vorschriftsmäßig verhalten haben und beide, jedenfalls aber der Mitgliedstaat, nach Sinn und Zweck des Beihilfeaufsichtsverfahren unmittelbarer in das Verfahren involviert sind als die Konkurrenten. Jede andere Lösung würde dem begünstigten Unternehmen absolut überhöhte Anforderungen auferlegen. Es ist allerdings nicht zu übersehen, daß die Gewährung von Vertrauensschutz den Wert und die Wirksamkeit von Konkurrentenklagen in derartigen Fällen erheblich einschränken würde.[864] Z.T. wird deshalb entweder die Gewährung von Schadensersatz an die Konkurrenten[865] oder die Einführung einer „Risikofrist" erwogen, d.h. einer Zusatzfrist nach Eintritt der Bestandskraft im Verhältnis Mitgliedstaat-Kommission, innerhalb derer die Beihilfe wegen noch möglicher Konkurrentenklagen „risikobehaftet" bleibt.[866]

Die einzige wirklich befriedigende Lösung dieses Konflikts berechtigter Interessen dürfte allerdings in einer Verbesserung der Veröffentlichungspraxis der Kommission bestehen.[867] Wenn es gelänge, genehmigende Kommissionsentscheidungen (sowohl zum Abschluß des informellen Vorverfahrens als auch am Ende des Hauptprüfungsverfahrens) mehr oder weniger unmittelbar im Anschluß an deren Erlaß im Amtsblatt zu veröffentlichen, würde dies dazu führen, daß sich der Zeitpunkt, an dem die Klagefrist für Konkurrentenklagen zu laufen beginnt, deutlich dem Fristbeginn bei Klagen des Mitgliedstaats oder des Begünstigten annähern würde. Auch wenn eine absolute Übereinstimmung des Fristbeginns kaum realistisch erscheint, würde sich das Problem so erheblich relativieren. Die Regelungen in den Artikeln 20, 26 VerfVO über die Rechte der Beteiligten und die Veröffentlichung von Kommissionsentscheidungen sind zwar ein erster Schritt in die richtige Richtung, geben aber nur vor, wem Kopien von Kommissionsentscheidungen

863 *Romina Polley*, Die Konkurrentenklage im Europäischen Beihilfenrecht - Klagebefugnis und Rückforderung bei rechtswidrig gewährten Beihilfen, EuZW 1996, 300, 303 f. listet die Argumente für und gegen die Gewährung von Vertrauensschutz ausführlich auf.

864 Der Gerichtshof müßte entweder die inhaltlich unzutreffende Genehmigungsentscheidung der Kommission unter Gewährung von Vertrauensschutz für den Begünstigten aufrechterhalten und die Konkurrentenklage deshalb als unbegründet abweisen oder aber die Konkurrentenklage ist zwar „pro forma" erfolgreich und erreicht die Aufhebung der unzutreffenden Kommissionsentscheidung: Die Berücksichtigung des berechtigten Vertrauens des Begünstigten würde dann aber bei der nötigen Neuentscheidung der Kommission dazu führen, daß eine Rückforderung ausnahmsweise unterbleibt. In beiden Varianten ist dem Konkurrenten mit seiner Klage im Ergebnis nicht geholfen.

865 Vgl. hierzu *Adinda Sinnaeve*, Der Konkurrent im Beihilfeverfahren nach der neuesten EuGH-Rechtsprechung, EuZW 1995, 172, 176; ablehnend *Romina Polley*, Die Konkurrentenklage im Europäischen Beihilfenrecht - Klagebefugnis und Rückforderung bei rechtswidrig gewährten Beihilfen, EuZW 1996, 300, 303.

866 Vgl. *Adinda Sinnaeve*, Die Rückforderung gemeinschaftsrechtswidriger nationaler Beihilfen, Berlin 1997, S. 243.

867 So auch *Adinda Sinnaeve*, Der Konkurrent im Beihilfeverfahren nach der neuesten EuGH-Rechtsprechung, EuZW 1995, 172, 176; *Romina Polley*, Die Konkurrentenklage im Europäischen Beihilfenrecht - Klagebefugnis und Rückforderung bei rechtswidrig gewährten Beihilfen, EuZW 1996, 300, 305; vgl. auch *Luc Gyselen*, La transparence en matière d'aides d'Etat: Les droits des tiers, CDE 1993, 417, 430 f.

übermittelt bzw. welche Entscheidungen in welcher Form veröffentlicht werden.[868] Zur Frage des Zeitpunkts der Veröffentlichung bzw. Übermittlung schweigt die VerfVO dagegen. Im Hinblick auf etwaige zukünftige Ergänzungen der Verfahrensordnung besteht hier durchaus Handlungsbedarf.

b) Mögliche Verbesserungen *de lege ferenda*

Auch wenn die Analyse der gegenwärtigen Rechtslage ergeben hat, daß die Kritik an der Rechtsprechung des Gerichtshofes zum Vertrauensschutz bei der Rückforderung von Beihilfen teilweise überzogen erscheint, ist im Hinblick auf ein Idealmodell des europäischen Beihilferechts zu diskutieren, ob es nicht vorzugswürdig wäre, den Vertrauensschutz bei der Rückforderung von Beihilfen, z.B. im Rahmen einer Verordnung gemäß Artikel 89 EGV,[869] einheitlich für das gesamte Gemeinschaftsgebiet zu normieren.[870] Die Grundlagen dafür, ob und wann ein Beihilfeempfänger eine Beihilfe behalten darf, wären dann zentral und für alle Fallkonstellationen gleich geregelt. Ausschlaggebend wäre ein gemeinschaftsweit einheitlicher, europäischer Vertrauensschutzgrundsatz und nicht mehr wie bisher verschiedene, unterschiedlich ausgeprägte nationale Vertrauensschutzregelungen, die im Interesse der einheitlichen Anwendung des Gemeinschaftsrechts durch gemeinschaftsrechtliche Grenzen und Vorgaben überformt und begrenzt werden. Die gemeinschaftsrechtlichen Verfahrensregeln ließen den Verweis auf das jeweilige nationale Recht entfallen.

Für eine solche europaweit einheitliche, gemeinschaftsrechtliche Verfahrensregelung im Beihilferecht sprechen meines Erachtens gute Gründe.[871] Zum einen ist davon auszu-

868 Vgl. hierzu genauer oben Teil 1, B.V und unten Teil 2, B.IV.2.a).aa).(2).

869 Zur Möglichkeit einer einheitlichen Regelung der Rückforderung in einer Verordnung gemäß Artikel 89 EGV vgl. z.B. *Adinda Sinnaeve*, Die Rückforderung gemeinschaftsrechtswidriger nationaler Beihilfen, Berlin 1997, S. 54 f., 57, 59, 260 ff.; *Stefan Friedrich Schmitz*, Der Vertrauensschutz bei der Rückforderung gemeinschaftsrechtswidrig gewährter nationaler Beihilfen, Diss. an der Albert-Ludwigs-Universität, Freiburg 1998, S. 116, 188; *Rupert Scholz, Hans Hofmann*, Perspektiven der europäischen Rechtsordnung: Zur Entwicklung und Zukunft aus deutscher Sicht, ZRP 1998, 295, 300; *Rupert Scholz*, Zum Verhältnis von europäischem Gemeinschaftsrecht und nationalem Verwaltungsverfahrensrecht, DÖV 1998, 261, 264 f.

870 Eine dritte Möglichkeit neben einer einheitlichen europäischen Verfahrensregelung und dem durch das beschriebene Nebeneinander von nationalem Verwaltungsverfahrensrecht und gemeinschaftsrechtlichen Begrenzungen geprägten Status Quo diskutieren *Dominique Borde, Pierre Kirch*, La restitution des aides d'Etat (Le point de vue français), RTDE 1993, 477, 490 ff.: Sie vertreten, daß die an die Mitgliedstaaten gerichtete, die Rückforderung anordnende Kommissionsentscheidung gegenüber dem Beihilfeempfänger eine unmittelbare Wirksamkeit entfalten könne und so einen nationalen Rücknahmeakt entbehrlich mache. Ein Auseinandersetzung mit dieser Auffassung sprengt den Rahmen der vorliegenden Untersuchung, vgl. insoweit aber *Stefan Friedrich Schmitz*, Der Vertrauensschutz bei der Rückforderung gemeinschaftsrechtswidrig gewährter nationaler Beihilfen, Diss. an der Albert-Ludwigs-Universität, Freiburg 1998, S. 134-143, der diese Ansicht ausführlich analysiert und mit überzeugender Begründung ablehnt; vgl. zu dieser Auffassung, die außer in Frankreich, soweit ersichtlich, nur in Italien diskutiert wird, auch *Birgit Berninghausen,* Die Europäisierung des Vertrauensschutzes, Frankfurt u.a. 1998, S. 176 ff. (Frankreich), 212 ff. (Italien), 265, 274 ff.

871 So auch *Adinda Sinnaeve*, Die Rückforderung gemeinschaftsrechtswidriger nationaler Beihilfen, Berlin 1997, S. 260 ff.; vgl. ferner den Vorschlag der *Association Européenne des Avocats* für eine

gehen, daß durch eine solche Regelung die Verfahrensergebnisse vorhersehbarer und der Verfahrensablauf transparenter werden würden. Die Probleme, die durch die Verzahnung verschiedener rechtlicher Handlungsebenen und verschiedener Rechtssysteme fast unvermeidlich vorprogrammiert sind, würden in einer einheitlichen Abwägung im Rahmen des neugeschaffenen europäischen Rückforderungsverfahrens aufgehen und sich relativieren. Insofern wäre ein gewisser Zuwachs an Rechtssicherheit zu erwarten. Auch die angesprochenen Schwierigkeiten im Hinblick auf länderspezifische Vollzugsdisparitäten und damit den allgemeinen Gleichheitssatz dürften abnehmen. Dadurch wäre die Rückforderung im Zweifel auch schneller zu bewerkstelligen. Insgesamt wäre eine derartige Lösung dogmatisch mit weniger Problemen behaftet, aus Sicht des gemeinschaftsrechtlichen Rechtsstaatsprinzips vorzugswürdig und auch rechtspolitisch ehrlicher. Ein Teil der scharfen Kritik an der gegenwärtigen Rechtslage und der Rechtsprechung des Gerichtshofes rührt wohl auch daher, daß viele Beobachter sich des Verdachts nicht erwehren können, daß die Vielfalt und die Eigenheiten der für die Rückforderung anwendbaren nationalen Regelungen nur theoretisch, quasi pro forma hochgehalten werden, in der Praxis aber über die genannten europarechtlichen Begrenzungen der absoluten Unmöglichkeit der Rückforderung,[872] der praktischen Wirksamkeit des Gemeinschaftsrechts[873] und der Berücksichtigung des Gemeinschaftsinteresses in vollem Umfang[874] letztlich fast unabänderlich das aus Sicht des Gemeinschaftsrechts erwünschte Ergebnis der Rückforderung der vertragswidrigen Beihilfe gefunden wird.

Eine solche vereinheitlichte, gemeinschaftsrechtliche Regelung des Rückforderungsverfahrens vertragswidriger Beihilfen, die die Voraussetzungen dafür festlegt, ob und wann ein nationales Unternehmen eine Beihilfe aufgrund von schützenswertem Vertrauen behalten darf, würde andererseits aber zu einem Einbruch in die Regelungshoheit der Mitgliedstaaten führen. Auf dem Teilgebiet des Beihilfe- und Subventionsrechts verlören die Mitgliedstaaten ihre weitgehende Freiheit, verwaltungs- und verwaltungsverfahrensrechtliche Fragen autonom zu regeln. Andererseits würden die oft beklagten „spill-over effects“ der derzeitigen europarechtlichen Vorgaben an die Rückforderung wegfallen, die das nationale Recht als logisch konzipiertes und in der jeweiligen nationalen Tradition verankertes System zu beeinträchtigen drohen.[875]

Verfahrensverordnung gemäß Artikel 89 EGV aus dem Jahre 1996, der in Artikel 5 eine detaillierte Regelung des Vertrauensschutzes vorsieht, EuZW 1996, 688, 689. Zu diesem Verordnungsvorschlag generell vgl. die erläuternde Einführung bei *Till Müller-Ibold*, The AEA Proposal for a Regulation on State Aid Procedure, EuZW 1996, 677 ff.

Vgl. grundlegend zur bereichsspezifischen Kodifikation von Verfahrensregeln *Jürgen Schwarze*, Die Europäisierung des nationalen Verwaltungsrechts, in: ders. (Hrsg.), Das Verwaltungsrecht unter Europäischem Einfluß, Baden-Baden 1996, S. 789, 835 ff., 841 ff. m.w.N.

872 EuGH, Rs. 52/84, Kommission/Belgien, Slg. 1986, 89, 104, Rn. 14.

873 EuGH, Rs. C-24/95, Land Rheinland-Pfalz/Alcan Deutschland („Alcan II“), Slg. 1997, I-1591, 1616, Rn. 24 mit umfangreichen weiteren Hinweisen.

874 EuGH, Rs. 94/87, Kommission/Deutschland („Alcan I“), Slg. 1989, 175, Rn. 12.

875 Vgl. *Adinda Sinnaeve*, Die Rückforderung gemeinschaftsrechtswidriger nationaler Beihilfen, Berlin 1997, S. 177.

Meines Erachtens ist diese Beschränkung der Verwaltungshoheit der Mitgliedstaaten gerade im Beihilferecht durchaus systemgerecht. Denn die vorbeugende und fortlaufende Kontrolle staatlicher Beihilfen gemäß Artikel 87 ff. EGV steht in der ausschließlichen Kompetenz der Gemeinschaft.[876] Bei der Gewährung von Beihilfen sind die Mitgliedstaaten und deren Unternehmen weitgehend von der Kommission als der zentralen Handlungsinstanz im Beihilferecht sowie von den Bestimmungen des Gemeinschaftsrechts abhängig. Die Rückforderung von vertragswidrigen Beihilfen wiederum steht inhaltlich in engem Zusammenhang mit der Beihilfenkontrolle; sie rundet das Kontrollinstrumentarium der Kommission sozusagen ab, indem sie den durch die Gewährung einer Beihilfe eingetretenen Wettbewerbsvorteil aufhebt. Eine Regelung der Rückforderung als Annex der Beihilfenkontrolle bzw. eine starke Betonung des Gemeinschaftsinteresses an einem einheitlichen Verfahren in einem auch ansonsten stark vergemeinschafteten Rechtsgebiet sind insoweit nur konsequent.

Im Ergebnis sind daher Appelle, die Verfahrenshoheit der Mitgliedstaaten zu respektieren, angesichts der beschriebenen Schwierigkeiten in der derzeitigen Praxis und eingedenk der bestehenden vertraglichen Regelungskompetenz der Gemeinschaft in Artikel 89 EGV, als politisches Postulat zwar nachvollziehbar, rechtlich aber wenig überzeugend.[877]

Wenn man bei der Rückforderung von Beihilfen im Rahmen des hier entworfenen Idealmodells *de lege ferenda* anstatt auf die verschiedenen mitgliedstaatlichen Regelungen auf einen einzigen gesamteuropäischen Vertrauensschutzgrundsatz abstellen will, so stellt sich die Frage, was die Voraussetzungen dieses einheitlichen Grundsatzes sein sollten. Insbesondere ist zu klären, ob die derzeitige Ausgestaltung des Vertrauensschutzgrundsatzes in der Rechtsprechungspraxis des Gerichtshofes ein ausreichendes Modell für eine etwaige Verordnung gemäß Artikel 89 EGV wäre oder ob gewisse Modifikationen speziell an die Situation im Beihilferecht angezeigt sind.

876 *Stefanie Schreiber*, Verwaltungskompetenzen der Europäischen Gemeinschaft, Baden-Baden 1997, S. 59, 95; *Peter Schütterle*, Die Beihilfenkontrollpraxis der Europäischen Kommission im Spannungsfeld zwischen Recht und Politik, EuZW 1995, 391, 391; *Peter M. Schmidhuber*, Das Subsidiaritätsprinzip im Vertrag von Maastricht, DVBl. 1993, 417, 418. Vgl. genauer hierzu unten Teil 2, B.II.1.

877 Dies kann nicht darüber hinwegtäuschen, daß eine solche Regelung in der Praxis im Moment kaum zu erwarten steht. Die Feststellung aus dem Jahre 1991, daß Mitgliedstaaten gegenüber Beschränkungen ihrer Verwaltungshoheit eine „beachtliche Reserviertheit" an den Tag legen, (*Rudolf Streinz*, Der Einfluß des Europäischen Verwaltungsrechts auf das Verwaltungsrecht der Mitgliedstaaten, in: Michael Schweitzer (Hrsg.), Europäisches Verwaltungsrecht, Wien 1991, S. 241, 290) dürfte auch heute noch zutreffen. Nicht umsonst beläßt es Artikel 14 Absatz 3 der VerfO bei der Anwendbarkeit der nationalen Verfahren bei Beachtung gewisser gemeinschaftsrechtlicher Vorgaben und verzichtet auf eine Normierung des Vertrauensschutzes, wie sie z.B. im Vorschlag der *Association Européenne des Avocats* für eine Verfahrensverordnung (EuZW 1996, 688, 689) aus dem Jahre 1996 enthalten war.

aa) Der Vertrauensschutz im Gemeinschaftsrecht als Modell

(1) Dogmatische Herleitung und Verhältnis zur Rechtssicherheit

Ähnlich wie bei den bislang angesprochenen rechtsstaatlichen Prinzipien ergibt sich die Existenz und Geltung des Vertrauensschutzgrundsatzes im Gemeinschaftsrecht erneut nicht unmittelbar aus primär- oder sekundärrechtlichen Normen. Vielmehr hat der Gerichtshof den Vertrauensschutz als allgemeinen Rechtsgrundsatz des Gemeinschaftsrechts anerkannt,[878] ohne eine eingehendere Begründung für dieses Ergebnis zu liefern.[879] Inhaltlich bestehen zwischen den Grundsätzen der Rechtssicherheit und des Vertrauensschutzes enge Beziehungen. Obwohl der Gerichtshof auf eine genaue dogmatische Herleitung der beiden Begriffe bzw. auf eine exakte inhaltliche Abgrenzung verzichtet,[880] läßt sich doch feststellen, daß die Rechtsprechung ganz offenbar einen inneren Zusammenhang dieser beiden Grundsätze voraussetzt.[881] Der Grundsatz der Rechtssicherheit ist dabei, wie oben bereits erörtert, der umfassendere Begriff. Bei funktionaler Betrachtung fällt auf, daß sich der Begriff der Rechtssicherheit in erster Linie an objektiven Kriterien ausrichtet und nur in Ausnahmefällen individualschützende Auswirkungen hat, während der Vertrauensschutz grundsätzlich der Wahrung subjektiver Interessen dient.[882] Vertrauensschutz ist damit auch im Gemeinschaftsrecht sozusagen die „in das Subjektivrechtliche gekehrte Idee der Rechtssicherheit."[883]

878 Erste Erwägungen zum Vertrauensschutz fanden sich schon früh in den Urteilen des EuGH (vgl. z.B. EuGH, verb. Rs. 7/56 und 3/57 bis 7/57, Algera u.a./Gemeinsame Versammlung, Slg. 1957, 83, 118; Rs. 111/63, Lemmerz-Werke/Hohe Behörde, Slg. 1965, 893, 911; Rs. 1/73, Westzucker/Einfuhr- und Vorratsstelle Zucker, Slg. 1973, 723, 729, Rn. 5 ff.). Eine detailliertere Darstellung der Entwicklung der Rechtsprechung des Gerichtshofes liefern etwa *Klaus-Dieter Borchardt*, Der Grundsatz des Vertrauensschutzes im Europäischen Gemeinschaftsrecht, Kehl 1988, S. 60 ff.; *Jürgen Schwarze*, Europäisches Verwaltungsrecht, Bd. II, Baden-Baden 1988, S. 921 ff.; *Carl Otto Lenz*, Vertrauensschutz im Gemeinschaftsrecht, in: EFA (Hrsg.), Vertrauensschutz in der Europäischen Union, Köln 1997, S. 19 ff. Die explizite Einordnung als allgemeiner Rechtsgrundsatz des Gemeinschaftsrechts erfolgt z.B. in der Rs. 224/82, Meiko-Konservenfabrik/Bundesrepublik Deutschland, Slg. 1983, 2539, 2549, Rn. 13; vgl. aber auch bereits Rs. 112/81, Dürbeck/HZA Frankfurt Flughafen, Slg. 1981, 1095, 1120, Rn. 48, wo der EuGH den Grundsatz des Vertrauensschutzes zu den „Grundprinzipien der Gemeinschaft" zählt.

879 Das Fehlen einer näheren Begründung ist insofern überraschend, als der Grundsatz des Vertrauensschutzes keineswegs in allen europäischen Rechtsordnungen gleich geläufig ist und in manchen Systemen nur mühsam bzw. gar nicht Fuß fassen konnte, vgl. *Jürgen Schwarze*, Europäisches Verwaltungsrecht, Bd. II, Baden-Baden 1988, S. 921, sowie S. 849 ff.

880 Vgl. hierzu bereits oben, Teil 2, A.IV.1. Eine genaue, trennscharfe Abgrenzung ist allerdings auch nur schwer vorstellbar, vgl. insoweit *Christian Crones*, Selbstbindung der Verwaltung im Europäischen Gemeinschaftsrecht, Baden-Baden 1997, S. 104; *Ingolf Pernice*, Grundrechtsgehalte im Europäischen Gemeinschaftsrecht, Baden-Baden 1979, S. 186.

881 Vgl. z.B. EuGH, Rs. 1/73, Westzucker/Einfuhr- und Vorratsstelle für Zucker, Slg. 1973, 723, 729, Rn. 6, wo der Gerichtshof prüft, ob eine Verordnung gegen den „Grundsatz der Rechtssicherheit verstößt, wonach das berechtigte Vertrauen des Betroffenen zu schützen ist."

882 *Jürgen Schwarze*, Europäisches Verwaltungsrecht, Bd. II, Baden-Baden 1988, S. 920.

883 *Katharina Sobota*, Das Prinzip Rechtsstaat, Tübingen 1997, S. 507; ähnlich auch *Jürgen Schwarze*, Europäisches Verwaltungsrecht, Bd. II, Baden-Baden 1988, S. 919; *Christian Crones*, Selbstbindung der Verwaltung im Europäischen Gemeinschaftsrecht, Baden-Baden 1997, S. 103.

Die Konstellationen, in denen der Gerichtshof bislang in seiner Rechtsprechung auf das Prinzip des Vertrauensschutzes zurückgegriffen hat, sind ausgesprochen vielgestaltig[884] und nur schwer systematisierbar. Was den Wirkungsbereich des Vertrauensschutzes anbelangt, so läßt sich aber immerhin sagen, daß dieser Grundsatz zum einen im Bereich des administrativen Gemeinschaftshandelns von Bedeutung ist, darüber hinaus aber auch den Gemeinschaftsgesetzgeber bindet.[885] Eine Berufung auf Vertrauensschutz steht jedem Wirtschaftsteilnehmer offen,[886] u.U. aber auch den Mitgliedstaaten, wenn sie der gemeinschaftlichen Verwaltung ebenso wie sonstige Wirtschaftsteilnehmer unterworfen sind.[887]

(2) Voraussetzungen für Vertrauensschutz in der Rechtsprechung des Gerichtshofs

Trotz oder vielleicht auch gerade wegen der Vielzahl und Vielgestaltigkeit der Fälle, in denen der Gerichtshof Erwägungen des Vertrauensschutzes prüft, hat sich bis heute kein auf alle Fallkonstellationen durchgängig anwendbarer, einheitlicher Prüfungskatalog entwickelt.[888] Der Gerichtshof verfolgt vielmehr einen differenzierenden, kasuistischen, an den Besonderheiten des jeweiligen Einzelfalles ausgerichteten Ansatz und verzichtet in aller Regel auf verallgemeinernde dogmatische Ausführungen zur Struktur und dem Verhältnis der Tatbestandsmerkmale zueinander. Eine entscheidende Rolle spielt dabei sicherlich auch die Tatsache, daß der Gerichtshof im Ergebnis nur selten Vertrauensschutz bejaht,[889] was eine stringente schulmäßig gestaffelte Prüfung entbehrlich macht und

884 So spielt Vertrauensschutz u.a. eine Rolle bei Einstellungsverfahren im Beamtenrecht (EuGH, Rs. 289/91, Vassilis Mavridis/Europäisches Parlament, Slg. 1983, 1731, 1744, Rn. 19 ff.), beim Widerruf von begünstigenden Verwaltungsakten (vgl. EuGH, verb. Rs. 7/56, 3/57 bis 7/57, Algera u.a./Gemeinsame Versammlung, Slg. 1957, 83, 118; Rs. 42 und 49/59, Société Nouvelle des Usines de Pontlieue Aciéries du Temples (SNUPAT)/Hohe Behörde, Slg. 1961, 109, 173), sowie bei der Frage, ob und inwieweit der Erlaß rückwirkender Normen zulässig ist (EuGH, Rs. 1/73, Westzukker/Einfuhr- und Vorratsstelle Zucker, Slg. 1973, 723, 729, Rn. 5 ff.; Rs. 98/78, Racke/HZA Mainz, Slg. 1979, 69, 86, Rn. 20; Rs. C-368/89, Antonio Crispoltoni/Fattoria autonoma tabacchi di Città di Castello, Slg. 1991, I-3695, 3720, Rn. 17).

885 Vgl. *Jürgen Schwarze*, Europäisches Verwaltungsrecht, Bd. II, Baden-Baden 1988, S. 848 f., 921 f.; 1078.

886 EuGH, Rs. 289/81, Mavridis/Parlament, Slg. 1983, 1731, 1744, Rn. 21.

887 Vgl. hierzu EuGH, Rs. 14/88, Italien/Kommission, Slg. 1989, 3677, 3708, Rn. 30; *Carl Otto Lenz*, Vertrauensschutz im Gemeinschaftsrecht, in: EFA (Hrsg.), Vertrauensschutz in der Europäischen Union, Köln 1997, S. 21; *Christian Crones*, Selbstbindungen der Verwaltung im Europäischen Gemeinschaftsrecht, Baden-Baden 1997, S. 110 f.

888 Vgl. z.B. *Jürgen Schwarze*, Europäisches Verwaltungsrecht, Bd. II, Baden-Baden 1988, S. 922. An diesem Befund hat sich auch in der seither vergangenen Zeit nichts wesentliches geändert, vgl. *Christian Crones*, Selbstbindungen der Verwaltung im Europäischen Gemeinschaftsrecht, Baden-Baden 1997, S. 111 ff.

889 Vgl. hierzu etwa die Schlußanträge von GA *Carl Otto Lenz*, verb. Rs. 63 und 147/84, Finsider/Kommission, Slg. 1985, 2857, 2865, der ausführt, daß der Grundsatz des Vertrauensschutzes „zwar als Bestandteil des Gemeinschaftsrechts außer Frage steht; ebenso sicher ist aber auch, daß er in sehr restriktiver Weise angewandt wird." In ähnlicher Weise äußert sich auch GA *Walter van Gerven*, Rs. C-136/93, Transáfrica SA/Administración del estado español, Slg. 1994, I-5757, 5762 f., Tz. 11: Der Gerichtshof habe „im Rahmen wirtschaftlicher Interventionsmaßnahmen nur selten ein auf Vertrauensschutz gestütztes Vorbringen durchgreifen lassen."

stattdessen dazu führt, daß häufig nur eher knapp diejenigen Punkte dargestellt werden, an denen die Gewährung von Vertrauensschutz letztlich scheitert.[890] Dennoch lassen sich gewisse Grobstrukturen aus den Urteilen ableiten,[891] die in stark verkürzter Form wie folgt zu umschreiben sind:

(a) Zunächst muß eine durch ein bestimmtes hoheitliches Verhalten begründete *objektive Vertrauenslage* bestehen, die geeignet ist, bei den Wirtschaftsteilnehmern gewisse Erwartungen hervorzurufen.[892] Solche begründeten Erwartungen des einzelnen können z.B. auf konkreten Zusicherungen der Gemeinschaftsverwaltung beruhen.[893] Sie können sich aber auch aus bloßem schlüssigen Verhalten der Verwaltung ergeben.[894]

(b) Die zweite Voraussetzung der Gewährung von Vertrauensschutz stellt auf die subjektive Sichtweise des Begünstigten ab. Das bedeutet, daß über das Vorliegen einer objektiven Vertrauenslage hinaus in jedem konkreten Fall ein tatsächliches Vertrauen beim Begünstigten festgestellt werden muß. Dieses subjektive Vertrauen muß dabei nach außen erkennbar, d.h. objektivierbar, sein.[895] Kein schutzwürdiges Vertrauen kann entstehen, wenn der Begünstigte entweder selbst in vertrauensausschließender Weise zum Entstehen der objektiven Vertrauenslage beigetragen hat,[896] oder aber wenn die von der Verwaltung getroffenen Maßnahmen, die bestimmten Erwartungen zuwiderlaufen, als vorhersehbar zu qualifizieren sind.[897] Was vorhersehbar ist, bestimmt der Gerichtshof dabei abstrakt unter Zugrundelegung eines besonnenen, sorgfältigen Wirtschaftsteilnehmers[898]

890 Vgl. z.B. EuGH, Rs. 112/77, August Töpfer/Kommission, Slg. 1978, 1019, 1032, Rn. 20; Rs. 228/84, Maurice Pauvert/Rechnungshof, Slg. 1985, 1969, 1978, Rn. 15; und selbst wenn Vertrauensschutz im Ergebnis bejaht wird, prüft der Gerichtshof nicht umfassend alle möglicherweise relevanten Punkte, sondern nur die zur Begründung seiner Urteile notwendigen Erwägungen, vgl. Rs. C-90/95 P, De Compte/Parlament, Slg. 1997, I-1999, 2022, Rn. 41.

891 Hierzu und zum folgenden vgl. die ausführliche Analyse bei *Jürgen Schwarze*, Europäisches Verwaltungsrecht, Bd. II, Baden-Baden 1988, S. 922 ff., sowie darauf aufbauend *Christian Crones*, Selbstbindungen der Verwaltung im Europäischen Gemeinschaftsrecht, Baden-Baden 1997, S. 111 ff.

892 Vgl. grundlegend EuGH, Rs. 265/85, Van den Bergh en Jurgens u.a./Kommission, Slg. 1987, 1155, 1181, Rn. 44.

893 Vgl. etwa EuG, Rs. T-489/93, Unifruit Hellas EPE/Kommission, Slg. 1994, II-1201, Rn. 51 m.w.N.; Rs. T-129/96, Preussag Stahl AG/Kommission, Slg. 1998, II-609, 634, Rn. 78.

894 Vgl. z.B. den bereits mehrfach zitierten Fall RSV, EuGH, Rs. 235/85, Rijn-Schelde-Verolme (RSV) Machinefabrieken en Scheepswerven/Kommission, Slg. 1987, 4617, 4659, Rn. 14 ff.

895 *Jürgen Schwarze*, Europäisches Verwaltungsrecht, Bd. II, Baden-Baden 1988, S. 923.

896 EuGH, Rs. C-90/95 P, De Compte/Parlament, Slg. 1997, I-1999, 2021, Rn. 37; verb. Rs. 42 und 49/59, Société Nouvelle des Usines de Pontlieue Aciéries du Temples (SNUPAT)/Hohe Behörde, Slg. 1961, 111, 173; Rs. 14/61, Hoogovens/Hohe Behörde, Slg. 1962, 513, 550 f.

897 Schlußanträge von Generalanwalt *Henri Mayras*, verb. Rs. 44 bis 51/77, Union Malt/Kommission, Slg. 1978, 57, 90; EuGH, Rs. 78/77, Firma Johann Lührs/HZA Hamburg-Jonas, Slg. 1978, 169, 177 f., Rn. 6; Rs. 265/85, Van den Bergh en Jurgens u.a./Kommission, Slg. 1987, 1155, 1181, Rn. 44.

898 Vgl. z.B. Rs. C-24/95, Land Rheinland-Pfalz/Alcan Deutschland („Alcan II"), Slg. 1997, I-1591, 1617, Rn. 25; C-169/95, Spanien/Kommission („PYRSA"), Slg. 1997, I-135, 163, Rn. 51 („einem sorgfältigen Gewerbetreibenden") bzw. die Schlußanträge von GA *Walter van Gerven*, Rs. C-136/93, Transáfrica SA/Administración del estado español, Slg. 1994, I-5757, 5763, Tz. 11 („das Verhalten des Bonus pater familias des Gemeinschaftsrechts, also des klugen und umsichtigen Wirtschaftsteilnehmers").

und nicht unter Rückgriff auf den im jeweiligen Fall tatsächlich betroffenen Unternehmer. Im Ergebnis führt diese Abstrahierung zu einem sehr strengen Maßstab und dazu, daß schutzwürdiges Vertrauen nur selten bejaht wird.[899] Falls im entscheidungserheblichen Zeitpunkt allerdings ein schutzwürdiges Vertrauen besteht, kann dieses einmal erworbene Vertrauen später nicht mehr erschüttert werden.[900]

(c) Als weiteres Element wird häufig, wenn auch nicht in allen Fällen, eine bestimmte Betätigung des Vertrauens verlangt.[901] Darunter sind zumeist Investitionen zu verstehen, die der Unternehmer im Vertrauen auf eine bestimmte rechtliche Lage getroffen hat und die nur noch mit schweren Verlusten bzw. gar nicht mehr rückgängig zu machen sind. Im Beihilferecht dürfte dieses Merkmal regelmäßig eher unproblematisch erfüllt sein, sobald die jeweilige Beihilfe verbraucht ist.

(d) Selbst wenn eine objektive Vertrauenslage vorliegt und der Unternehmer ein als schutzwürdig zu qualifizierendes Vertrauen hegt und dementsprechend handelt, ist damit noch nicht entschieden, ob der Vertrauensschutz sich im konkreten Fall durchsetzen und zur Beibehaltung der bestehenden Rechtslage führen kann. Diese Entscheidung fällt vielmehr im Rahmen einer einzelfallbezogenen Güterabwägung zwischen den Individualinteressen und dem Gemeinschaftsinteresse, die als viertes Tatbestandsmerkmal und Korrektiv die Prüfung des Vertrauensschutzgrundsatzes beschließt.[902] Nur so kann der grundsätzlich bestehende Konflikt zwischen dem Interesse des einzelnen Gemeinschaftsbürgers an der Wahrung einer ihm günstigen Rechtsposition und dem gegenläufigen Prinzip der Gesetzmäßigkeit der Verwaltung[903] im Einzelfall interessengerecht aufgelöst werden. Ebenfalls auf Seiten des Gemeinschaftsinteresses streitet das Gebot der Funktionsfähigkeit des Gemeinsamen Marktes, das tendenziell eine flexible Rechtssetzungs- und -anwendungspraxis verlangt.[904] Überwiegen die öffentlichen Interessen, so kann die

899 Vgl. bereits oben Teil 2, A.IV.3.a).dd).(4), sowie erneut die Schlußanträge von Generalanwalt *Walter van Gerven*, Rs. C-136/93, Transáfrica SA/Administración del estado español, Slg. 1994, I-5757, 5762 f., Tz. 11 und *Christian Crones*, Selbstbindungen der Verwaltung im Europäischen Gemeinschaftsrecht, Baden-Baden 1997, S. 113; *Eleanor Sharpston*, Legitimate Expectations and Economic Reality, ELR 1990, S. 103 ff.

900 EuGH, Rs. C-90/95 P, De Compte/Parlament, Slg. 1997, I-1999, 2021, Rn. 36, 39.

901 Vgl. z.B. erneut die Schlußanträge von Generalanwalt *Henri Mayras*, verb. Rs. 44 bis 51/77, Union Malt/Kommission, Slg. 1978, 57, 90, sowie *Jürgen Schwarze*, Europäisches Verwaltungsrecht, Bd. II, Baden-Baden 1988, S. 924 unter Hinweis auf die Situation in den verschiedenen nationalen Rechtsordnungen, in denen die Notwendigkeit eines Tatbestandsmerkmals der Vertrauensbetätigung ebenfalls nicht durchgehend einheitlich beurteilt wird.

902 Die Interessenabwägung wird hier als eigenständiger Prüfungspunkt qualifiziert, auch wenn der Analyse von *Christian Crones* darin beizupflichten ist, daß der Gerichtshof diesen Gesichtspunkt in seiner Praxis nicht konsequent von der Prüfung der Schutzwürdigkeit des Vertrauens trennt, *Christian Crones*, Selbstbindungen der Verwaltung im Europäischen Gemeinschaftsrecht, Baden-Baden 1997, S. 114

903 Zum Prinzip der Gesetzmäßigkeit der Verwaltung vgl. oben Teil 2, A.III.

904 *Christian Crones*, Selbstbindungen der Verwaltung im Europäischen Gemeinschaftsrecht, Baden-Baden 1997, S. 114; *Klaus-Dieter Borchardt*, Der Grundsatz des Vertrauensschutzes im Europäischen Gemeinschaftsrecht, Kehl u.a. 1988, S. 122.

den Unternehmer begünstigende rechtswidrige Maßnahme zurückgenommen werden.[905] Die Rücknahme hat dabei innerhalb einer angemessenen Frist zu erfolgen.[906]

bb) Zukunftsperspektiven für ein Idealmodell und Bewertung der praktischen Realisierbarkeit

Fraglich ist, ob diese Eckpunkte des gegenwärtig im Gemeinschaftsrecht geltenden Vertrauensschutzes im Hinblick auf eine zukünftige, umfassende Regelung des Beihilferücknahme- und -rückforderungsverfahrens in einer Verordnung ausreichend sind oder ob Veränderungen und Anpassungen notwendig wären.

Wie bereits mehrfach erwähnt, spielt der Vertrauensschutz als Argumentationstopos in der Rechtsprechung des Gerichtshofes zwar eine sehr wichtige Rolle; im Ergebnis ist eine Berufung auf Vertrauensschutz aber vergleichsweise selten erfolgreich, was insbesondere am strengen Vergleichsmaßstab des besonnenen Wirtschaftsteilnehmers liegt. Die meisten Rückforderungsfälle gehen gleich aus, wenn man anstatt nationales Recht anzuwenden, das von gemeinschaftsrechtlichen Grenzen überformt wird, die direkte Anwendbarkeit des gemeinschaftsrechtlichen Vertrauensschutzgrundsatzes theoretisch durchspielt. Für die Unternehmen würde sich folglich im Ergebnis wenig ändern, wenn die derzeitige Rechtslage bei der Rückforderung von Beihilfen durch eine Verordnung ersetzt würde, die eine am derzeitigen gemeinschaftsrechtlichen Standard orientierte, einheitliche Regelung des Vertrauensschutzes kodifizieren würde. Die Minimalvorteile einer solchen Regelung lägen vielmehr darin, daß die Rechtslage insgesamt vereinheitlicht und damit überschaubarer würde.[907] Möglicherweise würde dies zu mehr Rechtssicherheit und in der Folge auch zu weniger Rechtsstreitigkeiten im Zusammenhang mit Rückforderungsentscheidungen der Kommission vor dem Gerichtshof führen.

Die Regelung, daß sich der Begünstigte über die Einhaltung des Notifizierungsverfahrens selbst informieren muß, ist für die Unternehmen zwar oft hart und mißlich. In der Vielzahl der Fälle, v.a. wenn am Beihilfecharakter einer nicht-notifizierten Maßnahme kein Zweifel besteht, ist sie andererseits aber klar und in ihren Auswirkungen eindeutig vorhersehbar, so daß die Unternehmen sich problemlos darauf einstellen können. Insofern sollte die „BUG-Formel" auch in Zukunft als Grundregel beibehalten werden. Zu diskutieren wäre allerdings, ob nicht für bestimmte Ausnahmefälle eine gewisse Abschwächung der Anforderungen wünschenswert wäre. Dies muß nicht unbedingt so weit gehen, daß das mitgliedstaatliche Verhalten vertrauensbegründend wirken kann, da an-

905 EuGH, Rs. 14/61, Hoogovens/Hohe Behörde, Slg. 1962, 513, 551 f.

906 Zum Erfordernis der Rücknahme innerhalb einer angemessenen Frist vgl. EuGH, Rs. 14/81, Alpha Steel/Kommission, Slg. 1982, 749, 764, Rn. 10; Rs. 15/85, Consorzio Cooperative d'Abruzzo/Kommission, Slg. 1987, 1005, 1036, Rn. 12, 15 f.; Rs. C-248/89, Cargill/Kommission, Slg. 1991, I-2987, 3013, Rn. 20; Rs. C-90/95 P, De Compte/Parlament, Slg. 1997, I-1999, 2021, Rn. 35 m.w.N.

907 Ähnlich argumentiert *Edzard Schmidt-Jortzig*, Vertrauensschutz und Rechtspolitik, in: EFA (Hrsg.), Vertrauensschutz in der Europäischen Union, Köln 1997, S. 13, 16 f. im Hinblick auf die Vorteile einer bereichsübergreifenden, generellen Kodifizierung des Vertrauensschutzes als Querschnittsregelung im gesamten Gemeinschaftsrecht.

sonsten die Gefahr des Mißbrauchs durch die Mitgliedstaaten besteht, die bei der Gewährung von Beihilfen der Natur der Sache nach oft quasi in einem Lager mit dem begünstigten Unternehmen stehen[908] und diesem, anders als bei der späteren Rückforderung, nicht als der verlängerte Arm der Kommission gegenübertreten.[909] Aber auch wenn es dabei bleibt, daß nur das Verhalten der Kommission zu einer objektiven Vertrauenslage führen kann, wäre doch daran zu denken, die subjektiven Anforderungen an die Schutzwürdigkeit des Vertrauens zu relativieren.[910] Vor allem in Fällen, in denen entweder der Beihilfecharakter einer Maßnahme nicht evident ist[911] oder das begünstigte Unternehmen ein kleiner Betrieb ist und eher lokal operiert bzw. in denen sowohl die gewährende Stelle als auch der Begünstigte sich auf Grund ihrer Größe und Bedeutung nicht quasi automatisch als Adressaten des europäischen Beihilferechts verstehen müssen, erscheint die Bezugnahme auf den allzeit informierten, mit der Kommission und ihrer Arbeitsweise vertrauten besonnenen Wirtschaftsteilnehmer eher als eine Fiktion. Wenn solche Fälle aufgrund von Gruppenfreistellungen oder de-minimis-Schwellen in Zukunft nicht ohnehin dem strengen Verfahrensregime der Artikel 87 ff. EGV entzogen werden sollten, wäre hier an eine Modifikation des Vergleichsmaßstabs zu denken.

Im Ergebnis wäre es durchaus wünschenswert, den Vertrauensschutz bei der Rückforderung von Beihilfen und dem Widerruf von Kommissionsentscheidungen einheitlich in einer Verfahrensverordnung gemäß Artikel 89 EGV zu regeln. Dem steht weder das Subsidiaritätsprinzip[912] noch der Grundsatz der mitgliedstaatlichen Verfahrensautonomie entgegen. Der Verweis auf das nationale Recht und dessen unterschiedliche Modalitäten entfiele. Die derzeitige Ausgestaltung des gemeinschaftsrechtlichen Vertrauensschutzgrundsatzes in der Rechtsprechung des Gerichtshofes würde sich als Grundlage der Kodifizierung eignen. Allerdings müßte der strenge Maßstab des besonnenen Wirtschaftsteilnehmers in atypischen Sonderfällen nach unten angepaßt werden. Um außerdem den schwierigen Problemen im Gefolge von Konkurrentenklagen gegen ordnungsgemäß notifizierte und zunächst genehmigte und dann gewährte Beihilfen besser gerecht zu wer-

908 Vgl. zu dieser Interessenlage die Schlußanträge von Generalanwalt *Francis G. Jacobs* in der Rs. C-24/95, Land Rheinland-Pfalz/Alcan Deutschland („Alcan II“), Slg. 1997, I-1591, 1602, Tz. 26; außerdem bereits *Frank Schulze*, Vertrauensschutz im EG-Recht bei der Rückforderung von Beihilfen, EuZW 1993, 279, 280; *Alfred Dickersbach*, Die Entwicklung des Subventionsrechts seit 1993, NVwZ 1996, 962, 964; *Klaus Stern*, Die Einwirkung des europäischen Gemeinschaftsrechts auf die Verwaltungsgerichtsbarkeit, JuS 1998, 769, 773 f.

909 Vgl. hierzu erneut Generalanwalt *Francis G. Jacobs* in der Rs. C-24/95, Land Rheinland-Pfalz/Alcan Deutschland („Alcan II“), Slg. 1997, I-1591, 1603, Tz. 27.

910 Vgl. auch *Hans-Jörg Niemeyer*, Recent Developments in EC State Aid Law, EuZW 1993, 273, 277; *Siegfried Magiera*, Rückforderung gemeinschaftsrechtswidriger staatlicher Beihilfen, in: Jürgen F. Baur et al. (Hrsg.), Festschrift für Bodo Börner, Köln u.a. 1992, S. 213, 228 f. m.w.N.

911 Vgl. hierzu die Schlußanträge von Generalanwalt *Marco Darmon* in der Rs. C-5/89, Kommission/Deutschland („BUG-Alutechnik“), Slg. 1990, I-3437, 3450, Tz. 26; dazu *Hans-Joachim Priess*, Recovery of illegal state aid: An overview of recent developments in the case law, CML Rev. 1996, 69, 82.

912 Vgl. hierzu unten Teil 2, B.II.

den, müßte die Veröffentlichungspraxis der Kommission verbessert werden (möglichst zeitige Veröffentlichung aller Entscheidungen).

Was die praktischen Realisierungsaussichten der vorgeschlagenen Änderungen anbetrifft, so ist meines Erachtens eine eher pessimistische Prognose zu treffen.[913] Die unlängst erfolgte Kodifizierung des Beihilfeverfahrensrechts in der Verfahrensverordnung hat den Bereich des Vertrauensschutzes in keiner Weise angeschnitten und überläßt die Regelung der Modalitäten der Rückforderung weiterhin dem nationalen Recht.[914] Wohl bewußt[915] hat sich die Verfahrensverordnung eher auf eine Zusammenfassung der bislang verstreuten Regelungen[916] in einer klaren, juristisch bindenden Form beschränkt und völlig neuartige Regelungen nur eher punktuell getroffen.[917] In der näheren Zukunft ist damit zu rechnen, daß zunächst die Anwendung der neuen Verordnung in der Praxis erprobt wird sowie etwa auftretende Probleme gerichtlich geklärt werden, bevor weitere, inhaltlich umfassendere Reformprojekte ins Auge gefaßt werden. Insofern ist nach der gegenwärtigen Phase verstärkter legislativischer Neuordnung und Klarstellung wohl eher eine Zeit der Konsolidierung und Bewertung des erreichten Regelungsstandes wahrscheinlich. Nicht immer besteht für rechtlich zulässige und wünschenswerte Regelungen auch der notwendige politische Wille. Eine baldige, diesmal auch inhaltlich mutigere Reform dürfte derzeit am Widerstand der Mitgliedstaaten scheitern, obwohl sich weitere Reformschritte insbesondere im Vorfeld der angestrebten Erweiterung der EU in naher Zukunft möglicherweise anböten.[918]

913 Dies deckt sich mit dem Befund von *Edzard Schmidt-Jortzig*, Vertrauensschutz und Rechtspolitik, in: EFA (Hrsg.), Vertrauensschutz in der Europäischen Union, Köln 1997, S. 13, 17: Dieser kommt in seinem Resumé zu der inhaltlich verwandten, aber gesetzgeberisch wesentlich weitergehenden Idee einer Kodifizierung des Vertrauensschutzes für das gesamte Verwaltungsrecht der Europäischen Union ebenfalls zu dem Ergebnis, daß eine derartige Reform in der nahen Zukunft kaum zu erreichen sein dürfte.

914 Artikel 14 Absatz 3 der Verordnung 659/99/EG vom 22. März 1999, ABl. 1999, L 83, S. 1.

915 *Eberhard Kruse*, Die Rechtsstellung Dritter im Beihilfekontrollverfahren, EuR 1999, 119, 124 merkt an, die neue Verfahrensverordnung habe „in weiser Selbstbeschränkung“ gar nicht erst den Versuch unternommen, alle Verfahrensfragen zu regeln, sondern vielmehr Raum für die weitere Rechtsentwicklung in Theorie und Praxis gelassen.

916 *Adinda Sinnaeve*, Die neue Verfahrensverordnung in Beihilfensachen, EuZW 1999, 270, 277 spricht von einer Mischung aus „case law“ und „soft law“, die wegen ihrer Fragmentierung und Undurchschaubarkeit vielfach kritisiert worden sei, vgl. *Adinda Sinnaeve*, Der Kommissionsvorschlag zu einer Verfahrensverordnung für die Beihilfenkontrolle, EuZW 1998, 268, 268.

917 *Adinda Sinnaeve*, Die neue Verfahrensverordnung in Beihilfensachen, EuZW 1999, 270, 270; *dies.*, Der Kommissionsvorschlag zu einer Verfahrensverordnung für die Beihilfenkontrolle, EuZW 1998, 268, 268.

918 Vgl. hierzu ausführlicher den Schlußteil dieser Arbeit, Teil 3, C.II.

B. Sonstige gemeinschaftsrechtliche allgemeine Rechtsgrundsätze

Neben den bislang beschriebenen klassisch rechtsstaatlichen Grundsätzen, die der Gerichtshof zumeist im Wege der rechtsvergleichenden Analyse der gemeinsamen Verfassungstraditionen der Mitgliedstaaten gewonnen hat, kennt das Gemeinschaftsrecht verschiedene weitere allgemeine Rechtsgrundsätze, die typologisch nicht dem Rechtsstaatsprinzip im engeren Sinne zuzuordnen sind. Soweit diese Relevanz für das Beihilferecht besitzen, sollen sie im folgenden untersucht werden.

I. Allgemeiner Gleichheitssatz

In Rechtsstreitigkeiten im Zusammenhang mit der Gewährung von mitgliedstaatlichen Beihilfen erfolgt häufig eine Berufung auf den allgemeinen Gleichheitssatz.[919] Im folgenden sollen daher zunächst die Grundlagen des allgemeinen Gleichheitsgrundsatzes dargestellt werden.[920] Daran schließt sich eine Analyse der Bereiche des Beihilferechts an, in denen der Grundsatz gegenwärtig und in Zukunft eine Rolle spielen kann.

1. Dogmatische Herleitung des allgemeinen Gleichheitssatzes

Die Geltung eines allgemeinen Gleichheitssatzes ist in keiner gemeinschaftsrechtlichen Norm explizit verankert. Stattdessen kennt der Vertrag verschiedene spezielle Diskriminierungsverbote,[921] die ihrerseits als Präzisierung eines dem Vertrag immanenten, ungeschriebenen allgemeinen Gleichheitsgrundsatzes angesehen werden. Ausgehend von verschiedenen Rechtsstreitigkeiten im Bereich des gemeinschaftlichen Dienstrechts[922] hat

919 Vgl. z.B. EuGH, Rs. C-305, Italien/Kommission („Alfa Romeo"), Slg. 1991, I-1603, 1642 f.; Rn. 29, 32; sowie aus jüngerer Zeit z.B. EuG, Rs. T-244/94, Wirtschaftsvereinigung Stahl u.a./Kommission, Slg. 1997, II-1963, 2011, Rn. 120 ff.; Rs. T-106/96, Wirtschaftsvereinigung Stahl/Kommission, noch unveröff. Urteil v. 7. 7.1999, Rn. 98 ff. m.w.N.

920 Ausführliche Erörterungen des allgemeinen Gleichheitssatzes, auf die sich die vorliegende Untersuchung bezieht, finden sich bei *Jürgen Schwarze*, Europäisches Verwaltungsrecht, Bd. I, Baden-Baden 1988, S. 544 ff.; *Christian Crones*, Selbstbindungen der Verwaltung im Europäischen Gemeinschaftsrecht, Baden-Baden 1997, S. 55 ff.; *Astrid Sybille Mohn*, Der Gleichheitssatz im Gemeinschaftsrecht, Kehl u.a. 1990.

921 Die wohl bekanntesten speziellen Ausformungen des Gleicheitssatzes sind Artikel 141 und Artikel 12, sowie Artikel 34 Absatz 3 Unterabsatz 2 und die Bestimmungen über die Grundfreiheiten in den Artikeln 39 Absatz 2, 43 und 49 EGV. Daneben existieren Gleichheitserfordernisse aber auch im Montanvertrag, vgl. z.B. Artikel 3 b) und 4 b) EGKSV.
Eine Liste weiterer Normen der Gemeinschaftsverträge (allerdings für die Zeit vor der Amsterdamer Vertragsreform), in denen verschiedene Gleichheitserwägungen relevant sind, findet sich im Annex zu *Koen Lenaerts*, L'égalité de traitement en droit communautaire - Un principe unique aux apparences multiples, CDE 1991, S. 3, 39-41.

922 EuGH, Rs. 48/70, Giorgio Bernardi/Europäisches Parlament, Slg. 1971, 175, 185, Rn. 25/27; verb. Rs. 63-75/70, Fritz-August Bode u.a./Kommission, Slg. 1971, 549, 555, Rn. 7 f.; Rs. 156/78, Frederick H. Newth/Kommission, Slg. 1979, 1941, 1952 f., Rn. 13; verb. Rs. 152, 158, 162, 166, 170, 173, 175, 177-179, 182, 186/81, W. Ferrario u.a./Kommission, Slg. 1983, 2357, 2367, Rn. 7.

der Gerichtshof den allgemeinen Gleichheitssatz gebietsübergreifend als Grundrecht[923] und als allgemeinen Rechtsgrundsatz bzw. als Grundprinzip des Gemeinschaftsrechts[924] etabliert.

Richtungweisend für dieses Verständnis ist bis heute die Formulierung im Urteil *Albert Ruckdeschel*, wonach das im Streit stehende spezielle Diskriminierungsverbot „nur der spezifische Ausdruck des allgemeinen Gleichheitssatzes [ist], der zu den Grundprinzipien des Gemeinschaftsrechts gehört. Nach diesem Grundsatz dürfen vergleichbare Sachverhalte nicht unterschiedlich behandelt werden, es sei denn, daß eine Differenzierung objektiv gerechtfertigt wäre."[925]

2. Die inhaltliche Ausgestaltung des allgemeinen Gleichheitssatzes

Die Grobstruktur der Prüfung eines Verstoßes gegen den Gleichheitssatz ergibt sich bereits aus dieser Formel. Noch detaillierter wird dieser Gedanke allerdings in einer Formulierung zum Ausdruck gebracht, die der Gerichtshof bereits im Jahr 1962 zum Begriff der „Diskriminierung" in Artikel 4 lit. b) EGKS-Vertrag entwickelt hat und seither in ständiger Rechtsprechung verwendet:[926] Danach kann der Kommission eine Diskriminierung nur vorgeworfen werden, „wenn sie vergleichbare Sachverhalte in unterschiedlicher Weise behandelt und dadurch bestimmte Betroffene gegenüber anderen benachteiligt hat, ohne daß diese Ungleichbehandlung durch das Vorliegen objektiver Unterschiede von einigem Gewicht gerechtfertigt wäre."

In einem ersten Schritt ist also zu untersuchen, ob eine Ungleichbehandlung vergleichbarer Sachverhalte vorliegt. Sodann ist zu fragen, ob die festgestellte Ungleichbehandlung durch objektive Gründe gerechtfertigt werden kann. Nicht immer trennt der Gerichtshof allerdings das Problem der Rechtfertigung einer Ungleichbehandlung konsequent von der vorgelagerten Frage der tatbestandlichen Anwendbarkeit des Gleichheitssatzes.[927]

923 Vgl. hierzu *Christian Crones*, Selbstbindungen der Verwaltung im Europäischen Gemeinschaftsrecht, Baden-Baden 1997, S. 57; *Ingolf Pernice*, Grundrechtsgehalte im Europäischen Gemeinschaftsrecht, Baden-Baden 1979, S. 196 ff.

924 EuGH, verb. Rs. 117/76 und 16/77, Albert Ruckdeschel/HZA Hamburg-St. Annen, Slg. 1977, 1753, 1769 f., Rn. 7; verb. Rs. 201, 202/85, Marthe Klensch u.a./Staatssekretär für Landwirtschaft und Weinbau, Slg. 1986, 3477, 3507, Rn. 9; Rs. 84/87, Marcel Erpelding/Secrétaire d'Etat à l'agriculture et à la viticulture, Slg. 1988, 2647, 2674, Rn. 29; verb. Rs. C-267 bis C-285/88, Gustave Wuidart/Genossenschaft Laiterie coopérative eupenoise u.a., Slg. 1990, I-467, 480, Rn. 13.

925 EuGH, verb. Rs. 117/76 und 16/77, Albert Ruckdeschel/HZA Hamburg-St. Annen, Slg. 1977, 1753, 1770, Rn. 7.

926 EuGH, verb. Rs. 17 und 20/61, Klöckner Werke und Hoesch/Hohe Behörde, Slg. 1962, 655, 692 f.; 250/83, Finsider/Kommission, Slg. 1985, 131, 152, Rn. 8; EuG, Rs. T-106/96, Wirtschaftsvereinigung Stahl/Kommission, noch unveröff. Urteil v. 7.7.1999, Rn. 103.

927 Vgl. hierzu *Jürgen Schwarze*, Europäisches Verwaltungsrecht, Bd. I, Baden-Baden 1988, S. 547 und *Christian Crones*, Selbstbindungen der Verwaltung im Europäischen Gemeinschaftsrecht, Baden-Baden 1997, S. 60 f. jeweils mit Hinweisen auf die Rechtsprechung des EuGH.

a) Tatbestandliche Anknüpfung - Vergleichbarkeit verschiedener Sachverhalte

Die Frage, ob zwei verschiedene Sachverhalte vergleichbar sind oder nicht, läßt sich nicht abstrakt beantworten. Entscheidend sind vielmehr die Umstände des jeweiligen Einzelfalles.[928] Der Begriff der Vergleichbarkeit muß dabei weniger bedeuten als völlige Gleichheit bzw. Identität der zu vergleichenden Situationen.[929] Erforderlich und ausreichend ist, wenn die jeweiligen Vergleichsobjekte im Einzelfall maßgebliche gemeinsame Wesensmerkmale aufweisen. In der Rechtsprechung des Gerichtshofes wurden bislang überwiegend objektive Eigenschaften als Vergleichsmaßstab anerkannt;[930] subjektive Eigenschaften waren nur in einigen wenigen Ausnahmefällen relevant.[931]

b) Rechtfertigung einer Differenzierung - Objektive Gründe von einigem Gewicht

Wenn zwei Sachverhalte vergleichbar sind, folgt aus dem allgemeinen Gleichheitssatz eine grundsätzliche Pflicht zur Gleichbehandlung. Diese Pflicht gilt allerdings nicht uneingeschränkt und unbedingt. Vielmehr besteht die Möglichkeit, Ungleichbehandlungen durch Erwägungen zu rechtfertigen, die „auf objektiven und überprüfbaren Kriterien“[932] beruhen und „von einigem Gewicht“[933] sind. Auch im Bereich der Rechtfertigung spielen die Umstände des Einzelfalles eine erhebliche Rolle. Keinesfalls ist jedoch eine Gleichstellung im Unrecht objektiv gerechtfertigt, d.h. „niemand kann sich auf eine fehlerhafte Rechtsanwendung zugunsten anderer berufen“,[934] um für sich selbst eine günstigere Rechtsposition zu reklamieren. Der Grundsatz der Gleichbehandlung steht also immer unter dem Vorbehalt der Wahrung der Rechtmäßigkeit,[935] d.h. es ergeben sich Be-

928 Vgl. EuGH, Rs. 1/54, Regierung der Französischen Republik/Hohe Behörde, Slg. 1954, 7, 21 f.; *Jürgen Schwarze*, Europäisches Verwaltungsrecht, Bd. I, Baden-Baden 1988, S. 533; *Christian Crones*, Selbstbindungen der Verwaltung im Europäischen Gemeinschaftsrecht, Baden-Baden 1997, S. 61.

929 So auch *Astrid Sybille Mohn*, Der Gleichheitssatz im Gemeinschaftsrecht, Kehl u.a. 1990, S. 50 f. m.w.N.; *Christian Crones*, Selbstbindungen der Verwaltung im Europäischen Gemeinschaftsrecht, Baden-Baden 1997, S. 61. Zu den grundlegenden theoretischen Schwierigkeiten bei der Bestimmung von „Gleichheit“ und zur zwangsläufigen Relativität jeglichen Vergleichs vgl. *Jürgen Schwarze*, Europäisches Verwaltungsrecht, Bd. I, Baden-Baden 1988, S. 532 f. m.w.N.

930 Z.B. das Kriterium des Dienstorts im Zusammenhang mit der Besoldung von Beamten, EuGH, verb. Rs. 63 bis 75/70, Fritz-August Bode u.a./Kommission, Slg. 1971, 549, 555, Rn. 8. Generell zur Objektivität des Begriffs der Vergleichbarkeit vgl. *Astrid Sybille Mohn*, Der Gleichheitssatz im Gemeinschaftsrecht, Kehl u.a. 1990, S. 51 f.; *Christian Crones*, Selbstbindungen der Verwaltung im Europäischen Gemeinschaftsrecht, Baden-Baden 1997, S. 61 f. mit weiteren Beispielen aus der Rechtsprechung des EuGH im Bereich des Dienstrechtes und zur Vergleichbarkeit von Produkten.

931 Vgl. zu einem derartigen Fall EuGH, Rs. 246/83, Claudia de Angelis/Kommission, Slg. 1985, 1253, 1263, Rn. 13.

932 EuGH, Rs. 238/84, Duphar BV u.a./Niederlande, Slg. 1984, 523, 542, Rn. 22.

933 EuGH, verb. Rs. 17 und 20/61, Klöckner Werke und Hoesch/Hohe Behörde, Slg. 1962, 655, 692 f.; 250/83, Finsider/Kommission, Slg. 1985, 131, 152, Rn. 8; EuG, Rs. T-106/96, Wirtschaftsvereinigung Stahl/Kommission, noch unveröff. Urteil v. 7.7.1999, Rn. 103.

934 St. Rspr., vgl. EuGH, Rs. 188/83, Hermann Witte/Europäisches Parlament, Slg. 1984, 3465, 3474, Rn. 15; Rs. 246/83, Claudia de Angelis/Kommission, Slg. 1985, 1253, 1264, Rn. 17; EuG, Rs. T-30/90, Wolfdietrich Zoder/Europäisches Parlament, Slg. 1991, II-207, 216, Rn. 26.

935 EuG, Rs. T-90/92, Pedro Magdalena Fernández/Kommission, Slg. 1993, II-971, 985, Rn. 38.

rührungspunkte zwischen dem allgemeinen Gleichheitssatz und der Gesetzmäßigkeit der Verwaltung.[936]

Insgesamt ist der Schutz, den der gemeinschaftsrechtliche Gleichheitssatz vermittelt, eher stärker ausgeprägt als im deutschen Recht.[937] Dafür sprechen die häufige Bezugnahme auf die Gewichtigkeit der zur Rechtfertigung herangezogenen Gründe,[938] aber auch die Tatsache, daß bei der Untersuchung von Ungleichbehandlungen ergänzend auf das Verhältnismäßigkeitsprinzip rekurriert wird.[939] Eine gewisse Relativierung erfährt dieses hohe Schutzniveau allerdings in den Bereichen, in denen der Gerichtshof den Gemeinschaftsorganen ein weites Ermessen konzediert, das gerichtlich nur auf offensichtliche Irrtümer bzw. Überschreitungen der Ermessensgrenzen überprüft wird.[940] Im Beihilferecht ist das wie gesehen v.a. der Bereich der Ausnahmebestimmungen in Artikel 87 Absatz 3 EGV.

3. *Verpflichtete und Berechtigte des allgemeinen Gleichheitssatzes*

Als allgemeiner Rechtsgrundsatz des Gemeinschaftsrechts verpflichtet der allgemeine Gleichheitssatz in erster Linie die Gemeinschaftsorgane. Im Bereich des Beihilferechts ist dabei primärer Adressat die Kommission als dasjenige Organ, das das gesamte Verfahren federführend gestaltet. Neben der Exekutive bindet der Gleichheitssatz aber auch die Legislativorgane und die rechtsprechende Gewalt in der Gemeinschaft.[941]

Schließlich richtet sich der allgemeine Gleichheitssatz auch an die Mitgliedstaaten, wenn diese in Erfüllung gemeinschaftsrechtlicher Pflichten handeln.[942] Beispielsweise stünde der Gleichheitssatz einer mitgliedstaatlichen Praxis entgegen, bei der Gewährung[943] oder der Rückforderung von Beihilfen zwischen inländischen und ausländischen bzw. multi-

936 Vgl. *Christian Crones*, Selbstbindungen der Verwaltung im Europäischen Gemeinschaftsrecht, Baden-Baden 1997, S. 83, sowie oben Teil 2, A.III.3.a).bb).(2).(b).

937 Vgl. *Astrid Sybille Mohn*, Der Gleichheitssatz im Gemeinschaftsrecht, Kehl u.a. 1990, S. 106 ff., 109; sowie *Christian Crones*, Selbstbindungen der Verwaltung im Europäischen Gemeinschaftsrecht, Baden-Baden 1997, S. 63 m.w.N. zur Situation im deutschen Verfassungsrecht.

938 Vgl. etwa die Schlußanträge von Generalanwalt *Gerhard Reischl* in der Rs. 153/73, Holtz und Willemsen/Rat und Kommission, Slg. 1974, 675, 707, wonach eine Maßnahme im Einzelfall „aus objektiven, sachlich einleuchtenden und gewichtigen Gründen prinzipiell zu Recht eine Differenzierung“ aufwies.

939 *Astrid Sybille Mohn*, Der Gleichheitssatz im Gemeinschaftsrecht, Kehl u.a. 1990, S. 115.

940 Vgl. hierzu EuGH, Rs. 138/79, Roquette Frères/Rat, Slg. 1980, 3333, 3358 f., Rn. 25, sowie *Christian Crones*, Selbstbindungen der Verwaltung im Europäischen Gemeinschaftsrecht, Baden-Baden 1997, S. 63.

941 *Astrid Sybille Mohn*, Der Gleichheitssatz im Gemeinschaftsrecht, Kehl u.a. 1990, S. 41.

942 *Astrid Sybille Mohn*, Der Gleichheitssatz im Gemeinschaftsrecht, Kehl u.a. 1990, S. 41; *Christian Crones*, Selbstbindungen der Verwaltung im Europäischen Gemeinschaftsrecht, Baden-Baden 1997, S. 58, Fn. 238. Vgl. außerdem die verschiedenen Urteile des Gerichtshofes, in denen mitgliedstaatliche Rechtshandlungen am Maßstab des Grundsatzes der Gleichbehandlung gemessen wurden, z.B. EuGH, Rs. 131/73, Strafverfahren gegen Giulio und Adriano Grosoli, Slg. 1973, 1555, 1566, Rn. 8; verb. Rs. 15 und 16/76, Frankreich/Kommission, Slg. 1979, 321, 340, Rn. 31.

943 Vgl. Lenz-*Rawlinson*, Vorbem. Art. 87-89, Rn. 12; Grabitz-*von Wallenberg*, Art. 92, Rn. 88.

nationalen Unternehmen zu differenzieren.[944] Ein Beispiel für eine solche diskriminierende Gewährung von Beihilfen war das frühere deutsche Filmförderungsgesetz, das die Filmförderung auf deutsche Filmproduktionen beschränkte.[945]

Das Recht, sich zur Abwehr hoheitlicher Maßnahmen auf den allgemeinen Gleichheitssatz zu berufen, haben in erster Linie die Gemeinschaftsbürger[946] sowie juristische Personen des Privatrechts.[947] Dieser Zusatz, der vom Gerichtshof nicht eigens begründet wird, ist für das Beihilferecht von besonderer Bedeutung: Denn Empfänger von Beihilfen sind vor allem Unternehmen, d.h. juristische Personen. Daneben können sich aber auch die Mitgliedstaaten auf eine Verletzung des Gleichheitssatzes entweder durch andere Mitgliedstaaten oder durch die Gemeinschaft berufen. Letzteres setzt voraus, daß der betroffene Staat eine den Gemeinschaftsbürgern vergleichbare Position einnimmt, sprich den Gemeinschaftsorganen in einem Unterordnungsverhältnis gegenübersteht.[948]

Im Beihilferecht ähnelt die Stellung der Mitgliedstaaten grundsätzlich der Stellung der betroffenen Gemeinschaftsbürger und -unternehmen. Wie verschiedentlich angedeutet, steht der die Beihilfe gewährende Mitgliedstaat, was seine Interessenlage anbetrifft, in einem Lager mit dem Beihilfebegünstigten.[949] Beide treten der Herrin des Verfahrens, der Kommission, trotz verschiedener Kooperationspflichten, letztlich in einem Subordinationsverhältnis gegenüber. Eine Ungleichbehandlung verschiedener Mitgliedstaaten im Rahmen des Beihilfeaufsichtsverfahrens kann von den betroffenen Staaten deshalb unter Berufung auf den allgemeinen Gleichheitssatz angegriffen werden. Gleiches gilt für Verordnungen, die den Gleichheitssatz nicht beachten. Im Bereich des Beihilferechts sind die Gemeinschaftsorgane durch den allgemeinen Gleichheitssatz folglich umfassend verpflichtet, vergleichbare Sachverhalte nicht ohne tragfähige objektive Begründung unterschiedlich zu behandeln. Diese Pflicht gilt für ihre Verwaltungs- und Normsetzungstätigkeit, und ihr korrespondieren Rechte sowohl des einzelnen Unternehmens als auch der Mitgliedstaaten. Die Mitgliedstaaten ihrerseits sind zwar in weiten Bereichen Begünstigte, teilweise aber auch Verpflichtete des allgemeinen Gleichheitssatzes (Durchführung der Rückforderungsentscheidung der Kommission).

944 Eine solche Praxis verstieße außerdem regelmäßig gegen innerstaatliche Diskriminierungsverbote, sowie gegen die mitgliedstaatliche Loyalitätspflicht aus Artikel 10 EGV. Zum Gleichheitssatz generell bei selektiver Rückforderung vgl. *Adinda Sinnaeve*, Die Rückforderung gemeinschaftsrechtswidriger nationaler Beihilfen, Berlin 1997, S. 52.

945 Vgl. Entscheidung der Kommission, ABl. 1992, C 333, S. 11; Schwarze-*Bär-Bouyssière*, Art. 87, Rn. 13.

946 Vgl. hierzu die ausführliche Rechtsprechungsanalyse bei *Koen Lenaerts*, L'égalité de traitement en droit communautaire - Un principe unique aux apparences multiples, CDE 1991, S. 3, 25 ff.

947 *Christian Crones*, Selbstbindungen der Verwaltung im Europäischen Gemeinschaftsrecht, Baden-Baden 1997, S. 58.

948 Vgl. *Christian Crones*, Selbstbindungen der Verwaltung im Europäischen Gemeinschaftsrecht, Baden-Baden 1997, S. 59; *Astrid Sybille Mohn*, Der Gleichheitssatz im Gemeinschaftsrecht, Kehl u.a. 1990, S. 40; *Albert Bleckmann*, Europarecht, 6. Aufl., Köln u.a. 1997, S. 222, Rn. 598.

949 Vgl. oben Teil 1, A.IV.3.a).dd).(4) (Vertrauensschutz) und unten Teil 2, B.II.1.b) (Subsidiarität).

4. Speziell beihilferechtliche Schwerpunkte der Anwendung des Gleichheitssatzes

Eine der Konstellationen im Beihilferecht, in denen der allgemeine Gleichheitssatz in der gerichtlichen Praxis eine Rolle spielt, wurde oben bereits unter einem anderen Gesichtspunkt ausführlich diskutiert. Es handelt sich dabei um die verschiedenen gemeinschaftsrechtlichen Maßnahmen der Kommission (Mitteilungen, Leitlinien, Gemeinschaftsrahmen), die diese erläßt, um die eigenen Kriterien bei der Ausübung ihres Ermessens transparenter zu machen.[950] Die Frage nach der Bindungswirkung dieser Instrumente taucht vor Gericht häufig im Gewand einer Berufung auf einen Verstoß gegen den allgemeinen Gleichheitssatz auf. Das klagende Unternehmen macht dann geltend, die Kommission habe vergleichbare Fälle in Abweichung von ihrer eigenen, in den Leitlinien, Gemeinschaftsrahmen o.ä. festgelegten Praxis ungleich behandelt.[951]

Die größte Bedeutung dürfte der allgemeine Gleichheitssatz in Zukunft allerdings im Bereich der verschiedenen, geplanten Freistellungsverordnungen erlangen.[952] Wie oben bereits erörtert, ermächtigt die unlängst erlassene Freistellungsrahmenverordnung des Rates[953] die Kommission, in verschiedenen näher definierten Bereichen (Beihilfen für kleinere und mittlere Unternehmen, Forschung und Entwicklung, Umweltschutzmaßnahmen, Beschäftigung und Ausbildung, de-minimis-Beihilfen) eigene Verordnungen zu erlassen, die bestimmte Gruppen von Beihilfen von der Anmeldungspflicht des Artikel 88 Absatz 3 EGV freistellen. Die Freistellungsrahmenverordnung des Rates enthält dabei noch keine materiellen Kriterien über die Vereinbarkeit der von einer möglichen Freistellung erfaßten Beihilfegruppen mit dem Gemeinsamen Markt, sondern gibt lediglich bestimmte Determinanten vor, die erst von der Kommission in ihren Verordnungen inhaltlich auszufüllen sind.[954]

Es ist davon auszugehen, daß die von der Kommission erlassenen Verordnungen in ihren inhaltlichen Details Gegenstand verschiedener Rechtsstreitigkeiten werden. Die Art und Weise, wie die Kommission den von der Freistellungsrahmenverordnung gegebenen Spielraum ausfüllt, muß sich dabei unter anderem auch an den Voraussetzungen des allgemeinen Gleichheitssatzes messen lassen. Die Auswahlkriterien, ob eine bestimmte Kategorie von Beihilfen von den Verfahrensanforderungen des Artikel 88 Absatz 3 EGV freigestellt wird, dürfen nicht willkürlich gewählt sein. Insbesondere die Höhe, aber auch der sachliche Anwendungsbereich des de-minimis-Betrages muß aufgrund objektiver und sachgerechter Kriterien festgelegt werden.[955] Mehr als Prognosen sind in diesem Be-

950 Vgl. zur Frage der ermessensbindenden Wirkung dieser verschiedenen Instrumente oben Teil 2, A.III.3.a).bb).(2) zur Gesetzesbindung der Verwaltung.

951 Vgl. z.B. EuG, Rs. T-106/96, Wirtschaftsvereinigung Stahl/Kommission, noch unveröff. Urteil v. 7.7.1999, Rn. 98.

952 Zum Verhältnis der verschiedenen, zu erwartenden Freistellungsverordnungen zu bestehenden Leitlinien o.ä. vgl. Teil 1, C.II.2.a), sowie GTE-*Mederer*, Art. 94, Rn. 9.

953 Verordnung 994/98/EG des Rates über die Anwendung der Artikel 92 und 93 EGV auf bestimmte Gruppen horizontaler Beihilfen vom 7. Mai 1998, ABl. 1998, L 142, S. 1.

954 Vgl. GTE- *Mederer*, Art. 94, Rn. 8.

955 Vgl. GTE-*Mederer*, Art. 94, Rn. 10.

reich naturgemäß derzeit nicht möglich. Zu erinnern ist allerdings daran, daß sowohl der Begriff der „Vergleichbarkeit“ von Sachverhalten, also die tatbestandliche Anknüpfung des allgemeinen Gleichheitssatzes, als auch die Rechtfertigungsmöglichkeiten von Differenzierungen über „objektive Gründe von einigem Gewicht“ dem Gerichtshof wie gesehen relativ weite Wertungsmöglichkeiten eröffnen. Dazu kommt die Tatsache, daß das Gericht sich bei Sachverhalten, bei deren Bewertung die Kommission über ein weites Ermessen verfügt, auf eine eher kursorische Fehlerkontrolle hinsichtlich offenkundiger Fehlwertungen der Kommission beschränkt. Insofern ist davon auszugehen, daß der allgemeine Gleichheitssatz zwar Hürden aufstellt, an die sich die Kommission im Eigeninteresse hält; im Hinblick auf die Erfolgsaussichten von Klagen einzelner Unternehmen, die sich vor Gericht auf den Grundsatz berufen wollen, ist dagegen vor überzogenen Hoffnungen zu warnen.[956]

5. Die Gleichheit der Mitgliedstaaten vor dem Gemeinschaftsrecht

Ein in seiner Schutzrichtung zumindest teilweise anderer Unterfall des Gleichheitssatzes ist das Gebot der Gleichheit der Mitgliedstaaten vor dem Gemeinschaftsrecht, wonach das Gemeinschaftsrecht in allen Mitgliedstaaten einheitlich anzuwenden ist.[957] Während der bislang dargestellte allgemeine Gleichheitssatz als Abwehrrecht in erster Linie dem Schutz der Gemeinschaftsbürger vor Eingriffen der gemeinschaftlichen Obrigkeit dient und deren Handlungsmöglichkeiten beschränkt, verpflichtet das Gebot der Gleichheit der Mitgliedstaaten vor dem Gemeinschaftsrecht die Mitgliedstaaten gegenüber der Gemeinschaft und ihren Bürgern, die einheitliche Anwendung des Gemeinschaftsrechts in allen Staaten nicht durch eigene Maßnahmen bzw. Unterlassungen zu stören. Die für das Beihilferecht entscheidende Aussage hierzu findet sich im Urteil des Gerichtshofes in der Sache *Deutsche Milchkontor* aus dem Jahre 1983, in dem es um die Rückforderung von Beihilfen aus Gemeinschaftsmitteln ging. Der Gerichtshof führte dort aus:

> „Im Einklang mit den allgemeinen Grundsätzen, auf denen das institutionelle System der Gemeinschaft beruht und die die Beziehungen zwischen der Gemeinschaft und den Mitgliedstaaten beherrschen, ist es gemäß Artikel 5 EWG-Vertrag [Artikel 10 n.F.] Sache der Mitgliedstaaten, in ihrem Hoheitsgebiet für die Durchführung der Gemeinschaftsregelungen, namentlich im Rahmen der gemeinsamen Agrarpolitik, zu sorgen. Soweit das Gemeinschaftsrecht einschließlich der allgemeinen gemeinschaftsrechtlichen Grundsätze hierfür keine gemeinsamen Vorschriften enthält, gehen die nationalen Behörden bei dieser Durchführung der Gemeinschaftsregelungen nach den formellen und materiellen Bestimmungen ihres nationalen Rechts vor, wobei dieser Rechtssatz freilich, wie der Gerichtshof in seinem Urteil vom 6. Juni 1972 [Rs. 94/71, Schlüter & Maack/HZA Hamburg-Jonas, Slg. 1972, 307, 319, Rn. 10 f.] ausgeführt hat, mit den Erfordernissen der einheitlichen Anwendung

956 Vgl. *Christian Crones*, Selbstbindungen der Verwaltung im Europäischen Gemeinschaftsrecht, Baden-Baden 1997, S. 94, der darstellt, daß die Berufung auf den Gleichheitssatz im Beihilferecht in der bisherigen gerichtlichen Praxis wenig erfolgversprechend war.

957 *Jürgen Schwarze*, Europäisches Verwaltungsrecht, Bd. I, Baden-Baden 1988, S. 642; hierzu und zum folgenden auch *Martin J. Reufels*, Europäische Subventionskontrolle durch Private, Köln u.a. 1996, S. 73 f.

des Gemeinschaftsrechts in Einklang gebracht werden muß, die notwendig ist, um zu vermeiden, daß die Wirtschaftsteilnehmer ungleich behandelt werden."[958]

Diese Rechtsprechung ist auch auf die Rückforderung von nationalen Beihilfen übertragbar, die in Ermangelung gemeinschaftsrechtlicher Normen ebenfalls nach dem jeweiligen nationalen Recht stattfindet. Problematisch ist im Vergleich zum Fall *Milchkontor*, in dem nationales Recht der Vollziehung von Verordnungen im Agrarsektor diente, allenfalls, ob die Mitgliedstaaten bei der Rückforderung von staatlichen Beihilfen ebenfalls Gemeinschaftsrecht vollziehen.

Unmittelbar vollziehen die Mitgliedstaaten in diesem Kontext zwar nicht Gemeinschaftsrecht, sondern ihr jeweiliges innerstaatliche Recht. Aber zumindest mittelbar erfolgt die Rückforderung in Vollziehung des Gemeinschaftsrechts. Denn die Mitgliedstaaten folgen durch die Rückforderung einer im Gemeinschaftsrecht angelegten Pflicht, die sich aus dem Gebot des Artikel 87 EGV ergibt, keine mit dem Gemeinsamen Markt unvereinbaren Beihilfen unter Verstoß gegen das in Artikel 88 EGV normierte Verfahren zu gewähren; diese Pflicht wird im Einzelfall durch die an den jeweiligen Mitgliedstaat gerichtete Rückforderungsentscheidung der Kommission konkretisiert. Letztlich handeln die Mitgliedstaaten also in Vollziehung von Gemeinschaftsrecht und befinden sich in einer dem Fall *Milchkontor* vergleichbaren Lage.

Insofern verlangt der Grundsatz der einheitlichen Anwendung des Gemeinschaftsrechts, daß die Staaten den an sie gerichteten Entscheidungen nachkommen, um Ungleichbehandlungen der Gemeinschaftsbürger durch unterschiedliche Verfahrensergebnisse im Vergleich zu anderen Mitgliedstaaten so weit wie möglich zu vermeiden. Wenn sich im zwischenstaatlichen Vergleich herausstellt, daß die Rückforderungspraxis infolge der Anwendung der verschiedenen nationalen Regelungen zu eklatante, zwischenstaatliche Unterschiede aufweist, könnte dies im Extremfall, trotz der grundsätzlichen Rechtsnatur der Entscheidung i.S.v. Artikel 249 Absatz 4 EGV als gemeinschaftsrechtliche Regelung eines Einzelfalles, zu einem Verstoß gegen den Gleichheitssatz in seiner Funktion als Gebot formaler Rechtsanwendungsgleichheit[959] führen.[960] Der Gleichheitssatz würde bei derartigen schwerwiegenden Diskrepanzen entweder für eine Angleichung der Rechtsgrundlage der Rückforderung durch Vergemeinschaftung sprechen[961] oder aber für strik-

958 EuGH, verb. Rs. 205 bis 215/82, Deutsche Milchkontor u.a./Deutschland, Slg. 1983, 2633, 2665, Rn. 17.

959 Zu diesem Begriff vgl. erneut *Jürgen Schwarze*, Europäisches Verwaltungsrecht, Bd. I, Baden-Baden 1988, S. 642, 533 f.

960 In diesem Zusammenhang interessant auch *Jürgen Schwarze*, Einführung, in: ders. (Hrsg.), Das Verwaltungsrecht unter europäischem Einfluß, Baden-Baden 1996, S. 18: „Soll dem Grundgedanken der europäischen Integration entsprechend die Gleichbehandlung aller Mitgliedstaaten sowie aller Gemeinschaftsbürger sichergestellt werden, so lassen sich aus der Diskussion die Vollzugsdisparitäten nicht ausblenden, die beim Regelfall des indirekten Vollzugs aufgrund unterschiedlichen nationalen Verwaltungsrechts entstehen."

961 Vgl. dazu oben Teil 2, A.IV.3.b) (Vertrauensschutz) und unten Teil 2, B.II.2 (Subsidiarität), wo die Möglichkeit der Vereinheitlichung der Rechtsgrundlage der Rückforderung durch Verordnung gemäß Artikel 89 EGV ausführlich diskutiert wird.

tere gemeinschaftsrechtliche Vorgaben an das bei der Rückforderung anwendbare nationale Recht.

Der tatsächliche Befund einer Untersuchung der verschiedenen nationalen Rückforderungspraktiken zeigt allerdings, daß für die Annahme eines Verstoßes gegen den so verstandenen Gleichheitssatz derzeit kein Anlaß besteht, da keine derartig eklatanten Abweichungen festzustellen sind. Daran ändert auch die Tatsache nichts, daß rein statistisch doch gewisse Diskrepanzen zwischen den verschiedenen Mitgliedstaaten bestehen: Eine Studie der Kommission zur Durchführung von Rückforderungsentscheidungen durch die Mitgliedstaaten für den Zeitraum von 1982 bis 1997 hat ergeben,[962] daß Frankreich von 17 Rückforderungsentscheidungen immerhin 14 durch Rückforderung der streitigen Beihilfe vollzogen hat. In Deutschland ist es im selben Zeitraum in 21 Fällen nur sechsmal zur Rückerstattung der Beihilfe gekommen. Auch wenn man aufgrund der Verschiedenartigkeit der Fälle im einzelnen Abstriche erlaubt, sind die Unterschiede unverkennbar. Abgeschwächt wird dieses Ergebnis allerdings dadurch, daß in den deutschen Fällen die Rückforderung zumeist nicht endgültig unterblieben, sondern lediglich infolge langfristiger Rechtsstreitigkeiten bislang nicht erfolgt ist. Insofern weichen die Ergebnisse der Rückforderung wohl nicht auf Dauer voneinander ab; die französischen Verfahren sind nur, vermutlich infolge der geringeren Bedeutung des Vertrauensschutzes im französischen Recht,[963] wesentlich zügiger und aus Sicht des Gemeinschaftsrechtes effektiver.

Als Ergebnis bleibt festzuhalten, daß der Gleichheitssatz im Sinne eines Gebots formaler Rechtsanwendungsgleichheit auch bei der Rückforderung von staatlichen Beihilfen durch die Mitgliedstaaten gilt. Er bildet eine Schranken-Schranke, die sicherstellen soll, daß die Ergebnisse der Rückforderung in verschiedenen Rechtssystemen nicht zu weit auseinanderklaffen. Die derzeitigen Unterschiede in der Praxis reichen nicht aus, um einen Verstoß gegen den Gleichheitssatz zu bejahen. Allerdings sind sie doch so signifikant, daß der Gleichheitssatz definitiv für enge gemeinschaftsrechtliche Grenzen der nationalen Rückforderungsregeln streitet und zumindest nicht gegen eine Vergemeinschaftung der Rechtsgrundlage der Rückforderung im Verordnungswege spricht.

Darüber hinaus dürfen sich die Mitgliedstaaten grundsätzlich auch keine Ungleichbehandlungen im Vergleich zu rein nationalen Verfahren erlauben, in denen über gleichartige interne Streitigkeiten entschieden wird.[964] Auch diese Facette des Gleichheitssatzes ist im Beihilferecht in erster Linie im Zusammenhang mit der Rückforderung von Beihilfen relevant. Das Gemeinschaftsrecht verbietet allerdings nur die vergleichsweise

962 Vgl. XXVII. Bericht über die Wettbewerbspolitik 1997, Luxemburg 1998, S. 351 ff.

963 *Stefan Friedrich Schmitz*, Der Vertrauensschutz bei der Rückforderung gemeinschaftsrechtswidrig gewährter nationaler Beihilfen, Diss. an der Albert-Ludwigs-Universität, Freiburg 1998, S. 21, 30 ff.

964 Schwarze-*Bär-Bouyssière*, Art. 88, Rn. 29; *Martin J. Reufels*, Europäische Subventionskontrolle durch Private, Köln u.a. 1996, S. 74; auch diese Spielart des Gleichbehandlungsgrundsatzes geht auf das Urteil Milchkontor (EuGH, verb. Rs. 205 bis 215/82, aaO., Slg. 1983, 2633, 2665 ff., Rn. 19 und 23) zurück: „Bei der Anwendung des nationalen Rechts dürfen zweitens keine Unterschiede im Vergleich zu Verfahren gemacht werden, in denen über gleichartige, aber rein nationale Rechtsstreitigkeiten entschieden wird."

Schlechterstellung der gemeinschaftsrechtlich vorgeschriebenen Rückforderung. Aus dem Verbot der Schlechterbehandlung von Fällen mit Gemeinschaftsbezug folgt dagegen kein korrespondierendes Recht der Mitgliedstaaten darauf, Fälle mit Gemeinschaftsbezug exakt gleich wie rein nationale Fälle behandeln zu dürfen. Falls eine Rückforderung in vergleichbaren rein nationalen Fällen unterbleiben würde, ergibt sich bei der gemeinschaftsrechtlich vorgeschriebenen Rückforderung von mitgliedstaatlichen Beihilfen vielmehr aus der starken Betonung des Effektivitätsgedankens,[965] daß die Rückforderung in aller Regel zu erfolgen hat.[966]

Der Gleichheitssatz nivelliert den Spielraum der nationalen Instanzen also in zweierlei Richtung: Zum einen sollen gemeinschaftsrechtliche Pflichten trotz der bei ihrer Durchführung grundsätzlich anwendbaren unterschiedlichen nationalen Rechtssysteme im Rahmen der gemeinschaftsrechtlich vorgegebenen Grenzen möglichst gleichmäßig in allen Mitgliedstaaten erfüllt werden (zwischenstaatlicher Vergleich). Zum anderen sind negative Diskriminierungen im Vergleich zu sonstigen innerstaatlichen Fällen ohne Gemeinschaftsbezug unzulässig (Verbot der Schlechterbehandlung im innerstaatlichen Vergleich).

II. Das Subsidiaritätsprinzip

In Diskussionen über die Entwicklung des Beihilferechts und über etwaige neue Kommissionsvorschläge der Kommission bringen v.a. Interessenvertreter der Regionen häufig das gemeinschaftsrechtliche Subsidiaritätsprinzip ins Spiel.[967] Zielrichtung dieses Arguments ist, daß der Subsidiaritätsgedanke auch im Beihilferecht anwendbar sei und die Kommission dazu verpflichte, Aufgaben nur dann selbst wahrzunehmen, wenn diese auf der mitgliedstaatlichen oder regionalen Ebene nicht ebenso gut verwirklicht werden können.

Fraglich ist zunächst, ob das Subsidiaritätsprinzip in seiner derzeitigen rechtlichen Ausformung im Beihilferegime der Artikel 87 ff. EGV überhaupt eine Rolle spielen kann. Daran schließt sich die Frage an, ob im Hinblick auf eine zukünftige, ideale Ausgestaltung des Beihilferechts eine Änderung des derzeitigen Status Quo sinnvoll wäre.

965 Vgl. hierzu ausführlich *Stefan Friedrich Schmitz*, Der Vertrauensschutz bei der Rückforderung gemeinschaftsrechtswidrig gewährter nationaler Beihilfen, Diss. an der Albert-Ludwigs-Universität, Freiburg 1998, S. 126 ff.

966 Nur die absolute Unmöglichkeit der Rückforderungsvollziehung entlastet den Mitgliedstaat. Die dem Mitgliedstaat günstige Gleichbehandlung mit rein nationalen Sachverhalten begründet keine absolute Unmöglichkeit, vgl. z.B. Rs. C-5/89, Kommission/Deutschland („BUG-Alutechnik“), Slg. 1990, I-3437, 3456, Rn. 12.

967 Vgl. z.B. Pressemitteilung des Bundesrates 101/98 vom 8. Mai 1998, „EG-Verordnung zur Kontrolle der staatlichen Beihilfen auf Eckpunkte beschränken“, Drucksache 239/98 (Beschluß), S. 2. Zu den Bestrebungen der Länder und Regionen, das Subsidiaritätsprinzip generell noch deutlich konsequenter als bisher umzusetzen, vgl. *Wolfram Hilz*, Bedeutung und Instrumentalisierung des Subsidiaritätsprinzips für den europäischen Integrationsprozeß, Aus Politik und Zeitgeschichte, Beilage B-21-22/99 zu Das Parlament 1999, S. 28, 33 f.

1. Die derzeitige Rolle des Subsidiaritätsprinzips im Rahmen der Artikel 87 ff. EGV

Das Subsidiaritätsprinzip ist in Artikel 5 Absatz 2 EGV verankert.[968] Der Wortlaut von Artikel 5 Absatz 2 EGV lautet:

> „In den Bereichen, die nicht in ihre ausschließliche Zuständigkeit fallen, wird die Gemeinschaft nach dem Subsidiaritätsprinzip nur tätig, sofern und soweit die Ziele der in Betracht gezogenen Maßnahme auf Ebene der Mitgliedstaaten nicht ausreichend erreicht werden können und daher wegen ihres Umfangs oder ihrer Wirkungen besser auf Gemeinschaftsebene erreicht werden können."

Aus dem Wortlaut geht unzweideutig hervor, daß das Subsidiaritätsprinzip gegenwärtig nur in den Bereichen Anwendung findet, die nicht in die „ausschließliche Zuständigkeit" der Gemeinschaft fallen. Diese Formulierung ist allerdings nicht so unproblematisch, wie sie auf den ersten Blick erscheint. Dies liegt daran, daß die Unterscheidung zwischen ausschließlichen und nicht-ausschließlichen Zuständigkeiten an keiner anderen Stelle des EG-Vertrages erwähnt bzw. definiert wird, - insbesondere kennt das Gemeinschaftsrecht keinen enumerativen (positiven oder negativen) Kompetenzkatalog.[969] Vor allem in den ersten Jahren nach Einführung des Subsidiaritätsprinzips ist der Begriff der „ausschließlichen Zuständigkeit" zum Gegenstand kontroverser wissenschaftlicher Debatten geworden.[970] In der Praxis besteht das Hauptproblem allerdings weniger in der abstrakten Fest-

968 Vgl. generell zum Subsidiaritätsprinzip *Christian Calliess*, Subsidiaritäts- und Solidaritätsprinzip in der Europäischen Union - Vorgaben für die Anwendung von Art. 5 (ex-Art. 3 b) EGV nach dem Vertrag von Amsterdam, 2. Aufl., Baden-Baden 1999; *Jürgen Schwarze*, The Principle of Subsidiarity and the Distribution of Powers, in: Ulrich Karpen, Edgar Michael Wenz (Hrsg.), National Legislation in the European Framework, Baden-Baden 1998, S. 132-151.

969 *Wolfram Hilz*, Bedeutung und Instrumentalisierung des Subsidiaritätsprinzips für den europäischen Integrationsprozeß, Aus Politik und Zeitgeschichte, Beilage B-21-22/99 zu Das Parlament 1999, S. 28, 31; vgl. auch *Jörn Pipkorn*, Das Subsidiaritätsprinzip im Vertrag über die Europäische Union - rechtliche Bedeutung und gerichtliche Überprüfbarkeit, EuZW 1992, 697, 699.
Zur Frage, ob ein solcher Kompetenzkatalog *de lege ferenda* sinnvoll wäre, vgl. *Jürgen Schwarze*, Kompetenzverteilung in der Europäischen Union und föderales Gleichgewicht, DVBl. 1995, 1265, 1268 f.; *Ilka Boeck*, Die Abgrenzung der Rechtsetzungskompetenzen von Gemeinschaft und Mitgliedstaaten in der Europäischen Union, Baden-Baden 2000, S. 31 ff.; *Christian Kirchner*, Competence Catalogues and the Principle of Subsidiarity in a European Constitution, Constitutional Political Economy 1997, 71, 80 ff.

970 Die Spannbreite der vertretenen Ansichten könnte dabei kaum größer sein. Die Pole der Diskussion bilden die Aussagen von *Akos G. Toth*, The Principle of Subsidiarity in the Maastricht Treaty, CML Rev. 1992, 1079 ff., und von *Clemens Stewing*, Das Subsidiaritätsprinzip als Kompetenzverteilungsregel im Europäischen Recht, DVBl. 1992, 1516 ff. *Toth* (aaO., 1085) vertritt, die Zuständigkeit der Gemeinschaft sei „by its very nature exclusive, leaving in principle no concurrent competence to the Member State" und kommt zu dem Ergebnis (aaO., 1091), daß „the principle of subsidiarity as defined in the Maastricht Treaty *cannot* apply to any matter covered by the original EEC Treaty." *Stewing* (aaO., 1517) kommt zu dem entgegengesetzten Ergebnis, daß dem „Begriff der Ausschließlichkeit derzeit keine eigenständige Bedeutung zukommen" könne. Daneben existieren zahlreiche vermittelnde Ansichten, vgl. z.B. *Reimer von Borries*, Das Subsidiaritätsprinzip im Recht der Europäischen Union, EuR 1994, 263, 273 ff.; *Stefanie Schreiber*, Verwaltungskompetenzen der Europäischen Gemeinschaft, Baden-Baden 1997, S. 59; *Christian Calliess*, Subsidiaritäts- und Solidaritätsprinzip in der Europäischen Union - Vorgaben für die Anwendung von Art. 5 (ex-Art. 3 b) EGV

legung einer Definition. Vielmehr wird jeweils mit Blick auf eine konkrete Rechtsmaterie gestritten, ob ein Fall der ausschließlichen Zuständigkeit vorliegt. Neben einigen Bereichen, die unbestrittenermaßen in die ausschließliche Zuständigkeit der Gemeinschaft fallen,[971] gibt es andere Bereiche, in denen zwar die Kommission eine ausschließliche Zuständigkeit der Gemeinschaft bejaht, sich aber v.a. in der Literatur Gegenstimmen rühren.[972]

Die Kontrolle nationaler Beihilfen steht nach überwiegender Auffassung ebenfalls in der ausschließlichen Zuständigkeit der Gemeinschaft,[973] was zur Folge hat, daß das Subsidiaritätsprinzip nicht anwendbar ist.[974]

Die Annahme einer ausschließlichen Zuständigkeit der Gemeinschaft ist - von einer geringfügigen Einschränkung abgesehen[975] - richtig, wird allerdings überwiegend kaum im Detail begründet. Sie gilt sowohl für die Zuständigkeit zum Erlaß normativer Maßnah-

nach dem Vertrag von Amsterdam, 2. Aufl., Baden-Baden 1999, S. 76 ff. m.w.N. zu den vielfältigen Meinungen und Definitionsversuchen.

971 *Reimer von Borries*, Das Subsidiaritätsprinzip im Recht der Europäischen Union, EuR 1994, 263, 273 f. nennt unter Berufung auf Entscheidungen des Gerichtshofes die gemeinsame Handelspolitik (EuGH, Gutachten 1/75, Slg. 1975, 1355, 1363 ff.), die Festlegung des Zolltarifs und das materielle Zollrecht (EuGH, Rs. 40/69, HZA Hamburg/Bollmann, Slg. 1970, 69, 80, Rn. 4), die Erhaltung der Fischereiressourcen (EuGH, Rs. 3, 4 und 6/76, Kramer u.a., Slg. 1976, 1279, 1313, Rn. 44/45; Rs. 804/79, Kommission/Vereinigtes Königreich, Slg. 1981, 1045, 1072 f., Rn. 17) und die Währungspolitik nach Eintritt in die 3. Stufe der Wirtschafts- und Währungsunion.

972 Zu diesen umstrittenen Politikbereichen gehören u.a. die Vollendung des Binnenmarktes, die allgemeinen Wettbewerbsregeln sowie ein Großteil der Verkehrspolitik, vgl. *Wolfram Hilz*, Bedeutung und Instrumentalisierung des Subsidiaritätsprinzips für den europäischen Integrationsprozeß, Aus Politik und Zeitgeschichte, Beilage B-21-22/99 zu Das Parlament 1999, S. 28, 31 f.; *Reimer von Borries*, Das Subsidiaritätsprinzip im Recht der Europäischen Union, EuR 1994, 263, 274 f. m.w.N.

973 *Peter Schütterle*, Die Beihilfenkontrollpraxis der Europäischen Kommission im Spannungsfeld zwischen Recht und Politik, EuZW 1995, 391, 391; *Stefanie Schreiber*, Verwaltungskompetenzen der Europäischen Gemeinschaft, Baden-Baden 1997, S. 59, 95; *Peter M. Schmidhuber*, Das Subsidiaritätsprinzip im Vertrag von Maastricht, DVBl. 1993, 417, 418; *Reimer von Borries*, Statement: Grundsätzliche Aspekte des europäischen Beihilfenrechts, in: Jürgen Schwarze (Hrsg.), Neuere Entwicklungen auf dem Gebiet des europäischen Wettbewerbsrechts, Baden-Baden 1999, S. 95, 100. A.A.: *Michael Schweitzer*, Rechtssetzung durch die Europäischen Gemeinschaften und Kompetenzverlust in den Mitgliedstaaten, in: Harry Andreas Kremer (Hrsg.), Die Landesparlamente im Spannungsfeld zwischen europäischer Integration und europäischem Regionalismus, München 1988, S. 20, 36.

974 Zum gleichen Ergebnis gelangt auch *Christian Calliess*, der früher selbst von einer ausschließlichen Zuständigkeit der Gemeinschaft ausgegangen ist (*ders.*, Subsidiaritäts- und Solidaritätsprinzip in der Europäischen Union - Vorgaben für die Anwendung von Art. 3 b EGV am Beispiel der gemeinschaftlichen Wettbewerbs- und Umweltpolitik, Baden-Baden 1996, S. 80 m.w.N. zur herrschenden Meinung), wenn er die Beihilfenkontrolle als „exekutivische Kontrollkompetenz" faßt, die von Artikel 5 Absatz 2 EGV deshalb nicht erfaßt werde, weil dieser nur für „legislative Kompetenzen im weiteren Sinne" gelte (*ders.*, Subsidiaritäts- und Solidaritätsprinzip in der Europäischen Union - Vorgaben für die Anwendung von Art. 5 (ex-Art. 3 b) EGV nach dem Vertrag von Amsterdam, 2. Aufl., Baden-Baden 1999, S. 87 f.). Diese abweichende Begründung ist allerdings deshalb nicht völlig überzeugend, weil Artikel 89 EGV der Gemeinschaft explizit eine die Artikel 87 und 88 EGV ergänzende gesetzgeberische Tätigkeit ermöglicht.

975 Vgl. insoweit unten b).

men als auch, zumindest weitgehend, für den davon zu unterscheidenden Bereich des (exekutiv-administrativen) Verwaltungsvollzuges.[976]

a) Der Bereich der Gesetzgebung

Neben den bereits im Vertrag selbst angelegten Regelungen in Artikel 87, 88 EGV, die die materiellen Voraussetzungen und das Verfahren bei der Kontrolle von staatlichen Beihilfen abschließend regeln und keinen Spielraum für abweichende oder ergänzende mitgliedstaatliche Regelungen lassen, beinhaltet der Vertrag in Artikel 89 EGV eine Ermächtigungsgrundlage für ergänzende gesetzgeberische Tätigkeiten der Gemeinschaft. Artikel 89 EGV ermächtigt die Gemeinschaft zum Erlaß aller „zweckdienlichen Durchführungsverordnungen" zu den Artikeln 87 und 88 EGV.

Auch diese Zuständigkeit ist dabei nach Sinn und Zweck der Regelung ausschließlicher Natur. Artikel 87 und 88 EGV weisen der Gemeinschaft die alleinige Verantwortung für die Kontrolle mitgliedstaatlicher Beihilfen „vollständig und endgültig" zu.[977] Den Mitgliedstaaten gegenüber handelt es sich bei Artikel 87, 88 EGV um eine abschließende Vollregelung, was für eine ausschließliche Zuständigkeit der Gemeinschaft spricht. Es wäre widersprüchlich, Regelungen, die zur bloßen Ergänzung und Abrundung des Systems der Beihilfeaufsicht dienen sollen, nicht ebenfalls an dieser Qualifizierung teilhaben zu lassen und der konkurrierenden Zuständigkeit zu unterstellen. Nur der Gemeinschaft kann die Kompetenz zustehen, die vertraglichen Grundlagen der Beihilfenkontrolle durch ergänzende Regelungen gemäß Artikel 89 EGV zu modifizieren. Die Tatsache, daß von der in Artikel 89 EGV verankerten Kompetenz zum Erlaß von Verordnungen jahrelang nicht Gebrauch gemacht worden ist, ändert nichts an der Einordnung als ausschließliche Zuständigkeit der Gemeinschaft. Insofern sind die Argumente der Länder, die neue Verfahrensverordnung sei aufgrund des Subsidiaritätsprinzips auf Eckpunkte zu beschränken,[978] in ihrer politischen Intention zwar nachvollziehbar, rechtlich aber nicht stichhaltig.

b) Der Bereich des Verwaltungsvollzugs

Was den Verwaltungsvollzug betrifft, so ist zunächst festzustellen, daß sich die Zuständigkeiten in den Bereichen der Gesetzgebung und des Verwaltungsvollzugs nicht dekken.[979] Ein automatischer Rückschluß von der ausschließlichen Gesetzgebungszustän-

976 Generell zur Unterscheidung zwischen gesetzgeberischem Tätigwerden und dem Verwaltungsvollzug im Rahmen des Subsidiaritätsprinzips vgl. GTE-*Zuleeg*, Art. 3 b, Rn. 8; *Stefanie Schreiber*, Verwaltungskompetenzen der Europäischen Gemeinschaft, Baden-Baden 1997, S. 59; *Reinhard Priebe*, Diskussionsbeitrag, in: Jürgen Schwarze, Christian Starck (Hrsg.), Vereinheitlichung des Verwaltungsverfahrensrechts in der EG, EuR - Beiheft 1/95, 99, 101.

977 Zu diesem Kriterium im Rahmen der ausschließlichen Zuständigkeit vgl. *Reimer von Borries*, Das Subsidiaritätsprinzip im Recht der Europäischen Union, EuR 1994, 263, 274.

978 Vgl. z.B. Pressemitteilung des Bundesrates 101/98 vom 8. Mai 1998, „EG-Verordnung zur Kontrolle der staatlichen Beihilfen auf Eckpunkte beschränken", Drucksache 239/98 (Beschluß), S. 2.

979 GTE-*Zuleeg*, Art. 3 b, Rn. 8.

digkeit auf eine ausschließliche Zuständigkeit für den Verwaltungsvollzug ist daher nicht zulässig. Vielmehr ist der Verwaltungsvollzug durch die Mitgliedstaaten die Regel und die Zuständigkeit der Gemeinschaft hierfür die Ausnahme, die speziell angeordnet sein muß.

Die Artikel 87, 88 EGV weisen der Kommission explizit weitgehende Befugnisse zum Verwaltungsvollzug zu. Diese Befugnisse sind so umfangreich, daß die Kontrolle von staatlichen Beihilfen teilweise als Beispiel für eine Rechtsmaterie angeführt wird, in der die Gemeinschaft auch für den Verwaltungsvollzug ausschließlich zuständig sei.[980] Dieser Aussage ist im Hinblick auf den Vollzug des Kontrollverfahrens gemäß Artikel 88 EGV grundsätzlich zuzustimmen; sie ist allerdings zu pauschal formuliert und bedarf deshalb einer gewissen Relativierung.

Richtig ist, daß die Kommission für die Überprüfung der Vertragsmäßigkeit neuer Beihilfen und die fortlaufende Kontrolle bestehender Beihilfen ausschließlich zuständig ist.[981] Den Mitgliedstaaten Befugnisse in diesen Bereichen des beihilfeaufsichtsrechtlichen Verwaltungsvollzuges zuzugestehen, hieße, daß diese einerseits zur Kontrolle ihrer eigenen nationalen Beihilfepolitik berufen wären und andererseits Kontrollbefugnisse im Verhältnis zu anderen Mitgliedstaaten auszuüben hätten.[982] Jeder Mitgliedstaat würde sozusagen „zum Richter in eigener Sache".[983] Die Gefahr des Mißbrauchs ist einer solchen Konstellation immanent. Die mitgliedstaatlichen Interessen, die zur Gewährung von Beihilfen führen, sind dem Gemeinschaftsinteresse an einem unverfälschten Wettbewerb naturgemäß gegenläufig.[984] Insofern darf diejenige Ebene, der bestimmte Pflichten zur Einhaltung auferlegt werden, nicht gleichzeitig die Befugnis zur Kontrolle der Pflichterfüllung innehaben.[985] Die Gewähr für eine effiziente, faire und einheitliche Kontrolle bietet nur eine übergeordnete Instanz.[986] Die Kommission als supranationales Or-

980 Vgl. *Stefanie Schreiber*, Verwaltungskompetenzen der Europäischen Gemeinschaft, Baden-Baden 1997, S. 59 f., 94 f.

981 Vgl. EuGH, Rs. C-354/90, Fédération nationale du commerce extérieur des produits alimentaires und Syndicat national des négociants et transformateurs de saumon/Frankreich („FNCE-Urteil"), Slg. 1991, I-5505, 5528, Rn. 14.

982 *Stefanie Schreiber*, Verwaltungskompetenzen der Europäischen Gemeinschaft, Baden-Baden 1997, S. 59.

983 Dem ehemaligen Präsidenten der Europäischen Kommission, *Jacques Santer*, wird das sehr anschauliche Bild zugeschrieben, „das Subsidiaritätsprinzip sei bei der Beihilfe-Kontrolle ungefähr so angebracht, als würde man vorschlagen, den Schiedsrichter beim Fußball abzuschaffen. Wenn jeder Spieler für sich selbst pfeife, könne das nicht gutgehen," vgl. „Santer verteidigt die Beihilfe-Kontrolle der EU", FAZ v. 27.5.1998, S. 17.

984 Zu dieser grundlegenden Interessenkollision im Kontext des Vertrauensschutz vgl. bereits oben Teil 2, A.IV.3.dd).(4).

985 Vgl. erneut *Stefanie Schreiber*, Verwaltungskompetenzen der Europäischen Gemeinschaft, Baden-Baden 1997, S. 59, sowie *Reimer von Borries*, Statement: Grundsätzliche Aspekte des europäischen Beihilfenrechts, in: Jürgen Schwarze (Hrsg.), Neuere Entwicklungen des europäischen Wettbewerbsrechts, Baden-Baden 1999, S. 95, 100.

986 Etwas mißverständlich ist insoweit der Artikel von *Christian Koenig, Jürgen Kühling*, Reform des EG-Beihilfenrechts aus der Perspektive des mitgliedstaatlichen Systemwettbewerbs - Zeit für eine Neuausrichtung?, EuZW 1999, 517 ff. Auf Seite 521 regen die Autoren zunächst sogar den Ausbau

gan entspricht diesen Anforderungen. Sie ist von den Mitgliedstaaten weitgehend unabhängig und dadurch in der Lage, die Singularinteressen der einzelnen Staaten richtig zu gewichten und gegen das gemeinschaftliche Interesse an unverfälschtem Wettbewerb und einer einheitlichen Anwendung des Verfahrens abzuwägen.[987]

Die oben verschiedentlich angedeutete Ausnahme ist die Rückforderung von vertragswidrigen Beihilfen, die von den Mitgliedstaaten nach dem jeweiligen nationalen Recht durchgeführt wird. In diesem Teilbereich obliegt der Verwaltungsvollzug, anders als bei der Notifizierung neuer und der Kontrolle bestehender Beihilfen, in Ermangelung einer entgegenstehenden Regelung zumindest derzeit den Mitgliedstaaten. Es spricht allerdings viel dafür, daß es zulässig wäre, wenn die Gemeinschaft auch in diesem Bereich den Verwaltungsvollzug per Verordnung an sich ziehen würde.[988]

Im Ergebnis erweisen sich demzufolge die v.a. von Vertretern der Länder in das Subsidiaritätsprinzip gesetzten Hoffnungen als trügerisch. Nach der insoweit eindeutigen Rechtslage ist das Subsidiaritätsprinzip nämlich im Bereich der Beihilfenaufsicht gar nicht anwendbar, da die Gemeinschaft hier eine ausschließliche Zuständigkeit besitzt.

2. Überlegungen zur Rolle des Subsidiaritätsprinzips in der Zukunft

Obwohl das Subsidiaritätsprinzip derzeit im Bereich der Beihilfenaufsicht keine Rolle spielt, weil dieser Bereich wie gesehen in der ausschließlichen Zuständigkeit der Gemeinschaft steht, stellt sich im Hinblick auf eine optimale Ausgestaltung der Beihilfenkontrolle die Frage, ob diesem Grundsatz nicht in Zukunft *de lege ferenda* eine verstärkte Bedeutung zukommen sollte.

Dabei kämen zwei Möglichkeiten in Betracht, dieses Ziel zu erreichen: Zum einen wäre denkbar, den Anwendungsbereich des Artikel 5 Absatz 2 EGV grundsätzlich auszuweiten und auf jegliche Art von Gemeinschaftskompetenz zu erstrecken. Die zweite, weni-

der „zentralen Kontrollaufgabe“ der Kommission an, da diese über die notwendige Kompetenz und eine „klare Ausrichtung auf die Wahrung des gemeineuropäischen Wohls“ verfüge. Später wird dann vertreten (Seite 523), daß die „wünschenswerte Entpolitisierung der Beihilfenkontrolle“ nur durch ihre „Auslagerung aus der politisierten Kommission“ konsequent erzielbar sei. Die Kommission sei als „Initiatorin und Beteiligte von vielfältigen industriepolitischen Maßnahmebündeln zu sehr befangen, als daß sie eine dem unverzerrten Wettbewerb auf Gütermärkten und auf dem Markt der Standortanbieter vollständig verpflichtete Kontrollpolitik unabhängig verfolgen könnte.“ Statt der Kommission als übergeordnete Kontrollinstanz regen die Autoren an dieser Stelle die Schaffung eines „unabhängigen Amtes für die Kontrolle der mitgliedstaatlichen und gemeinschaftlichen Beihilfen“ an.

987 Vgl. XXIV. Bericht über die Wettbewerbspolitik 1994, Luxemburg 1995, S. 81, Rn. 109; *Stefanie Schreiber*, Verwaltungskompetenzen der Europäischen Gemeinschaft, Baden-Baden 1997, S. 60.

988 Die Gemeinschaft könnte also in einer Verordnung gemäß Artikel 89 EGV entweder (a) die Rechtsgrundlagen der Rückforderung gemeinschaftsrechtlich vereinheitlichen, deren Vollzug aber weiterhin bei den Mitgliedstaaten belassen oder aber (b) sogar den Vollzug der Rückforderung selbst an sich ziehen, vgl. *Adinda Sinnaeve*, Die Rückforderung gemeinschaftsrechtswidriger nationaler Beihilfen, Berlin 1997, S. 260 ff., v.a. 262. Zu der Frage, welche dieser Varianten sinnvoller wäre, vgl. unten 2.b).

ger weitgehende Möglichkeit wäre, nur die Beihilfenkontrolle per Vertragsänderung aus dem Bereich der ausschließlichen Zuständigkeit auszugliedern. Die Auslegung bzw. Fassung von Artikel 5 Absatz 2 EGV selbst bliebe dann unverändert.

Die erstgenannte Möglichkeit, das Subsidiaritätsprinzip entgegen der Formulierung in Artikel 5 Absatz 2 EGV auch in den Bereichen der ausschließlichen Zuständigkeit anzuwenden, wird in der Literatur angedacht.[989] Dagegen spricht, daß die grundlegende Differenzierung in exklusive und überlappende Zuständigkeiten gerade nicht willkürlich ist. Die Übertragung von Politikbereichen in die ausschließliche Zuständigkeit der Gemeinschaft erfolgt vielmehr regelmäßig in dem Wissen, daß nur auf europäischer Ebene eine angemessene Zielerreichung möglich ist.[990] Insofern ist eine pauschale Ausweitung des Subsidiaritätsprinzips auf Bereiche der ausschließlichen Gemeinschaftskompetenz auch in Zukunft abzulehnen. Nicht umsonst haben sich verschiedene mitgliedstaatliche Regierungen schon bei der letzten Regierungskonferenz 1996/97 explizit gegen eine Änderung des Subsidiaritätsartikels ausgesprochen.[991]

Stattdessen sollte für jede Rechtsmaterie gesondert analysiert werden, ob die ausschließliche Gemeinschaftskompetenz berechtigt ist oder nicht. Mit speziellem Bezug auf das Beihilferecht ist also zu untersuchen, ob es Bereiche gibt, in denen Raum für eine normative Gestaltung bzw. den administrativen Vollzug durch die Mitgliedstaaten bleiben sollte.

a) Der Bereich der Gesetzgebung

Was die materiell-rechtlichen Vorgaben, also insbesondere die grundlegenden Definitionen und Ausnahmeregelungen des Beihilferechts, betrifft, so ist eindeutig, daß im Interesse einer fairen, für alle gleichen Regelung der Grundlagen des Beihilferechts nur die Gemeinschaft zur Gesetzgebung befugt sein kann. Raum für mitgliedstaatliche Gesetzgebung kann in diesem Bereich nicht bestehen. Die ausschließliche gesetzgeberische Zuständigkeit liegt zu Recht bei der Gemeinschaft und muß auch in Zukunft bei ihr verbleiben.

989 Vgl. *Europäische Strukturkommission*, in: Werner Weidenfeld (Hrsg.), Reform der Europäischen Union - Materialien zur Revision des Maastrichter Vertrages 1996, Gütersloh 1995, S. 23 f.

990 *Christoph Dorau*, Eine Verfassung für die Europäische Union, Magisterarbeit an der Albert-Ludwigs-Universität, Freiburg 1999, S. 75 f.

991 Besonders unmißverständlich war die Aussage der spanischen Regierung (Ministerium für Auswärtige Angelegenheiten des Königreichs Spanien: „Regierungskonferenz - Diskussionsgrundlagen der spanischen Regierung“, Generalsekretariat des Rates der Europäischen Union, Mai 1995, Dok. SN 1709/95, in: Mathias Jopp, Otto Schmuck (Hrsg.), Die Reform der Europäischen Union: Analysen - Positionen - Dokumente zur Regierungskonferenz 1996/97, Bonn 1996, S. 194), die Subsidiarität dürfe „keinesfalls zu einer Waffe werden, mit der die Befugnisse, die bereits auf die Union übergegangen sind, beschnitten werden.“ Vgl. aber auch die ablehnende Stellungnahme des föderal strukturierten Belgiens, *Christian Franck*, La Belgique, in: Rudolf Hrbek (Hrsg.), Die Reform der Europäischen Union: Positionen und Perspektiven anläßlich der Regierungskonferenz, Baden-Baden 1997, S. 46.

Aber auch was die gesetzliche Ausgestaltung des Verfahrens anbetrifft, macht die ausschließliche Zuständigkeit der Gemeinschaft Sinn. Denn auch hier führt die Anwendbarkeit verschiedener nationaler Rechtssysteme in den vertraglich nicht vereinheitlichten Bereichen zu unerwünschten Wettbewerbsverzerrungen.[992] Die Durchführung der Rückforderung obliegt den Mitgliedstaaten nicht aufgrund einer echten „gemeinschaftsfesten" Kompetenz, sondern lediglich „by default", d.h. in Ermangelung einer gemeinschaftlichen Regelung. Dies bedeutet, daß die oben bereits angesprochene Vereinheitlichung des Rückforderungsverfahrens von rechtswidrigen Beihilfen per Verordnung gemäß Artikel 89 EGV sich weder jetzt noch in Zukunft am Subsidiaritätsprinzip messen lassen muß bzw. sollte. Artikel 89 EGV gibt der Gemeinschaft wie gesehen die ausschließliche Kompetenz zu zweckdienlichen Durchführungsverordnungen. Die Vereinheitlichung des Rückforderungsverfahrens durch die Schaffung von gemeinschaftsrechtlichen Rückforderungsregeln stellt eine derartige zweckdienliche Abrundung des Artikel 88 EGV dar.[993] Eine Berufung auf das Subsidiaritätsprinzip läuft deshalb leer.[994]

b) Der Bereich des Verwaltungsvollzugs

Aber auch beim Verwaltungsvollzug kann meines Erachtens nichts anderes gelten: Bei der Anmeldung neuer und der Kontrolle bestehender Beihilfen sprechen die oben bereits angeführten Argumente auch in Zukunft für ein Tätigwerden der Kommission und gegen einen Verwaltungsvollzug durch die Mitgliedstaaten.[995] Auch die Schaffung einer neuen, unabhängigen Beihilfeaufsichtsbehörde, die teilweise befürwortet wird, um die Beihil-

992 Vgl. oben Teil 2, A.IV.3.a).dd).(2) zum Vertrauensschutz.

993 Vgl. erneut *Adinda Sinnaeve*, Die Rückforderung gemeinschaftsrechtswidriger nationaler Beihilfen, Berlin 1997, S. 261 f. Wer sich gegen die Vergemeinschaftung der Rechtsgrundlagen der Rückforderung wenden möchte, kann sich also nicht auf die Anwendbarkeit des Subsidiaritätsprinzips im Rahmen des Beihilferechts berufen. Eher erfolgversprechend wäre ein Argument, daß eine so weitgehende Regelung wie die Einführung gemeinsamer Bestimmungen für das Rückforderungsverfahren entgegen der hier vertretenen Auffassung mehr als eine bloße Durchführungsverordnung darstellt und nicht von der Ermächtigungsgrundlage des Artikel 89 EGV gedeckt ist. Die Vergemeinschaftung der Rückforderungsregeln wäre dann nur im Wege einer Vertragsreform zulässig.

994 Hinzu kommt, daß die Vereinheitlichung des Rückforderungsverfahrens per Verordnung selbst im Falle einer unterstellten Anwendbarkeit des Subsidiaritätsprinzips im Bereich des Artikel 89 EGV zulässig wäre, weil die nötigen Voraussetzungen für ein Tätigwerden der Gemeinschaft vorliegen: Die über die Jahre aufgetretenen Probleme bei der Rückforderung vertragswidriger Beihilfen, die auf der Anwendbarkeit des nationalen Rechts bei der Rückforderung basieren, zeigen deutlich, daß die Rückforderung auf Ebene der Mitgliedstaaten „nicht ausreichend" gelöst werden kann (sog. „Negativkriterium"). Stattdessen kann diese Aufgabe wegen ihres Umfangs auf Gemeinschaftsebene „besser" erreicht werden (sog. „Positivkriterium"). Vgl. zu diesen Voraussetzungen im einzelnen *Christian Calliess*, Subsidiaritäts- und Solidaritätsprinzip in der Europäischen Union - Vorgaben für die Anwendung von Art. 5 (ex-Art. 3 b) EGV nach dem Vertrag von Amsterdam, 2. Aufl., Baden-Baden 1999, S. 104 ff.

995 Ausdrücklich gegen eine solche „Dezentralisierung" der Beihilfenkontrolle auch *Reimer von Borries*, Statement: Grundsätzliche Aspekte des europäischen Beihilfenrechts, in: Jürgen Schwarze (Hrsg.), Neuere Entwicklungen des europäischen Wettbewerbsrechts, Baden-Baden 1999, S. 95, 100. Vgl. ansonsten oben Teil 2, B.II.1.b).

fenkontrolle zu entpolitisieren,[996] ist weder theoretisch vorzugswürdig noch derzeit praktisch realisierbar. Zum einen ist zweifelhaft, ob ein solches Amt tatsächlich unabhängiger sein könnte als die Kommission. Darüber hinaus ist fraglich, ob die Beihilfenkontrolle überhaupt „entpolitisierbar" ist. Denn ein gewisser rechtlich/politischer Zielkonflikt scheint der Beihilfenkontrolle immanent zu sein. Die Kommission ist zur Bewältigung dieses Konflikts, nicht zuletzt aus Gründen der Kontinuität, besser geeignet als ein neu begründetes Amt.[997]

Lediglich der Vollzug der Rückforderung von Beihilfen sollte auch in Zukunft bei den Mitgliedstaaten verbleiben. Nach der Einführung von einheitlichen gemeinschaftlichen Regeln für das Rückforderungsverfahren würden die Mitgliedstaaten Gemeinschaftsrecht vollziehen und nicht mehr ihr eigenes nationales Verwaltungsverfahrensrecht. Der Vollzug der Rückforderung von Beihilfen durch die Mitgliedstaaten ist aber in jedem Fall, unabhängig von der Natur des zu vollziehenden Rechts, interessengerecht, da die mitgliedstaatliche Verwaltung in diesem Bereich eine lediglich dienende, untergeordnete Funktion wahrnimmt.[998] Insofern kann mitgliedstaatliches Handeln die Interessen der Gemeinschaft nicht gefährden - klare rechtliche Grundlagen vorausgesetzt. Zugleich entlastet es die Ressourcen der Kommission, die ihrerseits kein Interesse daran haben kann, die Rückforderung selbst zu betreiben.[999]

Nach alldem ist festzustellen, daß das Beihilferecht zu Recht in der ausschließlichen Zuständigkeit der Gemeinschaft steht; das Subsidiaritätsprinzip sollte auch in Zukunft keine Anwendung finden. Damit ist allerdings nicht gesagt, daß jede Form von gemein-

996 Vgl. *Christian Koenig, Jürgen Kühling*, Reform des EG-Beihilfenrechts aus der Perspektive des mitgliedstaatlichen Systemwettbewerbs - Zeit für eine Neuausrichtung?, EuZW 1999, 517, 523, sowie bereits oben Fn. 986.

997 Zu diesem Ergebnis kommen auch *Peter Schütterle*, Die Beihilfenkontrollpraxis der Europäischen Kommission im Spannungsfeld zwischen Recht und Politik, EuZW 1995, 391, 391 und *Claus-Dieter Ehlermann*, State Aid Control in the European Union: Success or Failure, Fordham International Law Journal 18 (1995), 1212, 1218. Anderer Auffassung sind wohl *Christian Koenig, Jürgen Kühling*, Reform des EG-Beihilfenrechts aus der Perspektive des mitgliedstaatlichen Systemwettbewerbs - Zeit für eine Neuausrichtung?, EuZW 1999, 517, 523; vgl. hierzu auch Fn. 986 dieser Arbeit.

998 Besonders deutlich kommt dies im Alcan-II-Urteil (EuGH, Rs. C-24/95, Land Rheinland-Pfalz/Alcan Deutschland, Slg. 1997, I-1591, 1619, Rn. 34) zum Ausdruck. Der Gerichtshof führt dort aus: „Bei staatlichen Beihilfen, die für mit dem Gemeinsamen Markt unvereinbar erklärt werden, beschränkt sich die Rolle der nationalen Behörden, wie der Generalanwalt in Nummer 27 seiner Schlußanträge hervorgehoben hat, auf die Durchführung der Entscheidung der Kommission. Die nationalen Behörden verfügen somit bezüglich der Rücknahme eines Bewilligungsbescheides über keinerlei Ermessen. Ordnet die Kommission also durch eine Entscheidung, gegen die keine Klage erhoben worden ist, die Rückforderung zu Unrecht gezahlter Beträge an, so ist die nationale Behörde nicht berechtigt, irgendeine andere Feststellung zu treffen."

999 Anderer Ansicht ist *Adinda Sinnaeve*, Die Rückforderung gemeinschaftsrechtswidriger nationaler Beihilfen, Berlin 1997, S. 262 ff., die sich dafür ausspricht, daß die Gemeinschaft erstens einheitliche Rückforderungsregeln schaffen solle und zweitens die Rückforderung direkt durch die Kommission vollzogen werden sollte. Als Rückforderungsmechanismus wird für alle Formen von Beihilfen eine sog. „Ausgleichszahlung" propagiert, die unabhängig von der Natur der Beihilfe dem Geldwert der zugeflossenen Begünstigung entsprechen soll.

schaftlichen Regelungsinitiativen im Beihilferecht uneingeschränkt zu begrüßen ist: Selbstverständlich sollte die Gemeinschaft ihre Regelungen auch im Bereich des Beihilferechts auf möglichst schonende, notwendige Normierungen beschränken[1000] und bestrebt sein, Einbrüche in die Verwaltungshoheit der Mitgliedstaaten so gering wie möglich halten. Insbesondere ist hier an die oben bereits angesprochene einheitliche Regelung der Rückforderung von Beihilfen per Verordnung gemäß Artikel 89 EGV zu denken. Eine solche Regelung, für die die Gemeinschaft wie oben erläutert die Kompetenz besitzt, müßte sich nach der hier vertretenen Auffassung zwar nicht am Maßstab des Subsidiaritätsprinzips messen lassen. Dennoch wäre es wünschenswert, wenn die Gemeinschaft nur diejenigen Verfahrensbereiche vereinheitlichen würde, in denen es bislang zu Problemen und Fehlsteuerungen infolge der Anwendung von nationalem Recht gekommen ist.[1001]

Außerdem wäre es zu begrüßen, wenn die Kommission in Zukunft nationale Wettbewerbsbehörden und deren Know-how verstärkt in ihre eigene Tätigkeit miteinbeziehen würde.[1002] Von einem solchen Dialog und gegenseitiger Amtshilfe kann die Qualität des Beihilfeaufsichtsverfahrens insgesamt nur profitieren. Letztentscheidungsträger und „Herrin des Verfahrens“ kann aber auch bei solchen wünschenswerten freiwilligen Kooperationen nur die Kommission sein. Derartige „weiche“ Verflechtungen der Gemeinschaftsebene mit den Mitgliedstaaten und gegebenenfalls deren Regionen,[1003] ebenso wie die Beschränkung von Gesetzgebung auf ein sinnvolles Maß, liegen im wohlverstandenen Eigeninteresse der Kommission, ohne daß sich eine Verpflichtung hierzu aus dem Subsidiaritätsprinzip ergeben müßte.[1004]

1000 Dies ergibt sich schon aus dem Verhältnismäßigkeitsgrundsatz in Artikel 5 Absatz 3 EGV, der auch in Bereichen der ausschließlichen Zuständigkeit anwendbar ist, vgl. z.B. *Peter M. Schmidhuber*, Das Subsidiaritätsprinzip im Vertrag von Maastricht, DVBl. 1993, 417, 418.

1001 Z.B. den Bereich des Vertrauensschutzes bei der Rückforderung, vgl. oben Teil 2, A.IV.3.b).

1002 Ursprünglich enthielt der Kommissionsvorschlag der Kommission für eine Verfahrensverordnung (ABl. 1998, C 116, S. 13) in Artikel 21 eine Bestimmung, die vorsah, daß jeder Mitgliedstaat eine unabhängige Aufsichtsstelle benennen sollte, an die sich die Kommission zwecks Informationsbeschaffung hätte wenden können, wenn Zweifel bestehen, ob der betreffende Mitgliedstaat sich an bestimmte Entscheidungen der Kommission gehalten hat. Zu diesem Kooperationsverfahren, das im endgültigen Verordnungstext nicht mehr enthalten ist, vgl. *Adinda Sinnaeve*, Der Kommissionsvorschlag zu einer Verfahrensverordnung für die Beihilfenkontrolle, EuZW 1998, 268, 272.

1003 Auf die Rolle des Subsidiaritätsprinzips im problematischen Spannungsfeld von mitgliedstaatlichen Regionalbeihilfen und der Regionalförderung aus Gemeinschaftsmitteln kann im Rahmen dieser Untersuchung nicht eingegangen werden. Vgl. hierzu aber *Thomas M. Dietz*, Die Reform der EU-Beihilfenkontrolle und ihre Auswirkungen auf die regionale Wirtschaftsförderung, Aus Politik und Zeitgeschichte, Beilage B-21-22/99 zu Das Parlament 1999, S. 17 ff., insbesondere 23 f.

1004 Vgl. auch den unmittelbar folgenden Teil 2, B.III zur Verhältnismäßigkeit.

III. Der Verhältnismäßigkeitsgrundsatz

1. Rechtsgrundlage, Definition und Anwendungsbereich

Einer der bedeutsamsten allgemeinen Rechtsgrundsätze des Gemeinschaftsrechts ist das Verhältnismäßigkeitsprinzip. Bereits früh hat der Gerichtshof in seinen Urteilen auf Erwägungen der Verhältnismäßigkeit Bezug genommen[1005] und die Konturen des Prinzips in einer Vielzahl von Urteilen herausgearbeitet und etabliert.[1006] Bezeichnend ist das Urteil in der Rechtssache *Schräder Kraftfutter*. Nach der einleitenden Feststellung, der Grundsatz der Verhältnismäßigkeit gehöre „nach ständiger Rechtsprechung des Gerichtshofes zu den allgemeinen Grundsätzen des Gemeinschaftsrechts" fährt der Gerichtshof fort, daß hoheitliche Maßnahmen nur dann rechtmäßig sind, „wenn sie zur Erreichung der zulässigerweise mit der fraglichen Regelung verfolgten Ziele geeignet und erforderlich sind. Dabei ist, wenn mehrere geeignete Maßnahmen zur Auswahl stehen, die am wenigsten belastende zu wählen; ferner müssen die auferlegten Belastungen in einem angemessenen Verhältnis zu den angestrebten Zielen stehen."[1007]

Im Rahmen der Vertragsreform von Maastricht wurde das Verhältnismäßigkeitsprinzip ausdrücklich im Vertrag verankert. Artikel 5 Absatz 3 EGV bestimmt: „Die Maßnahmen der Gemeinschaft gehen nicht über das für die Erreichung der Ziele dieses Vertrags erforderliche Maß hinaus." Auch wenn diese Formulierung auf den ersten Blick enger ist als die oben zitierte Rechtsprechungsformel, ist allgemeine Auffassung, daß das Verhältnismäßigkeitsprinzip durch Artikel 5 Absatz 3 EGV ganz umfassend, d.h. in der Gestalt, die es zuvor in der Rechtsprechung des Gerichtshofes gefunden hatte, normiert worden ist.[1008] Erfaßt wird also nicht nur der Teilaspekt der Erforderlichkeit, sondern auch die Geeignetheit und die Angemessenheit von Maßnahmen.

1005 Vgl z.B. EuGH, Rs. 8/55, Fédération Charbonnière de Belgique/Hohe Behörde, Slg. 1955/56, 297, 311, wo der Gerichtshof ausführte: Einem „allgemeinen anerkannten Rechtssatz zufolge müßte ein solches indirektes Vorgehen der Hohen Behörde gegen ein unerlaubtes Verhalten der Unternehmen zu dem Ausmaß des letzteren in einem gewissen Verhältnis stehen."

1006 Vgl. hierzu z.B. *Günter Hirsch*, Das Verhältnismäßigkeitsprinzip im Gemeinschaftsrecht, in: Scritti in Onore di G. F. Mancini, vol. 2: Diritto dell'Unione Europea, Mailand 1998, S. 459, 466 ff.; *Eckhard Pache*, Der Grundsatz der Verhältnismäßigkeit in der Rechtsprechung der Gerichte der Europäischen Gemeinschaften, NVwZ 1999, 1033, 1034 ff.; *Christian Calliess*, Subsidiaritäts- und Solidaritätsprinzip in der Europäischen Union - Vorgaben für die Anwendung von Art. 5 (ex-Art. 3 b) EGV nach dem Vertrag von Amsterdam, 2. Aufl., Baden-Baden 1999, S. 117 ff.

1007 EuGH, Rs. 265/87, Hermann Schräder HS Kraftfutter/HZA Gronau, Slg. 1989, 2237, 2269, Rn. 21; ähnlich auch verb. Rs. C-296/93 und C-307/93, Frankreich und Irland/Kommission, Slg. 1996, I-795, 842, Rn. 30 m.w.N. zur Rechtsprechung.

1008 *Reimer von Borries*, Das Subsidiaritätsprinzip im Recht der Europäischen Union, EuR 1994, 263, 271; *Peter M. Schmidhuber, Gerhard Hitzler*, Die Verankerung des Subsidiaritätsprinzips im EWG-Vertrag - ein wichtiger Schritt auf dem Weg zu einer föderalen Verfassung der Europäischen Gemeinschaft, NVwZ 1992, 720, 722; *Günter Hirsch*, Das Verhältnismäßigkeitsprinzip im Gemeinschaftsrecht, in: Scritti in Onore di G. F. Mancini, vol. 2: Diritto dell'Unione Europea, Mailand 1998, S. 459, 468; *Christian Calliess*, Subsidiaritäts- und Solidaritätsprinzip in der Europäischen Union - Vorgaben für die Anwendung von Art. 5 (ex-Art. 3 b) EGV nach dem Vertrag von Amsterdam, 2. Aufl., Baden-Baden 1999, S. 116 m.w.N.

Durch die Aufnahme in den Vertragstext ist endgültig geklärt, daß das Verhältnismäßigkeitsprinzip nicht nur ein Maßstab für das Handeln der Verwaltung ist, sondern auch für die Normsetzung der Gemeinschaft. Es setzt also eine Schranke für jede Tätigkeit der Gemeinschaft, unabhängig von dem handelnden Organ, der Rechtsform und dem Umfeld der Maßnahme.[1009] Zu unterscheiden sind zwei Schutz- bzw. Wirkungsrichtungen: Zum einen beschränkt das Verhältnismäßigkeitsprinzip Eingriffe der Gemeinschaft gegenüber Individuen, die durch Gemeinschaftsmaßnahmen in ihren Rechten betroffen sind. Daneben kommt es aber auch im Verhältnis der Gemeinschaft zu den Mitgliedstaaten zur Anwendung.[1010]

2. *Das Verhältnismäßigkeitsprinzip im Beihilferecht*

a) Legislatives Handeln

Aus der Funktion des Verhältnismäßigkeitsgrundsatzes als übergreifendes Prinzip zur Begrenzung der Wirtschaftsgesetzgebung und -verwaltung in der Gemeinschaft[1011] folgt für den hier interessierenden Bereich des Beihilferechtes, daß grundsätzlich sämtliche legislativen Maßnahmen (z.B. die Verfahrensverordnung und die Gruppenfreistellungsrahmenverordnung des Rates sowie die sie ergänzenden, zukünftigen Freistellungsverordnungen der Kommission) verhältnismäßig sein müssen.[1012] Die drei klassischen, aus dem deutschen Recht bekannten Prüfungsstufen werden in der Rechtsprechung des Gerichtshofes dabei nicht immer terminologisch klar getrennt.[1013] Von Bedeutung sind vor allem die Erforderlichkeit und die Angemessenheit (Verhältnismäßigkeit i.e.S.) einer

1009 *Peter M. Schmidhuber, Gerhard Hitzler*, Die Verankerung des Subsidiaritätsprinzips im EWG-Vertrag - ein wichtiger Schritt auf dem Weg zu einer föderalen Verfassung der Europäischen Gemeinschaft, NVwZ 1992, 720, 722. Besonders plastisch ist auch die Formulierung bei *Günter Hirsch*, der von einer „allgemeinen Handlungsschranke aller Gemeinschaftsorgane" spricht (*Günter Hirsch*, Das Verhältnismäßigkeitsprinzip im Gemeinschaftsrecht, in: Scritti in Onore di G. F. Mancini, vol. 2: Diritto dell'Unione Europea, Mailand 1998, S. 459, 473).

1010 *Reimer von Borries*, Das Subsidiaritätsprinzip im Recht der Europäischen Union, EuR 1994, 263, 270 f.; *Günter Hirsch*, Das Verhältnismäßigkeitsprinzip im Gemeinschaftsrecht, in: Scritti in Onore di G. F. Mancini, vol. 2: Diritto dell'Unione Europea, Mailand 1998, S. 459, 469, 472 f.

1011 *Jürgen Schwarze*, Europäisches Verwaltungsrecht, Bd. II, Baden-Baden 1988, S. 831.

1012 Wie oben bereits ausgeführt (vgl. dazu Teil 2, B.II.2.b)), ist der Grundsatz der Verhältnismäßigkeit also - anders als das Subsidiaritätsprinzip - auch im Bereich der ausschließlichen Gesetzgebungszuständigkeit der Gemeinschaft anwendbar. Zum Verhältnis zwischen Subsidiaritätsprinzip und Verhältnismäßigkeitsgrundsatz vgl. ausführlich *Günter Hirsch*, Das Verhältnismäßigkeitsprinzip im Gemeinschaftsrecht, in: Scritti in Onore di G. F. Mancini, vol. 2: Diritto dell'Unione Europea, Mailand 1998, S. 459, 474 ff.; *Christian Calliess*, Subsidiaritäts- und Solidaritätsprinzip in der Europäischen Union - Vorgaben für die Anwendung von Art. 5 (ex-Art. 3 b) EGV nach dem Vertrag von Amsterdam, 2. Aufl., Baden-Baden 1999, S. 120 ff. m.w.N.

1013 Zu beachten ist außerdem, daß die drei gemeinschaftsrechtlichen Begriffe (geeignet, erforderlich bzw. notwendig und angemessen) nicht mit den aus dem deutschen Recht bekannten Begriffen quasi „mechanisch" gleichgesetzt werden dürfen, vgl. hierzu im einzelnen *Jürgen Schwarze*, Europäisches Verwaltungsrecht, Bd. II, Baden-Baden 1988, S. 831 ff.; *Christian Calliess*, Subsidiaritäts- und Solidaritätsprinzip in der Europäischen Union - Vorgaben für die Anwendung von Art. 5 (ex-Art. 3 b) EGV nach dem Vertrag von Amsterdam, 2. Aufl., Baden-Baden 1999, S. 118.

Maßnahme:[1014] Das angestrebte gesetzgeberische Ziel darf nicht durch andere, das zu schützende Gut weniger einschränkende Maßnahmen erreichbar sein.[1015] Die Mittel, die zur Erfüllung des verfolgten Zwecks eingesetzt werden, müssen der Bedeutung dieses Zwecks entsprechen,[1016] d.h. es wird abgewogen zwischen dem Nutzen für die Allgemeinheit und den Einschränkungen geschützter Rechtspositionen der Gemeinschaftsbürger.[1017] Die Geeignetheit spielt dagegen eine deutlich geringere Rolle[1018] und entfällt bei eindeutigen Zweckverfehlungen, d.h. bei Maßnahmen, die „offensichtlich ungeeignet zur Verwirklichung des angestrebten Zieles“[1019] sind.

Besonders im Zusammenhang mit den die Rahmenverordnung des Rates ausfüllenden Freistellungsverordnungen der Kommission ist durchaus vorstellbar, daß Mitgliedstaaten sich auf das Verhältnismäßigkeitsprinzip berufen werden, falls die Umsetzung der Rahmenvorgaben durch die Kommission dazu Anlaß bietet. Auch die ursprünglich in dem Vorschlag für eine Verfahrensverordnung enthaltene Regelung, daß innerstaatliche Rechtsmittel im Rahmen der von der Kommission angeordneten Rückforderung einer vertragswidrigen Beihilfe keine aufschiebende Wirkung haben sollten,[1020] wäre unter anderem[1021] unter dem Gesichtspunkt der Verhältnismäßigkeit einer solch pauschalen Regelung nicht unproblematisch gewesen und wurde demzufolge aus dem letztlich beschlossenen endgültigen Verordnungstext gestrichen.[1022] Ansonsten ist zum Bereich der Gesetzgebung im Beihilferecht und dem Verhältnismäßigkeitsprinzip zu sagen, daß sich letztlich keine spezifischen Probleme und Anforderungen ergeben, die sich von anderen wirtschaftsrechtlich relevanten Gesetzen unterscheiden.

1014 Der Gerichtshof formuliert (EuGH, Rs. 15/83, Denkavit Nederland B.V. gegen Hoofdproduktschap voor Akkerbouwprodukten, Slg. 1984, 2171, 2185, Rn. 25 m.w.N.), daß die Rechtsakte der Gemeinschaftsorgane nicht die Grenzen dessen überschreiten dürfen, „was für die Erreichung des verfolgten Zieles angemessen und erforderlich ist.“

1015 EuGH, Rs. 261/81, Walter Rau Lebensmittelwerke/De Smedt, Slg. 1982, 3961, 3973, Rn. 17.

1016 EuGH, Rs. 125/83, OBEA/SA Nicolas Corman et fils, Slg. 1985, 3039, 3051, Rn. 36.

1017 Vgl. EuGH, Rs. 265/87, Hermann Schräder HS Kraftfutter/HZA Gronau, Slg. 1989, 2237, 2269, Rn. 21; *Christian Calliess*, Subsidiaritäts- und Solidaritätsprinzip in der Europäischen Union - Vorgaben für die Anwendung von Art. 5 (ex-Art. 3 b) EGV nach dem Vertrag von Amsterdam, 2. Aufl., Baden-Baden 1999, S. 119.

1018 Vgl. *Jürgen Schwarze*, Europäisches Verwaltungsrecht, Bd. II, Baden-Baden 1988, S. 833 ff.; *Christian Calliess*, Subsidiaritäts- und Solidaritätsprinzip in der Europäischen Union - Vorgaben für die Anwendung von Art. 5 (ex-Art. 3 b) EGV nach dem Vertrag von Amsterdam, 2. Aufl., Baden-Baden 1999, S. 118.

1019 EuGH, Rs. 40/72, I. Schröder KG/Deutschland, Slg. 1973, 125, 142, Rn. 14; ähnlich auch die Schlußanträge des Generalanwalts *Gerhard Reischl* in der Rs. 276/80, Ferriera Padana SpA/Kommission, Slg. 1982, 517, 551.

1020 Artikel 14 Absatz 3 Satz 2 des Verfahrensverordnungsvorschlags des Rates vom 24.2.1998, ABl. 1998, C 116, S. 13 ff.

1021 Bedenken ergaben sich auch unter dem Gesichtspunkt des effektiven Rechtsschutzes der Gemeinschaftsbürger und im Hinblick auf die Kompetenz der Gemeinschaft, über Artikel 89 EGV den Suspensiveffekt innerstaatlicher Rechtsmittel zu regeln. Ausführlich zu pro und contra der ursprünglich geplanten Vorschrift vgl. *Adinda Sinnaeve*, Der Kommissionsvorschlag zu einer Verfahrensverordnung für die Beihilfenkontrolle, EuZW 1998, 268, 271.

1022 *Adinda Sinnaeve*, Die neue Verfahrensverordnung in Beihilfensachen, EuZW 1999, 270, 274. Vgl. zu diesem Problemkreis auch oben Teil 1, B.II.2.d).bb).

b) Die Verwaltungstätigkeit der Kommission

Seine größte Bedeutung erlangt das Verhältnismäßigkeitsprinzip im Beihilferecht allerdings nicht im Zusammenhang mit legislativen Maßnahmen, sondern im Hinblick auf die Verwaltungstätigkeit der Kommission. So ist der Verhältnismäßigkeitsgrundsatz z.B. bei der Anwendung der Ausnahmevorschriften in Artikel 87 Absatz 3 EGV im jeweiligen Einzelfall zu beachten.[1023] Aber auch bei der Entscheidung der Kommission, die Rückforderung einer vertragswidrigen Beihilfe anzuordnen, können Verhältnismäßigkeitserwägungen eine Rolle spielen.

So ging die Literatur vor Erlaß der Verfahrensverordnung überwiegend davon aus, daß die Rückforderung im Ermessen der Kommission stehe, bei dessen Ausübung u.a. der Verhältnismäßigkeitsgrundsatz zu beachten sei.[1024] Die Verfahrensverordnung hat in Artikel 14 Absatz 1 Satz 1 VerfVO nunmehr zwar eine Rückforderungspflicht der Kommission eingeführt,[1025] doch steht diese Pflicht gemäß Satz 2 unter der Einschränkung, daß die Kommission die Rückforderung einer Beihilfe dann nicht verlangt, „wenn dies gegen einen allgemeinen Grundsatz des Gemeinschaftsrechts verstoßen würde." Solche allgemeinen Rechtsgrundsätze sind z.B. das Verhältnismäßigkeitsprinzip oder der Grundsatz des Vertrauensschutzes. Während bislang also ein Ermessen der Kommission bestand, das sich in aller Regel zu einer Rückforderungspflicht verdichtete, besteht jetzt eine Rückforderungspflicht, die im Ausnahmefall entfallen kann. In der praktischen Handhabung dürfte sich dadurch wenig ändern, d.h. die Rückforderung einer vertragswidrigen Beihilfe wird auch weiterhin die absolute Regel bleiben, die - wenn überhaupt - nur in den seltensten Fällen entfällt. Dieser Befund wirft allerdings die Frage auf, ob der Gerichtshof dem Verhältnismäßigkeitsprinzip in seiner Rechtsprechung zur Rückforderung von Beihilfen nicht eine zu schwache Stellung einräumt.

aa) Die derzeitige Rechtsprechungspraxis zur Rückforderung von Beihilfen

Die Mitgliedstaaten berufen sich seit jeher relativ häufig auf eine Verletzung des Verhältnismäßigkeitsprinzips, wenn sie gegen die Rückforderungsentscheidung der Kommission Nichtigkeitsklage erheben.[1026] Von Erfolg gekrönt war dieses Vorbringen bis-

1023 Vgl. zu diesem hier nicht weiter vertieften Punkt Schwarze-*Bär-Bouyssière*, Art. 87, Rn. 53.

1024 *Hans-Jörg Niemeyer*, Recent Developments in EC State Aid Law, EuZW 1993, 273, 276; *Martin J. Reufels*, Subventionskontrolle durch Private, Köln u.a. 1996, S. 73, 75; *Adinda Sinnaeve*, Die Rückforderung gemeinschaftsrechtswidriger nationaler Beihilfen, Berlin 1997, S. 195; *Sylviane Morson*, La récupération des aides octroyées par les Etats en violation du traité C.E.E., RTDE 1990, 409, 414 f., 428. Zur Frage, ob die Kommission bei der Rückforderung früher überhaupt über Ermessen verfügte oder nicht, vgl. oben Teil 2, A.III.3 a).

1025 Vgl. *Adinda Sinnaeve*, Die neue Verfahrensverordnung in Beihilfensachen, EuZW 1999, 270, 274; *dies.*, Der Kommissionsvorschlag zu einer Verfahrensverordnung für die Beihilfenkontrolle, EuZW 1998, 268, 270.

1026 Vgl. z.B. EuGH, Rs. C-301/87, Frankreich/Kommission („Boussac"), Slg. 1990, I-307, 366, Rn. 59; Rs. C-142/87, Belgien/Kommission („Tubemeuse"), Slg. 1990, I-959, 1020, Rn. 65; Rs. C-305/89, Italien/Kommission („Alfa Romeo"), Slg. 1991, I-1603, 1644, Rn. 38; verb. Rs. C-278/92 bis C-280/92, Spanien/Kommission („Hytasa"), Slg. 1994, I-4103, 4168, Rn. 73 f.

lang noch in keinem der Fälle. Der Gerichtshof geht zwar nicht so weit, die Berufung auf Erwägungen der Verhältnismäßigkeit bei der Rückforderung von Beihilfen generell auszuschließen,[1027] ist in seinen Entscheidungen aber doch sehr restriktiv: In der Sache *Tubemeuse* führte er aus, daß die „Aufhebung einer rechtswidrigen Beihilfe durch Rückforderung die logische Folge der Feststellung ihrer Rechtswidrigkeit ist. Infolgedessen kann die Rückforderung einer zu Unrecht gewährten staatlichen Beihilfe zwecks Wiederherstellung der früheren Lage grundsätzlich nicht als eine Maßnahme betrachtet werden, die in keinem Verhältnis zu den Zielen der Bestimmungen des EWG-Vertrages über staatliche Beihilfen stünde."[1028]

Auch in einem unlängst entschiedenen Fall[1029] hätte der Gerichtshof die Möglichkeit gehabt, Stellung zur Rolle des Verhältnismäßigkeitsprinzips bei der Rückforderung von Beihilfen zu nehmen. Italien versuchte im Rahmen eines Vertragsverletzungsverfahrens wegen Nichtbeachtung einer bestandskräftigen Rückforderungsentscheidung der Kommission nämlich einmal mehr, Verhältnismäßigkeitserwägungen in das Kriterium der absoluten Unmöglichkeit der Rückforderung hineinzulesen.

Die streitige Beihilfe bestand in Steuervergünstigungen, die italienischen Güterverkehrsunternehmern per Gesetz zum Ausgleich für die in Italien sehr hohen Kraftstoffpreise zugebilligt wurden. Die Steuernachlässe konnten von den Begünstigten wahlweise bei verschiedenen Steuerkategorien und zu verschiedenen Zeitpunkten in Anspruch genommen werden. Durch das sehr komplizierte Anrechnungsverfahren gestaltete sich die Rückforderung äusserst kompliziert, da zur Rückforderung von teilweise sehr geringen Beträgen umfangreiche, angeblich wirtschaftlich unverhältnismäßige Anstrengungen unternommen werden mußten.[1030] Italien argumentierte deshalb, daß die Rückforderung schon dann als „objektiv unmöglich zu betrachten sei, wenn sie weder vernünftigerweise noch relativ möglich sei".[1031]

Während sich Generalanwalt *Niall Fennelly* zu diesem Vorbringen ausführlich äußerte, löste der Gerichtshof den Fall, ohne sich mit dem Verhältnismäßigkeitsprinzip auch nur auseinanderzusetzen.[1032] Die Ausführungen des Generalanwaltes sind dabei deshalb von

1027 So erfolgte z.B. in der Sache Boussac eine inhaltliche Auseinandersetzung mit dem Verhältnismäßigkeitsgrundsatz, vgl. Rs. C-301/87, Frankreich/Kommission („Boussac"), Slg. 1990, I-307, 366, Rn. 60 f.

1028 EuGH, Rs. C-142/87, Belgien/Kommission („Tubemeuse"), Slg. 1990, I-959, 1020, Rn. 66; verb. Rs. C-278/92 bis C-280/92, Spanien/Kommission („Hytasa"), Slg. 1994, I-4103, 4169, Rn. 75; Rs. C-169/95, Spanien/Kommission („PYRSA"), Slg. 1997, I-135, 162, Rn. 47.

1029 EuGH, Rs. C-280/95, Kommission/Italien, Slg. 1998, I-259 ff.

1030 Ausführlicher zum sachlichen Hintergrund vgl. die Schlußanträge von Generalanwalt *Niall Fennelly*, Rs. C-280/95, Kommission/Italien, Slg. 1998, I-259, 261, Tz. 2 ff.

1031 Schlußanträge von Generalanwalt *Niall Fennelly*, aaO., Slg. 1998, I-259, 265, Tz. 10.
Ganz ähnlich hatte auch Griechenland in der Rs. C-183/91, Kommission/Griechenland, Slg. 1993, I-3131, 3149, Rn. 12 argumentiert: „Wegen der finanziellen Geringfügigkeit der Befreiung, wegen der administrativen Schwierigkeiten [...] sowie wegen der unverhältnismäßig hohen Kosten von Rückforderungsmaßnahmen sei die Eintreibung der Steuer unwirtschaftlich und unvernünftig."

1032 EuGH, Rs. C-280/95, Kommission/Italien, Slg. 1998, I-259, 279, Rn. 23.

Interesse, weil sie die schwache Stellung des Verhältnismäßigkeitsprinzips illustrieren. *Fennelly* leitet seine Untersuchung mit der Feststellung ein, die „Rechtfertigung der Nichterfüllung gemeinschaftsrechtlicher Verpflichtungen aufgrund einer absoluten Unmöglichkeit schließt nach ihrem Wortlaut jeden Grad von Relativismus aus."[1033] Aber selbst „wenn bei der Prüfung der absoluten Unmöglichkeit in Fällen, in denen zwischen Zweck und Mitteln ein ganz krasses Mißverhältnis besteht, insoweit eine gewisse Abwägung gestattet sein sollte, stellt die Bedingung, daß bei der Behandlung vorhersehbarer Schwierigkeiten mit gebührender Sorgfalt vorgegangen wurde, einen augenscheinlichen Schutz vor jedem Versuch des Mißbrauchs dar."[1034] Nach der Prüfung des tatsächlichen Hintergrunds der italienischen Argumente faßt der Generalanwalt zusammen: „Jedenfalls gestattet es der Begriff der absoluten Unmöglichkeit, wie bereits ausgeführt, entgegen dem Vorbringen Italiens zur Prüfung einer vernünftigen und relativen Möglichkeit nicht, daß bei der Beendigung einer rechtswidrigen Verzerrung von Wettbewerbsbedingungen, außer vielleicht unter ganz extremen Umständen, irgendeine Bewertung der Verhältnismäßigkeit von Zweck und Mitteln vorgenommen wird."[1035]

Als Fazit der gegenwärtigen Rechtsprechung bleibt die Erkenntnis, daß das Verhältnismäßigkeitsprinzip bei der Rückforderung von Beihilfen keine praktische Rolle spielt, sondern nur als eher theoretische Rückforderungsschranke hochgehalten wird. Der praktische Hintergrund dieser Rechtsprechung ist dabei eindeutig das Bestreben, die Rückforderung von vertragswidrigen Beihilfen so effektiv wie möglich betreiben zu können.[1036]

bb) Überlegungen zur zukünftigen Rolle der Verhältnismäßigkeit bei der Rückforderung

Das Instrumentarium für die effektive Rückforderung von vertragswidrigen Beihilfen ist einer der wichtigsten Eckpunkte einer funktionsfähigen Beihilfenaufsicht der Gemeinschaft. Insofern ist bereits an dieser Stelle anzumerken, daß die in Zukunft wünschenswerten Änderungen gradueller Natur sind und keine grundlegende Abkehr von der derzeitigen Rückforderungspraxis der Kommission bedeuten. Es geht vielmehr darum, die Rückforderungspraxis im Detail auszudifferenzieren[1037] und einer einseitigen Überbetonung des Effektivitätsgedanken vorzubeugen.

Uneingeschränkt zu begrüßen ist in diesem Zusammenhang die Rechtsprechung des Gerichtshofes im Vorfeld der Berücksichtigung des Verhältnismäßigkeitsprinzips, die darauf hinausläuft, bloße Schutzbehauptungen auszuschließen. Das Verhältnismäßigkeitsprinzip sollte nur dann eine Rolle spielen, wenn definitiv sicher ist, daß eine Rückfor-

1033 Schlußanträge von Generalanwalt *Niall Fennelly*, aaO., Slg. 1998, I-259, 266, Tz. 14.
1034 Schlußanträge von Generalanwalt *Niall Fennelly*, aaO., Slg. 1998, I-259, 267, Tz. 14.
1035 Schlußanträge von Generalanwalt *Niall Fennelly*, aaO., Slg. 1998, I-259, 269, Tz. 21.
1036 Vgl. hierzu *Martin J. Reufels*, Europäische Subventionskontrolle durch Private, Köln u.a. 1996, S. 98 f.
1037 In diesem Sinne auch *Martin J. Reufels*, Europäische Subventionskontrolle durch Private, Köln u.a. 1996, S. 99.

derung zu erheblichen praktischen, rechtlichen oder politischen Schwierigkeiten führt. Die bloße Befürchtung solcher Schwierigkeiten, ohne daß irgendwelche Versuche der Rückforderung unternommen wurden, entlastet den Mitgliedstaat dagegen zurecht nicht.[1038]

Soweit Mitgliedstaaten sich bei der Rückforderung allerdings kooperativ verhalten und es dennoch unvorhergesehene Probleme bei der Durchführung gibt, wäre eine verstärkte Berücksichtigung von Verhältnismäßigkeitserwägungen angebracht. Das gleiche gilt auch in den Fällen, in denen Schwierigkeiten bereits im Zeitpunkt des Erlasses der Rückforderungsentscheidung für die Kommission evident sind.[1039] Ausgangspunkt für die notwendigen Modifikationen kann dabei durchaus die vom Gerichtshof gebildete Formel in der Rechtssache *Tubemeuse* sein.[1040] Die Einfalltore für eine stärkere Berücksichtigung der Verhältnismäßigkeit sind dort nämlich bereits angelegt: Zum einen nennt der Gerichtshof selbst als Zielkriterium „zwecks Wiederherstellung der früheren Lage". Nur wenn die frühere Lage überhaupt noch herstellbar ist, sollte eine Rückforderung als verhältnismäßig angesehen werden.[1041] In Fällen, in denen eine Wiederherstellung des status quo ex ante zwar begrifflich noch möglich, aber wirtschaftlich unsinnig bzw. wirkungslos ist, sollte die Rückforderung dagegen unterbleiben können. Es wäre insofern eine Rückbesinnung auf den ursprünglichen, wirtschaftlich motivierten Zweck der Rückforderung angezeigt, anstatt die Rückforderung in erster Linie als quasi mechanische Sanktion zu betrachten.[1042]

Und selbst in den Fällen, in denen die Rückforderung zum Zwecke der tatsächlich möglichen Wiederherstellung des vormaligen Zustandes und nicht als Sanktion erfolgt, sollten in Extremfällen Verhältnismäßigkeitserwägungen in die Verwaltungsentscheidung

1038 Zu dieser Rechtsprechung vgl. z.B. EuGH, Rs. 94/87, Kommission/Deutschland („Alcan I"), Slg. 1989, 175, 192, Rn. 10; Rs. C-183/91, Kommission/Griechenland, Slg. 1993, I-3131, 3151, Rn. 20; Rs. C-280/95, Kommission/Italien, Slg. 1998, I-259, 277, Rn. 14, 16; Rs. C-52/95, Kommission/Frankreich, Slg. 1995, I-4443, 4468, Rn. 38 (Urteil zur Fischereipolitik).

1039 Entscheidendes Abgrenzungskriterium zu der oben besprochenen Mißbrauchskontrolle wäre insoweit das Begriffspaar „bloße Befürchtungen" und „konkrete Hindernisse unter extremen Umständen", vgl. dazu die Schlußanträge von Generalanwalt *Niall Fennelly* in der Rs. C-280/95, Kommission/Italien, Slg. 1998, I-259, 268, Tz. 19, sowie im Kontext der Fischereipolitik, EuGH, Rs. C-52/95, Kommission/Frankreich, Slg. 1995, I-4443, 4468, Rn. 38.

1040 EuGH, Rs. C-142/87, Belgien/Kommission („Tubemeuse"), Slg. 1990, I-959, 1020, Rn. 66: „Infolgedessen kann die Rückforderung einer zu Unrecht gewährten staatlichen Beihilfe zwecks Wiederherstellung der früheren Lage grundsätzlich nicht als eine Maßnahme betrachtet werden, die in keinem Verhältnis zu den Zielen der Bestimmungen des EWG-Vertrages über staatliche Beihilfen stünde."

1041 Ausführlich hierzu *Adinda Sinnaeve*, Die Rückforderung gemeinschaftsrechtswidriger nationaler Beihilfen, Berlin 1997, S. 196 ff.; *Martin J. Reufels*, Europäische Subventionskontrolle durch Private, Köln u.a. 1996, S. 99 m.w.N.

1042 Vgl. *Claude Blumann*, Régime des aides d'Etat: Jurisprudence récente de la Cour de Justice (1989-1992), RMC 1992, 721, 737, der zur Rückforderung im Fall Alfa Romeo ausführt: „Il s'agit là plus d'une sanction que d'une mesure à finalité économique. Peu importe dans ces conditions sa portée économique réelle."

einfließen können.[1043] Daß der Gerichtshof dies zumindest theoretisch ebenso sieht, läßt sich an dem Wort „grundsätzlich" in der obigen Definition festmachen. Um dem Verhältnismäßigkeitsprinzip im Rahmen der Rückforderung eine stärkere Rolle einzuräumen, bedarf es demnach nicht einmal der Schaffung neuer Definitionen oder Institute.[1044] Vielmehr müssen nur die bereits bestehenden Vorgaben konsequenter mit Leben gefüllt werden. Während in den Anfangsjahren der systematischen Rückforderung durch die Kommission aufgrund der vielen, dieses ungeschriebene Institut umrankenden Zweifelsfragen die Effektivität der Rückforderung völlig zu Recht eindeutig im Vordergrund stand, ist die Rückforderung mittlerweile als feste Verwaltungspraxis etabliert und in ihren wesentlichen Grundfragen geklärt. Die Balance zwischen der Effektivität der Rückforderung und ihrer Verhältnismäßigkeit sollte sich daher zugunsten letzterer verschieben.

IV. Das Transparenzgebot

In ihrer Untersuchung der Elemente des Rechtsstaatsprinzips im deutschen Verfassungsrecht kommt *Katharina Sobota* zu dem Ergebnis, daß dem Begriff der Transparenz kein eigenständiger Wert zukomme. Transparenz sei „kein Rechtsbegriff" und verweise nicht „auf Kriterien des Rechts". Soweit mit dem Begriff der Transparenz „Öffentlichkeit oder Bestimmtheit, also auch Klarheit und Verständlichkeit, gemeint sind, wird dies durch diese zwei erstgenannten Begriffe [...] bereits hinreichend zum Ausdruck gebracht. Sollte mit dem Ausdruck Transparenz der Gedanke der Partizipation oder Kontrolle angesprochen werden, so ist auf andere Hauptprinzipien - Demokratie, Republik - zu verweisen."[1045]

Diese Analyse ist allerdings auf das Gemeinschaftsrecht nicht übertragbar. Denn der Grundsatz der Transparenz wurde im Rahmen der Amsterdamer Vertragsreform ausdrücklich und in übergreifender Weise in den EU-Vertrag integriert. Artikel 1 Absatz 2 EUV sieht jetzt u.a. vor, daß „die Entscheidungen möglichst offen [...] getroffen werden." Darüber hinaus wurde Artikel 255 EGV neu eingeführt, der den Gemeinschaftsbürgern einen Anspruch auf Zugang zu den Dokumenten des Rats, der Kommission und des Parlaments einräumt und allgemein als eine spezielle Ausprägung des Transparenzgebotes angesehen wird.[1046]

1043 So auch *Adinda Sinnaeve*, Die Rückforderung gemeinschaftsrechtswidriger nationaler Beihilfen, Berlin 1997, S. 197 f.

1044 Zu weitgehend und auch praktisch kaum realisierbar erscheinen die von *Reufels* in die Diskussion gebrachten, gleich geeigneten, milderen Ersatzmittel. *Reufels* diskutiert als derartige, möglicherweise verhältnismäßigere Alternativen zu einer Rückforderung z.B. zeitlich begrenzte Veräußerungs-, Vertriebs- oder Herstellungsverbote, vgl. *Martin J. Reufels*, Europäische Subventionskontrolle durch Private, Köln u.a. 1996, S. 100.

1045 *Katharina Sobota*, Das Prinzip Rechtsstaat, Tübingen 1997, S. 499.

1046 Vgl. z.B. *Heinz-Joseph Loddenkemper*, Transparenz im öffentlichen und privaten Wirtschaftsrecht, Baden-Baden 1998, S. 29; Lenz-*Hetmeier*, Art. 255, Rn. 1; *Torsten Stein*, Die Europäische Union

1. Das allgemeine Transparenzgebot - Transparenz im weiten Sinne (Artikel 1 Absatz 2 EUV)

Die Verankerung in Artikel 1 Absatz 2 EUV, aber auch die Geläufigkeit des Begriffs „Transparenz" in der europarechtlichen Literatur[1047] und Gesetzgebung,[1048] u.a. im Bereich der Beihilfenaufsicht,[1049] zwingt zu eigenständigen Überlegungen bezüglich der Definition und des Gehalts des allgemeinen Transparenzgebots (Transparenz im weiten Sinne).

Transparenz im weiten Sinn könnte dabei mit folgenden Eckpunkten umschrieben werden:[1050] Es handelt sich um einen Grundsatz, der für eine durchschaubare Gesamtstruktur der Gemeinschaft streitet, um so die Einbeziehung der Gemeinschaftsbürger in die Entscheidungsprozesse der Gemeinschaft bzw. die Geltendmachung eigener Rechte zu erleichtern. Daneben verlangt das Transparenzgebot klare, verständliche Gemeinschaftsregeln.[1051] Dort wo keine Partizipation an der Entscheidungsfindung besteht, sollen die

nach dem Vertrag von Amsterdam: Subsidiarität, Transparenz und Bürgernähe, in: Waldemar Hummer (Hrsg.), Die Europäische Union nach dem Vertrag von Amsterdam, Wien 1998, S. 141, 155; Calliess-Ruffert-*Wegener*, EUV/EGV, Art. 255, Rn. 1.

Zu den Anfängen des Rechts auf Akteneinsicht in der Zeit vor den Vertragsreformen von Maastricht und Amsterdam vgl. *Jan-Peter Hix*, Das Recht auf Akteneinsicht im europäischen Wirtschaftsverwaltungsrecht - Dargestellt am Beispiel des Kartell- und Antidumpingverfahrens der EWG, Baden-Baden 1992, S. 25 ff.

1047 Vgl. z.B. *Heinz-Joseph Loddenkemper*, Transparenz im öffentlichen und privaten Wirtschaftsrecht, Baden-Baden 1998, S. 17, 21 ff.; *Michael Schweitzer, Waldemar Hummer*, Europarecht, 5. Aufl., Neuwied u.a 1996, S. 291, Rn. 942; *Wolfgang Kahl*, Das Transparenzdefizit im Rechtssetzungsprozeß der EU, ZG 1996, 224 ff.

1048 Vgl. z.B. die Richtlinie des Rates 83/189/EWG vom 28.3.1983 über ein Informationsverfahren auf dem Gebiet der Normen und technischen Vorschriften (ABl. 1983, L 109, S. 8), geändert durch Richtlinie 88/182/EWG vom 22.3.1988 (ABl. 1988, L 81, S. 75) sowie durch Richtlinie 94/10/EG vom 23.3.1994 (ABl. 1994, L 100, S. 30).

1049 So finden sich Erwähnungen des Begriffs Transparenz in den Erwägungsgründen 5 und 10, sowie in Artikel 3 der Gruppenfreistellungsverordnung vom 7. Mai 1998, ABl. 1998, L 142, S. 1 ff.; in den Punkten 2.4 und 3.1.1 der Stellungnahme des Wirtschafts- und Sozialausschusses zu der genannten Verordnung, ABl. 1998, C 129, S. 70; in den Erwägungsgründen 3, 10, 18 des Kommissionsvorschlags für eine Verordnung (EG) des Rates über Vorschriften für die Anwendung von Artikel 93 EGV vom 24.2.1998, ABl. 1998, C 116, S. 13 ff.

Auch die Kommission hat sich seit längerer Zeit eine „Politik der Transparenz und der bürgernahen Rechtsdurchsetzung" auf ihre Fahnen geschrieben, vgl. XXIV. Bericht über die Wettbewerbspolitik 1994, Luxemburg 1995, S. 214, Rn. 394.

Vgl. schließlich auch *Adinda Sinnaeve*, Der Kommissionsvorschlag zu einer Verfahrensverordnung für die Beihilfenkontrolle, EuZW 1998, S. 268, die zur Begründung der Berechtigung des Verordnungsvorschlags der Kommission ebenfalls wiederholt auf den Begriff der größeren Transparenz zurückgreift.

1050 Vgl. hierzu *Heinz-Joseph Loddenkemper*, Transparenz im öffentlichen und privaten Wirtschaftsrecht, Baden-Baden 1998, S. 21 f.

1051 Vgl. die interinstitutionelle Vereinbarung vom 22.12.1998 über gemeinsame Leitlinien für die redaktionelle Qualität der gemeinschaftlichen Rechtsvorschriften (ABl. 1999, C 73, S. 1, Allgemeine Grundsätze, Punkt 1): „Die gemeinschaftlichen Rechtsakte werden klar, einfach und genau abgefaßt."

von der Entscheidung betroffenen Adressaten, aber auch Dritte, zumindest die Entstehung der Maßnahme nachvollziehen können.[1052]

Was diesen weiten Begriff anbelangt, wäre es unzutreffend, der Transparenz in Übereinstimmung mit *Sobota*[1053] jeglichen eigenständigen Gehalt abzusprechen und das, was mit Transparenz gemeint sein könnte, anderen, möglicherweise leichter handhabbaren Prinzipien zuzuordnen. Richtig an der Analyse *Sobotas* ist allerdings, daß Transparenz in der Tat ein eher rechtstatsächlicher bzw. rechtspolitischer Begriff ist, aus dem sich keine rechtlich eindeutigen, handgreiflichen Handlungsmaximen ableiten lassen. Zutreffend ist ferner, daß die Forderung nach Transparenz enge Bezüge zum Bestimmtheitsgrundsatz aufweist.[1054]

Ein Indiz für die inhaltlichen Berührungspunkte dieser beiden Grundsätze ist die häufige Erwähnung der Transparenz einer Regelung in einem Atemzug mit dem Begriff der Rechtssicherheit bzw. der Vorhersehbarkeit.[1055] Die Funktion beider Grundsätze besteht unter anderem darin, dem Gemeinschaftsbürger die Möglichkeit zu geben, sich verläßlich über die Rechtslage zu informieren.[1056] Tendenziell streiten beide Grundsätze für klare, einfache und durchschaubare Regelungen.

Es gibt aber auch gewisse Gegensätze: Der Begriff der Transparenz ist quasi bipolar. Er ist nicht in der selben Weise relativ und kontextgebunden wie der Begriff der Bestimmtheit. Anders als beim Bestimmtheitsgrundsatz[1057] gibt es keinen Punkt, an dem eine Re-

1052 Vgl. zum ganzen auch *Jürgen Schwarze*, Das schwierige Geschäft mit Europa und seinem Recht, JZ 1998, 1077, 1087, der Wege diskutiert, wie die Gemeinschaft in Zukunft Transparenzdefizite beseitigen kann.

1053 S.o. Fn. 1045.

1054 Vgl. zum Bestimmtheitsgrundsatz oben Teil 2, A.IV.2.

1055 Vgl. z.B. Erwägungsgrund 5 der Verordnung 994/98/EG, ABl. 1998, L 142, S. 1: „Gruppenfreistellungsverordnungen erhöhen die Transparenz und Rechtssicherheit".
Stellungnahme des Wirtschafts- und Sozialausschusses zu dieser Gruppenfreistellungsverordnung, ABl. 1998, C 129, S. 70, Punkt 2.4: „Die Überwachung staatlicher Beihilfen gewinnt dadurch an Transparenz und Vorhersehbarkeit."
Erwägungsgründe 3, 10 und 18 des Vorschlags für eine Verfahrensverordnung, ABl. 1998, C 116, S. 13 f.: „Eine Verfahrensverordnung über die Anwendung von Artikel 93 EGV wird die Transparenz und Rechtssicherheit erhöhen." (EGr. 3)
„Die in diesen Fällen zu befolgenden Verfahren sollten schon aus Gründen der Rechtssicherheit und Transparenz festgelegt werden." (Egr. 10)
„Aus Gründen der Rechtssicherheit und Transparenz ist es angezeigt, daß die Entscheidungen der Kommission der Öffentlichkeit zugänglich gemacht werden." (EGr. 18)

1056 Dieser Aspekt des allgemeinen Tranzparenzgebotes hat in Artikel 255 EGV seinen spezialgesetzlichen Niederschlag gefunden, vgl. hierzu unten Teil 2, B.IV.3.

1057 Zur Konzeption der Relativität des Bestimmtheitsgrades bzw. zu dessen vom jeweiligen Kontext abhängigen Optimum vgl. oben Teil 2, A.IV.2.b). Wie bereits ausführlich beschrieben, ist der optimale Bestimmtheitsgrundsatz nämlich gerade nicht immer mit dem höchstmöglichen Bestimmtheitsgrad gleichzusetzen, so auch *Eva Hammer-Strnad*, Das Bestimmtheitsgebot als allgemeiner Rechtsgrundsatz des Europäischen Gemeinschaftsrechts, Hamburg 1999, S. 26. Eine Regelung kann auch zu detailliert und damit zu bestimmt sein, mit der Folge, daß zum einen dem Normanwender keinerlei Spielräume verbleiben und zum anderen der Normadressat die für ihn relevante Rechtslage nur noch schwer erkennen kann.

gelung zu transparent wird und sich deshalb negativ auszuwirken beginnt. Je transparenter eine gefundene Regelung ist, desto besser ist sie.

Ein weiterer Unterschied besteht im theoretischen Anknüpfungspunkt der beiden Prinzipien: Der Bestimmtheitsgrundsatz stellt Anforderungen an jede einzelne Norm, während die Transparenz sich stärker mit dem gesamten Normengebäude als solchem befaßt. Bei sehr umfangreichen Regelungen ist es möglich, daß zwar jede Norm per se sehr bestimmt gefaßt ist, das gesamte Regelwerk in der Zusammenschau aber dennoch intransparent ist. Daraus folgt auch, daß das Transparenzgebot seinen Platz insbesondere in Bereichen wie dem Verfahrensrecht hat, das fast immer ein Netzwerk miteinander verbundener Normen darstellt und in dem die einzelne Norm ihre Bedeutung weniger aus sich selbst heraus, sondern eher im Zusammenspiel aller Bestimmungen erhält.

Auch das zweite Definitionselement in *Sobotas* Aussage, der Gesichtspunkt der Kontrolle, wird im Gemeinschaftsrecht häufig im Zusammenhang mit dem Begriff der Transparenz gebraucht. Neben der Funktion, dem Bürger eine verläßliche Orientierung zu bieten, ermöglichen transparente Regelungen selbstverständlich auch eine wirksamere Kontrolle durch Aussenstehende bzw. sonstige Kontrollinstanzen und können so der effizienten Verwaltung und der Vorbeugung von Mißbräuchen dienen.[1058]

Transparenz im weiten Sinne ist also ein überwiegend rechtstatsächlicher Begriff, der im Interesse einer erleichterten Kontrolle nachvollziehbare und durchschaubare Gesamtregelungen des Beihilfeverfahrens fordert. Während die fehlende Bestimmtheit zur Unwirksamkeit einer gesetzlichen Regelung führen kann,[1059] gilt das bei mangelnder Transparenz im weiten Sinne nicht. Letztlich ist Transparenz somit ein sehr weicher Begriff, der rechtlich keine faßbaren Wirkungen zeitigt: Insbesondere können defizitäre Regelungen nicht gerichtlich gerügt werden. Vielmehr ist Transparenz i.S.v. Artikel 1 Absatz 2 EUV eine Art legislative Zielvorgabe bzw. ein Optimierungsgebot, das lediglich bei der Abwägung anderer, rechtlich faßbarerer Belange ergänzend eine Rolle spielen kann. So ist beispielsweise daran zu denken, daß bei mehreren rechtlich gleich geeigneten Lö-

1058 Diesen Zusammenhang bzw. diese Funktion unterstreichen z.B. Artikel 3 Absatz 1 der Gruppenfreistellungsverordnung, ABl. 1998, L 142, S. 1: „[...] genaue Regeln zur Gewährleistung der Transparenz und der Überwachung [...]", sowie der Erwägungsgrund 10 derselben Verordnung: „Zur Erfüllung dieser Verpflichtung und um ein höchstmögliches Maß an Transparenz und eine angemessene Überwachung zu gewährleisten, [...]".
Vgl. schließlich die Stellungnahme des Wirtschafts- und Sozialausschusses zu dieser Verordnung, ABl. 1998, C 129, S. 70, Punkt 3.1.1: „Der Ausschuß betrachtet die Faktoren Transparenz und Kontrolle als unabdingbare Bestandteile einer wirksameren Überwachung staatlicher Beihilfen."

1059 Der Gerichtshof hat als *ultima ratio* verschiedentlich Bestimmungen des Gemeinschaftsrechts wegen fehlender Bestimmtheit nichtig gesprochen, z.B. EuGH, Rs. 23/75, Rey Soda/Cassa Conguaglio Zucchero, Slg. 1975, 1279, 1307, Rn. 46 ff.; Rs. 95/75, Effem/HZA Lüneburg, Slg. 1976, 361, 368, Rn. 8; Rs. C-202/88, Frankreich/Kommission, Slg. 1991, I-1223, 1270, Rn. 45 ff.; Rs. C-325/91, Frankreich/Kommission, Slg. 1993, I-3283, 3312, Rn. 30 f.; vgl. auch *Eva Hammer-Strnad*, Das Bestimmtheitsgebot als allgemeiner Rechtsgrundsatz des Europäischen Gemeinschaftsrechts, Hamburg 1999, S. 191 f., 212, die sich grundsätzlich, und nicht nur in Ausnahmefällen, für die Nichtigkeit zu unbestimmter Normen ausspricht.

sungsmöglichkeiten das allgemeine Transparenzgebot den Ausschlag für die einfachere, transparentere Lösung gibt.

2. *Transparenz im Recht der Beihilfeaufsicht*

a) Die Transparenz der beihilfeaufsichtsrechtlichen Verfahrensregelungen

Wie oben bereits dargestellt, gewinnt das allgemeine Transparenzgebot in erster Linie Bedeutung bei miteinander verknüpften Normgebäuden. Für den Bereich des Beihilferechts bedeutet dies, daß Schwerpunkt der Bemühungen um Transparenz v.a. die verfahrensrechtlichen Bestimmungen in Artikel 88 EGV und die hierzu ergangenen Verordnungen des Rates sind.

In diesem Zusammenhang fällt auf, daß die Kommission bereits seit längerem durch verschiedene Maßnahmen bemüht ist, die Transparenz des Verfahrens möglichst zu erhöhen. Dieses Bemühen ist im Verlauf der Zeit auf verschiedene Weise zum Ausdruck gekommen. Angefangen mit verstärkter Öffentlichkeitsarbeit z.B. durch Veröffentlichung des Competition Policy Newsletter dreimal jährlich seit 1994 oder durch Einrichtung einer Homepage der Generaldirektion IV im Internet, hat die Kommission im Herbst 1996 gemeinsam mit der irischen Ratspräsidentschaft im Rahmen ihrer „Politik der Transparenz und der bürgernahen Rechtsdurchsetzung“[1060] eine Initiative zur Neuorientierung der Beihilfenkontrolle gestartet, deren Ziel erklärtermaßen u.a. die Verbesserung der Transparenz und Rechtssicherheit in Beihilfeverfahren durch Kodifizierung der Verfahrensregeln war.[1061] Ergebnis dieser Gesetzgebungsinitiative waren die Verfahrensverordnung und die Freistellungsrahmenverordnung, deren Verabschiedung in der Literatur noch vor wenigen Jahren zwar befürwortet, aber praktisch für wenig wahrscheinlich gehalten worden war.[1062]

Unter dem Strich hat die Kommission also sowohl durch eine intensive Öffentlichkeitsarbeit als auch durch verstärkte Gesetzgebungstätigkeit ihren Teil dazu beigetragen, Rechtsanwendern und Dritten einen erleichterten Zugang zur Beihilfenaufsicht zu ermöglichen.[1063] Insbesondere zur Frage der Kodifikation einer Verfahrensverordnung

1060 Vgl. XXIV. Bericht über die Wettbewerbspolitik 1994, Luxemburg 1995, S. 214, Rn. 394.

1061 *Karel van Miert*, Die Zukunft der Wettbewerbspolitik in der EU, in: Zentrum für Europäisches Wirtschaftsrecht, Vorträge und Berichte Nr. 89, Referat am 27.10.1997 im Rahmen der Vortragsreihe „Europa vor der Wirtschafts- und Währungsunion“, Bonn 1997, S. 20.

1062 Zur damaligen Skepsis bezüglich der Realisierungsaussichten von auf Artikel 89 EGV gestützten Verordnungen vgl. *Martin J. Reufels*, Subventionskontrolle durch Private, Köln u.a. 1996, S. 47; *Adinda Sinnaeve*, Die Rückforderung gemeinschaftsrechtswidriger nationaler Beihilfen, Berlin 1997, S. 245 ff., insbesondere S. 252.
Zur überraschend schnellen, zudem ohne ganz wesentliche Änderungen bzw. ohne die erwarteten Kompetenzeinbußen erfolgten Umsetzung des Verordnungsvorschlags der Kommission für eine Verfahrensverordnung (ABl. 1998, C 116, S. 13) vgl. *Adinda Sinnaeve*, Die neue Verfahrensverordnung in Beihilfensachen, EuZW 1999, 270, 270.

1063 Vgl. grundlegend auch *Eberhard Kruse*, Die Rechtsstellung Dritter im Beihilfekontrollverfahren, EuR 1999, 119, 119.

gemäß Artikel 89 EGV hat dabei innerhalb der Kommission seit Anfang der neunziger Jahre ein ganz markanter Sinneswandel stattgefunden.[1064]

aa) Die neue Verfahrensverordnung

Unabhängig von etwaigen inhaltlichen Änderungen der Rechtslage ist aus Sicht der Transparenz im weiten Sinne die bloße Tatsache des Bestehens einer Kodifikation ein enormer Fortschritt.[1065] Denn vormals verstreute Regelungen, die sich aus einem Gemenge von Gerichtsentscheidungen und der Praxis der Kommission ergaben, sind nunmehr auch schon rein äußerlich in einem Text zusammengefaßt und damit leichter zugänglich. Der Text der Verfahrensverordnung selbst arbeitet allerdings sehr stark mit Querverweisungen, was zumindest den ersten Zugang eher erschwert. Andererseits werden so unnötige Wiederholungen und ein Aufblähen des Gesamtumfanges verhindert.[1066]

Aber auch was den Inhalt der Verordnung anbetrifft, ergeben sich verschiedene Fragen im Zusammenhang mit dem Transparenzgebot.

(1) Die Rechte der Beteiligten - Status Quo und Perspektiven

Uneingeschränkt zu begrüßen ist, daß die Verordnung in Artikel 1 verschiedene beihilferechtliche Begriffe ausdrücklich definiert und voneinander abgrenzt. Ein Gebiet, in dem Transparenz eine besondere Rolle spielt, ist die Frage nach den Beteiligungsrechten Dritter im Verfahren.[1067] Die erste Neuerung hierzu findet sich in Artikel 1 lit. h), der „Beteiligte" als „Mitgliedstaaten, Personen, Unternehmen oder Unternehmensvereinigungen, deren Interessen aufgrund der Gewährung einer Beihilfe beeinträchtigt sein können, insbesondere der Beihilfeempfänger, Wettbewerber und Berufsverbände" definiert.[1068] Darauf aufbauend regelt die Verordnung die Rechte der Beteiligten gemäß Artikel 20 in einem eigenen Kapitel VI.

Diese Zusammenfassung der Rechte Beteiligter in einem eigenen Artikel ist eine der Veränderungen, die der Verordnungsvorschlag der Kommission im Verlauf der Verab-

1064 Noch 1990 hatte sich die Kommission nämlich entschieden gegen die Notwendigkeit einer Verfahrensverordnung ausgesprochen, vgl. *Adinda Sinnaeve*, Die Rückforderung gemeinschaftsrechtswidriger nationaler Beihilfen, Berlin 1997, S. 247, 252 m.w.N.; siehe ferner *dies.*, Der Kommissionsvorschlag zu einer Verfahrensverordnung für die Beihilfenkontrolle, EuZW 1998, 268, 273.

1065 So auch *Adinda Sinnaeve*, Die neue Verfahrensverordnung in Beihilfensachen, EuZW 1999, 270, 277; vgl. außerdem *Christian Koenig, Jürgen Kühling*, Reform des EG-Beihilfenrechts aus der Perspektive des mitgliedstaatlichen Systemwettbewerbs - Zeit für eine Neuausrichtung?, EuZW 1999, 517, 523.

1066 Vgl. hierzu die Bewertung des Textes und der gewählten Regelungstechnik bei *Adinda Sinnaeve*, Der Kommissionsvorschlag zu einer Verfahrensverordnung für die Beihilfenkontrolle, EuZW 1998, 268, 269.

1067 Vgl. zur Transparenz der Rechtslage vor Erlaß der VerfahrensVO, *Luc Gyselen,* La transparence en matière d'aides d'Etat: Les droits des tiers, CDE 1993, 417, 419 ff.

1068 Diese Definition der „Beteiligten" deckt sich im wesentlichen mit der ständigen Rechtsprechung des Gerichtshofes vor Verordnungserlaß, vgl. z.B. EuGH, Rs. C-198/91, William Cook plc/Kommission, Slg. 1993, I-2487, 2528, Rn. 24 m.w.N.

schiedung der Verordnung erfahren hat. Im ursprünglichen Verordnungsvorschlag waren die einzelnen Beteiligungsmöglichkeiten nämlich noch über den gesamten Verordnungstext verstreut bzw. gar nicht explizit geregelt.[1069] Die Tatsache, daß die Beteiligungsrechte nun an einer Stelle der Verordnung in übersichtlicher Art und Weise formal geregelt sind, legt den Grundstein dafür, daß beteiligte Dritte ihre Interessen in Zukunft häufiger und wirkungsvoller vertreten können.[1070] Inhaltlich ändert Kapitel VI die vor Erlaß der Verordnung bestehende Rechtslage dagegen nicht.[1071] Im Gegenteil versucht die Verordnung, den derzeitigen Status Quo festzuschreiben und Ausweitungen der Beteiligungsrechte Dritter durch die Rechtsprechung des Gerichtshofes auszuschließen.[1072] Diese Absicht des Rates, die Beteiligungsrechte in einem abschließenden Kanon zu regeln, ergibt sich aus dem Wortlaut des Erwägungsgrundes 16 der Verordnung, der betont: „Es sind *alle Möglichkeiten* festzulegen, über die Dritte verfügen, um ihre Interessen bei Verfahren über staatliche Beihilfen zu vertreten."[1073]

Artikel 20 Absatz 1 gibt jedem Beteiligten im Sinne von Artikel 1 lit. h) die Möglichkeit, nach Eröffnung des förmlichen Prüfverfahrens zu der streitigen Maßnahme *Stellung zu nehmen*. Eine derartige Stellungnahme verpflichtet die Kommission dazu, dem Stellungnehmenden eine Kopie der den Fall abschließenden Entscheidung der Kommission zu übermitteln.[1074]

Gemäß Artikel 20 Absatz 2 kann jeder Beteiligte die Kommission über seiner Ansicht nach rechtswidrige Beihilfen oder über die mißbräuchliche Anwendung von Beihilfen *informieren*. Die Kommission kann infolge dieser Information das Prüfverfahren einleiten oder auch nicht. Kommt es in einem solchen Fall zu einer Entscheidung der Kommission, so ist dem Beteiligten erneut eine Entscheidungskopie zu übermitteln. Besteht kein Anlaß, das Verfahren zu betreiben, so unterrichtet die Kommission den Beteiligten hiervon.

In Artikel 20 Absatz 3 schließlich ist geregelt, daß jeder Beteiligte auf Antrag eine Kopie von Entscheidungen der Kommission erhalten kann.

1069 *Adinda Sinnaeve*, Die neue Verfahrensverordnung in Beihilfensachen, EuZW 1999, 270, 276; *dies.*, Der Kommissionsvorschlag zu einer Verfahrensverordnung für die Beihilfenkontrolle, EuZW 1998, 268, 272.

1070 Vgl. auch die Stellungnahme des Wirtschafts- und Sozialausschusses zur VerfVO (ABl. 1998, C 284, S. 10, 12), Punkt 3.6: „Die Einführung formaler Regeln ist allerdings auch eine einzigartige Gelegenheit dafür, daß mehr Transparenz einzieht und Dritte das Recht erhalten, unterrichtet und angehört zu werden sowie sich zu äußern, bevor die Entscheidungen fallen."

1071 Vgl. *Adinda Sinnaeve*, Die neue Verfahrensverordnung in Beihilfensachen, EuZW 1999, 270, 275 f.; eine Darstellung des Status Quo vor Erlaß der Verfahrensverordnung liefern *Ignace Maselis, Hans M. Gilliams*, Rights of Complainants in Community Law, ELR 1997, 103, 113 ff.

1072 So *Adinda Sinnaeve*, Die neue Verfahrensverordnung in Beihilfensachen, EuZW 1999, 270, 275; Schwarze-*Bär-Bouyssière*, Art. 88, Rn. 19.

1073 Hervorhebung durch den Verfasser.

1074 Eine solche Kopie der Kommissionsentscheidung muß außerdem auch jedem Empfänger von Einzelbeihilfen übermittelt werden.

Bei der Betrachtung dieses Kapitels der Verfahrensverordnung fällt auf, daß die Rechte der Beteiligten, d.h. insbesondere des Begünstigten und seiner Konkurrenten, im wesentlichen auf ein Recht zur Stellungnahme im Rahmen des Hauptprüfungsverfahrens begrenzt bleiben. Ein darüber hinausgehender Anspruch auf Akteneinsicht in die Dokumente der Kommission besteht dagegen nicht: Ein solcher Anspruch läßt sich weder direkt aus den Artikeln 87 und 88 EGV ableiten, noch aus anderen Vertragsvorschriften.[1075] Die neue Verfahrensverordnung folgt insbesondere nicht dem Vorschlag der *Association Européenne des Avocats*, der in Artikel 34 Absatz 5 ein Recht der Konkurrenten auf Akteneinsicht vorgesehen hatte.[1076]

Die Informationsbedürfnisse der Beteiligten werden im Verfahren insofern ausschließlich durch die individuelle Übermittlung von Kopien der Kommissionsentscheidungen gemäß Artikel 20 oder durch die im Amtsblatt veröffentlichten aussagekräftigen Zusammenfassungen der verfahrensleitenden Kommissionsentscheidungen (vgl. Artikel 26 Absatz 1 und 2) gedeckt.

Bemerkenswert ist außerdem, daß das Recht zur Stellungnahme nach wie vor auf die Verfahrensphase nach Eröffnung des förmlichen Prüfverfahrens beschränkt bleibt. Das informelle Vorprüfungsverfahren, in dem die Kommission darüber befindet, ob Anlaß besteht, das eigentliche Prüfverfahren gemäß Artikel 88 Absatz 2 EGV zu eröffnen, wurde in der Verordnung nicht für eine Beteiligung Dritter geöffnet.[1077] Die Bedeutung der Frage, ob Dritte bereits in diesem Stadium des Verfahrens beteiligt werden können bzw. sollten, ist praktisch deshalb von besonderer Bedeutung, weil eine Vielzahl von geplanten Beihilfen bereits hier für mit dem Gemeinsamen Markt vereinbar angesehen werden, so daß jede weitere förmliche Prüfung unterbleibt.

Fraglich ist deshalb, ob in Zukunft im Rahmen weiterer Kodifikation eine Öffnung des Vorverfahrens für die Beteiligung Privater erstrebenswert wäre. Teilweise wird nämlich kritisiert, daß gerade in dieser Verfahrensphase das Bedürfnis nach privater Partizipation besonders akut sei, da die „Approbation von Beihilfevorhaben durch die Nichterhebung

1075 *Eberhard Kruse*, Bemerkungen zur gemeinschaftlichen Verfahrensverordnung für die Beihilfekontrolle, NVwZ 1999, 1049, 1056; vgl. auch Schwarze-*Bär-Bouyssière*, Art. 88, Rn. 17.

1076 Verordnungsvorschlags der Association Européenne des Avocats, EuZW 1996, 688 ff.; generell zu diesem Vorschlag vgl. *Till Müller-Ibold*, The AEA Proposal for a Regulation on State Aid Procedure, EuZW 1996, 677 ff.

1077 Vgl. *Eberhard Kruse*, Die Rechtsstellung Dritter im Beihilfekontrollverfahren, EuR 1999, 119, 122; Schwarze-*Bär-Bouyssière*, Art. 88, Rn. 7; vgl. außerdem oben Fn. 453 m.w.N.
Zum Status Quo bezüglich der Beteiligung Dritter im informellen Vorprüfungsverfahren vor Einführung der Verfahrensverordnung vgl. EuGH, Rs. C-367/95 P, Kommission/Sytraval und Brink's France, Slg. 1998, I-1719, 1763, Rn. 38 ff.; Rs. C-225/91, Matra SA/Kommission, Slg. 1993, I-3203, 3254, Rn. 16, 3262, Rn. 51 ff.; Rs. C-198/91, William Cook plc/Kommission, Slg. 1993, I-2487, 2527, Rn. 22 ff.; außerdem *Martin J. Reufels*, Subventionskontrolle durch Private, Köln u.a. 1996, S. 56 f., 148 ff. Demnach müssen Dritte im informellen Vorverfahren nicht angehört oder informiert werden. Dafür haben sie die Möglichkeit, die spätere Entscheidung der Kommission, das formelle Prüfungsverfahren gemäß Artikel 87 Absatz 2 EGV nicht zu eröffnen, vor Gericht mittels Nichtigkeitsklage anzugreifen.

von Einwänden im informellen Vorprüfungsverfahren kaum transparent“ sei.[1078] Außerdem erhielten interessierte Unternehmen von der Tatsache, daß die Kommission keinen Anlaß für die Einleitung des Verfahrens nach Artikel 88 Absatz 2 EGV sieht, erst sehr spät durch Lektüre der im Amtsblatt C erscheinenden Zusammenfassungen Kenntnis. Da die Veröffentlichungen im Amtsblatt ohne Begründung erfolgen, sei eine Beurteilung der intransparenten Kommissionsentscheidung nur sehr schwer und unter Entfaltung von Eigeninitiative möglich.[1079]

So attraktiv diese Argumente auf den ersten Blick erscheinen, ist andererseits auch nicht zu übersehen, daß eine formalisierte, regelmäßige Beteiligung von Dritten bereits in einem so frühen Verfahrensstadium die Verfahrensdauer mit Sicherheit verlängern würde. Dies gilt umso mehr angesichts der begrenzten administrativen Kapazitäten der Generaldirektion Wettbewerb in der Kommission.[1080] Auch ist die derzeitige nicht kontradiktorische Regelung des informellen Vorverfahrens keinesfalls zufällig erfolgt, sondern entspricht der Grundorientierung des Vertrages und dem Regelungszweck des Wettbewerbsschutzes.[1081] Die Vorprüfungsphase soll der Kommission lediglich „eine erste Meinungsbildung“ ermöglichen.[1082] Die Kommission soll unbedenkliche Beihilfen schnell und ohne übertriebenen Formalismus genehmigen können. Die restriktive Ausgestaltung des informellen Vorverfahrens unter Beteiligung der Kommission als Kontrollinstanz und der Mitgliedstaaten als Sachwalter der Interessen der Beihilfeempfänger ist „angesichts seiner Beschränkung auf die unproblematischen Fälle vertretbar und oft sogar wirtschaftspolitisch geboten“.[1083] In solchen unproblematischen Fällen reicht für Konkurrenten insofern das bestehende Klagerecht gegen die Nichteinleitung des formellen Prüfungsverfahrens zur Wahrung ihrer Interessen aus. Und in schwierigen Fällen ist die Kommission ja ohnehin zur Einleitung des Prüfungsverfahrens verpflichtet, in

1078 *Martin J. Reufels*, Subventionskontrolle durch Private, Köln u.a. 1996, S. 148; vgl. auch *Laurence Idot*, Les aides aux enreprises en difficulté et le droit communautaire, RTDE 1998, 295, 306: „Un troisième point pose également problème: celui de la transparence et du degré d'information des tiers.“

1079 Vgl. zur Kritik *Martin J. Reufels*, Subventionskontrolle durch Private, Köln u.a. 1996, S. 56 f.; vgl. außerdem die Vorschläge zur Verbesserung der Transparenz im Vorprüfungsverfahren, die der britische Unternehmerverband CBI im Januar 1994 vorgelegt hat (Confederation of British Industry, Controlling State Aids - Making the Single Market work) und die von *Peter Schütterle* besprochen werden (*Peter Schütterle*, Das Interesse der Konkurrenten in der EG-Beihilfenkontrolle nach Art. 92 ff. - Anmerkungen zu Vorschlägen des britischen Industrieverbandes CBI, EuZW 1994, 265 ff.).

1080 *Peter Schütterle*, Die Beihilfenkontrollpraxis der Europäischen Kommission im Spannungsfeld zwischen Recht und Politik, EuZW 1995, 391, 395; vgl. auch *Luc Gyselen,* La transparence en matière d'aides d'Etat: Les droits des tiers, CDE 1993, 417, 443.

1081 Vgl. *Eberhard Kruse*, Die Rechtsstellung Dritter im Beihilfekontrollverfahren, EuR 1999, 119, 121 f.; ähnlich auch *Peter Schütterle*, Das Interesse der Konkurrenten in der EG-Beihilfenkontrolle nach Art. 92 ff. - Anmerkungen zu Vorschlägen des britischen Industrieverbandes CBI, EuZW 1994, 265, 266.

1082 St. Rspr., vgl. EuGH, Rs. C-225/91, Matra SA/Kommission, Slg. 1993, I-3203, 3254, Rn. 16; Rs. C-367/95 P, Kommission/Sytraval und Brink's France, Slg. 1998, I-1719, 1763, Rn. 38.

1083 *Eberhard Kruse*, Die Rechtsstellung Dritter im Beihilfekontrollverfahren, EuR 1999, 119, 122.

dessen Rahmen die oben geschilderten Beteiligungsrechte des Artikel 20 Absatz 1 VerfVO zum Tragen kommen.

Unter dem Strich ist insofern auch in Zukunft davon abzuraten, bereits das Vorverfahren für eine Beteiligung Dritter zu öffnen. Die negativen Auswirkungen einer solchen Reform würden den Zugewinn in Sachen Transparenz überwiegen. Das Verfahren insgesamt würde weiter verlängert und vermutlich weniger effizient.[1084] Derartige zusätzliche Verzögerungen könnten sich im schlimmsten Fall als investitionshemmend für den Standort Europa auswirken.[1085]

(2) Die Veröffentlichung der Entscheidungen der Kommission

Artikel 25 VerfVO stellt klar, daß Adressat sämtlicher Kommissionsentscheidungen nur der jeweils betroffene Mitgliedstaat ist und nicht etwa auch die begünstigten Unternehmen. Dieser kann der Kommission im Anschluß an die Entscheidung mitteilen, welche Informationen seiner Ansicht nach vom Geschäfts- und Betriebsgeheimnis erfaßt werden. Artikel 24 VerfVO bestimmt, daß die Kommission und die Mitgliedstaaten, deren Beamten und Bedienstete, sowie die von der Kommission ernannten unabhängigen Sachverständigen, verpflichtet sind, Informationen, die vom Berufsgeheimnis erfaßt sind, nicht preiszugeben.[1086] Daran schließt sich im Zusammenhang mit dem Ziel größtmöglicher Transparenz die Frage an, wie umfassend die von der Kommission im Verlauf des Verfahrens getroffenen Entscheidungen veröffentlicht werden müssen.

Im Sinne weitestgehender Transparenz müßten an sich alle Entscheidungen in sämtlichen Amtssprachen veröffentlicht werden. Dies würde allerdings die Kapazitäten der Kommission übersteigen und liefe dem Ziel der Verfahrensbeschleunigung zuwider. An

1084 Insbesondere bestünde für Konkurrenten die Möglichkeit mißbräuchlicher Stellungnahmen, die dazu führen, das Verfahren in die Länge zu ziehen - *Schütterle* spricht von „letztlich möglicherweise nicht wirklich begründeten, aber dennoch verständlichen“ Interventionen, *Peter Schütterle*, Das Interesse der Konkurrenten in der EG-Beihilfenkontrolle nach Art. 92 ff. - Anmerkungen zu Vorschlägen des britischen Industrieverbandes CBI, EuZW 1994, 265, 265.

1085 *Eberhard Kruse*, Die Rechtsstellung Dritter im Beihilfekontrollverfahren, EuR 1999, 119, 122; *Peter Schütterle*, Das Interesse der Konkurrenten in der EG-Beihilfenkontrolle nach Art. 92 ff. - Anmerkungen zu Vorschlägen des britischen Industrieverbandes CBI, EuZW 1994, 265, 265; *ders.*, Die Beihilfenkontrollpraxis der Europäischen Kommission im Spannungsfeld zwischen Recht und Politik, EuZW 1995, 391, 395.

1086 Auffällig ist, daß Artikel 24 VerfVO von „Berufsgeheimnis“ spricht, während Artikel 25 VerfVO die Begriffe „Geschäfts- und Betriebsgeheimnis“ verwendet. In der Sache dürfte das gleiche gemeint sein. Nicht ganz klar ist, wer letztlich verbindlich entscheidet, welche Informationen unter das Geschäfts- und Betriebsgeheimnis fallen. Artikel 25 VerfVO spricht nämlich nur von der „Ansicht“ der Mitgliedstaaten. Was passiert, wenn die Kommission diese Ansicht nicht teilt, ist in Artikel 24, 25 VerfVO nicht geregelt. Ein solches Auseinanderklaffen der Auffassungen ist angesichts des mehrfach beschriebenen Interessenkonflikts zwischen Kommission und Mitgliedstaaten auch kein rein akademisches Szenario. Aus der Stellung der Kommission als „Herrin des Verfahrens“ muß wohl geschlossen werden, daß ihre Meinung sich in Zweifelsfragen durchsetzt.

dieser Stelle zeigt sich ein deutlicher Konflikt der beiden Hauptziele der Verfahrensverordnung, Transparenz und Effizienz.[1087]

Die Kommission hatte in ihrem Verordnungsvorschlag ursprünglich vorgeschlagen, alle Entscheidungen mit Ausnahme der Entscheidung über die Verfahrenseröffnung nur noch zusammengefaßt im Amtsblatt zu veröffentlichen und die Vollversion lediglich auf Anfrage zugänglich zu machen.[1088] Diese wenig transparente „Minimallösung", die man mit Effizienzgründen und mit der Vermeidung des erheblichen Übersetzungsaufwandes begründen könnte,[1089] hat sich allerdings zu Recht nicht durchgesetzt.[1090]

Stattdessen wurde eine Art Mittelweg beschritten. Die Entscheidung, das formelle Prüfverfahren zu eröffnen, wird in ihrer verbindlichen Sprachfassung im Volltext veröffentlicht. In allen anderen Sprachen wird nur eine aussagekräftige Zusammenfassung veröffentlicht (Artikel 26 Absatz 2 VerfVO).[1091] Diese aussagekräftige Zusammenfassung kann durchaus knapp sein. Sie muß den Beteiligten aber ausreichende Informationen vermitteln, anhand derer eine Beurteilung möglich ist, ob man von der Beihilfe betroffen ist und sich am nachfolgenden Prüfungsverfahren beteiligen möchte.[1092] Anders als noch im Kommissionsvorschlag ist nicht mehr vorgesehen, daß Beteiligte eine Übersetzung des vollständigen Entscheidungstextes bei der Kommission anfordern können. Dadurch soll Zeit und Personalaufwand bei der Verfahrenseröffnung gespart werden. Das eintretende Transparenzdefizit ist dabei insofern vertretbar, als Beteiligte jederzeit selbst professionelle Übersetzungen des ihnen vorliegenden Originaltextes der Entscheidung vornehmen können.[1093] Ein weiterer Vorteil der jetzigen Regelung besteht darin, daß die Frist, innerhalb derer Beteiligte im nachfolgenden Hauptprüfverfahren eine Stellungnahme abgeben können (vgl. Artikel 6 Absatz 1 VerfVO), für alle Beteiligten zur gleichen Zeit zu laufen beginnt.[1094] Eine derartiger klar absehbarer Fristbeginn ist sowohl aus Sicht der Rechtssicherheit als auch der Transparenz zu begrüßen.

1087 Vgl. *Adinda Sinnaeve*, Die neue Verfahrensverordnung in Beihilfensachen, EuZW 1999, 270, 276.

1088 Artikel 25 Absatz 2 und 3 VerfVO-Vorschlag der Kommission, ABl. 1998, C 116, S. 13.

1089 Vgl. *Adinda Sinnaeve*, Der Kommissionsvorschlag zu einer Verfahrensverordnung für die Beihilfenkontrolle, EuZW 1998, 268, 272.

1090 So auch *Adinda Sinnaeve*, Die neue Verfahrensverordnung in Beihilfensachen, EuZW 1999, 270, 277, sowie *dies.*, Der Kommissionsvorschlag zu einer Verfahrensverordnung für die Beihilfenkontrolle, EuZW 1998, 268, 272, wo die von der Kommission vorgeschlagene Regelung nach ausführlicher Auseinandersetzung als nicht gerechtfertigter Transparenzrückschritt kritisiert wird.
Differenzierend und unter Hinweis auf Kapazitäts- und Übersetzungsprobleme äußert sich der Wirtschafts- und Sozialausschuß in Punkt 4.10 seiner Stellungnahme zu dem Verordnungsvorschlag, ABl. 1998, C 284, S. 10.

1091 Um ein Beispiel zu bilden: In einem Fall im Zusammenhang mit einer griechischen Beihilfe würde das deutsche Amtsblatt den griechischen Originaltext der Kommissionentscheidung über die Verfahrenseröffnung sowie eine deutschsprachige Zusammenfassung enthalten.

1092 Vgl. Schwarze-*Bär-Bouyssière*, Art. 88, Rn. 17, 34.

1093 Vgl. zum ganzen ausführlich *Adinda Sinnaeve*, Die neue Verfahrensverordnung in Beihilfensachen, EuZW 1999, 270, 277.

1094 Nach der Regelung im Kommissionsvorschlag hätte die Frist für verschiedene Beteiligte zu unterschiedlichen Zeitpunkten zu laufen begonnen, je nachdem wann dem jeweiligen Beteiligten die von

Endentscheidungen der Kommission, die das förmliche Prüfverfahren beschließen, werden dagegen wie bisher vollständig und in allen Amtssprachen im Amtsblatt veröffentlicht (vgl. Artikel 26 Absatz 3). Diese „Maximallösung" wurde gewählt, weil die Übersetzung der Endentscheidung in die verschiedenen anderen Amtssprachen, anders als die Übersetzung der im Verlauf des Verfahrens ergehenden Entscheidungen, keinen Einfluß auf die Verfahrensdauer hat. Den Erwägungen der Transparenz konnte insofern in dieser Konstellation der Vorzug vor Gesichtspunkten der Verfahrenseffizienz eingeräumt werden.[1095]

Insgesamt führt die Verfahrensverordnung also nicht nur aufgrund des Wertes einer Kodifikation an sich, sondern auch aufgrund der in ihr getroffenen inhaltlichen Regelungen zu einem Mehr an Transparenz.

bb) Die Gruppenfreistellungsrahmenverordnung

Schwieriger stellt sich die Bewertung der Freistellungsrahmenverordnung des Rates dar.[1096] Da sie noch der Umsetzung durch einzelne Verordnungen der Kommission bedarf und lediglich bestimmte Vorgaben an diese Umsetzung vorgegeben sind, ist teilweise noch nicht endgültig absehbar, in welchem Umfang das Zusammenspiel der Rahmenverordnung mit den sie ausfüllenden Einzelverordnungen letzten Endes zu mehr Transparenz hinsichtlich nicht notifizierungspflichtiger Beihilfekategorien führen wird.[1097]

Dieser möglichen Probleme war sich auch der Rat bewußt. Er hat deshalb in Artikel 3 der FreistellungsRVO explizite Regelungen zur Gewährleistung von „Transparenz und Überwachung" getroffen. Insbesondere ist die Kommission in ihren Ausführungsverordnungen verpflichtet, den Mitgliedstaaten genaue Regeln zur Gewährleistung der Transparenz und der Überwachung der gemäß Kommissionsverordnung von der Anmeldepflicht freigestellten Beihilfen aufzuerlegen (Artikel 3 Absatz 1). Die Mitgliedstaaten sind zur Vorbeugung von Mißbräuchen u.a. zur Aufzeichnung und Speicherung von Angaben zur Durchführung von Gruppenfreistellungen (Artikel 3 Absatz 3) sowie zur Übermittlung von Zusammenfassungen der freigestellten Beihilferegelungen bzw. Einzelbeihilfen zwecks Veröffentlichung im Amtsblatt (Artikel 3 Absatz 2) verpflichtet. Ferner sind sie verpflichtet, mindestens einmal jährlich Gesamtberichte über die Durchführung von Gruppenfreistellungen zu erstellen und der Kommission zu übermitteln. Zugang zu

der Kommission angefertigte Übersetzung zugegangen wäre, vgl. *Adinda Sinnaeve*, Die neue Verfahrensverordnung in Beihilfensachen, EuZW 1999, 270, 277; *Jean-Paul Keppenne*, (R)évolution dans le système communautaire de contrôle des aides d'Etat, RMUE 1998, 125, 146.

1095 Vgl. hierzu *Adinda Sinnaeve*, Die neue Verfahrensverordnung in Beihilfensachen, EuZW 1999, 270, 277.

1096 Zu diesem Schluß gelangt auch *Jean-Paul Keppenne*, (R)évolution dans le système communautaire de contrôle des aides d'Etat, RMUE 1998, 125, 132 ff., 155.

1097 Bereits jetzt endgültig zu bewerten ist lediglich die Verankerung einer Rechtsgrundlage für de-minimis-Schwellen im Verordnungstext, die der alten Regelung auch unter Transparenzgesichtspunkten klar vorzuziehen ist, vgl. dazu bereits oben Teil 1, C.II.2 sowie *Jean-Paul Keppenne*, (R)évolution dans le système communautaire de contrôle des aides d'Etat, RMUE 1998, 125, 137.

diesen Gesamtberichten haben allerdings nur die Kommission, andere Mitgliedstaaten sowie der neu zu gründende „Beratende Ausschuß für staatliche Beihilfen" i.S.v. Artikel 7 der Verordnung,[1098] nicht dagegen interessierte Dritte (vgl. Artikel 3 Absatz 4). Die Bewertung des Funktionierens der *bereits erlassenen* Freistellungsregelungen findet also im Verhältnis der Kommission zu den Mitgliedstaaten statt, nicht in der Öffentlichkeit.[1099]

Dagegen bestehen *vor Einführung* der einzelnen Verordnungen für interessierte Personen und Einrichtungen gewisse Beteiligungsrechte (Artikel 6 - Anhörung von Interessierten): Beabsichtigt die Kommission den Erlaß einer Durchführungsverordnung, ist sie zur Veröffentlichung des Entwurfes verpflichtet, um jedermann die Gelegenheit zur Äußerung innerhalb einer angemessenen Frist von mindestens einem Monat zu ermöglichen. Insofern ist der Freistellungsrahmenverordnung jedenfalls das Bemühen um die Wahrung angemessener Transparenz zu attestieren.[1100]

b) Gemeinschaftsrahmen und Leitlinien - Die Transparenz der Ermessensausübung der Kommission

Aber auch im Bereich des materiellen Beihilferechts, d.h. im Bereich des Artikel 87 EGV, stellt sich die Frage nach der Berücksichtigung des Zielgebots der Transparenz. Zu achten ist dabei besonders auf die oben bereits angedeutete Abgrenzung zum Bestimmtheitsgrundsatz. So ist die Frage nach der Fassung des Tatbestands des Artikel 87 Absatz 1 EGV, insbesondere das Problem der Definition von Beihilfen, ein Problem der Bestimmtheit[1101] und nicht der Transparenz.

Im Zusammenhang mit dem Gesichtspunkt der Transparenz steht hingegen die Schaffung verschiedener Gemeinschaftsrahmen und Leitlinien durch die Kommission mit dem Ziel, die eigene Ermessensausübung im Rahmen von Artikel 87 Absatz 3 EGV transparenter zu machen.[1102] Aus Sicht des Transparenzgrundsatzes ist hierzu zu sagen, daß es grundsätzlich zu begrüßen ist, wenn die Kommission die Ausübung ihres Ermessens und die sie dabei leitenden Erwägungen in abstrakten Regelwerken publik macht. Allerdings fällt auf, daß das Ziel der größeren Transparenz durch die verschiedenen Leitlinien und Gemeinschaftsrahmen in der Praxis bislang nur sehr fragmentarisch erreicht wird. Dies liegt zum einen an der nicht immer einheitlichen Terminologie und den teilweise ungelösten Zweifelsfragen hinsichtlich der Rechtsgrundlage und -natur dieser Maßnahmen. Vor allem aber führt die enorme Vielzahl der verschiedenen Gemeinschaftsrahmen und

1098 Dieser setzt sich aus Vertretern der Mitgliedstaaten unter Vorsitz eines Vertreters der Kommission zusammen.

1099 Zu den alle fünf Jahre gegenüber Rat und Parlament zu erstattenden Berichten der Kommission über die Anwendung der Gruppenfreistellungsrahmenverordnung vgl. Artikel 5 der Verordnung.

1100 So auch GTE-*Mederer*, Art. 94, Rn. 12, 14.

1101 Vgl. hierzu oben Teil 2, A.IV.2.c).aa).

1102 Dieser Gesichtspunkt wurde oben in Teil 2, A.III.3.a).bb) im Kontext der Gesetzesbindung der Verwaltung bereits ausführlich diskutiert und soll hier deshalb nur ganz knapp behandelt werden.

Leitlinien insgesamt zur Unübersichtlichkeit der Materie, die nur noch für wenige spezialisierte Fachleute durchschaubar ist.[1103] Das Ziel der höheren Transparenz der Ermessensausübung im Rahmen von Artikel 87 Absatz 3 EGV verliert sich im Detail und dem verzweigten Netz der Normierung.

Die Kommission ist sich dieses Problems offenbar bewußt: Sie hat deshalb in der letzten Zeit verschiedene, größere, vereinheitlichende Kodizes erlassen. Zu nennen ist zum einen der multisektorale Beihilferahmen für Großvorhaben,[1104] zum anderen die neuen Leitlinien der Kommission für die Vergabe staatlicher Regionalbeihilfen.[1105] V.a. letztere wurden als „erheblicher Fortschritt in der Transparenz der Beihilfenpolitik" gewürdigt, da sie die bisherige „auf eine Vielzahl verschiedener, nur teilweise im Amtsblatt veröffentlichter Texte" gestützte Praxis ersetzen.[1106]

Eine Fortsetzung dieses Trends hin zur Vereinfachung der zahlreichen normvertretenden Verwaltungsvorschriften dürfte auch in Zukunft zu erwarten sein. Auf längere Sicht scheint die Kommission nämlich auf eine Zusammenfassung aller Beihilferahmen in einem einheitlichen Beihilfenkodex hinzuzielen.[1107] Ein solches einheitliches Regelungswerk wäre mit Sicherheit ein Beitrag zu mehr Transparenz. Allerdings ist vor übertriebenen Hoffnungen insofern zu warnen, als die grundlegende inhaltliche Komplexität der Materie natürlich auch dann erhalten bleibt, wenn verschiedene jetzt verstreute Regelungen in eine große Gesamtkodifikation überführt werden.

3. Der Anspruch auf Zugang zu Dokumenten der Organe als spezielle Ausprägung des Transparenzgebots (Artikel 255 EGV)

Eine spezialgesetzliche Ausformung eines Teilaspekts des Transparenzgebots im weiten Sinne ist Artikel 255 EGV.[1108] Dieser Artikel wurde im Rahmen der Amsterdamer Vertragsreform in den Vertrag eingeführt, um den Gemeinschaftsbürgern einen Anspruch auf Zugang zu den Dokumenten der Institutionen zu verschaffen. Die tatsächliche Reichweite dieses grundrechtsähnlichen Anspruchs ist im Moment allerdings noch nicht genau absehbar.[1109] Dies liegt daran, daß die Absätze 2 und 3 der Vorschrift vorsehen, daß die

1103 Vgl. z.B. die Auflistung der verschiedenen Maßnahmen jüngeren Datums bei *Bertold Bär-Bouyssière*, Neue Entwicklungen im europäischen Beihilferecht, in: Jürgen Schwarze (Hrsg.), Neuere Entwicklungen des europäischen Wettbewerbsrechts, Baden-Baden 1999, S. 79, 87 ff.

1104 ABl. 1998, C 107, S. 7; vgl. hierzu *Bertold Bär-Bouyssière,* Neue Entwicklungen im europäischen Beihilfenrecht, in: Jürgen Schwarze (Hrsg.), Neuere Entwicklungen des europäischen Wettbewerbsrechts, Baden-Baden 1999, 79, 88 f.

1105 Leitlinien der Kommission für staatliche Beihilfen mit regionaler Zielsetzung, ABl. 1998, C 74, S. 9.

1106 *Friedrich Erlbacher*, Die neuen Leitlinien der Kommission für die Vergabe staatlicher Regionalbeihilfen, EuZW 1998, 517, 520.

1107 *Reimer von Borries*, Statement: Grundsätzliche Aspekte des europäischen Beihilfenrechts, in: Jürgen Schwarze (Hrsg.), Neuere Entwicklungen des europäischen Wettbewerbsrechts, Baden-Baden 1999, S. 95, 97; vgl. außerdem auch oben Teil 2, A.III.3.b) zur Gesetzesbindung der Verwaltung.

1108 Vgl. Schwarze-*Schoo*, Art. 255, Rn. 3, sowie die weiteren Nachweise in Fn. 1046.

1109 So auch Lenz-*Hetmeier*, Art. 255, Rn. 6; vgl. außerdem *Rolf Wägenbaur*, Die EU will Transparenz: Verbesserter Zugang zu den Dokumenten der Institutionen, EuZW 2000, 193, 193, der neueste Vor-

allgemeinen Grundsätze der Einsichtnahme und die Einschränkungen des Anspruchs aufgrund privater oder öffentlicher Interessen erst noch innerhalb von zwei Jahren durch den Rat (Abs. 2) sowie in der Folge durch jedes einzelne Organ in dessen jeweiliger Geschäftsordnung (Abs. 3) ausformuliert werden müssen.

Aus der Tatsache, daß Artikel 255 EGV zur Stärkung des Transparenzgedankens in den Vertrag eingeführt wurde, läßt sich allerdings schließen, daß die Detailregelungen in den Absätzen 2 und 3 zumindest nicht hinter demjenigen Schutzstandard[1110] zurückbleiben dürfen, der bereits vor der Vertragsreform von Amsterdam aufgrund verschiedener Verhaltenskodizes[1111] und der Rechtsprechung des Gerichtshofs[1112] erreicht war. Insbesondere muß das Recht auf Einsicht in Dokumente der Gemeinschaftsorgane die Regel, dessen Einschränkung dagegen die begründungspflichtige, eng auszulegende Ausnahme bleiben.[1113] V.a. soweit die Organe bei ihrer Entscheidung, ob sie Einsicht in ihre Dokumente gewähren wollen oder nicht, über Ermessen verfügen, sind die Begründungserfordernisse des Artikel 253 EGV von besonderer Bedeutung.[1114] Denn nur wenn die Organe ihre Rechtsauffassung ausführlich und klar darlegen und nicht lediglich pauschal auf die der Einsichtnahme entgegenstehenden öffentlichen Interessen verweisen, ist es dem Be-

schläge der Kommission über den Zugang zu Dokumenten (Dok. KOM [2000] 30 endg. vom 26.1.2000) bespricht.

1110 Kritisch zum erreichten Standard äußert sich *Torsten Stein*, Die Europäische Union nach dem Vertrag von Amsterdam: Subsidiarität, Transparenz und Bürgernähe, in: Waldemar Hummer (Hrsg.), Die Europäische Union nach dem Vertrag von Amsterdam, Wien 1998, S. 141, 154. Diese Kritik erscheint allerdings etwas überzogen, wenn man bedenkt, daß das EuG bislang in seinen Urteilen bezüglich des Zugangs zu Dokumenten regelmäßig die Entscheidung der Organe, den Zugang zu verweigern, aufgehoben hat (EuG, Rs. T-194/94, John Carvel und Guardian Newspapers Ltd./Rat, Slg. 1995, II-2765, 2792, Rn. 78 ff.; Rs. T-105/95, WWF UK/Kommission, Slg. 1997, II-313, 348, Rn. 76 ff.; Rs. T-124/96, Interporc Im- und Export/Kommission, Slg. 1998, II-231, 249, Rn. 55 ff.; Rs. T-174/95, Svenska Journalistförbundet/Rat, Slg. 1998, II-2289, 2328, Rn. 127); nicht beanstandet wurden lediglich die Entscheidungen der Kommission, speziell für ein Gerichtsverfahren erstellte Dokumente unter Verschluß zu halten (vgl. EuG, Rs. T-83/96, Gerard van der Wal/Kommission, Slg. 1998, II-545, 565, Rn. 50, 567, Rn. 55 f.), die Einsicht in Gutachten der juristischen Dienste der Organe zu verweigern (EuG, Rs. T-610/97 R, Hanne Norup Carlsen u.a./Rat, Slg. 1998, II-484, 503, Rn. 45 ff., insbesondere Rn. 52) sowie den Entwurf einer mit Gründen versehenen Stellungnahme im Vertragsverletzungsverfahren nicht freizugeben (vgl. EuG, Rs. T-309/97, The Bavarian Lager Company Ltd./Kommission, noch unveröff. Urteil v. 14.10.1999, Rn. 42 ff.).

1111 Vgl. v.a. den sog. Verhaltenskodex für den Zugang der Öffentlichkeit zu Kommissions- und Ratsdokumenten, ABl. 1993, L 340, S. 41, sowie die im wesentlichen identischen Ausführungsbeschlüsse von Kommission (ABl. 1994, L 46, S. 58) und Rat (ABl. 1993, L 340, S. 43) hierzu. Für das Europäische Parlament vgl. ABl. 1997, L 263, S. 1.

1112 Vgl. EuGH, Rs. C-58/94, Niederlande/Rat, Slg. 1996, I-2169, 2196, Rn. 27, 2198, Rn. 37 ff.; EuG, Rs. T-194/94, John Carvel und Guardian Newspapers Ltd./Rat, Slg. 1995, II-2765, 2788, Rn. 62 ff.; Rs. T-105/95, WWF UK/Kommission, Slg. 1997, II-313, 342, Rn. 53 ff. mit Anmerkung von *Andreas Furrer*, Rechtsanspruch auf Zugang zu Kommissionsdokumenten, ZUR 1997, 153 ff.; Rs. T-124/96, Interporc Im- und Export/Kommission, Slg. 1998, II-231, 247, Rn. 46 ff.; Rs. T-174/95, Svenska Journalistförbundet/Rat, Slg. 1998, II-2289, 2323, Rn. 109 ff.

1113 In diesem Sinne z.B. EuG, Rs. T-105/95, WWF UK/Kommission, Slg. 1997, II-313, 343, Rn. 56; Rs. T-124/96, Interporc Im- und Export/Kommission, Slg. 1998, II-231, 247, Rn. 49.

1114 Vgl. erneut EuG, Rs. T-105/95, WWF UK/Kommission, Slg. 1997, II-313, 346, Rn. 66; Rs. T-174/95, Svenska Journalistförbundet/Rat, Slg. 1998, II-2289, 2325, Rn. 115 ff.

troffenen möglich, die tragenden Gründe der Entscheidung nachzuvollziehen und seine Verteidigung darauf einzurichten. Außerdem ermöglicht eine ausführliche Begründung dem Gemeinschaftsrichter die spätere Überprüfung der Rechtmäßigkeit der Maßnahme.[1115] Insofern bestehen enge Beziehungen zwischen dem Recht auf Einsicht in Dokumente, dem Erfordernis ausreichender Begründung und dem Grundsatz des effektiven Rechtsschutzes.

Der Adressatenkreis von Artikel 255 Absatz 1 EGV ist dabei extrem weit und erfaßt alle Unionsbürger, sowie sämtliche juristischen Personen mit Sitz in einem Mitgliedstaat.[1116] Eine besondere Betroffenheit von einer Maßnahme ist nicht erforderlich.

Speziell im Hinblick auf das Beihilferecht läßt sich anfügen, daß nach der derzeitigen Rechtslage noch nicht einmal die am Beihilfehauptprüfungsverfahren Beteiligten (v.a. der Begünstigte und dessen Konkurrenten) ein Recht auf Akteneinsicht haben.[1117] Wenn bislang aber selbst diesem deutlich enger gezogenen, von der Beihilfe unmittelbar betroffenen Adressatenkreis aus wettbewerblichen Gründen kein Recht auf Akteneinsicht konzediert wurde, so dürfte davon auszugehen sein, daß die Beihilfeakten der Kommission auch in Zukunft und erst recht dem viel weiteren Kreis der potentiell Einsichtsberechtigten in Artikel 255 Absatz 1 EGV verschlossen bleiben werden. Die gemäß Artikel 255 Absatz 2 und 3 EGV noch zu schaffenden Zugangsregeln werden aller Voraussicht nach entsprechende Vorbehalte beinhalten. Es ist insofern unwahrscheinlich, daß von Artikel 255 EGV im Hinblick auf etwaige Akteneinsichtsrechte für jedermann oder für Beteiligte i.S.v. Artikel 1 lit. h) VerfVO in unmittelbarer Zukunft entscheidende Neuimpulse ausgehen werden.

4. Die Transparenzrichtlinie der Kommission

Der möglicherweise bekannteste Rechtsakt der Gemeinschaft im Zusammenhang mit dem Begriff „Transparenz" ist die von der Kommission bereits 1980 auf der Grundlage von Artikel 86 Absatz 3 EGV[1118] erlassene, in der Zwischenzeit mehrfach abgeänderte sog. Transparenzrichtlinie.[1119]

1115 Vgl. hierzu neben den bereits zitierten Urteilen des EuG zur Transparenz die grundsätzlichen Urteile des EuGH, Rs. C-350/88, Société française des Biscuits Delacre u.a./Kommission, Slg. 1990, I-395, 422, Rn. 15 m.w.N.; Rs. C-278/95 P, Siemens SA/Kommission, Slg. 1997, I-2507, 2535, Rn. 17.

1116 Vgl. hierzu ausführlicher Schwarze-*Schoo*, Art. 255, Rn. 11.

1117 *Eberhard Kruse*, Bemerkungen zur gemeinschaftlichen Verfahrensverordnung für die Beihilfekontrolle, NVwZ 1999, 1049, 1056, vgl. genauer oben Teil 2, B.IV.2.a).aa).(1).

1118 Das Argument verschiedener Mitgliedstaaten, Artikel 86 Absatz 3 EGV berechtige die Kommission nicht, allgemeine Richtlinien mit legislativem Charakter an die Mitgliedstaaten zu richten, wurde vom Gerichtshof zurückgewiesen (EuGH, verb. Rs. 188 bis 190/80, Frankreich, Italien und Vereinigtes Königreich/Kommission, Slg. 1982, 2545, 2575, Rn. 14 f.). Auch die anderen gegen die Transparenzrichtlinie ins Feld geführten Argumente ließ der Gerichtshof nicht gelten und bestätigte die Rechtmäßigkeit der Richtlinie in vollem Umfang, vgl. hierzu genauer GTE-*Hochbaum*, Art. 90, Rn. 116.

1119 Richtlinie 80/723/EWG der Kommission über die Transparenz der finanziellen Beziehungen zwischen den Mitgliedstaaten und den öffentlichen Unternehmen vom 25.6.1980, ABl. 1980, L 195,

Während sich die bislang geschilderten Normen des Artikel 1 Absatz 2 EUV, der das allgemeine Transparenzgebot beinhaltet, und Artikel 255 EGV, der eine spezielle Ausprägung dieses Prinzips darstellt, mit dem Verhalten der *Gemeinschaftsinstitutionen* beschäftigen und diese zu größtmöglicher Offenheit anhalten, ist die Zielrichtung der Transparenzrichtlinie eine andere. Diese richtet sich nämlich an die *Mitgliedstaaten* und verpflichtet diese, im Teilbereich der Finanzierung öffentlicher Unternehmen ihrerseits für ausreichende Transparenz zu sorgen, um so die Voraussetzungen dafür zu schaffen, daß die Kommission die Wettbewerbsvorschriften des Vertrages - insbesondere auch die Beihilfevorschriften - gleichförmig und fair auf finanzielle Zuwendungen der Mitgliedstaaten sowohl an private als auch an öffentliche Unternehmen anwenden kann.[1120]

Die Richtlinie in ihrer ursprünglichen Fassung erlaubte es der Kommission, die finanziellen Beziehungen zwischen der öffentlichen Hand und ihren öffentlichen Unternehmen zu untersuchen, indem sie die Mitgliedstaaten verpflichtete, der Kommission auf Anforderung (bzw. im verarbeitenden Gewerbe auf jährlicher Basis) bestimmte finanzielle Informationen mitzuteilen.[1121]

In jüngerer Zeit hat sich allerdings im Gefolge der Liberalisierung vormals öffentlicher Monopolmärkte die Notwendigkeit einer Reform ergeben.[1122] Es haben sich nämlich verstärkt Unternehmen herausgebildet, die teilweise Dienstleistungen von allgemeinem wirtschaftlichen Interesse anbieten und zum Ausgleich für diese Tätigkeiten staatliche Vergünstigungen oder besondere Rechte eingeräumt erhalten, und teilweise unter ganz normalen Wettbewerbsbedingungen in direkter Konkurrenz zu privatwirtschaftlich-organisierten Unternehmen stehen. Um v.a. dem oben bereits angesprochenen Problem der Quersubventionierung[1123] unrentabler oder überteuerter Produkte bzw. Dienstleistungen durch Monopolgewinne aus dem Bereich staatlich gestützter Tätigkeiten begegnen zu können, ist die Kommission auf detaillierte Informationen und Daten in besonderer Weise angewiesen. Denn nur so kann sie bewerten, wo im Einzelfall die Grenzlinie zwischen

S. 35, geändert durch die Richtlinie 85/413/EWG, ABl. 1985, L 229, S. 20, durch die Richtlinie 93/84/EWG, ABl. 1993, L 254, S. 16 und durch die Richtlinie 2000/52/EG, ABl. 2000, L 193, S. 75.

1120 Im folgenden soll keine detaillierte Darstellung der Transparenzrichtlinie erfolgen. Vielmehr werden lediglich einige Grundzüge, sowie die Reform der jüngsten Vergangenheit, dargestellt.
Ausführlich zum genauen Inhalt der ursprünglichen Richtlinie vgl. *Ingrid F. Hochbaum*, Die Transparenzrichtlinie der EG-Kommission, ZögU 1985, 481 ff.; *Michael Brothwood*, The Commission directive on transparency of financial relations between Member States and public undertakings, CML Rev. 1981, 207 ff.; vgl. außerdem GTE-*Hochbaum*, Art. 90, Rn. 110 ff.
Zur Reform der Richtlinie vgl. *Andreas Bartosch*, Neue Transparenzpflichten - Eine kritische Analyse des Kommissionsentwurfs einer neuen Transparenzrichtlinie, EuZW 2000, 333 ff.; *ders.*, Neubestimmung des EG-Wettbewerbsrechts in liberalisierten Märkten, ZIP 1999, 1787, 1791 ff.; *Andreas Schardt*, Rechtliche Konzepte - Medienfreiheit in der Zukunft: Statement aus der Sicht der privaten Rundfunkveranstalter, in: Jürgen Schwarze, Albrecht Hesse (Hrsg.), Rundfunk und Fernsehen im digitalen Zeitalter, Baden-Baden 2000, S. 139, 140 ff.

1121 Vgl. GTE-*Hochbaum*, Art. 90, Rn. 114, 121.

1122 Vgl. insoweit die Bekanntmachung der Kommission hinsichtlich des Entwurfs einer Änderung der Transparenzrichtlinie, ABl. 1999, C 377, S. 2.

1123 Vgl. hierzu bereits oben Teil 1, A.II.1.b).cc).

normalem wirtschaftlichem Verhalten der öffentlichen Unternehmen und der wettbewerbswidrigen Inanspruchnahme von fortbestehenden Privilegien zu ziehen ist.[1124]

Zur Bewältigung von Quersubventionierungen innerhalb solcher Unternehmen war die Transparenzrichtlinie in ihrer bisherigen Fassung deshalb nicht ausreichend, weil sie nur die finanziellen Beziehungen zwischen den öffentlichen Unternehmen und dem Staat im ganzen anbetraf, nicht aber den Geldfluß innerhalb der öffentlichen Unternehmen. Die Richtlinie in ihrer im Juli 2000 geänderten Fassung[1125] verpflichtet die öffentlichen Unternehmen deshalb jetzt zu getrennter Kontoführung in ihren jeweiligen Tätigkeitsfeldern (wettbewerbliche Aktivitäten und Tätigkeiten im Bereich besonderer Daseinsvorsorge).[1126] Dies wird der Kommission gänzlich neue Informationsquellen erschließen: Die getrennte Kontoführung versetzt die Kommission insbesondere in die Lage, etwaige Quersubventionierungen und sonstige Wettbewerbsverstöße besser zu erkennen und verhilft den Wettbewerbsvorschriften des Vertrages so im Bereich öffentlicher Unternehmen zu mehr Wirksamkeit. Die Richtlinie ist allerdings auch weiterhin kein unmittelbar beihilferelevanter Rechtsakt, sondern vielmehr eine Art verfahrensrechtliche Vorfeld- bzw. Grundlagenregelung für den Teilausschnitt der öffentlichen Unternehmen.

Aus Sicht des Transparenzprinzips betrachtet sind die Neuregelungen ohne Frage ein klarer Fortschritt. Allerdings regt sich auch Kritik an der Erweiterung der mitgliedstaatlichen Berichtspflichten.[1127] Teilweise wird angemerkt, daß die Kommission auf dem Weg sei, ihre Amtsermittlungspflicht immer mehr auf die Mitgliedstaaten abzuschieben und damit quasi eine Beweislastumkehr statuiere. Außerdem berücksichtige die Richtlinie durch die Einführung einer allgemeinen sektorübergreifenden Berichtspflicht die Kompetenzen der Mitgliedstaaten nicht ausreichend. Ferner sei die Fassung der Ausnahmeregelungen von der neuen Berichtspflicht mißlungen. V.a. im Hinblick auf den öffentli-

1124 Der derzeitige Wettbewerbskommissar *Mario Monti* (zitiert in einer Pressemitteilung der Kommission vom 12.7.2000, IP/00/763, S. 1) bringt das Problem auf den Punkt, wenn er sagt: „Such dual activities can - and sometimes do indeed - cause difficulties as regards possible distortions of competition. Revenues from the reserved activities or financial transfers received from the state as compensation for public service costs could be used to cross-subsidise activities in areas open to competition. For the Commission to be able to deal with complaints in this field it is necessary to evaluate whether the advantages granted to the undertakings in question correspond properly to the public services they are required to provide. Detailed data will also help Member States to ensure State funding of public services is limited to what is actually necessary."

1125 Richtlinie 2000/52/EG der Kommission v. 26.7.2000, ABl. 2000, L 193, S. 75; zur Verabschiedung der Richtlinie vgl. auch FAZ v. 11.7.2000, S. 18.

1126 Vgl. hierzu den neuen Artikel 1 Absatz 2 der Transparenzrichtlinie. Diese Akzentverschiebung findet ihren Niederschlag auch im geänderten Titel der Richtlinie 80/723/EWG: Dieser lautet nunmehr „Richtlinie über die Transparenz der finanziellen Beziehungen zwischen den Mitgliedstaaten und den öffentlichen Unternehmen sowie über die finanzielle Transparenz innerhalb bestimmter Unternehmen", vgl. hierzu Artikel 1 der Richtlinie 2000/52/EG, ABl. 2000, L 193, S. 75.

1127 Zu den verschiedenen Kritikpunkten vgl. *Andreas Bartosch*, Neue Transparenzpflichten - Eine kritische Analyse des Kommissionsentwurfs einer neuen Transparenzrichtlinie, EuZW 2000, 333, 334 ff.

chen Rundfunk, der von der Transparenzrichtlinie grundsätzlich erfaßt sein soll,[1128] hat sich eine äußerst lebhafte Debatte entwickelt.[1129]

Unabhängig von den rechtlichen Details der Auseinandersetzung, läßt sich die Diskussion letztlich auf eine äußerst sensible politische Einschätzungsfrage reduzieren: Es geht in der Sache um die politische Bewertung einer Ausweitung der gemeinschaftlichen Beihilfekontrolle und damit des Wettbewerbsrechts in verschiedene Bereiche der mitgliedstaatlichen Daseinsvorsorge.[1130] Neben dem öffentlich-rechtlichen Rundfunk ließe sich als weiterer Kulminationspunkt aus deutscher Sicht insbesondere das öffentliche Banken- und Sparkassensystem nennen.[1131]

5. *Fazit und Ausblick*

Die Bestrebungen nach mehr Transparenz sind sowohl im Beihilfeaufsichtsverfahren als auch im Gemeinschaftsrecht im allgemeinen unverkennbar. Die in den letzten Jahren aufgrund verschiedener gesetzgeberischer Reformen und der Rechtsprechung des Gerichtshofs erreichten Fortschritte sind beachtlich. Die zum Teil verbreitete, heftige Kritik am Transparenzdefizit der Gemeinschaft, wonach Europa „hinter verschlossenen Türen" stattfinde, es an „jeglicher Transparenz" mangele und ein „natürlicher Hang zur Geheimnistuerei" bestehe,[1132] ist insofern nach den in Amsterdam in den Vertrag eingefügten grundsätzlichen Reformen, aber auch im Hinblick auf die Regelungen in der beihilfe-

1128 Vgl. erneut die Pressemitteilung der Kommission vom 12.7.2000, IP/00/763, S. 4.

1129 Die Anwendbarkeit der Richtlinie auf den öffentlich-rechtlichen Rundfunk wird insbesondere von den deutschen Bundesländern kritisch betrachtet, vgl. *Jürgen Schwarze*, Medienfreiheit und Medienvielfalt im Europäischen Gemeinschaftsrecht, in: Jürgen Schwarze, Albrecht Hesse (Hrsg.), Rundfunk und Fernsehen im digitalen Zeitalter, Baden-Baden 2000, S. 87, 125 f.; kritisch äußert sich auch *Andreas Bartosch*, Neue Transparenzpflichten - Eine kritische Analyse des Kommissionsentwurfs einer neuen Transparenzrichtlinie, EuZW 2000, 333, 336; *ders.*, Neubestimmung des EG-Wettbewerbsrechts in liberalisierten Märkten, ZIP 1999, 1787, 1792 f.; die Anwendbarkeit der Richtlinie auf den öffentlich-rechtlichen Rundfunk befürwortet *Andreas Schardt*, Rechtliche Konzepte - Medienfreiheit in der Zukunft: Statement aus der Sicht der privaten Rundfunkveranstalter, in: Jürgen Schwarze, Albrecht Hesse (Hrsg.), Rundfunk und Fernsehen im digitalen Zeitalter, Baden-Baden 2000, S. 139, 144 ff.; *Dieter Frey*, Das öffentlich-rechtliche Fernsehen im Wettbewerbsrecht der EG, ZUM 1999, 528, 533; die Einführung buchhalterischer Kontrolle im öffentlich-rechtlichen Rundfunkbereich begrüßen außerdem *Christian Koenig, Jürgen Kühling*, Mitgliedstaatliche Kulturförderung und gemeinschaftliche Beihilfekontrolle durch die EG-Kommission, EuZW 2000, 197, 198.

1130 Vgl. z.B. *Andreas Bartosch*, Neue Transparenzpflichten - Eine kritische Analyse des Kommissionsentwurfs einer neuen Transparenzrichtlinie, EuZW 2000, 333, 333, wonach der Richtlinienvorschlag Anlaß zu „Befürchtungen" gebe, daß „die Kommission eine beträchtliche Ausweitung ihres beihilferechtlichen Kontrollstrahls im Bereich der öffentlichen Daseinsvorsorge vorzunehmen gedenkt." Je nach Blickwinkel, insbesondere aus Sicht von privatwirtschaftlichen Konkurrenten, ließe sich diese Prognose genauso gut als „Hoffnung" bezeichnen.

1131 Vgl. *Jürgen Schwarze*, Medienfreiheit und Medienvielfalt im Europäischen Gemeinschaftsrecht, in: Jürgen Schwarze, Albrecht Hesse (Hrsg.), Rundfunk und Fernsehen im digitalen Zeitalter, Baden-Baden 2000, S. 87, 125; außerdem jüngst „Streit um die öffentlichen Banken spitzt sich zu - Schröder will sich mit Brüssel anlegen", Süddeutsche Zeitung v. 19.7.2000, S. 23.

1132 *Rolf Lamprecht*, Untertan in Europa - Über den Mangel an Demokratie und Transparenz, NJW 1997, 505, 505.

rechtlichen Verfahrensverordnung und der Freistellungsrahmenverordnung des Rates, weniger begründet denn je. Vielmehr läßt sich ein Grad an Transparenz ausmachen, der dem bisherigen Integrationsstand der Gemeinschaft durchaus angemessen ist.[1133]

Allerdings bleiben auch offene Fragen, insbesondere im Hinblick auf die Ausgestaltung der Zugangsregeln zu Dokumenten der Organe, die gemäß Artikel 255 Absatz 2 und 3 EGV geschaffen werden müssen. Zum Teil ist momentan noch gar nicht absehbar, wie das neue System in der Praxis letztlich ausgestaltet sein und funktionieren wird. Inwieweit deshalb auch in Zukunft weiterer Reformbedarf besteht, wird sich im Bereich des Artikel 255 EGV wohl erst in den nächsten Jahren herauskristallisieren.

Was die Gestaltung des Beihilfeaufsichtsverfahrens anbetrifft, so ist festzustellen, daß die beiden jüngsten Verordnungen allein schon durch das Bestehen einer Kodifikation zu mehr Transparenz für Anwender und Adressaten beitragen.[1134] Insbesondere die Aufnahme eines eigenen Kapitels über die Rechte Dritter in die Verfahrensverordnung erfolgte hauptsächlich aus Transparenzgründen.[1135] Inhaltlich hat die Verfahrensverordnung den derzeitigen Status Quo im Bereich der Rechte Dritter allerdings lediglich kodifiziert, nicht modifiziert. Insbesondere hat keine Öffnung des informellen Vorverfahrens für Dritte stattgefunden.[1136] Eine solche Öffnung sollte auch in Zukunft unterbleiben. Denn so wichtig das Ziel größtmöglicher Transparenz der Beschlußfassungsmechanismen in jedem demokratischen Gemeinwesen auch sein mag, unzweifelhaft bleibt, daß Transparenz keinen „absoluten Wert“ darstellt, der zum bloßen Selbstzweck geraten darf. Vielmehr muß die Offenlegung eines jeden Verfahrens sorgfältig gegen dessen möglicherweise sinkende Effizienz abgewogen werden, um sachgerechte Lösungen zu erreichen.[1137] Im Bereich des Beihilfeprüfungsverfahrens sprechen die besseren Gründe dafür, die betroffenen Bürger bzw. Konkurrenten nicht zu früh in formalisierter Weise zu beteiligen.

Im Bereich der Veröffentlichung von Kommissionsentscheidungen, die im Rahmen des Beihilfeaufsichtsverfahrens ergehen, wählt die Verfahrensverordnung eine Art Mittelweg, der sich aus einer interessengerechten Abwägung der Zielgebote der Transparenz und der Effizienz ergibt. Nur die abschließenden Entscheidungen im formellen Prüfungsverfahren werden in allen Amtsblättern in der jeweiligen Landessprache in einer Voll-

1133 So auch *Rüdiger Bandilla, Jan-Peter Hix*, Demokratie, Transparenz und Bürgernähe in der Europäischen Gemeinschaft, NJW 1997, 1217, 1218 f. für den Stand vor der Vertragsreform von Amsterdam.

1134 Vgl. *Christian Koenig, Jürgen Kühling*, Reform des EG-Beihilfenrechts aus der Perspektive des mitgliedstaatlichen Systemwettbewerbs - Zeit für eine Neuausrichtung?, EuZW 1999, 517, 523; *Bertold Bär-Bouyssière*, Neue Entwicklungen im europäischen Beihilfenrecht, in: Jürgen Schwarze (Hrsg.), Neuere Entwicklungen des europäischen Wettbewerbsrechts, Baden-Baden 1999, S. 79, 79.

1135 *Adinda Sinnaeve*, Die neue Verfahrensverordnung in Beihilfesachen, EuZW 1999, 270, 275.

1136 *Eberhard Kruse*, Die Rechtsstellung Dritter im Beihilfekontrollverfahren, EuR 1999, 119, 121 f.

1137 So auch *Rüdiger Bandilla, Jan-Peter Hix*, Demokratie, Transparenz und Bürgernähe in der Europäischen Gemeinschaft, NJW 1997, 1217, 1217; *Adinda Sinnaeve*, Der Kommissionsvorschlag zu einer Verfahrensverordnung für die Beihilfenkontrolle, EuZW 1998, 268, 272.

version veröffentlicht. Die Entscheidung, das Prüfverfahren einzuleiten, wird dagegen nur in der Originalverfahrenssprache im Volltext sowie in einer aussagekräftigen Zusammenfassung in der jeweiligen Landessprache veröffentlicht. Wollen die Beteiligten Volltextversionen in ihrer eigenen Sprache, müssen sie selbst Übersetzungen anfertigen lassen. Diese Regelung rechtfertigt sich vor allem aufgrund der zu erwartenden Zeitersparnis und aus dem Zugewinn an Rechtssicherheit, der sich aus der Tatsache ergibt, daß die Frist für eine Stellungnahme im Hauptprüfungsverfahren für alle Beteiligten gleichzeitig zu laufen beginnt.[1138]

Eine abschließende Bewertung der Freistellungsrahmenverordnung fällt dagegen derzeit schwer. In diesem Bereich lassen sich klarere Aussagen wohl erst dann treffen, wenn der gesetzte Rahmen durch erste Verordnungen der Kommission konkretisiert worden ist. In jedem Falle aber einen Fortschritt bedeutet die Einführung einer klaren Rechtsgrundlage für de-minimis-Schwellen. Außerdem ist der Freistellungsrahmenverordnung generell das Bemühen um die Wahrung bzw. Herstellung von Transparenz deutlich anzumerken. Trotz verbleibender Unsicherheiten ist die Prognose für die Zukunft daher durchaus positiv. Denn ein funktionierendes System der Freistellung von weniger problematischen Beihilfen zugunsten der Konzentration auf wichtige Fälle entspricht den beiden sonst oft gegenläufigen Zielvorgaben der Transparenz und Effizienz.

Aus dem Blickwinkel der Transparenz am kritischsten zu bewerten ist die derzeitige Rechtslage im Rahmen der zu Artikel 87 Absatz 3 EGV erlassenen Gemeinschaftsrahmen und Leitlinien. Diese Instrumente, deren Rechtsnatur z.T. immer noch nicht vollständig geklärt ist,[1139] sollen dazu dienen, die Ermessensausübung der Kommission transparenter zu machen. In der Praxis erreichen sie dieses grundsätzlich erstrebenswerte Ziel aus verschiedenen Gründen aber nur unvollständig. Vor allem die Vielzahl und Fragmentierung der verschiedenen Leitlinien und Gemeinschaftsrahmen würde in Zukunft für eine Zusammenfassung in einem einheitlichen Beihilfenkodex sprechen.

Aus Sicht größtmöglicher Transparenz ebenfalls zu begrüßen ist die unlängst erfolgte Novellierung der Transparenzrichtlinie, die der Kommission verbesserte Informationsmöglichkeiten erschließt, um so mögliche Wettbewerbsverstöße, insbesondere im Bereich unzulässiger Quersubventionierung, besser erkennen und bekämpfen zu können. Die damit einhergehende Ausdehnung der gemeinschaftlichen Beihilfeaufsicht in Bereiche, die traditionell der mitgliedstaatliche Daseinsvorsorge unterfielen, ist dagegen eine rechtlich, v.a. aber auch politisch höchst umstrittene Einschätzungsfrage.

Insgesamt fällt das Fazit zur Transparenz des Beihilfeaufsichtsverfahrens somit trotz unzweifelhaft bestehender weiterer Defizite keineswegs negativ aus. Obwohl Transparenz im weiten Sinne lediglich eine weiche, nicht justiziable Zielvorgabe darstellt, ist der Kommission zu bescheinigen, daß sie die Bedeutung dieses Prinzips für die Akzeptanz

1138 *Adinda Sinnaeve*, Die neue Verfahrensverordnung in Beihilfensachen, EuZW 1999, 270, 277.
1139 Vgl. erneut oben Teil 2, A.III.3.a).bb).(2).

der Beihilfenkontrolle rechtzeitig erkannt hat und die in den letzten fünf bis zehn Jahren erfolgten, damals kaum für möglich gehaltenen Veränderungen durch ihre Initiative entscheidend mitgeprägt hat.

V. Die Grundsätze der Effektivität und Effizienz

„Die Wettbewerbsordnung der EWG soll *wirksam*, *einfach* und *elastisch* sein. Das ist unbestreitbar der Wille der Schöpfer des Vertrages.“[1140] Dieses Postulat *Joseph H. Kaisers* aus den Anfangsjahren der Gemeinschaft unterstreicht u.a. die Bedeutung der Grundsätze der Effektivität bzw. Effizienz für das Funktionieren der Beihilfenkontrolle als Teil des gemeinschaftlichen Wettbewerbsregimes. Bereits an dieser Stelle ist allerdings anzumerken, daß es so etwas wie absolute Effektivität bzw. Effizienz nicht gibt, so daß es von vornherein nur darum gehen kann, unter Beachtung der verschiedenen bereits besprochenen rechtsstaatlichen Grundsätze größtmögliche Effektivität und Effizienz anzustreben.

1. Terminologie - Die Unterscheidung zwischen Effektivität und Effizienz

Die terminologische Unterscheidung zwischen Effektivität und Effizienz ist vor allem in der Verwaltungswissenschaft gängig. In der juristischen Literatur wird dagegen z.T. bewußt auf diese Differenzierung verzichtet.[1141] Für die vorliegende Untersuchung des europäischen Gemeinschaftsrechts und des Beihilfeaufsichtsverfahrens erscheint eine solche Unterscheidung allerdings gewinnbringend. Insbesondere scheinen die europäischen Institutionen selbst von einem gewissen Unterschied zwischen der Effizienz und der Effektivität bzw. Wirksamkeit auszugehen.[1142]

Mit dem Begriff der Effektivität soll im folgenden der Grad der Zweck- bzw. Zielerreichung zum Ausdruck gebracht werden.[1143] Die Effizienz ist demgegenüber ein relatio-

1140 *Joseph H. Kaiser*, Zur Anwendung von Art. 85 Abs. 3 des EWG-Vertrages auf Gruppen von Kartellverträgen, Köln u.a. 1964, S. 20.

1141 Vgl. z.B. *Rainer Wahl*, Verwaltungsverfahren zwischen Verwaltrungseffizienz und Rechtsschutzauftrag, VVDStRL 41 (1983), 151, 163, wo die beiden Begriffe zwar in Anlehnung an das verwaltungswissenschaftliche Schrifttum analysiert werden, dennoch aber auf eine Unterscheidung verzichtet wird.

1142 Dieses Verständnis läßt sich aus der Tatsache ableiten, daß die Begriffe „wirksam“ und „effizient“ oft mit dem Wort „und“ verbunden werden, nicht dagegen mit den Begriffen „oder/bzw.“. Eine derartige Formulierung läßt darauf schließen, daß „effizient“ und „wirksam“ nicht als Synonyme verstanden werden, sondern zumindest graduelle Unterschiede bestehen. Vgl. z.B. Erwägungsgrund 2 der Verfahrensverordnung (ABl. 1999, L 83, S. 1), der von „wirksamen und effizienten Verfahren“ spricht. Ebenso befürwortete der ehemalige Wettbewerbskommissar *Karel van Miert* „eine wirksame und effiziente Beihilfenkontrolle auf europäischer Ebene“ (*Karel van Miert*, Die Zukunft der Wettbewerbspolitik in der EU, in: Zentrum für Europäisches Wirtschaftsrecht, Vorträge und Berichte Nr. 89, Referat am 27.10.1997 im Rahmen der Vortragsreihe „Europa vor der Wirtschafts- und Währungsunion“, Bonn 1997, S. 19).

1143 Vgl. dazu *Bernd Becker*, Aufgabentyp und Organisationsstruktur von Verwaltungsbehörden, Die Verwaltung 1976, 273, 274 m.w.N.

neller Begriff, der das Verhältnis zwischen bestimmten Mitteln und Zielen zum Ausdruck bringt.[1144] Während die Effektivität den Ist- mit dem Sollzustand vergleicht, beschäftigt sich die Effizienz mit der Zweck-Mittel-Relation zwischen Aufwand und Ressourcen.[1145]

2. *Der Grundsatz der Effektivität im Gemeinschaftsrecht*

Der Grundsatz der Effektivität bzw. Wirksamkeit des Gemeinschaftsrechts läßt sich aus Artikel 10 EGV ableiten.[1146] Artikel 10 EGV verpflichtet die Mitgliedstaaten zur Treue und Loyalität gegenüber der Gemeinschaft. Dieser Grundsatz der Gemeinschaftstreue umfaßt u.a. die Pflicht der Mitgliedstaaten, in den Bereichen, in denen zur Umsetzung von Gemeinschaftsrecht auf nationales Recht zurückgegriffen wird, „alle geeigneten Maßnahmen zu treffen, um die Geltung und die Wirksamkeit des Gemeinschaftsrechts zu gewährleisten."[1147] Ähnlich formulierte der Gerichtshof auch in dem berühmten Fall *Deutsche Milchkontor*, wonach die Anwendung des nationalen Rechts „die Tragweite und die Wirksamkeit des Gemeinschaftsrechts nicht beeinträchtigen"[1148] dürfe.

Diese Auslegung des Artikel 10 EGV als Grundlage des Argumentationstopos vom „effet utile" ist v.a. auch im Beihilferecht von enormer Bedeutung. Insbesondere als Schranken-Schranke der Rückforderung taucht die Effektivität des Gemeinschaftsrechtes regelmäßig auf. So erfolgt die Rückforderung von mitgliedstaatlichen Beihilfen zwar grundsätzlich nach den Modalitäten des nationalen Rechts, doch muß dieses Recht dergestalt angewendet werden, „daß die gemeinschaftsrechtlich vorgeschriebene Rückforderung nicht praktisch unmöglich und das Gemeinschaftsinteresse voll berücksichtigt wird."[1149]

Die aus Artikel 10 EGV abgeleitete Wirksamkeit des Gemeinschaftsrechts ist also keineswegs nur „soft law" im Stile einer nicht justiziablen Zielvorgabe. Vielmehr bewirkt sie rechtlich verbindliche, ausgesprochen weitreichende Einschränkungen des nationalen Rechts. Durch die Berufung auf den „effet utile" werden regelmäßig Modalitäten des nationalen Rechts, die der gemeinschaftsrechtlich angestrebten Rückforderung an sich entgegenstehen würden, überwunden.

1144 Vgl. *Hans-Ulrich Derlien*, Theoretische und methodische Probleme der Beurteilung organisatorischer Effizienz der öffentlichen Verwaltung, Die Verwaltung 1974, 1, 3.

1145 Vgl. *Eberhard Bohne, Herbert König*, Probleme der politischen Erfolgskontrolle, Die Verwaltung 1976, 19, 22 ff.

1146 Vgl. hierzu und zum folgenden *Ilka Boeck*, Die Abgrenzung der Rechtsetzungskompetenzen von Gemeinschaft und Mitgliedstaaten in der Europäischen Union, Baden-Baden 2000, S. 43 ff.

1147 EuGH, Rs. 68/88, Kommission/Griechenland, Slg. 1989, 2965, 2984, Rn. 23.

1148 EuGH, verb. Rs. 205 bis 215/82, Deutsche Milchkontor u.a./Deutschland, Slg. 1983, 2633, 2666, Rn. 22.

1149 EuGH, Rs. C-5/89, Kommission/Deutschland („BUG-Alutechnik"), Slg. 1990, I-3437, 3458, Rn. 19; vgl. aber auch Rs. 94/87, Kommission/Deutschland („Alcan I"), Slg. 1989, 175, 192, Rn. 12; Rs. C-142/87, Belgien/Kommission („Tubemeuse"), Slg. 1990, I-959, 1019, Rn. 61; verb. Rs. 205 bis 215/82, Deutsche Milchkontor u.a./Deutschland, Slg. 1983, 2633, 2670, Rn. 33.

Um auf die oben dargestellte Terminologie zurückzukommen: Effektivität wurde definiert als das Maß bzw. der Grad der Zweckerreichung. Indem das gemeinschaftsrechtliche Effektivitätsgebot die Berücksichtigung der Gemeinschaftsinteressen „in vollem Umfang“[1150] verlangt, gibt es einen ungewöhnlich hohen Grad der Zweckerreichung als Prämisse aus. Diese starke Betonung der Wirksamkeit des Gemeinschaftsrechtes ist auch einer der Ansatzpunkte der weit verbreiteten Kritik an der Rechtsprechung des Gerichtshofs zur Rückforderung von Beihilfen. Vielfach wird nämlich beklagt, die vollumfängliche Berücksichtigung des gemeinschaftlichen Rückforderungsinteresse lasse von den unterschiedlichen nationalen Regelungen nicht viel übrig.[1151]

Fraglich ist daher, ob es zukünftig nicht angezeigt wäre, das gemeinschaftliche Augenmerk im Bereich der Beihilfeaufsicht weniger strikt auf die Belange der Wirksamkeit des Gemeinschaftsrechts zu konzentrieren. Diese Frage stellt sich unabhängig davon, ob die Rückforderung von Beihilfen in Zukunft - wie im Rahmen dieser Untersuchung angeregt - aufgrund eigener von der Gemeinschaft auf der Basis von Artikel 89 EGV erlassener Rückforderungsregeln erfolgen wird oder ob es bei der derzeitigen Vollziehung der gemeinschaftsrechtlichen Rückforderungspflicht mittels nationalem Recht bleibt. Denn in beiden Alternativen werden auch weiterhin Abwägungen zwischen dem Gemeinschaftsinteresse am Vollzug der Kommissionsentscheidung und gegenläufigen privaten, mitgliedstaatlichen oder anderweitigen gemeinschaftsrechtlichen Interessen notwendig sein.

Angesichts des mittlerweile erreichten Entwicklungsstandes im Bereich der Rückforderung erscheinen die Belange der Effektivität gegenwärtig fast schon überbetont. Diese starke Betonung der Belange der Einheitlichkeit und Wirksamkeit war anfangs nicht nur verständlich, sondern fast unerläßlich, um das ungeschriebene Institut der Rückforderung überhaupt etablieren zu können. Heute ist die Tatsache, daß vertragswidrige Beihilfen grundsätzlich und systematisch zurückgefordert werden müssen, allerdings nicht mehr umstritten, sondern ganz allgemein anerkannt. Insofern geht es nicht mehr so sehr darum, überhaupt ein wirksames Beihilfekontrollinstrumentarium zu formen, sondern vielmehr darum, dieses mittlerweile wirkungsvolle Instrumentarium stärker auszudifferenzieren.[1152] Es wäre deshalb wünschenswert, wenn dem Gesichtspunkt der Verhältnismäs-

1150 Vgl. erneut EuGH, Rs. 94/87, Kommission/Deutschland („Alcan I“), Slg. 1989, 175, 192, Rn. 12; Rs. C-24/95, Land Rheinland-Pfalz/Alcan Deutschland („Alcan II“), Slg. 1997, I-1591, 1616, Rn. 24.

1151 Vgl. z.B. *Mark Hoenike*, Anmerkung zum Urteil des EuGH in der Rs. C-24/94 (Land Rheinland-Pfalz/Alcan Deutschland), EuZW 1997, 279, 280: „Alle Ausnahmen nach nationalem Recht, die einer Rückforderung der rechtswidrig gewährten staatlichen Beihilfe entgegenstehen, werden mit der stets passenden Keule, daß ‘die gemeinschaftlich vorgeschriebene Rückforderung nicht praktisch unmöglich gemacht werden darf‘, erschlagen.“
Vgl. ferner erneut *Rupert Scholz, Hans Hofmann*, Perspektiven der europäischen Rechtsordnung: Zur Entwicklung und Zukunft aus deutscher Sicht, ZRP 1998, 295, 299 f.; *Rupert Scholz*, Zum Verhältnis von europäischem Gemeinschaftsrecht und nationalem Verwaltungsverfahrensrecht, DÖV 1998, 261, 262 f.

1152 Vgl. auch *Martin J. Reufels*, Subventionskontrolle durch Private, Köln u.a. 1996, S. 99, der davon spricht, die Rückforderungspraxis sei „noch zu undifferenziert“.

sigkeit, der bislang in der Praxis noch nie zu einem Ausschluß der Rückforderung geführt hat, stärkeres Gewicht eingeräumt würde.[1153] Insbesondere sollte eine echte Abwägung zwischen Verhältnismäßigkeitserwägungen und dem Effektivitätsgrundsatz stattfinden und keine mehr oder weniger statische Vorrangregelung im Sinne maximaler Wirksamkeit zur Anwendung gelangen.

Ein weiterer, möglicher Kritikpunkt an der derzeitigen Funktionsweise des Effektivitätsprinzips bei der Rückforderung von Beihilfen ergibt sich aus folgenden Erwägungen: Die Berechtigung der Rückforderung von Beihilfen, die dem begünstigten Unternehmen vom beihilfegewährenden Mitgliedstaat praktisch aufgedrängt wurden, ist den begünstigten Unternehmen, aber auch der Öffentlichkeit, manchmal wohl auch deshalb so schwer zu vermitteln, weil den in erster Linie verantwortlichen Mitgliedstaaten durch die Nichtbeachtung der gemeinschaftlichen Beihilferegeln keinerlei echte Nachteile entstehen - die Rückforderung tangiert die Interessen des Mitgliedstaats faktisch weit weniger als die des jeweiligen Begünstigten. Politische Konfrontationen wie im Fall *Volkswagen Sachsen*[1154] werden somit letztlich oft auf dem Rücken der Beihilfebegünstigten ausgetragen. Die starke Betonung der Effektivität des Gemeinschaftsrechts trifft im Ergebnis die Begünstigten härter als die Mitgliedstaaten.

Soweit die bewußte, auch politisch motivierte Nichtbeachtung der Verfahrenserfordernisse durch die Mitgliedstaaten in Zukunft deutlich zunehmen sollte, wäre daran zu denken, der Gemeinschaft *de lege ferenda* die Möglichkeit zu eröffnen, vertragsbrüchige Mitgliedstaaten wirksamer als bisher zur Verfahrenstreue anzuhalten und besonders krasse Fälle anders als mit der bloßen Rückforderung der Beihilfe vom Begünstigten zu sanktionieren. Zu diskutieren wären insofern Mechanismen, um bewußte mitgliedstaatliche Verfahrensverstöße zumindest in sachlich eindeutig gelagerten, finanziell bedeutsamen Fällen zusätzlich direkt im Verhältnis zum Mitgliedstaat zu ahnden.[1155]

3. *Der Grundsatz der Effizienz im Gemeinschaftsrecht*

a) Rechtsgrundlage und Rechtsnatur

Ob und inwieweit die Effizienz der Verwaltung bzw. der Rechtsordnung überhaupt ein anerkennenswertes Rechtsprinzip ist, war lange Gegenstand der wissenschaftlichen Diskussion.[1156] Angesichts der regelmäßigen Erwähnung der Effizienz sowohl in der ge-

1153 Vgl. hierzu bereits oben Teil 2, B.III.b).bb) zur Verhältnismäßigkeit.

1154 Vgl. zu diesem Fall näher oben die Einleitung und Teil 1, A.III, sowie unten Teil 3, C.I. Ein weiteres Beispiel für dieses Phänomen ist der Fall *Alcan*, in dem das erhebliche Mitverschulden des Mitgliedstaats an der vertragswidrigen Auszahlung und damit der Rückforderung der Beihilfe zumindest aus Sicht der Firma Alcan letztlich ungeahndet blieb.

1155 Zu hoffen bleibt allerdings, daß die Akzeptanz und die Effektivität der Beihilfeaufsicht auch ohne derartige Maßnahmen durch ein freiwilliges Miteinander der Gemeinschaft und der Mitgliedstaaten sowie durch eine offene und vertiefte sachliche Vermittlung der dahinterstehenden Konflikte und Wertungen in den Medien, erhöht werden kann.

1156 Vgl. z.B. die auf das deutsche Recht bezogene Darstellung der Literatur bei *Jürgen Schwarze*, Administrative Leistungsfähigkeit als verwaltungsrechtliches Problem, DÖV 1980, 581, 587 f. m.w.N.;

meinschaftsrechtlichen Literatur[1157] als auch in den Erwägungsgründen verschiedener Verordnungen[1158] erscheint es angebracht, von der Existenz eines eigenständigen Effizienzgrundsatzes im Gemeinschaftsrecht auszugehen und sich Gedanken über dessen Rechtsgrundlage und -natur zu machen.

Will man den Effizienzgrundsatz nicht lediglich als ungeschriebenen Bestandteil der Gemeinschaftsrechtsordnung definieren, so bietet sich an, ihn ebenso wie den Effektivitätsgrundsatz in Artikel 10 EGV zu verankern. Es ist anerkannt, daß Artikel 10 EGV nicht nur Pflichten der Mitgliedstaaten gegenüber der Gemeinschaft beinhaltet, sondern über seinen Wortlaut hinaus auch die Gemeinschaft zur loyalen Zusammenarbeit mit den Mitgliedstaaten verpflichtet.[1159] Eine Ausprägung dieser loyalen Zusammenarbeit ist, daß die Gemeinschaft sich im allseitigen Interesse um eine möglichst effiziente Verfahrensgestaltung zu bemühen hat.

Das Ziel der Effizienz als Verhältnis zwischen Aufwand und Ressourcen ist also auch in der Gemeinschaftsrechtsordnung Bestandteil des Handlungsauftrages an die Verwaltung. Die von *Rainer Wahl* im Kontext des deutschen Verwaltungsrechts getroffenen Aussagen lassen sich auf die Gemeinschaft übertragen: „Die Verwaltung soll nicht nur rechtmäßig und sachlich 'richtig' handeln, sondern dies rechtzeitig, wirtschaftlich und pro Zeiteinheit möglichst oft tun - kurz: Verwaltungseffizienz ist die möglichst gute Verwirklichung des Rechts- und Sachauftrags der Verwaltung in der *zeitlichen, finanziellen* und *quantitativen* Dimension.“[1160]

Ähnlich wie bei der Transparenz im weiten Sinne[1161] handelt es sich bei der Effizienz um eine nicht justiziable Zielvorgabe, d.h. eine Regelung kann gerichtlich nicht mit dem Argument angegriffen werden, sie sei nicht effizient genug. Effizienz ist also kein Maßstab für die Beurteilung der Rechtmäßigkeit des Verwaltungshandelns.[1162] Effizienz und

Rainer Wahl, Verwaltungsverfahren zwischen Verwaltungseffizienz und Rechtsschutzauftrag, VVDStRL 41 (1983), 151, 162 m.w.N.

1157 Vgl. z.B. *Adinda Sinnaeve*, Die neue Verfahrensverordnung in Beihilfensachen, EuZW 1999, 270, 270; *Karel van Miert*, Die Zukunft der Wettbewerbspolitik in der EU, in: Zentrum für Europäisches Wirtschaftsrecht, Vorträge und Berichte Nr. 89, Referat am 27.10.1997 im Rahmen der Vortragsreihe „Europa vor der Wirtschafts- und Währungsunion“, Bonn 1997, S. 19; *Christoph Engel*, Die Einwirkungen des Europäischen Gemeinschaftsrechts auf das deutsche Verwaltungsrecht, Die Verwaltung 1992, 437, 457.

1158 Vgl. hierzu z.B. Erwägungsgrund 3 der Freistellungsrahmenverordnung („effiziente Anwendung“), ABl. 1998, L 142, S. 1, Erwägungsgrund 2 der Verfahrensverordnung („wirksame und effiziente Verfahren“), ABl. 1999, L 83, S. 1.

1159 St. Rspr., vgl. EuGH, Rs. 230/81, Luxemburg/Europäisches Parlament, Slg. 1983, 255, 287, Rn. 37; Rs. C-2/88 Imm., J.J. Zwartveld u.a., Slg. 1990, I-3365, 3372, Rn. 17; vgl. hierzu auch *Ilka Boeck*, Die Abgrenzung der Rechtssetzungskompetenzen von Gemeinschaft und Mitgliedstaaten in der Europäischen Union, Baden-Baden 2000, S. 44 f.

1160 *Rainer Wahl*, Verwaltungsverfahren zwischen Verwaltungseffizienz und Rechtsschutzauftrag, VVDStRL 41 (1983), 151, 163.

1161 Vgl. dazu oben Teil 2, B.IV.1.

1162 Vgl. erneut *Rainer Wahl*, Verwaltungsverfahren zwischen Verwaltungseffizienz und Rechtsschutzauftrag, VVDStRL 41 (1983), 151, 163.

Transparenz im weiten Sinne sind keine echten Rechtsprinzipien, sondern vielmehr eher rechtstatsächliche Güter bzw. allgemeine Zielvorgaben.[1163] Dies schmälert indes keineswegs ihre Bedeutung: Das Funktionieren einer wettbewerbsrechtlichen Regelung hängt nämlich immer auch davon ab, inwieweit die Bedürfnisse der Praxis in rechtliche Institute und Garantien einfließen können.

b) Effizienz des Beihilfeaufsichtsverfahrens

Aus der relativen Natur des Begriffs ergibt sich bereits, daß es absolute Effizienz nicht gibt. Bedeutung hat die Zielvorgabe größtmöglicher Effizienz vielmehr im Vergleich verschiedener Zustände oder Verfahrensvarianten. Im folgenden soll lediglich eine Darstellung anhand ausgewählter Beispiele erfolgen, um die Wirkungsweise, aber auch die Grenzen des Effizienzgedankens darzustellen. Es bietet sich dabei an, die jüngst in der Verfahrensverordnung und der Freistellungsrahmenverordnung erfolgten Modifikation mit dem bisherigen Stand zu vergleichen. Wie bereits wiederholt erwähnt, verfolgen beide Maßnahmen ausdrücklich die Intention, die Transparenz und die Effizienz des Beihilfeaufsichtsverfahrens zu verbessern. Diese beiden Prinzipien können dabei manchmal gemeinsam für eine bestimmte Lösung streiten, andererseits aber auch in direkten Zielkonflikt geraten. In solchen Fällen ist dann jeweils eine Abwägung der beiden Prinzipien notwendig.[1164]

Ein Beispiel für diesen Zielkonflikt ist die oben bereits ausführlich besprochene Sprachenfrage bei der Veröffentlichung von Kommissionsentscheidungen (vgl. Artikel 26 VerfVO). Hier führten Gesichtspunkte der Effizienz des Verfahrens letztlich zu einer Kompromißlösung unter Einschränkungen der Transparenz.[1165] Ebenso ist eine Öffnung des informellen Vorverfahrens für Dritte trotz möglicher Transparenzgewinne nicht zuletzt aus Effizienzgründen nicht erfolgt.[1166]

Ein Beispiel für eine Regelung, für die sowohl Erwägungen der Transparenz als auch der Effizienz sprechen, ist die Freistellung von horizontalen Beihilfen in solchen Fallkonstellationen, die bereits bisher von exakten Vereinbarkeitskriterien in Gemeinschaftsrahmen oder Leitlinien erfaßt waren, an die sich die Mitgliedstaaten ganz überwiegend gehalten haben.[1167] Erfahrungsgemäß hat das zeit- und personalaufwendige Notifizierungsverfahren in solchen Routinefällen keinen qualitativen Vorteil. Stattdessen verhindert die Flut unproblematischer und dennoch aufwendiger Fälle die wünschenswerte Konzentration der Ressourcen der Kommission auf wichtige, den Wettbewerb besonders schwer-

1163 Ähnlich bereits *Marcus Geiss*, The Role of the Social Partners in the Making of European Social Policy after Maastricht, Manchester 1995, S. 116 f.

1164 Vgl. *Adinda Sinnaeve*, Der Kommissionsvorschlag zu einer Verfahrensverordnung für die Beihilfenkontrolle, EuZW 1998, 268, 272.

1165 Vgl. im Detail oben Teil 2, B.IV.2.a).aa).(2), sowie *Adinda Sinnaeve*, Die neue Verfahrensverordnung in Beihilfensachen, EuZW 1999, 270, 276 f.

1166 Vgl. oben Teil 2, B.IV.2.a).aa).(1).

1167 Vgl. *Adinda Sinnaeve*, Die neue Verfahrensverordnung in Beihilfensachen, EuZW 1999, 270, 270.

wiegend berührende Fälle. Es entspricht daher dem „allgemeinen Ziel einer größeren Verfahrenseffizienz, die vorherige Anmeldung hier durch eine ex-post-Überwachung zu ersetzen."[1168] Und auch aus Sicht der Transparenz ist eine solche klar durchschaubare Regelung der von der Notifizierung freigestellten Beihilfekategorien in einer Verordnung der bisherigen, von verschiedenen rechtlich nicht immer klar einzuordnenden Gemeinschaftsrahmen und Leitlinien geprägten Rechtslage vorzuziehen.[1169]

Die Relativität des Effizienzgrundsatzes läßt sich gut an einem dritten Beispiel verdeutlichen. Artikel 22 VerfVO erlaubt der Kommission unter bestimmten Voraussetzungen, Kontrollen auf dem Gelände der begünstigten Unternehmen vorzunehmen.[1170] Hierbei handelt es sich um ein gänzlich neues Element im Gefüge des Beihilfeaufsichtsverfahrens.[1171] Auffällig ist, daß derartige Nachprüfungen gemäß Artikel 22 Absatz 1 VerfVO auf die Überwachung der verschiedenen Arten von positiven Genehmigungsentscheidungen der Kommission (entweder am Ende des informellen Vorprüfungs- oder des Hauptprüfungsverfahrens, unbedingt oder mit Auflagen oder Bedingungen) beschränkt sind. Nicht möglich sind also Nachprüfungen im Bereich von vertragswidrigen Beihilfen, die ohne Notifizierung gewährt wurden.[1172] Hier liegt sicherlich eine der Schwächen der neuen Regelung, da von Kontrollen gerade in Fällen der rechtswidrigen Gewährung von Beihilfen besonders interessante Aufschlüsse zu erwarten wären.[1173]

Das Ziel derartiger Nachprüfungen vor Ort ist, die Mitgliedstaaten und die von Beihilfen begünstigten Unternehmen dazu zu veranlassen, sich disziplinierter als bisher an die Genehmigungsentscheidungen der Kommission zu halten. Möglich sind Nachprüfungen daher nur bei ernsthaften Zweifeln hinsichtlich der Einhaltung einer Kommissionsentscheidung. Dabei ist zu hoffen, daß die bloße Möglichkeit solcher Kontrollvisiten durch Kommissionsbedienstete bereits zu positiven Verhaltensänderungen führt. Sollte sich ein derartiger präventiver Abschreckungseffekt tatsächlich einstellen, wäre der Effizienz des Verfahrens im ganzen ohne Frage gedient.

1168 *Adinda Sinnaeve*, Die neue Verfahrensverordnung in Beihilfensachen, EuZW 1999, 270, 270.

1169 Vgl. oben Teil 2, B.IV.2.a).bb) und 2.b)

1170 Im folgenden sollen nur Teilaspekte des Untersuchungsverfahrens dargestellt werden. Eine ausführlichere Darstellung der Details findet sich bei *Adinda Sinnaeve*, Die neue Verfahrensverordnung in Beihilfensachen, EuZW 1999, 270, 276, sowie bei *Bertold Bär-Bouyssière*, Neue Entwicklungen im europäischen Beihilfenrecht, in: Jürgen Schwarze (Hrsg.), Neuere Entwicklungen des europäischen Wettbewerbsrechts, Baden-Baden 1999, S. 79, 83 f.

1171 Vgl. bereits *Claus-Dieter Ehlermann, Peter Schütterle,* Vollzugsdefizit der europäischen Beihilfenkontrollregeln?, EuZW 1996, 234, 235, die sich schon vor Erlaß der VerfVO für die Einführung von begrenzten Nachforschungsrechten der Kommission gegenüber Unternehmen ausgesprochen hatten.

1172 Vgl. *Bertold Bär-Bouyssière*, Neue Entwicklungen im europäischen Beihilfenrecht, in: Jürgen Schwarze (Hrsg.), Neuere Entwicklungen des europäischen Wettbewerbsrechts, Baden-Baden 1999, S. 79, 83.

1173 In derartigen Fällen der illegalen Auszahlung von Beihilfen ist die Kommission auf Auskunftsersuchen bzw. Anordnung der Auskunftserteilung (beides in Artikel 10 VerfVO) sowie, als ultima ratio, auf die Entscheidung nach Aktenlage (Artikel 13 Absatz 1 VerfVO) verwiesen.

Eine weitere Schwäche der getroffenen Regelung besteht darin, daß die Untersuchungen den Mitgliedstaaten rechtzeitig schriftlich angekündigt werden müssen (Artikel 22 Absatz 3 VerfVO). Dies nimmt den Untersuchungen den Überraschungseffekt. Teilnahmeberechtigt an den Nachprüfungen vor Ort sind Kommissionsbedienstete, Vertreter der Mitgliedstaaten sowie Sachverständige, die entweder von der Kommission oder in Streitfällen von Kommission und Mitgliedstaaten im Einvernehmen bestellt werden (Artikel 22 Absatz 3 und 4 VerfVO). Diese Delegation hat das Recht, sämtliche Grundstücke und Örtlichkeiten zu betreten, Bücher und Unterlagen einzusehen und gegebenenfalls zu kopieren sowie Erklärungen zu verlangen (Artikel 22 Absatz 2 VerfVO). Soweit ein Unternehmen sich der Untersuchung widersetzt, sind die Behörden der Mitgliedstaaten zur Amtshilfe verpflichtet (Artikel 22 Absatz 6 VerfVO).

Wie sich diese neue Befugnis, die als eines der wichtigsten neuen Instrumente zur Straffung der Beihilfenkontrolle begrüßt wurde,[1174] in der Praxis bewähren wird, ist momentan noch nicht abzusehen.[1175] Sollte sich die Entscheidungstreue der Unternehmen und Mitgliedstaaten bereits ohne die tatsächlich Durchführung von Nachprüfungen vor Ort erhöhen, hätte dies - wie oben bereits festgestellt - eine Verbesserung der Verfahrenseffizienz zur Folge. Andererseits ist aber auch nicht zu übersehen, daß die Durchführung von Kontrollvisiten vor Ort in jedem Fall ein Mehr an personellem, finanziellem und zeitlichem Aufwand bedeutet. Ob die Beihilfendisziplin der Mitgliedstaaten sich tatsächlich entsprechend verbessert, ist dagegen nicht sicher. Es wäre insofern denkbar, daß die Effizienz als Verhältnis zwischen Input und Output eher sinkt, weil nur der Aufwand der Kommission steigt, ohne daß dem Verfahren ein qualitativer Mehrwert zukommt. Es bleibt daher abzuwarten, ob die Beihilfeaufsicht durch dieses neue Instrument im Ergebnis wirklich schlagkräftiger und effizienter geworden ist.

Schließlich bleibt noch, erneut auf die Grenzen des Effizienzprinzips hinzuweisen. Aus der Rechtsnatur als nicht justiziable Zielvorgabe ergibt sich, daß die Effizienz (ebenso wie die Transparenz im weiten Sinne) sich niemals gegen andere entgegenstehende echte Rechtsgrundsätze durchsetzen kann. Eine Neuregelung, die zwar effizienter ist als der Status Quo, die aber gegen andere rechtlich verbindliche Prinzipien wie z.B. den allgemeinen Gleichheitssatz oder das Verhältnismäßigkeitsprinzip verstößt, ist nicht rechtmäßig. Effizienz kann folglich nur bei der Abwägung zwischen *rechtmäßigen* Gestaltungsvarianten berücksichtigt werden, um eine angemessene Balance zwischen den verschiedenen streng rechtlichen und eher rechtstatsächlichen Faktoren herzustellen, die das europäische Beihilferecht prägen.

1174 *Adinda Sinnaeve*, Die neue Verfahrensverordnung in Beihilfensachen, EuZW 1999, 270, 276; *Bertold Bär-Bouyssière*, Neue Entwicklungen im europäischen Beihilfenrecht, in: Jürgen Schwarze (Hrsg.), Neuere Entwicklungen des europäischen Wettbewerbsrechts, Baden-Baden 1999, S. 79, 83.

1175 So auch *Bertold Bär-Bouyssière*, Neue Entwicklungen im europäischen Beihilfenrecht, in: Jürgen Schwarze (Hrsg.), Neuere Entwicklungen des europäischen Wettbewerbsrechts, Baden-Baden 1999, S. 79, 84.

Dritter Teil -- Das Beihilferecht der Zukunft: Bewertung und Ausblick

Sowohl im Hinblick auf die verschiedenen klassisch rechtsstaatlichen Rechtsgrundsätze als auch mit Blick auf die sonstigen allgemeinen Rechtsgrundsätze des Gemeinschaftsrecht hat die Analyse des Beihilferechts ergeben, daß keinerlei schwerwiegende Defizite bestehen, die Zweifel an der Rechtmäßigkeit der bestehenden Regeln aufkommen lassen. Keine der in der gemeinschaftsrechtlichen Praxis bestehenden Regelungen ist rechtsstaatswidrig.

Insofern hat sich die vielfach geäußerte sehr scharfe Kritik teilweise als überzogen (z.B. im Bereich der Transparenz oder des Vertrauensschutzes), teilweise auch als grundsätzlich unzutreffend (z.B. das Pochen auf Subsidiarität) erwiesen. Angesichts der dynamischen Natur der rechtsstaatlichen Prinzipien, die grundsätzlich immer auf ein „Mehr oder Weniger" und nicht auf ein scherenschnittartiges „Alles oder Nichts" abstellen[1176] und damit regelmäßig eine Vielfalt akzeptabler Regelungsformen zulassen, war vielleicht auch kein anderes Ergebnis zu erwarten. Allerdings hat die Untersuchung auch ergeben, daß gewisse Bereiche des Beihilferechts verbleiben, in denen die gegenwärtige rechtliche Ausgestaltung hinter dem anzustrebenden theoretisch-möglichen Optimum an Rechtsstaatlichkeit zurückbleibt. Auch wenn die Schwelle zur Rechtswidrigkeit nicht überschritten wird, besteht *de lege ferenda* insoweit Handlungsbedarf.[1177]

Im folgenden sollen die oben gefundenen Einzelergebnisse bereichsübergreifend zusammengeführt werden. Erst eine solche Gegenüberstellung und Abwägung verschiedener, möglicherweise gegenläufiger Prinzipien ermöglicht es, abschließend konkrete Vorschläge für etwaige Verbesserungen zu formulieren. Grundlage dieser Vorschläge ist dabei jeweils eine problembezogene Einzelfallabwägung und kein System der abstrakten Inbezugnahme gegenläufiger Grundsätze.[1178]

Abweichend vom Aufbau des Zweiten Teils, in dem die Darstellung getrennt nach den einzelnen Rechtsprinzipien erfolgte, bietet es sich in diesem Schlußkapitel an, bei der Zusammenführung der Ergebnisse zu den grundlegenden Beihilfenormen, Artikel 87 und 88 EGV, zurückzukehren. Die Ergebnisse der Untersuchung können dabei in zwei Gruppen eingeteilt werden: Zum einen die Schlußfolgerungen und Entwicklungsperspektiven im Bereich des materiellen Beihilferechts (Artikel 87 EGV). Zum anderen die sich zukünftig stellenden formell- bzw. verfahrensrechtlichen Fragestellungen (Artikel 88 EGV).

1176 Vgl. hierzu *Delf Buchwald*, Zur Rechtsstaatlichkeit der Europäischen Union, Der Staat 1998, 189, 191.

1177 Vgl. auch *Thomas von Danwitz*, Grundfragen der Europäischen Beihilfeaufsicht, JZ 2000, 429, 435, der zu dem Schluß kommt, daß weder Grund bestehe, „in eine Fundamentalkritik an der gemeinschaftlichen Beihilfeaufsicht der Kommission einzustimmen", noch die Beihilfeaufsicht „gegenüber den erhobenen Bedenken flächendeckend in Schutz zu nehmen."

1178 Dies deckt sich auch mit dem Vorgehen des Gerichtshofs z.B. im Fall SNUPAT, EuGH, verb. Rs. 42 und 49/59, Société Nouvelle des Usines de Pontlieue Aciéries du Temples (SNUPAT)/Hohe Behörde, Slg. 1961, 109, 172.

A. Das materielle Beihilferecht - Entwicklungsperspektiven im Bereich von Artikel 87 EGV

I. Der Tatbestand der gemeinschaftswidrigen Beihilfe i.S.v. Artikel 87 Absatz 1 EGV

1. Das Problem der Definition der mitgliedstaatlichen „Beihilfe“

Als das wohl zentrale Problem im Rahmen von Artikel 87 Absatz 1 EGV hat sich die extreme Weite des Beihilfebegriffs infolge des Fehlens einer gesetzlichen Definition erwiesen. Über Jahrzehnte hinweg wurde die Bestimmung dessen, was eine vertragswidrige Beihilfe darstellt, der Auslegungspraxis von Kommission und Gerichtshof anheimgestellt. Auch die neuen Verordnungen des Rates haben daran nichts geändert und sich nicht an eine gesetzliche Definition des Beihilfebegriffs gewagt. Diese Regelungstechnik hat es der Kommission in den letzten Jahrzehnten ermöglicht, mit einem Höchstmaß an Flexibilität auf neue wirtschaftliche Herausforderungen und mitgliedstaatliche Handlungsformen zu reagieren. Die derzeitige janusköpfige Kontur des Beihilfebegriffs ist unmittelbare Konsequenz dieser offenen, ursprünglich äußerst unbestimmten Fassung des Beihilfetatbestands in Artikel 87 Absatz 1 EGV, die über die Jahre beständig mit neuen Gehalten angereichert wurde. V.a. in den ersten Jahrzehnten der Gemeinschaft erwies sich die gewählte Regelungstechnik rückblickend als ein Glücksgriff der Vertragsschöpfer, da sie der Beihilfeaufsicht einen beständigen Wandel und eine problemlose Anpassung an neue Trends jenseits politisch häufig schwierig durchsetzbarer gesetzgeberischer Reformen ermöglicht hat.[1179] Jede gesetzliche Definition hätte nämlich von Anfang an zugleich auch eine Einengung bedeutet. Außerdem bringt eine Definition immer auch die Gefahr der baldigen Umgehung durch die Mitgliedstaaten mit sich.

Allerdings war und ist diese tatbestandliche Weite aus rechtsstaatlicher Sicht nicht gänzlich unproblematisch. Auch wenn die derzeitige Regelung die Grenze zur Rechtswidrigkeit zweifellos nicht überschreitet, streitet der Bestimmtheitsgrundsatz doch grundsätzlich für eine gesetzliche Definition des Beihilfebegriffs, die es den Bürgern und potentiell von der Beihilfekontrolle betroffenen Kreisen erleichtern würde, im voraus abzuschätzen, ob sie Adressat der gemeinschaftlichen Beihilfekontrolle sind. Eine solche gesetzliche Definition dürfte dabei durchaus auf unbestimmte Rechtsbegriffe und Generalklauseln, ebenso wie auf erläuternde Regelbeispiele, zurückgreifen. Je gefestigter der Bestand an gerichtlichen Auslegungsregeln ist, desto eher macht es Sinn, diese in eine gesetzliche Definition zu überführen, um ihnen dadurch auch rein äußerlich zu noch grösserer Legitimation zu verhelfen.[1180] Je gefestigter der unumstrittene beihilferechtliche

1179 Vgl. auch *Adinda Sinnaeve*, Die Rückforderung gemeinschaftsrechtswidriger nationaler Beihilfen, Berlin 1997, S. 249 f.

1180 Insofern erinnern die Argumente für eine etwaige Kodifizierung einer Beihilfedefinition entweder im Vertrag oder in einer Verordnung etwas an die derzeit aktuelle Diskussion um die mögliche Kodifikation der ungeschriebenen Gemeinschaftsgrundrechte in einer Grundrechtscharta, vgl. hierzu *Jürgen Schwarze*, Auf dem Weg zu einer europäischen Verfassung, DVBl. 1999, 1677, 1685.

Bestand ist, desto mehr verliert zugleich auch das v.a. in den dynamischen Entwicklungsjahren überzeugende Argument der maximalen Flexibilität der Kommission an Gewicht und Überzeugungskraft.

Unter dem Strich scheint deshalb die Zeit gekommen für eine, allerdings wie gesagt offene, gesetzliche Definition des Beihilfebegriffs.[1181] Zu denken wäre etwa an eine Überführung der in der ständigen Rechtsprechung des Gerichtshofs üblichen Formeln in eine Verordnung oder den Vertrag selbst.

2. Das Problem des Beurteilungsspielraums auf Tatbestandsebene

Unabhängig davon, wie man zu dieser letztlich offenen Wertungsfrage der Erforderlichkeit einer klareren Beihilfedefinition steht, in jedem Fall sollte die Letztauslegungskompetenz über den Inhalt des Beihilfetatbestands auch in Zukunft beim Gerichtshof liegen. Weder derzeit noch in Zukunft sollte der Kommission bei der Bewertung, ob eine mitgliedstaatliche Maßnahme eine Beihilfe darstellt oder nicht, ein nicht gerichtlich überprüfbarer Beurteilungsspielraum eingeräumt werden.

II. Entwicklungen im Bereich der Ausnahmeregeln in Artikel 87 Absatz 3 EGV - Die abstrakte Bestimmung der Freistellungskriterien

Das extrem weite, grundsätzlich nur eingeschränkt auf Ermessensfehler überprüfbare Genehmigungsermessen der Kommission im Rahmen von Artikel 87 Absatz 3 EGV war wiederholt Gegenstand scharfer Kritik. Diese Weite hat in jüngerer Zeit in verschiedener Weise eine gewisse Relativierung erfahren - eine Entwicklung, die aus rechtsstaatlicher Sicht unbedingt zu begrüßen ist.

1. Selbstbindung der Verwaltung und verschärfte Begründungskontrolle

Zum einen hat der Gerichtshof die Anforderungen an die Begründung der Kommissionsentscheidungen beständig nach oben geschraubt, um so zumindest eine detailliertere Grundlage für seine eingeschränkte Fehlerüberprüfung zu haben. Des weiteren ist in der Rechtsprechung seit kurzem anerkannt, daß sich die Kommission durch ihre Leitlinien und Gemeinschaftsrahmen selbst binden kann. Diese Selbstbindung der Verwaltung ergibt sich ähnlich wie im deutschen Recht nicht unmittelbar aus den an sich unverbindlichen normvertretenden Verwaltungsvorschriften selbst, sondern wird über den allgemeinen Gleichheitssatz vermittelt. In Fällen, die vom Anwendungsbereich einer ermessensbindenden Leitlinie erfaßt werden, kann der einzelne auf eine gleichmäßige Anwendung der Leitlinie vertrauen.

1181 Ähnlich äußert sich auch *Adinda Sinnaeve*, Die Rückforderung gemeinschaftsrechtswidriger nationaler Beihilfen, Berlin 1997, S. 212 ff.

Allerdings besteht in diesem Bereich normvertretender Verwaltungsvorschriften sowohl weiterer Klärungsbedarf seitens der Gerichte als auch Handlungsbedarf seitens der sonstigen Gemeinschaftsorgane. Die Details der Selbstbindung sind noch nicht abschließend geklärt. Insbesondere ist nicht entschieden, ob die Kommission in atypischen Sonderfällen von ihrer in ihren Ermessensleitlinien festgelegten Praxis mit guter Begründung auch ad hoc und ohne Änderung der Leitlinien abweichen kann. Eine abschließende diesbezügliche Klärung kann wohl nur der Gerichtshof, nicht aber die Kommission oder der Rat, herbeiführen.

2. *Rechtsgrundlage und -wirkungen der normvertretenden Verwaltungsvorschriften - insbesondere das Problem fehlender Transparenz*

Noch drängender aber sind die Probleme im Hinblick auf die Rechtsgrundlage und -wirkungen der verschiedenen im Vertrag an sich nicht explizit vorgesehenen normvertretenden Verwaltungsvorschriften. V.a. im Bereich der Gemeinschaftsrahmen, die als zweckdienliche Maßnahmen i.S.v. Artikel 88 Absatz 3 EGV angesehen werden, die durch die Zustimmung der Mitgliedstaaten verbindlich werden, täte eine weitere begriffliche und rechtliche Klarstellung not.

Aber auch die enorme Vielzahl der verschiedenen Kommissionsakte und deren sich teilweise überschneidender Anwendungsbereich, sowie ihre z.T. keineswegs selbstverständliche Verfügbarkeit für die Betroffenen, führt zu enormen Problemen vor allem im Zusammenhang mit dem Transparenzprinzip im weiten Sinne. Erklärtes Ziel der Leitlinien ist an sich u.a., die Ermessensausübung der Kommission im Rahmen von Artikel 87 Absatz 3 EGV transparenter zu machen. Dieses Ziel verliert sich gegenwärtig zunehmend im dichten Netz der verschiedenen konkurrierenden Leitlinien. Auf lange Sicht ist insofern eine Vereinfachung und Entschlackung der Materie wünschenswert. Dieses Ziel ist wohl am besten durch eine Zusammenfassung der Ermessensleitlinien und Gemeinschaftsrahmen in einem großen umfassenden Beihilfekodex zu verwirklichen.

3. *Vereinfachte Entscheidungsmaßstäbe per Verwaltungsvorschriften oder per Durchführungsverordnung?*

Fraglich ist dabei, wer idealerweise für den Erlaß dieser in einem solchen Beihilfekodex zusammengefaßten materiellen Entscheidungskriterien zuständig sein sollte. In der derzeitigen Rechtswirklichkeit gehen sämtliche Gemeinschaftsrahmen, Leitlinien u.ä. allein von der Kommission aus. Denkbar ist allerdings auch, daß sich der Rat der Gestaltung derartiger abstrakter Entscheidungsmaßstäbe annimmt und sie in Durchführungsverordnungen i.S.v. Artikel 89 EGV regelt. Derartige Verordnungen würden den von der Kommission gesetzten Verwaltungsvorschriften ohne weiteres vorgehen, fehlen bislang aber. Da der Bedarf für abstrakte Regeln in der Praxis seit längerer Zeit nicht von der Hand zu weisen war, hat die Kommission die durch die Untätigkeit des Rates entstehende Regelungslücke selbst zu füllen versucht. Die bestehende Flut von quasi-legislatorischen

Maßnahmen der Kommission ist also letztlich auch auf die Untätigkeit des Rats zurückzuführen.

In der Zukunft könnte der Rat in Rahmenverordnungen gewisse Parameter vorgeben, die in der Folge von der Kommission entweder über ergänzende Verwaltungsvorschriften oder über in der Ratsverordnung zugelassene Durchführungsverordnungen im Detail ausgestaltet und für die tägliche Praxis der Kommission handhabbar gemacht werden könnten. Rechtstechnisch könnte also das Modell der Gruppenfreistellungsrahmenverordnung für den vereinheitlichten Beihilfekodex Pate stehen.

Unabhängig von den letztendlichen Details ist der Bereich der Ermessensausübung der Kommission im Rahmen der Ausnahmeklauseln in Artikel 87 Absatz 3 EGV einer der Schlüsselpunkte zukünftiger Reformen des Beihilferechts. In einem bzw. möglichst wenigen Texten vereinheitlichte Regeln, deren Grundlage und Folgen rechtlich klar normiert sind, führen im Ergebnis zu deutlich mehr Berechenbarkeit des weiten Ermessens der Kommission. Dies führt automatisch zu einem Mehr an Rechtssicherheit, ist aber auch aus Sicht der Gesetzesbindung der Verwaltung zu begrüßen. Außerdem ließen sich dadurch sowohl die Transparenz als auch die Effizienz des Beihilfeaufsichtsverfahrens erhöhen.

Die in diesem Rahmen durch die verschärfte Begründungskontrolle und die Möglichkeit der Selbstbindung der Verwaltung erreichten Fortschritte sind insofern eher ein positives Zwischenergebnis, nicht aber die Verwirklichung des theoretisch anzustrebenden Optimums an Rechtsstaatlichkeit.

B. Überlegungen zur Verbesserung des Verfahrens i.S.v. Artikel 88 EGV

I. Veränderungen im Zusammenhang mit der Notifizierungspflicht

Die Gruppenfreistellungsrahmenverordnung des Rates und die sie konkretisierenden Durchführungsverordnungen der Kommission werden verschiedene Arten von Beihilfen vom bislang mehr oder weniger umfassend angelegten Notifizierungserfordernis i.S.v. Artikel 88 Absatz 3 EGV ausnehmen.

1. Bewertung der de-minimis Schwelle

Aus rechtsstaatlicher Sicht, insbesondere unter dem Gesichtspunkt der Gesetzesbindung der Verwaltung, bedeutet die Verankerung der de-minimis-Regel in der Gruppenfreistellungsrahmenverordnung des Rates ohne Frage einen Fortschritt. Diese vormals aufgrund des Fehlens einer verbindlichen Rechtsgrundlage sehr fragwürdige Regel wurde so auf ein rechtsstaatlich solides Fundament gestellt. Beihilfen unterhalb eines gewissen Betrages (geplant ist die Beibehaltung einer Schwelle von 100.000 Euro) müssen der

Kommission nicht notifiziert werden,[1182] was zu deren Entlastung beiträgt, ohne daß die Qualität des Verfahrens hierunter leidet.

2. *Bewertung des Modells der Gruppenfreistellung*

Im Grundsatz ebenfalls zu begrüßen sind Gruppenfreistellungen von Beihilfekategorien, deren Vereinbarkeit mit dem Gemeinsamen Markt sich in der langjährigen Praxis der Kommission als weitestgehend unproblematisch erwiesen hat. Denn dadurch wird die Kommission von unproblematischen Routinefällen entlastet, in denen das Anmeldungsverfahren keinen qualitativen Mehrwert hat. Sie kann sich auf die wirklich wesentlichen schweren Wettbewerbsverstöße konzentrieren. Das Beihilfeaufsichtsverfahren insgesamt wird dadurch sowohl effizienter als auch transparenter.

Das vom Rat gewählte Modell, in der Verordnung lediglich den Freistellungsrahmen vorzugeben und die Durchführung der Details auf die Kommission zu delegieren, ist unbedenklich, da der Rat in der Rahmenverordnung die wesentlichen Eckpunkte bereits selbst vorgegeben hat. Zu den einzelnen Durchführungsverordnungen der Kommission sind derzeit noch keine definitiven Aussagen möglich, da sie sich noch im Planungs- bzw. Vorschlagsstadium befinden.[1183] Allerdings läßt sich bereits prognostizieren, daß der allgemeine Gleichheitssatz in etwaigen Rechtsstreitigkeiten um diese Durchführungsverordnungen vermutlich eine besondere Rolle spielen dürfte. Insbesondere müssen etwaige Schwellenwerte o.ä. auf sachlichen Gründen beruhen und dürfen keine willkürlichen Differenzierungen treffen.

Die in der Gruppenfreistellungsrahmenverordnung bereits getroffenen Vorschriften über die Transparenz und die Kontrolle der Anwendung der späteren Gruppenfreistellungen sind durchaus ausreichend.

II. Das Problem der Rückforderung gemeinschaftsrechtswidriger Beihilfen

Die vom Rat erlassene Verfahrensverordnung hat sich im wesentlichen auf eine Zusammenfassung der bisherigen Rechtsprechungs- und Kommissionspraxis beschränkt und nur eher punktuell echte inhaltliche Neuregelungen getroffen. Insofern ergibt sich die hauptsächliche Bedeutung der Verordnung weniger aus ihrem konkreten Inhalt, als aus dem generellen Wert einer Kodifizierung im Hinblick auf den damit fast notwendigerweise verbundenen Zuwachs an Transparenz und Rechtssicherheit.[1184] Auch dem Gesichtspunkt der Gesetzesbindung der Verwaltung entspricht ein verbindlicher Verordnungstext deutlich besser als die bisherige Mischung aus „soft law“ und „case law“.

1182 Vgl. Artikel 2 Absatz 2 des Verordnungsentwurfs der Kommission für eine de-minimis Verordnung, ABl. 2000, C 89, S. 6.

1183 Erste Vorschläge von Freistellungsverordnungen zu Ausbildungsbeihilfen und Beihilfen zugunsten kleiner und mittlerer Unternehmen liegen mittlerweile vor, vgl. ABl. 2000, C 89, S. 8 und 15.

1184 So auch *Adinda Sinnaeve*, Die neue Verfahrensverordnung in Beihilfensachen, EuZW 1999, 270, 277.

Aus der angesprochenen Zurückhaltung im Hinblick auf grundlegende inhaltliche Neuregelungen folgt allerdings, daß gewisse Probleme im Bereich des Verfahrensrechts auch nach Einführung der Verfahrensverordnung weiter bestehen bleiben.

1. Die Rechtsgrundlage für einheitliche gemeinschaftsrechtliche Rückforderungsregeln

Nach wie vor nicht optimal gelöst sind v.a. die Schwierigkeiten, die sich bei der Rückforderung vertragswidriger Beihilfen aus der Anwendbarkeit des jeweiligen nationalen Rechts ergeben. Die Verfahrensverordnung hat nämlich keine einheitlichen gemeinschaftsrechtlichen Rückforderungsregeln geschaffen, so daß es wohl auf absehbare Zeit bei dem gelegentlich problematischen Nebeneinander von mitgliedstaatlichem Recht und gemeinschaftsrechtlichen Überformungen bleiben wird.

De lege ferenda wäre anzuregen, nicht nur die Rechtsgrundlage der Rückforderung zu vergemeinschaften, sondern gleichzeitig auch bereichsbegrenztes inhaltliches Verwaltungsverfahrensrecht zu schaffen.[1185] Artikel 89 EGV bietet der Gemeinschaft eine ausreichende Rechtsgrundlage, um umfassende Rückforderungsregeln zu erlassen,[1186] mit der Folge, daß die Mitgliedstaaten bei der Rückforderung vereinheitlichtes Gemeinschaftsrecht anstelle ihres jeweiligen nationalen Rechts anwenden würden. Insbesondere aus dem Subsidiaritätsprinzip läßt sich kein tragfähiges Gegenargument gegen eine solche bereichsbegrenzte gemeinschaftsrechtliche Rückforderungsregelung gewinnen. Zum einen ist die Beihilfeaufsicht ein Rechtsgebiet, das der ausschließlichen Gemeinschaftskompetenz unterfällt, so daß das Subsidiaritätsprinzip nicht anwendbar ist.[1187] Die Durchführung der Rückforderung im Wege des nationalen Rechts obliegt den Mitgliedstaaten derzeit nicht aufgrund einer echten „gemeinschaftsfesten" Kompetenz, sondern lediglich in lückenschließender Funktion aufgrund des Fehlens gemeinschaftsrechtlicher Regeln. Eine inhaltliche Vollregelung des für die Rückforderung relevanten Verfahrensrechts läge innerhalb der Gemeinschaftskompetenzen und dient der zweckdienlichen Abrundung der Beihilfeaufsicht i.S.v. Artikel 89 EGV.

Selbst bei unterstellter Anwendbarkeit des Subsidiaritätsprinzips sprächen gute Gründe für ein Tätigwerden der Gemeinschaft: Die zahlreichen Rechtsstreitigkeiten, die jahrelangen kontroversen Diskussionen in Presse und Rechtsliteratur, sowie die Anwendungsdisparitäten, die aufgrund des Verweises auf die verschiedenen nationalen Rechtssysteme drohen, zeigen deutlich, daß die Rückforderung auf Ebene der Mitgliedstaaten „nicht

1185 Grundlegend zur bereichsspezifischen Kodifikation von Verfahrensregeln vgl. *Jürgen Schwarze*, Die Europäisierung des nationalen Verwaltungsrechts, in: ders. (Hrsg.), Das Verwaltungsrecht unter Europäischem Einfluß, Baden-Baden 1996, S. 789, 835 ff., 841 ff. m.w.N.

1186 *Adinda Sinnaeve*, Die Rückforderung gemeinschaftsrechtswidriger nationaler Beihilfen, Berlin 1997, S. 54, 57, 59, 260 f.

1187 Wer sich gegen die Zulässigkeit einer solchen inhaltlichen Vollregelung des Rückforderungsverfahrens wenden will, wäre insofern besser beraten zu argumentieren, daß eine solche Regelung von Artikel 89 EGV nicht gedeckt ist, weil es sich nicht mehr lediglich um eine „zweckdienliche Durchführungsverordnung" handle, sondern um ein Projekt von einer Tragweite, die eine Vertragsreform nötig macht.

ausreichend" gelöst werden kann (sog. „Negativkriterium"). Wegen ihres Umfangs und eingedenk ihrer Relevanz im Hinblick auf den allgemeinen Gleichheitssatz könnte die Rückforderung zudem auf Ebene der Gemeinschaft eindeutig „besser" erreicht werden (sog. „Positivkriterium").

Allerdings sollte die Durchführung der einheitlichen gemeinschaftlichen Rückforderungsregeln auch weiterhin bei den Mitgliedstaaten verbleiben und nicht etwa von der Kommission wahrgenommen werden.[1188]

2. Die inhaltliche Ausgestaltung der vergemeinschafteten Rückforderungsregeln

Was den Inhalt der gemeinschaftlichen Rückforderungsregeln anbetrifft, lassen sich folgende Aussagen treffen:

Die Ratsverordnung sollte v.a. den Vertrauensschutz bei der Rückforderung detailliert regeln. Grundlage dieser Regelung könnte der gemeinschaftsrechtliche Vertrauensschutzgrundsatz in der Ausprägung sein, die er in der ständigen Rechtsprechung des Gerichtshofs gefunden hat. Zentrale Voraussetzung für die Gewährung von Vertrauensschutz wäre dann die Beachtung des Notifizierungsverfahrens, über die sich der Begünstigte als sorgfältiger Gewerbetreibender jeweils kundig machen muß (sog. „BUG-Formel"). Für atypische Fälle, in denen entweder der Beihilfecharakter einer Maßnahme im vorhinein nicht bekannt war oder in denen der strenge Vergleichsmaßstab des mit dem Gemeinschaftsrecht und seinen Anforderungen vertrauten sorgfältigen Gewerbetreibenden aufgrund der Geringfügigkeit der Maßnahme, der Größe und Bedeutung des Unternehmens oder des Beihilfevorgangs[1189] als unrealistische Fiktion erscheint, wäre an eine Relativierung der subjektiven Anforderungen an das schutzwürdige Vertrauen zu denken. Entsprechende Ausnahmeklauseln wären in die Verordnung aufzunehmen.

Das Verhalten des Mitgliedstaats selbst sollte auch weiterhin nicht als Grundlage für schutzwürdiges Vertrauen des Begünstigten anerkannt werden. In den Fällen, in denen sich etwaiges Vertrauen dagegen ausschließlich auf das Verhalten der Kommission gründet, sollte sowohl der Begünstigte selbst als auch der Mitgliedstaat zur Geltendmachung dieses Vertrauens berechtigt sein.

Die Verordnung sollte ferner auch möglichst genaue Fristenregelungen im Bereich des Vertrauensschutzes vorsehen.

Außerdem sollte die Rückforderung in Zukunft stärker auf ihren ursprünglichen wirtschaftlich motivierten Zweck, namentlich die Wiederherstellung des ökonomischen Zu-

1188 Anderer Ansicht ist insoweit *Adinda Sinnaeve*, Die Rückforderung gemeinschaftsrechtswidriger nationaler Beihilfen, Berlin 1997, S. 262 ff., die nicht nur die Rückforderungsregeln vergemeinschaften will, sondern auch anregt, daß die Rückforderung von der Kommission vollzogen werden sollte.

1189 Zu bedenken ist allerdings, das etliche der hier angesprochenen geringfügigen und lokalen Maßnahmen in Zukunft ohnehin von der de-minimis-Regelung oder von Gruppenfreistellungsverordnungen erfaßt sein dürften.

stands vor Eintritt des Wettbewerbsverstoßes, zurückgeführt werden. Zumindest teilweise hat sich die Rückforderung nämlich im Verlauf der letzten Jahre weg von einer wirtschafts- und wettbewerbspolitisch motivierten Maßnahme hin zu einer quasi mechanischen Sanktion entwickelt.[1190] V.a. Erwägungen der Verhältnismäßigkeit sollten in Zukunft verstärkt bei der Entscheidung über die Rückforderung berücksichtigt werden.

Letztlich handelt es sich in diesem Bereich um eine Abwägung und Gewichtung der Grundsätze der Effektivität und der Verhältnismäßigkeit. Die Effektivität wurde im Rahmen dieser Arbeit als der Grad der Zielerreichung definiert. Durch die Verpflichtung, das Gemeinschaftsinteresse bei der Rückforderung „in vollem Umfang" zu berücksichtigen, gibt das Gemeinschaftsrecht einen ungewöhnlich hohen Grad der Zielerreichung als Prämisse aus.

Dieser beinahe absolute Vorrang des Effektivitätsgedanken vor gegenläufigen privaten, mitgliedstaatlichen oder anderweitigen gemeinschaftsrechtlichen Interessen überzeugt heute angesichts des mittlerweile erreichten Entwicklungsstandes nicht mehr in der gleichen Weise wie in den Anfangsjahren der Gemeinschaft. Die starke Betonung der Belange der Einheitlichkeit und Wirksamkeit des Gemeinschaftsrechts war lange Zeit nicht nur verständlich, sondern geradezu unerläßlich, um das ungeschriebene Institut der Rückforderung überhaupt etablieren zu können. Heute ist die Tatsache, daß vertragswidrige Beihilfen systematisch zurückgefordert werden müssen, allerdings nicht mehr umstritten, sondern allgemein anerkannt. Insofern geht es in Zukunft weniger darum, der Kommission überhaupt ein wirksames Beihilfekontrollinstrumentarium an die Hand zu geben, als vielmehr darum, im Rahmen des funktionierenden Gesamtsystems eine sachgerechte Feinabstimmung vorzunehmen. Wünschenswert wäre insbesondere, wenn dem Gesichtspunkt der Verhältnismäßigkeit, der bislang in der Praxis nie zu einem Ausschluß der Rückforderung geführt hat, stärkeres Gewicht eingeräumt werden würde.

Eine solche verstärkte Gewichtung von Verhältnismäßigkeitserwägungen setzt dabei nicht notwendigerweise den Erlaß der hier angeregten Verordnung über vergemeinschaftete Rückforderungsverfahrensregeln voraus. Sie ließe sich vielmehr auch im Rahmen der derzeit geltenden Rechtslage unter Zugrundelegung der in der Rechtsprechung üblichen Formeln sinnvoll verwirklichen.

III. Sonstige verfahrensrechtliche Verbesserungen

Die Tatsache, daß die Verfahrensverordnung insgesamt aus rechtsstaatlicher Sicht einen enormen Fortschritt bedeutet, wurde bereits mehrfach hervorgehoben. Allerdings bleiben verschiedene Bereiche, in denen v.a. der Grundsatz der Transparenz, aber auch der Bestimmtheitsgrundsatz, für weitergehende Veränderungen sprechen.

1190 Vgl. beispielsweise *Claude Blumann*, Régime des aides d'Etat: Jurisprudence récente de la Cour de Justice (1989-1992), RMC 1992, 721, 737: „Il s'agit là plus d'une sanction que d'une mesure à finalité économique. Peu importe dans ces conditions sa portée économique réelle."

So wäre es beispielsweise wünschenswert, wenn die Verordnung noch strikter auf die Bestimmtheit von Fristen achten würde. Insbesondere doppelt relativierte Fristenregelungen („die Kommission bemüht sich ... möglichst innerhalb einer Frist von...“) erreichen nicht den optimalen Grad an Bestimmtheit.

Ebenfalls anzustreben ist, alle Entscheidungen der Kommission in Zukunft möglichst umfassend und v.a. zeitnah im Amtsblatt zu veröffentlichen. Auch diesbezüglich ist die Verfahrensverordnung ein erster wichtiger Schritt, aber eben noch nicht die perfekte Lösung. Eine noch transparentere Veröffentlichungspraxis, aber auch die zügige Übermittlung von Entscheidungen an die Verfahrensbeteiligten, ist nämlich von enormer Bedeutung für die Qualität des Rechtsschutzes des einzelnen.

Dagegen sollten die Institutionen auch in Zukunft den Bestrebungen widerstehen, bereits das informelle Vorprüfungsverfahren für eine formalisierte Beteiligung Dritter zu öffnen. Auch wenn eine solche Verfahrensöffnung aus Sicht der Transparenz von Vorteil sein mag, sprechen die gewichtigeren Gründe gegen eine solche Reform. Insbesondere die Effizienz des Verfahrens würde nämlich aller Voraussicht nach deutlich abnehmen, da das Verfahren insgesamt weiter aufgebläht und verlängert würde.

Noch nicht abschließend zu bewerten ist die in der Verordnung erstmals eröffnete Möglichkeit von Nachprüfungsanordnungen und Kontrollvisiten durch Kommissionsbedienstete auf dem Gelände der begünstigten Unternehmen. Sollte sich dieses neue Instrument der Kommission in der Praxis bewähren und durch eine Art von vorauseilendem Gehorsam insgesamt zu einem Mehr an Effizienz im Verfahren führen, wäre es auf jeden Fall angebracht, den Anwendungsbereich zu erweitern und nicht nur auf rechtmäßige, aber möglicherweise mißbräuchlich angewandte Beihilfen, sondern auch auf die faktisch viel wichtigere Gruppe der unter Mißachtung der Notifizierungspflicht und des Durchführungsverbots gewährten rechtswidrigen Beihilfen zu erstrecken.

C. Ausblick

Nachdem die Ergebnisse dieser Untersuchung im vorherigen Abschnitt zusammengeführt wurden, stellt sich die Frage, ob und auf welchem Weg diese Veränderungen durchgesetzt werden können. Außerdem soll der Blick abschließend ein letztes Mal erweitert und auf verschiedene Trends und Herausforderungen gerichtet werden, die nicht unbedingt beihilfespezifisch sind, sondern das gesamte Gemeinschaftsrecht der Zukunft beeinflussen werden.

I. Institutionelle Verschiebungen im Beihilferecht

Wie gesehen, hat das Beihilferecht gerade in jüngerer Zeit parallel zu seiner ständig wachsenden Bedeutung ungewöhnlich große Veränderungen erlebt. Insbesondere die in den letzten zwei Jahren erfolgte Verrechtlichung des Beihilferechts durch die Regelungsinitiative des Rates (VerfVO, FreistellungsRVO) hat das Gesicht des Beihilferechts grundlegend verändert.

Diese Aussage gilt zum einen im Hinblick auf die in diesen Verordnungen getroffenen inhaltlichen Regelungen. Sie gilt aber auch noch in einem anderen, weniger offensichtlichen, auf lange Sicht aber möglicherweise bedeutsameren institutionellen Sinn. Diese Verordnungen sind ein erstes Indiz dafür, daß der Rat allmählich beginnt, die ihm von Anfang an in Artikel 89 EGV zugedachte Aufgabe des Erlasses ergänzender Durchführungsverordnungen wahrzunehmen. Insofern könnte sich in Zukunft der Rat als dritter wichtiger Akteur im Beihilferecht neben der Kommission und dem Gerichtshof herauskristallisieren. Eine derartige institutionelle Verschiebung wäre durchaus zu begrüßen und entspricht im übrigen auch der ursprünglichen Konzeption des Vertrages.

Das ursprüngliche System der Verträge sah nämlich ein mehrfach abgestuftes System der Verantwortlichkeiten für das Beihilferecht vor. Oberstes inhaltliches Gebot der Beihilfevorschriften war eine strikte Verpflichtung der Gemeinschaft auf den Schutz des freien und unverfälschten Wettbewerbs. Den Belangen der mitgliedstaatlichen Daseinsvorsorge wurde dagegen eine eher bescheidene Rolle zugewiesen.[1191] Derartige Interessen können lediglich über die jeweils restriktiv auszulegenden Ausnahmebestimmungen der Artikel 87 Absatz 2 und 3, sowie über Artikel 86 Absatz 2 EGV Berücksichtigung erfahren. Diese inhaltliche Grundausrichtung ist in den Artikeln 87 und 88 EGV zwar vorgegeben, doch waren und sind die genauen materiellen Entscheidungsmaßstäbe in den vertraglichen Normen zum Beihilferecht nicht so detailliert angelegt gewesen, daß die Normen ohne weitere Konkretisierung anwendbar waren. Aus diesem Grund wurde die ergänzende Verordnungsermächtigung in Artikel 89 EGV den beiden genannten Grundnormen des Beihilferechts zur Seite gestellt.

Bereits früh wurde klar, daß sowohl Artikel 87 als auch Artikel 88 EGV inhaltlich der Anreicherung und Auslegung bedurften. Historisch wurde diese Aufgabe knapp vierzig Jahre lang zum einen vom Gerichtshof wahrgenommen, der die teilweise recht unbestimmten Begriffe des Vertragstextes im Wege der Auslegung anreicherte und mit Leben erfüllte,[1192] zum anderen von der Kommission, die v.a. im Bereich der Ausnahmebestimmung des Artikel 87 Absatz 3 EGV mit ihren zahlreichen Leitlinien, Mitteilungen und Gemeinschaftsrahmen rechtsgestaltend tätig war.[1193] Diese beiden augenfälligen Phänomene, die teilweise rechtsschöpferische, integrationsfreundliche Rechtsprechung des Gerichtshofs und die umfangreiche, teilweise intransparente quasi-gesetzgeberische Tätigkeit der Kommission, deren Rechtsgrundlage und -wirkungen oftmals unsicher waren,

1191 Vgl. *Thomas Oppermann*, Europarecht, 2. Aufl., Köln u.a. 1999, Rn. 1108; *Thomas von Danwitz*, Grundfragen der Europäischen Beihilfeaufsicht, JZ 2000, 429, 430.

1192 Besonders auffällige Beispiele hierfür sind zum einen der Begriff der vertragswidrigen Beihilfe selbst und zum anderen die Verankerung der nicht unmittelbar im Vertrag vorgesehenen Rückforderungskompetenz der Kommission in den Begriffen „aufheben" oder „umgestalten" in Artikel 88 Absatz 2 EGV.

1193 GTE-*Mederer*, Vorbem. Art. 92-94, Rn. 4; Schwarze-*Bär-Bouyssière*, Art. 89, Rn. 2.

waren sicherlich u.a. durch die langjährige Untätigkeit des Rates bedingt.[1194] Sie waren außerdem auch (oftmals unausgesprochener) Ansatzpunkt der Kritik.

Die konsequentere Wahrnehmung der im Vertrag zumindest latent angelegten „umfassenden Verantwortlichkeit der im Rat vertretenen Mitgliedstaaten zur Überwachung und ggf. für erforderlich gehaltenen Korrektur der von der Kommission vollzogenen Beihilfeaufsicht“[1195] durch Vorgabe inhaltlicher Gestaltungsvorstellungen über Artikel 89 EGV würde im Ergebnis auch zu einer verstärkten demokratischen Legitimation der materiellen Entscheidungsmaßstäbe führen. Soweit der Rat sich dagegen in Zukunft wieder zurückzieht, sind letztendlich die Mitgliedstaaten selbst und nicht die Kommission für das Fehlen besser legitimierter Sachentscheidungsvoraussetzungen im Beihilferecht verantwortlich.[1196]

Dieser Gesichtspunkt der demokratischen Legitimation materieller Entscheidungskriterien schlägt den Bogen zur anfangs angesprochenen Aussage des sächsischen Ministerpräsidenten *Kurt Biedenkopf*, der das Beihilferecht als ein besonders augenfälliges Beispiel für das viel zitierte demokratische Defizit der Gemeinschaft bezeichnet hat.[1197] Letztlich geht auch diese Aussage ins Leere und erweist sich als kaum verbrämte politische Rechtfertigung für die bewußte Nichtachtung des Gemeinschaftsrechts im Rahmen des Streits zwischen dem Land Sachsen und der Kommission über die Beihilfen für das VW-Werk Mosel.[1198] Angesichts der Ratifikation des EG-Vertrages in allen Mitgliedstaaten kann nämlich an der grundsätzlichen institutionellen demokratischen Legitimation der Kommission zur Wahrnehmung der Beihilfekontrolle kein ernster Zweifel bestehen.[1199]

Unter dem Strich läßt sich sagen, daß die Verantwortung für die Umsetzung der angeregten Verbesserungen in erster Linie beim Rat liegt. Zumindest überwiegend ließen sie sich problemlos im Wege weiterer Durchführungsverordnungen verwirklichen. Der Weg über die Reform des Vertrages sollte dagegen nur ausnahmsweise beschritten werden.[1200]

1194 Allerdings blieb das vertraglich an sich vorgesehene System der abgestuften Verantwortlichkeit für das Beihilferecht (primäre Zuständigkeit der Kommission bei gleichzeitig gegebener ergänzender Regelungszuständigkeit des Rates auf Vorschlag der Kommission) in der Praxis wohl auch aufgrund der lange Zeit ablehnenden Haltung der Kommission gegenüber Durchführungsverordnungen ungenutzt vgl. hierzu *Adinda Sinnaeve*, Die Rückforderung gemeinschaftsrechtswidriger nationaler Beihilfen, Berlin 1997, S. 245 ff.; GTE-*Mederer*, Art. 94, Rn. 3.

1195 *Thomas von Danwitz*, Grundfragen der Europäischen Beihilfeaufsicht, JZ 2000, 429, 432.

1196 *Thomas von Danwitz*, Grundfragen der Europäischen Beihilfeaufsicht, JZ 2000, 429, 432.

1197 Vgl. *Konrad Adam*, Das Defizit - Warum Europa von den Sachsen nicht geliebt wird, FAZ v. 10.8.1996, S. 25, sowie oben die Einleitung.

1198 Sehr kritisch zum Vorgehen des Landes Sachsen äußert sich auch *Ulrich Everling*, Steht Deutschland noch zur Rechtsgemeinschaft? - Verfassungsrichter und Ministerpräsidenten nähren Zweifel am europäischen Kurs, FAZ v. 3.9.1996, S. 11.

1199 Ausführlich zu den Aussagen *Biedenkopfs* und zur demokratischen Legitimation von Rat und Kommission in der Gemeinschaft äußert sich auch *Thomas von Danwitz*, aaO., JZ 2000, 429, 431 f.

1200 Insbesondere wäre zu diskutieren, ob eine materielle Definition des Beihilfebegriffs nicht am besten unmittelbar im Text von Artikel 87 Absatz 1 EGV verankert werden sollte. Dies würde zum einen

Die Kommission und der Gerichtshof haben dagegen - anders als der Rat - die ihnen vertraglich zugewiesenen Kompetenzen und die sich daraus ergebenden Möglichkeiten zur progressiven Gestaltung des Beihilferechts seit jeher ausgeschöpft. Angesichts der sich in immer rasanterer Abfolge stellenden Probleme ist es jedoch sehr zweifelhaft, ob diese beiden Institutionen auch in Zukunft im Stande wären, das Beihilferecht quasi im Alleingang zu prägen.

Was die praktischen Realisierungsaussichten der vorgeschlagenen Änderungen anbetrifft, so ist eine eher pessimistische Prognose zu treffen. In den nächsten Jahren ist davon auszugehen, daß zunächst die Anwendung der neuen Verordnungen in der Praxis erprobt wird sowie etwa auftretende Probleme gerichtlich geklärt werden, bevor weitere, umfassende Reformprojekte ins Auge gefaßt werden. Insofern ist nach der gegenwärtigen Phase verstärkter legislativer Neuordnung und Klarstellung wohl eher eine Zeit der Konsolidierung und Bewertung des erreichten Regelungsstandes wahrscheinlich. Eine baldige, diesmal auch inhaltlich weitergehende Reform dürfte derzeit am Widerstand der Mitgliedstaaten scheitern.

II. Probleme im Zusammenhang mit der Erweiterung der EU

Auch wenn eine solche Phase der Konsolidierung per se nicht negativ zu bewerten ist, muß im Hinblick auf die anstehende Erweiterung der Europäischen Union doch vor gewissen Problemen gewarnt werden. Wenn man sich vergegenwärtigt, daß bereits jetzt, in einer Gemeinschaft von fünfzehn Mitgliedstaaten, deren Lebensstandard und wirtschaftliche Leistungsfähigkeit - jedenfalls im Vergleich zur Mehrzahl der Beitrittskandidaten - recht homogen ist, häufig der notwendige politische Wille für an sich wünschenswerte Neuregelungen nicht gefunden werden kann, ist zu befürchten, daß die Weiterentwicklung des Beihilferechts durch die Integration neuer Mitgliedstaaten möglicherweise auf unbestimmte Zeit blockiert werden könnte. Eine Rückkehr des Rates zu seiner früheren totalen Regelungsabstinenz wäre aber speziell in einer Phase tiefgreifender wirtschaftlicher Umwälzungen im gesamten Gemeinschaftsgefüge kontraproduktiv.

Insofern sollten alle Anstrengungen unternommen werden, das Beihilferecht möglichst noch vor der Erweiterung so zu reformieren, daß es rechtsstaatlichen Anforderungen noch besser als bislang entspricht. *Thomas von Danwitz* ist zuzustimmen, daß die „Akzeptanz der gemeinschaftlichen Beihilfeaufsicht [...] in einer erweiterten Union dauerhaft und einschränkungslos nur zu gewährleisten sein [wird], wenn es gelingt, dem Beihilfetatbestand feste Konturen zu geben, den grundlegenden Wertungskonflikt zwischen dem Grundprinzip des freien Wettbewerbs und der sozialen Daseinsvorsorge ohne Rückgriff auf vorgefertigte Vorrangvorstellungen zum Ausgleich zu bringen und den Mitgliedstaa-

das Problem umgehen, ob Artikel 89 EGV überhaupt die Ermächtigung zu einer solch weitgehenden „materiellen" Verordnung gibt, zum anderen aber der neuen Definition ein Maximum an Legitimationswirkung verschaffen.

ten, den betroffenen Unternehmen sowie ihren Konkurrenten einen adäquaten Rechtsschutz zur Verfügung zu stellen.“[1201]

Im Hinblick auf eine verbesserte Akzeptanz des europäischen Beihilferechts ist aber nicht allein an die Gemeinschaft zu appellieren, sondern auch an die Mitgliedstaaten selbst. Denn nichts untergräbt die Akzeptanz des Gemeinschaftsrechts in den Augen der Unionsbürger mehr, als die bewußte Nichtbeachtung gemeinschaftsrechtlicher Verpflichtungen durch staatliche Stellen wie etwa im Fall *Volkswagen-Sachsen*. Solche politisch motivierten Streitigkeiten führen nämlich leicht dazu, daß in der öffentlichen Meinung der Eindruck eines Gegeneinanders der europäischen Ebene und der Mitgliedstaaten entsteht, obwohl die gemeinschaftlichen Beihilfevorschriften in Wahrheit dem Schutz des Wettbewerbs im Binnenmarkt dienen und damit im übereinstimmenden Interesse sowohl der Gemeinschaft als auch der Mitgliedstaaten und der Bürger der Union liegen.

1201 *Thomas von Danwitz*, Grundfragen der Europäischen Beihilfeaufsicht, JZ 2000, 429, 435.

Literaturverzeichnis

Abbamonte, Giuseppe B.: Cross-Subsidisation and Community Competition Rules: Efficient Pricing Versus Equity?, ELR 1998, 414-433.

Alber, Siegbert: Neuere Entwicklungen der Rechtsprechung des Europäischen Gerichtshofes auf dem Gebiet des europäischen Wirtschafts- und Wettbewerbsrechts, in: Jürgen Schwarze (Hrsg.), Neuere Entwicklungen auf dem Gebiet des europäischen Wettbewerbsrechts, Baden-Baden 1999, 23-41.

Bandilla, Rüdiger / Hix, Jan-Peter: Demokratie, Transparenz und Bürgerrechte in der Europäischen Gemeinschaft, NJW 1997, 1217-1219.

Bär-Bouyssière, Bertold: Neue Entwicklungen im europäischen Beihilferecht, in: Jürgen Schwarze (Hrsg.), Neuere Entwicklungen auf dem Gebiet des europäischen Wettbewerbsrechts, Baden-Baden 1999, 79-94.

Bartosch, Andreas: Öffentlichrechtliche Rundfunkfinanzierung und EG-Beihilfenrecht - Eine Zwischenbilanz, EuZW 1999, 176-180.

Bartosch, Andreas: Neubestimmung des EG-Wettbewerbsrechts in liberalisierten Märkten, ZIP 1999, 1787-1794.

Bartosch, Andreas: Neue Transparenzpflichten - Eine kritische Analyse des Kommissionsentwurfs einer neuen Transparenzrichtlinie, EuZW 2000, 333-337.

Bast, Joachim / Blank, Klaus Günter: Beihilfen in der EG und Rechtsschutzmöglichkeiten für Wettbewerber, WuW 1993, 181-192.

Baur, Jürgen F. / Müller-Graff, Peter-Christian / Zuleeg, Manfred (Hrsg.): Europarecht - Energierecht - Wirtschaftsrecht: Festschrift für Bodo Börner, Köln et al. 1992.

Becker, Bernd: Aufgabentyp und Organisationsstruktur von Verwaltungsbehörden - Strukturfolgen programmierter und nicht-programmierter Verwaltungsaufgaben, Die Verwaltung 9 (1976), 273-296.

Berninghausen, Birgit: Die Europäisierung des Vertrauensschutzes - Eine rechtsvergleichende Untersuchung am Beispiel der Rückforderung rechtswidriger Leistungen nach § 48 VwVfg, Frankfurt u.a. 1998.

Beutler, Bengt / Bieber, Roland / Pipkorn, Jörn / Streil, Jochen: Die Europäische Union, 4. Aufl., Baden-Baden 1993.

Bleckmann, Albert: Europarecht - Das Recht der Europäischen Union und der Europäischen Gemeinschaften, 6. Aufl., Köln u.a. 1997.

Blumann, Claude: Régime des aides d'Etat: Jurisprudence récente de la Cour de Justice (1989-1992), RMC 1992, 721-739.

Boeck, Ilka: Die Abgrenzung der Rechtsetzungskompetenzen von Gemeinschaft und Mitgliedstaaten in der Europäischen Union - Zur Notwendigkeit und zu den Vorteilen bzw. Nachteilen der Aufstellung eines Kompetenzkataloges in den Gemeinschaftsverträgen, Baden-Baden 2000.

Bohne, Eberhard / König, Herbert: Probleme der politischen Erfolgskontrolle, Die Verwaltung 9 (1976), 19-38.

Börner, Bodo / Neundörfer, Konrad (Hrsg.): Recht und Praxis der Beihilfen im Gemeinsamen Markt, Köln u.a. 1984.

Borchardt, Klaus-Dieter: Der Grundsatz des Vertrauensschutzes im Europäischen Gemeinschaftsrecht, Kehl 1988.

Borde, Dominique / Kirch, Pierre: La restitution des aides d'Etat (Le point de vue français), RTDE 1993, 477-502.
von Borries, Reimer: Das Subsidiaritätsprinzip im Recht der Europäischen Union, EuR 1994, 263-300.
von Borries, Reimer: Statement: Grundsätzliche Aspekte des europäischen Beihilfenrechts, in: Jürgen Schwarze (Hrsg.), Neuere Entwicklungen auf dem Gebiet des europäischen Wettbewerbsrechts, Baden-Baden 1999, 95-102.
Boulouis, Jean: Quelques observations à propos de la sécurité juridique, in: Francesco Capotorti et al. (Hrsg.): Du droit international au droit de l'intégration: Liber Amicorum Pierre Pescatore, Baden-Baden 1987, 53-58.
Braun, Wilfried: Offene Kompetenznormen - ein geeignetes und zulässiges Regulativ im Wirtschaftsverwaltungsrecht ? - Neues zur Rollenverteilung zwischen Exekutive, Legislative und Judikative im wirtschaftsgestaltenden Sozialstaat, VerwArchiv 1985, 24-60.
Brothwood, Michael: The Commission directive on transparency of financial relations between Member States and public undertakings, CML Rev. 1981, 207-217.
Bruha, Thomas / Münch, Wolfgang: Stärkung der Durchführungsbefugnisse der Kommission - Anmerkungen zu Artikel 10 der Einheitlichen Europäischen Akte, NJW 1987, 542-545.
Buchwald, Delf: Zur Rechtsstaatlichkeit der Europäischen Union, Der Staat 1998, 189-219.

Calliess, Christian: Das Subsidiaritäts- und Solidaritätsprinzip in der Europäischen Union - Vorgaben für die Anwendung von Art. 3 b EGV am Beispiel der gemeinschaftlichen Wettbewerbs- und Umweltpolitik, Baden-Baden 1996.
Calliess, Christian: Das Subsidiaritäts- und Solidaritätsprinzip in der Europäischen Union - Vorgaben für die Anwendung von Art. 5 (ex-Art. 3 b) EGV nach dem Vertrag von Amsterdam, 2. Aufl., Baden-Baden 1999.
Calliess, Christian / Ruffert, Matthias (Hrsg.), Kommentar zu EU-Vertrag und EG-Vertrag, Neuwied 1999.
Capotorti, Francesco et al. (Hrsg.): Du droit international au droit de l'intégration: Liber amicorum Pierre Pescatore, Baden-Baden 1987.
Caspari, Manfred: The aid rules of the EEC Treaty and their application, in: Jürgen Schwarze (Hrsg.), Discretionary Powers of the Member States in the Field of Economic Policies and their Limits under the EEC Treaty, Baden Baden 1988, 37-52.
Ciresa, Meinhard: Beihilfenkontrolle und Wettbewerbspolitik in der EG, Köln u.a. 1992.
Cosmas, Georges: Les conditions d'application de l'article 93, paragraphe 2, troisième alinéa, du traité CE, in: Gil Carlos Rodríguez Iglesias, Ole Due, Romain Schintgen, Charles Elsen (Hrsg.), Mélanges en hommage à Fernand Schockweiler, Baden-Baden 1999, 39-60.
Cox, Helmut (Hrsg.), Daseinsvorsorge und öffentliche Dienstleistungen in der Europäischen Union - Zum Widerstreit zwischen freiem Wettbewerb und Allgemeininteresse, Baden-Baden 2000.

von Danwitz, Thomas: Verwaltungsrechtliches System und Europäische Integration, Tübingen 1996.

von Danwitz, Thomas: Rechtliche Optimierungsgebote für das Verwaltungshandeln?, DVBl. 1998, 928-941.

von Danwitz, Thomas: Grundfragen der Europäischen Beihilfeaufsicht, JZ 2000, 429-435.

Dauses, Manfred A.: Rechtsschutz und Gerichtsbarkeit in der EG - Empfiehlt es sich, das System des Rechtsschutzes und der Gerichtsbarkeit in der Europäischen Gemeinschaft, insbesondere die Aufgaben der Gemeinschaftsgerichte und der nationalen Gerichte, weiterzuentwickeln?, Gutachten D zum 60. Juristentag, München 1994.

Dauses, Manfred A. / Henkel, Brigitta: Verfahrenskonkurrenzen bei gleichzeitiger Anhängigkeit verwandter Rechtssachen vor dem EuGH und dem EuG, EuZW 1999, 325-331.

Derlien, Hans-Ulrich: Theoretische und methodische Probleme der Beurteilung organisatorischer Effizienz der öffentlichen Verwaltung, Die Verwaltung 7 (1974), 1-23.

Dickersbach, Alfred: Die Entwicklung des Subventionsrechts seit 1993, NVwZ 1996, 962-970.

Dietz, Thomas M.: Die Reform der EU-Beihilfenkontrolle und ihre Auswirkungen auf die regionale Wirtschaftsförderung, Aus Politik und Zeitgeschichte - Beilage B 21-22/99 zur Wochenzeitung Das Parlament, 17-27.

Dony-Bartholme, Marianne: La notion d'aide d'Etat, CDE 1993, 399-416.

Dorau, Christoph: Eine Verfassung für die Europäische Union, Magisterarbeit an der Albert-Ludwigs-Universität, Freiburg 1999.

Edward, David: Recent Case Law of the European Court of Justice, in: Jürgen Schwarze (Hrsg.), Europäisches Wettbewerbsrecht im Wandel, Baden-Baden 2001, 47-54.

Ehlermann, Claus-Dieter: Les entreprises publiques et le contrôle des aides d'État, RMC 1992, 613-620.

Ehlermann, Claus-Dieter: State Aid Control in the European Union: Success or Failure, Fordham International Law Journal 18 (1995), 1212-1220.

Ehlermann, Claus-Dieter / Schütterle, Peter: Vollzugsdefizit der europäischen Beihilfenkontrollregeln?, EuZW 1996, 234-235.

Els, Michael: Die Anwendung des EG-Kartell- und Beihilferechts auf universaldienstverpflichtete Unternehmen am Beispiel der Deutschen Post AG, in: Helmut Cox (Hrsg.), Daseinsvorsorge und öffentliche Dienstleistungen in der Europäischen Union - Zum Widerstreit zwischen freiem Wettbewerb und Allgemeininteresse, Baden-Baden 2000, 117-132.

Engel, Christoph: Die Einwirkungen des Europäischen Gemeinschaftsrechts auf das deutsche Verwaltungsrecht, Die Verwaltung 25 (1992), 437-476.

Erlbacher, Friedrich: Die neuen Leitlinien der Kommission für die Vergabe staatlicher Regionalbeihilfen, EuZW 1998, 517-522.

Europäisches Forum für Außenwirtschaft, Verbrauchssteuern und Zoll (Hrsg.): Vertrauensschutz in der Europäischen Union - Tagungsband der 9. Jahrestagung des EFA am 19. und 20. Juni 1997 in Nürnberg, Köln 1997.

Evans, Andrew: European Community Law of State Aid, Oxford 1997.

Falkenkötter, Thomas: Der Streit um die sächsischen VW-Beihilfen - Anlaß für grundsätzliche Klärung?, NJW 1996, 2689-2694.

Fastenrath, Ulrich: Anmerkung zum Urteil des OVG Münster v. 26.11.1991, JZ 1992, 1082-1084.
Fischer, Hans Georg: Zur Rückforderung von unter Verstoß gegen Art. 92, 93 EWGV gewährten nationalen Beihilfen, DVBl. 1990, 1089-1095.
Forsthoff, Ernst (Hrsg.): Rechtsstaatlichkeit und Sozialstaatlichkeit - Aufsätze und Essays, Darmstadt 1968.
Frey, Dieter: Das öffentlich-rechtliche Fernsehen im Wettbewerbsrecht der EG, ZUM 1999, 528-542.
von Friesen, Alexander: Umgestaltung des öffentlichrechtlichen Bankensektors angesichts des Europäischen Beihilfenrechts, EuZW 1999, 581-587.
Frowein, Jochen A.: Kritische Bemerkungen zur Lage des deutschen Staatsrechts aus rechtsvergleichender Sicht, DÖV 1998, 806-811.
Furrer, Andreas: Rechtsanspruch auf Zugang zu Kommissionsdokumenten - Anmerkung zum Urteil des EuG vom 5. März 1997 - T-105/95, ZUR 1997, 153-156.

Gassner, Ulrich M. : Kriterienlose Genehmigungsvorbehalte im Wirtschaftsverwaltungsrecht, Berlin 1994.
Geiger, Rudolf: EG-Vertrag. Kommentar zu dem Vertrag zur Gründung der Europäischen Gemeinschaft, 3. Aufl., München 2000.
Geiss, Marcus: The Role of the Social Partners in the Making of European Social Policy after Maastricht, Manchester 1995.
Geitmann, Roland: Bundesverfassungsgericht und „offene" Normen - Zur Bindung des Gesetzgebers and Bestimmtheitserfordernisse, Berlin 1971.
Gilsdorf, Peter: Vertrauensschutz, Bestandsschutz und Rückwirkungsbegrenzung im Gemeinschaftsrecht, RIW 1983, 22-29.
Goose, Peter Ernst: Die Prüfung staatlicher Beihilfevorhaben durch die EWG, AWD/ RIW 1974, 94-97.
Grabitz, Eberhard / Hilf, Meinhard (Hrsg.): Kommentar zur Europäischen Union, München, Stand: Januar 2000.
Groeben, Hans von der / Thiesing, Jochen / Ehlermann, Claus-Dieter: Kommentar zum EU-/EG-Vertrag, 5. Auflage, 5 Bände, Baden-Baden 1997-1999.
Groeben, Hans von der / Thiesing, Jochen / Ehlermann, Claus-Dieter: Kommentar zum EWG-Vertrag, 4. Auflage, Bd. 2 (Artikel 85-109), Baden-Baden 1991.
Groeben, Hans von der / Boeckh, Hans von / Thiesing, Jochen / Ehlermann, Claus-Dieter: Kommentar zum EWG-Kommentar, 3. Auflage, Bd. 1 (Artikel 1-136), Baden-Baden 1983.
Gruson, Michael: Zum Fortbestehen von Anstaltslast und Gewährträgerhaftung zur Sicherung der Anleihen von Landesbanken, EuZW 1997, 357-363.
Gruson, Michael: Noch einmal zum Fortbestehen von Anstaltslast und Gewährträgerhaftung zur Sicherung der Anleihen von Landesbanken, EuZW 1997, 429.
Gyselen, Luc: La transparence en matière d'aides d'Etat: Les droits des tiers, CDE 1993, 417-444.

Hakenberg, Waltraud / Tremmel, Ernst: Die Rechtsprechung des EuGH und EuGeI auf dem Gebiet der staatlichen Beihilfen in den Jahren 1997 und 1998, EWS 1999, 167-175.
Hallstein, Walter: Die Europäische Gemeinschaft, 5. Aufl., Düsseldorf u.a. 1979.

Hallstein, Walter (hrsg. von Thomas Oppermann): Walter Hallstein - Europäische Reden, Stuttgart 1979.

Hammer-Strnad, Eva: Das Bestimmtheitsgebot als allgemeiner Rechtsgrundsatz des Europäischen Gemeinschaftsrechts, Hamburg 1999.

Hancher, Leigh / Buendia Sierra, José Luis: Cross-subsidization and EC law, CML Rev. 1998, 901-945.

Heidig, Stefan: Die Verhängung von Zwangsgeldern und Pauschalbeträgen gegen die Mitgliedstaaten der EG: Das Sanktionsverfahren nach Art. 228 Abs. 2 EGV, Baden-Baden 2001.

Heiermann, Wolfgang: Rückzahlungsverpflichtung bei gemeinschaftswidrig gewährten Beihilfen - Die Dimension des Problems, EWS 1994, 145-148.

Hellingman, Kees: State participation as State Aid under Article 92 of the EEC Treaty: the Commission's guidelines, CML Rev. 1986, 111-133.

Hilf, Meinhard: Möglichkeiten und Grenzen des Rückgriffs auf nationale verwaltungsrechtliche Regeln bei der Durchführung von Gemeinschaftsrecht, in: Jürgen Schwarze (Hrsg.), Europäisches Verwaltungsrecht im Werden, Baden-Baden 1982, 67-92.

Hilz Wolfram: Bedeutung und Instrumentalisierung des Subsidiaritätsprinzips für den europäischen Integrationsprozeß, Aus Politik und Zeitgeschichte - Beilage B-21-22/99 zur Wochenzeitung Das Parlament 1999, 28-38.

Hirsch, Günter: Das Verhältnismäßigkeitsprinzip im Gemeinschaftsrecht, in: Scritti in Onore di G. F. Mancini, vol. 2: Diritto dell'Unione Europea, Mailand 1998, 459-483.

Hix, Jan-Peter: Das Recht auf Akteneinsicht im europäischen Wirtschaftsverwaltungsrecht - Dargestellt am Beispiel des Kartell- und Antidumpingverfahrens der EWG, Baden-Baden 1992.

Hochbaum, Ingrid F.: Die Transparenzrichtlinie der EG-Kommission, ZögU 1985, 481-489.

Hoenike, Mark: Anmerkung zum Urteil des EuGH in der Rs. C-24/94 (Land Rheinland-Pfalz/Alcan Deutschland GmbH), EuZW 1997, 279-280.

Hoenike, Mark / Schloh, Bernhard: Die Anforderungsfrist bei der Konkurrentenklage im Beihilfenrecht nach Art. 173 EGV, EuZW 1997, 398-402.

Hoenike, Mark / Schohe, Gerrit: Die Rechtsprechung von EuGH und EuG zu staatlichen Beihilfen in den Jahren 1996 und 1997, EuZW 1997, 741-748.

Hoenike, Mark: Anmerkung zum EuGH-Urteil vom 2.4.1998 - Rs. C-367/95 P (Sytraval), EuZW 1998, 341-343.

Hoischen, Stefan: Die Beihilferegelung in Artikel 92 EWGV, Köln u.a. 1989.

Holzer, Norbert: Deutsche Rundfunkgebühr als unzulässige Beihilfe im Sinne des europäischen Rechts?, ZUM 1996, 274-285.

Hrbek, Rudolf (Hrsg.): Die Reform der Europäischen Union: Positionen und Perspektiven anläßlich der Regierungskonferenz, Baden-Baden 1997.

Hummer, Waldemar (Hrsg.): Die Europäische Union nach dem Vertrag von Amsterdam, Wien 1998.

Huthmacher, Karl Eugen: Der Vorrang des Gemeinschaftsrechts bei indirekten Kollisionen: Eine Studie zum Verhältnis von EG-Recht zu nationalem Vollzugsrecht, dargestellt am Beispiel des Konflikts zwischen materiellem EG-Recht und nationalen Rechtsmittelfristen, Köln u.a. 1985.

Idot, Laurence: Les aides aux entreprises en difficulté et le droit communautaire, RTDE 1998, 295-314.

Immenga, Ulrich: Nationale Beihilfen an Unternehmen im Widerspruch zur europäischen Wettbewerbspolitik, in: FIW Schriftenreihe, Schwerpunkte des Kartellrechts 1990/91 - Verwaltungs- und Rechtsprechungspraxis Bundesrepublik Deutschland und EG, Heft 146, Köln u.a. 1992, 19-36.

Immenga, Ulrich: Wettbewerbspolitik contra Industriepolitik nach Maastricht, EuZW 1994, 14-18.

Immenga, Ulrich / Rudo, Joachim: Die Beurteilung von Gewährträgerhaftung und Anstaltslast der Sparkassen und Landesbanken nach dem EU-Beihilferecht, Baden-Baden 1997.

Ipsen, Hans Peter: Europäisches Gemeinschaftsrecht, Tübingen 1972.

Isensee, Josef / Kirchhof, Paul: Handbuch des Staatsrechts der Bundesrepublik Deutschland, Bd. III - Handeln des Staates, 2. Aufl., Heidelberg 1996.

Jacobi, Philipp: Third Party Access im Europäischen Wettbewerbsrecht?, Baden-Baden 2001 (im Erscheinen).

Jestaedt, Thomas: Das Rückzahlungsrisiko bei „formell rechtswidrigen" Beihilfen, EuZW 1993, 49-52.

Jestaedt, Thomas / Häsemeyer, Ulrike: Die Bindungswirkung von Gemeinschaftsrahmen und Leitlinien im EG-Beihilfenrecht, EuZW 1995, 787-792.

Jopp, Mathias / Schmuck, Otto (Hrsg.): Regierungskonferenz zur Überarbeitung des Maastrichter Vertrags 1996 - 1997, Die Reform der Europäischen Union: Analysen - Positionen - Dokumente zur Regierungskonferenz 1996/1997, Bonn 1996.

Kahl, Wolfgang: Das Transparenzdefizit im Rechtssetzungsprozeß der EU, ZG 1996, 224-240.

Kaiser, Joseph H.: Zur Anwendung von Art. 85 Abs. 3 des EWG-Vertrages auf Gruppen von Kartellverträgen, FIW-Schriftenreihe, Heft 21, Köln u.a. 1964.

Karl, Joachim: Aktuelle Überlegungen zur Reform der EG-Gerichtsbarkeit, RIW 1991, 745-753.

Karpen, Ulrich (Hrsg.): Legislation in European Countries, Baden-Baden 1996.

Karpen, Ulrich / Wenz, Edgar Michael (Hrsg.), National Legislation in the European Framework, Baden-Baden 1998.

Keppenne, Jean-Paul: (R)évolution dans le système communautaire de contrôle des aides d'Etat, Revue du Marché Unique Européen 1998, 125-155.

Kirchner, Christian: Competence Catalogues and the Principle of Subsidiarity in a European Constitution, Constitutional Political Economy 1997, 71-87.

Koenig, Christian: Öffentlich-rechtliche Anstaltslast und Gewährträgerhaftung als staatliche Beihilfen gem. Art. 92 EGV?, EuZW 1995, 595-602.

Koenig, Christian / Sander Claude: Zur Beihilfenaufsicht über Anstaltslast und Gewährträgerhaftung nach Art 93 EGV, EuZW 1997, 363-370.

Koenig, Christian / Kühling, Jürgen: Reform des EG-Beihilfenrechts aus der Perspektive des mitgliedstaatlichen Systemwettbewerbs - Zeit für eine Neuausrichtung?, EuZW 1999, 517-523.

Koenig, Christian / Kühling, Jürgen: Mitgliedstaatliche Kulturförderung und gemeinschaftliche Beihilfekontrolle durch die EG-Kommission, EuZW 2000, 197-203.

Koenig, Christian / Kühling, Jürgen: Grundfragen des EG-Beihilferechts, NJW 2000, 1065-1074.

Kovar, Robert: Chronique de jurisprudence de la Cour de Justice des Communautés Européennes - Le régime des aides en droit communautaire, JDI 1974, 416-424.

Kremer, Harry Andreas (Hrsg.): Die Landesparlamente im Spannungsfeld zwischen europäischer Integration und europäischem Regionalismus, München 1988.

Kruse, Eberhard: Ist die „Teilungsklausel“ als Rechtsgrundlage für Beihilfen zum Ausgleich teilungsbedingter Nachteile obsolet - Gültigkeit und Tragweite des Art. 92 II lit. c EGV, EuZW 1998, 229-232.

Kruse, Eberhard: Die Rechtsstellung Dritter im Beihilfekontrollverfahren - Eine Rezension und zugleich ein Ausblick auf die neue Verfahrensverordnung nach Art. 94 EG-Vertrag, EuR 1999, 119-124.

Kruse, Eberhard: Bemerkungen zur gemeinschaftlichen Verfahrensverordnung für die Beihilfekontrolle - Erwägungen zu einzelnen Verfahrensregelungen und zu Rechtsschutzmöglichkeiten, NVwZ 1999, 1049-1056.

Kunig, Philip: Das Rechtsstaatsprinzip: Überlegungen zu seiner Bedeutung für das Verfassungsrecht der Bundesrepublik Deutschland, Tübingen 1986.

Lamprecht, Rolf: Untertan in Europa - Über den Mangel an Demokratie und Transparenz, NJW 1997, 505-506.

Lefèvre, Dieter: Staatliche Ausfuhrförderung und das Verbot wettbewerbsverfälschender Beihilfen im EWG-Vertrag, Baden-Baden 1977.

Lenaerts, Koen: L'égalité de traitement en droit communautaire - Un principe unique aux apparences multiples, CDE 1991, 3-41.

Lenz, Carl Otto: Vertrauensschutz im Gemeinschaftsrecht, in: EFA (Hrsg.), Vertrauensschutz in der Europäischen Union, Köln 1997, 19-29.

Lenz, Carl Otto (Hrsg.): EG-Vertrag Kommentar, 2. Aufl., Köln u.a. 1999.

Loddenkemper, Heinz-Joseph: Transparenz im öffentlichen und privaten Wirtschaftsrecht - Eine Untersuchung zu ihrer Bedeutung anhand ausgewählter Beispiele aus dem Bank-, Börsen- und Medienrecht, Baden-Baden 1998.

Löwisch, Manfred / Schmidt-Leithoff, Christian / Schmiedel, Burkhard (Hrsg.), Beiträge zum Handels- und Wirtschaftsrecht: Festschrift für Fritz Rittner zum 70. Geburtstag, München 1991.

Lübbig, Thomas: Neue Entwicklungen im Beihilfenrecht der Europäischen Gemeinschaften, WuW 1999, 249-256.

Magiera, Siegfried: Rückforderung gemeinschaftsrechtswidriger staatlicher Beihilfen, in: Jürgen F. Baur, Peter-Christian Müller-Graff, Manfred Zuleeg (Hrsg.), Europarecht - Energierecht - Wirtschaftsrecht: Festschrift für Bodo Börner, Köln u.a. 1992, 213-232.

Maselis, Ignace / Gilliams, Hans M.: Rights of Complainants in Community Law, ELR 1997, 103-124.

Maunz, Theodor / Dürig, Günter / Herzog, Roman (Hrsg.): Grundgesetz Kommentar, München.

Maurer, Hartmut: Allgemeines Verwaltungsrecht, 12. Auflage, München 1999.

Merker, Nils: Subsidiarität und Delegation - Anwendung der Artikel 85 EGV und Artikel 86 EGV durch die nationalen Kartellbehörden, Problematik des Artikels 85 III EGV und der „comfort letters“, Berlin 1997.
Mertens de Wilmars, Josse: Aides CECA et aides CEE: Aspects juridiques d'une convergence économique, in: Francesco Capotorti et al. (Hrsg.): Du droit international au droit de l'intégration: Liber amicorum Pierre Pescatore, Baden-Baden 1987, 421-440.
van Miert, Karel: Die Zukunft der Wettbewerbspolitik in der EU, in: Zentrum für Europäisches Wirtschaftsrecht, Vorträge und Berichte Nr. 89, Referat am 27.10.1997 im Rahmen der Vortragsreihe „Europa vor der Wirtschafts- und Währungsunion“, Bonn 1997, 1-31.
Millarg, Eberhard: Anmerkung zum Urteil vom 12.7.1973, Rs. 70/72, EuR 1973, 348-353.
Möschel, Wernhard: Schutzziele eines Wettbewerbsrechts, in: Manfred Löwisch/Christian Schmidt-Leithoff / Burkhard Schmiedel (Hrsg.), Festschrift für Fritz Rittner, München 1991, 405-421.
Mohn, Astrid Sybille: Der Gleichheitssatz im Gemeinschaftsrecht - Differenzierungen im europäischen Gemeinschaftsrecht und ihre Vereinbarkeit mit dem Gleichheitssatz, Kehl u.a. 1990.
Montag, Frank: Die Entwicklung des Europäischen Gemeinschaftsrechts, NJW 1998, 2088-2097.
Morch, Henrik: State Aid - Summary of the most important recent developments, Competition Policy Newsletter 1995, No. 4, 47-51
Morson, Sylviane: La récupération des aides octroyées par les Etats en violation du traité C.E.E., RTDE 1990, 409-440.
Müller-Ibold, Till: The AEA Proposal for a Regulation on State Aid Procedure, EuZW 1996, 677-682.

Niemeyer, Hans-Jörg: Recent Developments in EC State Aid Law, EuZW 1993, 273-279.
Niemeyer, Hans-Jörg / Hirsbrunner, Simon: Anstaltslast und Gewährträgerhaftung bei Sparkassen und die Zwischenstaatlichkeitsklausel in Art. 87 EG, EuZW 2000, 364-368.

Oppermann, Thomas: Europarecht, 2. Aufl., Köln u.a. 1999.
Osterloh, Lerke: Gesetzesbindung und Typisierungsspielräume bei der Anwendung der Steuergesetze, Baden-Baden 1992.

Pache, Eckhard: Die Kontrolldichte in der Rechtsprechung des Gerichtshofs der Europäischen Gemeinschaften, DVBl. 1998, 380-386.
Pache, Eckhard: Der Grundsatz der Verhältnismäßigkeit in der Rechtsprechung der Gerichte der Europäischen Gemeinschaften, NVwZ 1999, 1033-1040.
Pagenkopf, Martin: Zum Einfluß des Gemeinschaftsrechts auf nationales Wirtschaftsverwaltungsrecht - Versuch einer praktischen Einführung, NVwZ 1993, 217-225.
Papier, Hans-Jürgen / Möller, Johannes: Das Bestimmtheitsgebot und seine Durchsetzung, AöR 1997, 177-211.
Pechstein, Matthias: Anmerkung zum Urteil des VG Magdeburg: Verbilligte Vergabe forstwirtschaftlicher Flächen und EG-Beihilferecht, EuZW 1998, 671-672.

Pernice, Ingolf: Grundrechtsgehalte im Europäischen Gemeinschaftsrecht - Ein Beitrag zum gemeinschaftsimmanenten Grundrechtsschutz durch den Europäischen Gerichtshof, Baden-Baden 1979.

Perry, Ben: State Aid to the Former East Germany: A Note on the VW/Saxony Case, ELR 1997, 85-91.

Pipkorn, Jörn: Das Subsidiaritätsprinzip im Vertrag über die Europäische Union - rechtliche Bedeutung und gerichtliche Überprüfbarkeit, EuZW 1992, 697-700.

Polley, Romina: Die Konkurrentenklage im Europäischen Beihilfenrecht - Klagebefugnis und Rückforderung bei rechtswidrig gewährten Beihilfen, EuZW 1996, 300-305.

Priebe, Reinhard: Diskussionsbeitrag, in: Jürgen Schwarze/Christian Starck (Hrsg.), Vereinheitlichung des Verwaltungsverfahrensrechts in der EG, EuR-Beiheft 1/95, 99-106.

Priess, Hans-Joachim: Recovery of illegal state aid. An overview of recent developments in the case law, CML Rev. 1996, 69-91.

Rabe, Hans-Jürgen: Das Verordnungsrecht der Europäischen Wirtschaftsgemeinschaft, Hamburg 1963.

Randelzhofer, Albrecht / Scholz, Rupert / Wilke, Dieter (Hrsg.): Gedächtnisschrift für Eberhard Grabitz, München 1995.

Rengeling, Hans-Werner: Rechtsgrundsätze beim Verwaltungsvollzug des Europäischen Gemeinschaftsrechts, Kölner Schriften zum Europarecht, Band 27, Köln u.a. 1977.

Rengeling, Hans-Werner: Die Entwicklung verwaltungsrechtlicher Grundsätze durch den Gerichtshof der Europäischen Gemeinschaften, EuR 1984, 331-360.

Rengeling, Hans-Werner: Das Beihilferecht der Europäischen Gemeinschaften, in: Bodo Börner, Konrad Neundörfer (Hrsg.), Recht und Praxis der Beihilfen im Gemeinsamen Markt, Köln u.a. 1984, 23-54.

Rengeling, Hans-Werner, von Borries, Reimer (Hrsg.): Aktuelle Entwicklungen in der Europäischen Gemeinschaft, Köln u.a. 1992.

Rengeling, Hans-Werner: Grundrechtsschutz in der Europäischen Gemeinschaft, München 1992.

Reufels, Martin J.: Europäische Subventionskontrolle durch Private: Partizipation der Unternehmen an der EG-Wettbewerbsaufsicht über staatliche Beihilfen, Köln u.a. 1997.

Richter, Thorsten S.: Rückforderung gemeinschaftswidriger Subventionen nach § 48 VwVfG, DÖV 1995, 846-854.

Rodríguez Iglesias, Gil Carlos: Zu den Grenzen der verfahrensrechtlichen Autonomie der Mitgliedstaaten bei der Anwendung des Gemeinschaftsrechts, EuGRZ 1997, 289-295.

Rodríguez Iglesias, Gil Carlos / Due, Ole / Schintgen, Romain / Elsen, Charles (Hrsg.), Mélanges en hommage à Fernand Schockweiler, Baden-Baden 1999.

Säcker, Franz-Jürgen: Die Konkretisierung vager Rechtssätze durch Rechtswissenschaft und Praxis - Rechtsquellentheoretische und methodologische Bemerkungen, ARSP 1972, 215-236.

Schardt, Andreas: Rechtliche Konzepte - Medienfreiheit in der Zukunft: Statement aus der Sicht der privaten Rundfunkveranstalter, in: Jürgen Schwarze/Albrecht Hesse (Hrsg.), Rundfunk und Fernsehen im digitalen Zeitalter - Die Sicherung von Me-

dienfreiheit und Medienvielfalt im deutschen und europäischen Recht, Baden-Baden 2000, 139-149.
Scheuner, Ulrich: Die neuere Entwicklung des Rechtsstaates in Deutschland, in: Ernst Forsthoff (Hrsg.), Rechtsstaatlichkeit und Sozialstaatlichkeit - Aufsätze und Essays, Darmstadt 1968, 461-508.
Schina, Despina: State Aids under the EEC Treaty, Articles 92 to 94, Oxford 1987.
Schindler, Peter: Delegation von Zuständigkeiten in der Europäischen Gemeinschaft - Zur Problematik der Delegation von Organzuständigkeiten zum Erlaß von Verordnungen und Richtlinien im Recht der Europäischen Wirtschaftsgemeinschaft, Baden-Baden 1972.
Schmidhuber, Peter M. / Hitzler, Gerhard: Die Verankerung des Subsidiaritätsprinzips im EWG-Vertrag - ein wichtiger Schritt auf dem Weg zu einer föderalen Verfassung der Europäischen Gemeinschaft, NVwZ 1992, 720-725.
Schmidhuber, Peter M.: Das Subsidiaritätsprinzip im Vertrag von Maastricht, DVBl. 1993, 417-422.
Schmid-Steinhauser, Burkhard: Geltung und Anwendung von Europäischem Gemeinschaftsrecht im Vereinigten Königreich - Dargestellt vornehmlich anhand der englischen Judikatur und Literatur, Baden-Baden 1994.
Schmidt-Jortzig, Edzard: Vertrauensschutz und Rechtspolitik, in: EFA (Hrsg.), Vertrauensschutz in der Europäischen Union, Köln 1997, 13-17.
Schmitz, Stefan Friedrich: Der Vertrauensschutz bei der Rückforderung gemeinschaftsrechtswidrig gewährter nationaler Beihilfen, Diss. an der Albert-Ludwigs Universität, Freiburg 1998.
Schneider, Hannes / Busch, Torsten: Anstaltslast und Gewährträgerhaftung als Beihilfen im Sinne von Art. 92 EGV?, EuZW 1995, 602-608.
Scholz, Rupert: Zum Verhältnis von europäischem Gemeinschaftsrecht und nationalem Verfassungsrecht - Zur Rechtsprechung des EuGH im Fall „Alcan“, DÖV 1998, 261-268.
Scholz, Rupert / Hofmann, Hans: Perspektiven der europäischen Rechtsordnung: Zur bisherigen Entwicklung und Zukunft aus deutscher Sicht, ZRP 1998, 295-302.
Schreiber, Stefanie: Verwaltungskompetenzen der Europäischen Gemeinschaft, Baden-Baden 1997.
Schulze, Frank: Vertrauensschutz im EG-Recht bei der Rückforderung von Beihilfen, EuZW 1993, 279-284.
Schütte, Michael / Kirchhof, Paul: Staatliche Bürgschaften und EG-Beihilferecht, EWS 1996, 189-192.
Schütterle, Peter: EG-Beihilfenkontrolle und kommunale Grundstücksverkäufe - Schutz des Wettbewerbs oder vermeidbares Investitionshemmnis?, EuZW 1993, 625-628.
Schütterle, Peter: Das Interesse der Konkurrenten in der EG-Beihilfenkontrolle nach Art. 92 ff. - Anmerkungen zu Vorschlägen des britischen Industrieverbandes CBI, EuZW 1994, 265-269.
Schütterle, Peter: Die Rechtsgrundlage für Beihilfen zur Überwindung der wirtschaftlichen Folgen der Teilung Deutschlands - Zur praktischen Bedeutung von Art. 92 II lit. c EGV, EuZW 1994, 715-718.
Schütterle, Peter: Die Beihilfenkontrollpraxis der Europäischen Kommission im Spannungsfeld zwischen Recht und Politik, EuZW 1995, 391-396.

Schwarze, Jürgen: Die Befugnis zur Abstraktion im europäischen Gemeinschaftsrecht, Baden-Baden 1976.

Schwarze, Jürgen: Administrative Leistungsfähigkeit als verwaltungsrechtliches Problem, DÖV 1980, 581-594.

Schwarze, Jürgen (Hrsg.): Europäisches Verwaltungsrecht im Werden, Baden-Baden 1982.

Schwarze, Jürgen: Europäisches Verwaltungsrecht - Entstehung und Entwicklung im Rahmen der Europäischen Gemeinschaft, 2 Bände, Baden-Baden 1988.

Schwarze, Jürgen (Hrsg.): Discretionary Powers of the Member States in the Field of Economic Policies and their Limits under the EEC Treaty, Baden Baden 1988.

Schwarze, Jürgen / Starck, Christian (Hrsg.): Vereinheitlichung des Verwaltungsverfahrensrechts in der EG, EuR-Beiheft 1/95.

Schwarze, Jürgen: Kompetenzverteilung in der Europäischen Union und föderales Gleichgewicht - Zu den Forderungen der deutschen Bundesländer im Hinblick auf die Regierungskonferenz 1996, DVBl. 1995, 1265-1269.

Schwarze, Jürgen (Hrsg.): Das Verwaltungsrecht unter europäischem Einfluß - Zur Konvergenz der mitgliedstaatlichen Verwaltungsrechtsordnungen in der Europäischen Union, Baden-Baden 1996.

Schwarze, Jürgen: Die Europäisierung des nationalen Verwaltungsrechts in: ders. (Hrsg.), Das Verwaltungsrecht unter europäischem Einfluß - Zur Konvergenz der mitgliedstaatlichen Verwaltungsrechtsordnungen in der Europäischen Union, Baden-Baden 1996, 789-846.

Schwarze, Jürgen: The Principle of Subsidiarity and the Distribution of Powers, in: Ulrich Karpen/Edgar Michael Wenz (Hrsg.), National Legislation in the European Framework, Baden-Baden 1998, 132-151.

Schwarze, Jürgen: Das schwierige Geschäft mit Europa und seinem Recht, JZ 1998, 1077-1088.

Schwarze, Jürgen: Auf dem Weg zu einer europäischen Verfassung, DVBl. 1999, 1677-1689.

Schwarze, Jürgen (Hrsg.): Neuere Entwicklungen auf dem Gebiet des europäischen Wettbewerbsrechts, Baden-Baden 1999.

Schwarze, Jürgen / Hesse, Albrecht (Hrsg.): Rundfunk und Fernsehen im digitalen Zeitalter - Die Sicherung von Medienfreiheit und Medienvielfalt im deutschen und europäischen Recht, Baden-Baden 2000.

Schwarze, Jürgen: Medienfreiheit und Medienvielfalt im Europäischen Gemeinschaftsrecht, in: Jürgen Schwarze / Albrecht Hesse (Hrsg.), Rundfunk und Fernsehen im digitalen Zeitalter - Die Sicherung von Medienfreiheit und Medienvielfalt im deutschen und europäischen Recht, Baden-Baden 2000, 87-127.

Schwarze, Jürgen (Hrsg.): EU-Kommentar, Baden-Baden 2000.

Schwarze, Jürgen (Hrsg.): Europäisches Wettbewerbsrecht im Wandel, Baden-Baden 2001.

Schweitzer, Michael: Rechtssetzung durch die Europäischen Gemeinschaften und Kompetenzverlust in den Mitgliedstaaten, in: Harry Andreas Kremer (Hrsg.), Die Landesparlamente im Spannungsfeld zwischen europäischer Integration und europäischem Regionalismus, München 1988, 20-40.

Schweitzer, Michael (Hrsg.): Europäisches Verwaltungsrecht, Wien 1991.

Schweitzer, Michael / Hummer, Waldemar: Europarecht - Das Recht der Europäischen Union - Das Recht der Europäischen Gemeinschaften (EGKS, EG, EAG) - mit Schwerpunkt EG, 5. Aufl., Neuwied u.a. 1996.

Sedemund, Jochim / Montag, Frank: Die Entwicklung des Europäischen Gemeinschaftsrechts, NJW 1995, 1126-1133.

Seidel, Martin: Das Verwaltungsverfahren in Beihilfesachen, EuR 1985, 22-42.

Sharpston, Eleanor: Legitimate Expectations and Economic Reality, ELR 1990, 103-160.

von Simson, Werner: Der Gerichtshof und unbestimmte Rechtsbegriffe, in: Zehn Jahre Rechtsprechung des Gerichtshofs der Europäischen Gemeinschaften, Kölner Schriften zum Europarecht, Bd. 1, Köln u.a. 1965, 396-417.

Sinnaeve, Adinda: Der Konkurrent im Beihilfeverfahren nach der neuesten EuGH-Rechtsprechung, EuZW 1995, 172-176.

Sinnaeve, Adinda: Anmerkung zum EuGH-Urteil vom 11.7.1996 - Rs. C-39/94, EuZW 1996, 569-571.

Sinnaeve, Adinda: Die Rückforderung gemeinschaftsrechtswidriger nationaler Beihilfen - Kollisionen im Spannungsverhältnis zwischen Gemeinschafts- und nationalem Recht, Berlin 1997.

Sinnaeve, Adinda: Der Kommissionsvorschlag zu einer Verfahrensverordnung für die Beihilfenkontrolle, EuZW 1998, 268-273.

Sinnaeve, Adinda: Die neue Verfahrensverordnung in Beihilfesachen - Ein weiterer Schritt bei der Reform des Beihilfenrechts, EuZW 1999, 270-277.

Sinnaeve, Adinda: Study on the application of EC state aid law by the courts of Member States, Competition Policy Newsletter 1999, No. 2, 38-40.

Slot, Piet Jan: Procedural Aspects of State Aids: The guardian of competition versus the subsidy villains?, CML Rev. 1990, 741- 760.

Sobota, Katharina: Das Prinzip Rechtsstaat - Verfassungs- und Verwaltungsrechtliche Aspekte, Tübingen 1997.

Soltész, Ulrich: Die „Belastung des Staatshaushalts“ als Tatbestandsmerkmal einer Beihilfe i.S. des Art. 92 I EGV, EuZW 1998, 747-753.

Soukup, Karl: Die Mittelzuführung an öffentliche Unternehmen im Rahmen der Beihilfeaufsicht der EU-Kommission, ZögU 1995, 16-41.

Stein, Torsten: Die Europäische Union nach dem Vertrag von Amsterdam: Subsidiarität, Transparenz und Bürgernähe, in: Waldemar Hummer (Hrsg.), Die Europäische Union nach dem Vertrag von Amsterdam, Wien 1998, 141-157.

Steindorff, Ernst: Rückabwicklung unzulässiger Beihilfen nach Gemeinschaftsrecht, ZHR 152 (1988), 474-492.

Steinmann, Gerold: Unbestimmtheit verwaltungsrechtlicher Normen aus der Sicht von Vollzug und Rechtssetzung - eine Untersuchung anhand ausgewählter Erlasse, Bern 1982.

Stern, Klaus: Das Staatsrecht der Bundesrepublik Deutschland, Bd. 1 - Grundbegriffe und Grundlagen des Staatsrechts, Strukturprinzipien der Verfassung, 2. Aufl., München 1984.

Stern, Klaus: Die Einwirkung des europäischen Gemeinschaftsrechts auf die Verwaltungsgerichtsbarkeit, JuS 1998, 769-776.

Stewing, Clemens: Das Subsidiaritätsprinzip als Kompetenzverteilungsregel im Europäischen Recht, DVBl. 1992, 1516-1518.

Stotz, Rüdiger: Die Rolle des Gerichtshofs bei der Integration, in: Hans-Werner Rengeling/Reimer von Borries (Hrsg.), Aktuelle Entwicklungen in der Europäischen Gemeinschaft, Köln u.a. 1992, 21-43.

Streinz, Rudolf: Der Einfluß des Europäischen Verwaltungsrechts auf das Verwaltungsrecht der Mitgliedstaaten - dargestellt am Beispiel der Bundesrepublik Deutschland, in: Michael Schweitzer (Hrsg.), Europäisches Verwaltungsrecht, Wien 1991, 241-292.

Struys, Michel L.: Questions choisies de procédure en matière d'aides d'Etat, RTDE 1993, 17-38.

Stuart, Eugene G.: Recent developments in EU law and policy on state aids, ECLR 1996, 226-239.

Toth, Akos G.: The Principle of Subsidiarity in the Maastricht Treaty, CML Rev. 1992, 1079-1105.

Triantafyllou, Dimitris: Zur „Europäisierung" des Vertrauensschutzes (insbesondere § 48 VwVfG) - am Beispiel der Rückforderung staatlicher Beihilfen, NVwZ 1992, 436-442.

Triantafyllou, Dimitris: Vom Vertrags- zum Gesetzesvorbehalt - Beitrag zum positiven Rechtmäßigkeitsprinziup in der EG, Baden-Baden 1996.

Triantafyllou, Dimitris: Europäisierte Privatrechtsgestaltung im Bereich der Beihilfenaufsicht, DÖV 1999, 51-58.

Uerpmann, Robert: Kooperatives Verwaltungshandeln: die Gemeinschaftsrahmen für staatliche Beihilfen, EuZW 1998, 331-335.

Vogel, Joachim: Wege zu europäisch-einheitlichen Regelungen im Allgemeinen Teil des Strafrechts - Kompetenzrechtliche, methodische und inhaltliche Grundfragen, JZ 1995, 331-341.

Wägenbaur, Bertrand: Die jüngere Rechtsprechung der Gemeinschaftsgerichte im Bereich des vorläufigen Rechtsschutzes, EuZW 1996, 327-335.

Wägenbaur, Rolf: European Union - Legislation, in: Ulrich Karpen (Hrsg.), Legislation in European Countries, Baden-Baden 1996, 15-37.

Wägenbaur, Rolf: Die EU will Transparenz: Verbesserter Zugang zu den Dokumenten der Institutionen, EuZW 2000, 193.

Wahl, Rainer: Verwaltungsverfahren zwischen Verwaltungseffizienz und Rechtsschutzauftrag, VVDStRL 41, Berlin u.a. 1983, 151-192.

von *Wallenberg, Gabriela*: Die Vereinbarkeit der Finanzierung öffentlich-rechtlicher Fernsehanstalten mit Art. 92 EGV, in: Albrecht Randelzhofer/Rupert Scholz/Dieter Wilke (Hrsg.), Gedächtnisschrift für Eberhard Grabitz, München 1995, 867-878.

Weidenfeld, Werner (Hrsg.): Reform der Europäischen Union - Materialien zur Revision des Maastrichter Vertrages 1996, Gütersloh 1995.

Winkler, Beate: Die Durchsetzung der Pflicht zur Rückforderung einer gemeinschaftswidrigen Beihilfe nach deutschem und europäischem Recht, DVBl. 1979, 263-267.

Winkler, Roland: Das „Alcan"-Urteil des EuGH - eine Katastrophe für den Rechtsstaat?, DÖV 1999, 148-152.

Herausgegeben von Prof. Dr. Jürgen Schwarze, Direktor des Instituts für Öffentliches Recht der Universität Freiburg, Abteilung Europa- und Völkerrecht

Schriftenreihe Europäisches Recht, Politik und Wirtschaft

Helge Elisabeth Zeitler — Band 236

Einseitige Handelsbeschränkungen zum Schutz extraterritorialer Rechtsgüter

Eine Untersuchung zum GATT, Gemeinschaftsrecht und allgemeinen Völkerrecht

2000, 246 S., brosch., 79,– DM, 69,50 sFr,

ISBN 3-7890-6807-1

Jürgen Schwarze (Hrsg.) — Band 235

Die Vergabe öffentlicher Aufträge im Lichte des europäischen Wirtschaftsrechts

2000, 190 S., geb., 79,– DM, 69,50 sFr,

ISBN 3-7890-6730-X

Jürgen Schwarze (Hrsg.) — Band 234

Die Entstehung einer europäischen Verfassungsordnung

Das Ineinandergreifen von nationalem und europäischem Verfassungsrecht

2000, 570 S., geb., 138,– DM, 118,50 sFr,

ISBN 3-7890-6674-5

Hannes Winner — Band 233

Unternehmensbesteuerung in Europa

Eine ökonomische Analyse aus Sicht der österreichischen Steuerpolitik

2000, 220 S., brosch., 74,– DM, 65,– sFr,

ISBN 3-7890-6671-0

Jens Thomas Füller — Band 232

Grundlagen und inhaltliche Reichweite der Warenverkehrsfreiheiten nach dem EG-Vertrag

2000, 292 S., brosch., 98,– DM, 86,– sFr,

ISBN 3-7890-6653-2

Jürgen Becker/Volker Schwarz/ Jürgen Schwarze (Hrsg.) — Band 231

Europa, Staat und Gruppenmacht

Seminar zum Gedenken an Professor Joseph H. Kaiser am 17. April 1999 in Freiburg

2000, 95 S., geb., 49,– DM, 44,– sFr,

ISBN 3-7890-6475-0

Michael Hoffmann — Band 230

Die Grundfreiheiten des EG-Vertrags als koordinationsrechtliche und gleichheitsrechtliche Abwehrrechte

2000, 241 S., brosch., 58,– DM, 51,– sFr,

ISBN 3-7890-6468-8

Jürgen Schwarze (Hrsg.) — Band 229

Rechtsschutz gegen Urheberrechtsverletzungen und Wettbewerbsverstöße in grenzüberschreitenden Medien

2000, 141 S., brosch., 49,– DM, 44,– sFr,

ISBN 3-7890-6427-0

Ilka Boeck — Band 228

Die Abgrenzung der Rechtsetzungskompetenzen von Gemeinschaft und Mitgliedstaaten in der Europäischen Union

Zur Notwendigkeit und zu den Vorteilen bzw. Nachteilen der Aufstellung eines Kompetenzkataloges in den Gemeinschaftsverträgen

2000, 276 S., brosch., 85,– DM, 75,– sFr,

ISBN 3-7890-6415-7

NOMOS Verlagsgesellschaft
76520 Baden-Baden